海上轮机实习

主　编　李可顺　冯　伟　杨永东
主　审　林叶锦

大连海事大学出版社

ⓒ李可顺　冯　伟　杨永东 2021

图书在版编目(CIP)数据

海上轮机实习/李可顺,冯伟,杨永东主编. — 大
连：大连海事大学出版社,2021.5
ISBN 978-7-5632-4099-9

Ⅰ. ①海… Ⅱ. ①李… ②冯… ③杨… Ⅲ. ①船舶—
轮机—教材 Ⅳ. ①U676.4

中国版本图书馆 CIP 数据核字(2021)第 070137 号

大连海事大学出版社出版

地址:大连市凌海路1号　邮编:116026　电话:0411-84728394　传真:0411-84727996
http://press.dlmu.edu.cn　E-mail:dmupress@dlmu.edu.cn

大连金华光彩色印刷有限公司印装　　　　**大连海事大学出版社发行**

2021 年 6 月第 1 版　　　　　　　　　　2021 年 6 月第 1 次印刷
幅面尺寸:184 mm×260 mm
字数:742 千　　　　　　　　　　　　　　印张:31
　　　　　　　　　　　　　　　　　　　　印数:1~1500 册

出版人:刘明凯

责任编辑:沈荣欣　　　　　　　责任校对:李继凯　刘若实　杨　洋
封面设计:张爱妮　　　　　　　　　　　　　　　版式设计:张爱妮

ISBN 978-7-5632-4099-9　　　定价:68.00 元

内容提要

　　全书共分十四章,主要包括:船舶概况、船舶推进装置与柴油机、船舶压缩空气系统、船用泵、甲板机械、辅锅炉装置及造水机、船舶制冷与空气调节装置、船舶通用管系、应变部署与应急设备、船舶防污染装置、船舶适航性控制、船舶电力系统、职责与制度及组织管理、船用柴油机电子控制技术等。书中主要以船舶实例对各设备和系统进行工作原理和维护管理方面的介绍,增加了音频、视频、图片以及动画等多种教学资源,具有生动形象、互动性强、多维度等特点,使初识船舶的轮机专业学生易学易懂,对生产一线的轮机工程人员也有一定的参考意义。

　　本书主要作为航海类院校轮机工程专业和船机修造专业本科生、专科生和船上实习的其他专业学生的实习教材,也可作为轮机工程人员和其他相关技术人员的参考用书。

前　言

　　轮机工程专业是航海类院校培养船舶海上交通运输管理人才的一个主干专业,是一个对实践性要求很强的专业,其教学目标之一是培养具有较强的实践能力、沟通能力和安全环保意识,能够在轮机工程及相关领域从事操作与维护、生产制造、技术服务、运营管理以及科技开发等工作的高素质工程技术人才和管理人才。海上实习是STCW公约对船员获得适任证书的基本要求,也是航海类学生实践学习的一个重要环节。为了进一步提高船舶认识实习的教学效果,编者按照轮机工程专业本科的教学大纲和STCW公约的相关要求,参考2010年李世臣主编的《海上轮机实习》,并对主要知识点进行了整合和更新,扩展了设备类型,增加了大量案例和实物图片,重新编撰了本版立体化教材《海上轮机实习》。

　　本书是以普及轮机专业理论知识、提高学生实践动手能力和增强一线轮机管理人员理论水平为目标,采用理论知识与船舶设备实例相结合的方式,整合文字、音频、视频、图片以及动画等多种教学资源于一体的立体化教材,具有生动形象、互动性强、多维度等特点。本书既可以作为轮机工程专业及其他相关专业学生船舶实习的教材,也可以作为一线轮机管理人员和相关技术人员的参考用书。

　　本书由李可顺、冯伟和杨永东主编,林叶锦教授主审。其中,第一章由曲凤德、李可顺编写,第二章由冯伟、孟维明和仇大志编写,第三章、第四章由李可顺、王宝军、吴桐辉编写,第五章由李伟、李可顺和王宝军编写,第六章由郭磊、孟维明和王宝军编写,第七章由李可顺、李文华编写,第八章由郭磊编写,第九章由李可顺、曲凤德编写,第十章由李可顺、赵俊豪编写,第十一章由孟维明编写,第十二章由吴新波、邸德辉编写,第十三章由孟维明编写,第十四章由杨永东、李可顺编写。全书由李可顺和冯伟统稿。

　　在本书的编写过程中,得到了大连海事大学轮机工程学院、教务处、国有资产与实验室管理处等各位领导的大力支持,也得到了机械设备厂家多位专家的热情支持和评审。李世臣、陈海泉、张存有、李斌、杨帆、李敬阳、杜太利、郑庆功、姜兴家、刘勤安、王迪、曹爱君、张玉龙、刘成锋、周育琛等提供了许多资料和帮助,并为本书的编写做了大量的前期工作,提出了许多宝贵意见,在此一并表示感谢。同时,在本书的编写过程中,编者参阅、引用了大量相关的图书资料,在此,向国内外相关作者谨致谢忱。

　　由于本书涉及的知识广泛,编者知识水平有限,书中难免有不足或疏漏之处,祈请读者不吝赐正。

编　者

2020 年 10 月

目 录

第一章 船舶概况

第一节 "育鲲"轮概况

"育鲲"轮是我国第一艘自行设计、建造的现代化专用航海教学实习船,本轮于2008年4月正式投入使用,主要用于航海类专业学生的教学实习或代表学校和国家出访,并可进行交通运输工程、航海技术和轮机工程等学科的科学研究和实船试验。

主要参数为:

船体总长度:116.00 m

型宽:18.00 m

型深:8.35 m

总吨位:6 106

净吨位:1 836

载重量:2 255 t

满载吃水:5.40 m

空载吃水:3.74 m(空船艏吃水:3.09 m,艉吃水:4.34 m)

设计航速:17.3 kn

服务航速:16.9 kn

续航力:10 000 n mile

船舶呼号:BQHZ

建造厂:中国武昌造船厂

本船机舱为中艉机型,推进装置采用单机、单桨,设有轴带发电机、艏侧推器和减摇鳍装置。船舶总定员236人,两舷各设63人,救生艇2艘,25人救生筏2只,20人救生筏3只,满足单舷救生要求。

船上设有实习学生房间49间,船员及见习生房间35间,有高级船员餐厅、普通船员餐厅和可同时供100人用餐的实习学生餐厅2间,还设有多媒体教室两间,有乒乓球室和健身房2间,并配有相应生活、娱乐设施,水手工艺训练室等。

"育鲲"轮船员编制共236人,其中船员(包括教师及见习生)定额40人,学员定额196人。船员编制如下:

船舶领导:船长、政委;

甲板部:大副(部门长)、二副、三副、报务员、水手长、木匠、水手(3名);

事务部:管事(报务员兼)、医生、大厨、二厨(5名)、大台、二台;

轮机部:轮机长(部门长)、大管轮、二管轮、三管轮、电机员、机匠长、机工(4名)。

大连海事大学将"育鲲"轮交由大连海大国际船舶管理有限公司和大连海达船员管理有限公司对其船舶和船员进行管理,干部船员全部由航海学院和轮机学院选派有丰富教学和航海实践经验,并持有相应级别或更高级别海船船员适任证书的教师担任。其他船员由大连海达船员管理有限公司选派。对实习学生的更换、航行日期和航线的选择由教务处下属的实习中心直接安排。由于"育鲲"轮是专用实习船,安排航海类学生进行海上认识实习极为方便,可航行于近海和远洋航线。

第二节 "育鲲"轮驾驶台简介

"育鲲"轮驾驶台由驾驶室和实习海图室两部分组成。驾驶台主要包括综合驾驶台系统(Integrated Bridge System, IBS)控制台、全球海上遇险与安全系统(Global Maritime Distress and Safety System, GMDSS)操作台(无线电台)、海图台以及左右翼控制台,如图1-1所示。

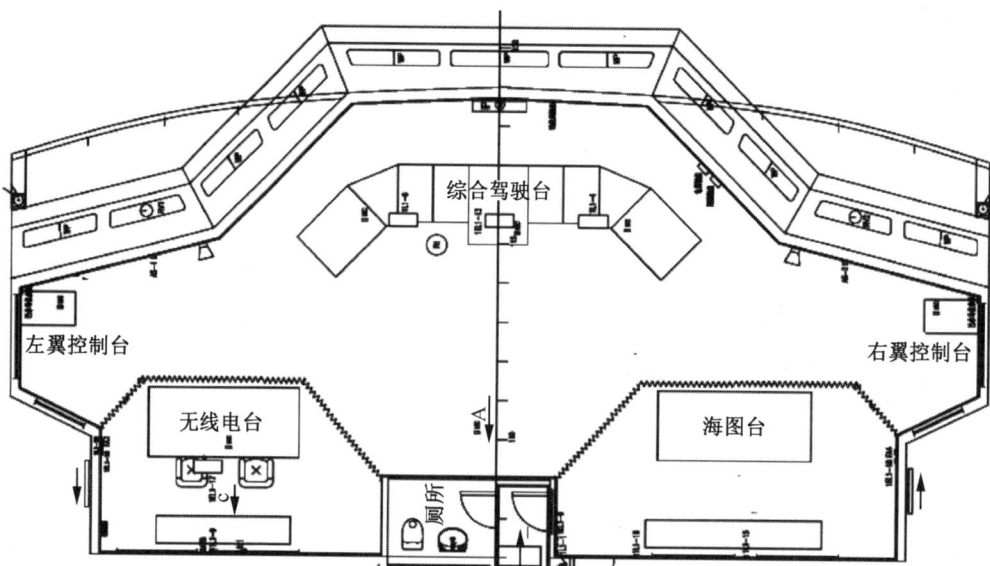

图 1-1 "育鲲"轮驾驶台布置图

一、综合驾驶台系统控制台

"育鲲"轮综合驾驶台系统(IBS)由挪威 Kongsberg 公司生产,控制台位于驾驶台正中间位置,布置了绝大部分的助、导航仪器设备,如图1-2所示。该套IBS配备了反射磁罗经、陀螺罗经、自动舵、测深仪、计程仪、两部雷达系统、差分导航仪、风速风向仪、自动识别系统、两套电子海图多功能站、航行记录仪、控制显示系统、舵角指示器、航行报警系统、驾驶台值班报警系统等。

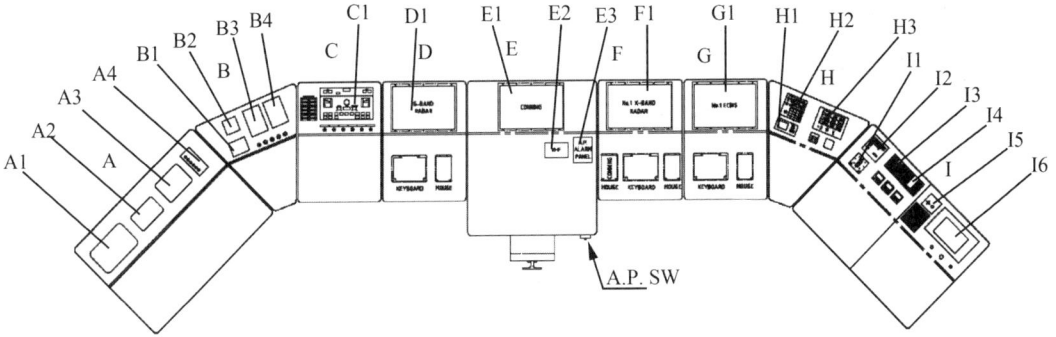

图 1-2 IBS 布置图

A1— No. 1 DGPS 接收机；A2—AIS 操作板；A3—VDR 操作站；A4—VDR 按钮板；B1,B3,B4—雨刮控制器；B2—探照灯控制器；C1—减摇鳍控制板；D1—S 波段雷达；E1—控制显示面板；E2—VHF；E3—自动舵控制板；F1—X 波段雷达；G1—No. 1 ECDIS 功能站；H1—驾驶值班监控报警板；H2—水密门遥控板；H3—报警控制板；I1—声接收主控板；I2—舵机报警板；I3—航行灯控制板；I4—信号灯控制板；I5—探照灯控制器；I6—延伸报警板

二、GMDSS 操作台

"育鲲"轮 GMDSS 操作台位于驾驶台左舷后侧,无线电设备及相关备品、文件满足 A1、A2 和 A3 海区 GMDSS 的要求,如图 1-3 所示。无线电组合台所有的设备能够实现网络连接。

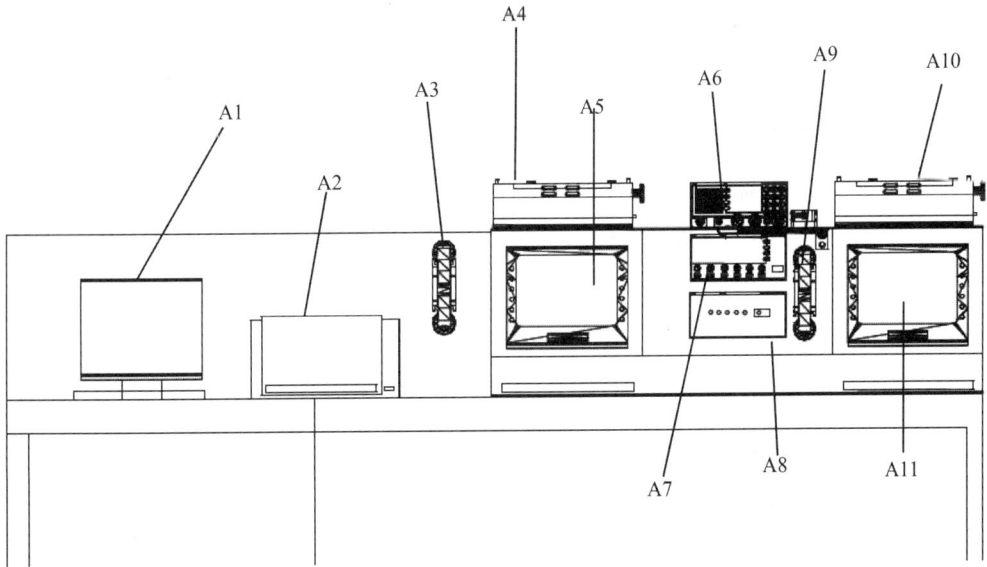

图 1-3 GMDSS 操作台布置图

A1—电脑显示终端；A2—打印机；A3—F 站卫星电话；A4—电报打印机；A5—NBDP；A6—VHF 控制面板；A7—MF/HF 控制面板；A8—C 站收发机；A9—MF/HF 手持电话机；A10—C 站打印机；A11—C 站数据终端

三、海图台

"育鲲"轮海图台位于驾驶台右舷后侧,除了用以存放海图、海图作业等工作外,部分助导航仪器也布置于海图台上,如 No. 2 ECDIS 工作站、测深仪、计程仪、NAVTEX 接收机等,如图 1-4 所示。

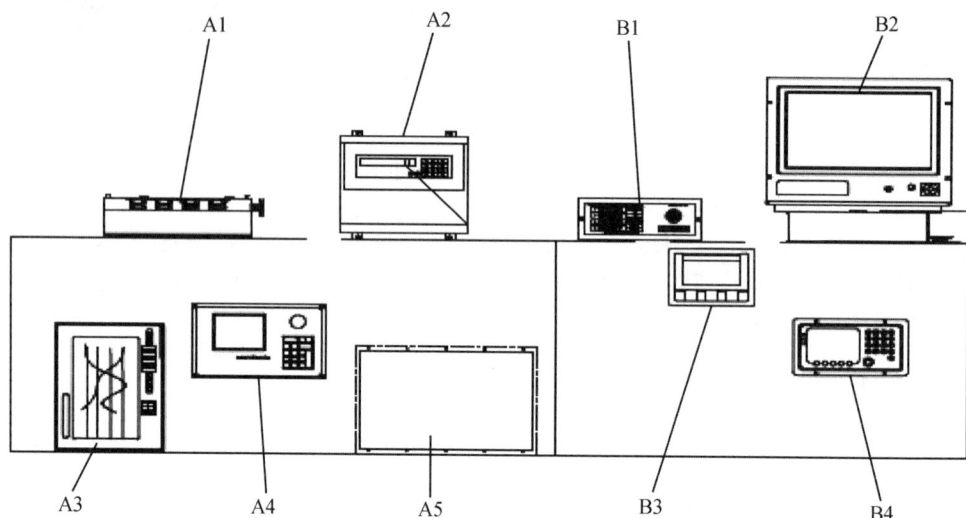

图 1-4 海图台布置图

A1—舵角打印机;A2—气象传真接收机;A3—测深仪;A4—船用自动气象仪;A5—No. 2 ECDIS 功能站;
B1—计程仪;B2—北斗导航系统显示器;B3—NAVTEX 接收机;B4—No. 2 DGPS

四、左翼、右翼控制台

"育鲲"轮左翼、右翼控制台位于驾驶台两侧,主要用于船舶靠、离泊时方便操作,其控制台布置、控制按钮、操作等与 IBS 控制台完全一致。使用时,只需按下控制台上的 In Command 按钮即可。

五、实习海图室

学生实习海图室位于驾驶台的后侧,设有 4 张海图桌,配有 GPS 接收机 4 台、DGPS 接收机 1 台,实习区共设有 2 台 X 波段(3 cm)雷达,其中一台连接雷达波浪观测仪、训练用电子海图(复示器)、气象传真接收机、NAVTEX、舵角指示器、罗经复示器及计程仪显示器等。此外,实习海图室还配备多台科研设备,包括船舶航行数据显示终端、雷达波浪观测仪、雷达溢油检测系统及其显示器、光纤陀螺罗经等。

第三节 轮机设备及其布置

现代船舶是一座可在水上移动、具有现代化城市功能的船旗国浮动领土。船舶的发展历史悠久,在以前相当长的岁月里,船舶都是以人力、风力作为船舶航行的动力。直到 1807

年,以蒸汽作为船舶推进动力源的"克莱蒙特"号的建成,标志着船舶以机械作为推进动力时代的开始。

当时的推进器由蒸汽机带动一个桨轮构成,构成推进器的桨轮直径较大且大部分露出水面,因而人们又称之为"明轮",而把装有明轮的船舶称为"轮船",把产生动力的蒸汽锅炉和蒸汽机等成套设备称为"轮机",所以,当时的"轮机"仅仅是轮船机械或者是推进设备的简称。随着科学的发展和技术的进步,为适应船上的各种作业、人员生活、财产和人员安全的需要,不仅推进设备逐渐完善,而且还增设了诸如船舶电站、装卸货机械、冷藏和空调装置、海水淡化装置、防污染设备以及压载、舱底、消防、蒸汽、压缩空气等系统,扩大了"轮机"一词所包含内容的范围。一般来说,"船舶动力装置"的含义和"轮机"的含义基本相同,即船舶动力装置是为了满足船舶航行、各种作业、人员的生活和安全等需要所设置的全部机械、设备和系统的总称。

根据主机类型的不同,船舶动力装置可以分为蒸汽动力装置、燃气动力装置(柴油机动力装置、燃气轮机动力装置)以及核动力装置。在各种动力装置中,柴油机动力装置占有绝对优势。在现代船舶中,柴油机船占造船总数的98%以上,柴油机总功率占造船总功率的99%以上。这是由于柴油机动力装置具有以下突出优点:

(1)经济性好。目前,柴油机动力装置的热效率在各种装置中是最高的,有效热效率一般可达40%以上,大型低速柴油机可高达55%,并可使用价廉的重油,燃油费用低。

(2)功率范围宽广。柴油机的单机功率为 $0.6 \sim 97\ 300$ kW,适用的领域广,基本可满足各种不同类型船舶的要求。

(3)尺寸小,重量轻。由于柴油机的工质直接在气缸中燃烧做功,不需要锅炉、冷凝器等大型设备和部件,减少了机舱设备所占的容积,减轻了重量,有利于船舶机舱布置。

(4)机动性好。柴油机起动方便,加速性能好。有较宽的转速和负荷调节范围,可直接反转,能适应船舶航行的各种工况要求。

(5)可靠性高,寿命长,维修方便。船舶主机以及发电副机现多用柴油机作为发动机。

船舶动力装置由推进装置、辅助装置、管路系统、甲板机械、自动化设备等组成。

1. 推进装置

推进装置是指发出一定功率、经传动设备和轴系带动螺旋桨,推动船舶并保证一定航速前进的设备。它是船舶动力装置中最重要的组成部分,包括:

(1)主机:主机是指推动船舶航行的动力机,如柴油机、汽轮机、燃气轮机等。

(2)传动设备:传动设备的功用是隔开或接通主机传递给传动轴和推进器的功率;同时还可使后者达到减速、反向和减振的目的。其设备包括离合器、减速齿轮箱和联轴器等。

(3)轴系:轴系用来将主机的功率传递给推进器。它包括传动轴、轴承和密封件等。

(4)推进器:推进器是能量转换设备。它是将主机发出的能量转换成船舶推力的设备。它包括螺旋桨、喷水推进器、电磁推进器等。

绝大多数船舶使用的推进器是螺旋桨,通过其在水中旋转推动水流产生的推力推动船舶运动。图1-5为典型的船舶推进装置的示意图,图中示出了主机、传动设备、轴系和螺旋桨的连接情况。主机2的转矩通过传动设备3和轴系4,传递到螺旋桨5,使其在水中转动,能使船舶前进或后退。驾驶员在驾驶室可通过车钟与机舱的值班轮机员取得联系或直接遥控主机,改变主机的转速和轴系的转动方向,从而控制船舶航行速度和方向。

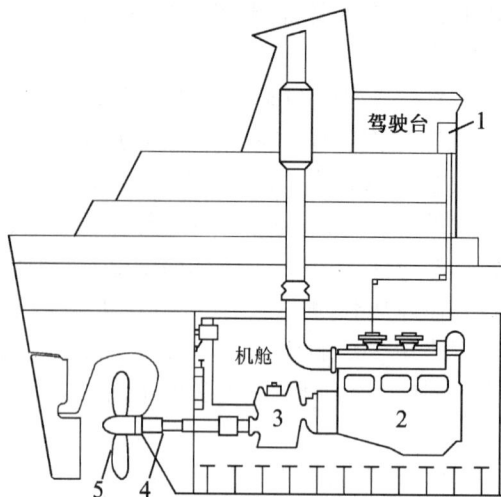

图 1-5　船舶推进装置示意图

1—遥控操纵台；2—主机（柴油机）；3—传动设备（包括离合器和减速齿轮箱）；4—轴系；5—推进器（螺旋桨）

2. 辅助装置

辅助装置是提供除推进船舶运动所需能量以外,用以保证航行和生活需要的其他各种能量的设备。它包括:

(1)船舶电站:船舶电站供给辅助机械及全船所需的电能,由发电机组、配电板及其他电气设备组成。

(2)辅锅炉装置:辅助锅炉装置一般提供低压蒸汽,以满足加热、取暖及其他生活需要,由辅助锅炉及为其服务的燃油、给水、鼓风、配汽系统及管路、阀件等组成。

(3)压缩空气系统:压缩空气系统供应全船所需的压缩空气,以满足作业、起动及船舶用气等用途,主要包括空气压缩机、贮气瓶、管系及其他设备。

3. 管路系统

管路系统是用来连接各种机械设备,并输送相关流体的管系,由各种阀件、泵、滤器、热交换器等组成。管路系统分为动力系统和辅助系统。

(1)动力系统是为推进装置和辅助装置服务的管路系统,主要包括燃油系统、滑油系统、海淡水冷却系统、蒸汽系统和压缩空气系统等。

(2)辅助系统是为船舶平衡、稳性、人员生活和安全服务的管路系统,也称船舶系统,主要包括:压载系统、舱底水系统、消防系统、日用海淡水系统、通风系统、空调系统和冷藏系统等。

4. 甲板机械

甲板机械是为保证船舶航行、停泊、装卸货物所设置的机械设备,主要包括舵机、锚机、绞缆机、起货机、开/关舱盖机械、吊艇机及悬梯升降机等。

5. 自动化设备

自动化设备是为改善船员工作条件、减轻劳动强度和维护工作量、提高工作效率以及减少人为操作错误所设置的设备,主要包括遥控、自动调节、监控、报警和参数自动打印等设备。

一、轮机主要设备及系统

"育鲲"轮轮机设备较多,机舱分舱设置,可分为主机舱、副机舱和减摇鳍舱;机舱之外还有舵机舱、艏侧推器舱、冰机间及空调间等。轮机所属主要设备及系统分别介绍如下:

(1)主推进装置

主推进装置主要包括主机、推进轴系和可调螺距螺旋桨。

"育鲲"轮主机为 MAN B&W 公司生产的 6S35MC 柴油机,该机为 6 缸、直列、增压中冷的低速二冲程十字头式柴油机;最大持续功率 4 440 kW,对应转速 173 r/min;螺旋桨设计工况点功率 3 996 kW,对应转速 170 r/min。

推进轴系主要位于艉轴弄及后部隔舱内,包括 3 根中间轴、3 只中间轴承、1 根螺旋桨轴(也称艉轴)、1 只艉轴管,以及润滑、冷却、密封设备等。

相比一般商船所采用的固定螺距螺旋桨,"育鲲"轮采用了机动性能更好的可调螺距螺旋桨。调距桨液压伺服单元用于提供具有一定压力的液压油以驱动调距机构工作,可分别在伺服单元上、集控室和驾驶台对可调螺距螺旋桨的螺距进行调节和控制。

(2)发电设备

"育鲲"轮电站由 3 台主柴油发电机组、1 台主机轴带发电机和 1 台应急柴油发电机组成。定速及海况良好航行期间,可采用轴带发电机代替柴油发电机供电;机动航行时,一般采用 2 台柴油发电机组供电,轴带发电机为艏侧推装置供电;应急状况下,则由应急发电机供电。

3 台主柴油发电机组布置在副机舱内,型号均为 Auxpac 520W4L20。发电柴油机,俗称"副机",是瓦锡兰公司生产的 4 缸、直列、增压中冷的中速、四冲程、筒形活塞式柴油机,额定功率 545 kW;发电机为无刷励磁同步发电机,额定功率和转速 520 kW×1 000 r/min,额定电压 400 V,频率 50 Hz。

为提高动力装置的经济性,"育鲲"轮设置 1 台轴带发电机。轴带发电机由主机输出轴经增速齿轮箱驱动,其额定功率 650 kW,正常航行时使用轴带发电机即可满足船舶电网负荷需要。

应急发电机位于机舱外主甲板后部的应急发电机室,应急发电柴油机的型号为 TBD234V8,额定功率 249 kW;发电机型号为 MP-H-200-4,是无刷交流同步发电机,额定功率和转速 200 kW×1 500 r/min,可分别用电动及压缩空气两种能源起动。

(3)蒸汽发生装置

蒸汽发生装置,即锅炉,用于向船上各热量需求单元提供蒸汽,如各油/水舱柜的加热、冬季舱室取暖、厨房做饭等。"育鲲"轮设置有主机废气锅炉和燃油锅炉各 1 台。

废气锅炉位于主机排烟总管上,位置较高。航行时,300 ℃左右的主机排烟进入废气锅炉加热炉水,产生蒸汽而实现余热回收;废气锅炉还可降低主机排气噪声,起到环保之功效。

燃油锅炉利用燃油的燃烧热产生蒸汽。靠港或锚泊时,主机停车,则废气锅炉停用,此时需将燃油锅炉投入使用。

废气锅炉和燃油锅炉之间由循环水泵形成强制水循环。炉水的补充由锅炉给水泵从热水井补入燃油锅炉水腔。除给锅炉提供补给水外,热水井还可实现对蒸汽凝水的收集、炉水净化和投药处理等功能。

（4）动力系统

船舶动力系统主要包括压缩空气系统、冷却水系统、燃油系统、滑油系统、蒸汽系统、机舱通风及排气系统等。为主机安全运转服务的是前四个动力系统。

①压缩空气系统

大型船舶柴油机的起动惯性很大，需要较大的起动能量，一般采用 $2.5\sim3.0$ MPa 的压缩空气作为起动能源。柴油机要实现自动控制，一般也需要 0.7 MPa 左右的控制空气。

"育鲲"轮压缩空气系统主要包括空气压缩机组、空气瓶、空气干燥器和减压阀站等。

空气压缩机共 4 台。2 台主空压机，在正常情况下通过主空气瓶对主机和发电机组提供起动空气；1 台接应急电源的辅空压机，在应急情况下通过主空气瓶对发电机组提供起动空气；1 台位于应急发电机间的手动应急空压机，在瘫船情况下通过应急空气瓶向应急发电机提供起动空气。

空气瓶用于储存空压机产生的压缩空气，根据用途不同，可分为主空气瓶、控制空气瓶及杂用空气瓶等。

各减压阀站将 2.5 MPa 左右的压缩空气降压，以便用作控制空气或杂用空气。

②冷却水系统

在工作过程中，为避免柴油机部件热负荷过大，需要进行冷却。船舶上普遍采用的冷却介质是水，包括海水和淡水。

"育鲲"轮采用的是中央冷却水系统，该系统又可分为海水冷却系统、低温淡水冷却系统和高温淡水（又称缸套水）冷却系统。

海水系统主要包括 3 台主海水泵和 2 台中央冷却器；低温淡水系统主要包括低温淡水膨胀柜和 3 台低温淡水泵；高温淡水系统主要包括高温淡水膨胀柜、2 台高温淡水泵、除气水箱、主机缸套水冷却器等。

在中央冷却器内，海水对低温淡水进行冷却；在滑油冷却器和缸套水冷却器内，低温淡水分别对主机滑油和缸套水进行冷却；在主机缸套、缸头和排气阀处，高温淡水对主机本体进行冷却。

③燃油系统

船用燃油一般可分为劣质燃料油（即重油）和轻柴油。重油价格低廉，但燃烧性能较差，为常规使用燃料；轻柴油燃烧性能较好，价格也较高，主要在机动航行时供主机燃用。

主机燃油系统通常包括加装、储存、驳运、净化和供给 5 个环节。

"育鲲"轮游步甲板左右两舷均有燃油加装接头，加装的燃油分别储存在重油储存舱和轻柴油储存舱内。燃油驳运泵可将燃油从储存舱驳至沉淀柜，在适宜的温度下进行一定时间的静置沉淀，密度比油大的水分和杂质会沉淀下来，实现初步净化。分油机是燃油净化的核心装置，其采用离心分离原理，通过高速旋转，将密度比油大的水分和杂质甩到分油机外缘，实现进一步的净化。在本船的分油机间，设置有 1 台轻柴油分油机和 2 台重油分油机。沉淀柜中的燃油经过分油机的分离，被送至燃油日用柜，并由供油单元供应至主机。供油单元除实现燃油供给功能外，还可实现燃油的最终过滤、加压、加温等，以便将黏度、压力和流量适宜的燃油供应至主机。

④滑油系统

二冲程十字头式主柴油的滑油系统一般包括气缸油润滑系统和主滑油循环系统（也称

曲轴箱润滑系统），"育鲲"轮也不例外。

气缸油用于润滑柴油机的气缸活塞组件，系统主要包括气缸油储存柜、气缸油驳运泵、高置气缸油日用柜、气缸油泵站、气缸油注油器、气缸油注入定时传感器等。

主滑油循环系统是为主机内部运动副（主轴承、连杆大端轴承和十字头轴承等）的润滑而设置的，并可将运动部件间摩擦产生的热量等带走。完成润滑功能后，滑油流回到位于主机机座下方的滑油循环柜。该系统主要包括：主机滑油循环柜、2 台主滑油泵、滑油冷却器、滑油自清滤器、2 台滑油分油机等。

（5）海水淡化装置

远洋船舶一般都设有海水淡化装置，以减小水舱容积，增加货运量。"育鲲"轮设置有真空沸腾式和反渗透式海水淡化装置各一套。

真空沸腾式海水淡化装置，俗称"造水机"，利用盐分几乎不溶于低压水蒸气的特性，使海水在低压下受热汽化，然后冷凝，从而获得含盐量很低的淡水。"育鲲"轮造水机所造淡水存放于蒸馏水舱，主要供锅炉热水井补水所用。

反渗透式海水淡化装置，其基本原理是使高压的海水流经半渗透膜，淡水从中渗透而出，大部分盐分被阻隔下来，从而将海水淡化。"育鲲"轮反渗透式海水淡化装置所造淡水存放于制淡水舱，供日用淡水或饮用淡水所用。

（6）冷藏和空调系统

远洋船舶航线较长，必须有一定的伙食储备，一般设置有伙食冷藏系统。在"育鲲"轮主甲板后部的冰机间内，设有活塞式制冷压缩机 2 台，用于对冷库进行制冷。

为给船员提供舒适的工作和生活环境，船舶一般都设置空调系统，调节工况可分为夏季制冷工况和冬季取暖工况。一般货船的空调系统直接使用冷剂与风进行热量交换，而"育鲲"轮由于教学实习生活区较大，使用冷水机组提供制冷工况。具体方式为压缩制冷系统的冷剂在蒸发器中吸收冷媒水的热量，7 ℃左右的冷媒水由冷媒水泵送到分布在生活区的各空气处理单元，在此被冷媒水冷却的风经空调风机送至各房间。冬天取暖工况只需打开蒸汽加温阀和加湿阀即可将合适温度和湿度的风送到各房间。"育鲲"轮设有半封闭双螺杆式压缩机组 6 台，用于空调制冷。

（7）防污染设备

"育鲲"轮所配置的防污染设备主要包括油水分离器、焚烧炉和生活污水处理装置。

油水分离器用于对船舶机舱处所内各设备泄漏的含油污水进行物理分离，使排出舷外的水中含油分数在 $15×10^{-6}$ 以内。若没有达到该标准，系统会使污水重新回到污水存放柜，再次进行循环分离。

焚烧炉用于对机舱中的各种固体废弃物和污油泥进行焚烧处理。

来自生活区的卫生下水、盥洗室的下水和厨房污水均必须接入生活污水处理装置，经过处理后方可入海。"育鲲"轮在减摇鳍舱内设置 2 套生化式生活污水处理装置。

（8）甲板机械

船舶甲板机械主要包括舵机、起货机、锚机、绞缆机等。

"育鲲"轮舵机为液压驱动的转叶式舵机。高压的液压油通过流量的改变驱动转叶转动，由此带动水中的舵叶转动，从而改变船舶航向。

"育鲲"轮是专用教学实习船，船上没有货舱，因此没有专用的起货机，仅在艇甲板左右舷各设置一台物料吊,用于吊装船舶物料、备件、伙食等。

锚机和绞缆机,分别在锚泊和靠港时用于收放锚链和缆绳。和大部分船舶类似,"育鲲"轮首部设左右锚机兼绞缆机,船尾设左右绞缆机。

(9)集控室

集控室设有主机操纵台、机舱监测报警系统、阀门遥控系统、仪表盘台、船舶电站等设备,轮机员可在集控室对机舱机械设备进行监视和控制。在主机操纵台可以对主机进行控制;机舱监测报警系统用于对机舱大部分设备的运行参数进行远程的监视;阀门遥控系统用于对压载水、污水等管系的阀门进行遥控操作;仪表盘台用于对一些关键性的设备进行直观的监视和控制;船舶电站管理全船的电力系统。

二、机舱设备的布置

每艘船的机舱布置各有特点,不一定相同。比如说集控室有的安排在机舱的侧边,有的安排在后边。又比如空气瓶有的横卧,有的则直立着,有的主淡水泵放在机舱下层,有的则放在第二层。机舱各种各样的设备很多,作为轮机管理人员首先要去了解和熟悉。下面分别介绍"育鲲"轮机舱设备布置。

从艇甲板左舷烟囱侧门进入机舱第四层,见图1-6,首先就可看见辅锅炉的上部本体和体积庞大的废气锅炉,在辅锅炉附近还有焚烧炉、焚烧渣油柜、压力开关、压力变送器、蒸汽压力表,稍远一些还有高温淡水膨胀柜、焚烧炉(轻油)。

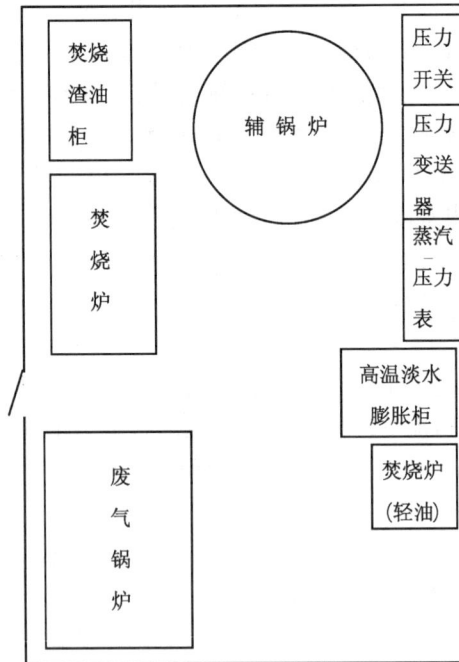

图1-6 "育鲲"轮主机舱第四层布置图

顺着楼梯下到机舱的第三层,见图1-7,可以看到辅锅炉的下部本体和燃烧器、锅炉水的加药装置、锅炉燃烧控制箱、两台强制循环泵、主机气缸油日用柜、锅炉轻油日用柜、锅炉重油日用柜、低温淡水膨胀柜。

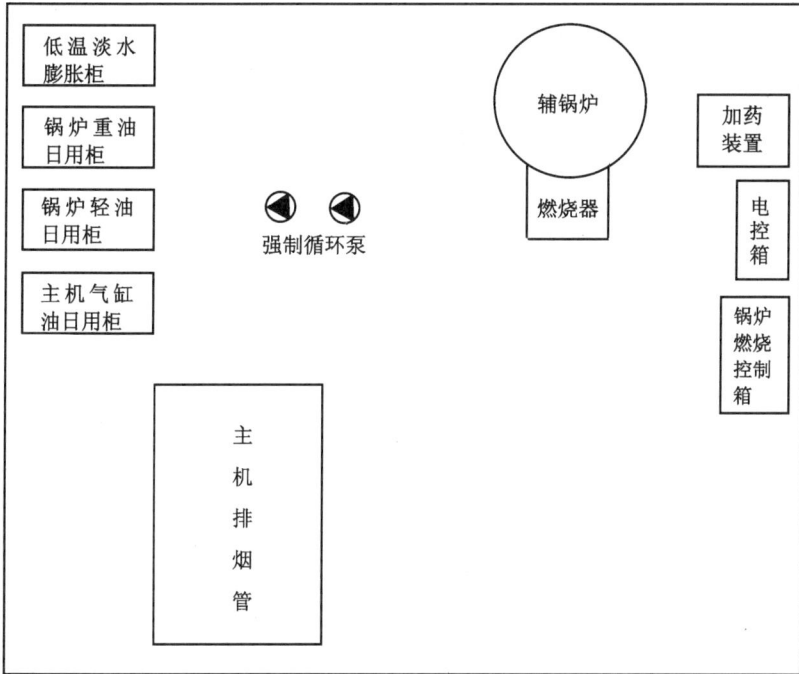

图 1-7 "育鲲"轮主机舱第三层布置图

　　再下楼梯到机舱的第二层,见图 1-8,这里有集中控制室、大气冷凝器、热水井、两台锅炉补水泵、缸套预热器、预热泵、雨水收集柜、真空蒸发式造水机、蒸汽分配箱、两台主机缸套水泵、除气器、主机燃油单元、轮机储藏间、No. 1 重油日用柜、No. 2 重油日用柜、No. 1 重油沉淀柜。分油机室内有轻油沉淀柜、轻油日用柜、轻油分油机、No. 1 重油分油机、No. 2 重油分油机、No. 2 重油沉淀柜等。

　　最后下到机舱底层,见图 1-9,可以看到主机的曲轴箱门(如果要检查内部,打开此门可以看到十字头、导板、滑块、活塞杆、连杆、曲柄臂等)、轴带发电机、消防水压力柜、消防稳压泵组、低位海水箱、No. 1 主空气瓶、No. 2 主空气瓶、控制空气瓶、杂用空气瓶、DPU2、高位海水箱、消防泵、消防泵总用泵、舱底泵、三台主海水泵、两台中冷器、主机滑油储存柜、主机滑油净油柜、主机气缸油储存柜、两台主空压机、电动应急空压机、两台滑油分油机、滑油分油机供油单元、机舱水喷淋灭火系统、滑油精滤器、DPU1、CPP 液压控制单元、三台低温冷却淡水泵、主机滑油冷却器、主机缸套水冷却器、主机滑油滤器、两台主机滑油泵、渣油泵组、油水分离器、主机空冷器化学清洗柜、污水泵、水密门液压控制单元等。

　　从主机舱进入副机舱,见图 1-10,首先可以看到很显眼的三台柴油主发电机,然后可以看到反渗透造水装置、冷水机组冷媒水泵操作单元、DPU3、辅空气瓶、辅机滑油储藏柜、两个辅机淡水预热单元、热水压力柜、两台热水循环泵、淡水压力柜、两台日用淡水泵、两个 No. 1 左右重油油舱、三台空调冷水机组、三台冷媒水泵、两台压载泵、压载水处理装置、海水压力柜、两台卫生海水泵、两台轻柴油输送泵、两台燃料油输送泵。

　　从副机舱进入减摇鳍舱,见图 1-11,可以看到两套生活污水处理装置、两套减摇鳍装置、消防喷淋泵、两台空气泵、应急消防总用泵、污水泵、粉碎泵、水喷淋压力柜、喷淋淡水泵。

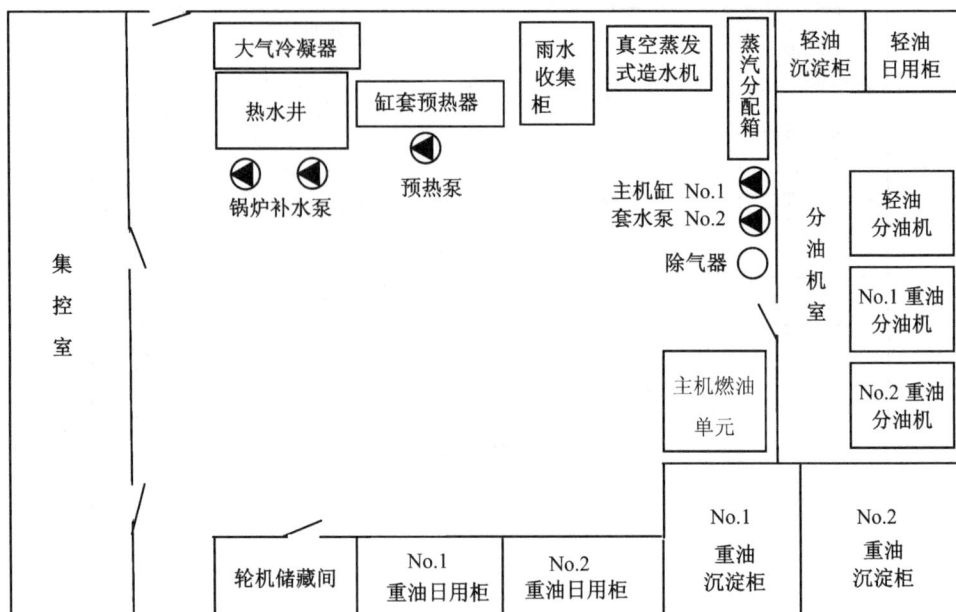

图 1-8　"育鲲"轮主机舱第二层布置图

第四节　船舶主要部位和舱室的名称

1. 甲板

自船首至船尾纵向连续且从一舷伸至另一舷的平板,称为甲板。沿着船长方向不连续的一段甲板,称为平台甲板,或称为平台。船舶主要部位名称参考图 1-12。

甲板按照位置分为上甲板、下甲板等。

上甲板(有时即为主甲板),是船体最上面一层纵向连续(自船首至船尾)的甲板。上甲板一般都是露天甲板。

上甲板之下的甲板,自上而下的分别称为第二甲板、第三甲板等,并统称为下甲板。

2. 主船体与上层建筑

在上甲板以下的船体,称为主船体,或称为船舶主体。在上甲板及以上的所有围蔽建筑,统称为上层建筑。

3. 船楼与甲板室

在上甲板及其以上的围蔽建筑物的两侧壁,是伸向船舶两舷并同船壳板连在一起的,或两侧壁不同船壳板连在一起,但离壳板向内的距离不大于 0.4 倍船宽的,这种围蔽建筑物称为船楼,有时也称为船舶上层建筑。

在上甲板及以上的围蔽建筑的两侧壁,离船壳外板向内的距离大于 0.4 倍船宽的,这种围蔽建筑物称为甲板室。

上层建筑的布置位置、层数、长短和数目,是由船舶的大小、类型、用途、机舱位置、航海性能和船舶外形美观要求等因素决定的,一般在机舱的上方总是布置有上层建筑的。

根据船楼或甲板室沿着船长方向布置的不同,船楼又分为艏楼、桥楼和艉楼。

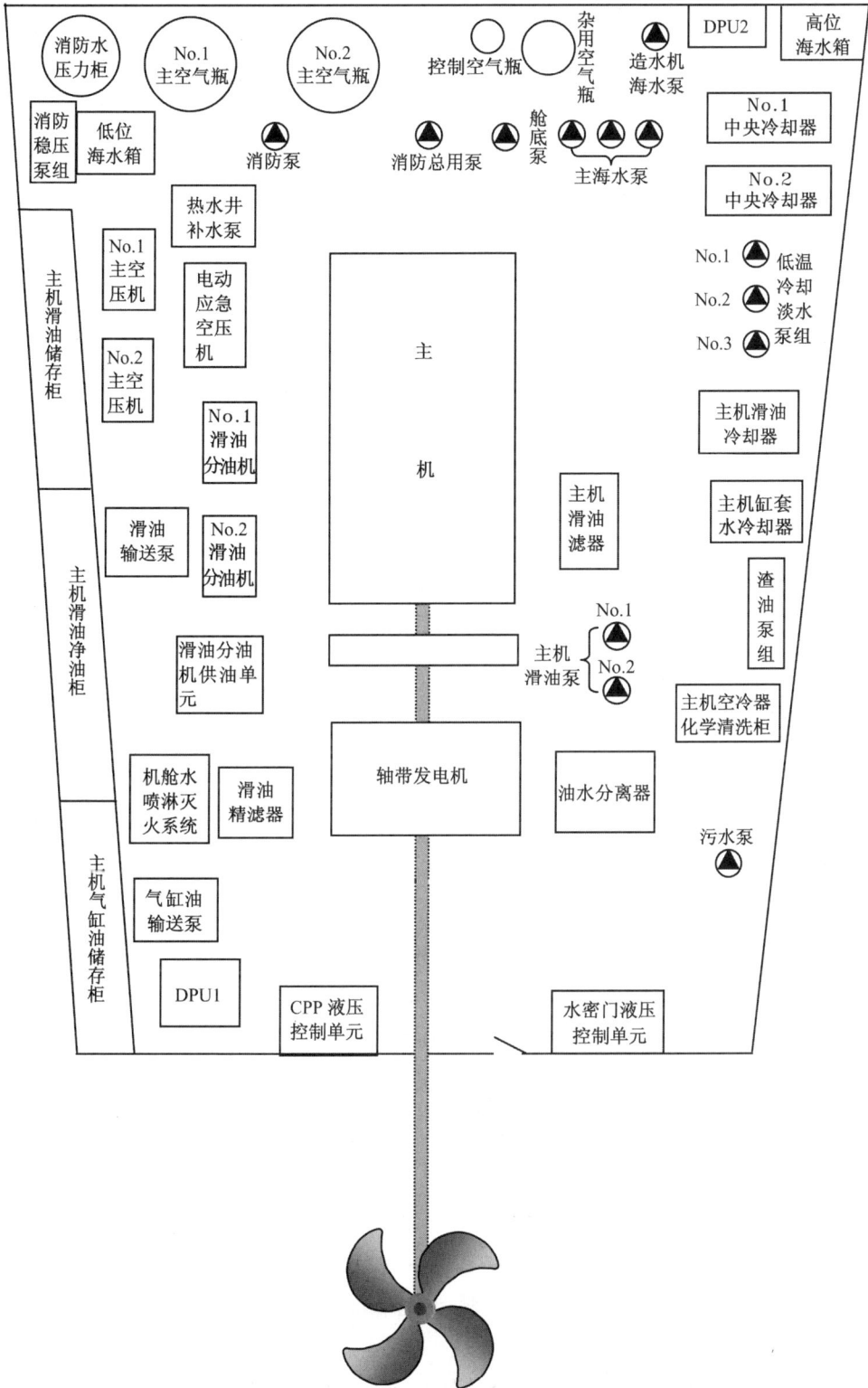

图 1-9 "育鲲"轮主机舱底层布置图

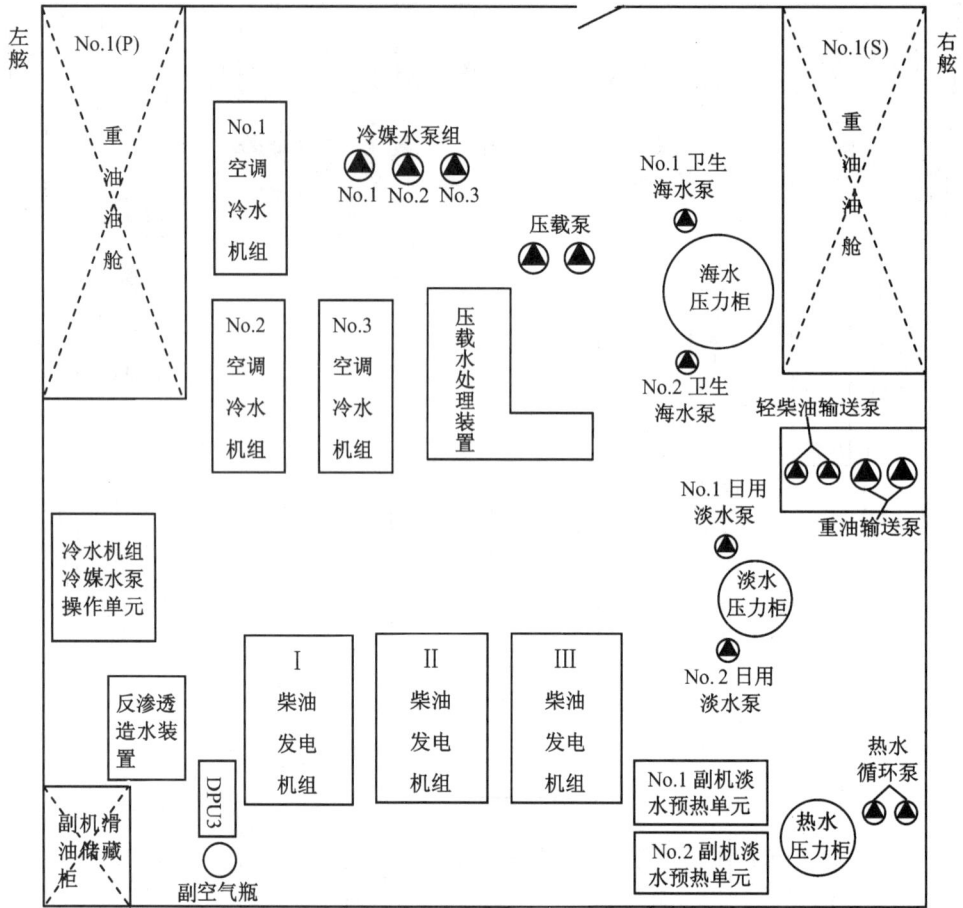

图 1-10 "育鲲"轮副机舱底层布置图

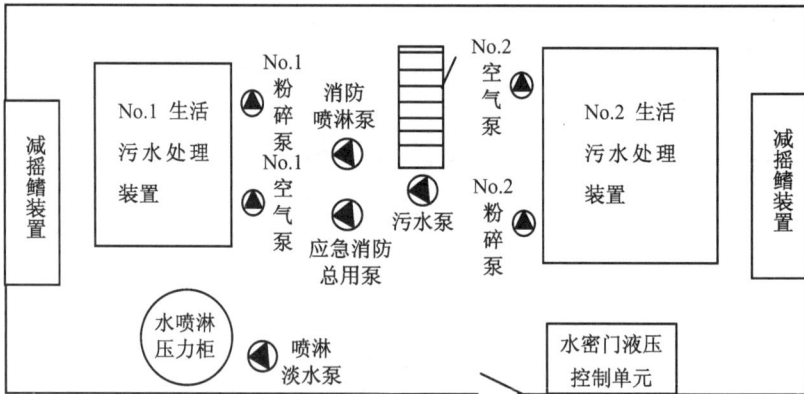

图 1-11 "育鲲"轮减摇鳍舱布置图

4.艏楼

位于船首部的船楼,称为艏楼。艏楼的长度一般为船长 L 的 0.1 倍左右,超过 0.25 倍船长的艏楼,称为长艏楼。艏楼一般只设一层。艏楼的作用是:减小船舶首部甲板上浪;并

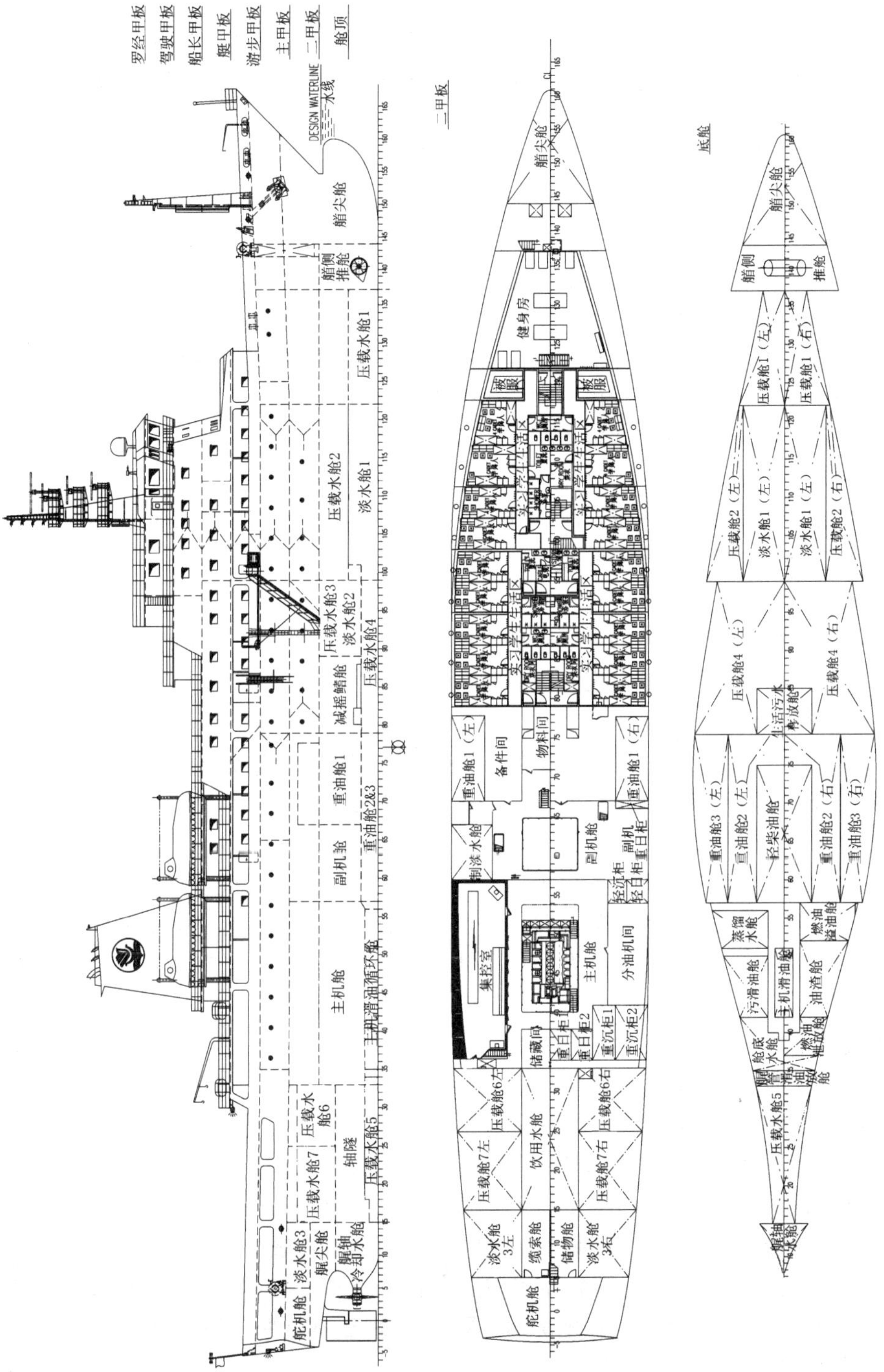

图 1-12 船舶主要部位名称

可减小纵摇,改善船舶的航海条件;艏楼内的舱室可作为储藏室,长艏楼内的舱室可用来装货。

5. 桥楼

位于船长中部或中前部的上层建筑(船楼)称为桥楼。长度大于 0.15 倍船长且不小于本身高度 6 倍的称为长桥楼。桥楼主要用来布置驾驶室和船员居住处所并保护机舱。

6. 艉楼

位于船尾部的上层建筑称为艉楼。长度超过 0.25 倍船长的,称为长艉楼,艉楼的作用是可减小船尾甲板的上浪和保护机舱,并可布置甲板室、船员居住处所和其他用途的舱室。

7. 舱壁

竖向布置的壁板称为舱壁。从一舷伸至另一舷的横向竖壁板称为横舱壁。船舶首尾方向布置的竖向壁板称为纵舱壁。

船舶的主船体和上层建筑被甲板、平台、横舱壁和纵舱壁以及壁板分隔成许多的舱室。这些甲板、舱壁和舱室,根据它们的位置和作用的不同又有着不同的名称。

在上层建筑中主要有下列一些甲板。

8. 罗经甲板

罗经甲板又称顶甲板,是船舶最高一层甲板,一般都是驾驶室顶部的甲板。在罗经甲板上设有桅、雷达天线、探照灯和标准罗经等。

9. 驾驶甲板

驾驶甲板在船上设置驾驶室的一层甲板。该层甲板上的舱室处于船舶的最高位置,所以驾驶室、海图室、报务室和引航员房间等通常布置在该层甲板上。

10. 船长甲板

"育鲲"轮的船长、轮机长房间就布置在船长甲板上,这层甲板处于船舶驾驶室的下一层。船东、报务员、贵宾室和引航员房间也设在这一层甲板上。

11. 艇甲板

艇甲板是放置救生艇或工作艇的甲板。从救生角度出发,要求该层甲板位置较高,艇的周围要有一定的空旷区域,以便在紧急情况下人员集合并能迅速登艇。艇通常都存放于两舷侧,能快速放入水中。船长、轮机长及一些公共活动场所的房间一般布置在该层甲板上。

12. 起居甲板

起居甲板主要是用来布置居住舱室及生活服务的辅助舱室的甲板,驾驶员、轮机员、电机员等房间布置在这层甲板上。

13. 上层建筑内的上甲板

水手、厨工等船员房间,以及厨房、餐厅等往往都设在这一层甲板上。

14. 游步甲板

在客船或客货船上,供旅客散步或活动的甲板,甲板上有宽敞的通道或活动场所。

在上层建筑的各层甲板中,大部分面积用于布置船员和旅客的房间、生活辅助设施房间、公共活动场所、驾驶室及其有关设施房间。除此之外,还有下列一些舱和储藏室。

15. 陀螺罗经室

陀螺罗经室一般尽可能地布置在船舶摇摆中心附近。该室是一个专用舱室,内设主罗经、分罗经、电压调节器等。该室的门要求经常加锁。而陀螺罗经用的变流机存放在陀螺罗经室旁边的一个单独房间内。

16. 应急发电机室

应急发电机室是为海损提供应急电源而设的安装应急发电机及其配电板的房间。按规范要求,应急发电机必须在船的中后部舱壁甲板以上较高的地方,一般位于艇甲板上,不能与机炉舱相通,并设有单独的门通至露天甲板,以备应急使用。

17. 蓄电池室

蓄电池室是存放蓄电池的房间,也位于艇甲板上,因蓄电池常有易爆性气体和电解液逸出,所以室内要铺设防腐蚀垫层。室内不宜装电气设备或电缆,照明应用防爆灯,室内有独立的通风系统,设有密闭的门窗,以有效封闭。

18. 制冷机室

制冷机室是供安置制冷机及其有关设备的房间。一般靠近冷藏舱室附近。对于非氨制冷系统的制冷机室可设在机舱内。

19. 空调室

空调室是存放空调机的房间,一般位于艇甲板上。

20. 各种储藏室

储藏室包括灯具间、油漆间、缆绳和索具间等。这些储藏室要求远离生活区,一般位于艏楼内、起货机平台下面等处。灯具间、油漆间都是钢质围蔽的单独舱室,设有向外开的门,并可直接通向露天甲板。

21. 冷藏库和粮食库

冷藏库和粮食库一般位于厨房附近,出入口远离卫生间,且方便物品的搬运。

根据物品对冷藏温度要求的不同,冷藏库一般分 2~4 个室,分别贮存鱼、肉、蔬菜、乳品、水果等。

大型船舶的粮库,分干粮库与湿粮库,干粮库存放米、面粉等;湿粮库贮放油、酒和饮料等。

22. 机舱

除了个别大型客船设有两个机舱以外,一般商船设置一个机舱。

机舱在船上的布置位置有三种形式,即艉机型、中艉机型和中机型。机舱要求与货舱必须分开,因此在机舱的前后端均设有水密的横舱壁。

机舱内的双层底较其他货舱内的双层底高,这主要是为了和螺旋桨轴线配合,以免主机底座太高,易引起振动。另外,双层底高可增加燃料舱、淡水舱的容积。

23. 货舱

一般货船,在内底板和上甲板之间,从艏尖舱舱壁至艉尖舱舱壁的这一段空间,除了布置机舱之外,基本上都是用来布置货舱。

在两层甲板之间的船舱,称为甲板间舱,最下层甲板下面的船舱称为货舱,也称为底舱。船舱的名称排号,是从船首向船尾数,如 No. 1,No. 2……甲板间舱,No. 1,No. 2……货舱。

通常,每一个船舱只设一个舱口,但是有的船因装卸货物的需要,在一个船舱内横向并排设置两个或三个货舱口,如有的运木船、集装箱船等。也有的货船在一个船舱内纵向设置两个货舱口。

船舱内的布置,要求结构整齐,通风管道、管系和其他设施都要安排在船舱范围之外,即在结构范围以内,不妨碍货物的装卸。

24. 液舱

液舱,是指用来装载液体的舱,如燃油舱、淡水舱、压载舱、液货舱等。

(1)液舱布置的特点

①与一般货物(矿石等除外)相比较,由于液体的密度大,一般都在船的低处,有利于船舶稳性。

②考虑船的破舱稳性,液舱一般都对称于船舶纵向中心线布置。

③液舱的舱壁都是水密或油密的,除了开专门清洗和维修用的人孔之外,不准开其他孔。

④为了减小自由液面对稳性的影响,液舱的横向尺寸都较小。

⑤液舱内设有输出输入管、空气管、溢流管、测深管等。

(2)液舱的种类

①燃油舱

燃油舱是供储存主、辅机所用燃油的舱。

因为主机用的重油,需要加温才可以抽出,为了减少加热管系的布置,重燃油舱一般布置在机舱的前壁处和机舱的两舷侧处,以及机舱下面的双层底内。

辅机用的轻柴油舱,一般都布置在机舱下面的双层底内。

②燃油溢油舱

当燃油舱装满燃油而通过溢流管溢出时,流入溢油舱内。为了能使溢出的燃油能自行流入溢油舱内,一般溢油舱都布置在船舶的最低处。燃油溢油舱中的燃油可经过管系再注入燃油沉淀舱内。

③滑油舱

滑油舱是供贮存滑油的舱,也称滑油柜。滑油舱的四周要设置隔离空舱,与清水舱、燃油舱、压载水舱及舷外水等隔开,以免污染滑油。

④循环滑油舱

循环滑油舱是供贮存主机用的循环滑油的舱。通常都设在机舱下面的双层底内,也需要在其四周设置隔离空舱与其他舱隔开。

⑤污油舱

污油舱是供贮存污油用的舱。舱的位置较低,以利于外溢、泄漏的污油自行流入舱内。在舱上设有人孔,供清理油渣人员出入,并设有油管通向油水分离器,以便处理污油。

⑥淡水舱

淡水舱通常为饮用水舱、清水舱、锅炉水舱的统称。这些舱都布置在靠近居住舱室和机舱下面的双层底内,也有的布置在艉尖舱内。锅炉水舱的位置靠近锅炉舱附近。

饮水舱,要求舱内的结构和涂料应能保持水质清洁,一般在舱的内壁涂有水泥。

⑦污水舱

污水舱是供贮存污水的舱。机舱或货舱内因设备和管路等由于泄漏产生的污水会流入污水井中,然后可用污水泵排入污水舱,在适当的时候用污水处理装置处理达标后方可将其排出舷外。

⑧压载水舱

当船舶的吃水和重心位置达不到一定要求时,对船舶的稳性和推进性能会产生许多不利影响,必须装压载水航行。双层底舱、深舱、艏艉尖舱、散货船的上下边舱、集装箱船与矿砂船的边舱,都可以作为压载水舱。

⑨艏尖舱

艏尖舱是位于船首部防撞舱壁之前、舱壁甲板之下的船舱。艏尖舱作为压载舱用,对调整船舶纵倾作用较大,在艏尖舱的纵中剖面位置上设有制荡舱壁(在舱壁上开有流水孔),起缓冲舱内水的冲击作用。

⑩艉尖舱

艉尖舱是位于船舶尾部最后一道水密横舱壁之后、在舱壁甲板或平台甲板之下的船舱。艉尖舱主要作为压载舱或淡水舱。

⑪双层底舱

位于内底板、船底外板之间的水密舱称为双层底舱。双层底舱主要是作为装压载水、燃油、淡水等液舱。

⑫深舱

从广义上讲,除了双层底舱之外,所有深的液舱都可以称为深舱,如燃油舱、淡水舱、艏艉尖舱等。但是有些船,由于船体结构和机械设备都较轻,而稳性又要求高,双层底舱和艏艉尖舱全部用来装压载水还达不到吃水和稳性的要求,需要另设 1~2 个深舱,专门用来装压载水。

⑬液货舱

许多杂货船设有 1~2 个装运液体货物的深舱,如装载动、植物油(石油产品是用油船装运)。当无液货时,也可以作为压载水舱用。

25.减摇鳍舱

减摇鳍舱是用来布置和安装减摇鳍设备的舱,位于船舶中部用钢板围起来的两个水密小舱,并与船舶的中心线对称地布置,也可和其他设备装在一个共用舱室内。

26.侧推器舱

侧推器舱是用来布置和安装侧推器动力装置和控制设备的舱,位于船舶前部(和后部)用钢板围起来的水密小舱,通常设在其他舱室的下部。

27.隔离空舱

隔离空舱是一个狭窄的空舱,专门用来隔开相邻的两舱室,以避免两种不同性质的液体相互渗透。如上述不同种类的滑油舱之间、燃油舱与滑油舱之间、油舱与淡水舱之间等均需设隔离空舱。有的油舱与货舱之间也需设隔离空舱,但燃油舱与压载水舱之间并不需要设置隔离空舱。隔离空舱比较窄,一般只有一个肋骨间距,并设有人孔供进出检修,油船上的泵舱可兼作隔离空舱。隔离空舱俗称"干隔舱"。

28.锚链舱

锚链舱是专门用来堆放锚链的舱。其位于起锚机下方的艏尖舱内,用钢板围起来的两个圆形或长方形的水密小舱,并与船舶的中心线对称地布置。锚链舱的大小与锚链的长度有关。锚链舱的底部设有排水孔,将锚链带进的泥水排掉。

29. 轴隧

中机型和中艉机型船,推进轴系要穿过机舱后面的货舱,因此必须从机舱的后面舱壁至艉尖舱舱壁之间设置一个水密的结构,将推进轴系围在里面,轴系由此通至螺旋桨,它保护轴系不受损坏,并防止水从艉轴管进入船舱内,便于工作人员检查、维修。轴隧通常称为艉轴弄。

30. 舵机间

舵机间是布置舵机的舱室,位于舵的上方艉尖舱的顶部水密平台甲板上。因布置舵机的需要,艉尖舱舱壁可允许仅通至水线以上的艉尖舱顶部的水密平台甲板上。

31. 应急消防泵舱

根据 SOLAS 公约的要求,按照船舶的大小要设置有一定能力的应急消防泵。应急消防泵要求设在用钢板围起来且与机舱无关的水密舱内,也可和其他设备共处一舱。要求在船舶位于最浅的吃水时也能抽上水。

32. 货舱内斜梯

在货舱内,每一个货舱都有两个垂直梯子,梯口一般设在桅屋内(起货机平台下的甲板室)。

所谓澳大利亚式斜梯,是澳大利亚港湾工人联合会(Australian Waterside Workers' Federation)为了保障装卸工人的安全,要求在澳大利亚港口装卸的散货船,在货舱内必须设置图 1-13 所示的斜梯。梯子的上下两端为直梯,每一个直梯的高度不得大于 20 ft(约 6 m),两个直梯子之间要求设置斜梯,直梯与斜梯连接处设置小平台。

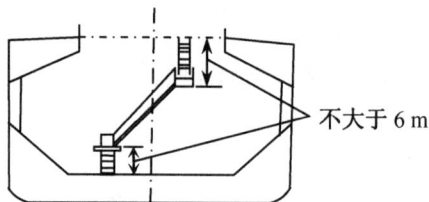

图 1-13　澳大利亚式斜梯

33. 桅屋

桅屋是围在桅周围的甲板室。在桅屋顶上一般设置起货机,称为起货机平台。桅屋内布置有起货机的电气开关等装置、物料,也有的存放二氧化碳瓶。从上甲板通往货舱的梯口设在桅屋内。

第五节　船舶尺度和尺度比

这里所介绍的船舶尺度,主要是指表示船体外形大小的基本量度。

在船舶设计和建造中,船舶的性能和强度计算,以及营运管理上,所使用的船体外形尺度是不完全相同的,因而船舶尺度的量度位置也不完全相同。

常用的船舶尺度有三种:主尺度、登记尺度、最大尺度。

一、主尺度

主尺度是用垂线间长 L_{bp}×型宽 B×型深 D(或船长 L×型宽 B×型深 D)这三个尺度表示。

根据《钢质海船入级规范》中的定义,主尺度是从船体的型表面上量度的尺度。除此之外,在船舶的设计、建造和性能计算中,还用到总长 L_{oa}、设计水线长 L_{wl} 和型吃水 d 等,也都是从船体的型表面上量取的尺度。

下面分别地介绍这些尺度的定义和主要用途。

1. 船长 L

沿设计夏季载重水线,由艏柱前缘量至舵柱后缘的长度;对无舵柱的船舶,由艏柱前缘量至舵杆中心线的长度,即艏艉垂线间的长度;但均不得小于设计夏季载重水线总长96%,且不必大于97%,如图 1-14 所示。

对于箱形船体,船长 L 为沿设计夏季载重水线自船首端壁前缘量至船尾端后缘的长度。

通常所称的船长用垂线间长 L_{bp} 代表。船长用符号"L"表示,并以米(m)为单位。

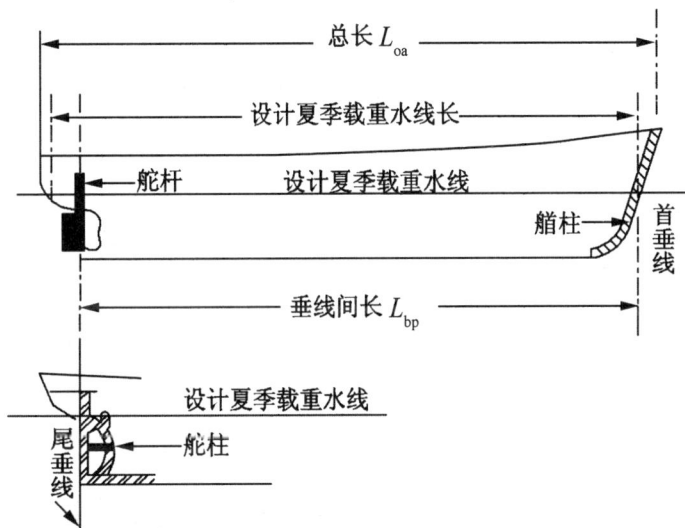

图 1-14　船长

在同样的排水量情况下,船长的不同,对船体重量、船舶阻力、总纵弯曲强度、船舶布置等有不同的影响。

2. 型宽 B

在船体的最宽处,由一舷的肋骨外缘量至另一舷的肋骨外缘之间的水平距离(见图 1-15)。

通常所称的船宽即为型宽,以符号"B"表示,并以米(m)为单位。

船宽的大小,对船舶稳性、快速性、耐波性以及甲板面积等有较大的影响。

3. 型深 D

在船长中点处,沿船舷由平板龙骨上缘量至上层连续甲板横梁上缘的垂直距离;对甲板转角为圆弧形的船舶,则由平板龙骨上缘量至横梁上缘延伸线与肋骨外缘延伸线的交点(见图 1-15)。

型深用符号"D"表示,单位为米(m)。型深的大小对船舶干舷、舱容、稳性、抗沉性以及空船重量等有较大的影响。

4. 总长 L_{oa}

总长包括两端上层建筑在内的船体型表面最前端与最后端之间的水平距离(见图 1-14)。

总长以符号"L_{oa}"表示。在船舶总布置设计和纵倾调整等方面要用到它。

5. 设计水线长 L_{wl}

设计夏季载重水线而与船体型表面首尾端交点之间的水平距离,通常满载水线的长度即为设计水线长。

设计水线长以符号"L_{wl}"表示。在船舶的许多航行性能计算中都是用设计水线长。

6. 型吃水 d

型吃水是在船长中点处,沿着船舷由平板龙骨上缘量至夏季载重水线的垂直距离(见图 1-15)。

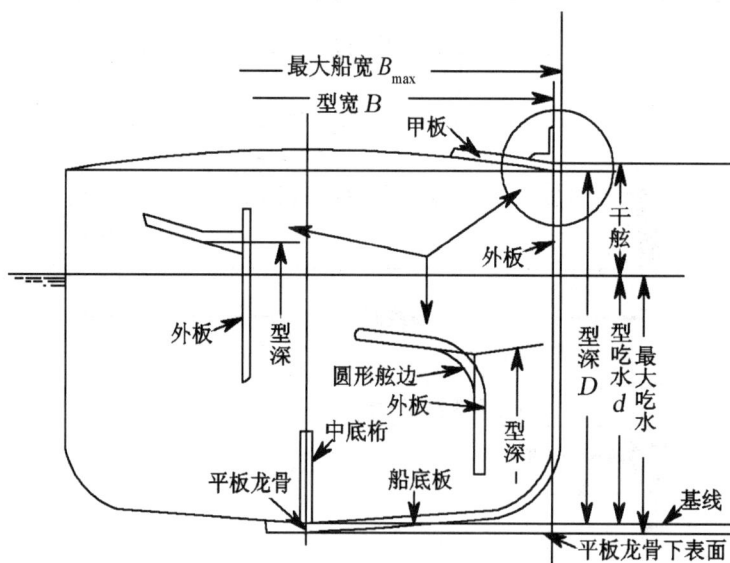

图 1-15 型宽、型深和吃水

型吃水以符号"d"表示,以米(m)为单位。

"吃水"一词,是指船舶在水面以下的深度。根据量度位置的不同,吃水主要分为:型吃水、实际吃水(或外形吃水)、设计吃水(或满载吃水)、空船吃水、压载吃水、艏吃水、艉吃水、平均吃水等。

型吃水是根据船体型表面量度的,它不计入水下突出物和船底板的厚度,而且是量至设计水线(或满载水线、夏季载重水线)。在船舶设计中,各种船舶性能的计算均用型吃水。它对船舶稳性、抗沉性、船体强度、船舶阻力和操纵性等都有较大的影响。

外形吃水或称实际吃水,是从船舶外形的最低点(包括附体或水下突出物在内)量至某一水线面的吃水。对于平直型龙骨线船底又无突出物的船型,在夏季载重水线时的实际吃水与型吃水仅差龙骨板的厚度。船舶营运中,对于吃水受限制的水域,要特别注意船舶实际吃水的大小。

设计吃水,通常均指满载吃水,是船舶处于满载排水量状态时的吃水,船舶在正常航行状态下的最大吃水。当计入水面下的突出物和船底板厚度时,即为实际吃水。若从型表面量度时则为型吃水。

空船吃水,是船舶处于空船排水量状态的吃水。空船吃水主要用于设计计算,实际营运中很少出现,因为营运中的船总是留有一定量的油和水等。

压载吃水,是船舶处于压载排水量状态时的吃水。

艏吃水,是首垂线处的吃水,通常用符号"d_F"表示,可以是型吃水或实际吃水。

艉吃水,是尾垂线处的吃水,通常以符号"d_A"表示,可以是型吃水或实际吃水。

艏吃水和艉吃水的大小对船舶的操纵性、快速性等有很大影响。船舶压载压状态航行时,艉吃水总是要大于艏吃水,不使螺旋桨和舵露出水面。

平均吃水,是艏吃水与艉吃水的平均值,当船舶有横倾又有纵倾时,平均吃水是左右舷相应的艏艉位置测得的吃水平均值。当船舶的纵倾角不大时,通常可用平均吃水来进行有关的船舶各种性能计算。当纵向倾斜角很大时,不能用平均吃水代表船舶的吃水状况而进行有关的计算。

二、登记尺度

船舶在完成吨位丈量工作并填写吨位证书之后,需要申请登记。登记的内容包括船名、船籍港、螺旋桨数目、建造日期、建造地点和船舶尺度等。该处所使用的船舶尺度,也称为船舶登记尺度,船舶登记尺度是根据《船舶吨位丈量规范》中的规定所定义的。目前,我国船舶所使用的登记尺度分两种:持有"国际船舶吨位证书"的船舶是用"国际航行船舶"的登记尺度,即按《1969年国际船舶吨位丈量公约》中所规定的定义(与《1966年国际载重线公约》中所规定的船舶尺度定义相同)。持有"船舶吨位证书"的船舶,用"国内航行船舶"的登记尺度。

1.国际航行船舶的登记尺度

(1)长度:量自龙骨板上缘的最小型深85%处水线长度的96%,或沿该水线从艏柱前缘量到上舵杆中心的长度,取两者中较大者。

(2)宽度:船舶长度[在(1)中所规定的长度]中点处的最大宽度,对于金属外板的船舶,其宽度量到两舷的肋骨型线,对于其他材料外板的船舶。其宽度量到船外板的外表面。

(3)型深

①型深是指在长度中点船舷处从平板龙骨上表面量到上甲板下表面的垂直距离。对木质船舶和铁木混合结构船,垂直距离是从龙骨镶口的下缘量起;如船舶中央横剖面的底部具有凹形,或装有加厚的龙骨翼板时,垂直距离是从船底平坦部分向内延伸与龙骨侧面相交的一点量起。

②具有圆弧形舷边的船舶,型深是从平板龙骨上表面量到甲板型线和船舷外板型线的交点。

③当上甲板为台阶型甲板,并且其升高部分延伸超过决定型深的一点时,型深应量到较低部分甲板与升高部分相平行的延伸线。

2.国内航行船舶的登记尺度

(1)量吨甲板长度:量吨甲板型线首尾两端点之间的水平长度。如量吨甲板有台阶时,则取其低者,并作延伸线进行量计。

(2)船宽:在船舶中剖面型线的最大宽度。对金属外板的船舶,应量至两舷外板的内表面;对非金属的船舶,测量至两舷外板的外表面。

(3)船深:对金属外板的船舶,系指在中剖面处从龙骨板上表面量至量吨甲板在船舷处的下表面的垂直距离;对非金属的船舶,此垂直距离应包括底板的厚度。

上述的船舶尺度,除了在船舶登记中使用外,主要是在船舶吨位丈量和计算中使用。

(4)量吨甲板。一般为第二层甲板.对于单甲板船为上甲板。量吨甲板是构成吨位规则的吨位空间的上部边界。

三、最大尺度

最大尺度包括:船舶最大长度、最大宽度、最大高度。

1. 最大长度 L_{max}

最大长度是船舶最前端与最后端之间包括外板和两端永久性固定突出物(如顶推装置等)在内的水平距离。

对于两端无永久性固定突出物的船舶,如木质、水泥、玻璃钢等船舶的最大长度等于总长,钢质船舶的最大长度与总长相差两端外板的厚度。最大长度是船舶的实际长度。

2. 最大宽度 B_{max}

最大宽度是包括外板和永久性固定突出物(如护舷材、水翼等)在内的垂直于中线面的船舶最大水平距离。

对于两舷无永久性固定突出物的船舶,如木质、水泥、玻璃钢等船舶,最大宽度等于型宽,钢质船舶的最大宽度与型宽相差两舷外板的厚度。最大宽度是船舶实际宽度。

3. 最大高度

最大高度是从船舶的空载水线面垂直量到船舶固定建筑物(包括固定的桅、烟囱等在内的任何构件)最高点的距离。

船舶在停靠码头,进坞,过船闸、桥梁和狭窄航道以及船舶避碰等要用到船舶最大尺度。

四、船舶主尺度比

船舶主尺度比是表示船体几何形状特征的重要参数,其大小与船舶的航海性能有着密切的关系,主要的有:

1. 长宽比 L/B

长宽比一般是指垂线间长与型宽的比值。该比值越大,船体越瘦长,其快速性和航向稳定性越好,但港内操纵不灵活。通常高速船的长宽比大于低速船的长宽比。

2. 宽度吃水比 B/d

宽度吃水比一般是指型宽与型吃水比值。该比值大,船体宽度大,船舶稳性好。但横摇周期小,耐波性变差,航行阻力增加。一般海船的宽度吃水比小于内河船的宽度吃水比。

3. 型深吃水比 D/d

型深吃水比是指型深与型吃水比值。该比值大,干舷高,储备浮力大,抗沉性好;船舱容积增大,重心升高。一般客船的型深吃水比较大,而油船的型深吃水比较小。

4. 长深比 L/D

长深比是指垂线间长与型深比值。该比值大对船体纵向强度不利,所以在船舶规范中规定,一般干货船的长深比 $L/D \leqslant 17$。

5. 长吃水比 L/d

长吃水比一般是指垂线间长与型吃水比值。该比值大,船舶的操纵回转性能变差。

6. 宽深比 B/D

宽深比一般指型宽与型深的比值。宽深比对船体结构强度有较大影响,该比值愈大,则船舶的中横剖面愈扁,对船体纵横向强度愈不利,因此,在船舶建造规范中规定,一般干货船舶宽深比值 $B/D \leqslant 2.5$。

第六节　船舶的排水量、载重量和吨位

船舶主尺度和船型系数是表示船体外形大小和肥瘦程度的重要量度。但是,它们还不能全面地表达一条船的大小。如主尺度相同的船,在船舶重量、舱室容积、载重能力、建造规模等方面,可能有很大的差别。因此,还必须用表示船舶重量和容积等方面的量度。

表示船舶重量方面的量度有:船舶排水量和载重量,包括空船排水量、满载排水量、载重量、净载重量等。

表示船舶容积方面的量度有:船舶吨位(包括总吨位和净吨位)及舱室容积(包括包装容积和散装容积)等。

一、船舶排水量和载重量

船舶排水量,是指船舶自由漂浮于静水中,保持静态平衡所排开水的质量或重量,通常以符号"D"表示。排水量等于船舶重量。因此,当船舶的载重不同时,就有不同的排水量。对于民用船舶有实用意义的排水量为:空船排水量和满载排水量。介于这两者之间的其他排水量是不具有代表性的,很少去研究它。

1. 空船排水量

空船排水量等于空船重量。其是指民用船舶装备齐全,但无载重时的船舶排水量。除了船体和机器设备等的重量之外,空船重量还包括固定压载、备件、管系中的液体、液舱中不能吸出的液体、给水,以及锅炉和冷凝器中的水在内,但不包括船员、粮食、淡水、供应品、燃料、滑油、货物和旅客。

在船舶营运中,计算船舶重量或排水量时,空船重量是作为一个固定值使用的。因此,新造的船舶,或经大修出厂的船舶,船厂要计算出准确的空船重量提供给船上。

2. 总载重量

船舶总载重量,通常简称为载重量。其是船舶允许装载的可变载荷的最大值,通常以符号"DW"表示。总载重量包括船员、粮食、供应品、淡水、燃料、滑油、货物和旅客等重量。它表示船舶运输中总的载重能力。

3. 净载重量

船舶净载重量,是载重量中允许装载的货物与旅客,包括行李及随身携带的物品在内的最大重量。它反映船舶的运输能力,其值的大小影响船舶的运输成本。

4.满载排水量

满载排水量等于空船排水量加上总载重量时的排水量。满载排水量是反映船舶大小的一个重要量度,是船舶的许多性能、结构、载重能力等计算的主要依据。

船舶排水量和载重量所用的单位是吨(t),1 t=1 000 kg。

船舶排水量、尺度和船型系数之间有如下关系:

$$D = LBdC_b\rho$$

式中:D——吃水为 d 时的排水量(t);

L ——吃水为 d 时的水线长度(m);

B ——吃水为 d 时的水线宽度(m);

d ——船舶吃水(m);

C_b——吃水为 d 时的方形系数;

ρ——舷外水的密度(t/m^3)。

在这里需要特别注意的是,通常用重量来表示船舶大小的时候,所指的都是载重量而不是船舶的排水量。例如称某船是万吨级的船,意思是说该船的总载重量为一万吨左右,而不是说它的排水量为万吨级的。因为用排水表示船舶的大小,无经济上的意义,但船舶性能和强度计算时要用到船舶的排水量。

二、船舶吨位

一条船舶的排水量和载重量,只能表示船舶的总重量和运载重量的大小;而同样重量的货物,由于密度的不同,特别是旅客,所占的空间有很大的差异,要求船舶的尺度会有很大的不同。这样,仅用载重量所量度的船舶的大小和营运能力,不能完全反映一条船舶的容积的大小、营运能力和营利情况。因此,船舶还需要采用一种表示内部容积的量度。

船舶吨位,就是表示船舶内部容积大小的量度。

船舶吨位又称为登记吨位,分为总吨位和净吨位。

总吨位,以符号"GT"表示,简称为总吨,是表示根据《船舶吨位丈量规范》中的各项规定丈量确定的船舶总容积。

净吨位,以符号"NT"表示,简称为净吨,是表示根据《船舶吨位丈量规范》中的各项规定丈量确定的船舶的有效容积。

第七节　干舷、载重线标志和水尺

一、储备浮力与干舷

1.储备浮力

为了保障船舶的航行安全,在任何情况下都不允许船体的水密空间全部浸入水中。就是说在载重水线以上,必须保留一部分水密空间留作备用,因为甲板上浪或结冰会增加船舶的重量,另外,一旦发生海损船体内部进水,为了使船舶能保持一定的漂浮能力或不致立刻沉没,都需要有一定的备用水密空间提供浮力,支持增加的重量。因此,满载水线(设计水线)以上的船体水密部分的体积所具有的浮力,称为储备浮力。

2. 干舷

所谓干舷,通常是指船舶夏季最小干舷。它是在船中处,沿舷侧的夏季载重水线量至干舷甲板上表面的垂直距离。

干舷甲板,是按载重线公约或载重线规范所要求的,用以计算最小干舷的基准甲板。通常干舷甲板是最高一层全通甲板,在该层甲板及其下面的两舷侧,所有的水密开口都有永久性的水密封闭装置。

储备浮力的大小,一般是用干舷的高度来衡量的。干舷越大,载重水线以上的水密空间就越大,即储备浮力也就越大,所以干舷就被用作为衡量储备浮力大小的一个尺度。

为了既能保证船舶的航行安全,又能使船舶具有尽可能大的装载能力,每条船都必须具有一个最小的储备浮力,即限定了最大的吃水。或者说规定了最小干舷。船舶在任何情况下,装载重量都不得使干舷小于所规定的最小干舷。

最小干舷高度的大小是由船舶的长度、型深、方形系数、上层建筑、舷弧、船舶种类、开口封闭情况以及船舶航行的区带、区域、季节期和航区决定的。

二、载重线标志

在海洋上,风浪是影响船舶航行安全的重要因素。为了保障船舶的安全航行和最大的载重能力,根据海洋上风浪的大小和变化的规律,将世界上具有相似风浪条件的海域分成若干区域,称为区带或区域;又在同一区带或区域内,按风浪变化的不同时期,划分为季节区带和季节区域,此种季节时期,称为季节期。如分为热带、夏季、冬季、北大西洋冬季。船舶航行在不同的区带、区域和季节区带、季节区域,规定使用不同的最小干舷,即规定了最高的吃水线。

船舶在不同季节期所使用的最小干舷,是用载重线标志的形式勘绘在船长中部的两舷(见图1-16),并对船舶颁发载重线证书,以示证明有效。这项工作是由各国政府所属的验船机构执行,或政府委托船级社代表政府执行的。在我国是由中华人民共和国委托中国船级社所属各验船机构勘绘载重线标志,并签发载重线证书。

勘划船舶载重线标志的意义就是:在保证船舶安全航行的条件下,又根据海上风浪的情况,最大限度地利用了船舶的载重能力。

1. 国际航行船舶的载重线标志

根据《1966年国际载重线公约》的规定,国际航行船舶应勘绘的载重线标志、载重线和甲板线的形式如下:

(1)甲板线

甲板线是勘绘在船中两舷侧的一条长300 mm、宽25 mm,其上边缘通过干舷甲板的上表面(有木铺板时,为木铺板的上表面)向外延伸与船体表面的相交线的线段(见图1-16)。

(2)载重线圈

载重线圈是一个外径为300 mm、线宽为25 mm的圆圈和一条与圆圈相交的水平线段。水平线段长度为450 mm、宽为25 mm,其上边缘通过圆圈的中心。圆圈中心位于船中处,从甲板线上边缘垂直向下量至圆圈中心的距离等于所核定的夏季最小干舷。在圆圈的两侧标注两个字母,代表核定勘绘干舷的验船机构。如绘有"ZC"两个字母,代表中国船级社(汉字拼音)核定勘绘。

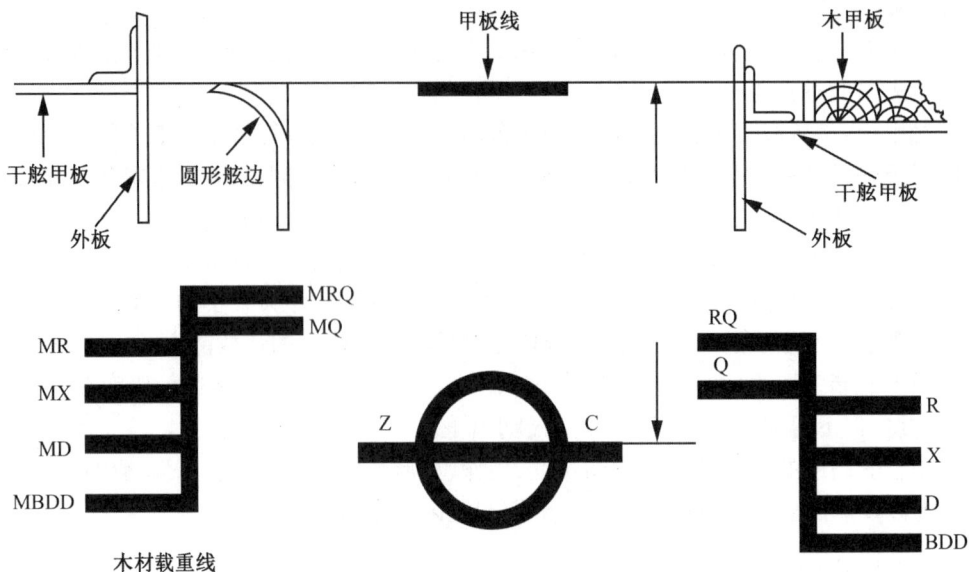

图 1-16 载重线标志

（3）载重线

各载重线分别以长 230 mm、宽 25 mm 的水平线段表示。各载重线与一根位于载重线圈中心向首 540 mm、宽 25 mm 的垂直线相垂直。各载重线的上边缘为船舶航行在不同区域、区带和季节区域、季节区带中所允许的最高载重水线位置，即代表各区域、区带和季节期船舶所允许的最小干舷。

各载重线上的字母符号代表的意义如下：

"X"——夏季载重线（国际上采用"S"）；

"R"——热带载重线（国际上采用"T"）；

"D"——冬季载重线（国际上采用"W"）；

"BDD"——北大西洋冬季载重线（国际上采用"WNA"），船长大于 100 m 的船舶不需勘绘北大西洋冬季载重线；

"Q"——夏季淡水载重线（国际上采用"F"）；

"RQ"——热带淡水载重线（国际上采用"TF"）。

对于运木材船，木材载重线勘绘在载重线标志向船尾一侧。而客船需要在载重线的下方绘有分舱载重线。

2. 国内航行船舶的载重线标志

由于沿着海岸附近的风浪较小，国内航行船舶的最小干舷比国际航行的船舶的最小干舷要小一些。另外，我国国内航行船舶无冬季载重线。

三、水尺

水尺是表示船舶吃水的标记，也称吃水标志。它用数字和线段刻画在船首、尾和船中两舷的船壳板上（见图 1-17），分别标明相当于首垂线、尾垂线和船中横剖面处的实际吃水值。所用单位为国际单位或英制。我国用国际单位制，以 m 或 cm 为单位。用阿拉伯数字标绘，每个数字高为 10 cm,字与字的间隔也为 10 cm(英制:用阿拉伯数字或罗马数字标绘,每个数字高为 6 英寸,字的间隔也为 6 英寸)。每一个数字的下缘(与水尺线段的下缘为同一水平面)表示该数字所指的吃水值。读取吃水时,看水面与水尺数字下缘相切的位置。例如水面刚好与"9.7"数字的下边缘相切,则表示吃水为 9.7 m;当水面淹没"9.7"字体的一半,则吃水为 9.75 m;当水面刚好淹没"9.7"的上边缘,表示吃水为 9.8 m。

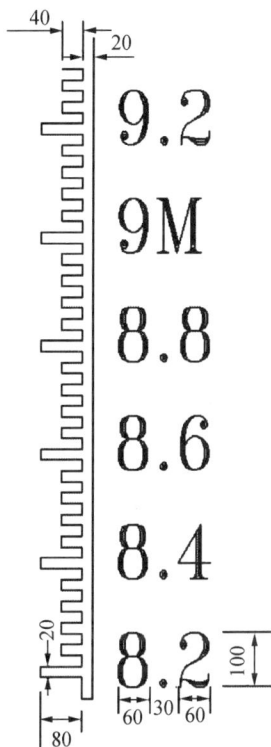

图 1-17 吃水标志

第八节 航速、续航力

一、航速

航速,也称为船速,其是船舶航行时相对于陆地或静水的速度,即在单位时间内船舶相对于陆地或水所能航行的距离。

航速的单位:海船的航速单位用"节"(kn)表示。1 节等于每小时航行 1 海里(1 n mile =1 852 m),即相当于 0.514 4 m/s。海船的航速用节表示,是为了使用海图方便,因为地球的纬度的一分在海面上的距离等于 1 n mile。内河船舶的航速单位用千米/时(km/h)表示。

但是在船舶的有关性能计算中,航速的单位通常都是用米/秒(m/s)表示。

船舶在不同的情况下会使用不同的航速,所以航速有不同的名称,如:设计航速、试航航速、服务航速、拖曳航速等。

1. 设计航速 v_s

设计航速是指船舶在设计阶段时，通过计算得出来的船舶在设计状态（通常为满载排水量或满载吃水时）下所能达到的航速。

船舶设计部门根据船东的要求，通过选择适当的主机功率、船体几何形状、尺度和螺旋桨的主要技术参数，并在规定的海况与船体表面光滑的条件下，设计出船舶应达到的航速。船舶建造完工后，需要在设计时规定的条件下进行试航，实际测出船舶的航速，检验是否达到了设计航速。所以，设计航速是船舶的一个重要的设计指标。

2. 试航航速 v_t

试航航速船舶试航时测得的航速。新造的或大修后的船舶均需进行试航，以检验其各项航行性能。测定试航航速时，要求船舶为预定排水量，主机在额定工况下，横倾不超过 $1°$，无首纵倾，推进器有足够浸深，天气良好，试航区水面的水深和航道宽度要满足实船试验不受浅水影响标准要求。

3. 服务航速

服务航速又称常用航速、营运航速，是运输船舶在一般海况下经常使用的航速。服务航速用于船舶常年航行，是主要的航速。所以，在船舶设计中确定主机功率或螺旋桨要素时，有时以服务航速为依据。服务航速由于风浪和船舶污底的影响略低于试航航速，服务航速下的主机功率一般用持久功率。

二、续航力

续航力是船舶一次装足燃料后在一般海况下以规定航速航行时所能达到的最大距离。续航力有时也用时间概念表示，即船舶按预定航行要求能连续航行多少时间。续航力通常由用船部门根据船舶的使用要求、主要航行路线、装添燃料的地点等项考虑在设计任务书中给定。续航力是船舶重要性能指标之一，也是计算船上需带燃料、滑油、炉水（有时包括饮用水）、食物等数量的主要依据。

第九节　船级

1. 船级

船级是验船机构根据船舶的类型、技术状况和航行区域授予船舶的技术级别，并以符号和标志表示。

2. 船舶入级

船东向验船机构申请，办理获得船级，并经过验船机构检验，授予相应的船级，称为船舶入级。

每次获得的船级，有效期为 4 年左右。当有效期满时，欲保持船级需要再申请，经检验之后符合要求方可保持船级。

3. 船舶入级的意义

（1）入级的船舶，是对船舶的技术状况的一种公证的评价。

（2）保险商对入级的船舶愿意给予优惠的保险和较低的保险费用。

（3）货主愿意用入级的船舶托运货。

（4）在船舶买卖和租船时，船舶入级可作为船舶技术状况的衡准。

（5）某些国家的港口，只允许入级的船舶装运危险品货物进出港口。

4. 船级符号和标志

（1）船级符号

船级符号是表示船舶技术级别的符号，用来表示该船的航区、技术状况和监督方式等。

①★ZCA 表示船舶的船体部分（包括设备）是在中国船级社的监督下建造的，符合船级社的入级规划要求，并保持良好有效的技术状态，适于海上航行。

②★ZCA 表示船舶的船体部分（包括设备）是在中国船级社承认的船级社监督下建造的，且经过中国船级社的检验和审查，认为符合中国船级社的入级规划要求，适于海上航行。

（2）附加标志

除了普通干货船外，其他船舶须在船级符号后加一个或数个下述附加标志，用来表示船舶的航区、类型、专门用途、冰区加强等级，以及保证抗沉性的破舱数等。

例如，表示船舶类型的附加标志：

①油船：附加标志为　Oil Tanker；

②散货船：附加标志为　Bulk Carrier；

③矿砂船：附加标志为　Ore Carrier；

④集装箱船：附加标志为　Container Ship；

⑤滚装船：附加标志为　Ro/Ro Ship；

⑥拖船：附加标志为　Tug；

⑦挖泥船：附加标志为　Dredger。

表示特种任务的附加标志：

⑧科学调查船：附加标志为　Research Ship；

⑨实习船：附加标志为　Training Ship。

表示航区限制的附加标志：

⑩距岸 20 n mile 以内：附加标志为　For service within 20 nautical miles offshore

表示冰区加强的附加标志：

⑪最严重的冰况：附加标志为　Ice Class B1*；

⑫严重的冰况：附加标志为　Ice Class B1；

⑬中等的冰况：附加标志为　Ice Class B2；

⑭轻度的冰况：附加标志为　Ice Class B3；

⑮除大块固定冰以外的漂流浮冰：附加标志为　Ice Class B。

第二章 船舶推进装置与柴油机

船舶航行需要克服一系列的阻力。使船舶克服阻力,并以一定的航速航行的装置称为推进装置。船舶推进装置的形式多种多样,其组成也不尽相同。在船舶推进装置的组成中,为船舶提供航行动力的核心动力机械称为船舶主机。根据船舶推进装置形式不同,船舶主机的形式也不同。采用蒸汽推进装置的船舶,如蒸汽机船,其主机为主锅炉;采用柴油机推进装置的船舶,其主机为柴油机;采用燃气轮机推进装置的船舶,其主机为燃气轮机;采用电力推进装置的船舶,其主机为主发电柴油机或蓄电池或太阳能板等;采用核动力推进装置的船舶,其主机为核反应堆。

目前,在各种推进装置中,船舶主机是动力核心。柴油机以其热效率高、经济性好、功率范围广、功率重量比较高、机动性良好和可靠性高等优势,被广泛应用为船舶主机。其中,大型船舶通常采用二冲程柴油机作为主机;部分中小型船舶、柴油机-电力推进船、滚装船和客船通常采用四冲程柴油机作为主机。除此之外,柴油机在船舶上的应用还包括:发电柴油机、应急发电柴油机、应急消防泵用柴油机、应急空压机用柴油机、救生艇和救助艇发动机等。其中,发电柴油机又称为副机。

了解并掌握船舶推进装置的基本组成,及其各部件的维护管理注意事项,是确保船舶安全的基础。其中作为船舶主机和副机,柴油机工作状态的好坏,更是直接关系到船舶的安全性和经济性。操纵、保养船舶推进装置及柴油机,是轮机管理人员最为重要的工作。本章在介绍船舶推进装置的基础上,主要介绍柴油机的相关知识以及主机和副机的运转管理。

第一节 船舶推进装置

在航行中,船舶既受到水的阻力,也受到空气的阻力。水阻力主要包括摩擦阻力、形状阻力和兴波阻力。为了使船舶克服阻力,需要给其施加一定的动力。船舶获取前进动力的方式主要包括:船桨(橹)、风帆、明轮、螺旋桨和喷水推进器等。在各种推进方式中,螺旋桨的应用最为广泛。本节主要结合实例介绍以螺旋桨为推进器的推进装置。

一、推进装置简介

推进装置也称主动力装置,是船舶动力装置中最重要的组成部分。它包括主机、传动设备、传动轴系和推进器等。其作用是由主机发出功率,通过传动设备和轴系传递给推进器,从而为船舶提供航行动力。本节中推进器是指螺旋桨。

根据传动设备和轴系的布置形式不同,推进装置可以分为直接传动、间接传动、Z形传动和电力传动。主机直接通过轴系驱动螺旋桨的传动方式称为直接传动,如图2-1中(a)所示。主机经减速齿轮和离合器驱动螺旋桨的传动方式称为间接传动,如图2-1中(b)所示。

主机经传动设备和轴系驱动螺旋桨,其轴系布置类似 Z 形,称为 Z 形传动装置,也称为悬挂式螺旋桨装置。主机驱动发电机,并将电能通过线缆传递给推进电机,由推进电机驱动螺旋桨的传动方式称为电力推进。通常推进电机与螺旋桨的组合称为吊舱式推进器。

以上各种类型的推进装置类,各有其优点和缺点,应该根据船舶的用途和需求进行选择。其中,直接传动方式因其结构简单、传动效率高和可靠性高等优势,在商船上获得广泛应用。本节主要介绍推进装置组成中的螺旋桨、传动轴系和传动设备。主机将在后面章节中介绍。

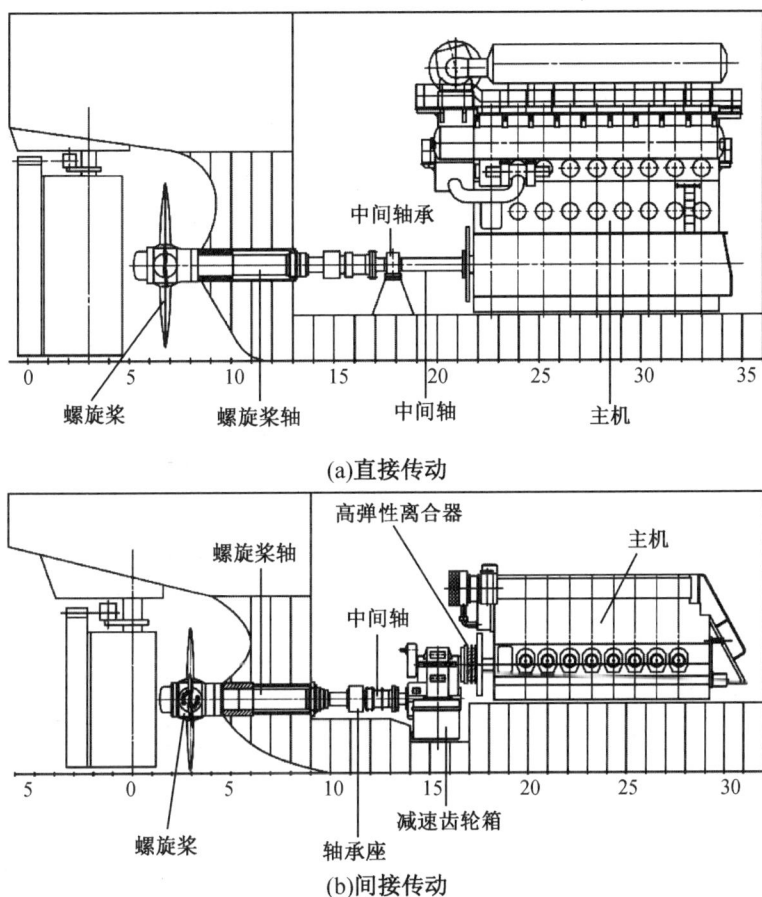

(a)直接传动

(b)间接传动

图 2-1　典型的船舶推进装置

二、螺旋桨

螺旋桨是一种反作用式推进器,通过接受扭矩以克服阻力矩并产生推力。螺旋桨的工作原理与风扇的扇叶相似。当螺旋桨转动时,将水向后(或向前)推出,并受到水的反作用力而获得向前(或向后)的推力,使船舶前进(或后退)。螺旋桨的结构、工作原理及工作特性,请参阅相关教材,如《船舶动力装置技术与管理》。

根据其结构形式,螺旋桨可以分为定距桨(Fixed Pitch Propeller,FPP)和调距桨(Controllable Pitch Propeller,CPP)。桨叶与桨毂之间采用固定连接方式,工作过程中保持固定螺距的螺旋桨称为固定螺距螺旋桨,简称定距桨。通过控制系统和控制装置,可以使桨叶与桨毂相对转动,以获得不同螺距的螺旋桨称为可调螺距螺旋桨,简称调距桨。相比于定距桨,调距桨的结构和控制系统较为复杂。在介绍调距桨基本特性和优缺点的基础上,本节主要以 MAN B&W 公司的 VBS980 型调距桨及其液压系统为例,对调距桨进行介绍。

1. 调距桨基本特性

对于调距桨船舶,当船舶阻力变化(螺旋桨进程比变化)引起推进特性变化时,可以用改变螺距的方法来补偿。只要螺距比取得恰当,在船舶阻力变化时,就能使主机运行在最佳的工况点。也就是可用改变螺距的方法去适应船舶工况的变化。

定距桨只有一组工作特性线,当进程比为常数时,它的推力、阻力矩、功率与转速之间的关系都只有一条线。而调距桨,在每个螺距下都有一组工作特性线。因此,调距桨的工作特性线由多组类似定距桨的工作特性线组成,如图 2-2 所示。图中 K_1 为螺旋桨推力系数,K_2 为螺旋桨扭矩系数,λ_P 为进程比。在阻力因素不变的情况下,螺距越大,则相同转速下的推力越大,阻力矩也越大。因而当船舶阻力发生变化时,可通过调整螺距比来控制螺旋桨转速和转矩及推力之间的关系,即可满足船舶阻力变化的需要。图中示出的螺旋桨等效率曲线,是指调距桨在不同工况时的效率变化情况。

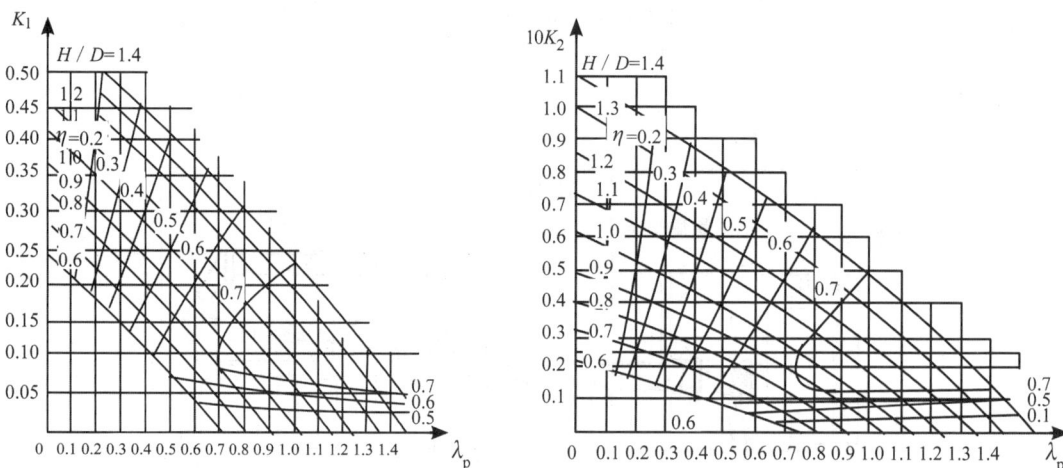

图 2-2 调距桨工作特性曲线

图 2-3 所示为调距桨推进特性(功率−转速特性) P_P 曲线。图中 P_P 为螺旋桨功率,n 为螺旋桨转速,λ_P 为进程比。由图可见,当进程比为常数时,调距桨的推进特性是以螺距比为参变量的一组曲线。

2. 调距桨的优点

调距桨是在定距桨的基础上发展起来的。它的出现和发展体现了船舶的需要,其主要优点包括以下内容。

(1)对航行条件的适应性强

由于可以改变螺距以获得不同的螺距比,进而可

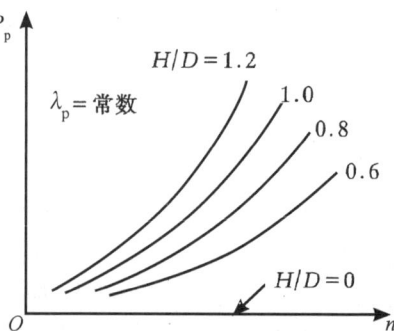

图 2-3 调距桨的功率与转速关系图

以使螺旋桨工作在不同的推进特性曲线下。在船舶阻力发生变化时,可以选用恰当的螺距

值以确保主机工作在最佳工况点。

（2）动力装置的经济性好

一般来说，由于调距桨的毂径比定距桨大，故在设计工况时，定距桨效率比调距桨效率稍高。但在非设计工况下运转时，定距桨的效率明显降低，离设计工况越远，下降越严重。

图 2-4 所示为调距桨的效率包络线。虚线 1 所示为某四叶定距桨的效率曲线，实线为该调距桨一组效率曲线，实线 2 所示为该调距桨的效率包络线。显然，在非设计工况下，调距桨效率比定距桨效率高。

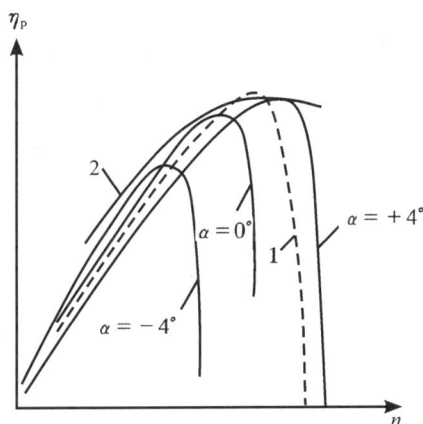

图 2-4　调距桨的效率包络线

调距桨的经济性还体现在可以选择转速 n 和螺距比 H/D 最佳匹配。对定距桨来说，要改变航速只有通过改变主机转速来实现。而调距桨可以根据航速的要求，在 n-H/D 的多组配合中找到使柴油机油耗率最低的一组配合，使不同航速下的配合点沿着最低耗油率曲线移动。

（3）船舶的机动性好

调距桨的螺距可由正最大值经零值变为负最大值，反之亦然。因此，主机不用换向就可实现船舶的前进和后退。同时，主机保持比较高的转速，依靠螺距的调节，可使船舶获得极慢的航速，即无级调速，完全不受主机最低稳定转速的限制。

此外，调距桨的螺距由正值变负值所需的时间较短，且能给出比定距桨更大的后退推力。因此，停船时间和滑行距离都比定距桨船舶短，一般只有定距桨的 30% ~ 50%。所以采用调距桨的船舶在靠离码头、窄水道航行、紧急避让等情况下机动性大为提高。

（4）有利于推进装置驱动辅助负载

装有调距桨的船舶在航行时，主机可以保持恒速运转状态，这对要求恒速运转的轴带发电机特别有利。这一优点也适用于某些轴带辅机的工程船舶，如挖泥船、消防船等。

（5）延长了主机的寿命

采用调距桨的推进装置，主机无须配备换向装置，减少了主机的起、停次数，不但减少了运动部件的磨损和受热部件的热疲劳损坏，也使结构简化，减少了维护管理工作。

（6）便于实现遥控

调距桨推进装置的操作可以在驾驶台由驾驶员直接操作（如同操纵车钟一样），整个控制系统较简单，容易实现遥控。

3.调距桨的缺点

为满足船舶的部分需求,调距桨应运而生。但是相对于定距桨而言,调距桨也有其固有的缺点。调距桨的缺点主要包括:调距桨和轴系的构造复杂,制造工艺高,造价也较高;桨毂中的转叶机构零件较多、空间小,维护保养困难,一旦损坏,船舶必须停航进坞,给营运带来损失;调距桨的毂径比 d/D 比定距桨大,因此在相同的设计工况下,调距桨的效率比定距桨的低 1%~3%;调距桨桨叶根部受叶根法兰尺寸限制和固定螺栓布置的影响,使叶根剖面宽度较小,为保证根部强度,叶根厚度相应增加,使桨叶根部容易产生空泡。

4.调距桨装置的组成

调距桨装置主要包括调距桨、传动轴、调距机构、液压系统、操纵系统等五个基本组成部分。图 2-5 所示为"育鲲"轮配备的 MAN B&W 公司 VBS980 型调距桨装置简图。

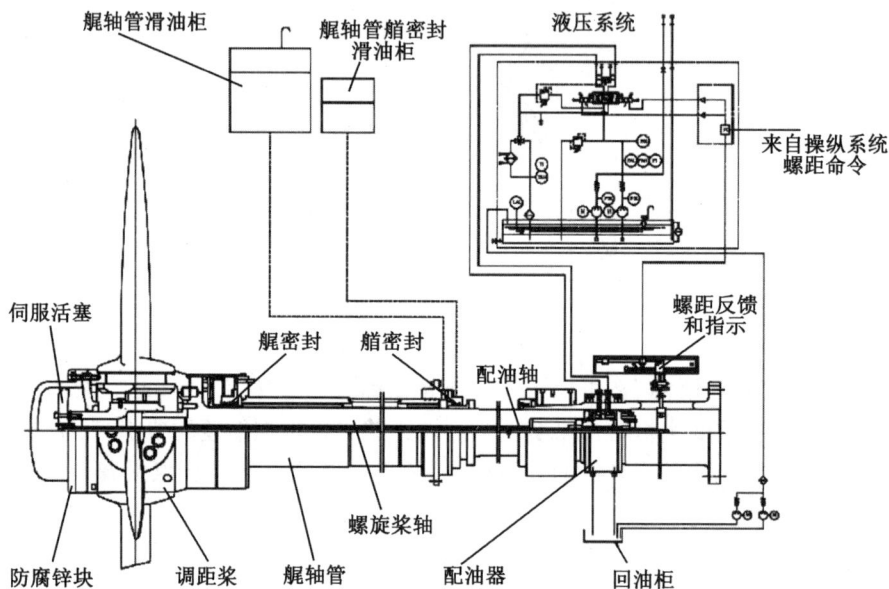

图 2-5　MAN B&W 公司的 VBS980 型调距桨装置简图

(1)调距桨

调距桨主要包括桨叶、桨毂和桨毂内部装设的转动桨叶的转叶机构。调距桨转叶机构的作用为转动桨叶以改变螺距。转叶机构通常采用曲柄滑块机构,将调距机构输出的往复运动转换为桨叶的回转运动。如图 2-6 所示,转叶机构的具体实现形式包括:曲柄滑块式和曲柄销槽式。图 2-6(a)所示为曲柄滑块式,其十字头上开槽,槽中设滑块。图 2-6(b)所示为曲柄销槽式,其十字头上带销,曲柄上开槽。这两种形式都可将十字头的往复运动变为曲柄的回转运动。它们的结构简单紧凑,传递扭矩能力大,应用广泛。

(2)传动轴

传动轴一般由螺旋桨轴和配油轴组成,两者用套筒联轴器相连。这种传动轴和定距桨的传动轴不同,它是中空的,其中设有调距杆;或者当伺服油缸位于桨毂内时中空的传动轴作为进、排油通道。

(3)调距机构

调距机构包括产生转动桨叶动力的伺服油缸、伺服活塞,分配压力油给伺服油缸的配油

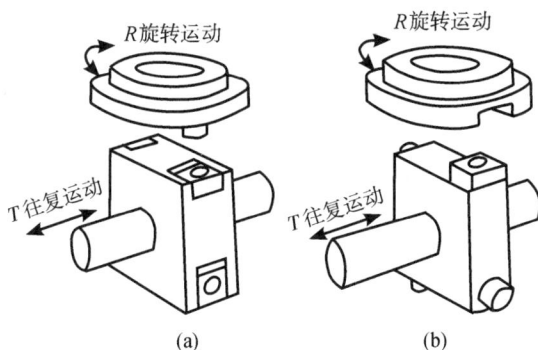

图 2-6　转叶机构工作原理

器,桨叶定位和桨叶位置的反馈装置及其附属设备等。它的主要任务是调距、稳距以及对螺距进行反馈和指示。

（4）液压系统

调距桨液压系统主要由油泵、控制阀（换向阀）、油箱和管件等组成。它的作用是为伺服油缸提供符合要求的液压油。图 2-7 所示为 MAN B&W 公司的 VBS980 型调距桨（CPP）液压伺服系统原理图。其工作状态主要包括:调距工况、稳距工况和应急工况。

①调距工况

操纵台发出的调距指令,传给比例调节阀 7。若此时指令信号使左电磁阀通电,比例调节阀 7 工作在左位。液压油柜 14 中的液压油经滤器 17 由伺服油泵 16 加压后,经止回阀 13、压力滤器 20、比例调节阀 7（左位）、管路 B、配油环中的液压锁 23,以及配油轴 6 中的油道进入伺服活塞 9 的左侧。伺服活塞右侧的油在活塞的推压下,经配油轴 6 中的另一油道、管路 A、比例调节阀 7（左位）、液压冷却器 15 和滤器 12 回至液压油柜。伺服活塞在两侧压差作用下向右移动,同时通过十字滑块和曲柄机构驱动桨叶回转。伺服活塞移动的同时,还通过活塞杆 5 和位置变送器 3,将桨转叶的动作传给伺服遥控箱 2,当达到要求的角度后,调距指令自动取消,电磁阀失电,比例调节阀 7 回到中位,液压锁 23 关闭,这一调节过程结束。另外位置变送器 4 将活塞杆 5 的位置传至操纵台的桨叶角指示器（即螺距指示器）,以显示螺距的大小。

②稳距工况

液压锁 23 关闭后,伺服活塞两侧的油都被锁闭阀中的止回阀封闭在伺服油缸中,靠油液的不可压缩性将桨叶固定在所要求的位置上。这种稳距方式是静态稳距。伺服油压调节阀 8 的作用是调节系统的工作油压,若操纵台不进行螺距改变操作时,伺服油压调节阀 8 将比例调节阀 7 前的压力控制在 2 MPa;当需要改变螺距时,无论比例调节阀 7 将工作在左位或右位,双向止回阀 22 都会有输出到伺服油压调节阀 8 的压力控制端,使该阀的设定压力随双向止回阀 22 输出端的压力升高而升高,设置该阀的目的是在系统不进行操作时将工作油压控制在一个较低值,而在系统进行操作时使工作油压随着负荷增加而增加,这样做的优点是可以节省能量。

工作中油压过高则由安全阀 21（设定压力 70 bar）泄压,过低由压力低开关 PSL57 发出报警信号。液压油柜油位过低由液位低位报警 LAL49 发出报警信号。

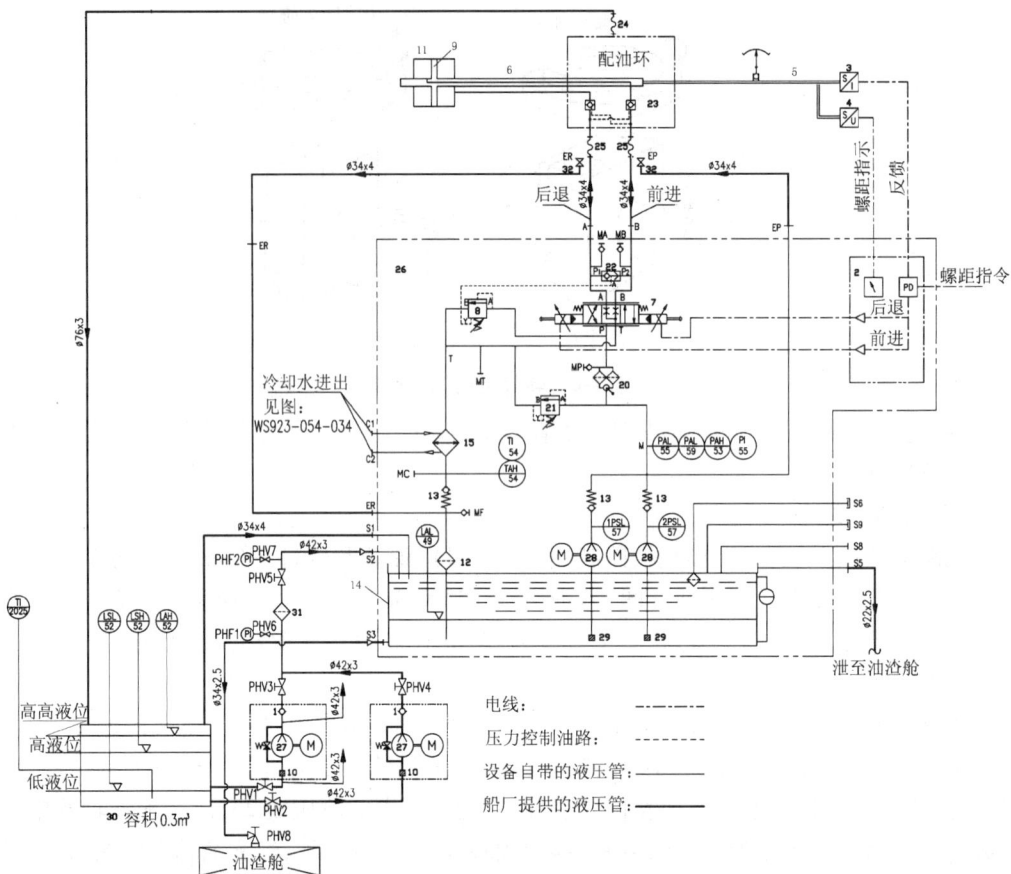

图 2-7 CPP 液压伺服系统原理图

1—止回阀;2—伺服遥控箱;3—位置变送器;4—位置变送器;5—活塞杆;6—配油轴;7—比例调节阀;8—伺服油压调节阀;9—伺服活塞;10—滤器;11—伺服油缸;12—滤器;13—止回阀;14—液压油柜;15—液压冷却器;16—电动伺服油泵;17—滤器;18—泄放油柜;19—滤器;20—压力滤器;21—安全阀;22—双向止回阀;23—液压锁;24—配油环泄放管;25—柔性接头;26—液压单元;27—输送泵;28—阀 EP/ER(用于锁桨);A—伺服油—后退;B 伺服油—前进;C1—冷却水进口;C2—冷却水出口;EP—锁桨动力油进口;ER—锁桨动力油回油;S1—泄放柜透气;S2—输送泵进动力单元油柜;S3—泄放口;S5—油盘泄放;S6—系统油注入/透气;S7—备用接口;S8—透气;S9—测深;TI54—温度计;PI55—压力表;LAL49—液位低位报警;LSL52—液位低位开关;LSH52—液位高位开关;LAH52—液位高位报警;PSL57—压力低开关;PAH53—压力高报警;PAL55—压力低报警;PAL59—压力低报警;TAH54—温度高报警;M、MA、MB、MC、MF、MP、MT—测量点

③应急工况

在调距桨装置中一般还设有应急锁紧桨叶装置,利用它可在应急情况下(例如液压系统失灵),把桨叶固定在一定的正螺距值,使调距桨变为定距桨。

5.操纵系统

调距桨操纵系统主要由操纵台、控制和指示系统组成。它的作用是按预先确定的控制程序同时调节主机的转速和调距桨的螺距,以获得所要求的工况。

(1)控制位置

在采用调距桨的船上,一般有三个位置可以改变螺旋桨的螺距,分别如下:

①机旁操纵

在调距桨泵站处,可利用控制箱上的旋钮或手推比例换向阀上的推杆来改变螺距。

②集控室操纵

通过集控室内主推进装置控制面板上的螺距控制手柄(即车钟手柄),即可调节螺距。

③驾驶台操纵

通过驾驶台主推进装置控制面板上的螺距控制手柄(即车钟手柄),即可调节螺距。

(2)控制模式

对采用调距桨的推进装置可以采用双手柄控制,也可采用单手柄控制。用两只操纵手柄分别地操纵主机转速和螺旋桨螺距的控制方式称为双手柄控制。这种控制方式不但操作不方便,而且也很难把工况调到最佳,甚至使主机运行工况恶化,因此极少采用。目前,单手柄控制方式应用得较多,即采用一个手柄,按螺旋桨螺距与主机转速的规律来操纵螺旋桨和主机。对于单手柄控制的调距桨,主机和螺旋桨的控制模式一般有三种,包括联合模式、分离模式和定速模式。

①联合模式

在联合模式下,控制手柄的动作将同时调节螺距和主机转速,二者按照控制系统中预先设定的对应关系同时发生改变。联合模式适合船舶在机动航行过程中采用,此时,控制系统可自动匹配主机转速和螺距,使二者按照预先设定的最佳匹配线运转,从而保证最佳的经济性。

②分离模式

在分离模式下,控制手柄只能调节螺距,主机转速需要通过主机控制系统来单独控制,此种情况类似于双手柄控制。如果轮机员或驾驶台的业务水平不够精湛,则可能导致主机和螺旋桨运行失配,从而大大影响推进装置的经济性。

③定速模式

在定速模式下,主机按照预先设定的转速稳定运转,控制手柄仅用于调节螺距。一般情况下,主机将被设定在额定转速下工作,从而提高了主机的可靠性。但在船舶航速较低时,螺旋桨处于效率较低的工况,影响了船舶运行的经济性。

6.调距桨操作规程实例

(1)驾驶台和集控室的正常操作

①检查 CPP 油柜的油位;

②检查冷却水的供给情况;

③起动 CPP 油泵,确认其油压正常;

④操纵驾驶台或集控室内的螺距控制手柄,即可获得需要的螺距。

(2)驾驶台的辅助操作

在推进控制系统(PCS)发生故障时,将无法利用 PCS 起动或停止主机,也无法实现其负荷控制功能,在这种情况下,可以采用辅助控制方式操作 CPP。

①在机旁起动主机;

②按下 PCS 控制面板上的按钮"BRIDGE CONTROL",将螺距控制置于遥控方式;

③按下驾驶台上 PCS 控制面板上的按钮"BACK UP CONTROL ON/OFF";

④利用驾驶台 PCS 控制面板上的手柄控制螺距。

注意:此时主机电子调速器失去作用,应根据螺距变化及时利用应急操纵手柄改变油门大小,使主机转速恒定,特别注意防止主机超负荷。当主机和CPP均处于遥控方式时,同样可以选择CPP辅助操作方式。

(3)CPP在泵站的现场手动操作

①将泵站处控制箱上的旋钮置于"LOCAL"位置;

②起动CPP油泵;

③利用控制箱上的旋钮或手推比例换向阀上的推杆来改变螺距。

(4)CPP的螺距的应急设定

①确认或使油泵处于停止状态;

②拆下配油环轴套上部的接头和软管;

③拆下配油环轴套上部的固定装置;

④拆下配油环轴套下部的泄油接头;

⑤安装应急接头并检查其槽中的密封圈;

⑥安装中间接头及快速接头;

⑦利用拆下的软管将快速接口的另一端连接到应急油路的EP和ER端;

⑧起动一台油泵,设定需要的螺距;

⑨停止油泵;

⑩利用快速接头脱开软管,此时,配油环的轴套将随轴一起旋转,因为应急接头起到一个驱动销的作用。由于轴套在应急操作时无法获得润滑,必须随着油环回转。

如果螺距由于时间长而发生变化,可以停机按以上步骤再次设定螺距。

7. CPP装置的维护管理

在运行期间,调距桨的检查事项主要包括:液压油的液位、油压、滤器压差和油温是否正常;管系接头及桨叶密封圈是否漏油;观察遥测显示螺距与机械指示螺距的差异,以及螺距是否稳定;近岸航行或通过渔区时,注意实际螺距的变化,以判断螺旋桨工作状况。

除了航行期间的检查项目之外,调距桨的维护管理主要包括:滤器清洁;螺距机械指示机构的检查和润滑;定期进行调距桨应急操纵测试;在坞修时或采用水下检验的方法清洁螺旋桨表面脏污,检查螺旋桨锁紧螺帽等。

三、传动轴系组成

传动轴系的主要作用包括:把主机输出的扭矩传递给螺旋桨,以克服螺旋桨在水中转动的阻力矩;同时又把水对螺旋桨的推力传给推力轴承,以克服船舶航行中的阻力。传动轴系主要包括:推力轴、中间轴、中间轴承、艉轴(也称为螺旋桨轴)和艉轴管装置。推力轴主要设有推力轴承,以将水的螺旋桨的推力传递给船体。推力轴承将在后面章节介绍。中间轴和螺旋桨轴主要用于传递扭矩和推力,中间轴的数量因机舱布置而异,螺旋桨轴的数量因螺旋桨数量而异。艉轴管装置主要包括艉轴承和艉轴密封装置。艉轴承既要承担螺旋桨的重量,又要与艉轴密封装置配合确保机舱与舷外之间的密封。本节以"育鲲"轮推进装置传动轴系为例介绍传动轴系的组成,并着重介绍中间轴承和艉轴管装置。该轮采用调距桨,并设有轴带发电机。图2-8所示为"育鲲"轮推进装置传动轴系简图。

"育鲲"轮主机舱位于船舶中后部,属于中艉机型船,采用单机单桨推进方式。传动轴

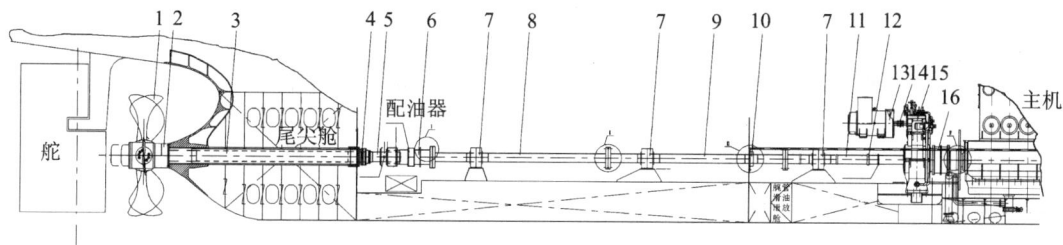

图 2-8 "育鲲"轮推进装置传动轴系简图

1—螺旋桨;2—艉轴管后密封;3—艉轴管装置;4—艉轴管前密封;5—螺旋桨轴;6—螺旋桨轴液压联轴器;7—中间轴承;8、9、11—中间轴;10—隔舱填料函;12—轴系接地装置;13—轴带发电机;14—轴带发电机联轴器;15—齿轮箱;16—弹性联轴器

系主要包括:三根中间轴、三个中间轴承、一根螺旋桨轴和一套艉轴管装置。该船设有轴带发电机,所以在第一根中间轴上设有齿轮箱。主机曲轴输出端与第一根中间轴采用刚性连接,并通过弹性联轴器和齿轮箱连接。齿轮箱为隧道式,输出端通过弹性联轴节与轴带发电机连接,增速驱动轴带发电机。中间轴与曲轴输出端、中间轴和螺旋桨轴法兰以及三根中间轴之间均为螺栓刚性连接。中间轴由三套中间轴承支撑,中间轴承采用油润滑轴承。第二道中间轴穿过艉轴弄和主机舱的舱壁,在舱壁上设有隔舱填料函以保证密封。螺旋桨轴上装有液压联轴器与中间轴采用螺栓连接。液压联轴器上装有调距桨配油环及螺距反馈环。螺旋桨轴穿过船体处安装艉轴,两端安装有艉轴承支撑艉轴。艉轴承由滑油润滑,前后由密封装置保持密封。

1. 中间轴承

中间轴承是为了减少轴系挠度而设置的支撑点,它承受着中间轴的重量以及因轴系变形和各种形式的运动造成的附加径向负荷。中间轴承的结构形式很多,按摩擦形式不同可分为滚动式和滑动式两大类,商船上多采用滑动式,目前广泛使用的是固定滑环式中间轴承。"育鲲"轮采用固定滑环式中间轴承,型号为 CED290,其结构如图 2-9 所示。

中间轴承本体由轴承座和轴承盖组成,二者由螺栓紧固。轴承为自定位固定滑环式滑动轴承,包括轴承上瓦和轴承下瓦。上下瓦分别安装在轴承座轴承盖内,为防止轴承随轴转动,轴承盖上有定位销对轴承定位,但允许轴瓦 1°以内的转动。轴瓦和本体接触面为球形面,可以补偿轴与轴承间的不对中,减少因此产生的额外应力。

中间轴和轴承之间由滑油润滑。轴承座底部存有滑油,安装在轴上的油环随轴转动,将底部的滑油甩到刮油环内,通过上瓦开孔流入轴承内润滑轴承。中间轴穿过轴承本体处安装阻油环。阻油环用弹簧箍紧在中间轴上,随轴一块转动,配合两端的密封环,阻止滑油外泄。轴承座底部安装冷却盘管,由低温淡水冷却滑油,将油温保持在 60 ℃以下。

轴承盖上安装温度计、透明有机玻璃盖板和油尺。油尺用来测量滑油油量。温度计显示滑油油温。有机玻璃盖方便观察滑油流动情况。轴承座底部有温度传感器插入,传感器与下瓦瓦背接触,传送轴瓦温度信号。一旦轴瓦高温,说明轴承异常磨损,主机需立即降速停车。

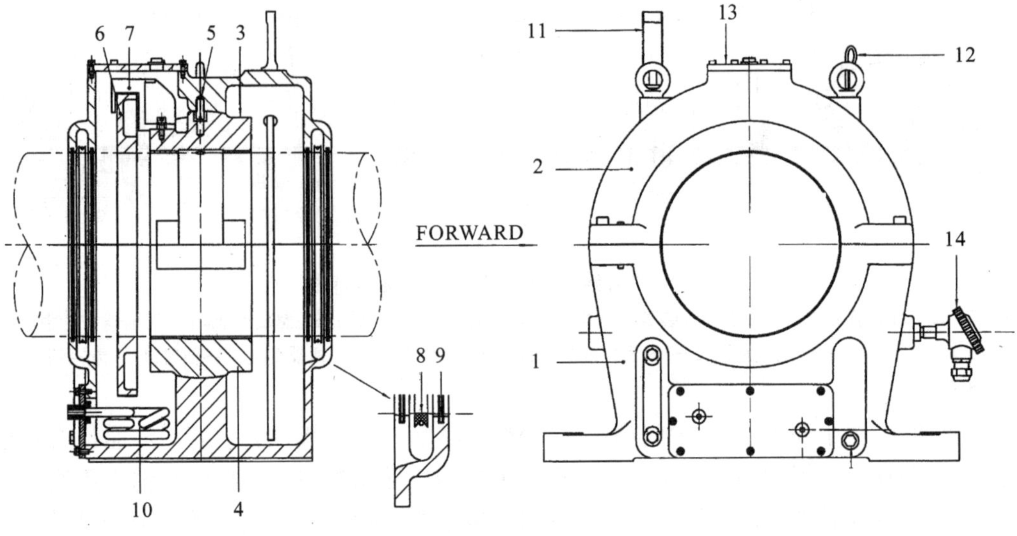

图 2-9　CED290 型中间轴承

1—轴承座；2—轴承盖；3—轴承上瓦；4—轴承下瓦；5—定位销；6—油环；7—刮油环；8—阻油环；9—密封环；
10—冷却盘管；11—温度计；12—量油尺；13—盖板；14—温度传感器

2. 艉轴管装置

通常，艉轴管装置由艉轴管、艉轴承、密封装置、润滑和冷却系统组成。图 2-10 所示为"育鲲"轮艉轴管装置简图。

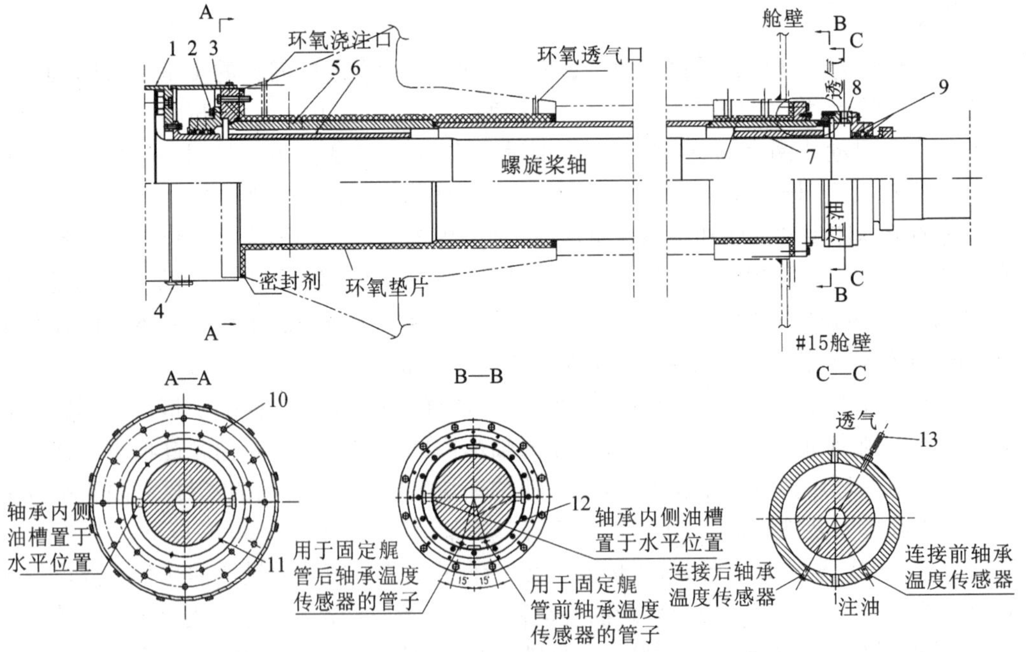

图 2-10　艉轴管装置

1—桨毂及螺旋桨轴法兰端；2—艉密封装置；3—防渔网盖板；4—渔网割刀；5—艉轴管；6—艉端艉轴承；7—艏
端艉轴承；8—配油箱；9—艏密封装置；10—法兰紧固螺栓；11、12—轴承紧固螺钉；13—温度计

（1）艉轴管与艉轴承

艉轴管将船舱与艉轴分开,内部安装艉轴承支撑艉轴和螺旋桨,前后设有艉轴密封装置,为艉轴运转提供了必要的条件。

艉轴管从船尾方向插入轴毂孔内,用螺栓将艉轴管法兰把紧在船体上。艉轴管和轴毂孔之间浇注环氧树脂,作为两者之间的垫块。

艉轴承是艉轴管装置中最重要的部分。艉轴管首尾各安装一个艉轴承,支撑螺旋桨轴,并承担其径向负荷。艉轴承为轴套式轴承,钢质衬套内面浇注轴承合金。衬套外面与艉轴管紧密配合,在和艉轴管结合端面上攻丝,用螺钉固定,以防衬套跟随艉轴一起转动。衬套外圆纵向与横向各开有两道油槽,内面横向开有两道输油槽并钻孔与外圆横向油槽相通,以便向螺旋桨轴和轴套之间输送滑油。艉轴管首端通过中间法兰安装配油箱,滑油从配油箱输入轴承。配油箱上安装温度计指示滑油温度。在轴承瓦背内部设有稳定传感器,以测量轴承温度。

（2）艉轴管润滑系统

图 2-11 所示为"育鲲"轮艉轴管润滑系统。

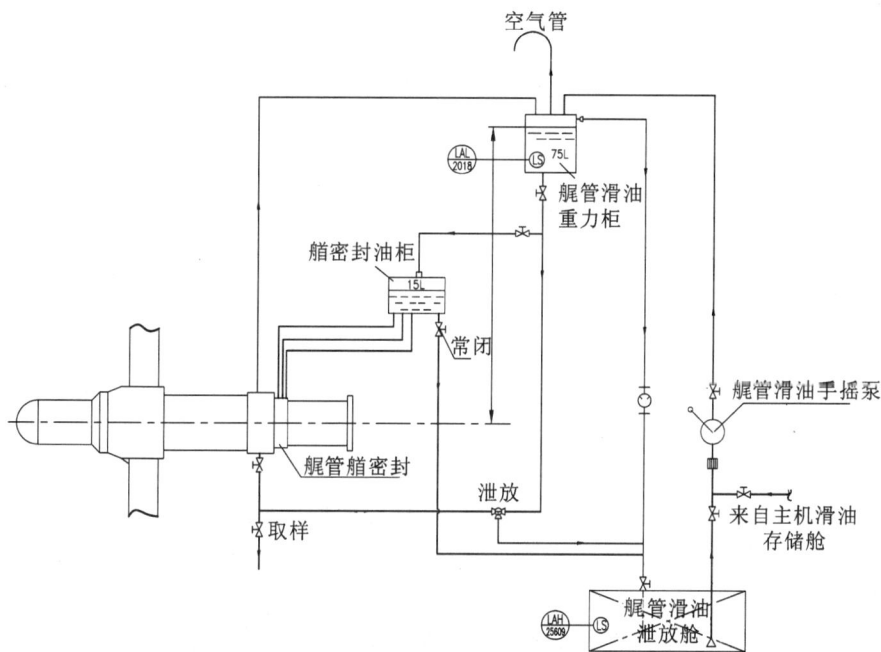

图 2-11　"育鲲"轮艉轴管润滑系统

滑油由位置较高的重力油柜从艉轴管前配油箱底部进入艉轴管,润滑艉轴承,气体和多余的滑油从透气管返回重力油柜。正常情况下,艉轴管内充满滑油,消耗后由重力油柜自动补给。艉轴承产生的摩擦热可通过艉轴、艉轴管传给艉轴冷却水及舷外水,系统不需装设特别的冷却器冷却滑油。

重力油柜安装有两个观察镜,一般油位在上部观察镜底部位置,以便观察。油柜内部设有低油位报警,上部有加油口和测量孔。取样阀在系统底部,用来对滑油定期取样化验。船舶上坞特检需将螺旋桨轴抽出检查时,通过泄放阀将滑油泄放到滑油泄放舱。艉轴管需大量加油时,可以用手摇泵将滑油加入重力柜。

（3）艉轴管密封装置

艉轴管前后安装艉轴密封装置，防止舷外水进入艉轴管及艉轴管内滑油泄漏至舷外。"育鲲"轮艉轴管采用SIMPLEX型密封装置，分为艉密封和艏密封。

①艉密封装置

图2-12所示为SIMPLEX型艉密封装置。该装置包括固定部件壳体和运动部件防磨衬套。

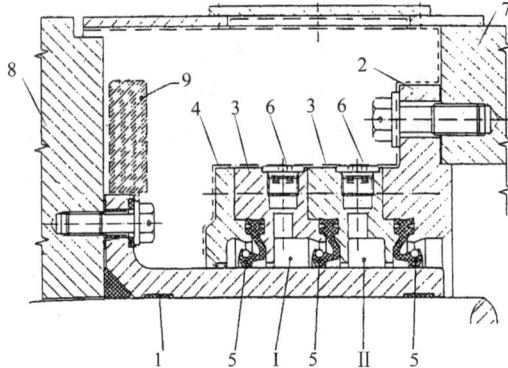

图 2-12　SIMPLEX型艉密封装置

1—耐磨衬套；2—法兰环；3—中间环；4—后盖环；5—密封胶圈；6—螺塞；7—艉轴管法兰；8—螺旋桨轴法兰端；9—防腐锌块

后盖环、两道中间环及法兰环用螺栓紧固成一体，构成密封装置的壳体。壳体紧固在尾后盖环、两道中间环及法兰环用螺栓紧固成一体，构成密封装置的壳体。壳体紧固在艉轴管的法兰上，固定不动。壳体为两半式结构，可以在不拆卸螺旋桨轴的情况下解体。

密封元件为夹紧在壳体中的三道唇形密封胶圈。胶圈唇部装有箍紧弹簧，紧压在防磨衬套上。一道向船尾方向翻，用以阻止艉轴管中滑油外漏，两道向船首方向翻，用来阻止舷外水和泥沙进入艉轴管。

壳体中有两个密封腔室Ⅰ、Ⅱ。密封腔室中应充以滑油，滑油在安装时从中间环螺塞处预先灌入再封死。部分船舶设有艉密封油柜，以补充消耗的润滑油和检查是否有海水泄漏进入密封腔室。滑油用来润滑密封胶圈。密封胶圈及滑油由海水冷却。

耐磨衬套由螺栓紧固在螺旋桨轴上，随螺旋桨轴一块转动。它也是两半式结构，如磨损过大，不必拆卸螺旋桨即可更换。衬套上安装防腐锌块，以减小衬套的腐蚀。

在艉轴管和桨毂之间装有防渔网盖板和渔网割刀，一旦螺旋桨缠渔网，可防止渔网进入艉密封装置，破坏密封胶圈。

②艏密封装置

图2-13所示为SIMPLEX型艏密封装置。艏密封装置和艉密封装置结构类似，两道密封胶圈均向船尾方向翻，第一道胶圈密封艉轴管内滑油，第二道胶圈密封两道密封圈之间腔室内的滑油。腔室内滑油用来冷却第一道密封圈。

艏密封装置在艉轴弄内，冷却条件差，因此系统专门设了密封油循环柜，并在两道胶圈间腔室内设置循环器使滑油循环自然散热，冷却密封圈，其工作原理如图2-14所示。循环器装在两道中间环之间，使其底部与艉轴上的前防磨衬套外圆间留有一定的间隙。在衬套

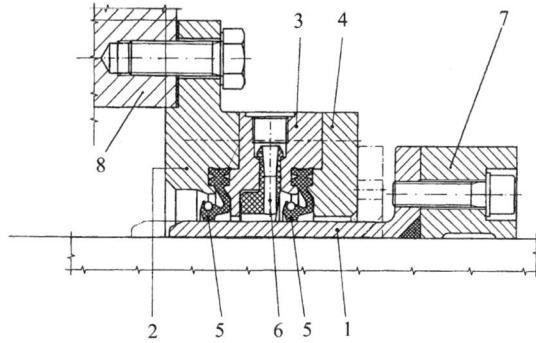

图 2-13　SIMPLEX 型艉密封装置

1—耐磨衬套；2—法兰环；3—中间环；4—后盖环；5—密封
胶圈；6—循环器；7—中间轴固定环；8—配油箱

随轴转动时，油腔中的滑油就会按图中箭头所示方向形成循环。循环柜上带翅片，以加强散热作用。

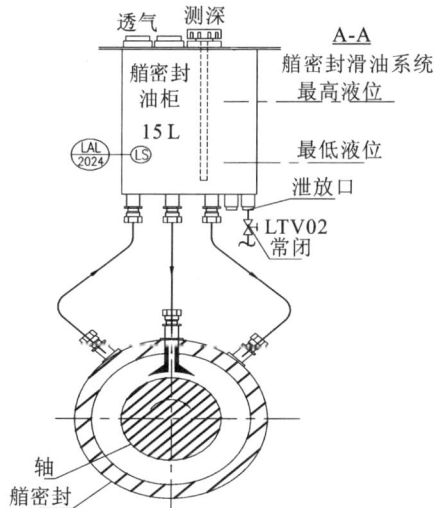

图 2-14　艉密封系统冷却滑油循环原理图

3. 轴系接地装置

轴系在转动过程中，切割地球磁场，进而产生电压。由于润滑油或非金属材料的隔离和绝缘作用，轴系与船体绝缘。利用电压表可以测量轴系与船体之间的电压。在润滑油膜破裂或润滑油被海水污染时，轴系会通过轴承向船体放电。这种放电会导致主轴承、中间轴承和艉轴承的电化学腐蚀。通常在轴系上设置接地装置，以确保轴系良好接地。

轴系接地装置主要包括：1 个银合金滑环、3 个高含银量的石墨碳刷和 1 个电压表。图 2-15 所示为轴系接地装置简图。通常在中间轴上设置银合金滑环，利用接地碳刷确保轴系良好接地，利用测量碳刷监测电压。通常电压应低于 80 mV。

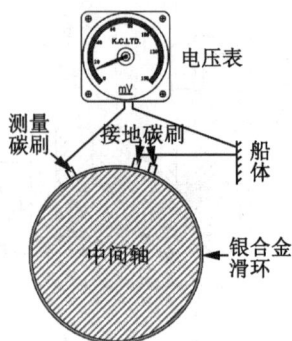

图 2-15　轴系接地装置简图

4. 传动轴系的维护管理

在运行期间,传动轴系的检查项目主要包括:中间轴承润滑油流动情况、液位和温度;艉轴重力油柜的液位;艉轴承的温度;艏密封油箱的液位;艉密封油箱的液位(如果设置艉密封油箱的话);轴系接地装置电压。

除了运行期间的检查项目之外,传动轴系的维护管理工作主要包括:定期更换中间轴承润滑油;定期滑油艉轴润滑油;在坞修时或采用水下检验的方法测量艉轴承下沉量。

四、传动设备

在间接传动的推进系统中,为了完成各种传动功能,必须设置某些传递设备,如齿轮传动装置、联轴器、离合器、制动器等。在部分直接传动的推进系统中,由于需要设置轴带发电机、轴带消防泵等设备也需要设置齿轮传动装置。本节主要以"育鲲"轮齿轮传动装置为例介绍齿轮箱的结构和润滑系统。

1. 齿轮箱结构

"育鲲"轮齿轮箱型号为 SHHⅡ1135/760,速比 1∶8.82。齿轮箱主轴是空心的,第一道中间轴从中间穿过,为隧道式齿轮箱。

齿轮输入轴通过弹性联轴节和中间轴及主机曲轴连接,中部有一个大齿轮,两端由壳体上安装的轴套支撑。轴与轴套之间由滑油润滑,输入轴穿过壳体处安装密封装置,防止滑油泄漏。中间传动轴安装有两个较小齿轮,一个与输入轴齿轮啮合,另一个与输出轴小齿轮啮合,轴两端由球面轴承支撑。输出轴一端通过弹性联轴器与轴带发电机连接,另一端驱动润滑油泵。输出轴由三个轴承支撑。

2. 润滑油系统

齿轮箱传动齿轮、输入轴与轴套、传动轴与轴承及输出轴与轴承均由滑油润滑。图 2-16 所示为齿轮箱润滑油系统。

该系统设有两个润滑油泵:一个电机驱动的预润滑油泵;一个机带润滑油泵。主机起动前或低速时,机带泵不能建立起足够的压力,由预润滑油泵自动供油。主机转速升高、机带泵油压足够高时,预润滑油泵自动停止运行,由机带泵向系统供油。

滑油存在齿轮箱底部。机带泵通过吸口滤器、单向阀吸入滑油(预润滑油泵前没有单向阀);在润滑油压力下,出口单向阀打开;润滑油经冷却器冷却和双联滤器过滤后,输送至各个摩擦副。滑油润滑摩擦副后,温度升高,再返回齿轮箱底部。

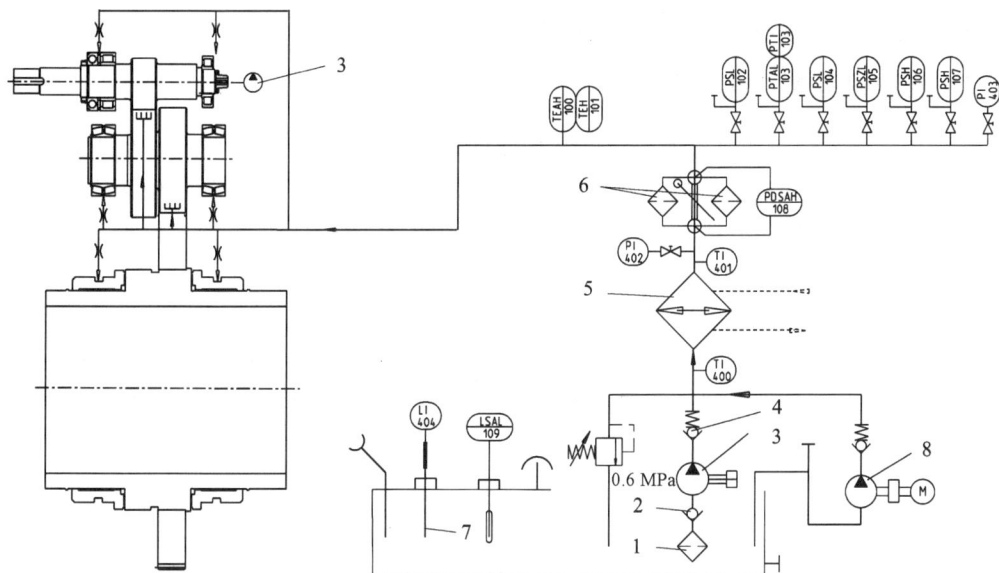

图 2-16　齿轮箱润滑油系统图

1—吸口滤器；2—单向阀；3—机带泵；4—单向阀；5—冷却器；6—双联滤器；7—油尺；8—预润滑油泵

齿轮箱油位用油尺测量。油尺上有 MIN 和 MAX 刻度标记，正常油位在两者之间。

第二节　柴油机概述

　　船舶在大洋中各种复杂天气海况下航行，经常会遭遇大风浪，船舶的安全性直接取决于为船舶提供动力的柴油机的可靠性。燃料费用在运输成本中的占比较高，而柴油机运转状况是影响燃油消耗量的关键因素之一。因此，柴油机运转状况既关系到船舶营运安全性，又关系到船舶营运经济性。对船用柴油机的管理工作，是轮机人员日常工作的重中之重。船舶柴油机是轮机管理学科的一门重要课程，从理论层次上掌握柴油机的相关知识是轮机管理专业人员应该具备的基本能力。

一、柴油机基本工作原理

　　柴油机是以柴油或劣质燃料油为燃料，采用压缩发火方式的往复式内燃机。在柴油机的一个工作循环中存在两次能量转换：一次为燃料在柴油机内燃烧，产生高温高压的燃气，燃料的化学能转换为内能；另一次为高温高压的燃气膨胀做功，燃气的内能转换为机械能由柴油机输出。根据燃烧理论，燃烧需要三要素：可燃物、氧气和达到着火点。为了实现燃烧，柴油机需要获得足够的空气（空气中含氧），这一过程称为进气过程。不同于汽油机火花塞点火的模式，柴油机采用压缩发火的方式，即对空气进行压缩以获得高温并到达燃油的着火点，这一过程称为压缩过程。对柴油机而言，可燃物为燃料，由燃油喷射系统注入柴油机。在压缩终点，氧气和达到着火点的要求均已满足，此时将燃油注入柴油机即可实现燃烧。燃烧释放出大量的热量，形成高温高压的燃气，并对外膨胀做功。由于燃烧与膨胀初期几乎同时进行，所以这一过程称为燃烧膨胀过程。燃烧膨胀过程末期，燃气的内能降低，做功能力下降，称为废气。为柴油机下一个工作循环做准备，将废气排出的过程称为排气过程。总之,柴油机的一个工作循环由进气、压缩、燃烧膨胀和排气四个过程组成。

二、柴油机基本结构

柴油机工作循环需要其具有一定的结构设计才能实现,如图 2-17 所示。在柴油机的工作循环中,燃烧和膨胀过程是唯一的做功环节,也是最为重要的环节。为实现柴油机的燃烧和膨胀过程,需要将燃烧控制在一定的空间内进行,而且该空间应能够满足膨胀的要求。在柴油机中,该空间称为燃烧室,主要由气缸盖 1、气缸套 2 和活塞 3 组成。气缸盖和气缸套是固定不动的,活塞在气缸套内往复运动。通常,柴油机产生的机械能以回转运动的方式输出,即扭矩。根据机械设计原理,能够实现往复运动与回转运动转换的机构是曲柄连杆机构。在柴油机中,曲柄连杆机构主要是指活塞 3、连杆 4 和曲轴 5,将活塞的往复运动转换为曲轴的回转运动。

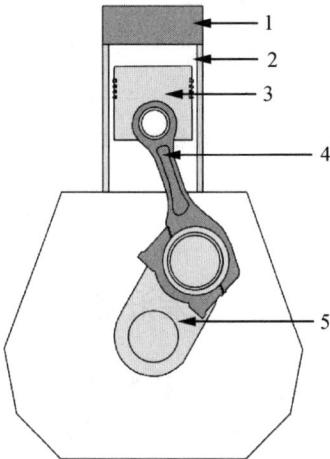

图 2-17 柴油机结构简图

1—气缸盖;2—气缸套;3—活塞;4—连杆;5—曲轴

三、柴油机基本结构参数

柴油机基本结构参数如图 2-18 所示。

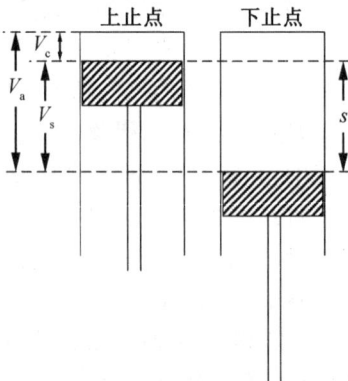

图 2-18 柴油机基本结构参数

（1）上止点（Top Dead Centre，TDC）

柴油机活塞在气缸中运动到最上端位置，此时活塞距离曲轴中心线最远，称为上止点。上止点通常对应的曲轴转角为0°。

（2）下止点（Bottom Dead Centre，BDC）

柴油机活塞在气缸中运动到最下端位置，此时活塞距离曲轴中心线最近，称为下止点。下止点对应的曲轴转角为180°。

（3）行程（s）

活塞从上止点移动到下止点间的直线距离称为活塞的行程。行程等于曲轴回转半径R的两倍（$s=2R$）。活塞移动一个行程，曲轴转动180°，即对应180°曲轴转角（Crank Angle，CA）。

（4）缸径（D）

气缸套的内径称为柴油机的缸径。

（5）气缸余隙容积（V_c）

活塞到达上止点时，活塞、气缸盖与气缸套所包围形成空间的体积称为余隙容积，也称为压缩容积。

（6）气缸工作容积（V_s）

活塞在气缸套中从上止点移动到下止点所扫过的容积称为气缸工作容积。

$$V_s = \frac{\pi D^2}{4} s$$

（7）气缸总容积（V_a）

活塞位于下止点时，活塞、气缸盖与气缸套所包围形成空间的体积称为气缸总容积，也称为气缸最大容积。

$$V_a = V_s + V_c$$

（8）压缩比（ε）

气缸总容积与余隙容积的比值称为压缩比，也称为几何压缩比。压缩比表示缸内工质压缩程度。柴油机压缩比一般为12～22。

$$\varepsilon = \frac{V_a}{V_c} = \frac{V_c + V_s}{V_c} = 1 + \frac{V_s}{V_c}$$

四、柴油机分类

描述一台柴油机，通常要体现多个方面的指标和特征。比如，某船的主机为低速二冲程十字头式柴油机，或某船的主机为中速四冲程筒形活塞式V形柴油机。这就涉及柴油机的分类问题。

根据柴油机工作循环的实现方式，柴油机可以分为四冲程柴油机和二冲程柴油机。曲轴回转两圈完成一个工作循环（即活塞运动四个行程完成一个工作循环）的柴油机称为四冲程柴油机；曲轴回转一圈完成一个工作循环（即活塞运动两个行程完成一个工作循环）的柴油机称为二冲程柴油机。

柴油机工作循环的实现形式主要取决于柴油机的结构形式。根据结构形式的不同，船舶柴油机主要可以分为筒形活塞式柴油机和十字头式柴油机。通常，筒形活塞式柴油机为四冲程柴油机,十字头式柴油机为二冲程柴油机。

柴油机的速度通常用曲轴转速 n(r/min)表示。不同国家和地区的分类指标略有不同,按我国的国家标准,根据转速,柴油机可分为:额定转速小于 300 r/min 的柴油机称为低速柴油机;额定转速为 $300 \sim 1\,000$ r/min 的柴油机称为中速柴油机;额定转速大于 1 500 r/min 的柴油机称为高速柴油机。

船用柴油机通常为多缸机。这样可以增大柴油机单机功率,同时可满足船舶机动性、可靠性的要求。如图 2-19 所示,根据气缸的布置方式,柴油机可以分为直列式柴油机和 V 形柴油机。具有两个或两个以上直立气缸,并呈单列布置的柴油机称直列式柴油机。具有偶数个气缸,呈两列布置,且两列气缸的夹角呈 V 形的柴油机称为 V 形柴油机。V 形机的气缸数可达 18 甚至 24,气缸夹角通常为 90°、60° 和 45°。

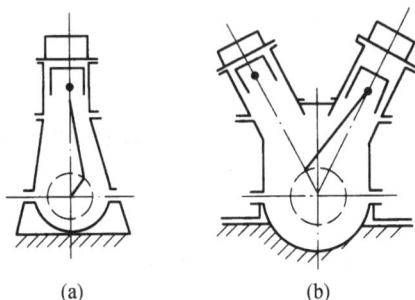

(a)   (b)

图 2-19　直列式柴油机与 V 形柴油机

五、柴油机型号的意义

通常各柴油机厂商均会给柴油机赋予一个型号。柴油机型号中包含的意义主要包括:气缸数量、气缸直径、气缸排列形式和柴油机系列等。下面以"育鲲"轮主机、副机和应急发电柴油机的型号为例进行说明。

该轮主机型号为:MAN B&W 6S35MC。其数字及字母的意义为:6 代表气缸数;S 代表超长行程;35 代表缸径(cm);MC 代表二冲程、十字头式、定压增压强化柴油机。该轮发电柴油机型号为:Wartsila W4L20。其数字及字母的意义为:W 代表 Wartsila;4 代表气缸数;L 代表直列机;20 代表缸径(cm)。该轮应急发电柴油机型号为:TBD234 V8。其中,V 代表 V 形机;8 代表气缸数。

第三节　柴油机的结构及主要部件

根据结构形式不同,柴油机可以分为筒形活塞式柴油机和十字头式柴油机。两者在结构及主要部件方面既有相同之处,又有区别。随着柴油机技术的发展,MAN B&W 公司生产的 MC、ME 系列柴油机和 Win-GD 生产的 RTA、RT-flex 系列柴油机已成为二冲程十字头式柴油机市场的主导产品;Wartsila、MAN B&W 和 Mak 等公司在四冲程中速柴油机市场中占主导地位。

柴油机的主要部件可以分为运动件和固定件。运动件主要包括活塞、连杆、十字头、曲轴。固定件主要包括机座、机架、气缸体、气缸套和气缸盖。其中,活塞、气缸套和气缸盖之间形成燃烧室,又称为燃烧室部件。活塞、连杆、十字头和曲轴共同组成曲柄滑块机构,以实现往复运动向回转运动的转换,又称为曲柄连杆机构。

本节主要介绍十字头式柴油机和筒形活塞式柴油机的结构和主要部件。虽然市场上十字头式柴油机和筒形活塞式柴油机的型号繁多,但其结构大同小异。本节主要以 MAN B&W 公司的 S35MC 型柴油机和 Wartsila L20 型柴油机为例进行介绍。

一、柴油机主要部件简介

根据柴油机工作原理,其主要部件的功能可以分为燃烧膨胀、动力转换传递和骨架支撑等。燃烧室部件主要实现燃烧膨胀功能;曲柄连杆机构主要实现动力转换传递功能;主要固定件主要实现骨架支撑功能。

1.燃烧室部件

当活塞处于上止点时,由气缸盖底面、气缸套内表面及活塞顶共同组成的燃料与空气混合和燃烧的空间称为燃烧室。燃烧室部件是柴油机中最重要的部件,包括活塞组件、气缸组件和气缸盖组件。如图 2-20 所示为二冲程柴油机燃烧室部件及其温度分布。燃烧室部件受到燃气高温、高压和腐蚀作用,活塞摩擦、敲击和侧推力作用以及冷却水腐蚀和穴蚀作用,因此,它是柴油机中工作条件最恶劣的部件。

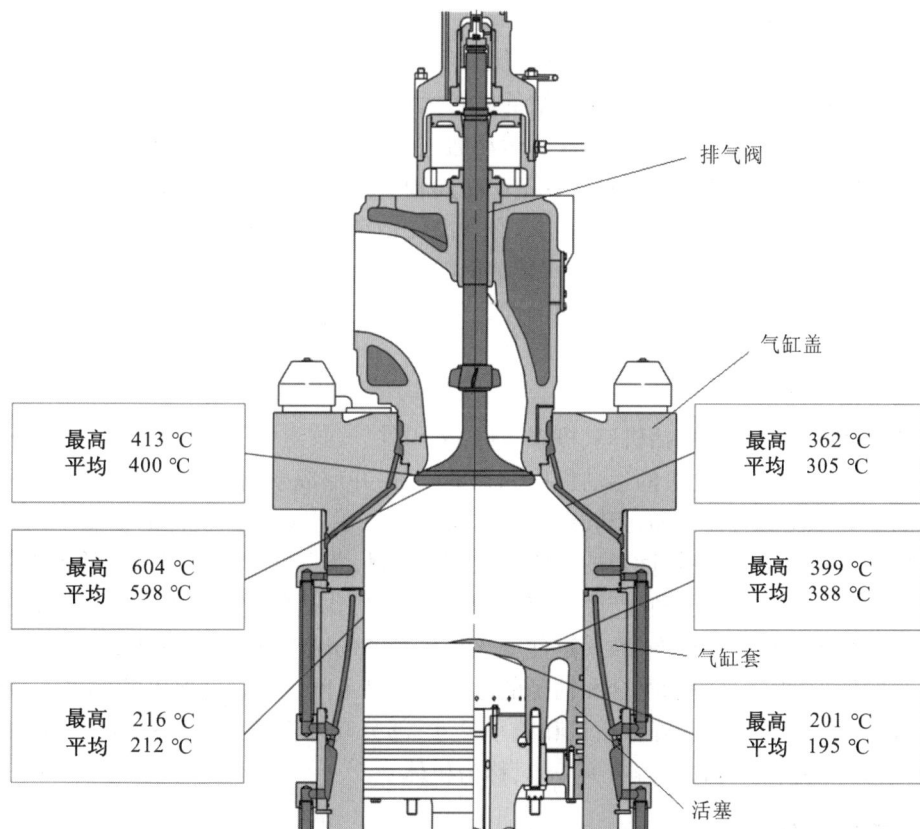

图 2-20　二冲程柴油机燃烧室及其温度分布

对于筒形活塞式柴油机而言,活塞组件是指活塞和活塞销;对于十字头式柴油机而言,活塞组件是指活塞和活塞杆。活塞是柴油机中的关键部件,可分为十字头式活塞和筒形活塞两大类。它既是燃烧室部件的组成部分,又与连杆、曲轴等部件组成运动机构。活塞的主要作用是在保证密封的情况下完成压缩和膨胀过程,并将气体力经连杆传递给曲轴。在筒形活塞式柴油机中,活塞承受侧推力,起着滑块的作用。在二冲程柴油机中活塞还启闭气口,控制换气。

气缸组件是指气缸体和气缸套。气缸套是柴油机的主要固定部件之一,是燃烧室部件中的主体。柴油机的工作循环主要在气缸套内进行,活塞在气缸套内部往复运动。在筒形活塞式柴油机中气缸套起导承作用,承受活塞的侧推力。二冲程柴油机的气缸套要开设扫气口,布置扫气道。

气缸盖组件是指气缸盖和安装在气缸盖上的附件。除和气缸套、活塞共同组成燃烧室外,气缸盖上面还要安装多种附件。这些附件主要包括喷油器、气缸起动阀、示功阀、安全阀、排气阀等。为了安装各种附件,气缸盖上开孔较多,应力集中问题较为突出。此外,气缸盖也是燃烧室各部件中平均温度最高的部件,因此其工作条件最为恶劣。

2. 曲柄连杆机构

曲柄连杆机构是柴油机的主要运动件,主要包括活塞组件、连杆组件和曲轴组件,十字头式柴油机还包括十字头组件。

连杆的作用是将作用在活塞上的气体压力和惯性力传给曲轴,并把活塞或十字头与曲轴连接起来,将活塞的往复运动变成曲轴的回转运动。

曲轴的主要作用包括:把活塞的往复运动通过连杆转变为回转运动;把各缸所做的功汇集起来向外输出和带动柴油机的附属设备。在曲轴带动的附属设备中,柴油机的喷油泵、排气阀、起动空气分配器等均因正时的要求,必须由曲轴来驱动。

十字头组件是船用二冲程十字头式柴油机的特有部件。它的主要作用是将活塞组件和连杆组件连接起来,把活塞的气体力和惯性力传给连杆,承受侧推力并给活塞在气缸中的运动导向。

3. 主要固定件

柴油机的主要固定件包括机座、机架、气缸盖组件、气缸组件、贯穿螺栓等。它们构成柴油机的骨架,用来支撑柴油机的运动机构和辅助设备,并形成柴油机的工作和运动空间。柴油机的固定件承受着气体力和运动部件惯性力的作用,承担着全部机件的重量。动力转矩的输出使其承受倾覆力矩;惯性力的作用使它产生振动;贯穿螺栓和连接螺栓的紧固使它受到安装应力;各处温度不同使它产生热应力;水、油、气的作用使它受到腐蚀作用。为了保证柴油机的工作可靠性和使用寿命,固定件应该具备足够的刚度和强度,以降低各运动部件支承和导承的变形,保证良好的配合和精确的位置。在满足刚度和强度要求的前提下,要求机架、机座尺寸小、重量轻。为降低重量和减小尺寸,部分筒形活塞式柴油机以轻便的油底壳代替机座,并将机架和气缸体铸造为一体,称为机体。

二、活塞组件

活塞组件既是燃烧室的重要组成部分,也是曲柄连杆机构的重要组成部分。根据柴油机结构形式及功率大小的不同,活塞组件的结构形式及制造材料也不尽相同。下面分别介绍筒形活塞式柴油机和十字头式柴油机活塞组件。

1. 筒形活塞式柴油机活塞组件

筒形活塞式柴油机活塞组件包括活塞头、活塞裙、活塞环和活塞销。下面主要以 Wartsila L20 型柴油机为例介绍筒形活塞式柴油机的活塞组件。

（1）活塞本体

活塞头和活塞裙是活塞的主体部分，称为活塞本体。小型柴油机的活塞本体可以整体铸造；大中型柴油机的活塞本体分开制造，并通过螺栓组合在一起。

活塞头顶部一般采用浅盆形或浅 ω 型，与气缸盖的底面相配合，形成一定形状的空间，以加强油气混合改善燃烧。为避免与气阀发生碰撞，活塞头顶部的相应位置设有避让坑。在活塞头的中下部设有活塞环槽，简称环槽。活塞裙主要承受侧推力，并与气缸套发生摩擦，通常采用耐磨铸铁。在活塞裙的下部设有活塞销座，用以传递气体力。

图 2-21 所示为 Wärtsilä L20 型柴油机活塞简图。该型柴油机活塞主要包括：活塞裙 1、活塞销 3 和活塞头 6。活塞头上设有避让坑 B、刮油环槽 4 和压缩环槽 5。活塞头和活塞裙之间采用螺栓连接，形成冷却腔 A。此外，为加强气缸润滑，该型柴油机活塞裙设有注油孔 C。经连杆钻孔而来的润滑油首先到达连杆小端，再由连杆小端进入活塞销，再由活塞销进入活塞销座，最后经活塞裙内的钻孔和裙部的润滑油孔进入气缸。

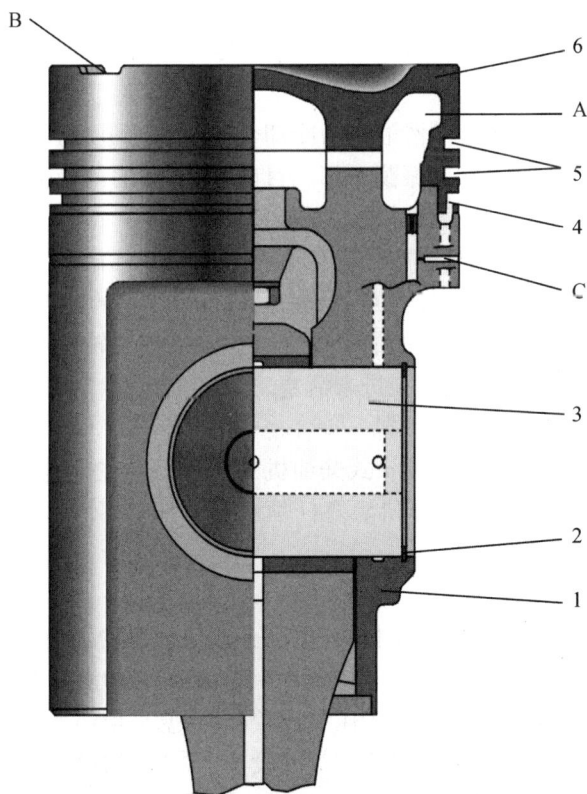

图 2-21 Wartsila L20 型柴油机活塞简图
1—活塞裙；2—卡簧；3—活塞销；4—刮油环槽；5—压缩环槽；6—活塞头；A—冷却腔；B—避让坑；C—注油孔

（2）活塞环

根据活塞环所起的作用不同，活塞环可分为压缩环（又称为气环）和刮油环两种。压缩环主要用于保证活塞和气缸之间在相对运动条件下的密封；刮油环主要用于除去气缸套表面过多的润滑油。刮油环仅用于筒形活塞式柴油机。

活塞环在活塞环槽中并非静止的，而是运动的，其运动也较为复杂。一方面，活塞环被活塞带动相对于气缸套做往复运动；另一方面，由于气体压力、活塞环往复运动的惯性力和气缸套的摩擦力等作用，活塞环在环槽中产生轴向运动、轴向振动、径向运动、径向振动、回转运动和扭曲振动等。

（3）活塞销

在筒形活塞中，活塞和连杆小端是靠活塞销相连的。活塞销要传递周期变化的气体力和惯性力，还受到连杆小端和活塞销座的摩擦作用。受活塞尺寸限制，活塞销的尺寸小，润滑条件也较差。活塞销内设有径向和轴向的钻孔，用于向活塞输送润滑油。

活塞销的主要受力面是活塞销座的上面和连杆小端轴承的下面。为了确保活塞销、销座和连杆小端轴承合理的应力分布，一般将活塞销座和连杆小端轴承做成阶梯形，以增加承压面积。

（4）活塞的冷却

按照散热方式，活塞冷却可以分为非冷却式和冷却式。非冷却活塞主要采用径向散热的方式，由活塞裙和活塞环将热量传递给气缸套。冷却式活塞主要采用轴向散热的方式，由冷却介质对活塞进行冷却。

目前，冷却式活塞主要采用润滑油作为冷却介质对活塞进行强制冷却。冷却方式主要包括自由喷射式冷却、循环冷却和振荡冷却。目前，与活塞的薄壁强背设计理念相结合，活塞冷却采用最为广泛的方式是振荡冷却。如图 2-21 所示，Wärtsilä L20 型柴油机的活塞头和活塞裙之间设计了大容量的环形冷却腔和中央冷却腔。润滑油仅占据中央冷却腔内的部分空间，这样既可以实现对活塞顶的冲刷冷却，又可以以一定的速度进行循环冷却。

筒形活塞式柴油机活塞冷却用的润滑油来自主轴承。主轴承的润滑油经过主轴颈、曲柄臂、连杆、活塞销和活塞裙中的钻孔进入活塞。

2. 十字头式柴油机活塞组件

与筒形活塞式柴油机不同，十字头式柴油机的活塞组件主要包括活塞头、活塞裙、活塞环、承磨环、活塞杆、活塞冷却机构和活塞杆填料函。图 2-22 所示为 MAN B&W 公司的 S35MC 型柴油机活塞组件。

（1）活塞本体

与筒形活塞式柴油机的活塞本体相同，十字头式柴油机的活塞本体由活塞头和活塞裙组成。相比筒形活塞式柴油机的活塞本体，十字头式柴油机的活塞本体主要包括以下特点：活塞头占比较大，活塞裙占比较小；由于压缩比较高，活塞头顶部采用简单的下凹形；活塞裙无须设计活塞销座。在横流扫气和弯流扫气的设计中，活塞裙设计较长，以控制扫气口和排气口。随着直流扫气的普及，十字头式柴油机主要采用短裙活塞。

如图 2-22 所示，MAN B&W 公司的 S35MC 型柴油机采用低置活塞环组，即活塞环设计在活塞头的中下部。该设计提高了活塞顶岸（活塞顶至第一道环的距离）的高度，当活塞处于上止点位置时，活塞头部插入气缸盖内，使得柴油机的燃烧过程尽可能发生在气缸盖和活

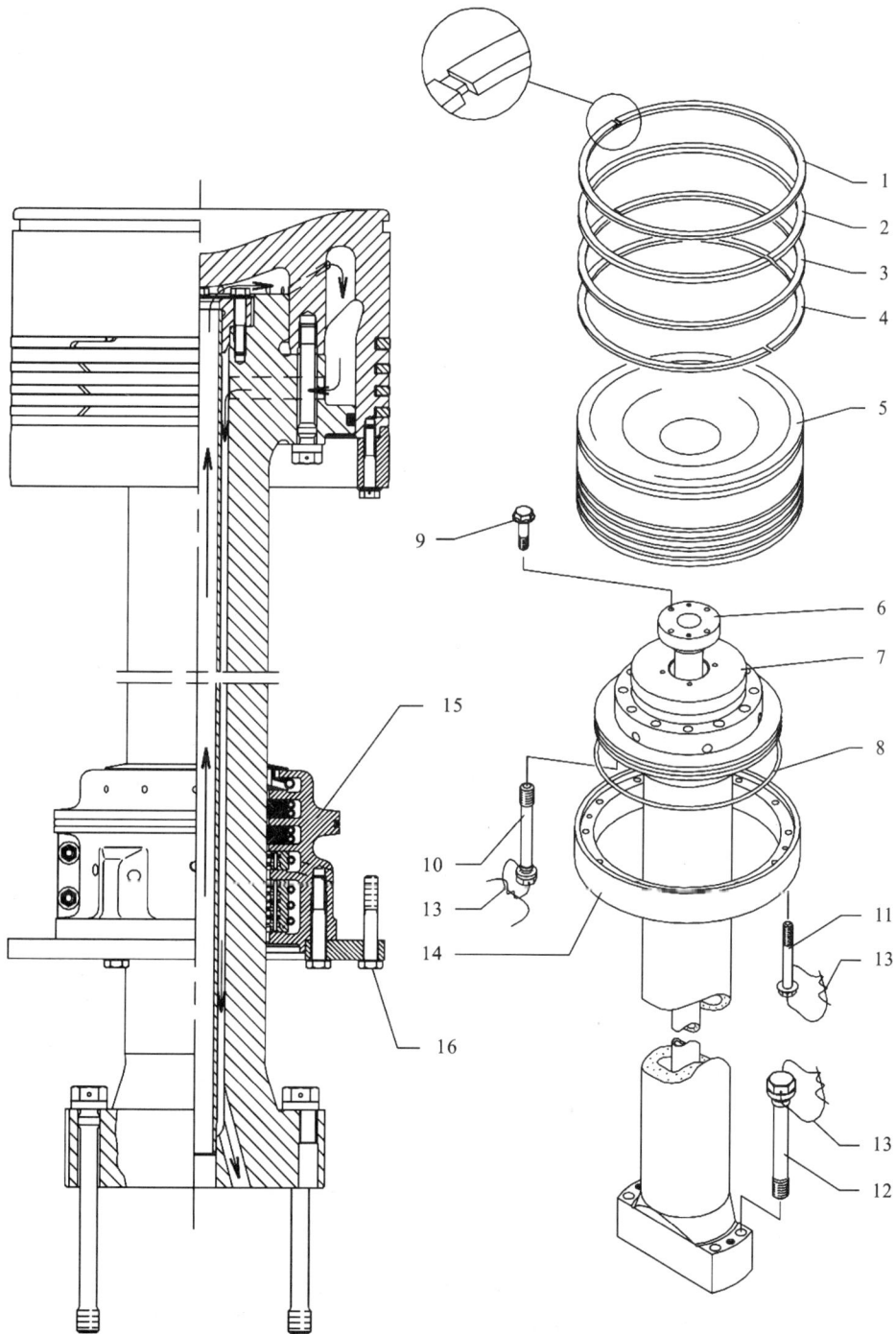

图 2-22　MAN B&W 公司的 S35MC 型柴油机活塞组件

1、2、3、4—第 1 至第 4 道活塞环;5—活塞头;6—冷却油管;7—活塞杆;8—密封圈;9、10、11、12—螺栓;13—锁丝;14—活塞裙;15—活塞杆填料函;16—填料函法兰

塞顶组成的空间内。由于活塞环位置的降低,活塞环处于温度较低的区域,离燃气区较远,使燃烧产物不易进入摩擦面,活塞环工作条件和润滑性能改善。活塞顶岸的加高也使气缸盖与气缸套的密封面下移,从而保护气缸盖与气缸套的密封面不受高温燃气的直接冲击。

(2)活塞环

由于气缸采用注油润滑的方式且注油量可控,十字头式柴油机一般只设计压缩环,无须设计刮油环。通常,十字头式柴油机的压缩环数量在4~6道。随着柴油机技术和材料技术的发展,压缩环的数量有减少的趋势,如 MAN B&W 公司部分大型十字头式柴油机已经开始采用3道活塞环的设计,Win-GD 公司的部分大型十字头式柴油机仅采用2道活塞环的设计。图2-23所示为 MAN B&W 公司的 S35MC 型柴油机活塞环组。其第1道压缩环采用重叠搭口,且其外表面设计了压力释放槽,以降低第1道活塞环承受的压力。第2、3、4道活塞环采用斜搭扣设计,但是相邻两道活塞环搭口的倾斜方向相反。

(3)承磨环

十字头式活塞的承磨环是专为活塞与气缸的磨合而设置的。通常,采用弯流扫气设计的柴油机设置2~4道承磨环;采用直流扫气设计的柴油机设置1~2道承磨环;部分超短裙活塞不设置承磨环。目前,柴油机采用1道承磨环设计的居多。

承磨环并不是一个完整的环,通常由3~4段青铜条组成。如图2-24所示,在活塞裙上开设燕尾形的环槽,把截面如图(a)所示的青铜条敲进环槽中,然后再加工到工作尺寸,如图(b)所示。由于承磨环的直径比活塞裙部直径大,所以在磨合中,承磨环的减磨金属首先与气缸套进行磨合;待承磨环逐渐磨平后,磨合过的气缸再与活塞裙逐渐接触进行磨合。

承磨环在运行中虽已磨平,但不必更换。如果发现缸套有不正常的磨损和擦伤,或当承磨环出现单边严重磨损或碎裂时,应换新承磨环。此外,气缸套或活塞换新时承磨环应予换新。

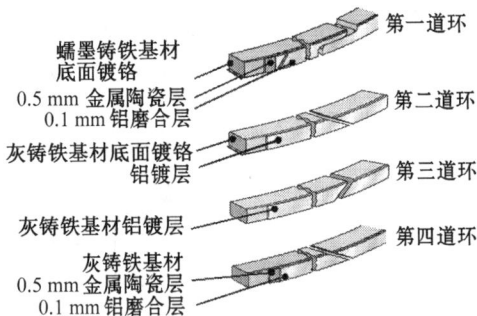

图2-23 MAN B&W 公司的 S35MC 型柴油机活塞环组

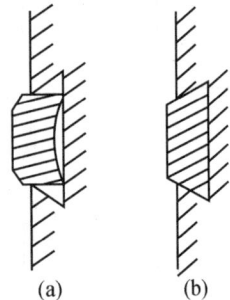

图2-24 承磨环

(4)活塞杆

在十字头式柴油机中,活塞和十字头由活塞杆连接起来。活塞杆上部由螺栓与活塞头相连接;活塞杆下部穿过填料函由螺栓与十字头相连接,并由十字头上的凹槽定位。工作中活塞杆承受气体力和惯性力的作用,一般只受压力不受拉力,因而应有足够的抗压强度。又因它的长度与直径的比值较大,所以还要满足压杆稳定性的要求。活塞杆是空心的,在活塞杆的顶端固定着滑油管,使活塞杆内部形成内外两个油道,用于活塞冷却液的进出。为了适应不同工况,可在活塞杆与十字头之间装配调节垫片以调整柴油机的压缩比。

（5）活塞杆填料函

十字头式柴油机气缸套下部均装设横隔板，以将气缸套下部空间（通常为扫气空间）与曲轴箱隔开。在横隔板处设有填料函。填料函的作用包括：一方面，防止扫气空气和气缸漏下来的污油、污物漏入曲轴箱，以免加热和污染曲轴箱滑油，腐蚀曲轴与连杆等部件；另一方面，防止曲轴箱中的滑油溅落到活塞杆上而带到扫气箱中，污染扫气空气。活塞杆填料函的结构形式虽然繁多，但其基本结构原理大体相同，主要由两组填料环组成，其上组为密封环、刮油环；下组为刮油环。

密封环和刮油环均由 3~4 段组成，每段之间有一定的间隙，环的外圆周由弹簧拉紧，使各环压紧在活塞杆上。每组环被放置在填料函壳体的环槽中，在环槽和壳体上开有泄油孔，并经过管道将其排至柴油机机架外，即通常所说的填料函泄放。填料函可以在吊缸检修时与活塞一起吊出拆解，也可以在曲轴箱内单独拆解。填料函解体后，主要测量每段密封环和刮油环之间间隙之和，若间隙之和过小，说明环已过度磨损，应该换新。在柴油机运转过程中，可以测量一段时间内各缸填料函泄放油量的大小。因为填料函泄放油大部分源自曲轴箱油，小部分源自扫气箱残油，通过测量各缸填料函泄放量既可以评估曲轴箱油的消耗情况，也可以判断填料函的工作状况。图 2-25 所示为 MAN B&W 公司 S35MC 型柴油机活塞杆填料函的结构。

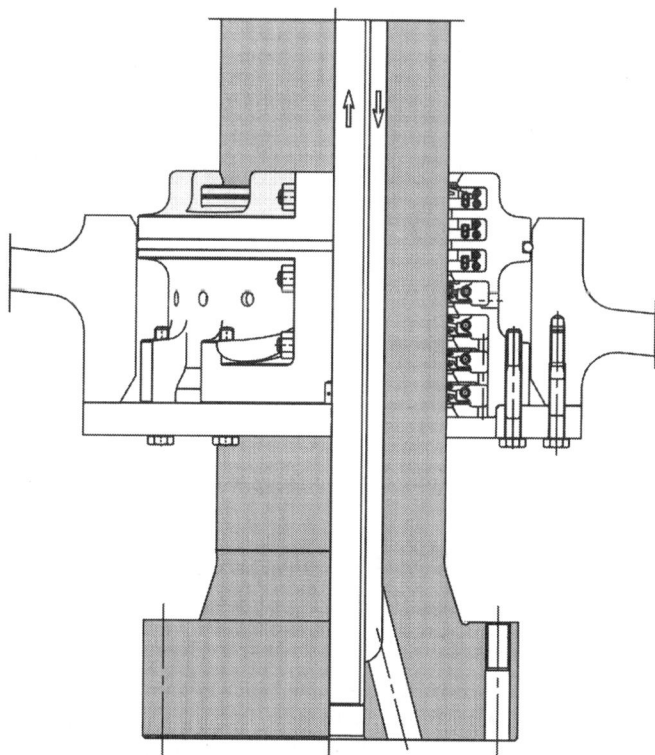

图 2-25 MAN B&W 公司 S35MC 型柴油机活塞杆填料函

（6）十字头式柴油机活塞的冷却

在十字头柴油机的发展过程中，活塞冷却存在水冷却和润滑油冷却两种。但是因为水冷却存在着油水交叉污染的问题而被市场淘汰。目前，十字头柴油机活塞以润滑油冷却为主。

不同于筒形活塞式柴油机的活塞冷却,十字头式柴油机的活塞冷却用的润滑油来自十字头。十字头的润滑油经过十字头内的钻孔和活塞杆内的通道进入活塞进行冷却。完成冷却的润滑油经活塞杆内的通道回流至十字头,并经管道回流至曲轴箱。向十字头输送润滑油并对活塞进行冷却的机构称为活塞冷却机构。活塞冷却机构的形式主要包括套管式和铰链式两种。

随着现代十字头式柴油机强化程度的提高,其热负荷也不断提高,仅采用振荡冷却已无法满足柴油机的冷却要求。为了确保活塞的冷却,柴油机厂商大多采用喷射-振荡式活塞冷却方式,将冷却油通过喷嘴直接喷射到活塞顶下部,并且在排出冷却腔之前,在冷却腔内振荡,由于喷射和振荡的双重冷却效果,活塞表面温度降低并避免了表面的烧蚀。MAN B&W 公司称之为插管喷射冷却技术,如图 2-26 所示。Wartsila 柴油机则在其钻孔冷却活塞的每个钻孔中都配有一个小喷嘴,如图 2-27 所示。

图 2-26　插管喷射冷却活塞

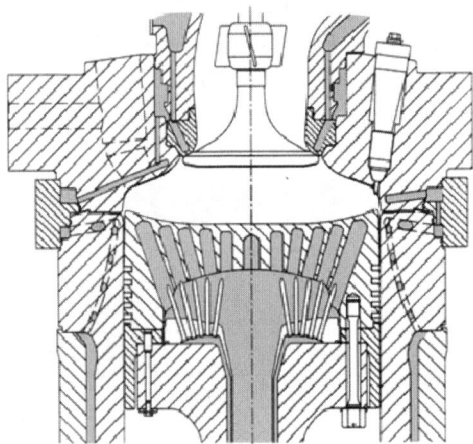

图 2-27　钻孔冷却活塞

三、气缸组件

气缸组件是柴油机的主要固定部件之一,主要包括气缸体、气缸套和冷却水套。

1. 筒形活塞式柴油机气缸组件

通常,筒形活塞式柴油机的气缸体与机架制成一体,称为机体。图 2-28 所示为 Wartsila L20 型柴油机气缸结构简图。除上部凸缘之外,气缸套整体插入气缸体内,其上部的凸缘作为轴向定位,由气缸盖压紧。气缸套的下部是不固定的,可以自由膨胀。通常,气缸体与气缸套之间形成冷却水空间。气缸体在气缸套上部和下部的圆周方向均形成良好的支撑,以承受活塞的侧推力。在气缸套内部上端设置除炭环,可以除去活塞头顶岸的结炭,使缸套的磨损率和滑油的消耗率都有所下降。除炭环磨损后可单独更换。

2. 十字头式柴油机气缸组件

十字头式柴油机的气缸体是单独制造的,可以是单体式的也可以是整体式的。气缸体由贯穿螺栓固定到机架上平面。气缸体下部设有横隔板与曲轴箱隔开,并形成扫气空间。在气缸体的上部开有大尺寸的中心孔,用于插入气缸套。图 2-29 所示为 MAN B&W 公司 S

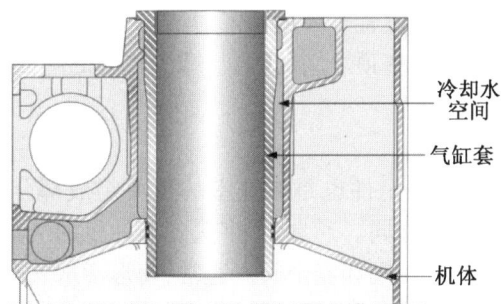

图 2-28 Wartsila L20 型柴油机气缸结构简图

-MC 和 S-MC-C 型柴油机的气缸组件简图。气缸套由气缸盖压紧在气缸体上,其下部可以自由膨胀。不同于筒形活塞式柴油机,十字头式柴油机的气缸套无须承受侧推力,因此,气缸套只有下部一部分插入气缸体内。气缸套上部设置冷却水套,以实现气缸套的冷却。气缸体的两侧设有通道,其中一个通道与扫气箱相连,另一个用于扫气箱清洁和检查。气缸套中上部设有注油孔,且其内表面设有润滑油槽保证气缸油的均匀分布。气缸套的最下部是一圈扫气口,由活塞控制启闭。扫气口在水平和垂直方向呈一定的角度,以控制气流使之形成一定的旋流。

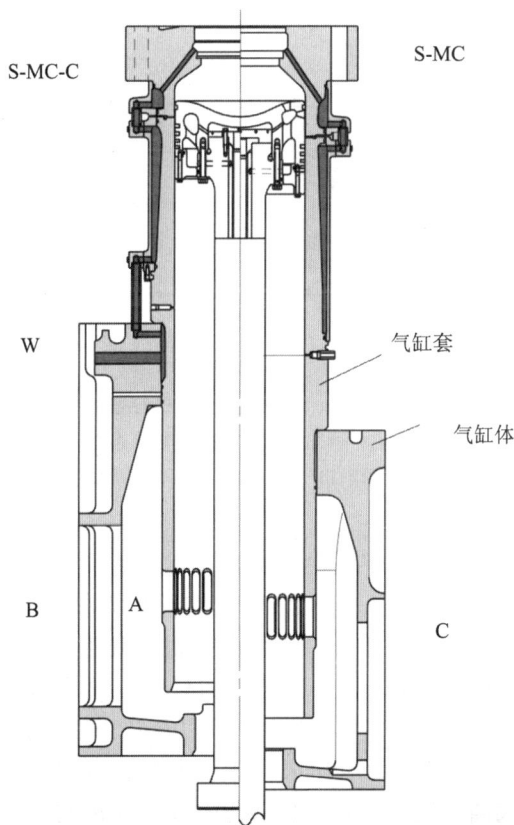

图 2-29 MAN B&W S-MC 和 S-MC-C 型柴油机的气缸结构图

A—扫气口;B—扫气通道;C—检修通道;W—冷却水入口

在缸套与气缸盖的密封面处设置了一道活塞清洁环,它的直径比气缸套的内径略小,可以除去活塞头第一道活塞环至活塞顶之间的积炭,减少缸套的磨损。

四、气缸盖组件

气缸盖既是柴油机的主要固定件也是燃烧室的重要组成部分。对于不同类型的柴油机,气缸盖上所安装的附件不尽相同。通常,十字头式柴油机的气缸盖上所安装的附件包括喷油器、排气阀、气缸起动阀、示功阀和安全阀。通常,筒形活塞式柴油机的气缸盖上所安装的附件包括喷油器、进气阀、排气阀、气阀摇臂机构和示功阀。除了安装以上附件之外,筒形活塞式柴油机的气缸盖还需要布置进气道、排气道。

1. 筒形活塞式柴油机气缸盖组件

与十字头式柴油机相比,筒形活塞式柴油机的气缸盖由于安装进、排气阀,布置进、排气道和冷却水腔等需求,其结构比较复杂。

图 2-30 所示为 Wartsila L20 型柴油机气缸盖结构简图。

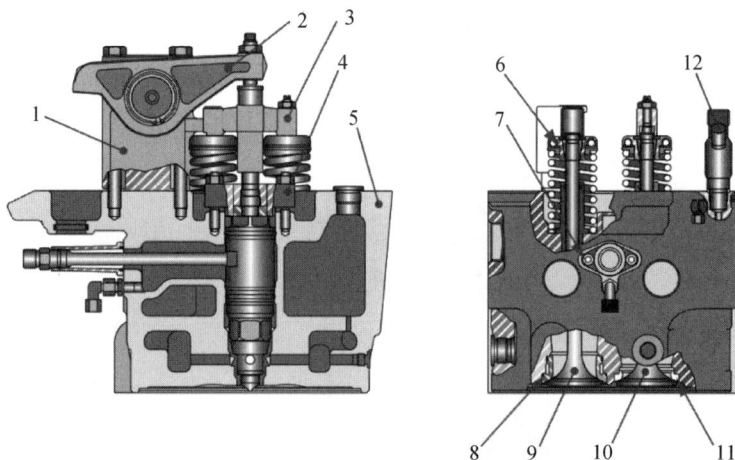

图 2-30　Wartsila L20 型柴油机气缸盖结构简图

1—轴承架;2—摇臂;3—气阀横臂;4—喷油器压块;5—气缸盖本体;6—旋阀器;7—燃油连接管螺栓;
8—排气阀座;9—排气阀;10—进气阀;11—进气阀座;12—示功阀

2. 十字头式柴油机气缸盖组件

不同于筒形活塞式柴油机,十字头式柴油机的气缸盖下部呈下凹状。在该设计下,当活塞到达上止点时,活塞顶岸可以进入气缸盖内,以实现燃烧室上移的目标。

图 2-31 所示为 MAN B&W 公司 S35MC 型柴油机气缸盖,其外观呈圆饼形,由锻钢制造而成。在气缸盖中央设有排气阀孔 1,排气阀用四只双头螺栓固紧在气缸盖上。另外气缸盖上还设有气缸起动阀孔 5、安全阀与示功阀孔 6 以及两个喷油器孔 4。在气缸盖中钻有许多径向冷却钻孔 2,在气缸盖底部设冷却水套 9,它与气缸盖底部构成冷却水腔 8。排气阀装入气缸盖孔后,排气阀插入气缸盖的部分与孔内壁之间也构成一个冷却水腔。这两个冷却水腔通过冷却钻孔 2 相通。气缸套冷却水通过冷却水套和缸盖冷却水套之间的冷却水接头进入冷却水腔 8,再经冷却钻孔 2 冷却排气阀和阀座,再经垂直孔 3 流入排气阀壳的冷却腔,最终排至冷却水出口管。

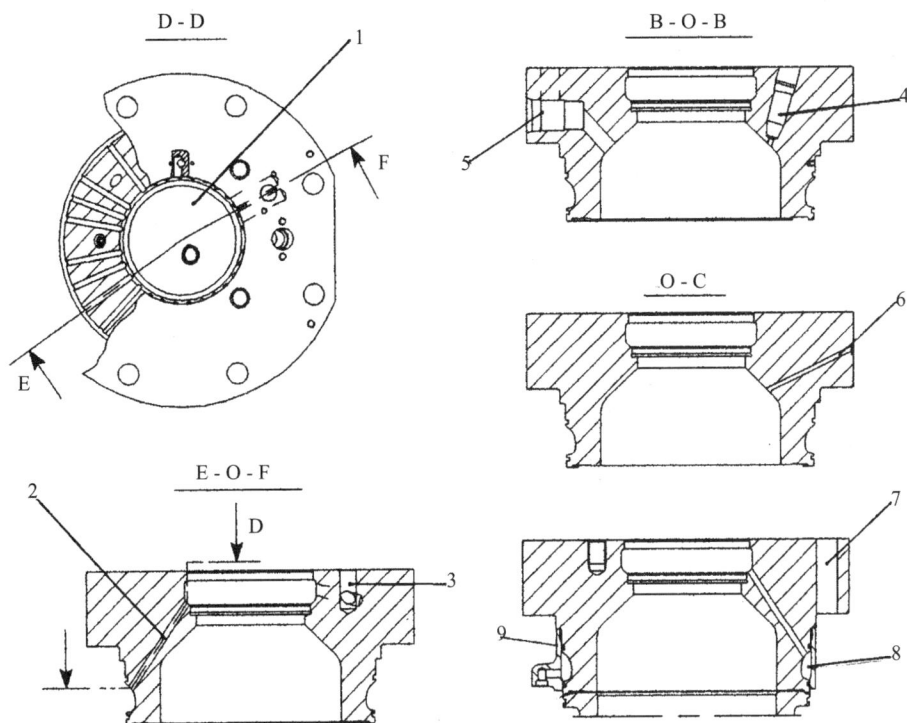

图 2-31　MAN B&W 公司 S35MC 型柴油机气缸盖

1—排气阀孔;2—冷却钻孔;3—垂直孔;4—喷油器孔;5—起动阀孔;6—安全阀与示功阀孔;7—气缸盖螺栓孔;8—冷却水腔;9—冷却水套

五、曲柄连杆机构

曲柄连杆机构是柴油机的主要运动件,主要包括曲轴和连杆,对十字头式柴油机还包括十字头组件。

连杆的主要作用包括:将作用在活塞上的气体压力和惯性力传给曲轴;把活塞或十字头与曲轴连接起来;将活塞的往复运动变成曲轴的回转运动。连杆的运动复杂,小端随活塞或十字头做往复运动,大端随曲柄销做回转运动。连杆杆身在小端和大端运动的合成作用下摆动。杆身上任意一点的运动轨迹随其位置而异,都近似呈椭圆。

曲轴的主要作用包括:把活塞的往复运动通过连杆转变为回转运动;把各缸所做的功汇集起来向外输出和带动柴油机的附属设备。柴油机的喷油泵、进排气阀、起动空气分配器等均因正时的要求,必须由曲轴来驱动。曲轴的工作条件较为恶劣,主要体现在:受力复杂;应力集中严重;附加应力大。根据结构形式,曲轴可以分为整体式曲轴、组合式曲轴和分段式曲轴。通常,中小型柴油机采用整体式曲轴,锻造而成;大型柴油机采用组合式曲轴,由主轴颈、曲柄臂和曲柄销组合而成。

1. 筒形活塞式柴油机曲柄连杆机构
筒形活塞式柴油机的曲柄连杆机构主要由连杆和曲轴组成。

(1)连杆
筒形活塞式柴油机的连杆小端经活塞销与活塞相连,连杆大端与曲轴的曲柄销相连。

连杆承受周期性变化的气体力和活塞、连杆惯性力的作用,并且气体力在燃烧时具有冲击性。筒形活塞式柴油机的连杆既承受拉应力也承受压应力,以压应力为主。

图 2-32 所示为 Wartsila L20 型柴油机连杆和曲轴结构简图。其连杆小端采用阶梯形设计以提高承载能力;其杆身采用工字形截面以提高抗弯强度;其大端采用斜切口形式,以增大曲柄销轴颈降低应力;连杆螺栓采用液压上紧方式。

(2)曲轴

筒形活塞式柴油机的行程较短,为提高曲柄臂的强度,主轴颈和曲柄销有一定的重叠度。为了平衡曲柄不平衡回转质量产生的惯性力,在曲柄臂上装有平衡重。为了减轻曲轴的重量和减小惯性力,曲柄销和主轴颈一般都采用空心结构。为向连杆和活塞输送润滑油,主轴颈、曲柄臂和曲柄销内需要钻孔。

Wartsila L20 型柴油机曲轴为整体锻造式,并在其内部钻孔;每个曲柄臂上设有平衡重。为了减低柴油机的振动,气缸数量为 4 的柴油机设置了平衡轴。

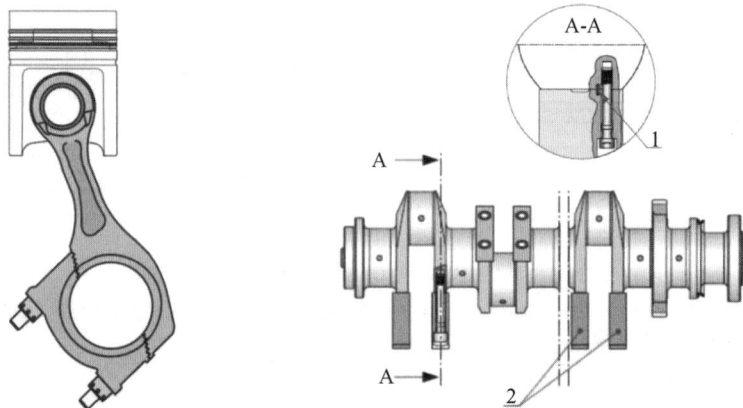

图 2-32　Wartsila L20 型柴油机连杆和曲轴结构简图
1—定位销;2—平衡重

2.十字头式柴油机曲柄连杆机构

十字头式柴油机的曲柄连杆机构主要由十字头组件、连杆和曲轴组成。

(1)十字头组件

十字头组件是船用二冲程十字头式柴油机的特有部件。其主要作用包括:将活塞组件和连杆连接起来;把活塞的气体力和惯性力传给连杆;承受侧推力。十字头组件主要包括十字头本体(又称为十字头销)、十字头滑块和十字头轴承(又称为连杆小端轴承)。

图 2-33 所示为 MAN B&W 公司 S35MC 型柴油机十字头组件和连杆简图。十字头组件主要由十字头本体 1、滑块 2、导轨 3、十字头轴承盖 5、十字头轴承上瓦 6 和十字头轴承下瓦 7 组成。十字头轴承盖上开有切口,使活塞杆和十字头本体可以安装在一起。活塞杆下端落在十字头上,由十字头内的导向管 10 定位。活塞杆和十字头间插有垫片 11,垫片的厚度可根据压缩比的需求而改变。活塞冷却油的出油管 14 紧固在十字头本体上,出油管在机架内设置的开槽的油管内滑动,润滑油被导入各缸的控制装置以检查流回曲轴箱油柜的滑油温度和流量。在机架上设有导板,起为十字头导向并承受侧推力的作用。十字头与导板的相对位置由滑块上的导轨 3 限定。不可反转柴油机只设置正车导板;可反转柴油机需要设

置正车导板和倒车导板。十字头上还设有与伸缩管 12 相连接的法兰 13,以向十字头供给润滑油。

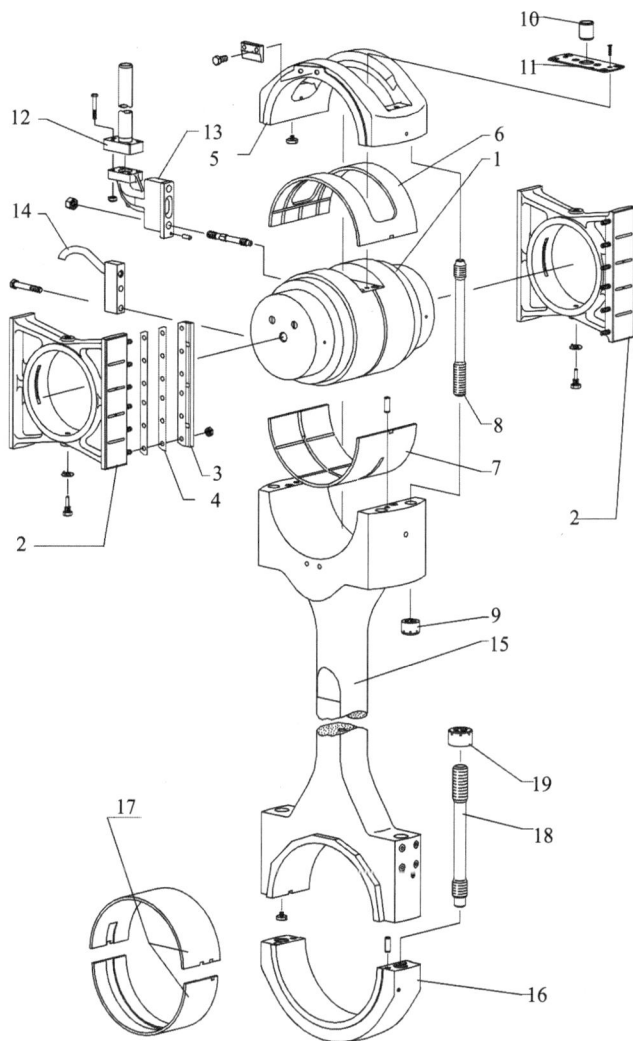

图 2-33 MAN B&W 公司 S35MC 型柴油机十字头组件和连杆简图

1—十字头本体;2—滑块;3—导轨;4—垫片;5—十字头轴承盖;6—十字头轴承上瓦;7—十字头轴承下瓦;8—双头螺栓;9—液压螺母;10—导向管;11—垫片;12—伸缩管;13—伸缩管连接法兰;14—活塞冷却油出油管;15—连杆;16—曲柄销轴承盖;17—曲柄销轴承上下瓦;18—双头螺栓;19—液压螺母

（2）连杆

不同于筒形活塞式柴油机连杆小端的一体锻造方式,十字头柴油机的连杆小端通过轴承盖与十字头相连。杆身通常只受压应力的作用,杆身截面可做成圆形或方形,连杆杆身中部设有油孔,用来将滑油从连杆小端轴承送至大端轴承润滑。由于连杆大端不受气缸套内径的限制,通常采用平切口的结构形式。

如图 2-33 所示,MAN B&W 公司 S35MC 型柴油机连杆小端采用全支撑形式,通过十字

头轴承盖、十字头轴承上瓦和十字头轴承下瓦与十字头本体相连。大端通过曲柄销轴承盖
16、曲柄销轴承上下瓦17、双头螺栓18和液压螺母19与曲柄销连接。连杆螺栓为柔性螺
栓,有较高的疲劳强度,用专用液压工具上紧。

(3)曲轴

十字头式柴油机的曲轴尺寸较大,一般采用组合式曲轴。目前,十字头式柴油机广泛采
用长行程设计,曲轴的曲柄臂较长,主轴颈和曲柄销没有重叠度。曲柄销和主轴颈一般都采
用空心结构,以减轻曲轴的重量和减小惯性力。由于往复惯性力相对较小,曲臂上无须装平
衡重。

图2-34所示为MAN B&W公司S35MC型柴油机曲轴简图。其曲轴采取组合式结构,
由单位曲柄3(也称为曲拐)、自由端1和功率输出端5组成。单位曲柄是曲轴的基本组成
部分,由主轴颈、曲柄销和曲柄臂组成。自由端法兰用来安装主动链轮,以便通过链条驱动
凸轮轴。自由端法兰处设置轴向减振器活塞2,以减小曲轴轴向振动。输出端设置推力环
4,以传递螺旋桨的推力。

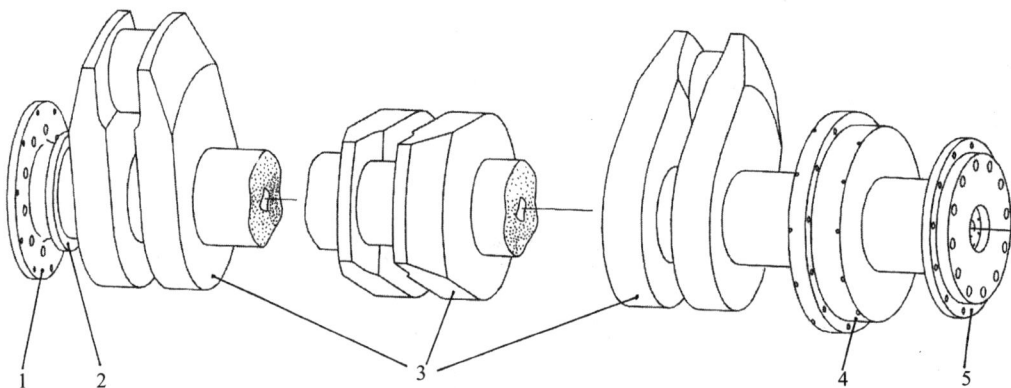

图2-34　MAN B&W公司S35MC型柴油机曲轴简图
1—自由端;2—轴向减振器活塞;3—单位曲柄;4—推力环;5—功率输出端

3.曲柄连杆机构的维护管理

曲柄连杆机构的维护管理主要包括:测量轴承间隙、主轴承下沉量和曲轴拐挡差(臂距
差);检查各主要螺栓的紧固情况。

(1)测量轴承间隙

对于中小型筒形活塞式柴油机,打开曲轴箱道门,可以检查连杆大端轴瓦的位置和轴承
间隙。对于十字头式柴油机,需要测量的轴承间隙比较多,主要包括:主轴承间隙、连杆大端
轴承间隙和十字头轴承间隙。通常采用专用的塞尺进行测量。部分柴油机主轴承采用专用
工具测量其上瓦与轴颈之间的间隙。

(2)测量拐挡差

通过测量拐挡差可以检测曲轴的对中性。曲轴的对中性受柴油机温度和船舶装载状况
的影响较大。为了方便比较,应尽可能在相同的温度和装载状况下测量拐挡差。测量拐挡
差时应记录缸套水和润滑油的温度,以及艏艉吃水差。在曲拐上设有专门安放拐挡表的定
位点。一个缸的拐挡差包括5个数据。测量步骤包括:将曲柄销盘车至下止点后15°

（CA）；安装拐挡表，并将读数调整为0；依次盘车至曲柄销到达下止点后90°（CA）、上止点、上止点后90°（CA）和下止点前15°（CA），并记录对应的拐挡表读数。拐挡差的限值与机型和机器大小相关，不能一概而论，应参考说明书的相关要求。

（3）检查螺栓紧固情况

曲柄连杆机构中的螺栓分为两种紧固方式：用液压工具上紧的液压螺栓；用扭矩扳手上紧的螺栓。用扭矩扳手上紧的螺栓上设有防松动钢丝或设计配合标记。此种螺栓只需检查防松动钢丝的状况或配合标记的位置即可。对于采用液压工具紧固的液压螺栓，可以使用专用工具检查其是否松动。

六、凸轮轴及其传动机构

凸轮轴可以控制进、排气阀的定时；控制供油定时和供油规律；控制空气分配器及气缸起动系统。此外，凸轮轴还可以带动液压调速器及其他附件。因此，可以说凸轮轴是非电控柴油机的控制设备。

1. 凸轮轴

按照结构形式，凸轮轴可以分为整体式和装配式。通常整体式用于小型机，装配式用于大型机。

如图2-35所示为MAN B&W公司S35MC型柴油机凸轮轴。该凸轮轴采用装配式结构，主要由链轮2、推力盘3、燃油凸轮4和排气阀凸轮5组成。前端安装驱动链轮，由曲轴通过链条驱动。凸轮轴首端通过联轴器驱动为柴油机起动服务的空气分配器。凸轮轴安放在与气缸体铸成一体内的凸轮轴箱内，由多个轴承支撑。凸轮轴轴承只安装下瓦，由来自主机滑油系统的滑油润滑。凸轮轴在链轮与第一个凸轮之间有与凸轮轴一体的推力盘，起到为凸轮轴轴向定位的作用。

凸轮轴与各凸轮和链轮分开制造。凸轮轴整体锻造而成，凸轮采用红套的方式安装在凸轮轴上。若要单独调整某个凸轮与曲轴的相对位置，可以使用液压工具经注油孔盖6将凸轮与凸轮轴分开，再根据需求将凸轮转动一定的角度。

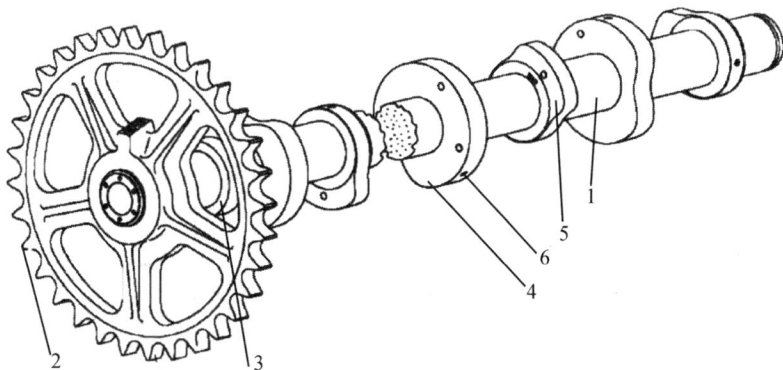

图2-35　MAN B&W公司S35MC型柴油机凸轮轴
1—凸轮轴；2—链轮；3—推力盘；4—燃油凸轮；5—排气阀凸轮；6—注油孔盖

2. 凸轮轴传动机构

凸轮轴由柴油机的曲轴带动，两者保持准确的相对位置。按照柴油机工作循环的要求，每个工作循环,凸轮轴应当回转一圈,凸轮控制的机构应完成相应的动作。由于四冲程柴油机曲轴回转两周完成一个工作循环,所以,其凸轮轴与曲轴的转速比是1∶2。同理,二冲程柴油机凸轮轴与曲轴的转速比是1∶1。

曲轴与凸轮轴之间的传动方式与发动机的类型、凸轮轴位置以及驱动的附件等因素有关。一般可以分为齿轮式和链式。下面分别介绍这两种传动方式的应用。

(1)齿轮式凸轮轴传动机构

通常,齿轮式凸轮轴传动机构用于中小型柴油机。图2-36所示为Wartsila L20型柴油机采用的齿轮式凸轮轴传动机构。传动机构由曲轴1上的正时齿圈2、大中间齿轮3、小中间齿轮4和凸轮轴齿轮5组成。大中间齿轮与小中间齿轮的齿数比为2∶1,以确保凸轮轴与曲轴的转速比是1∶2。在各齿轮处设有润滑油喷嘴,以润滑和冷却传动机构。

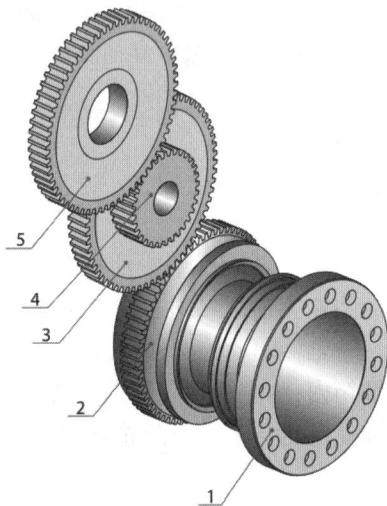

图2-36　Wartsila L20型柴油机齿轮式凸轮轴传动机构

1—曲轴;2—正时齿圈;3—大中间齿轮;4—小中间齿轮;5—凸轮轴齿轮

(2)链式凸轮轴传动机构

通常,链式凸轮轴传动机构用于大型柴油机。图2-37所示为MAN B&W公司S35MC型柴油机采用的链式凸轮轴传动机构。传动机构由曲轴上的主动链轮1、凸轮轴上的从动链轮2、链条4、链条张紧臂7、张紧轮5等组成。主动链轮1用螺栓紧固在曲轴上,从动链轮2用键连接在凸轮轴上。曲轴与凸轮轴之间采用一级链传动,转速比为1∶1。链条4选用双排套筒滚子链。导轨是由导轨板和装在导轨板上的特种耐油橡胶块组成的,以防止链条的横向抖动和敲击,使之工作平稳。

链传动装置由于链条磨损较快,容易松弛,这就影响了凸轮的定时,并引起链条振动。故在链条传动装置中设有张紧轮5和链条张紧装置,用以减少链条的振动和调节链条的松紧程度,保证链条与链轮啮合良好,传动平稳。链条张紧装置主要由拉杆8和张紧臂7组成。

链轮和链条由安装在导轨上的滑油管9和10通过喷嘴喷入滑油来润滑,滑油管由主机滑油系统供油。

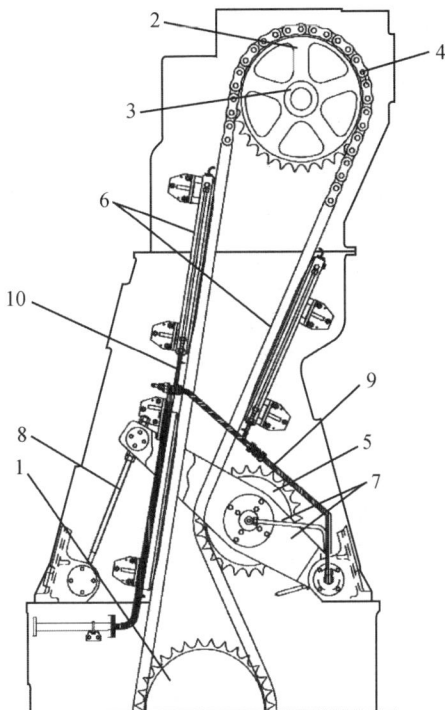

图 2-37　MAN B&W 公司 S35MC 型柴油机链式凸轮轴传动机构

1—曲轴链轮；2—凸轮轴链轮；3—凸轮轴；4—链条；5—张紧轮；6—链条导轨；
7—链条张紧臂；8—拉杆；9、10—润滑油管

七、柴油机主要固定件

柴油机的主要固定件包括机座、机架、气缸体、贯穿螺栓和主轴承等。它们构成柴油机的骨架，用来支撑柴油机的运动机构和辅助设备，并形成柴油机的工作和运动空间。

1. 筒形活塞式柴油机主要固定件

（1）机体

筒形活塞式柴油机由于尺寸较小，对固定件的要求除了保证刚度和强度外，对于发动机尺寸重量方面的要求更加严格，以期获得最大的单位尺寸功率输出和单位重量功率输出。虽然在筒形活塞式柴油机的发展过程中出现过多种气缸体、机架和机座的组合形式，但是目前以机体和轻便式油底壳为主要组合形式。由于省略了机座，该型柴油机通常采用倒挂式主轴承结构。

图 2-38 所示为 Wartsila L20 型柴油机结构简图。该型柴油机将机架和气缸体铸造为一体，称为机体；取消了机座，代之以轻便的油底壳；采用倒挂式主轴承结构。机体通过弹性支撑与船体结构件相连，以降低柴油机振动对其他设备的影响。

（2）倒挂式主轴承

曲轴承受气体力和往复惯性力的作用。在正置式主轴承设计中，曲轴将受力传递给机座，再由机座传递给船体。由于采用机体和轻便式油底壳设计，省略了机座，曲轴只能通过主轴承螺栓倒挂在机体上，由机体承担曲轴的受力并传递给船体。这就是倒挂式主轴承。

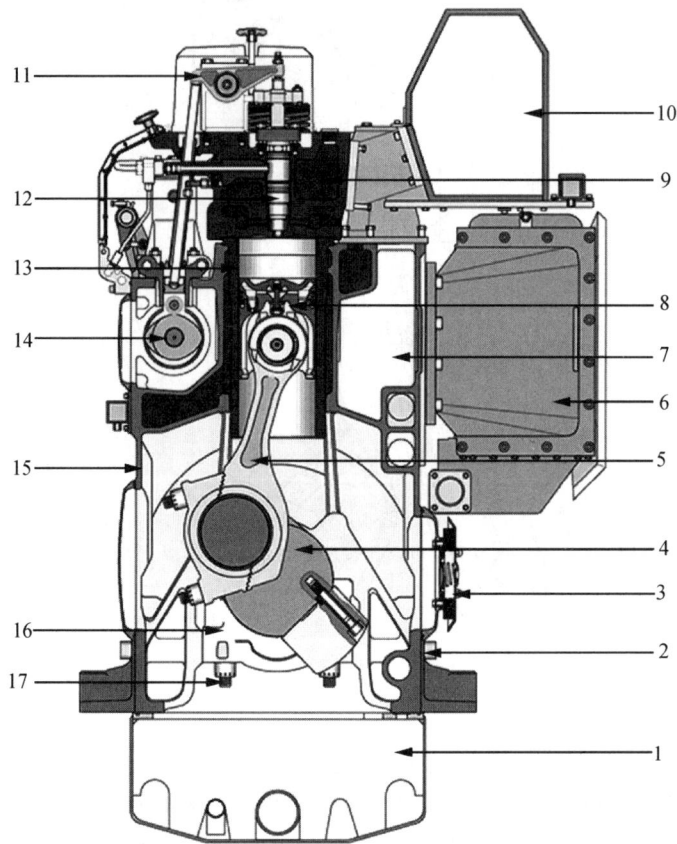

图 2-38　Wartsila L20 型柴油机结构简图

1—油底壳;2—侧向螺栓;3—曲轴箱防爆门;4—曲轴;5—连杆;6—增压空气冷却器(空冷器);7—进气
总管;8—活塞;9—气缸盖;10—排烟总管;11—气阀传动机构;12—喷油器;13—气缸套;14—凸轮轴;
15—机体;16—倒挂式主轴承;17—倒挂螺栓

对于中小型柴油机,倒挂式主轴承的轴承盖只由倒挂螺栓固定;对于大功率中速机,轴承盖除用倒挂螺栓紧固到机体上之外,还在横向增加侧向螺栓把轴承盖侧面与机架紧固到一起,以提高主轴承和机体的刚性。Wartsila L20 型柴油机既采用了倒挂螺栓,也采用了侧向螺栓。

2. 十字头式柴油机主要固定件

十字头式柴油机的主要固定件包括:气缸体、机架、机座、贯穿螺栓、主轴承和推力轴承。在十字头式柴油机中,气缸体、机架和机座分开制造,然后由贯穿螺栓压紧,形成刚性整体。

(1)机架

机架是柴油机的支架,它与机座形成的曲轴箱空间是曲柄连杆机构的运动空间。图 2-39 所示为 MAN B&W 公司 S-MC 型柴油机机架简图。该机架采用焊接结构,称为箱形机架。由上面板 5、底板 6、横向隔板 2 和左、右侧板 7 焊接而成的,它具有结构紧凑、重量轻、刚性好的优点。在机架内设有十字头滑块导板 3,用以承受侧推力。在侧板 7 上开有检修通道,通过它可以检查主轴承、曲轴及连杆大端轴承的工作状态。在机架的背面设有防爆门。由于整个机架为一刚性整体,结合面少,使加工、制造容易,安装简单,也改善了曲轴箱的密封性。

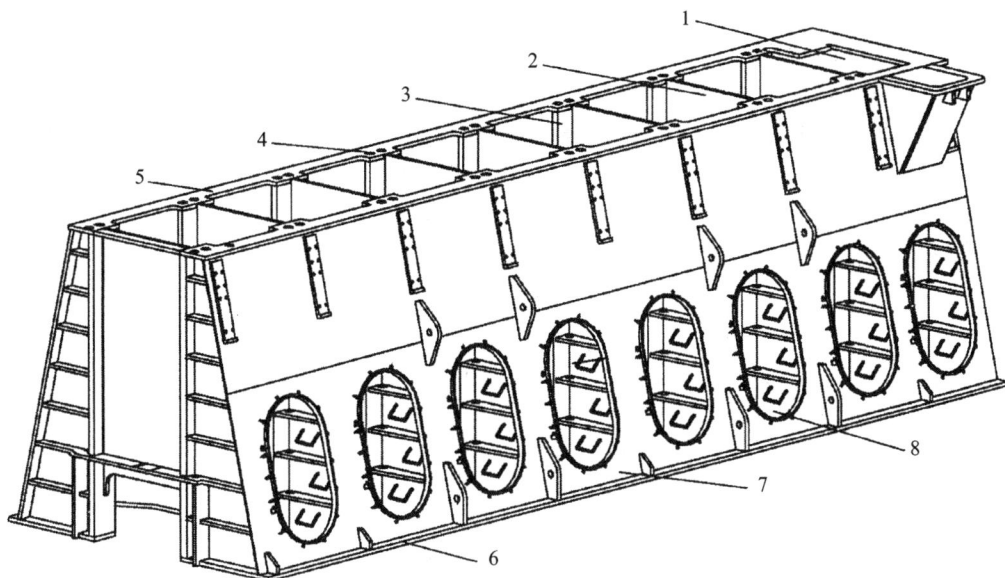

图 2-39　MAN B&W 公司 S-MC 型柴油机的机架

1—链条传动箱;2—横向隔板;3—滑块导板;4—贯穿螺栓孔;5—上面板;6—底板;7—侧板;8—道门

（2）机座

机座是柴油机的基础。它和机架共同组成曲轴箱,也是柴油机装配时的基准件。目前,十字头式柴油机主要采用单壁深型机座。图 2-40 所示为 MAN B&W S35MC 型柴油机机座和主轴承简图。轴承盖用四个液压螺栓安装在轴承座上。机座的自由端安装有轴向减振

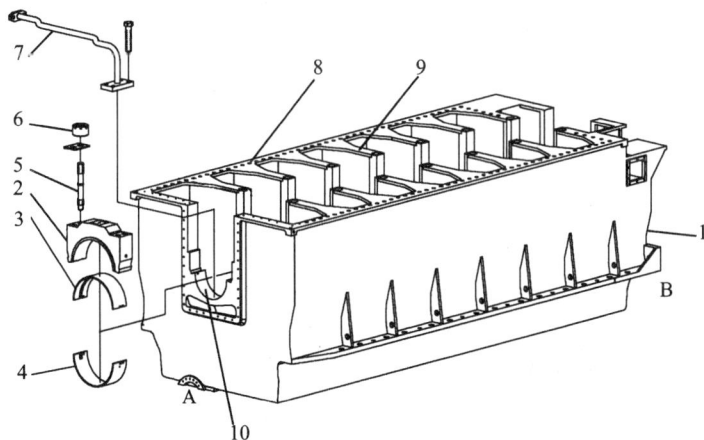

图 2-40　MAN B&W S35MC 型柴油机机座和主轴承简图

1—机座;2—轴承盖;3—主轴承上瓦;4—主轴承下瓦;5—双头螺栓;6—液压螺母;7—润滑油管;8—横梁;9—纵梁;10—轴承座;A—功率输出端;B—自由端

器,用以控制轴系的轴向振动,还设有驱动链条空间用以安装驱动链轮。机座功率输出端有推力轴承空间用以安装推力轴承。机座下部为双层底内的滑油循环柜。基座底部设有开孔与滑油循环柜相通,各部件的润滑油通过开孔从曲轴箱流入滑油循环柜。在开孔处设有隔

离阀,以防双层底破损。机座与船体的基座之间垫有环氧树脂或铸铁垫块,并由地脚螺栓固定。

(3)贯穿螺栓

在十字头式柴油机中,都采用贯穿螺栓把气缸体、机架和机座连在一起。这是因为固定机件的结构和受力比较复杂,如果在结合面处用短螺栓连接,在拉力作用下,各部分受力很不均匀,难以准确计算。采用贯穿螺栓设计,气缸体、机架与机座三者只受压应力不受拉力,既合理利用了材料抗压不抗拉的性能,又提高了柴油机整体刚度。

图 2-41 所示为 MAN B&W 公司 S35MC 型柴油机贯穿螺栓简图。贯穿螺栓 1 插在机座

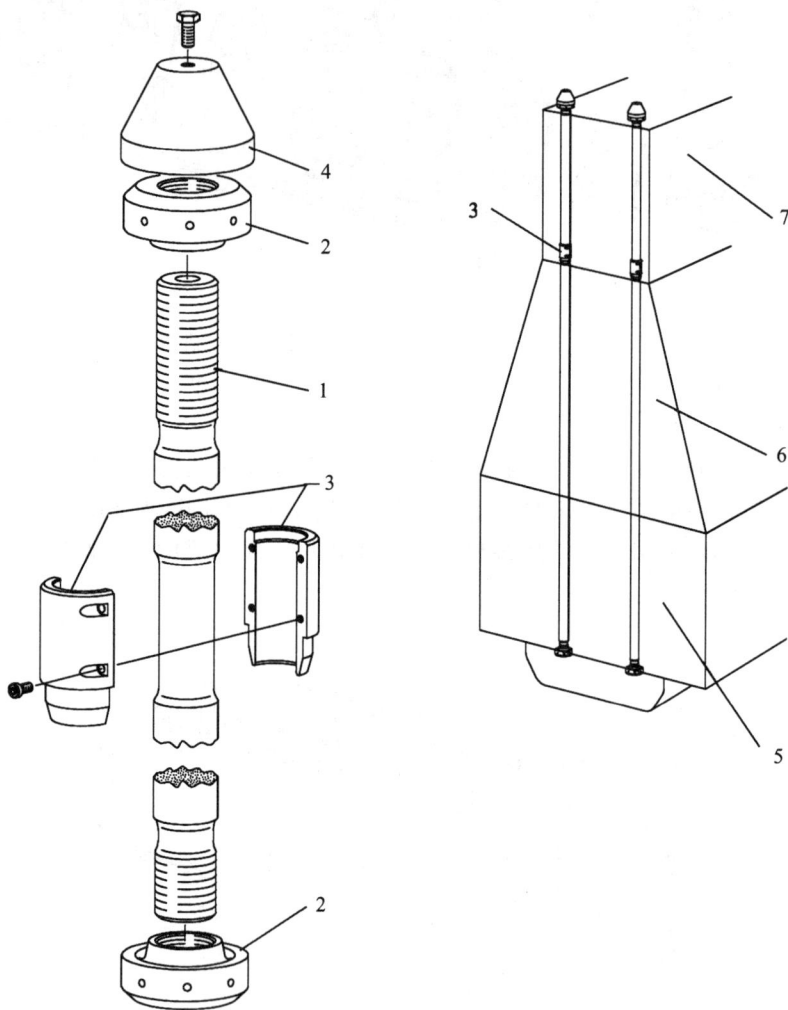

图 2-41 MAN B&W 公司 S35MC 型柴油机贯穿螺栓简图
1—贯穿螺栓;2—液压螺母;3—中间环;4—保护帽;5—机座;6—机架;7—气缸体

5、机架 6、气缸体 7 的贯穿螺栓孔中,上下两端用液压螺母 2 紧固。贯穿螺栓是柴油机中最长、最重要的螺栓,为了防止贯穿螺栓横向窜动,在机架上面板开孔处安装中间环 3,保证螺栓与螺栓孔的精密配合。保护帽 4 用于保护螺栓端部的螺纹,并防止螺栓生锈。

（4）正置式主轴承

主轴承的作用是支承曲轴,对曲轴径向定位,保证曲轴的工作轴线,使曲轴在转动中以小的摩擦和磨损传递动力。通常,称坐落在机座上由轴承盖固定的主轴承为正置式主轴承。

如图2-40所示,MAN B&W S35MC型柴油机主轴承由轴承盖2、主轴承上瓦3、主轴承下瓦4、双头螺栓5和液压螺母6组成。在机座的横梁上车有轴承座孔,以安放下瓦。四根紧固螺栓螺母液压上紧。轴承盖上安装滑油管,系统滑油通过滑油管向轴承输送滑油,对轴承进行润滑。柴油机运转时,主轴承下瓦受力,因此一般是下轴承瓦产生磨损。为监测主轴承下瓦润滑磨损情况,在主轴承下瓦装有温度传感器,连续监测轴瓦温度,如温度出现异常升高或轴瓦温度偏差大,指示轴承出现故障,主机安全系统会控制主机自动减速或停车。

（5）推力轴承

推力轴承的作用包括:传递推(拉)力;为传动轴系轴向定位;在曲轴和推力轴直接连接的情况下,推力轴承也给曲轴轴向定位。采用直接传动的推进装置,推力轴承座一般与柴油机的机座制成一个整体,设置在最后两道主轴承之间。采用筒形活塞式柴油机作为主机的推进装置,由于需要设置减速装置,推力轴承一般单独设置。

图2-42所示为MAN B&W公司6S35MC型柴油机推力轴承简图。其推力环与曲轴造为一体,参见图2-34。其推力轴承主要包括:正车推力块组1、倒车推力块组2、安装温度传

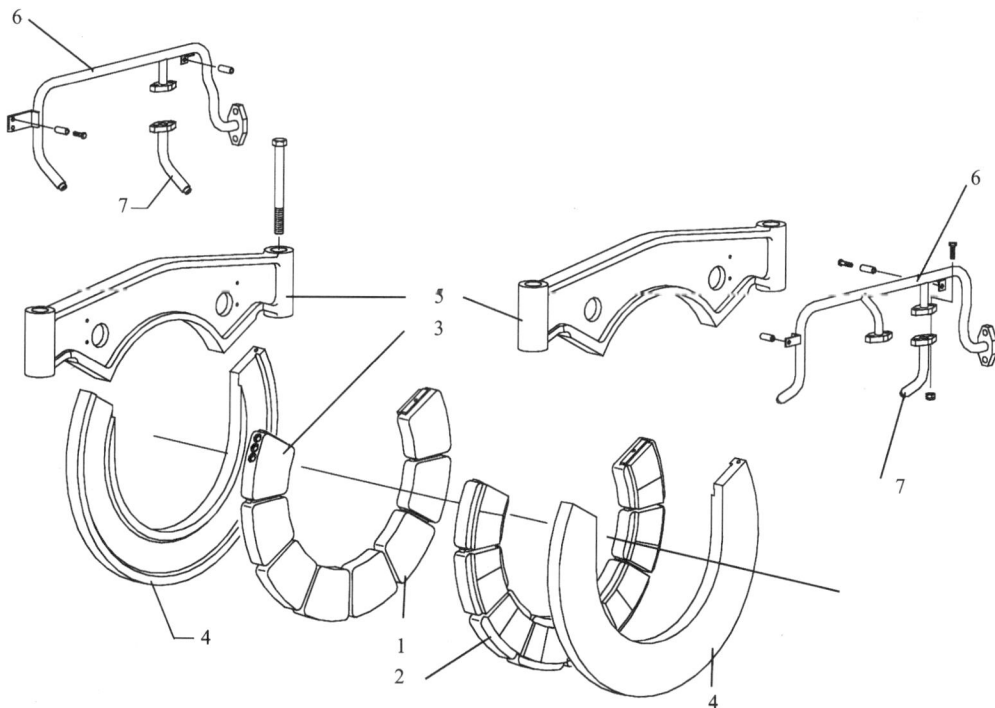

图2-42　6S35MC型柴油机推力轴承构造图

1—正车推力块组;2—倒车推力块组;3—安装温度传感器的正车推力块;4—调节圈;5—止动器;6—滑油管;7—滑油喷嘴

感器的正车推力块3、调节圈4和止动器5。其中,正倒车推力块各8块,沿圆周方向排列,排成约2/3圆周的扇形面。柴油机正车运转时,螺旋桨的轴向推力通过艉轴和中间轴传到推力环,推力环通过正车推力块和推力盘将推力传给柴油机机座,又通过地脚螺栓传给船

体,从而推动船舶克服水的阻力前进。为了防止推力块跟随推力环转动,在正、倒车推力块的上方都设有止动器来定位。

推力环与推力块之间由滑油润滑,滑油来自滑油系统。滑油由滑油管 6 进入,通过插入止动器孔中的喷嘴 7 喷入推力环和推力块之间进行润滑。正车推力块 3 上插入温度传感器,能够监视推力块温度,如出现异常摩擦,温度过高,主机安全控制系统会控制主机自动减速或停车。

第四节　燃油喷射系统

燃烧是柴油机工作循环中极为重要的一环,是将燃料的化学能转换为燃气内能的过程。燃烧过程的优劣和完善程度对柴油机的动力性、经济性、可靠性、排放特性和起动性等指标具有直接的影响。燃烧过程的主要影响因素包括:喷油定时、雾化质量、喷油量和换气质量。由于燃油喷射系统对喷油定时、燃油雾化和喷油量控制起到关键的作用,确保燃油喷射系统正常工作是保障柴油机获得良好燃烧过程的基础。在船舶运营过程中,燃油喷射系统的常见故障较多,其维护保养频率也较高。因此,掌握燃油喷射系统的相关知识是完成柴油机维护管理工作的基础。本节将以 MAN B&W 公司的 S35MC 型柴油机和 Wartsila L20 型柴油机为例进行介绍。

一、燃油喷射系统概述

1. 柴油机对燃油喷射系统的要求

柴油机是压缩发火式内燃机,其燃油与空气的混合在气缸内完成。在活塞接近上止点时,燃油喷射系统应将燃油在极短的时间内供给至气缸内,并使其雾化,以实现燃油与空气的混合和燃烧。柴油机对燃油喷射系统的基本要求包括:正确的喷油定时、良好的喷油规律、精确的供油量和良好的雾化质量,可简单地概括为"三定",即定时、定量和定质。

2. 燃油喷射系统基本组成

图 2-43 所示为柱塞泵式燃油喷射系统简图。这种喷射系统的基本组成包括:喷油泵 5、高压油管 6 和喷油器 10。喷油泵主要由柱塞 2、套筒 3 和出油阀 4 组成。喷油器主要由喷油器弹簧 7、壳体 8 和针阀 9 组成。燃油经套筒上的进/回油孔进入喷油泵;在凸轮 1 的驱动下,柱塞上行对燃油加压;高压燃油打开出油阀,经高压油管进入喷油器;当燃油压力高于喷油器启阀压力时,喷油器将燃油喷入气缸内雾化。

二、喷油泵

喷油泵是燃油喷射系统的核心部件,也称为高压油泵。喷油泵的作用主要包括:对燃油加压,为雾化做准备;控制供油定时;控制供油规律;控制供油量。通常,喷油泵采用柱塞泵形式,由凸轮轴驱动,其压力取决于负载,即取决于喷油器的启阀压力。供油定时是指喷油泵开始和结束对燃油加压时所对应的曲轴转角,其影响因素主要包括:凸轮与曲轴的相对位置;喷油泵定时调节机构。供油规律是指供油期间供油速率与曲轴转角之间的关系,主要取决于凸轮的线形和有效工作段。供油量是指一个循环中供油量的总和,主要取决于喷油泵柱塞的有效行程。

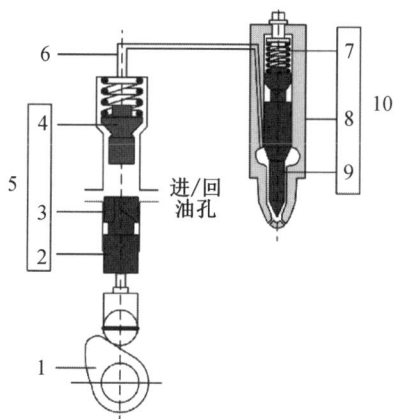

图 2-43 柱塞泵式燃油喷射系统简图

1—凸轮；2—柱塞；3—套筒；4—出油阀；5—喷油泵；6—高压油
管；7—喷油器弹簧；8—喷油器壳体；9—针阀；10—喷油器

为了控制供油量，喷油泵设有油量调节机构。根据调节机构的特点，喷油泵可分为回油孔式与回油阀式两种。图 2-43 展示了回油孔式喷油泵的基本结构。关于喷油泵工作原理的详细介绍请参阅柴油机教材。

1. S35MC 型柴油机喷油泵

图 2-44 所示为 MAN B&W 公司 S35MC 型柴油机的喷油泵，其组成包括油泵本体、上盖、柱塞、套筒、吸油阀和空气刺破阀等。油泵本体由螺栓紧固在凸轮轴箱上部，上盖通过螺栓与套筒紧固在一起，并用螺栓紧固在油泵本体上。在上盖和油泵本体之间设有垫片，以调节供油定时。上盖上部安装有高压油管、吸油阀和空气刺破阀。这样，吸油阀、上盖、套筒和柱塞上平面形成燃油加压空间。油泵底角插在滚轮导套内，凸轮轴箱内的凸轮驱动滚轮导套，滚轮导套带动柱塞上下运动。柱塞头部采用终点调节式。套筒底部安装调节齿圈，齿圈与油门齿条啮合。

油泵不工作时，来自油泵燃油进口管 0.8 MPa 压力的燃油克服吸油阀弹簧的压力，将吸油阀打开，进入喷油泵。一部分燃油进入高压油管和喷油器，然后经喷油器燃油回油管回至供油单元混油桶；一部分燃油通过套筒上的回油孔，经喷油泵回油管回至供油单元混油桶。如此，燃油可以在油泵和喷油器内循环。在使用和停车状态下，燃油都可以在油泵和喷油器内循环，因此，柴油机停车和机动航行时都无须换用轻油。

喷油泵工作时，柱塞在凸轮作用下向上运动，斜槽将套筒上回油孔关闭，燃油被柱塞压缩产生高压，吸油阀在自身弹簧和油压作用下关闭，加压的燃油进入喷油器。当拉动油门齿条时，齿圈转动带动柱塞转动，改变柱塞斜槽和套筒回油孔相对位置，改变喷油量。

空气刺破阀的作用是确保柴油机停车。空气刺破阀上部与压缩空气管相连，当柴油机需要应急停车或停车时，空气管内通入压缩空气，空气刺破阀将吸入阀顶开至常开状态，从而使油泵柱塞无法对燃油加压，进而确保柴油机停车。

柴油机喷油泵的油门齿条与调速器的输出轴相连，其间设有调节螺母，可以实现单缸喷油量的零位调节。

2. Wartsila L20 型柴油机喷油泵

图 2-45 所示为 Wartsila L20 型柴油机喷油泵。该型柴油机各缸喷油泵之间通过卡簧 4、

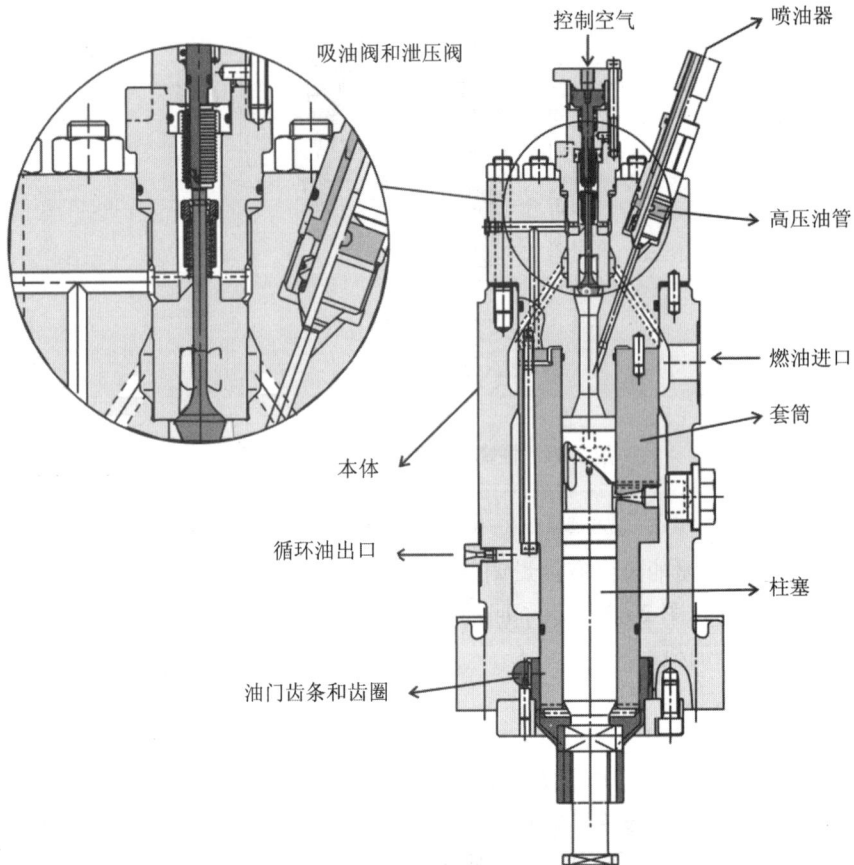

图 2-44 MAN B&W 公司 S35MC 型柴油机喷油泵

连接套筒 5 和密封圈 6 相连,构成燃油进回油管路。该喷油泵主要由壳体、滚轮 18、顶柱 2、弹簧 16、柱塞 14、齿圈 15、油门齿条 9、套筒 11 和出油阀 10 等部件组成。柱塞头部采用终点调节式;套筒上设有进回油孔。柱塞中部与齿圈相连接,齿圈与油门齿条啮合,拉动油门齿条可转动柱塞以调节柴油机的供油量。柱塞下端与顶柱相连,在顶柱和弹簧底座 8 之间设有弹簧。弹簧的主要作用是确保柱塞跟随凸轮运动。在套筒上部设有出油阀偶件。

出油阀的作用包括:蓄压、止回和减压(卸载)。蓄压作用指在柱塞供油行程中使供油压力逐渐累进。止回作用指柱塞吸油行程中出油阀自动落座,可防止高压油管内燃油倒流。减压作用指通过出油阀控制喷射结束后高压油管中的剩余压力,有助于消除因高压油管剩余压力过高而引起的重复喷射现象。按卸载方式出油阀可分为等容卸载式和等压卸载式两种。

三、喷油器

喷油器的结构和参数决定着雾化质量。对喷油器的要求主要包括:保证良好的雾化质量和合理的油束形状;喷油开始和结束应利落、无滴漏和二次喷射等异常喷射现象。根据图 2-43 可知,喷油器主要由弹簧、壳体和针阀组成。其中针阀是最为关键的部件。关于喷油器工作原理的详细介绍请参阅柴油机教材。

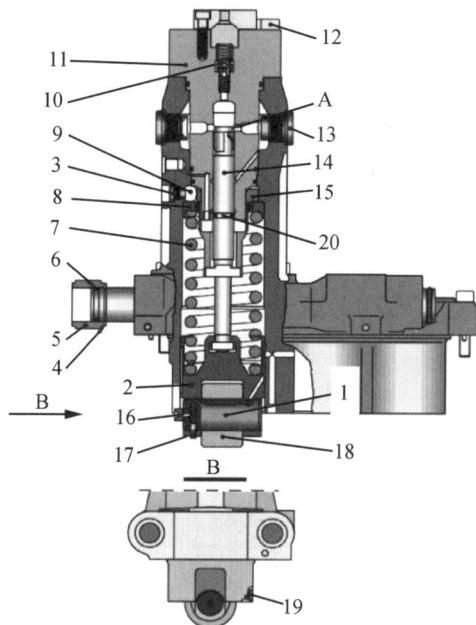

图 2-45　Wartsila L20 型柴油机喷油泵

1—喷油泵滚轮销;2—顶柱;3—旋塞;4—卡簧;5—连接套筒;6—密封圈;7—弹簧;8—弹簧底座;
9—油门齿条;10—出油阀;11—套筒;12—螺栓;13—防穴蚀旋塞;14—柱塞;15—齿圈;16—弹
簧;17—定位销;18—滚轮;19—导向螺栓;20—密封圈

1. S35MC 型柴油机喷油器

(1)S35MC 型柴油机喷油器结构

图 2-46 所示为 MAN B&W S35MC 型柴油机使用的一种非冷却多孔式喷油器。该喷油器内设有两个阀:止回阀和针阀偶件。止回阀由阀体 D、止回阀 E、止推座 F 和压力弹簧 G 组成。止回阀下部为针阀偶件,由针阀 A、针阀体 B 组成。在止回阀和针阀偶件之间设有弹簧 C 和调整垫片。在弹簧的作用下,针阀 A 压紧在针阀体 B 上。针阀上设有长切断干,插入喷嘴 H 中。

如图 2-46(a)所示,在燃油压力较低时,止回阀处于关闭状态,燃油进入针阀的通道被关闭;止回阀上部的旁通孔处于开启状态,燃油经旁通孔进入回油管路,实际上燃油只在喷油器上部循环。如图 2-46(b)所示,喷油泵开始供油后,燃油压力逐渐升高,当压力升高至止回阀开启压力时,止回阀被油压抬起一定的距离 D_1,旁通孔被关闭,燃油向下进入下部针阀的油腔内。此时,燃油压力还不足以打开针阀。如图 2-46(c)所示,燃油压力进一步升高至针阀开启压力时,针阀被油压抬起一定的距离 D_2,燃油通过喷嘴喷入气缸。当喷油泵停止供油时,燃油压力下降,针阀首先关闭,停止喷油;待压力进一步降低后,止回阀关闭,燃油再次进入循环状态。

该喷油器采用双阀设计,既可以确保燃油喷射雾化,又可以实现燃油在喷油器上部的循环。这种燃油循环在柴油机备车期间可对喷油器进行预热和除气。该喷油器在针阀上设计了长切断杆,其作用主要包括:使针阀密封面远离燃烧室,提高其可靠性;长切断杆占据喷嘴的大部分容积,可以防止二次喷射和滴油等故障;长切断杆的往复运动可以清除喷嘴内的

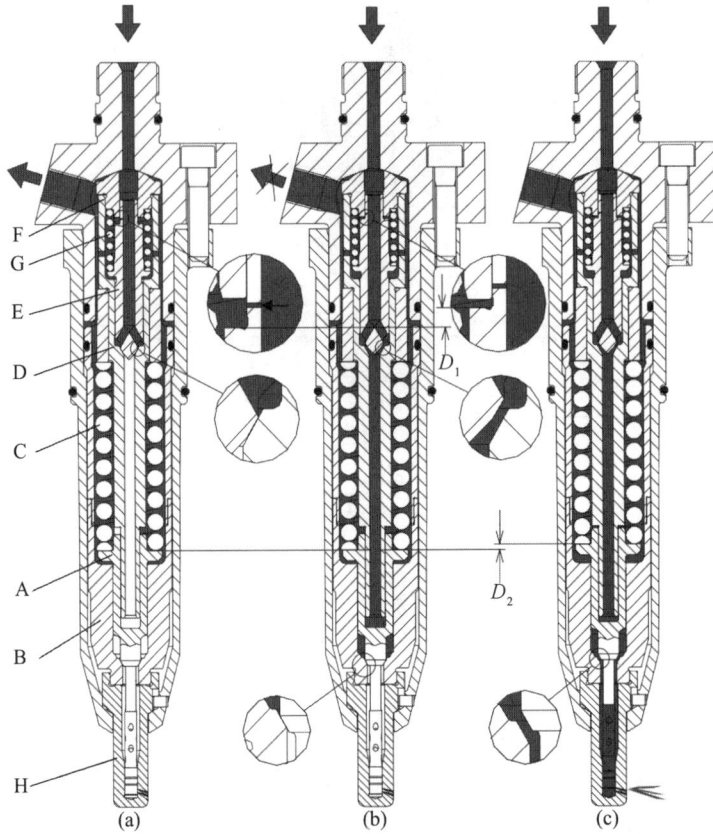

图 2-46 MAN B&W S35MC 型柴油机喷油器

A—针阀;B—针阀体;C—调压弹簧;D—止回阀体;E—止回阀;F—止推座;G—压力弹簧;H—喷嘴

积炭。

(2)S35MC 型柴油机喷油器的维护管理

喷油器是影响柴油机燃烧的关键部件。通常应根据维修保养周期或柴油机工况和排烟温度,对喷油器进行拆解检查。喷油器检查的注意事项和测试过程如下:

该喷油器采用滑动式针阀,应首先解体、清洁、检查和组装之后再进行测试。如果切断杆与喷嘴之间没有清洁干净,易导致测试的启阀压力偏低。检查项目主要包括:针阀运动情况、弹簧是否存在裂纹或断裂情况和各密封面的磨损情况。喷油器测试应采用50 ℃时黏度在 7~10 cSt 的液压油,其目的为防锈。因采用长切断杆设计,而试验台供油量有限,若进行雾化测试,则针阀会以较小的行程频繁启闭,易导致针阀损坏,所以,该喷油器不适合做雾化测试。由于该喷油器安装在气缸盖的两侧,只在其喷嘴的一侧设有喷孔,在组装喷油器时,应注意其内部定位销的位置,防止错误装配导致恶性事故。

喷油器装复之后应在试验台上进行测试。喷油器的测试过程主要包括:除气及检查油束、启阀压力测试、针阀密封性测试和O形圈密封性测试。

除气及检查喷孔的目的是去除喷油器内的空气,并检查油束状况。测试方法为逐渐增加液压油压力,直至喷嘴喷出油束。在此期间至少应该有一个喷油孔出现油束。

启阀压力测试的目的是测试针阀开启压力。测试方法为逐渐增加液压油压力,直至油从喷嘴喷出,记录该压力值。厂商建议的启阀压力为 33~38 MPa。该喷油器的启阀压力由弹簧性能和调整垫片的数量决定。若启阀压力偏低,可以增加调整垫片或换用较厚的垫片;若增加或更换调整垫片后,启阀压力仍然达不到要求,应换新弹簧。增加或更换垫片或换新弹簧后,应再次测试启阀压力。

针阀密封性测试的目的是检查针阀的关闭性能和密封性。测试方法为将液压油压力增加至启阀压力以下 5 MPa,观察喷嘴滴油情况和压力下降速度。若喷嘴出现滴油情况或压力下降过快,应检查或换新针阀偶件。

O 形圈密封性测试的目的是确保燃油不发生外漏。测试方法为在回油管接头处安装丝堵使其封闭,逐渐将液压油压力增加至 100 MPa,关闭油路的控制阀,观察压力变化情况。若压力下降过快或喷油器存在外漏,则应更换喷油器头部的 O 形圈。

2. Wartsila L20 型柴油机喷油器

(1)Wartsila L20 型柴油机喷油器结构

图 2-47 所示为 Wartsila L20 型柴油机喷油器简图。该喷油器主要由针阀偶件(喷油嘴)1、喷油器固定螺帽 2、推杆 4、弹簧 5、阀体 6、推力螺栓 7、调节螺栓 8 和锁紧螺帽 9 组成。针阀由弹簧经推杆压紧在针阀座上。弹簧的预紧力可以通过调节螺栓调节。在其内部存在两个燃油通道,通道 A 由阀体和针阀偶件的钻孔组成,是燃油高压通道,用于将燃油输送至针阀下部;通道 B 由阀体内空腔及钻孔组成,是燃油泄漏通道,用于将喷油器泄漏的燃油泄放至报警装置。

当喷油泵供油时,燃油经出油阀、高压油管和通道 A 进入针阀下部,当燃油压力高于启阀压力时,针阀打开,向缸内喷油。

该型柴油机将喷油器设置在气缸盖的中央位置,因此,该喷油器的喷孔绕圆周方向均匀布置。

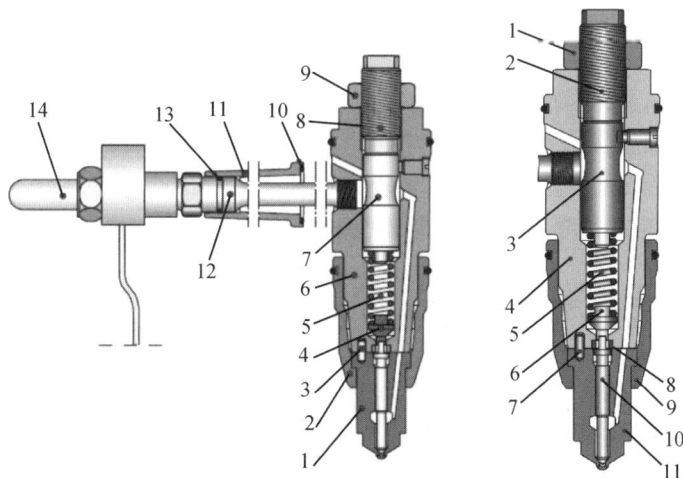

图 2-47　Wartsila L20 型柴油机喷油器

1—针阀偶件(喷油嘴);2—喷油器固定螺帽;3—定位销;4—推杆;5—弹簧;6—阀体;7—推力螺栓;8—调节螺栓;9—锁紧螺帽;10—O 形圈;11—保护管;12—高压接管;13—O 形圈;14—高压油管

(2)Wartsila L20 型柴油机喷油器的维护管理

喷油器应根据排烟温度等运行参数视情拆解检查或按照维护保养周期定期拆解检查。

按照说明要求,该机型喷油器2 000 h拆解检查,4 000 h更换喷油嘴。该喷油器的检查注意事项和测试过程如下。

将喷油器从柴油机上拆解下以后,首先观察其喷油嘴位置是否存在积炭。若存在大量积炭,则表明喷油器工作状况不佳或弹簧断裂。喷油嘴处的积炭可以用铜刷进行清洁。喷油器解体后的检查项目主要包括:针阀运动是否灵活、弹簧是否存在断裂或裂缝和密封面磨损情况。密封面主要包括:高压油管与阀体连接锥面、限值针阀升程的端面、针阀端面、针阀圆柱面和针阀锥面等。装复时应注意各部件的方向、顺序和定位。

喷油器清洁、检查和装复后,应在专用装置上进行测试,如图2-48所示。测试项目主要包括启阀压力、雾化状况和针阀密封性。

该喷油器的设计启阀压力为45 MPa。测试方法为缓慢加压,记录针阀开启压力。若启阀压力偏低,应顺时针旋转调节螺栓,以增大弹簧预紧力。在达到设计启阀压力后,利用锁紧螺帽将调节螺栓锁紧,并再次测试启阀压力。

雾化状况检查方法为在喷油嘴下部放一张干燥的纸,快速加压一次。观察各油孔的出油情况,根据纸张上的油迹判断油雾的均一性。

针阀密封性检查方法为将油压增加至启阀压力以下2 MPa,观察喷油嘴泄漏和压力下降情况。若10 s内喷油嘴无滴油现象,则说明针阀锥面密封良好。测量压力下降5 MPa所需的时间,若小于3 s,则说明针阀磨损严重,应更换喷油嘴;若大于20 s,则表明针阀脏堵,应对其进行清洁。

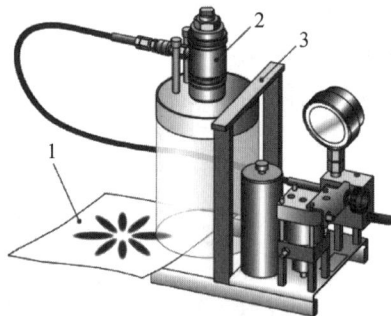

图 2-48　雾化实验装置
1—雾化测试纸张;2—喷油器;3—雾化试验台

第五节　柴油机的换气与增压

柴油机的一个工作循环由进气、压缩、燃烧膨胀和排气过程组成。在柴油机的工作过程中,每完成一个工作循环都必须排出废气和充入空气。从开始排气、扫气到进气终止的整个气体更换过程称为换气过程。其作用是将废气排出,吸入空气,为下一循环提供充足的空气。

柴油机所能发出的最大功率受到气缸内所能燃烧的燃料量限制,而燃料量又受到每个循环内气缸所能吸入空气量的限制。如果空气能在进入气缸前得到压缩而使其密度增大,则同样的气缸工作容积可以容纳更多的空气,从而就可以燃烧更多燃料,得到更大的输出功率。这就是增压的目的。

换气过程的质量和增压系统的工作状况直接影响柴油机的动力性、经济性、可靠性和排放性能。换气过程的完善程度和增压系统的工作状况不仅取决于换气过程和增压设备的设计状况,也与柴油机的日常管理密切相关。

由于二冲程柴油机和四冲程柴油机的换气过程和增压相差较大,本节在介绍其共性的同时,分别以 MAN B&W 公司的 S35MC 型柴油机和 Wartsila L20 型柴油机为例进行介绍。

一、换气过程

1.四冲程柴油机换气过程

四冲程柴油机设有进气阀和排气阀,其换气过程主要包括:在膨胀行程末期,活塞到达下止点之前,排气阀打开,开始排气;活塞经下止点后继续上行,将缸内废气排出;活塞到达上止点之前,进气阀打开,开始燃烧室扫气;活塞经上止点后下行至某一曲轴转角位置,排气阀关闭,排气结束;活塞继续下行,经下止点后上行至某一曲轴转角位置,进气阀关闭,进气结束。

2.二冲程柴油机换气过程

现代二冲程低速柴油机的换气形式大都采用气口气阀直流扫气。其换气过程主要包括:在膨胀行程的末期,活塞下行,排气阀首先打开,开始排气;而后扫气口开启,增压空气由扫气口进入气缸,并强迫废气由排气阀流出,然后活塞到达下止点后又上行,依次将扫气口和排气阀关闭,换气过程结束。

二、换气机构

保证柴油机按规定顺序和时刻完成换气过程的机构称为换气机构,又叫配气机构。四冲程柴油机采用气阀式换气机构;现代船用低速二冲程柴油机主要采用气口-气阀式换气机构。换气机构主要包括气阀机构和气阀传动机构。

1.气阀机构

对于四冲程柴油机而言,气阀机构主要是指进气阀和排气阀;对于二冲程柴油机而言,气阀机构主要是指排气阀。四冲程柴油机和二冲程柴油机的气阀机构差别较大,下面分别进行介绍。

(1)四冲程柴油机气阀机构

通常,四冲程柴油机的气阀机构采用不带阀壳的形式,即进气阀和排气阀直接安装在气缸盖上。图 2-49 所示为 Wartsila L20 型柴油机气阀机构简图。排气阀座 1、进气阀座 2 和气阀导管 8,采用紧配方式安装在气缸盖 3 上。气阀导管上部设有阀杆密封圈。阀杆 4 由气缸盖的下部插入阀座和气阀导管。在阀杆和气阀导管的上部设有气阀弹簧 7 和螺旋帽式旋阀器 5。阀杆与旋阀器之间用卡块 6 连接。

该型柴油机气阀的阀面和阀座采用全接触式配合。其中,进气阀座密封面的锥角为 20°,排气阀座密封面的锥角为 30°。其中排气阀座采用冷却设计,进气阀无须冷却。

气阀弹簧的作用是确保气阀机构跟随凸轮一起运动。一个气阀可以设置一个气阀弹簧,也可以设置两个气阀弹簧。大多数四冲程柴油机采用双气阀弹簧设计,两个弹簧一大一小、一内一外、旋向相反。双气阀弹簧设计可以提高其抗疲劳能力,增加工作可靠性。Wartsila L20 型柴油机采用单弹簧设计。

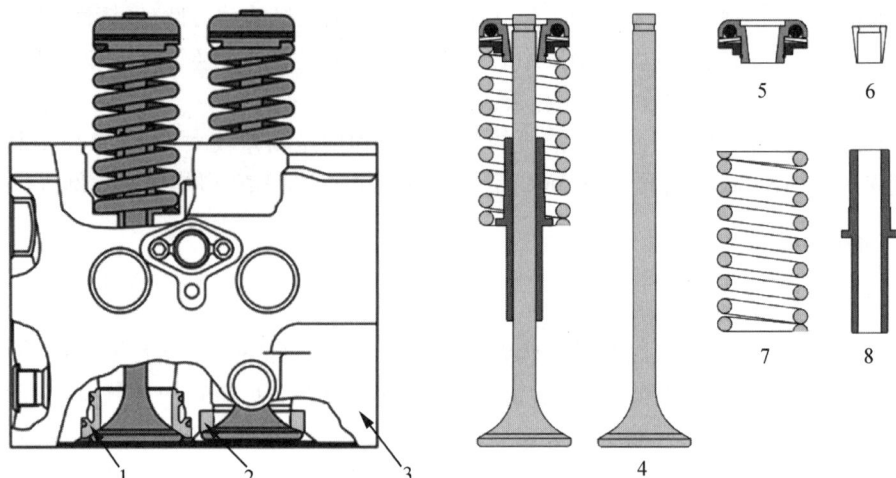

图 2-49 Wartsila L20 型柴油机气阀机构
1—排气阀座;2—进气阀座;3—气缸盖;4—阀杆;5—旋阀器;6—卡块;7—弹簧;8—气阀导管

气阀导管是气阀运动的导承,主要承受气阀传动机构引起的侧推力,并将气阀部分热量经导管传递给气缸盖。导管与阀杆之间的间隙应适宜:若间隙过小,则说明导管或阀杆脏污,需要清洁,该情况易导致气阀卡死现象;若间隙过大,则说明导管或阀杆磨损严重,应予以换新,该情况易导致散热不良。

螺旋帽式旋阀器可以使气阀在开启过程中转动一定的角度,其作用包括:减少阀面与阀座上的积炭,使磨损减小,贴合严密;使阀盘均匀地接受热量和散热,以改善阀盘的热应力状态;消除阀杆与导管之间的积炭,防止卡住。旋阀器解体、清洁和装复后,可以利用铜锤敲击气阀观察气阀旋转情况。

(2)二冲程柴油机气阀机构

通常,二冲程柴油的气阀机构采用带阀壳式,即将气阀机构的各部件组装在壳体内形成一个整体,安装在气缸盖上。图 2-50 所示为 MAN B&W 公司的 S35MC 型柴油机排气阀简图。阀座 2 下部坐落在气缸盖上,阀座上部用螺栓 3 安装在阀壳 1 的下部,并用定位销 4 定位。阀座和气缸盖之间形成冷却水腔,对阀座进行冷却;冷却水腔上下分别由密封圈 5 和 6 密封。气阀导管 11 设置在阀壳上部中央位置。该型柴油机采用空气弹簧和液压顶杆式气阀传动机构。

该型柴油机气阀的阀面和阀座的座面采用内接触式配合。排气阀阀面锥角为 $30.4° \sim 30.5°$,排气阀阀座锥角为 $29.9° \sim 30°$。阀座密封面附近设有空气槽,可以存放扫气空气。在柴油机燃烧做功时,空气槽中的空气可以对阀座形成冷却作用,以避免产生高温烧蚀。

气阀阀杆上部安装有两个活塞:液压活塞和空气活塞。空气活塞的作用是关闭排气阀。空气活塞由 2 个卡块、1 个挡板和 2 个螺丝固定在阀杆上,在空气气缸中上下运动。液压活塞的作用是开启排气阀。液压活塞可以在液压油缸中上下运动,其部件主要包括:两道活塞环和缓冲装置。缓冲装置可以减小气阀关闭时的冲击。当高压油被供给至液压活塞上方时,活塞会推动气阀克服空气弹簧作用力而向下运动。当液压活塞上方的滑油被泄压时,气阀在空气活塞的作用下向上运动,关闭气阀。空气活塞和气缸的功能类似于弹簧,因此称之为空气弹簧。

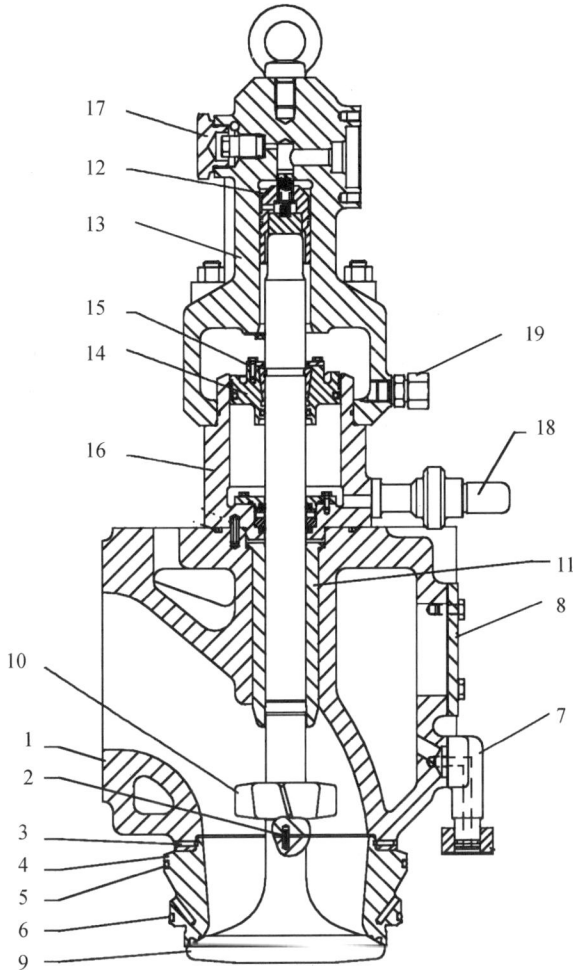

图 2-50　MAN B&W 公司的 S35MC 型柴油机排气阀

1—阀壳;2—阀座;3—螺栓;4—定位销;5、6—密封圈;7—冷却水接头;8—盖板;9—气阀;10—转翼;11—导管;
12—液压活塞;13—液压油缸;14—空气活塞;15—卡块;16—空气气缸;17—节流阀;18—安全阀;19—泄油管

　　空气气缸安装在阀体的上部。关闭气阀的压缩空气通过止回阀供给到空气活塞的下部空间。一个安全阀安装在气缸底部,以防止气缸内空气压力过高。安全阀的泄放管与液压油缸滑油泄放管连接到凸轮轴箱。

　　液压油缸安装在空气气缸上部,用四根螺栓及螺母将液压油缸和空气气缸紧固在排气阀阀体上。油缸外接液压油管,靠液压油泵产生的液压力驱动液压活塞将排气阀开启。一个节流阀安装在油缸顶部,用来微调气阀开启正时。液压油缸上部设有检查杆,可以在柴油机运行时检查排气阀的升程及旋转情况。

　　不同于 Wartsila L20 型柴油机采用密封圈进行阀杆密封,MAN B&W 公司的 S35MC 型柴油机采用压缩空气进行阀杆密封。图 2-51 所示为 MAN B&W 公司的 S35MC 型柴油机排气阀上部结构。在空气气缸底部和气阀导管上平面之间围绕气阀阀杆形成一个密封空气空间。密封阀杆的压缩空气来自空气弹簧,由密封空气控制阀控制。密封空气用来防止高温废气及颗粒进入导管阀杆之间,避免产生过大的磨损和污染空气气缸。密封空气控制阀上

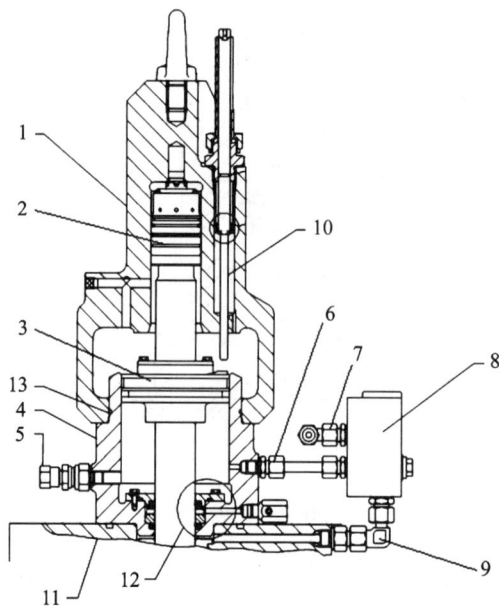

图 2-51　MAN B&W 公司的 S35MC 型柴油机排气阀上部结构图
1—液压油缸；2—液压活塞；3—空气活塞；4—空气气缸；5—止回阀；6、9—密封空气管；7—控
制空气管；8—密封空气控制阀；10—检查杆；11—阀体；12—阀杆密封组件；13—密封圈

部接有控制空气管，当主机停车时，自动切断密封空间供应的密封空气。目前，MAN B&W
公司已将空气阀杆密封升级为润滑油阀杆密封。

气阀阀杆上安装有转翼。转翼可以使排气阀在开关过程中慢慢转动，其作用与螺旋帽
式旋阀器相同。

2. 气阀传动机构

气阀传动机构的作用是将
凸轮的运动传给排气阀，以确保
正时要求。

（1）机械式气阀传动机构

利用机械传动的方式将凸
轮的运动传递给气阀的结构称
为机械式气阀传动结构。机械
式气阀传动机构广泛应用于中
小型四冲程柴油机。图 2-52 所
示为 Wartsila L20 型柴油机机械
式传动机构。它由带滚轮的顶
头 2、顶杆 3、摇臂 4 和阀桥 7 等

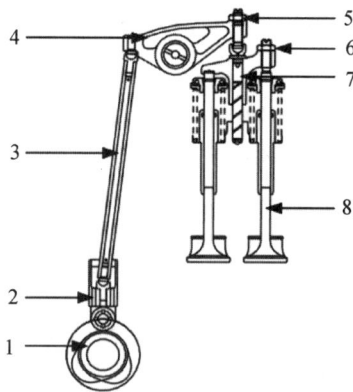

图 2-52　Wartsila L20 型柴油机机械式传动机构
1—凸轮；2—顶头；3—顶杆；4—摇臂；5—气阀间隙调节螺钉；6—阀桥
调节螺钉；7—阀桥；8—气阀

部件组成。摇臂经轴销安装在摇臂支座上，摇臂支座固定在气缸盖上。凸轮在转动中将顶
头、顶杆顶起，从而使摇臂绕摇臂轴转动，克服气阀弹簧的弹力将气阀 8 打开。由于目前中
速四冲程柴油机多采用四阀结构，所以每个摇臂通过阀桥 7 分别控制两个气阀。当滚轮沿

凸轮的型线下降时,在气阀弹簧的作用下气阀逐渐关闭。因而凸轮的型线、凸轮与曲轴的相对位置决定了气阀的启闭时刻。

对于机械式气阀传动机构,在柴油机冷态时,滚轮落在凸轮的基圆上,摇臂与气阀之间应留有间隙,此间隙称为气阀间隙。其目的是保证在柴油机热态时,气阀和气阀传动机构受热膨胀后仍能完全关闭。如果不留气阀间隙,气阀在工作时将因向下膨胀而关闭不严,造成气阀漏气,并可能引发其他故障。气阀间隙可以通过调节螺钉 5 调整。调整气阀间隙时,要求滚轮落在凸轮的基圆上,摇臂、顶杆和顶头之间保持接触。调节螺钉 6 用来调整阀桥的位置,使两个气阀都能可靠工作。

(2)液压顶杆式气阀传动机构

目前,二冲程柴油机广泛采用液压顶杆式气阀传动机构,其组成主要包括液压油泵、液压油管和气阀顶端的液压油缸。气阀顶端的液压油缸上面已经介绍过。图 2-53 所示为 MAN B&W 公司的 S35MC 型柴油机排气阀液压顶杆式传动机构。液压油管两端分别连接油泵和油缸,用于传递液压力。

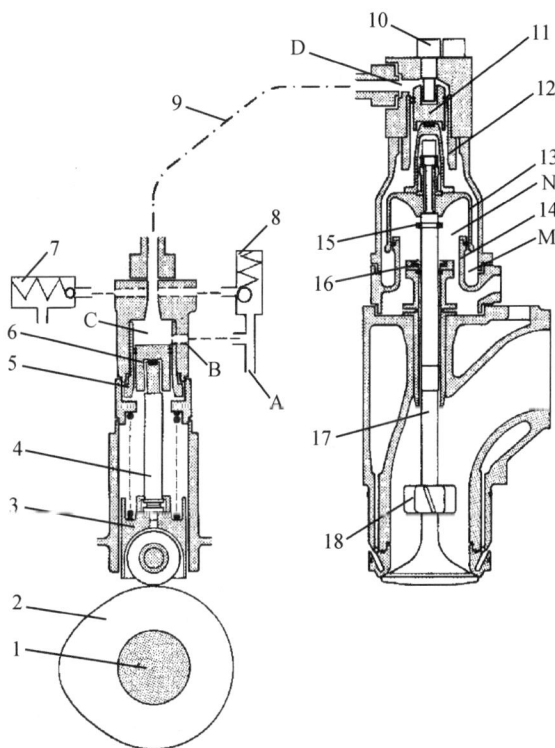

图 2-53　MAN B&W 公司的 S35MC 型柴油机排气阀液压顶杆式传动机构

1—凸轮轴;2—凸轮;3—顶头;4—顶杆;5—套筒;6—柱塞;7—安全阀;8—补油阀;9—油管;10—缓冲销;11—液压活塞;12—套筒;13—活塞;14—气缸;15—卡环;16—弹簧板;17—排气阀;18—转翼;A—补油管;B—补油孔;C、D—油空间;M、N—气空间

液压油泵由带滚轮的顶头 3、顶杆 4、套筒 5、柱塞 6、安全阀 7、补油阀 8 等组成。液压油缸由缓冲销 10、液压活塞 11、套筒 12 等组成。当凸轮 2 工作在上升段时,顶头 3、顶杆 4 和柱塞 6 向上运动,C 空间的油被压缩建立起油压并经油管 9 泵入 D 空间,作用在液压活塞

11 上面。油压力推动活塞下行并推动气阀克服空气弹簧的作用力。当凸轮转过最高点,开始向基圆过渡时,液压油泵柱塞在弹簧的作用下,向下运动,油压下降,D 空间的油流回到 C 空间。排气阀在空气弹簧的作用下关闭。排气阀 17 关闭时,液压活塞 11 上行,缓冲销 10 进入液压活塞 11 上面孔内将油挤出。油的阻尼作用减小了气阀与阀座的撞击。

三、废气涡轮增压

所谓增压,就是用提高气缸进气压力的方法,使进入气缸的空气密度增加,从而可以增加喷入气缸的燃油量,提高柴油机输出功率。由于空气在增压器中被压缩时压力和温度是同时升高的,这就影响了空气密度的增加和增压的效果。因此,大多数增压器都设有中间冷却器(即增压空气冷却器,简称空冷器)以降低空气温度,提高空气密度。空冷器的另一个作用是降低柴油机的工作循环的平均温度。柴油机增压的方式主要包括:机械增压和废气涡轮增压。下面主要介绍废气涡轮增压的相关知识。

1. 废气涡轮增压系统简介

图 2-54 所示为废气涡轮增压系统简图。废气涡轮增压系统的主要相关部件包括:排烟管 1、涡轮 2、压气机叶片 3、空冷器 4、进/扫气总管 5 和气缸 6。涡轮和压气机叶片组成的设备称为废气涡轮增压器。气缸内的废气进入排烟管,排烟管内的废气驱动涡轮转动。涡轮与压气机叶轮通过轴相连。被废气驱动的涡轮带动压气机叶轮一起转动。压气机从外界吸入空气,并进行压缩。经压缩后的空气进入空冷器冷却。冷却后的空气进入进气总管或扫气总管,等待进入气缸。涡轮的转速取决于废气的能量;废气的能量取决于进入气缸的空气质量和燃油量。在柴油机起动初期或低负荷运行时,废气能量有限,废气涡轮增压器的增压效果较差,进入气缸的空气量受限,对气缸内的燃烧不利。在突加负荷时,燃油量的增加先于废气能量、涡轮转速和进气或扫气压力的提高,易导致柴油机冒黑烟的现象。在突减负荷时,燃油量的减小也先于以上参数的变化,易导致压气机喘振。总之,废气能量、涡轮转速、进气或扫气压力的变化通常滞后于燃油量(即柴油机负荷)的变化。柴油机的废气涡轮增压系统中,根据对废气能量利用方式的不同,可分为定压涡轮增压和脉冲涡轮增压两种基本形式。采用定压增压的柴油机,在低负荷运行或起动时,因排气管压力低,废气的能量少,使涡轮发出的功率满足不了压气机所需的功率。因此,船舶二冲程柴油机必须另设辅助风机来满足低负荷时的扫气需要。

2. 废气涡轮增压器结构

虽然废气涡轮增压器的结构形式多种多样,但其工作原理相同,基本组成也相差不大。目前,废气涡轮增压器均采用离心式压气机,而废气涡轮有径流式和轴流式两种。通常将废气涡轮增压器分为径流式和轴流式。以下分别以三菱公司的 MET 废气涡轮增压器和 MAN B&W 公司的 NA 废气涡轮增压器为例介绍径流式和轴流式废气涡轮增压器。

(1)MET 废气涡轮增压器

图 2-55 所示为三菱公司的 MET18SRC 型增压器结构图。该增压器采用径流式废气涡轮。压气机端主要由消声器、进气道、压气机叶轮、扩压器和蜗壳组成。涡轮端主要由进气箱、喷嘴环、废气涡轮和排气箱组成。废气涡轮与转子轴做成一体,压气机叶轮通过螺帽与转子轴锁紧。该型增压器压气机端扩压器采用整体式的叶片环,涡轮端的喷嘴环也采用整体式的叶片环。转子采用内支撑式轴承,由柴油机曲轴箱油系统提供润滑油。

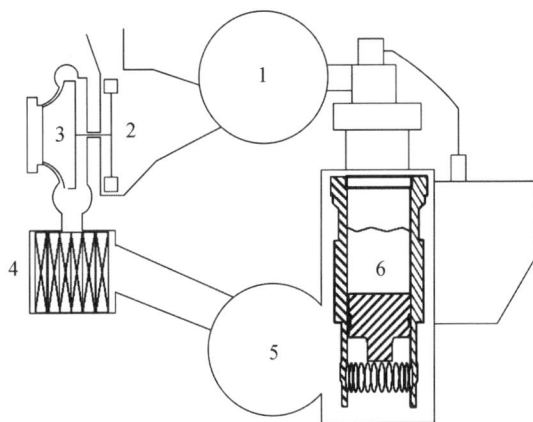

图 2-54　废气涡轮增压系统简图

1—排烟管;2—涡轮;3—压气机叶片;4—空冷器;5—进/扫气总管;6—气缸

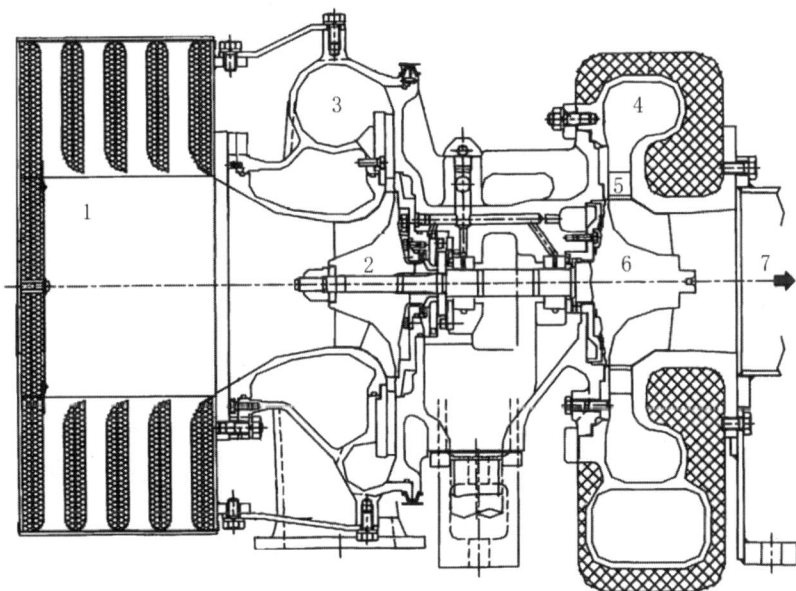

图 2-55　MET18SRC 型增压器结构图

（2）NA 废气涡轮增压器

图 2-56 所示为 MAN B&W 公司的 NA40 型增压器的结构图。废气从排烟总管经过保护格栅(防止异物进入增压器),进入涡轮机进气箱 10。喷嘴环 7 对废气流向进行导向,使之从最佳的角度进入废气涡轮叶片。废气涡轮 4 和封口环 8 之间的间隙极小,绝大部分废气进入废气涡轮。废气的压力能转变为涡轮的动能,涡轮高速回转,在主机额定负荷下转速能达到 18 000 r/min。通过废气涡轮后,废气流经废气扩散器 9、涡轮机排气箱 11,排入主机排烟管,再进入废气锅炉,最后通过烟囱排入大气。

压气机和废气涡轮在同一根轴上,在废气涡轮带动下,压气机高速回转。压气机通过消声器 1 吸入空气。机舱有专用风机向压气机输送空气。吸入的空气流速很高,消音器对气流进行消声和导流。通过消声器后,空气流经压气机进气壳内的进气道 12 进入压气机叶轮

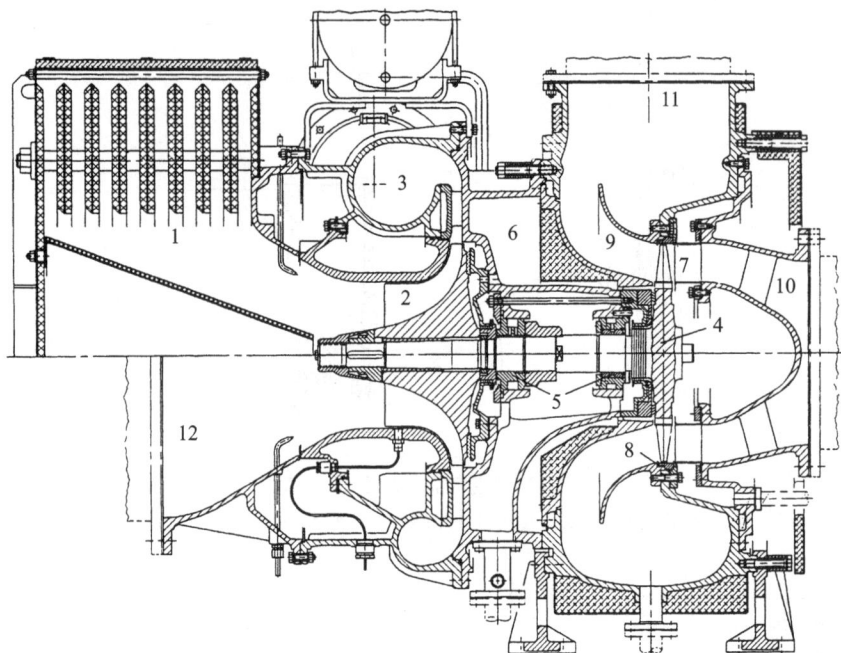

图 2-56　NA40 型增压器的结构图

1—消声器；2—压气机叶轮；3—蜗壳；4—废气涡轮；5—轴承；6—轴承箱；7—喷嘴环；8—封口环；9—废气扩散器；10—进气箱；11—排气箱；12—进气道

2。通过压气机叶轮后，空气压力、流速和温度均升高。然后，空气通过排气蜗壳 3 上的扩压器和蜗壳，压力升高流速降低。流出蜗壳后，增压空气进入空冷器进行降温、除湿，最后通过扫气箱上的止回阀进入扫气箱，准备进入气缸。

在增压器转子轴上，靠近压气机和涡轮机侧的轴承箱 6 内安装轴承 5。轴承为滑动式轴承，承担转子的径向及轴向负荷。轴承的润滑油来自主机滑油系统，润滑轴承后再返回主机。由于增压器转速高，在主机停车后，增压器总是滞后主机停止，为防止出现主机滑油失压紧急停车时增压器轴承因断油而烧损，在增压器上方设置了重力油箱。

3. 废气涡轮增压器日常维护管理

废气涡轮增压器工作的主要特点是：转子转速高，气流流速高，涡轮工作温度高。因此增压器在运转中，应保持转子良好的静平衡和动平衡，确保轴承良好的润滑。在日常巡检中关注的参数主要包括：各缸排烟温度、涡轮前后温度、增压器的转速、空气滤器和空冷器的压降、扫气空气的压力、空冷器前后的温度与冷却水的进出口温度及轴承润滑油温度和压力等。除此之外，还应定期清洗增压器压气机端和涡轮端。运转中清洗废气涡轮可以采用水洗法和干洗法；压气机叶轮采用水洗法。

涡轮水洗需要在低负荷下进行。进水管装在涡轮保护格栅前的排气管上，清洗水的流量通过接头中的孔板和水压来控制。喷入的水雾通过水对污垢的溶解作用和水滴对污垢的机械冲刷作用将流道中附着不牢固的污垢洗掉。在涡轮排气箱的下部装有排泄阀，以便将清洗下来的污垢和未蒸发成蒸汽的水排出。清洗后，柴油机应在低负荷下运转 5~10 min。如果清洗后发生振动则应重新清洗。

涡轮干洗需要在高负荷下进行。干洗是从涡轮进气道喷入一定数量的已被粉碎的核桃壳或其他类似物体,颗粒尺寸约为 1.5 mm。干洗采用冲击式的方法清除积炭等污物。干洗在全负荷时效果最好,负荷低于 50% 时不可干洗。干洗操作过程的具体要求以设备说明书为准。

压气机水洗需要在柴油机全负荷运转下进行。方法是将一定量的水在短时间内喷入压气机,利用水滴的冲击力清洁污物。进水管装在压气机进气箱上,水经管道送至压气机叶轮前的进气道中。清洁水盛在容器中,以确保每次清洗只给一定数量的水。容器除有水管与压气机进气箱连接外,还有气管与压气机排出管连接。清洗时按下容器上的按钮,水便在增压空气压力与进气道压力之差的作用下,在 4~10 s 内喷入压气机。喷水后,柴油机要在全负荷下运转一段规定的时间,以使增压器和柴油机完全干燥。如果清洗后增压压力和排气温度变化不大,可进行重复清洗。

第六节　燃油系统

目前,燃油是柴油机的主要动力来源(部分双燃料柴油机或气体燃料发动机使用 LNG、甲醛等燃料)。为柴油机提供符合使用要求的燃油,是保障船舶安全和节能的基本条件。一方面,船舶加装的燃油品质参差不齐,尤其是低硫重油的性能参数更是因地而异(不同港口加装的同型号低硫重油,参数也相差很大);另一方面,各类型柴油机均对燃油品质提出了较高的要求。国际燃油标准(ISO 8217)将燃油分为蒸馏油(Marine Distillate Fuels)和渣油(Marine Residual Fuels)。习惯上将船用燃油分为轻油和重油,分别对应国际燃油标准中的蒸馏油和渣油。ISO 8217(2017)规定了四种轻油、四种生物燃料和六种重油的技术标准,其指标主要包括黏度、密度、残炭值、S 含量、Si+Al 含量(催化剂粉末)、钒含量、水分含量、闪点和倾点等。通常,柴油机制造商会对进机前的燃油提出要求。这些要求包括:压力、黏度、水分含量、固体颗粒含量和 Si+Al 含量。以 RMG380 燃油为例,比较 ISO 8217 的技术标准和两种柴油机对进机前燃油的要求,详见表 2-1。

表 2-1　ISO 8217 RMG380 燃油技术标准和两种柴油机对进机前燃油要求比较

指标	ISO 8217 RMG380 燃油的技术标准	YANMA 6EY18(A)LW 对进机燃油的要求	WIN GD RT-flex58T-D 对进机燃油的要求
黏度	≤380 cSt(50 ℃条件下)	11~14 cSt	13~17 cSt
水分含量	≤0.5 %V/V	≤0.2 %V/V	≤0.2 %V/V
固体颗粒含量	≤0.1 %m/m	≤20 ppm	≤0.1 %m/m
Si+Al 含量	≤60 ppm	≤5 μm	≤15 ppm

根据表 2-1 可知,船舶可以加装不同规格的燃油,但是这些燃油存在一个共同点:未处理之前,不能满足柴油机的要求。因此,从加装至船舶开始,直到被输送至柴油机,燃油需要经过了一系列的处理过程,最终 99% 左右的燃油被燃烧,其余的燃油则以油渣的形式被处理掉。实现这些处理过程的系统称为燃油系统。燃油系统是柴油机重要的动力系统之一。

一、燃油系统的功能

需求决定功能。根据燃油的特性、柴油机对进机前燃油品质的要求和燃油管理的需要,燃油系统应具备以下六个功能:加装、储存、驳运、泄放、净化和供给。

1. 燃油加装和储存

燃油加装和储存是指将燃油由岸基或加油船加装至油舱并储存的过程。为保障续航力,船舶需要储存一定量的燃油。通常,船舶根据航次计划决定是否需要加装燃油以及燃油加装种类和数量。这就需要燃油系统具备加装和储存功能。

2. 燃油驳运

燃油驳运是指燃油在各油舱/柜之间的调驳过程。通常,船舶设有多个燃油舱/柜。为满足燃油加装、净化等过程,需要将燃油在各油舱/柜之间进行调驳。这就需要燃油系统具备驳运功能。

3. 燃油泄放

燃油泄放是指排出燃油舱、柜底部杂质和燃油设备及管路中存油的过程。在重力作用下,燃油中的杂质聚集在舱、柜底部,需要定期排出。对燃油设备进行维护保养时,需要将其内部的存油排放干净。此外,高压油泵、高压油管以及喷油器因故障导致泄漏时,也需要将泄漏的燃油排放干净(通常在其泄放管路上安装泄漏报警装置,以及时发现设备故障)。

4. 燃油净化

燃油净化是指降低燃油中水分和杂质(固体颗粒以及 Si+Al)含量的过程。燃油的主要成分包括:脂肪烃、环烷烃和芳香烃。除此之外,燃油中还含有水和杂质等有害物质。水和杂质的主要来源包括:提炼之前的原油;燃油精细化提炼过程;岸基储存舱;加油船储存舱;加油管系和船舶自身的燃油储存舱。进机前应将燃油中水分和杂质降低至如表2-1所示的柴油机要求的标准。水分和杂质超标将会导致柴油机一系列的故障:导致高压油泵和喷油器损坏;加剧活塞环和气缸套磨损;导致排气阀及其阀座损坏。严重时将导致船舶失去动力(主机起动失败)或全船失电(发电柴油机起动失败)的故障。因此,这就需要燃油系统具备净化功能。

5. 燃油供给

燃油供给是指向柴油机提供一定压力、黏度燃油的过程。如表2-1所示,为确保燃油能够良好的雾化燃烧,进机的燃油黏度应该控制在一定范围内。

对于重油而言,室温下的黏度远高于柴油机的要求。因此,需要将燃油加温以得到适宜的黏度。一方面,高温下燃油极易汽化;另一方面,高压油泵需要得到连续的稳定的燃油供给。所以,进机的燃油需要具备一定的压力。

对于轻油而言,为确保高压油泵和喷油器能够得到良好的润滑,柴油机所允许的最低燃油黏度为 2 cSt。室温下的黏度可以满足柴油机的要求,但是轻油在循环过程中不断被柴油机加热,温度升高,黏度降低。因此,柴油机燃用轻油时,除了需要确保供给压力之外,还需要对其进行冷却以提供黏度适宜的燃油。

以上要求就需要燃油系统具备供给适宜压力和黏度燃油的功能。

二、燃油系统的组成及要求

与其所需的功能相对应,燃油系统通常由加装、储存、驳运、泄放、净化和供给等六个基本环节组成,各环节之间的关系如图 2-57 所示。通常将以上六个环节分为四个单元(或系统):加装、储存和驳运单元,又称为燃油输送系统;净化单元,又称为燃油净化系统;供给单元,又称为燃油供给系统或燃油日用系统;泄放单元,又称为燃油泄放系统。

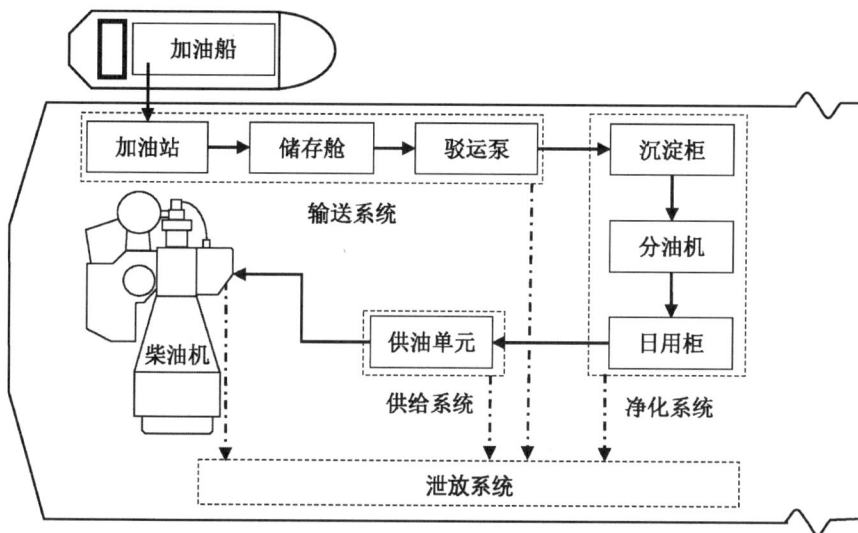

图 2-57　燃油系统的组成

1.燃油输送系统

燃油输送系统主要包括加油站、储存舱、驳运泵及燃油管路组成。本系统的功能是实现燃油加装、储存和驳运。

（1）加油站

加油站是加油船和受油船的接口,用于实现燃油系统的加装功能,由注入法兰、集油槽和注入管路组成。加油站应与其他处所隔离,并能有效地排水和通风。加油站一般位于船舶左、右两舷的主甲板上,且两舷的功能相同,均可实现燃油加装。集油槽应具备一定的容积。在注入法兰发生泄漏时,集油槽可以短时收集溢油防止污染海洋环境。集油槽应清晰地标明其容积。注入法兰有重油和轻油之分,燃油加装通过加油站的注入法兰进行。加油站设有温度表和压力表:温度表用于监测加装燃油的温度以确定其密度;压力表用于监测加油速率及加油过程是否存在泄漏。加油站设有取样阀,对加装的燃油进行在线取样。注入管路需要进行压力试验,通常每年进行一次。注入管路应伸入舱/柜内并尽可能接近底部。注入管路上应有防止超压的设施。如安装安全阀作为防止超压措施,则溢油应排至溢流舱/柜或其他安全处所。

（2）储存舱

储存舱是船舶储存燃油的主要场所,用于实现燃油系统的储存功能。在设计阶段,根据船舶用途、设计续航力和油耗率决定船舶燃油储存舱的总舱容。通常,船舶设有多个燃油储存舱。根据燃油类型,可以分为重油储存舱和轻油储存舱;根据储存舱的位置,可以分为双层底舱和深舱。双层底舱位于船舶双底中,其重心低、自由液面大;深舱一般位于船舶舷侧,其重心高、自由液面小。燃油舱/柜不应直接位于锅炉或其他高温热表面的上方。因重油的倾点较高、流动性差,所以,重油储存舱内设有加温盘管,以便于燃油的驳运。以"育鲲"轮为例,其燃油舱/柜设置如表 2-2 所示。

表 2-2　"育鲲"轮燃油舱/柜概况

舱/柜名称	起讫肋位	舱容/m³	舱/柜名称	起讫肋位	舱容/m³
燃料油舱/柜			燃料油舱/柜		
No.1 燃料油舱(左)	67—79	139.9	辅机燃料油日用柜	66—67	4.1
No.1 燃料油舱(右)	67—79	139.9	No.1 燃料油澄清柜	34—41	20.2
No.2 燃料油舱(左)	57—79	73.6	No.2 燃料油澄清柜	34—41	25.9
No.2 燃料油舱(右)	57—79	74.9	燃油溢油舱	52—57	17.0
No.3 燃料油舱(左)	57—79	51.2	轻柴油舱柜		
No.3 燃料油舱(右)	57—79	49.7	轻柴油舱	57—75	102.7
No.1 主机燃料油日用柜	34—38	10.7	轻柴油日用柜	54—57	8.0
No.2 主机燃料油日用柜	34—38	10.7	轻柴油澄清柜	54—57	7.2

（3）驳运泵

驳运泵是燃油调驳的主要设备，用于实现燃油系统的驳运功能。可以将燃油从储存舱驳运至净化处理单元；实现油舱/柜之间的调驳操作；特殊情况下可把储存舱中的燃油驳至岸基设施。通常，船舶设有 2 台驳运泵，分别用于重油和轻油的驳运，并可互为备用。

（4）燃油管路

燃油管路是连接各设备及设施的桥梁，燃油加装、驳运、净化、供给和泄放等功能均离不开燃油管路。燃油管路应与其他管路隔离，不应穿过结构上不宜装燃油的舱/柜或用于装载淡水的舱/柜；如确需与压载水管路连接时，则该管路间应设置盲/通两用法兰或其他可靠的隔离装置。燃油管路不应位于紧靠高温装置的上方和附近，以防燃油管路泄漏时发生火灾。对于重油管路，通常设置伴热管，以防其因低温而凝固。

2. 燃油净化系统

燃油净化主要由滤器、沉淀柜、分油机及日用柜实现。其主要功能是去除燃油中的杂质和水分，满足柴油机的用油要求。

通常，燃油的净化处理方法包括过滤、沉淀和离心分离三种。过滤是燃油净化最为常见的方法，将杂质过滤出来，以净化燃油；沉淀是燃油净化最经济的方法，在重力作用下，将大密度的杂质和水聚集在舱/柜的底部，以净化燃油；离心分离是燃油净化效率最高、效果最好的方法，在离心力作用下，将杂质和水分在燃油中分离出来，以净化燃油。

（1）滤器

过滤主要由各种滤器实现。燃油系统中配置了各种精度的滤器，如燃油加装滤器、驳运泵吸入滤器、分油机油泵吸入滤器等，通常在系统中越靠近柴油机，滤器的过滤精度越高。滤器可以分为普通滤器和反冲洗滤器。普通滤器主要用于设备进口，如各种燃油泵的吸入滤器，其主要作用是保护滤器后的设备。反冲洗滤器主要用于燃油供给系统，是燃油离心净化之后，进入柴油机之前的重要净化保障。

（2）沉淀柜

燃油经驳运泵进入沉淀柜，在其中进行初步净化。重油沉淀柜中设有加温盘管，可以将其内部的燃油维持在合适的温度，以降低燃油的密度和黏度，从而提高沉淀分离的效果。轻油因其密度低和黏度低,在沉淀柜中无须加温,也无须设置加温盘管。在沉淀柜的底部设置阀或旋塞,可以将底部的杂质和水分经泄放管路泄放至泄放舱。这个过程称为"放残";以上阀或旋塞应为自闭式,称为"放残阀"。

重油沉淀柜的加热温度和放残间隔应根据燃油的性能参数决定。通常,沉淀柜的温度要低于分油机的分油温度,放残间隔一般为 2~4 h。

(3)分油机

分油机是燃油离心分离的主要设备。燃油从沉淀柜经分油机净化后注入日用柜。船舶根据燃油的日消耗量和分油机的排量配置分油机数量。分油机的分油量以柴油机的燃油消耗量的 1.2 倍为宜。通常,船舶设置 2 台燃油机分油机,1 台用于净化重油,1 台用于净化轻油,2 台可以互为备用。关于分油机的工作原理和使用管理,将在后面介绍。

(4)日用柜

燃油经分油机净化后注入日用柜,在其中进一步沉淀分离。日用柜是指仅装有可直接使用的高质燃油的燃油柜,即其中燃油的等级和质量符合柴油机制造商所要求的规格。船舶应配备两个燃油日用柜或等效布置。每一油柜的容量,至少能供推进装置以最大持续功率和发电机组正常工作负荷情况下工作 8 h。

通常,日用柜与沉淀柜相邻,仅一个舱壁之隔,其结构与沉淀柜也基本相同。只不过日用柜溢流管的下端在柜底部,上端通向沉淀柜。在日用柜液位达到溢流管的位置时,可以将其底部杂质和水分含量较高的燃油溢流至沉淀柜,既可以实现循环分离,又可以减少分油机的起停次数。根据燃油品质决定放残间隔。在风浪天,船舶大幅度频繁摇晃易将柜底部的杂质和水分晃起来,不利于沉淀分离,因此沉淀柜和日用柜需要加强放残。

(5)燃油净化系统原理

通常,燃油净化系统是指离心分离净化系统。图 2-58 所示为燃油净化系统简图,下面以此介绍其工作原理。沉淀柜 2 中的燃油在供油泵 4 的抽吸作用下,经滤器 3 进入加热器 5。若分油机处于净油状态,进油三通阀 7 将燃油通向分油机;若分油机处于排渣或其他非净油状态,进油三通阀将燃油返回沉淀柜。经分油机净化的燃油经出口阀 9 进入日用柜;分离出的水分经排水阀 10 进入油渣柜 11;分离出的杂质通过排渣管进入油渣柜。日用柜的油位达到一定高度可以溢流进入沉淀柜,以实现循环净化。

3. 燃油供给系统

燃油供给系统主要由供给泵、流量计、混油桶、循环泵、雾化加热器、冷却器、黏度控制器和自清滤器组成。本系统的主要功能是为柴油机提供一定压力、适宜黏度的清洁燃油。燃油供给系统可分为两种形式:一种是分散式,一种是单元式。分散式燃油供给系统是一种传统的设计方式,系统中的各设备分散布置,占用空间加大,安装周期较长,但是便于维护管理。单元式燃油供给系统是一种新兴的设计方式,以模块式将各设备组装在一个平台,既节省空间,又可以显著缩短造船时的安装周期,但是因过于紧凑而使得维修管理不便。单元式燃油供给系统简称为"燃油单元"或"供油单元",α-Laval 公司称其产品为"Fuel Conditioning Module,简称 FCM",GEA Westfalia 公司称其产品为"Viscosity Booster,简称 VB"。

虽然,燃油供给系统有不同的名称和组织方式,但其原理相差不大。图 2-59 所示为燃油供给系统原理图,反映了燃油供给系统的基本组成及各设备之间的联系。通过三通转换阀 3,可以选择使用重油日用柜 1 或轻油日用柜的燃油。燃油经供油泵 5 吸入系统。在供

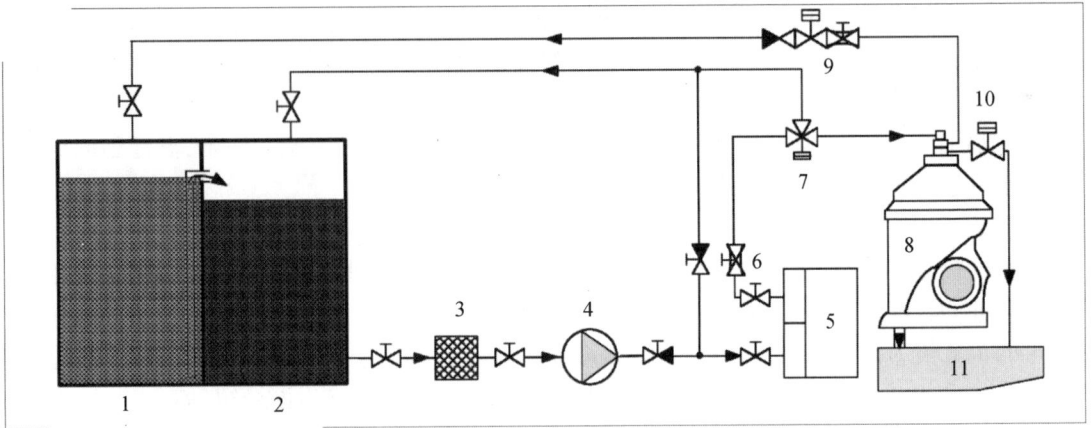

图 2-58　燃油净化系统简图

1—日用柜；2—沉淀柜；3—吸入滤器；4—供油泵；5—加热器；6—流量调节阀；7—进油三通阀；8—分油机；9—出口阀；10—排水阀；11—油渣柜

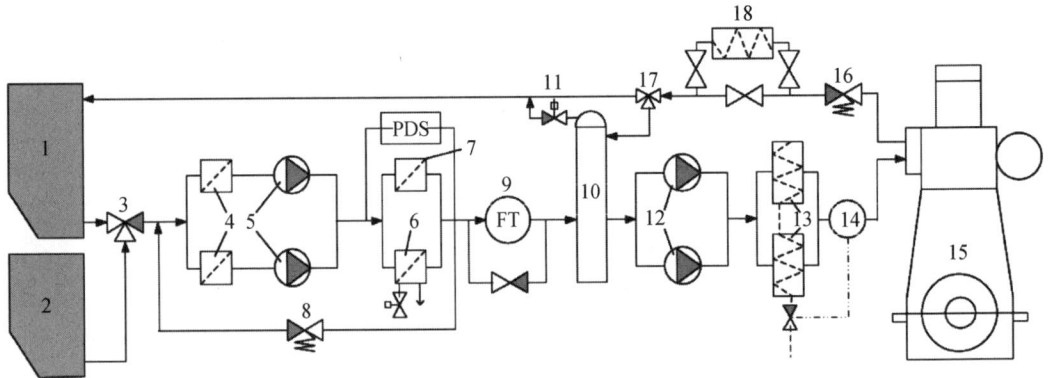

图 2-59　燃油供给系统原理图

1—重油日用柜；2—轻油日用柜；3—转换三通阀；4—粗滤器；5—供给泵；6—自清滤器；7—旁通滤器；8—调压阀；9—流量计；10—混油桶；11—除气阀；12—循环泵；13—雾化加热器；14—黏度计；15—柴油机；16—调压阀；17—回油三通阀；18—冷却器

给泵前设置粗滤器4，在供给泵后设置自清滤器6和旁通滤器7。在供给泵作用下，燃油经流量计9进入混油桶10。循环泵12从混油桶抽吸燃油，并输送至柴油机15，过剩的燃油经回油管路返回混油桶或燃油柜，以实现燃油循环。为满足燃油雾化的要求，在循环泵和柴油机直接设有雾化加热器14。

（1）供给泵

通常，供给泵为螺杆泵或齿轮泵，设有2台，互为备用。供给泵是燃油供给系统与燃油净化系统的接口，其作用是吸入日用柜的燃油并加压供入系统。供给泵的吸入口通过三通阀与轻油日用柜和重油日用柜相连，可以根据需要为主机提供轻油或重油。供给泵的额定排量 Q_S 大于柴油机额定负荷时的油耗量 Q_E，通常为 $Q_S = 5Q_E$。多余的燃油经调压阀8返回供给泵吸入口。调压阀的设定压力为 0.4~0.6 MPa。为防止燃油因在供给泵吸入口和排出口之间循环而发热，常在调压阀与供给泵吸入口之间设置翅片式冷却器。

（2）流量计

流量计主要用于监测柴油机的燃油消耗量。结合柴油机的功率，可以通过燃油消耗量计算柴油机的油耗率，进而了解柴油机的工作状况。因此，对于多台柴油机公用燃油供给系统的情况（如：主、副机共用燃油供给系统或多台主机公用燃油供给系统），流量计的设置应能监测每一台柴油机的燃油消耗量。

（3）混油桶

混油桶又称为缓冲桶。混油桶设置在供给泵和循环泵之间，并于柴油机回油管路以及日用柜相连。其作用包括：除气、避免燃油黏度和油温突变。混油桶的顶部应是燃油供给系统的最高点，其上部设有自动除气阀11，以泄放系统中的气体。柴油机进行轻油和重油转换时，燃油黏度和温度突变会导致高压油泵柱塞和套筒咬死的故障。轻油和重油在混油桶内混合，可以避免燃油黏度和温度突变。

（4）循环泵

循环泵又称为增压泵。通常，循环泵为螺杆泵或齿轮泵，设有2台，互为备用。对于重油，需要加温才能使其获得适宜的黏度，通常需要将其加热至120 ℃或者更高的温度。高温下的重油易汽化，进而导致柴油机故障。对于轻油，其挥发性强，也易汽化。部分柴油机喷油泵柱塞需要依靠燃油供给压力使其下行，如ME柴油机。因此，对燃油加压，既可以防止燃油汽化，又可以确保柴油机高压油泵稳定工作。循环泵的压力取决于回油管路的调压阀16，通常在0.7~1 MPa。柴油机的回油可以根据需求，通过回油三通阀17选择回混油桶或日用柜。

（5）雾化加热器

通常，雾化加热器采用蒸汽作为热源。其作用是加热重油，以获得适宜的黏度。雾化加热器和黏度控制器组成燃油黏度控制系统。根据柴油机厂商的要求，在黏度控制器上设定适宜的黏度值。黏度控制器根据黏度计14检测到的实际黏度和设定黏度的偏差，输出控制信号，调整蒸汽阀的开度，改变重油的加热温度，以获得适宜的黏度。燃油黏度控制系统还可以监测加热器后燃油的温度，在黏度控制器故障时，可以采用温度控制模式，确保燃油的供给温度满足柴油机的要求。为防止重油高温结炭，加热温度不宜超过150 ℃。

（6）冷却器

冷却器不是燃油供给系统的必要设备，但是对于长期燃用轻油的柴油机，冷却器是必需的，尤其是在排放控制区航行的船舶。其作用是冷却轻油，以获得适宜的黏度。燃用轻油时，轻油在柴油机和混油桶之间循环，不断被柴油机加温，其温度升高，黏度降低。高压油泵、喷油器的运动部件需要依靠燃油进行润滑。如果黏度过低，润滑效果降低，会导致设备磨损加剧，甚至咬死的故障。柴油机厂商要求燃油黏度不能低于2 cSt。因此，在回油管路上设置冷却器18，对轻油进行冷却，以确保适宜的黏度。通常，冷却器采用低温淡水作为冷源。部分船舶为提高冷却效果，采用冷媒水（冷媒水由制冷压缩机冷却）作为冷源。

（7）自清滤器

自清滤器的全称是"自动反冲洗滤器"。它采用过滤后的燃油或压缩空气对滤芯进行反向冲洗。反冲洗控制一般同时采用压差和定时两种方式。

一方面，经净化系统处理后的燃油中仍然含有少量的低密度杂质；另一方面，在日用柜及输送管路中可能混入或因高温而产生新的杂质。因此，应在尽可能靠近柴油机的燃油供油管路上安装燃油滤器,以确保向柴油机供给清洁的燃油。该滤器过滤精度较高,且易脏堵。如果采用普通滤器,需要双联设置,并需要频繁清洗。如果采用自清滤器,既可以保障过滤精度,又可以降低清洗频率。自清滤器均配有旁通滤器。在对自清滤器进行维护保养时,使用旁通滤器以确保连续供油。自清滤器有两种布置方式:布置在供给泵之后和布置在雾化加热器之后。将自清滤器布置在供给泵之后的布置方式,仍然需要在雾化加热器后靠近柴油机的地方设置双联滤器(称为安全滤器)。目前较为流行的布置方式是将自清滤器布置在雾化加热器之后,从而可以减少 1 套双联滤器。

4. 燃油泄放系统

燃油泄放系统主要由接油盘、管路、阀门及泄放舱组成。本系统的主要功能是将油柜、燃油泵、滤器及燃油设备处泄漏或泄放的燃油收集至专设的柜内。

在不构成船体结构部分的油柜、燃油泵、滤器以及需经常打开进行清洁和调整的燃油设备或装置下面,均应设置接油盘。接油盘内的残油应泄至专设的污油柜内(通常称为"燃油泄放舱"),如燃油泄放舱设于船体双层底结构内,则其泄放管路上应装设截止阀或其他可靠的隔断装置,以防双层底舱破损后海水通过泄放管路进入舱内。泄放管路与溢流管路应相互独立。

三、分油机

一方面,燃油在生产、贮运和使用过程中,会进入机械杂质和水分。另一方面,广泛应用的低质燃油成分复杂,杂质和水分含量较高。而杂质和水分是导致燃油系统和设备故障的主要因素。因此,燃油在使用前必须经过净化处理,除去其中的水分和杂质。柴油机系统润滑油在润滑过程中会产生或者进入各种杂质以及水分。润滑油中的杂质和水分会导致润滑油膜的破坏,改变润滑油特性,降低润滑效果。因此,润滑油在使用过程中应循环净化,以去除其以去除水分和杂质。燃油和滑油净化最主要的方式是离心分离,所用到的设备是离心式分油机,简称分油机。

1. 分油机的基本工作原理

如图 2-60 所示,杯中装的是含有杂质和水分的润滑油。开始时,杂质悬浮在杯中,油是浑浊的。在重力的作用下,密度较大的杂质和水分向下运动。经过一段时间的沉淀作用,杯中上部为清澈的滑油,底部为杂质和水。这就是燃油和润滑油净化的基本原理:在一定温度条件下,油、水、杂质的密度不同;纯油的密度最小,水分的密度居中,杂质的密度最大;在重力作用下,纯油向上聚集,杂质和水分向下聚集。沉淀柜和日用柜均是根据这一原理工作的。在重力作用下的沉淀作用,效率较低。将含有杂质和水分的油置于高速旋转的设备中,用惯性离心力替代重力,就构成了分油机的雏形,如图 2-61 所示。在惯性离心力场中,油、水分和杂质的受力取决于其密度。密度最大的杂质被甩到最外侧,密度最小的油向中心聚集,密度居中的水则位于两者之间。

2. 分油机结构

图 2-62 所示为两种不同驱动方式的分油机。图(a)为皮带传动分油机。电动机 2 经皮带 3 带动分离筒 1 转动。图(b)为蜗轮蜗杆传动分油机。电动机经蜗轮蜗杆 4 带动分离筒转动。其实,无论何种分油机,分离筒都是最核心的部件。分油机的生产厂家较多,各厂家也存在不同型号的分油机,常见品牌的有 Alfa Laval、WESTFALIA、三菱等。虽然各种型号的

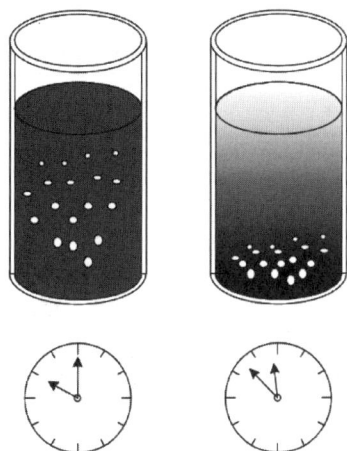

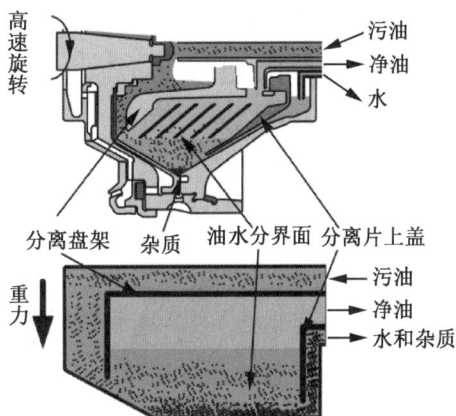

图 2-60　沉淀分离　　　　图 2-61　重力分离与离心分离

分油机传动方式、控制系统不尽相同,但是分离筒基本相同。根据用途的不同,分油机可以分为有分水机和分杂机,其分离筒结构略有不同。下面分别介绍分水机和分杂机的分离筒结构,如图 2-63 所示。

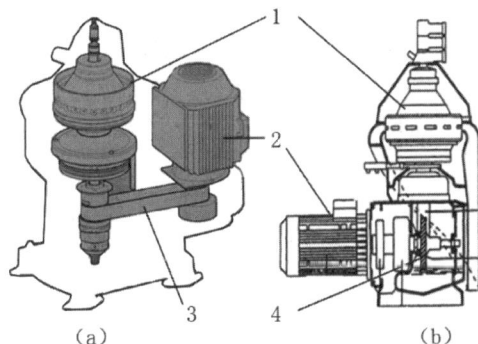

图 2-62　不同驱动形式的分油机

1—分离筒;2—电动机;3—皮带;4—蜗轮蜗杆

　　分离筒由高速回转的立轴 1 带动旋转,转速在 6 000 r/min 以上。在分离筒中设有若干不锈钢分离盘片 3,分离盘片呈锥形,其中心角在 60°~100°,厚 0.4~1.5 mm,盘片间距为 0.5~1.0 mm。分离盘片的作用为形成待分离油净化空间。分离盘片叠套在分离盘架 10(14)上。分离盘架支撑、固定分离盘片,并引导待分离油进入分离盘片。分离盘片上方为分离片上盖 12,以分隔油和水分,其上部为水分、下部为油。分离片上盖内为排油向心泵 17,以排出净化后的纯油。排油向心泵内部设有螺旋通道,带净化油由螺旋通道排出。分离片上盖上方为分离筒顶盖 4。分离筒顶盖上方为分杂盘 8 或比重环 9。比重环用于控制油水分界面。比重环上方为排水向心泵 16,以排除水分,其原理与排油向心泵相同。分离筒下部为分离筒本体 2。分离筒本体内部为活动底盘 15,以控制排渣口的开启和关闭。

　　作为分水机,待净化油从进油管 5 进入分离筒,到达分离盘架。分离盘架的外周开有一排小孔,称为分配孔,污油由分配孔引入分离盘片间,被分隔成若干层,并随分离盘片一起以高速回转。在离心力作用下,分离筒内的污油按油、水、杂质的不同密度分成三层。油和水

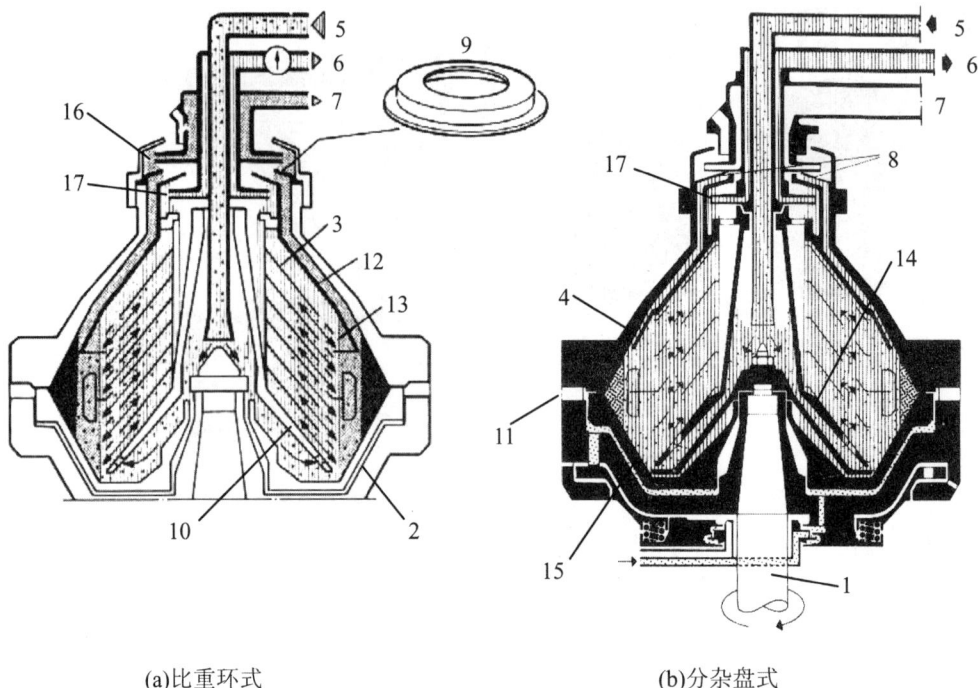

(a)比重环式   (b)分杂盘式

图 2-63   分油机分离筒筒图

1—立轴;2—分离筒本体;3—分离盘片;4—分离筒顶盖;5—进油管;6—出油管;7—出水管;8—分杂盘;9—重力环(比重环);10—盘架(有孔);11—排渣孔;12—分离片上盖;13—油水分界面;14—盘架(无孔);15—活动底盘;16—排水向心泵;17—排油向心泵

之间形成的界面称为油水分界面 13。因为污油不断进入,所以上述现象连续进行。被净化后的油向转轴方向流动,沿分离盘片内沿,经分油机上部的向心泵由出油管 6 排出。被分离出的水向外侧移动,通过分离盘片上盖和分离筒顶盖之间的流道,沿重力环 9 的内圈,经排水向心泵由出水管 7 排出。机械杂质被甩到分离筒的内壁上,通过分油机的排渣操作,经排渣孔排出。

对于分杂机,分离盘架 14 的外周无孔,待分燃油从分离盘架的外边缘引入分离盘片间。由于分杂机所净化的待净化油含水量小,分离出的水分少,不存在油水分界面。在结构上,分杂机的分杂盘的内径远小于分水机比重环的内径,在出水口处没有水分流出。分离出的少量水分和杂质聚集在分离筒内壁,通过分油机的排渣操作,经排渣孔一起排出。

分水机存在油水分界面,而且油水分界面的最佳位置在分离盘片外缘。如果待净化油从分离盘架的外缘引入分离盘片间,会对油水分界面形成冲击,进而破坏油水分界面。因此,分水机的分离盘架有分配孔。

分水机和分杂机在结构上的区别仅仅在于分离筒中的几个部件,只要更换这些部件,即可互换使用。只要将分水机的分离盘架和比重环分别换成分杂机的分离盘架和分杂盘,便可将分水机改装为分杂机。反之,可将分杂机改装成分水机。

3. 分油机运行过程及操作实例

随着分油机技术的发展,出现了无比重环的分油机。下面以"育鲲"轮装备的 Alfa Laval S 型分油机为例介绍无比重环型分油机的工作过程。图 2-64 所示为该型分油机的工作系统简图;图2-65所示为EPC-50控制面板;图2-66所示为该型分油机分离筒排渣机构简图。在结构上,Alfa Laval S型分油机与带比重环的分油机的分离筒的主要区别包括:以排水管取代排水向心泵;以监测净油水分含量视情排水取代了比重环控制的连续排水;以变形式活动底盘取代上下移动式活动底盘;以定量环内的水弹簧取代机械弹簧。

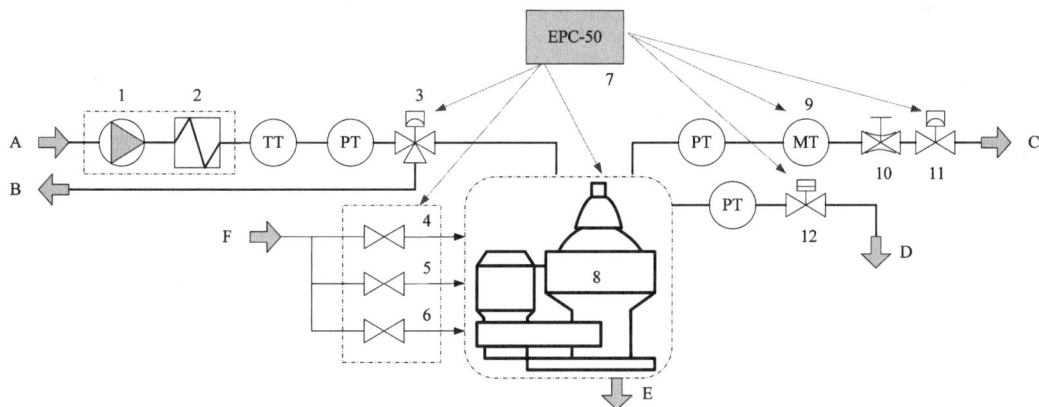

图2-64　Alfa Laval S型分油机工作系统简图

V1—进油三通阀;V4—排油电磁阀;V5—排水电磁阀;SV10—水封、置换电磁阀水封、置换电磁阀;SV15—开启水电磁阀;SV16—关闭水电磁阀;A—进油管;B—回油管;C—出油管;D—排水管;E—排渣口;F—工作水;TT—温度传感器;PT1—进油压力传感器;PT4—排油压力传感器;PT5—排水压力传感器;MT—水

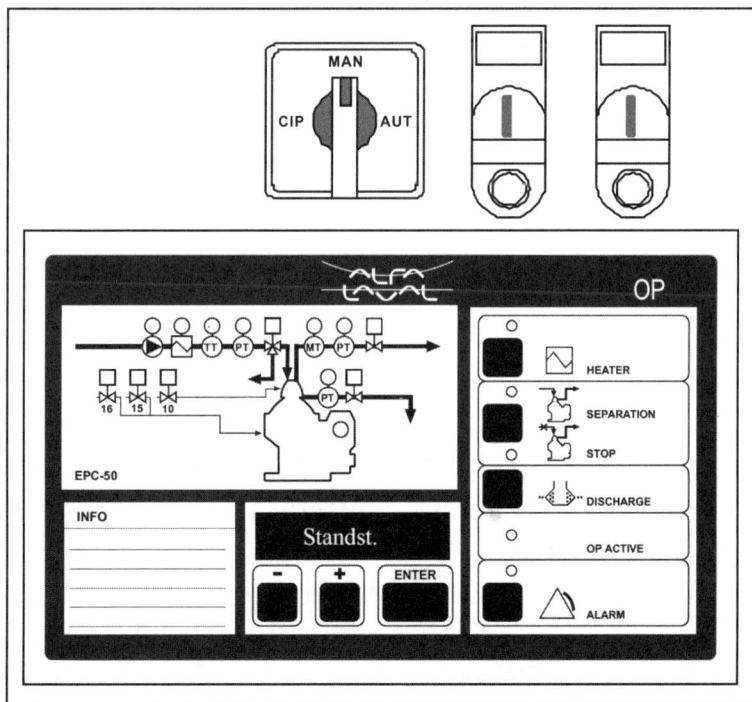

图2-65　EPC-50控制面板

(1)起动前准备工作

为分油机提供电源、工作水、压缩空气和热源,并检查系统的阀门,使其处于正常工作

状态。

（2）起动分油机油泵和分油机加热器

如图 2-65 所示，分油机控制开关选择"MAN"位置；按下右上角的"FEEDPUMP"起动键；按下"HEATER"按钮，起动加热器。此时，待净化油由 A 进入，经分油机油泵、分油机加热器、气动三通阀，最后经 B 返回。此时待净化油在循环加热。

（3）起动分油机

如图 2-65 所示，按下"SEPARATION"按钮；回答问题后，LED 显示器提醒起动分油机；按下右上角"SEPARATOR"按钮起动分油机。分油机的起动加速过程一般要持续 3~5 min。起动时，控制箱上电流表读数较大，待达到运行转速后，电流表读数达到正常值。分油机达到稳定转速后，控制面板显示"STANDBY"。此时，面板上的"SEPARATION"按钮指示灯为闪烁状态。按下"SEPARATION"按钮，分油机进入分油程序。

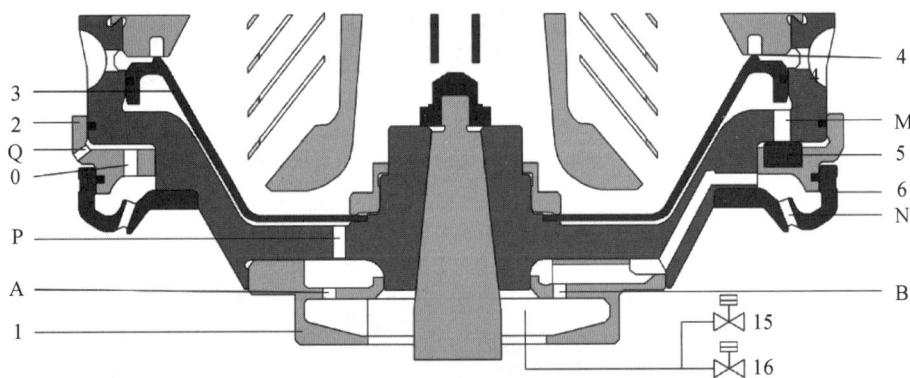

图 2-66　Alfa Laval S 型分油机分离筒排渣机构简图

1—配水盘；2—滑动圈；3—活动底盘；4—排渣口；5—塑料堵头；6—定量环；15—开启水电磁阀；16—关闭水电磁阀 A、B、P—进水孔；M、N、O—泄水孔；P—泄水喷嘴

（4）进开启水

如图 2-66 所示，分油程序开始之前，定量环、滑动圈、活动底盘处均无水。滑动圈及其塑料堵头处于下位，分离筒本体的泄水孔 M 处于打开状态。活动底盘未发生变形，排渣口打开。开启水电磁阀 15 打开，在离心力作用下，开启水经配水盘由进水孔 A 和 P 进入活动底盘下方，再经泄水孔 M 进入滑动圈上方。由于开启水进水量大，小部分经泄水喷嘴 Q 泄放。大部分开启水充满滑动圈上方后，经泄水孔 O 进入定量环内。定量环内充满水后，多余的水经泄水孔 N 泄放。定量环内充满水，对滑动圈产生向上的作用力。其作用类似弹簧，我们称之为"水弹簧"。滑动圈上下表面均受到水压力的作用，但是滑动圈上表面面积大于下表面，所以滑动圈仍然在下位。达到设定时间，开启水电磁阀关闭。活动底盘下方的水首先泄放完毕，活动圈上方的水继续经泄水喷嘴泄放。当滑动圈上部的水产生的压力小于定量环内水产生的压力时，滑动圈开始上移。最终，滑动圈上方的水经泄水喷嘴泄放完毕，塑料堵头关闭泄水孔。

（5）进关闭水

如图 2-66 所示，关闭水电磁阀 16 打开。关闭水经配水盘进入活动底盘下方。由于泄水孔 M 已被关闭，水无处泄放，在活动底盘下部逐渐聚集。当活动底盘下部的水足够多，水对活动底盘的作用力足够大时,活动底盘变形,将排渣口关闭。达到设定时间,关闭水电磁阀 16 关闭。由于活动底盘下方的水存在少量的蒸发损失和泄漏损失,正常分油期间,关闭水电磁阀断续启闭以补偿水的损失。以 SA821 分油机为例,每 5 min,关闭水电磁阀开启 1 s,改时间可在 EPC-50 中查询和修改。

(6)进水封水

如图 2-64 所示,水封水电磁阀 10 打开,水封水进入分离筒内。达到设定时间后,水封水电磁阀关闭。进入分离筒的水聚集在分离筒外围,形成水封。

(7)进油

如图 2-64 所示,气动三通阀 V1 动作,将待分离油引入分油机内。杂质聚集在分离筒外缘,净油向转轴方向移动,水分位于杂质和净油之间。净油经排油离心泵排出分油机。净油出口管路的水分传感器 MT-50 连续监测净油中的水分。如果水分含量超过设定值,则触发排水信号。排水电磁阀 V5 打开,将水排出。以 SA821 分油机为例,排水电磁阀开启持续时间为 5 s。

(8)停止进油

达到排渣时间或水分含量太高(连续排水 5 次后,水分含量仍然较高)时,开始停止分油,准备排渣。参照图 2-64。EPC-50 发出排渣信号,首先气动三通阀关闭,污油进入循环状态,分油机停止进油。净油出口的排油电磁阀 V5 关闭。

(9)进置换水

如图 2-64 所示,置换水电磁阀 10 打开,置换水进入分离筒内。驱赶分离筒内剩余的油。随着置换水对燃油的驱赶,净油出口的压力升高,打开排油电磁阀 V4,将残油排出。置换水电磁阀开启时间是根据首次起动时对水流量进行标定后自动设定的。置换水电磁阀关闭后,净油出口压力降低,排油电磁阀 V4 关闭。

(10)排渣

如图 2-66 所示,开启水电磁阀 15 打开,开启水进入配水盘。由于活动底盘下方已经充满水,配水盘继续充水,直至水面达到进水孔 B。开启水由进水孔 B 进入滑动圈上方。少量的水经泄水喷嘴泄放。但是,开启水的进水量较大,滑动圈上方的水不断增加。当滑动圈上方的压力大于下方的受力时,滑动圈开始下移。定量环中的水被挤压,由泄水孔 O 进入滑动圈上方,进一步增大了滑动圈上方的压力。滑动圈迅速下移。滑动圈及其塑料堵头下移,打开泄水孔 M。活动底盘下方的水经泄水孔 M 进入滑动圈上方,并经泄水喷嘴 Q、泄水孔 O 和泄水孔 N 泄放。活动底盘下方压力减小,在上部液体压力及活动底盘复原力的作用下,排渣口迅速打开。杂质和水分在离心力作用下,由分离筒内排出。开启水电磁阀 15 关闭后,多余的水经泄水喷嘴和泄水孔 N 泄放。

分油机按照分油程序,重复第 5 步至第 10 步的工作过程。如需停止分油机,按下 EPC-50 上的"STOP"按钮,分油机进入自动停止过程。

4.分油机的运行管理

(1)加热温度和分油量

对于给定的分油机和污油,影响分离效果的主要因素为:杂质与油的密度差和携带速度。提高待分离油的温度可以增大油与杂质和水的密度差,提高分离效果。但是,加热温度不能太高,否则会破坏油水分界面,导致出水口跑油。分油机的分油量越小,携带速度越小,分离效果越好。对燃油而言,分油量必须满足主、副机和锅炉的燃油消耗量;对滑油而言,采用循环分离,分油量越小,循环分离的次数越少。因此,不能追求过小的分油量。

(2)工作方式

分油机除可以单机工作外,还可以并联运行或串联运行。在不改变单机分油量的情况下,并联运行可以增加总分油量;在总分油量不变的情况下,各分油机的单机分油量降低,分离效果提高。串联运行可以较好地提高分离效果。串联运行时,通常第一级为分水机,第二级为分杂机。

(3)操作注意事项

各型号分油机的结构及其净油系统虽有不同,但其操作注意事项基本相同。下面以 Alfa Laval S 型分油机为例,介绍其操作注意事项。起动前检查的项目主要包括电源、工作水、压缩空气、热源、齿轮箱滑油油位、系统阀门状态等。起动过程中应注意分油机振动情况和电动机电流变化情况。如果振动过大或存在异常声音,应按下应急停止按钮,确保设备和人身安全。运行期间的检查主要包括:排渣口是否跑油、润滑油油位、分油机本体振动情况、工作水和压缩空气压力。除此之外,还可以通过 EPC-50 面板检查温度、压力、转速、含水量等参数。

5. 分油机的常见故障

不同类型的分油机,其常见故障及原因不同,因此,不能一概而论。

(1)异常振动

故障原因主要包括:分离盘片部分脏堵,导致分离筒重心偏离转轴中心;分离筒安装错误(比如,分离盘片安装错误或者错装了其他分油机的部件);立轴变形或轴承损坏,传动机构无法正常运转,导致异常振动;地脚螺栓松动,导致异常振动;减振垫损坏,导致减振效果降低,分油机振动增大。

(2)分离筒转速低

故障原因主要包括:摩擦离合器内混入油脂,摩擦片打滑或损坏,传动效率降低,分油机转速降低;排渣口跑油,排渣口处于打开状态,分油机转速低;分离筒、立轴等部件安装错误,运动部件卡阻,导致分油机无法达到正常转速;电动机或电气设备故障(如电源缺相、频率过低、电压过低等)导致分油机转速异常。

(3)出水口跑油

故障原因主要包括:水封水不足,水封水管路脏堵或开启时间过短,水封水不足,无法建立水封,导致出水口跑油;进油温度过高,分离筒温度过高,水分蒸发进而破坏油水分界面,导致出水口跑油;进油温度过低,油的密度大于水的密度,导致出水口跑油。

(4)排渣口跑油

故障直接原因是排渣口密封不严或无法关闭。根本原因主要包括:活动底盘主密封圈失效,即使排渣口处于关闭状态,也无法形成有效密封;活动底盘周向密封圈失效,活动底盘下部的关闭水不足或者全部流失,导致排渣口无法关闭;塑料堵头损坏,分离筒本体的泄水孔 M 无法关闭,导致活动底盘下部的关闭水泄漏,最终导致排渣口无法关闭;泄水喷嘴脏堵,滑动圈上部的水无法泄放,滑动圈和塑料堵头一直处于下位,泄水孔 M 无法关闭,导致排渣口打开;开启水电磁阀泄漏,相当于开启水一直在供给,排渣口无法关闭;关闭水水量不足,关闭水流量不足,导致排渣口无法关闭。

（5）排渣反馈故障（排渣口不能打开）

排渣时，排渣口打开，分离筒转速会降低 200～300 r/min。通过检测排渣时的转速，判断分油机是否排渣。排渣反馈故障的主要原因包括：开启水不足，开启水压力不足、管路脏堵等情况均会导致开启水流量不足，无法进行排渣；滑动圈的周向密封圈失效，导致开启水大量泄漏，滑动圈无法下移，进而不能排渣；泄水喷嘴磨损严重，导致开启水大量泄漏，滑动圈无法下移，进而不能排渣。

（6）进油压力低

故障原因主要包括：油柜液位过低或吸空，没有或只有少量的待分离油进入分油机；滤器脏堵或管路阀门开度不足，进入分油机的油量减小；油泵故障，油泵传动机构故障或者油泵磨损严重，均会导致泵排量降低，进而导致压力降低。

（7）分油量降低

进油压力低会导致分油量不足，除此之外，还包括以下原因：气动三通阀故障，气动三通阀膜片损坏或阀芯卡阻会导致三通阀无法关闭循环油路，导致分油量降低；分离盘片脏堵，导致油在分离筒内的流通阻力增大，进油压力升高，但是进油量减小，导致分油量降低。

四、燃油系统的维护管理

燃油系统是燃油加装至船舶直至被燃烧的一系列处理过程的集合。燃油系统故障会导致一系列的后果：溢油进而造成海洋污染；燃油中杂质过多进而导致主机失去动力或全船失电。维护管理使燃油系统实现其设计功能，对船舶的安全和节能运营起到十分重要的作用。燃油系统的维护管理主要包括以下方面。

1. 燃油加装

燃油加装是一项十分重要的关键工作，也是船舶的一项关键操作。

（1）燃油加装申请及准备工作

船舶根据燃油库存及航次计划向公司提出加油申请。确定燃油加装量需要考虑的因素主要包括：燃油价格、燃油库存量及剩余舱容、船舶服务航速、柴油机油耗率、航线距离、航线海况及安全余量等。

不同牌号的燃油或相同牌号但在不同港口加装的燃油要避免混装，以避免因燃油的不相容性导致两种油品中悬浮的沥青分发生凝聚而生成油泥沉淀物。燃油加装之前，应确切掌握各储存舱的燃油规格及存量，尽量并舱，即将相同规格的燃油储存在同一舱内，使即将加装的燃油与库存燃油分舱存放。

燃油加装量及需要加注的储存舱确定以后，在考虑船舶平衡与稳性的前提下，制订燃油加装计划。通常，燃油加装计划以表格的形式体现，其内容主要包括：各舱的总舱容、库存燃油量及液位、90%舱容下允许加装的燃油量、计划加装燃油量及液位、初始加油速度和最大加油速度。各储存舱的燃油加装量不宜超过总舱容的 90%，原因包括：防止燃油因温度升高而膨胀导致溢油；防止恶劣天气下船舶大幅度摇晃导致溢油。

（2）燃油加装注意事项

加油船提供加油单据（bunker delivery note，BDN），上面包含多项燃油性能指标。加装燃油前，应核对 BDN 上的燃油规格，并检查其密度、黏度、硫含量及水分含量是否满足 ISO 8217 标准。如果燃油规格不符或某项指标超标，应拒绝加装并通知公司。

　　除核对 BDN 之外,燃油加装前的准备工作还包括:甲板部负责在桅杆上悬挂红旗(晚上应该打开红色示警灯),并堵好甲板落水孔;轮机部负责将消防设备和防溢油设备准备好,放置在加油站附近;主管轮机员与加油船确定联系信号,明确初始加装速度和最大加装速度,测量加油船油舱液位或记录其流量计读数。消防设备主要包括:禁止明火作业标志和灭火器。防溢油设备主要包括围油栏、锯末、破布等放溢油材料和设施。此外,加油站还应张贴或布置燃油加装管系图。

　　加油过程中的分工主要包括:通信人员,一般由大管轮担任,位置在加油站,负责与加油船通信,关注燃油压力、温度,以及在线取样;测量人员,负责测量各油舱的液位;操作人员,负责操作相关阀门;瞭望人员,负责观察海面是否有溢油;机舱值班人员,负责检查机舱内油柜液位变化以及燃油加装管路是否存在溢油情况。

　　在正式开始加装燃油之前,应对管路阀门进行确认性检查,以确保其处于正常位置。在燃油加装开始后,可以通过测量孔的出气情况或倾听燃油流动的声音或测量液位变化以确定燃油是否进入指定的储存舱。在确认燃油进入了指定油舱之后,可以提高加装速度至正常值。

　　取样是燃油加装中的重要环节,也是燃油管理及防污染法规的需要。通常取样的数量为 4 瓶:1 瓶给加油船,1 瓶邮寄至实验室化验,2 瓶留船,留船的油样中有 1 瓶为 MARPOL 公约要求的油样。取样的原则是,确保样品能够真实反映加装燃油的质量水平。取样注意事项包括:检查取样设备和容器是否清洁;在供/受油双方代表的见证下,对取样容器及取样阀进行签封;确保加油与取样同时开始,在线连续滴定取样直至加装结束;在加装及取样完毕后,摇匀取样容器,并分 3~4 次装满 4 个取样瓶;签封油样瓶并填写油样瓶标签。

　　加油结束后,通常采用蒸汽或压缩空气进行扫线,将加油管系中的油扫至储存舱。扫线结束,待液位稳定后,测量各受油舱液位,结合船舶前后及左右吃水差、舱容表、加装温度和燃油 15 ℃下的密度计算燃油加装量。

　　(3)燃油试用

　　在收到燃油化验报告后(通常,燃油化验报告与 BDN 所示的性能参数略有差异),进一步确认燃油性能指标。燃油化验报告提供燃油驳运温度、分油机加热温度和各黏度对应的温度。如各项指标均在 ISO 8217 标准限值内,可以进行燃油试用。燃油试用中,应注意各滤器前后压差、自清洗滤器的冲洗次数以及分油机排渣次数等,以进一步确认燃油质量。

　　2. 燃油温度和黏度控制

　　为了确保正常的燃油驳运、净化和雾化,首先要做好燃油的加温工作。通常采用分级预热方案以保证燃油满足各环节的不同使用要求。对于燃油储存舱,只需对在用的储存舱进行加温。储存舱的温度保持在能够驳运的最低温度,通常比燃油的倾点高 10 ℃。对于沉淀柜,为提高沉淀分离效果,应维持其在较高的温度,通常为 70~85 ℃。对于分油机,其加热温度应根据燃油质量品质而定,通常为 90~98 ℃。对于日用柜,通常维持其温度在 70~85 ℃。为保证雾化质量,燃油进机黏度应维持在柴油机厂商的推荐值,通常为 12~18 cSt。

　　3. 燃油净化

　　燃油的净化手段包括沉淀、过滤和离心分离。定期对沉淀柜和日用柜放残,以排出其中的杂质和水分。检查滤器前后压差或自清洗滤器的冲洗次数,定期或视情清洗滤器。尤其是风浪天,更是要勤洗滤器、勤放残。离心分油是净化燃油最主要、最有效的手段。一般采用并联方式净化燃油,也可采用两台分油机串联的方式净化燃油(第一级为分水机,第二级为分杂机)。在分油机管理中,应正确选择比重环、分油机加热温度、排渣时间以及最佳分油量(30%~50%标定分油量),来确保分油质量。

4.轻重油转换

一方面,对于部分类型的柴油机,在船舶长时间停泊时或进行柴油机维护保养时,需要在完车或停车前换用轻油;另一方面,根据 MARPOL 公约要求,在硫氧化物排放控制区内,只能燃用含硫量低于0.1%的燃油,通常为轻油。除此之外,船舶进行坞修或遇到其他紧急情况,也需要换用轻油。轻重油转换是船舶的一项重要操作,甚至部分公司的 ISM 体系将其认定为关键操作。轻重油转换操作的基本原则是防止油温突变,以避免高压油泵的柱塞和套筒咬死。

(1)轻重油转换操作的注意事项

燃油温度变化速度不超过 2 ℃/min,为防止燃油温度变化速度过大,换油前应该降低柴油机负荷,待换油完成后,再恢复至正常服务负荷;应检查滤器是否脏堵,混油桶内是否产生杂质(可以通过混油桶底部的放残阀检查);燃用不同含硫量的燃油,需要考虑是否换用不同碱值的气缸油或调整气缸注油率;长时间燃用轻油时,应打开轻油冷却器,以确保适宜的供油黏度,通常不低于 2 cSt。

(2)轻油换重油的操作

应提前将重油日用柜加温至正常工作温度。接到换油指令后,首先,旁通轻油冷却器,防止重油污染冷却器;其次,将轻重油转换三通阀转至重油位置,并打开雾化加热器的加热介质进出口阀,燃油黏度控制系统自动进入黏度或温度控制模式;再次,打开燃油管路伴热,并关注燃油温度变化速度;最后,待换油完成后,视情换用高碱值气缸油或调整气缸注油率。

(3)重油换轻油的操作

首先,关闭雾化加热器的加热介质进出口阀;其次,待供油单元出口燃油温度降至100 ℃以下时,将轻重油转换三通阀转至轻油位置;再次,关闭燃油伴热管路;最后,待换油完成后,打开轻油冷却器,并视情换用低碱值气缸油或调整气缸注油率。

5.燃油系统相关的消防要求

所有独立驱动的燃油驳运泵、燃油供给泵及分油机的动力源,除能就地切断外,还应能在其所在舱室外面易于到达的地点进行应急切断(即船舶"风油切断"中的切断燃油设备的电源)。定期试验应急切断装置,以确保其正常工作。

双层底上方的燃油舱/柜,应在其管路出口处设置速闭阀。在燃油管路损坏导致溢油的情况下,可以迅速关闭相应的舱/柜,以控制溢油。速闭阀应定期进行试验,以确保其正常工作。

靠近主机、发电柴油机操纵处,应设有迅速切断燃油或其他有效的紧急停车装置。

五、低硫燃油的使用

1.低硫燃油使用背景

目前,称含硫质量分数不超过0.5%的燃油为低硫燃油;称含硫质量分数不超过0.1%的燃油为超低硫燃油。

欧盟排放导则(EU directive)要求,自 2010 年 1 月 1 日起,靠泊欧盟国家港口的船舶燃用燃油的硫含量不超过 0.1%。自 2015 年 1 月 1 日起,在 MARPOL 公约规定的排放控制区内(emission control area,ECA),船舶燃用燃油的含硫质量分数不超过 0.1%。自 2022 年 1 月 1 日起,国际航行船舶进入我国船舶大气污染物排放控制区海南水域的,应当使用含硫质量分数不超过 0.1% 的燃油。目前,排放控制区包括:欧盟国家港口,波罗的海,北海,英吉利海峡,北美区域,加勒比海和中国长江、珠江。

国际海事组织海上环境保护委员会第 70 届会议决定,自 2020 年 1 月 1 日起,在全球范围内实施船用燃油含硫质量分数不超过 0.5%,简称 2020 全球限硫令。为满足 2020 限硫令的要求,船舶可以采取以下三种方法:安装脱硫塔;使用 LNG 作为燃料;使用低硫燃油作为燃料。绝大多数船舶使用低硫燃油以满足限硫令的要求。自 2020 年 3 月 1 日起,未安装脱硫塔的船舶禁止储存含硫质量分数高于 0.5% 的燃油。

2. 使用低硫燃油面对的挑战

(1)低硫燃油标准不统一

低硫燃油并不对应 ISO 8217 中的某一种类型的燃油,而是任何一种含硫质量分数不超过 0.5% 的燃油均称为低硫燃油,因此,低硫燃油不存在统一的性能指标,各地供应的低硫燃油品质差异大也是在所难免的。

虽然全球已经在使用低硫燃油,但至今没有低硫燃油的国际标准,仍然在沿用 ISO 8217 的标准;在低硫燃油的炼制生产过程中可能会导致其物理和化学性质出现一些新的变化和问题,并对燃油品质造成很大影响。

(2)船舶机械设备的使用性

船舶机械设备及其系统一般都是基于硫含量适中的重油/船用柴油设计的,低硫燃油的实践经验并不多。当换用低硫燃油时,可能导致燃油系统及设备故障,甚至发生船舶失去动力的危险。

3. 低硫燃油使用中的主要问题及应对措施

炼油厂为了生产低硫轻油和低硫重油,往往需要采用特殊工艺及程序对燃油进行脱硫处理,导致低硫轻油和低硫重油的很多特性都发生了显著变化。

部分低硫燃油黏度过低导致油膜建立困难(特别是低硫轻油),燃油泵磨损严重、内部泄漏,进而引发柴油机供油故障。另外,过低的黏度会导致喷油压力不足,点火、起动及低速运转困难。应对措施包括:防止燃油被加热,如伴热管;视情采用冷却器,降低其温度,进而提高黏度;配备或换用适用低黏度燃油的油泵;提高喷油器启阀压力。

部分低硫燃油倾点较高,低温环境下冷流动特性较差,容易形成蜡,造成储存舱燃油凝固、分油机盘片阻塞等故障。使用燃油添加剂以防止燃油凝固;通过加温的方法以保持燃油温度;根据燃油化验结果,设定适宜的分油机加热温度。

部分低硫燃油沉淀物含量高,易导致滤器脏堵、分油机盘片脏堵及振动加剧等故障。应对措施包括:加强沉淀柜放残;缩短分油机排渣间隔时间。

部分低硫燃油闪点低,易挥发油气,导致火灾或爆炸等事故。应对措施包括:加装燃油时,确认其闪点高于 60 ℃;在满足驳运条件的情况下,尽可能降低储存舱加热温度。

部分低硫燃油采用多种精制产品混合而成,其兼容性和稳定性较差。不稳定的燃油可以在静止时自我分离;不兼容的燃油在一个燃料舱中混合,或在燃油转换的过程中混合,则可以形成污泥,堵塞滤器,最终导致发动机故障。应对措施包括:避免不同燃油混合;对新加装燃油进行兼容性和稳定性测试。

部分低硫燃油催化剂粉末(Cat-fines, catalytic fines 主要成分为硅和铝)含量偏高,易导致供给泵、增压泵、高压油泵和喷油器磨损加剧,引发燃油供给故障。应对措施包括:有效的离心分离可以降低催化剂粉末含量。

4.低硫燃油的使用管理

(1)燃油加装

根据 BDN 提供的性能指标,确认其黏度、硫含量、水分、催化剂粉末含量在 ISO 8217 标准范围内。避免新旧燃油的混合。

(2)燃油化验及试用

加装燃油时,应取样送岸化验以进一步确定其性能指标。对于燃油兼容性和稳定性可以采用便携式设备在船化验。获得岸基化验结果,并确认其兼容性和稳定性后,对燃油进行试用。

(3)燃油温度和黏度控制

根据燃油性能指标决定储存舱、沉淀柜、分油机的加热温度。使用低硫重油时,供油单元易采用黏度控制,以确保供油黏度满足柴油机厂商的要求。使用低硫轻油时,关闭伴热管路,并视情使用冷却器。在设定燃油进机黏度时应该考虑的因素包括燃油的倾点、燃油的黏度等级、柴油机厂商推荐的燃油进机黏度和最低黏度。例如:燃油的倾点为 30 ℃,50 ℃的黏度为 6 cSt,柴油机厂商推荐的燃油进机黏度为 16 cSt,最低黏度为 2 cSt。通常燃油进机温度应该比倾点高 10 ℃,所以进机温度最低为 40 ℃,对应的黏度约为 8 cSt。如果要到达柴油机厂商推荐的进机黏度,进机温度在 15 ℃左右。从倾点的角度出发要求的燃油进机温度与柴油机厂商推荐进机黏度要求的燃油进机温度矛盾。此时,为确保柴油机稳定工作,燃油进机黏度应设定为 2~8 cSt。

(4)燃油滤器和分油机管理

检查在新加装燃油使用初期,密切关注各滤器的脏堵情况和分油机的排渣次数。视情调整自清洗滤器反冲洗间隔时间和分油机排渣间隔时间。

(5)气缸油管理

根据燃油硫含量选用适宜碱值的气缸油或调整注油率。

5.进入排放控制区时的燃油转换

通常,进入排放控制区之前,需要将燃油转换为超低硫燃油。这种燃油转换除了需要遵守轻重油转换时的注意事项之外,还需要注意:防止转换过程中出现燃油不兼容问题;确保转换完毕之后,系统中燃油的硫含量满足排放区的标准。为了防止出现不兼容问题,应当事先将两种燃油进行兼容性测试。为了确保系统中燃油的硫含量满足排放区的标准,应合理安排燃油的转换时机,并确保相关阀门处于正确的位置。通常,影响燃油的转换所需要时间的因素包括:燃油消耗速率、系统中残存的燃油量、低硫燃油的硫含量、超低硫燃油的硫含量和目标硫含量。

第七节　润滑系统

柴油机中存在许多运动副,比如:活塞与气缸套;活塞销与连杆小端轴承及活塞销座;十字头销与连杆小端轴承及十字头销座;曲柄销与连杆大端轴承;主轴颈与主轴承。根据摩擦理论,以上运动副之间的运动必然受到摩擦力的阻碍,并因摩擦而产生热量。在无任何润滑条件下的摩擦称为干摩擦。干摩擦会引起运动副接触面的严重破坏,进而导致柴油机无法工作。减少干摩擦的主要方法是在运动副之间注入润滑油。对于柴油机而言,实现在运动副之间注入润滑油的系统称为润滑系统。润滑系统是柴油机重要的动力系统之一。

柴油机各运动副的工作条件不同,对润滑油的性能要求不同,而且润滑油也具有其自身的特性。由于二冲程柴油机和四冲程柴油机固有结构的不同,导致其润滑系统的差异。比如:二冲程柴油机长行程的特点和气缸套下部横隔板的设计,使其无法通过飞溅的方式实现气缸润滑,因此需要独立的气缸油润滑系统。本节首先介绍与柴油机润滑相关的基本知识;其次,分别介绍曲轴箱油润滑系统和气缸油润滑系统。

一、柴油机曲轴箱油润滑系统

由曲轴箱被输送至柴油机各运动副,完成润滑后再回流至曲轴箱,循环使用的润滑油,称为曲轴箱油,又称为机油或系统油。根据适用机型不同,曲轴箱油可以分为筒形活塞式柴油机曲轴箱油和十字头式柴油机曲轴箱油两种。因活塞环串气的影响,筒形活塞式柴油机曲轴箱油在循环使用中将逐渐污染变质。因为兼作气缸润滑油,部分曲轴箱油被用于中和燃烧产物,所以曲轴箱油的消耗量较大。在十字头式柴油机中,横隔板和填料函将气缸和曲轴箱分开,大大降低了燃烧产物对曲轴箱油的污染,所以曲轴箱油的工作条件比较缓和。因为气缸润滑由独立的气缸油润滑系统实现,所以曲轴箱油的消耗量大大降低。

1. 曲轴箱油的作用
因结构不同,筒形活塞式柴油机和十字头式柴油机曲轴箱油的作用也不同。主要体现在筒形活塞式柴油机的曲轴箱油兼作气缸润滑油。

(1)十字头式柴油机曲轴箱油的作用
①减磨作用
减磨作用也称为润滑作用。曲轴箱油在运动副接触面之间形成并保持的层油膜可以减小摩擦。这是润滑油的主要作用。

②冷却作用
曲轴箱油的冷却作用主要体现在两个方面:一方面,带走运动副接触面因摩擦而产生的热量以及外界传来的热量,保证工作表面的适当温度;另一方面,作为活塞冷却液,对活塞进行冷却,以确保活塞的工作性能。

③清洁作用
曲轴箱油可以冲洗运动副表面的污染物和金属磨粒,以保持工作表面清洁。

④防腐作用
曲轴箱油形成的油膜覆盖在金属表面使空气不能与金属表面直接接触,防止金属锈蚀。

⑤减轻噪声作用
曲轴箱油形成的油膜可起到缓冲作用,避免两表面直接接触,减轻振动与噪声。

⑥传递动力作用
曲轴箱油传递动力的作用主要体现在:在推力轴承中推力环与推力块之间的动力油膜;在液压排气阀中,代替顶杆传递动力;在电喷柴油机中,作为伺服油或控制油。

（2）筒形活塞式柴油机曲轴箱油的作用

筒形活塞式柴油机曲轴箱油兼作气缸润滑油,其作用在十字头式柴油机曲轴箱油作用的基础上还包括以下内容:

①润滑气缸套和活塞环

在活塞与气缸套之间形成液体润滑膜或边界润滑膜,减少摩擦损失和防止气缸套及活塞环的过度磨损。

②清洁活塞

不同于柴油机其他运动副,燃油的燃烧产物易在活塞环、活塞环带和活塞环槽处聚集形成沉积物,进而导致活塞环卡阻,甚至断环故障。

③密封作用

气缸油在活塞环与缸套间的油膜除起到润滑作用外,还有助于密封燃烧室空间。

④中和作用

气缸油可以中和燃烧产物中的硫酸,以控制气缸套的腐蚀。

2. 曲轴箱油润滑系统

向柴油机输送适宜温度和清洁的曲轴箱油的系统称为曲轴箱油润滑系统。曲轴箱油润滑系统主要组成设备包括:滑油循环柜或油底壳、滑油泵、滤器和冷却器。如图 2-67 所示为曲轴箱油润滑系统简图,其中（a）为干油底壳式润滑系统,（b）为湿油底壳式润滑系统。

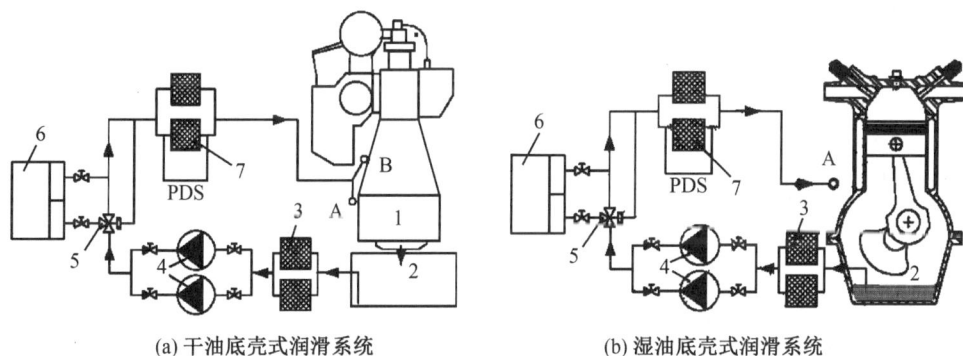

图 2-67　曲轴箱油润滑系统

1—主机;2—滑油循环柜或油底壳;3—双联粗滤器;4—滑油泵;5—温控三通阀;6—滑油冷却器;7—自清洗滤器;A—主轴承润滑油进口;B—十字头润滑油进口

滑油泵 4 经双联粗滤器 3 从滑油循环柜或油底壳 2 中抽吸曲轴箱油,经滑油冷却器 6 和自清洗滤器 7 后,供给至柴油机各运动副（如:主轴承、十字头轴承等）。润滑油的温度由温控三通阀 5 控制。完成润滑的曲轴箱油,在重力作用下,回流至滑油循环柜或油底壳。虽然,在高温下曲轴箱油黏度低,容易过滤杂质,但是,考虑到柴油机的安全,应在柴油机进机前安装细滤器。因此,在曲轴箱油润滑系统中,通常将自清洗滤器设置在冷却器之后。

（1）滑油循环柜或油底壳

滑油循环柜或油底壳的主要作用是储存系统中的润滑油。根据柴油机的结构形式不同,曲轴箱油润滑系统储存润滑油的方式不同。

对于大型柴油机,因其常被用作主机,坐落在机舱底层,所以,可以采用主机下方的双层底舱作为滑油循环柜以储存系统中的润滑油。正常情况下,回流至曲轴箱的润滑油经隔离阀流至滑油循环柜,曲轴箱内不储存润滑油,因此,称为干油底壳式润滑系统。在滑油循环柜破损进水时,关闭隔离阀:一方面,可以防止机舱进水;另一方面,可以将曲轴箱作为润滑油的临时储存场所,以实现曲轴箱油循环润滑,确保柴油机正常工作。

对于小型柴油机,因其常采用轻便的油底壳代替机座,所以,通常采用油底壳储存系统中的润滑油。回流至曲轴箱的润滑油直接收集在油底壳内,因此,称为湿油底壳式润滑系统。

（2）滑油泵

对于十字头式柴油机,通常设置2台滑油泵,互为备用。对于筒形活塞式柴油机,通常设置1台机带泵和1台预润滑油泵;柴油机正常工作时,由机带泵输送润滑油;在待机状态时,由预润滑泵输送润滑油。如果预润滑油泵为手动泵,在起动柴油机之前,需要进行手动预润滑。小型的滑油泵可以采用齿轮泵,大型的滑油泵可以采用螺杆泵,部分大流量的滑油泵采用离心泵。泵的排出管上装有压力表、压力开关、安全阀以及调节压力和流量的旁通阀。

（3）滤器

滤器的主要作用是向柴油机供给清洁的润滑油。滑油泵进口端设有粗滤器,部分设计采用磁性滤器除去磨损产生的铁屑,以保护滑油泵和柴油机。在曲轴箱油进机前设有细滤器,该滤器通常为双联滤器,目前广泛采用自清洗滤器。在滤器的进出口设有压力表和压差计,以反映滤器的脏堵和破损情况。

（4）冷却器

冷却器的主要作用是向柴油机供给适宜温度和黏度的润滑油。由于曲轴箱油的冷却作用,回流至滑油循环柜或油底壳的润滑油温度升高,黏度也降低。经冷却器冷却后,润滑油黏度和冷却性能得以恢复。冷却器通常采用壳管式或板式换热器。随着自动化程度的提高,冷却器与温控三通阀(简称温控阀)相结合组成温控系统,以实现润滑油温度的自动控制。

3.曲轴箱油净化系统

曲轴箱油净化系统的主要作用是净化润滑油。曲轴箱油净化系统和曲轴箱油润滑系统是两个相互独立的并行系统。通过对滑油循环柜或油底壳中的曲轴箱油进行连续的离心净化,可以除去曲轴箱油中混入的水分、杂质和氧化沉淀物。图2-68所示为某大型柴油机曲轴箱油净化系统。分油机油泵4经吸入滤器3将柴油机1的滑油循环柜2中的润滑油输送至加热器5,再经三通阀7进入分油机。净化后的润滑油由分油机返回滑油循环柜。滑油中分离出的水分和杂质排入滑油油渣柜9。分油机的分油量以额定分油量的三分之一为宜,通过节流阀6可以调节分油机分油量。润滑油加热温度由其使用工况及分油机性能决定。Alfa Laval分油机制造商建议:十字头式柴油机曲轴箱油净化系统的加热温度为90 ℃左右;筒形活塞式柴油机曲轴箱油净化系统的加热温度为95 ℃左右。

二、柴油机气缸油润滑系统

气缸套与活塞环之间的润滑称为气缸润滑。柴油机气缸润滑是一个复杂而重要的问题。气缸润滑的工作条件较为恶劣,主要体现在:工作温度高;上止点处只能实现边界润滑;劣质燃油的使用。对于大部分筒形活塞式柴油机,采用飞溅润滑的方式,曲轴箱油润滑系统

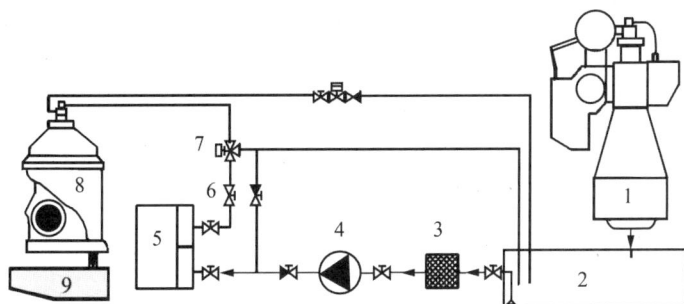

图 2-68　某大型柴油机曲轴箱油净化系统

1—柴油机;2—滑油循环柜;3—吸入滤器;4—分油机油泵;5—加热器;6—节流阀;

7—三通阀;8—分油机;9—滑油油渣柜

兼有气缸润滑的作用。对于十字头式柴油机和少数大型筒形活塞式柴油机,气缸润滑需要通过独立的气缸油润滑系统实现。

1.气缸油的作用

气缸润滑不同于柴油机其他运动副的润滑,气缸油的主要作用包括以下方面。

(1)减磨作用

减磨作用也称为润滑作用。在活塞与气缸套之间形成液体润滑膜或边界润滑膜,减少摩擦损失和防止气缸套及活塞的过度磨损。气缸油中添加的极压剂和油性剂,可以提高其润滑膜的强度,以确保有效润滑。

(2)清洁作用

不同于柴油机其他运动副,燃油的燃烧产物易在活塞环、活塞环带和活塞超处聚集形成沉积物,进而导致活塞环卡阻,甚至断环故障。气缸油的清洁性添加剂可以有效清除以上沉积物,防止活塞环卡阻。

(3)密封作用

气缸油在活塞环与缸套间的油膜除起到润滑作用外,还有助于密封燃烧室空间。

(4)中和作用

气缸油可以中和燃烧产物中的硫酸,以控制气缸套的腐蚀。

2.气缸润滑方式

根据柴油机结构形式不同,气缸润滑一般可分为飞溅润滑和气缸注油润滑两种方式。

(1)飞溅润滑

在连杆大端的高速回转运动下,由其轴承间隙流出的润滑油向四周飞溅。其中一部分润滑油飞溅至气缸套壁面上,在压缩环的布油作用和刮油环的刮油作用下实现气缸润滑,这种润滑方式称为飞溅润滑。飞溅润滑的特点包括:气缸润滑使用的是曲轴箱油;在活塞裙部需装设刮油环将多余的润滑油刮回曲轴箱;仅适用于中、小型筒形活塞式柴油机。

(2)气缸注油润滑

使用专用的润滑系统及设备,把专用气缸油经气缸套上的注油孔喷注到气缸套与活塞环之间实现气缸润滑的方式称为气缸注油润滑。气缸注油润滑的注油量可控,喷出的气缸油不予回收,又称为"一次过润滑"。这种润滑方式能保证可靠的气缸润滑,而且可选择不同质量的气缸油以满足气缸润滑的不同要求。因而这是一种较合理的气缸润滑方式。目前在十字头式柴油机中均使用此种润滑方式。在某些中速筒形活塞式柴油机中,气缸润滑除采用飞溅润滑方式外,也采用气缸注油的方式加强气缸润滑。

气缸注油润滑需要独立的润滑油系统和设备,通常称之为气缸油润滑系统。气缸油润滑系统由气缸油输送系统和气缸注油系统组成。

气缸油输送系统的作用是将气缸油输送至柴油机的气缸注油系统。图 2-69 所示为气缸油输送系统简图。通过注入法兰 B,可以向气缸油储存柜 2 加注气缸油。气缸油储存柜内的气缸油经气缸油驳运泵 3 或手动应急驳运泵 4 输送至气缸油日用柜 5。通常气缸油日用柜设置在较高的位置,不同类型柴油机要求不同,一般位于注油器 A 上方 1.5~5 m 处。在重力作用下,日用柜内的气缸油经滤器 6 和加热器 7 不断流入气缸注油系统。通常,加热器的设定温度为 40 ℃。在加热器处设有低液位报警器 8,以防止出现气缸油断流的情况。

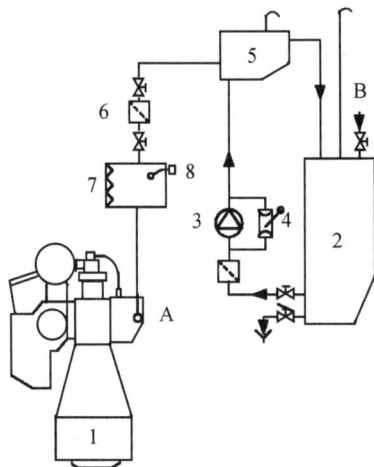

图 2-69　气缸油输送系统简图

1—主机;2—气缸油储存柜;3—气缸油驳运泵;4—手动应急驳运泵;5—气缸油日用柜;6—滤器;7—加热器;8—低液位报警器;A—注油器;B—注入法兰

3.气缸注油系统

气缸注油系统的注油位置和注油定时对气缸润滑十分重要。气缸注油系统主要包括注油器和注油接头等设备。注油接头是一个单向阀,安装在气缸套的注油孔上,其作用是防止燃气进入注油器。注油器的主要作用是将气缸油加压并控制注油定时和注油量。根据驱动形式,注油器可以分为机械式注油器、液压式注油器和电子注油器。

(1)注油位置与注油定时

采用气缸注油润滑的柴油机,在其气缸套上设计了注油孔。气缸油最终由气缸套上的注油孔分布至气缸套和活塞,注油孔的位置就是注油位置。注油孔的数量与油孔两侧布油槽的形状对注油润滑有很大影响。在正常情况下注油孔沿缸套圆周均匀分布,气缸注油孔的位置因机型而异。通常,近代大型柴油机注油孔多在气缸套中上部冷却水套之下(高位注油孔),四冲程柴油机的注油孔多分布在气缸套下部。

注油定时是指注油时刻所对应的曲轴转角。理论上,在压缩行程时将气缸油喷注在活塞环带上可以获得较好的润滑效果。但实践证明,传统的机械注油设备难以做到准确地定时注油。实验研究表明,只有在缸内压力低于注油管中的油压时,气缸油才会注入缸内。在短裙活塞柴油机曲轴回转一转中,这种机会一般有两次:一次是活塞上行到上止点附近,活塞的下边缘打开注油孔;另一次是活塞在下止点附近,缸内正在扫气时。而对长裙活塞柴油机曲轴一转中,这种机会只有一次,即当气缸内正在扫气时。随着电子式注油器的发展,气缸注油压力得到了提高,为准确地定时注油提供了保障。

（2）注油接头

市场上常见的注油接头主要包括蓄压式注油接头和非蓄压式注油接头。目前,随着气缸注油压力的提高,非蓄压式注油接头已成为主流形式。图 2-70 所示为注油接头简图,图（a）为非蓄压式注油接头,图（b）为蓄压式注油接头。非蓄压式注油接头经进油口 5 和单向阀 9,直接将气缸油注入气缸。蓄压式注油接头中的蓄压活塞 10 和蓄压膜片 11 可以维持较为稳定的注油压力。

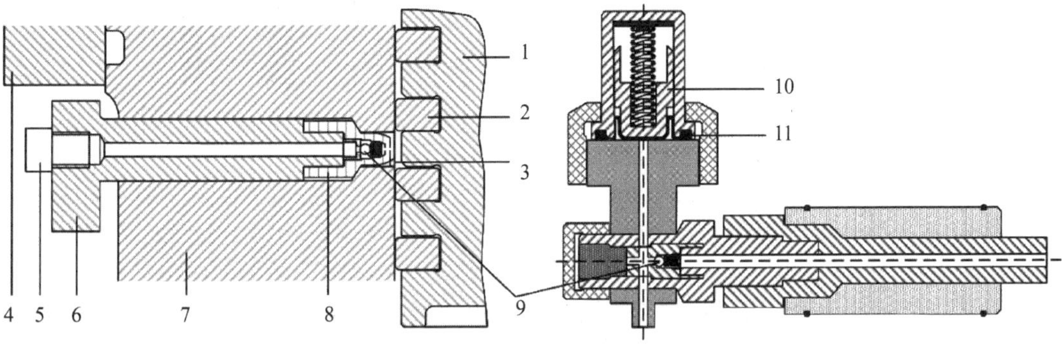

(a)非蓄压式注油接头　　　　　　(b)蓄压式注油接头

图 2-70　注油接头简图

1—活塞;2—活塞环;3—注油孔;4—气缸套冷却水套;5—进油口;6—注油接头外壳;7—气缸套;8—注油嘴;9—单向阀;10—蓄压活塞;11—蓄压膜片

（3）机械式注油器

机械式注油器由凸轮轴驱动,其注油量主要取决于柴油机的转速和注油器柱塞的有效形成。机械式注油器的工作原理与燃油喷射系统的高压油泵类似。图 2-71 所示为机械式注油器简图。左侧为注油器结构图,右侧为注油器布置图。来自气缸油日用柜的气缸油经进口 A 进入注油器油腔。柴油机凸轮轴 12 经传动齿轮 14 驱动注油凸轮 7 转动,进而驱动柱塞 5 上下运动,从而实现气缸油的吸入和排出。柱塞向气缸注油时,注油指示球 2 向上运动,因此,可以通过观察注油指示球的运动检查注油器工作情况。通过注油量单调旋钮 9,改变注油柱塞的有效形成,可以调节单个柱塞的注油量;通过转动注油量总调手柄 13,改变支点轴 10 的位置,可以调节所有柱塞的注油量。通常,支点轴有多个可选的位置,比如磨合、备车、不同负荷等。柴油机稳定运行时,机械式注油器的注油量随转速变化而变化,这种控制方式称为随转速调节,又称为等速率调节。机械式注油器的注油定时由注油器凸轮轴与曲轴的相对位置决定。

（4）液压式注油器

液压式注油器结构与机械式注油器结构基本相同,既可以调节单个柱塞的注油量,也可以调节所有柱塞的注油量。图 2-72 所示为液压式注油器简图。与机械式注油器不同,液压式注油器由液压马达 2 驱动。齿轮泵 4 由柴油机凸轮轴 5 驱动,向液压马达输送液压油。

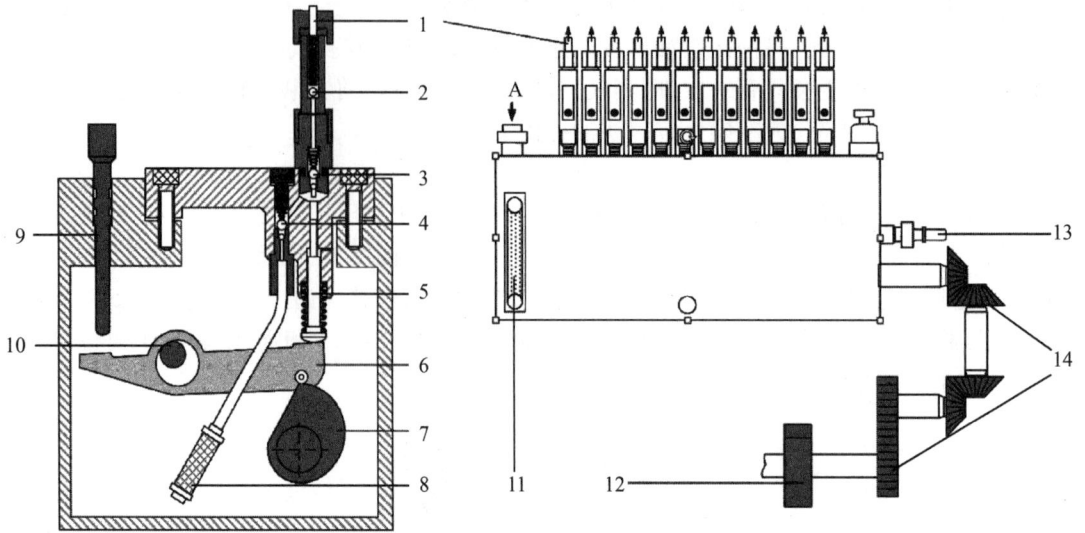

图 2-71　机械式注油器简图

1—出油管,至注油接头;2—注油指示球;3—排油单向阀;4—吸油单向阀;5—柱塞;6—注油接头外壳;7—注油凸轮;
8—吸油滤器;9—注油量单调旋钮;10—支点轴;11—液位镜;12—柴油机凸轮轴;13—注油量总调手柄;14—传动齿轮;
A—气缸油进口,来自气缸油日用柜

柴油机燃油负荷指示轴 6 可以控制流量调节阀 3 的开度,以控制进入液压马达的液压油流

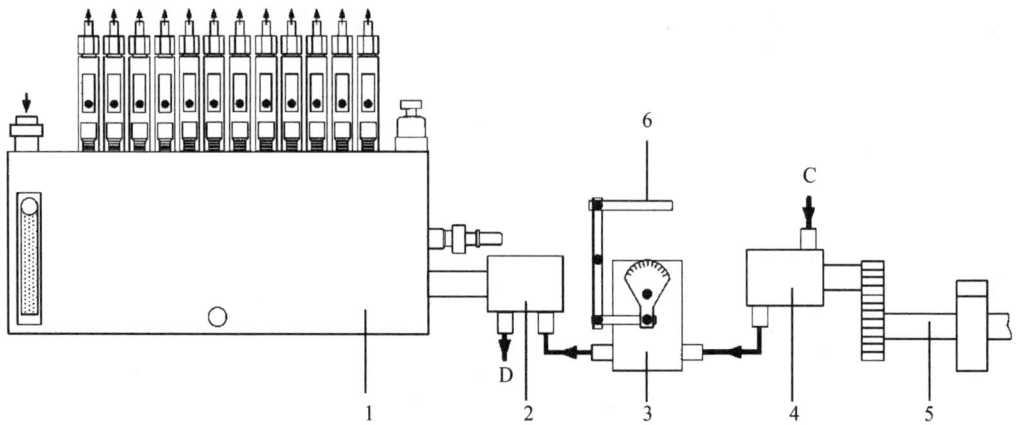

图 2-72　液压式注油器简图

1—注油器;2—液压马达;3—流量调节阀;4—齿轮泵;5—柴油机凸轮轴;6—燃油负荷指示轴;C—液压油进口;
D—液压油出口

量和液压马达转速,进而控制注油器的注油量。液压油可以是柴油机系统油,也可以是气缸油。柴油机稳定运行时,液压式注油器可以根据柴油机负荷调节注油量,这种控制方式称为随负荷调节。液压式注油器无法控制注油定时,通常与蓄压式注油接头配合使用,在蓄压器内压力高于气缸内压力时进行注油。

(5)电子注油器

随着电子信息技术的发展,在机械注油器和液压注油器的基础上,注油器也发展为电子注油器。目前,市场上主要的电子注油器包括:MAN B&W 柴油机的 Alpha 气缸注油器和

Wartsila(二冲程柴油机被中船集团收购后,称为 WinGD)柴油机的脉冲式注油器(Pulse Feed Cylinder Lubrication System)。电子注油器由液压油驱动,利用角度编码器实现精确的注油定时控制,并通过注油频率控制注油量。

图 2-73 所示为 MC 机型 Alpha 气缸注油系统原理图。气缸油由气缸油日用柜 8 进入液压泵站 9。液压泵站将气缸油加压至 4~5 MPa,并使其在各注油器 6 和液压泵站之间循环。注油器控制单元 4 接收来自负荷传感器 1、触发系统 2 和备用触发系统 3 的信号,控制注油器电磁阀动作,以实现气缸注油。注油反馈传感器将注油信号反馈给控制单元。该型注油器可以根据柴油机负荷调节注油量,也可以根据转速或功率调节注油量。在 ME 机型中,伺服油可以作为注油器的驱动油,所以可以不用设计泵站。

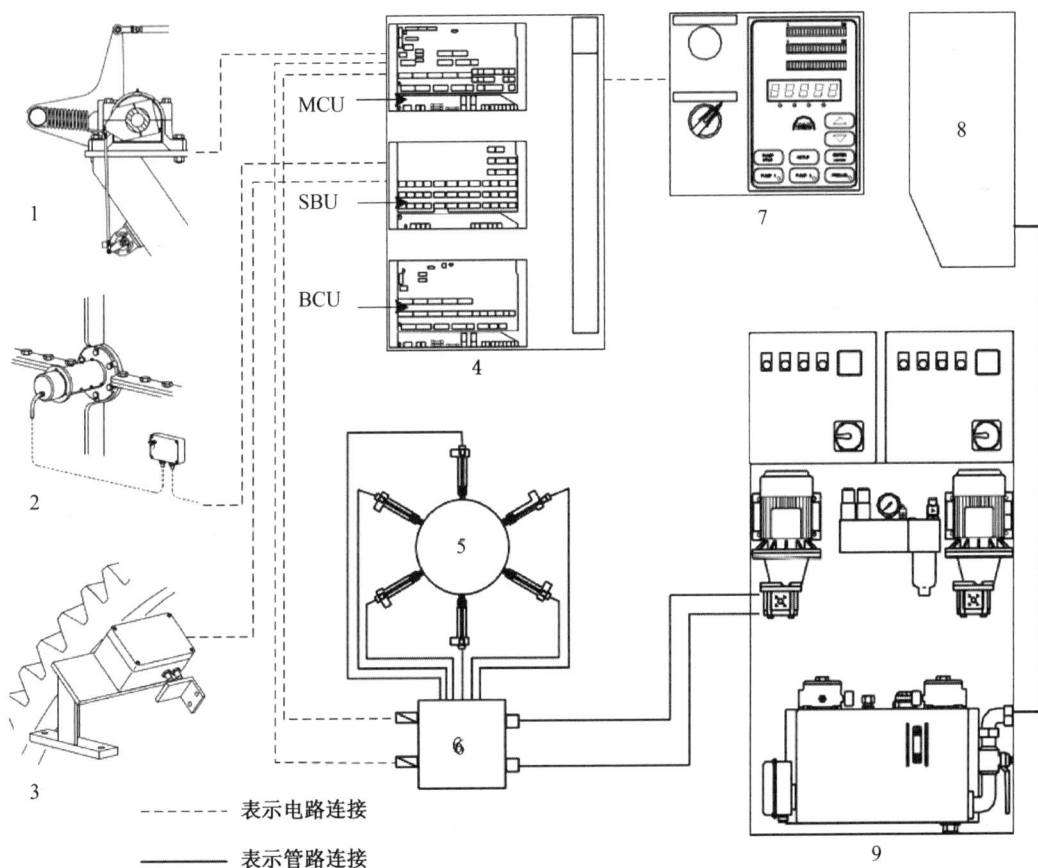

图 2-73　MC 机型 Alpha 气缸注油系统原理图

1—负荷传感器;2—触发系统(角度编码器);3—备用触发系统;4—注油器控制单元;5—注油接头和气缸套;
6—注油器;7—HMI 人机控制界面;8—气缸油日用柜;9—液压泵站

图 2-74 所示为 MC 机型 Alpha 注油器结构简图。图中所示为注油状态,电磁阀 8 得电,工作在下位;加压的气缸油由 A 进入,并使驱动活塞 7 克服弹簧 6 的作用力向左侧移动;驱动活塞带动注油柱塞 2 进行注油;单向阀 1 被油压顶开;最终气缸油经接头 C 进入注油接头。停止注油时,电磁阀失电,工作在上位;作用在驱动活塞上的气缸油经回油口 B 泄放,驱动活塞在弹簧作用下复位;注油柱塞向右侧移动,单向阀关闭;注油结束。行程调节螺丝 5 和基础行程调节垫圈 4 可以调节注油器柱塞的行程。通常,注油柱塞的行程无须调节,也

不应擅自调整。该型注油器每次的注油量是固定的,控制系统通过控制注油频率调节注油量。

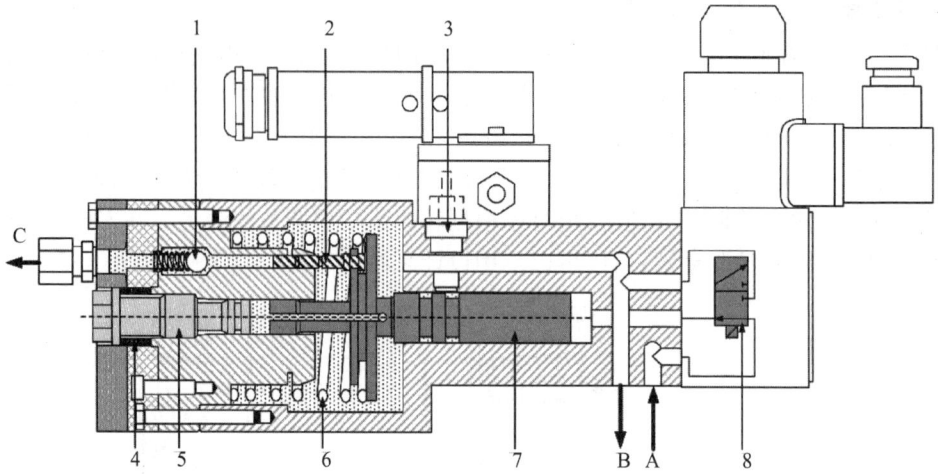

图 2-74 MC 机型 Alpha 注油器结构简图

1—单向阀;2—注油柱塞;3—注油反馈传感器;4—基础行程调节垫圈;5—行程调节螺丝;6—弹簧;7—驱动活塞;8—电磁阀;A—气缸油进油口;B—气缸油回油口;C—气缸油至注油接头

Wartsila 的脉冲式注油器主要型号包括:CLU-4、CLU-5 和 flexLube 气缸注油器。脉冲式注油系统和脉冲式注油器的结构与 Alpha 注油系统和注油器在原理上是一致的。脉冲式注油系统更注重气缸油在气缸套垂直方向和圆周方向的分布。如图 2-75 所示,Wartsila 在柴油机气缸套注油孔处设计了气缸套切线方向的布油槽。脉冲式注油系统将注油分为三部分,如图 2-76 所示。一部分在活塞到达注油孔之前,喷注在气缸套上;一部分在活塞经过注油孔时,喷注在活塞环带上;一部分在活塞通过注油孔之后,喷注在气缸套上。以上三部分的注油比例和注油时刻可以在控制界面上进行设定。此外,脉冲式注油系统中设计了注油压力传感器,可以检测各缸的注油情况。

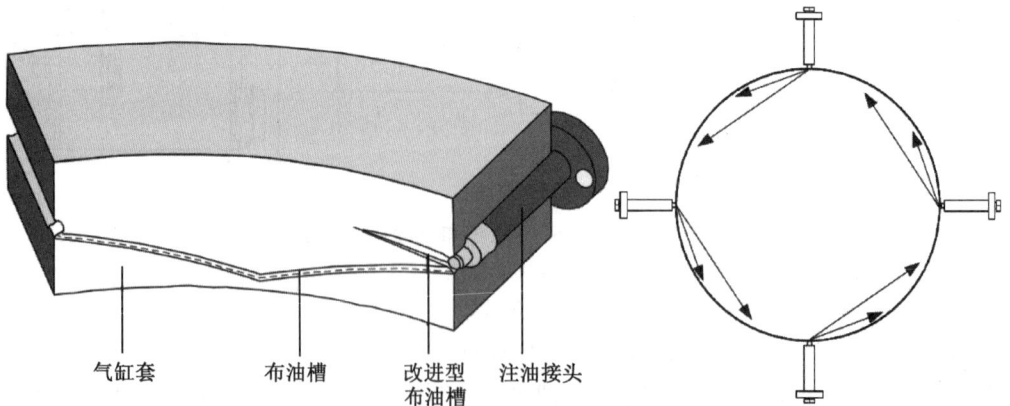

气缸套　　布油槽　　改进型布油槽　　注油接头

图 2-75 Wartsila 柴油机布油槽设计

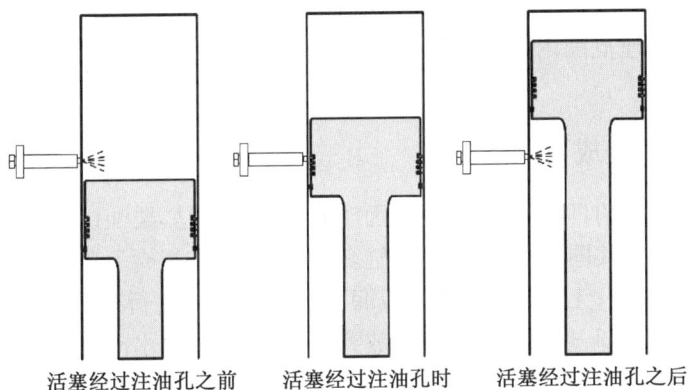

活塞经过注油孔之前　　活塞经过注油孔时　　活塞经过注油孔之后

图 2-76　脉冲式注油系统注油分布

三、润滑系统管理

1. 曲轴箱油润滑系统的管理

根据柴油机厂商的建议和要求选择润滑油品牌及型号;确保润滑油压力和温度在说明书规定范围内;确保油底壳或滑油循环柜液位,并监测润滑油消化率;加强曲轴箱的离心净化,并选择合理的分油量和分油温度;定期取样化验,以判断润滑油品质和柴油机工作状况;备车时提前为润滑系统预热;完车后,保持主滑油泵运行 15~20 min,以对柴油机进行充分的冷却。

2. 气缸油润滑系统的维护管理

柴油机运行期间,可以通过机械式气缸注油器的注油指示球或电子注油器的注油电磁阀指示灯或注油反馈传感器或注油压力传感器判断各缸注油情况。也可以通过感受注油管的振动情况判断各缸注油情况。电子式注油器应定期检查蓄压器压力。

气缸润滑状况是选择气缸油和调整气缸注油率的主要依据。气缸润滑状况检查方法主要包括扫气箱残油化验和扫气口检查。扫气箱残油的化验指标主要包括铁含量和残余碱值。铁含量应不超过 200 mg/kg,残余碱值应大于 25 mg KOH/g。扫气口检查项目主要包括气缸套、活塞顶岸、活塞环和活塞环带等。良好的气缸润滑可以保持气缸套表面无沉积物,且珩磨纹理清晰。活塞顶岸沉积物以气缸油碱性添加剂 $CaCO_3$ 为主,该沉积物易导致气缸套擦伤或拉缸。若活塞顶岸出现沉积物,且在气缸套表面出现划痕,则表明气缸油碱值过大或注油率偏高。检查活塞环的运动情况,测量搭口间隙和天地间隙。

第八节　冷却系统

柴油机运行过程中,气缸套、气缸盖、排气阀和活塞等燃烧室部件受高温燃气的影响,均处在较高的工作温度。为确保其机械性能和运动部件配合间隙,并防止低温腐蚀,应确保以上燃烧室部件处于正常稳定的工作温度。柴油机增压空气(压气机出口)的温度高、密度低。为提高柴油机的热效率和功率,并防止低温腐蚀,应维持增压空气(扫气空气)的温度处于合理的范围内。柴油机润滑油因摩擦和对运动副的冷却,而使自身温度升高。为确保润滑油具备合适的黏度以利于润滑,应维持润滑油的温度在合理的范围内。将以上部件和介质的温度维持在合理范围内的系统称为冷却系统。冷却系统是柴油机重要的动力系统之一。

一、冷却系统的组成

柴油机的冷却系统的具体设计和布置,因船舶而异。但是,柴油机冷却系统的基本组成和原理是相同的。这些共同点主要包括:气缸套、气缸盖和排气阀等燃烧室部件采用淡水冷却,称为缸套水冷却系统;无论是采用淡水或润滑油对柴油机进行冷却,还是采用海水对增压空气和润滑油进行冷却,热量最终需要释放到海水中,称为海水冷却系统。在柴油机冷却系统中,缸套水冷却系统和海水冷却系统是必不可少的。由于海水冷却系统存在腐蚀和脏堵问题,在 20 世纪 70—80 年代,出现了一种新型的冷却系统,即中央冷却系统。

1. 海水冷却系统

在柴油机发展初期,使用海水直接对增压空气、润滑油和缸套水进行冷却。海水由舷外吸入,流经各换热器之后,直接被排至舷外,称为海水冷却系统。在以上过程中海水的流动是开式的,没有形成封闭的循环,又称为开式冷却系统。

海水冷却系统主要由高/低位海底门、海底门滤器、主海水泵、出海阀和换热器组成。部分海水冷却系统设有温度控制系统,以控制主海水泵出口的海水温度。如图 2-77 所示为海水冷却系统简图。海水由主海水泵 4 经高位海底门 1 或低位海底门 2 以及海底门滤器 3,从舷外泵送至各换热器,如:主机增压空气冷却器 5、主机滑油冷却器 6、主机缸套水冷却器 7 和其他换热器。冷却后的海水经出海阀 10 排出舷外。温控三通阀 9 用于控制主海水泵出口海水温度。当实际温度低于设定温度时,将更多的冷却后的海水(温度比舷外海水温度高)返回主海水泵吸口;当实际温度低于设定温度时,减少返回主海水泵吸口的海水量。

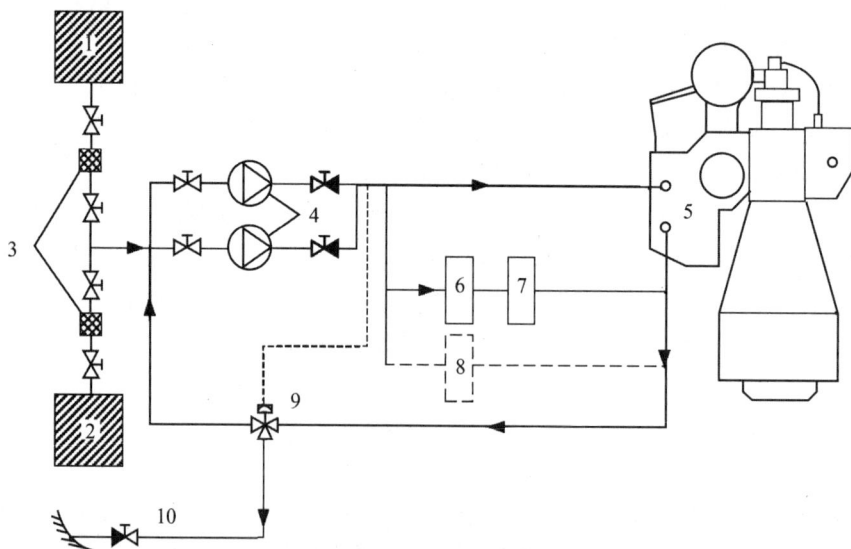

图 2-77　海水冷却系统简图

1—高位海底门;2—低位海底门;3—海底门滤器;4—主海水泵;5—主机增压空气冷却器;6—主机滑油冷却器;7—主机缸套水冷却器;8—其他冷却器;9—温控三通阀;10—出海阀

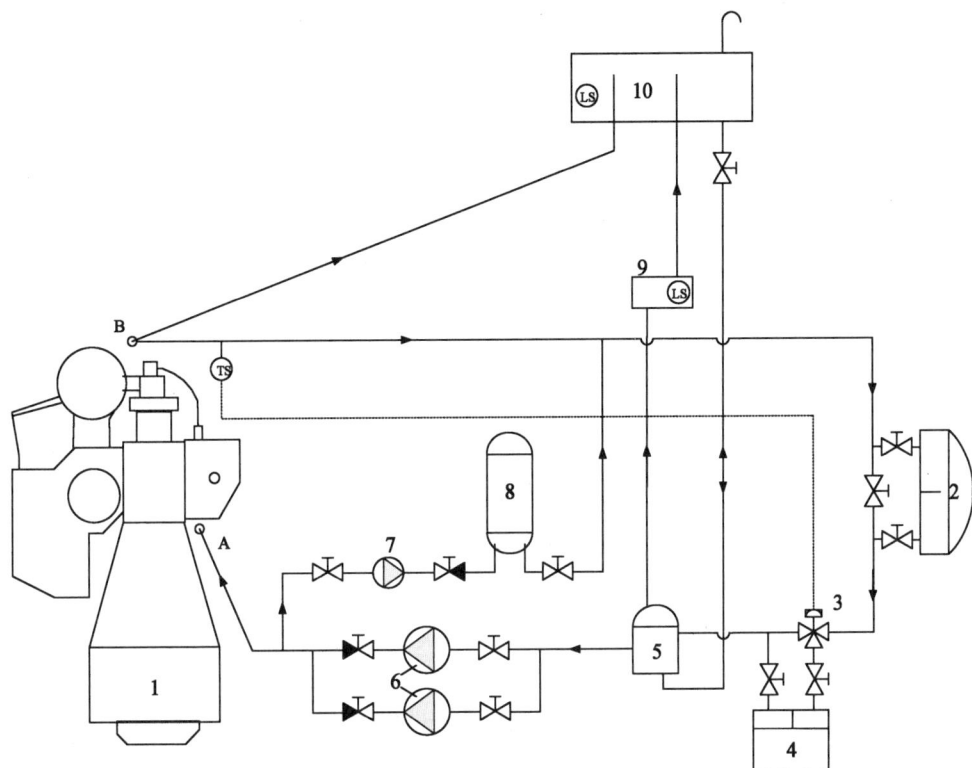

图 2-78 缸套水冷却系统简图

1—主机;2—造水机;3—温控三通阀;4—缸套水冷却器;5—除气器;6—缸套水泵;7—缸套水预热泵;8—缸套水预热器;9—报警装置箱;10—膨胀水箱;A—主机缸套水进口;B—主机缸套水出口

高/低位海底门分别设置在船舶左右两舷,一高一低。船舶在海上航行时,为防止船舶横摇导致高位海底门露出海面,进而使主海水泵吸空,通常使用低位海底门;在浅水区航行或靠港后,为防止泥沙等污物被主海水泵吸入,通常使用高位海底门。主海水泵一般设置两台及以上,均采用大排量离心泵。换热器可以采用壳管式冷却器或板式换热器。

2. 缸套水冷却系统

冷却柴油机的气缸套、气缸盖和排气阀的淡水称为缸套水。实现以上部件冷却的各设备组成的系统称为缸套水冷却系统。因缸套水的温度较高,缸套水冷却系统又称为高温淡水冷却系统。因缸套水在系统内循环流动,缸套水冷却系统又称为闭式冷却系统。

缸套水冷却系统主要由缸套水泵、缸套水冷却器、缸套水预热泵、缸套水预热器、温控三通阀、除气器、报警装置箱和膨胀水箱组成。为了实现余热利用,通常在缸套水冷却系统中设置造水机。如图 2-78 所示为"育鲲"轮缸套水冷却系统简图。缸套水冷却系统的运行状态可以分为海上航行和靠港两种状态。

(1)海上航行

船舶在海上航行时,柴油机处于正常工作状态。此时,缸套水预热泵 7 的进出口阀处于关闭状态;缸套水泵 6 驱动缸套水对主机 1 进行冷却。在缸套水泵的作用下,缸套水冷却柴油机后流向造水机 2,经造水机后再流向缸套水冷却器 4,最终返回缸套水泵吸入口。温控三通阀 3 可以控制柴油机缸套水的出口温度。

除气器 5 的位置高于柴油机冷却水出口管路、缸套水泵、造水机及缸套水冷却器，可以收集系统中的气体。系统中的气体聚集在除气器上部，经报警装置箱 9 进入膨胀水箱 10。柴油机正常运行期间，缸套水冷却系统中不应有气体存在。如果有气体存在，则会触发警报。通常，该警报意味着气缸套、气缸盖或排气阀冷却水腔裂缝，燃气进入冷却水中。

膨胀水箱位于缸套水冷却系统的最高点，其作用主要包括：去除系统中的气体；向系统补充冷却水；向系统内投放冷却水处理剂；为缸套水泵提供一定的压头；允许冷却水收缩和膨胀；监测冷却水量的异常变化。

（2）靠港

靠港期间，柴油机不再需要冷却，反而需要加热。按照传统观念，柴油机在备车的时候才需要预热，但是，实际上为防止柴油机温度过低导致密封圈失效，靠港期间柴油机一直处于预热状态。此时，缸套水停止工作；缸套水预热泵的进出口阀处于打开状态。在缸套水预热泵作用下，缸套水经预热器加热后进入柴油机，再返回缸套水预热泵吸入口。海上航行时，缸套水自下而上流动；靠港时，在预热过程中，缸套水自上而下流动。

（3）缸套水在柴油机内的流动

柴油机燃烧室内温度最高的部位是排气阀（阀座），其次是气缸盖，再次是气缸套。因此，在柴油机运行过程中，缸套水流动方向是自下而上的，如图 2-79 所示，缸套水由进口总管 1 进入气缸套冷却水套 2 内，向上经连接管 3 进入气缸盖 4，冷却气缸盖和排气阀座 5 的冷却水中的一部分直接进入出口总管 7，另一部分经连接管进入排气阀冷却水腔 6，最后进入出口总管。

3. 中央冷却系统

中央冷却系统是传统海水冷却系统的替代设计。因中央冷却系统向其他换热器和设备提供温度较低的淡水（通常在 30 ℃左右），中央冷却系统又称为低温淡水冷却系统，如图 2-80 所示。除增加了中央冷却器、低温淡水泵、低温淡水温控三通阀和膨胀水箱之外，中央冷却系统与传统海水冷却系统在管路布置和换热器设置方面基本相同。在中央冷却系统中，与海水接触的只有中央冷却器。因此，大大减轻了因海水导致的管路和换热器的腐蚀和脏堵问题，也减轻了维护工作量。

在中央冷却系统中，海水只冷却低温淡水，海水侧的管路设计和工作原理与传统海水系统相同。在低温淡水泵的作用下，低温淡水在中央冷却器 11 和各设备或换热器 5、6、7、8 之间循环流动。进入各设备和换热器的低温淡水温度由温控三通阀 13 控制。在中央冷却系统中也设置了膨胀水箱，其作用与缸套水冷却系统中的膨胀水箱相同。在中央冷却系统中，低温淡水可以直接对发电柴油机（副机）进行冷却。副机的缸套水由低温淡水提供，其温度由温控阀控制。

二、冷却水的处理

缸套水冷却系统和中央冷却系统均采用淡水作为冷却介质。一方面，蒸馏水也具有腐蚀性；另一方面，绝对纯净的水是不存在的，结垢问题仍然存在。因此，缸套水冷却系统和中央冷却系统的淡水均需要进行处理，以下统称为冷却水处理。

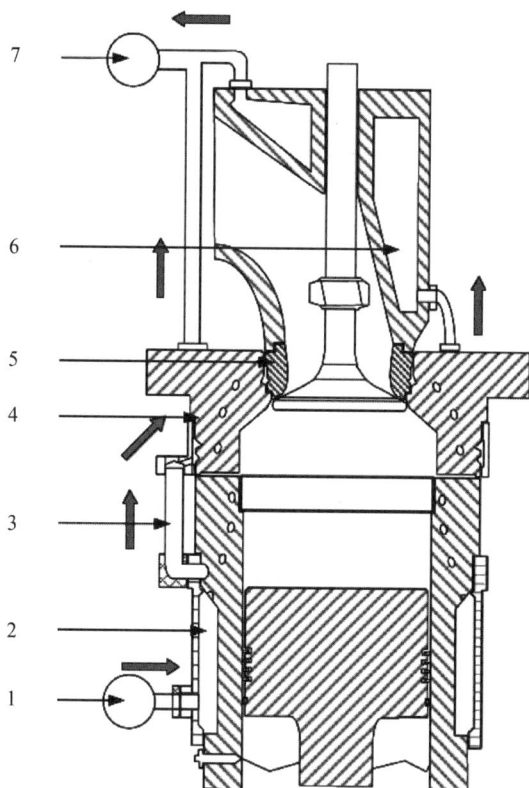

图 2-79　缸套水在柴油机内的流动

1—缸套水进口总管;2—气缸套冷却水套;3—连接管;4—气缸盖;
5—排气阀座;6—排气阀冷却水腔;7—出口总管

1.冷却水处理不当的危害

未经处理的冷却水极易导致冷却系统故障和柴油机故障。冷却水处理不当导致的危害包括腐蚀、腐蚀疲劳和结垢。腐蚀是一个电化学反应过程,会导致与水接触的金属表面材料的腐蚀消失。最常见的问题是密封圈处的金属严重腐蚀后会导致冷却水泄漏。腐蚀疲劳是腐蚀和交变应力共同作用的结果,严重时导致金属裂缝。结垢会降低传热效果和冷却效果,使部件的热应力增大。

2.冷却水处理剂

为保障柴油机稳定工作,冷却水必须具备一些性能指标,这些性能指标只能通过适当的冷却水处理措施才能达到。通常,船舶冷却水的处理方法是加入无机缓蚀剂。无机缓蚀剂种类很多,各柴油机厂商推荐的和处理剂供应商提供的无机缓蚀剂主要以亚硝酸盐与硼酸盐为主要成分。亚硝酸盐具有良好的防垢和防腐蚀双重作用;硼酸盐为碱性物质,可提高冷却水的 pH 值,有利于保护膜的形成。以亚硝酸盐与硼酸盐为主要成分的水处理剂价格便宜,保护效果好,投药量低。但是亚硝酸盐也存在一定的缺点:对锌及镀锌管有腐蚀作用;不能防止铝及其合金的腐蚀;有一定毒性。

除亚硝酸盐和硼酸盐之外,市场上也出现过乳化防锈油和铬酸盐处理剂,但因其不适用而逐渐被淘汰。乳化防锈油易在换热表面附着和沉积,进而影响换热效果,因此各柴油机厂

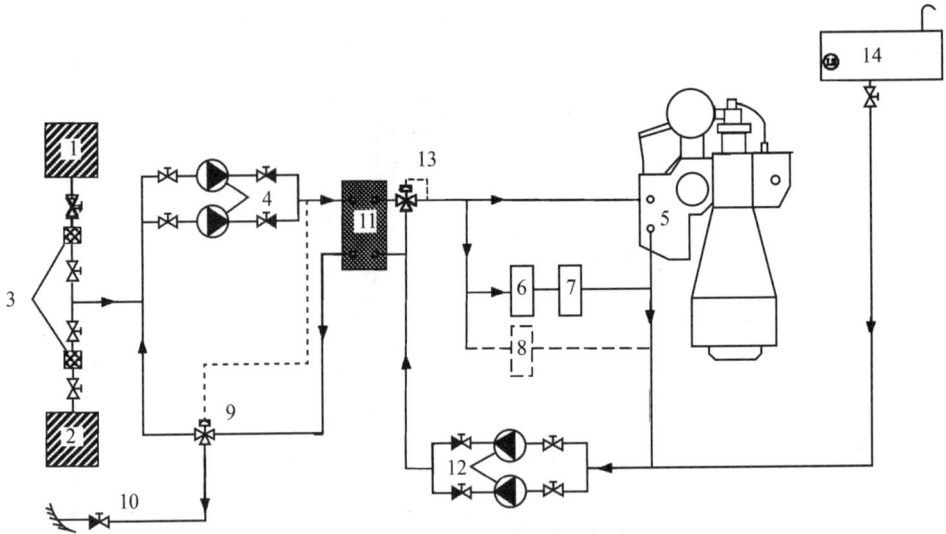

图 2-80　中央冷却系统简图

1—高位海底门;2—低位海底门;3—海底门滤器;4—主海水泵;5—主机空冷器;6—主机滑油冷却器;7—主机缸套水冷却器;8—其他冷却器;9—海水温控三通阀;10—出海阀;11—中央冷却器;12—低温淡水泵;13—低温淡水温控三通阀;14—膨胀水箱

商不推荐使用乳化防锈油处理冷却水。因铬酸盐具有毒性,因此在设计有造水机的冷却水系统中,不允许使用铬酸盐处理剂。

部分冷却水系统采用阴极保护系统防止腐蚀。它的优点是无须向冷却水中添加化学品。然而,单纯的阴极保护系统不能解决冷却水结垢问题,因此,不推荐采用阴极保护系统处理冷却水。

通常,正常服务中的柴油机不需要添加防冻液。但是,如果柴油机长时间闲置在温度低于冰点的环境时,冷却水系统中需要添加防冻液。此时,防冻液的添加量应控制在能够应对最低的可预见温度的量。添加防冻液会降低冷却水的导热系数,随着防冻液含量增加,冷却水导热系数降低。如果冷却水中含有超过20%的防冻液,柴油机的最大允许运行功率应该降低。市场上常见的防冻液为:单丙二醇和单乙二醇。其中单丙二醇更具环保性。

3. 冷却水化验指标及投药量

注入冷却水系统的水应以脱盐的水或造水机生产的冷凝水为宜。如果没有脱盐水或蒸馏水,饮用水也可以作为替代品,但是不允许用雨水做冷却水。各柴油机厂商推荐了未经处理的冷却水的质量指标。表2-3为Wartsila提供的未经处理的冷却水质量指标。

表 2-3　Wartsila 提供的未经处理的冷却水质量指标

参数	单位	限值	测试方法
pH 值	—	6.5~8.5	ASTM D 1287 or D 1293
总硬度	°dH	≤10	ASTM D 1126
氯离子含量	mg/L	≤80	ASTM D 512 or D 4327
硫酸根含量	mg/L	≤150	ASTM D 516 or D 4327

在运行过程中,冷却水中的无机缓蚀剂浓度会逐渐减少。如果无机缓蚀剂浓度低于处

理剂供应商建议的限值,冷却水系统故障的可能性增大。因此,应定期对冷却水进行化验,通常每周化验一次。冷却水的化验指标主要包括:无机缓蚀剂浓度、氯离子浓度和 pH 值。通常,无机缓蚀剂的浓度以处理剂供应商提供的限值为准;氯离子的浓度不应超过 50 mg/kg;pH 值为 8~10。如果无机缓蚀剂浓度低于供应商提供的限值,应及时投药。如果氯离子含量超过 50 mg/kg,则表明海水渗入冷却水中,应及时发现并修复泄漏点。如果 pH 值过低,则表明燃气进入冷却水系统中,应及时查找并修复泄漏源。添加抑制剂可以提高 pH 值,但是如果获得适宜的 pH 值需要投大量的抑制剂时,以更换冷却水为宜。

三、冷却系统的维护管理

冷却系统是柴油机重要的动力系统之一,对其进行合理和及时的维护管理是保障柴油机稳定运行的关键之一。目前,随着中央冷却系统的推广,大部分柴油机的冷却系统由中央冷却系统和缸套水冷却系统组成,只有少部分船的冷却系统由海水冷却系统和缸套水冷却系统组成。由于各冷却系统的工作原理不尽相同,所以,在维护管理方面也各有侧重点。

1. 海水冷却系统的维护管理

海水冷却系统的维护管理以防腐蚀、防脏堵、控制温度和控制压力为主,具体维护管理注意事项包括以下内容:

(1)防污防腐装置的电流值的设定

目前,大部分船舶均在海底门或海水进口总管处设置防海生物和防腐蚀装置,简称防污防腐装置。该装置的作用包括:一方面,电解铜电极以产生铜离子杀死进入海水系统的海生物;另一方面,电解铝电极或铁电极以在海水管路内表面形成保护膜。通常,各海底门均设置防污防腐电极,应根据海底门的使用情况设定电流值。如使用高位海底门且关闭低位海底门时,应将高位海底门的电流值设定在正常工作范围,将低位海底门的电流值设定在较低值以防止电极消耗过快。

(2)海底门及海底门滤器的管理

船舶在海上航行时,为避免船舶摇晃导致海水泵吸空,应使用低位海底门;船舶靠港或在浅水区航行时,为避免海水泵吸入泥沙,应换用高位海底门;在冰区航行时,为避免浮冰吸入海水管路导致堵塞,应使用低位海底门。为避免海底门冰塞,通常设置蒸汽或压缩空气吹通管路。此管路使用率较低,但是,在进入冰区前应确保其能正常工作。

视情及时清洗海底门滤器。由于海水泵的吸入压力随船舶吃水变化,无法直接判断海底门滤器的脏堵情况。通常根据滤器的压差判断其脏堵情况。尤其是船舶在港内停泊时间较长或航行经过渔区(如长江口)时,应关注滤器脏堵情况,并及时进行清洗。

(3)换热器的管理

各冷却器海水出口温度不应超过 45 ℃,以免盐分析出而沉积成垢,影响换热。根据压差和进出口温差判断换热器脏堵情况,及时对其进行清洁。

(4)其他

虽然设有防污防腐装置,但是通常在海水管路滤器和换热器中设置锌块以进一步防止设备及管路腐蚀。为防止各冷却器中海水泄漏进入淡水或滑油,应确保海水的压力低于被冷却流体的压力。

2. 缸套水冷却系统的维护管理

缸套水冷却系统的维护管理以防腐蚀、防结垢、防穴蚀、控制温度、控制压力和冷却水化验为主,具体维护管理注意事项包括以下内容:

(1)缸套水压力的控制

维持缸套水压力在柴油机厂商要求的限值范围内,并保持其稳定,以防止气缸套穴蚀。冷却水流速过大或压力波动,会引发冷却水局部的汽化和冷凝,进而导致金属表面穴蚀。

(2)缸套水温度的控制

通常,在柴油机运行期间,缸套水出口的温度控制为 80~90 ℃,进出口温差不大于 12 ℃。不同柴油机对缸套水出口温度的限值不同,应以柴油机厂商的要求为准。缸套水的温度过高会导致气缸套内壁滑油油膜蒸发、气缸套磨损加剧、冷却腔内发生汽化、缸套密封圈迅速老化等故障;过低会导致热损失增加、热应力增大和低温腐蚀等故障。

通常,在靠港或锚泊期间,柴油机缸套水应维持在 60 ℃ 左右,保持柴油机处于暖缸状态。暖缸的作用包括:有利于缸内发火,易于起动;使滑油均匀布散防止缸套严重磨损;降低柴油机起动热应力。完车后,应让缸套冷却水继续在系统内循环 20~30 min,使气缸温度逐渐下降,再停止缸套水泵工作或转换预热泵。

(3)冷却水的管理

每周对冷却水进行化验,并根据化验结果和处理剂供应商的要求进行投药。部分柴油机厂商建议,每个季度对冷却水进行取样并送岸进行化验,以检测冷却水中无机缓蚀剂浓度、硫酸含量、铁含量和盐度等指标;每年将冷却水放空,并对冷却系统进行清洗以去除积垢,再重新添加无机缓蚀剂。

(4)其他

定期检查膨胀水箱的水位,定期检查膨胀水箱的水位,视情补水。如水位降低过快、补水过频应迅速查明原因,加以排除。

3. 中央冷却系统的维护管理

中央冷却系统是海水冷却系统的替代设计。因此,海水冷却系统的维护管理注意事项对中央冷却系统均适用。除此之外,中央冷却系统的低温淡水温度应控制在设计值;为防止淡水污染润滑油,其压力应低于润滑油压力;低温淡水应同缸套水一样,每周进行化验检测。

第九节　柴油机起动、换向和操纵系统

作为船舶副机,柴油机应当具备起动、停车和调速等功能。在柴油机直接驱动的船舶上,作为船舶主机的柴油机应满足船舶各种复杂条件下的航行需求。例如:在进出港口和靠离码头时,要求船舶多次改变航速及航向;船舶在海洋中正常航行时,要求船舶定速前进;在大风浪中航行时,由于船舶摇摆起伏,主机会超负荷或超速,这时应限制主机的负荷及转速;在紧急情况下,船舶为了避碰而要求紧急刹车,强迫主机迅速停车、倒车。为了满足船舶机动操作的要求,船舶主机应当具有起动、停车、定速、变速、超速、限速、超负荷、限制负荷、正车和倒车能力。通常,柴油机应设置起动、操纵和调速装置。对于可反转柴油机还应设置换向装置。

一、起动装置

在柴油机的工作循环中,进气和压缩是其燃烧膨胀的必要条件。因此,静止的柴油机必须借助外力的作用,获得第一个工作循环所需的能量。在外力作用下,柴油机由静止状态达到稳定运转状态的过程称为柴油机起动。实现柴油机起动的设备称为起动装置。下面介绍柴油机常用的起动方式,并结合实例介绍压缩空气直接起动和气动马达起动两种起动方式。

1. 起动方式

为了确保柴油机的起动,作用在柴油机上的外力(矩)必须在克服其运转阻力(矩)的条件下,使其达到一定的转速。柴油机转速过低时,压缩过程缓慢,气体对气缸套散热较多,气体通过活塞环的泄漏亦较多,致使柴油机压缩终点温度较低,达不到燃油自燃发火的要求,柴油机也不可能转动起来。通常称柴油起动所要求的最低转速为起动转速。

起动转速的大小与柴油机的类型、柴油机的技术状态、燃油品质、环境条件等有关。起动转速是鉴别柴油机起动性能的重要标志。通常,柴油机的起动转速与其额定转速有关。高速柴油机的起动转速为 $80 \sim 150$ r/min;中速柴油机的起动转速为 $60 \sim 70$ r/min;低速柴油机的起动转速为 $10 \sim 30$ r/min。

根据所采用外来能源的形式,柴油机的起动方式可分为:压缩空气直接起动和外力矩起动。压缩空气直接起动是指将压缩空气充入气缸,推动活塞向下运动,进而使柴油机转动的方式。外力矩起动是指在曲轴上施加外力矩,使曲轴转动起来的方式。在曲轴上施加外力矩的方法包括:人力手摇起动、电动马达起动、气动马达起动、蓄压弹簧起动和液压蓄能器起动等。压缩空气直接起动适用于大型柴油机;外力矩起动适用于中小型柴油机。比如:船舶主机通常采用压缩空气直接起动;船舶辅机通常采用气动马达起动;应急发电机通常采用电动马达起动和蓄压弹簧起动(或气动马达);救生艇通常采用电动马达起动。

2. 压缩空气直接起动

压缩空气直接起动就是将具有一定压力($2.5 \sim 3.0$ MPa)的压缩空气,按柴油机的发火顺序在工作行程时引入气缸,代替燃气推动活塞,使柴油机达到起动转速,完成自行发火。其主要优点是起动能量大,起动迅速可靠,在倒顺车运转时还可以利用压缩空气来刹车和帮助操纵。

(1)起动装置简介

图 2-81 所示为压缩空气直接起动装置原理图。该起动装置的主要组成部分包括空气瓶 6、主起动阀 3、空气分配器 2、起动控制阀 7 和气缸起动阀 1 等。

起动前,空气压缩机向空气瓶充气达到规定压力($2.5 \sim 3.0$ MPa)。通常,称用于柴油机起动的压缩空气为起动空气。起动前打开空气瓶出气阀 5、截止阀 8,使空气瓶中的压缩空气自截止阀 8 沿管路通至主起动阀和起动控制阀处等候。

当接到起动指令时,将起动手柄推到"起动"位置。这时,起动控制阀开启,起动空气使主起动阀开启。之后,起动空气分成两路:一路经起动空气总管通至各缸的气缸起动阀;另一路通向空气分配器。空气分配器按照柴油机的发火顺序控制各缸气缸起动阀的启闭。在气缸处于做功行程时,将气缸起动阀打开,使等待在此阀前的起动空气进入气缸,推动活塞运动及驱动曲轴旋转。当柴油机达到起动转速后,随即将燃油手柄推至起动供油位置。待柴油机起动后,立即通过操纵手柄关闭起动控制阀,切断起动空气。主起动阀随即关闭,控

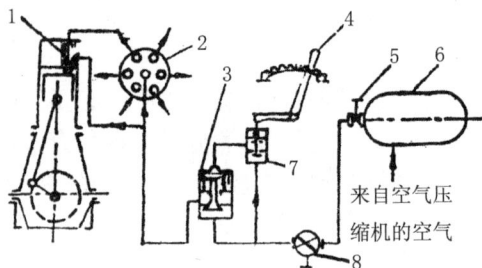

图 2-81　压缩空气直接起动装置原理图

1—气缸起动阀；2—空气分配器；3—主起动阀；4—操纵手
柄；5—出气阀；6—空气瓶；7—起动控制阀；8—截止阀

制气缸起动阀的压缩空气经空气分配器泄放，气缸起动阀关闭。至此，起动过程结束。然后可逐渐调节供油量，使柴油机在设定的转速下运转。

按照我国《钢质海船入级规范》的要求，采用压缩空气直接起动的主推进柴油机至少应设有两台充气设备(空气压缩机)，其中一台应由主柴油机以外的动力驱动。这些充气设备的排量，应在 1 h 内将空气瓶的压力由大气压力升到规定的连续起动所要求的压力。大型低速柴油机的起动空气总管上应装有安全阀，安全阀的开启压力为最高起动压力的 1.1 倍。在通往柴油机的起动空气管路上应设有截止止回阀或等效措施，以保证压缩空气管路不受气缸内爆炸气体的影响。供主推进柴油机起动用的空气瓶至少有两个，空气瓶的容量必须能保证在不充气的情况下，冷车、正倒车交替连续起动不少于 12 次(不可换向主机为 6 次)。

(2)压缩空气直接起动所需的条件

为了保证柴油机有效、可靠地起动，必须具备三个条件：压缩空气应具有一定的压力和一定的储量；要有一定的供气定时并有一定的延续供气时间；要保证最少气缸数。

空气瓶的容量应满足船舶规范的要求。在起动空气瓶容量一定的情况下，压缩空气所具有的能量是由其压力决定的，起动空气瓶内的压力应保持在 2.5~3.0 MPa。压缩空气必须具有足够的压力才能使柴油机在较短的时间内达到起动转速。

因为压缩空气代替燃气膨胀做功，推动柴油机活塞运动使曲轴转动，压缩空气必须在活塞处于膨胀冲程之初的某一时刻开始送入气缸，并持续一段时间。理论上，船用大型低速二冲程柴油机，空气分配器大约在上止点前 5°曲轴转角开始供气，在上止点后 100°~120°曲轴转角结束供气。考虑到气缸起动阀的开启和关闭需要时间，气缸起动阀开启的延续时间一般不超过 120°曲轴转角。在中高速四冲程柴油机中，空气分配器常在上止点前 5°~10°曲轴转角供气，起动阀延续开启的时间因受排气阀开启时刻的限制一般不超过 140°曲轴转角。

对于船舶主机而言，必须保证曲轴在任何位置时都能起动，即柴油机的曲轴在任何位置时至少有一个气缸处于起动位置。二冲程柴油机的气缸数不应少于 4 个，四冲程柴油机不应少于 6 个。

(3)主起动阀

主起动阀是柴油机压缩空气起动系统的总开关，它位于空气瓶和起动空气总管之间，用来启闭空气瓶与空气分配器和气缸起动阀间的主起动空气通路。起动操纵时，来自空气瓶的压缩空气经主起动阀迅速进入起动空气总管，并经总管分至各缸气缸起动阀和空气分配器,它既能满足起动所需要的压缩空气量,又可以使供气迅速可靠并减少压缩空气的节流损失。起动完毕后,它能迅速切断进入起动总管的压缩空气,并使总管中的残余空气经主起动阀放入大气。目前,为了确保柴油机起动前的气缸润滑,通常为主起动阀设计慢转功能。

图 2-82 所示为 MAN B&W S35MC 型柴油机主起动阀原理图。该起动阀采用球阀式设计,由快转阀(大球阀)和慢转阀(小球阀)并联组成,并设有手动开启装置。快转阀和慢转阀分别由气动控制阀控制启闭。

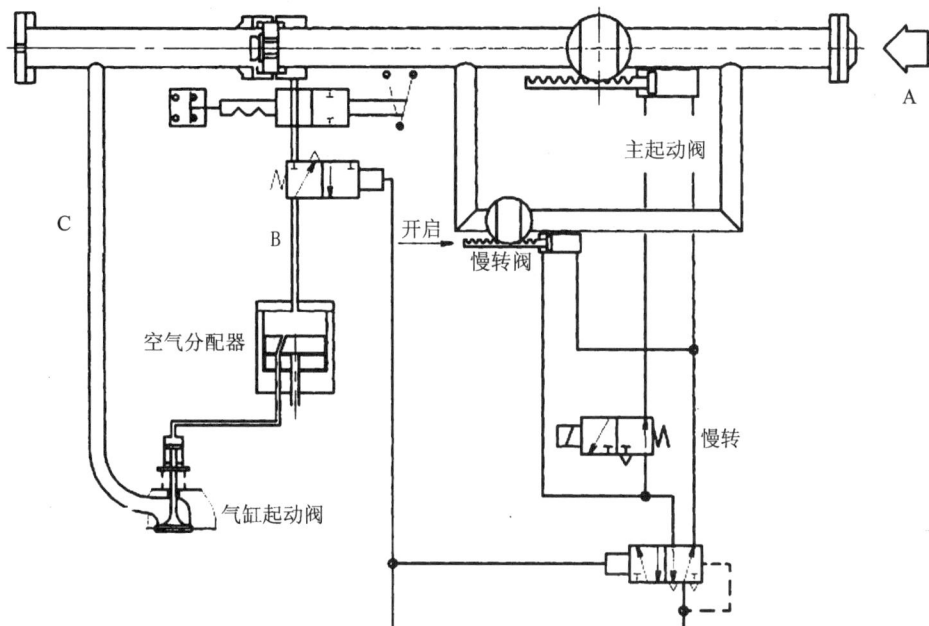

图 2-82　MAN B&W S35MC 型柴油机主起动阀

此外,还组合了一个止回阀用以防止起动管路中压力过高时的倒灌。在止回阀前设有去空气分配器的通路 B。

慢转时,按下操纵台上的慢转开关,电磁阀动作使主起动阀锁闭,慢转阀开启,起动空气经过通路 B 进入空气分配器,经通路 C 进入各缸起动阀,依照发火顺序各缸起动阀逐个被打开使主机慢转。正常起动时,按动起动按钮,控制空气经气动阀将两球阀都打开,柴油机进入正常起动程序。如果柴油机停车超过 30 min,再次起动时,应操作控制台上的慢转开关使主机慢转,至少要使主机慢转一圈后才能复位。使电磁阀释放主起动阀的锁闭,在控制空气作用下由起动空气打开主起动阀,继续起动柴油机。

(4)气缸起动阀

气缸起动阀是起动装置中最主要的部件之一,通常每缸一个装在气缸盖上,其下方与起动空气总管相连,上方与空气分配器相连。其动作由空气分配器控制,按发火顺序使起动空气进入气缸。

图 2-83 所示为 MAN B&W S35MC 型柴油机气缸起动阀结构图。该气缸起动阀属于单气路控制式。当气缸起动阀启阀活塞 1 上部空间 B 通入来自空气分配器的控制空气时,启阀活塞克服弹簧 3 的作用力将起动阀 2 打开。在气缸起动阀 A 处等待的起动空气进入气缸。当单缸起动结束时,启阀活塞上部空间内的控制空气通过空气分配器的泄放管泄放,起

动阀关闭。由于这种气缸起动阀的启阀活塞面积大,故当缸内压力超过起动空气压力时仍有可能开启而发生燃气倒灌。所以在每个起动阀进气管上均装设有一个防爆膜片,防止起动空气管因燃气倒灌而发生事故。

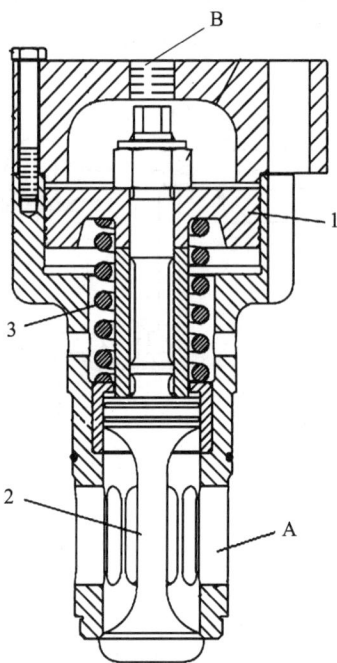

图 2-83 MAN B&W S35MC 型柴油机气缸起动阀

1—启阀活塞;2—起动阀;3—弹簧;A—起动空气进气口;B—控制空气进气口

（5）空气分配器

空气分配器的作用是按照柴油机的发火顺序,将控制空气分配到相应的气缸起动阀将其逐个打开,使压缩空气进入气缸起动柴油机。

空气分配器按结构形式不同可分为回转式和柱塞式两种。图 2-84 所示为 MAN B&W S35MC 型柴油机所使用的转盘式空气分配器。它是利用凸轮轴驱动一个带孔的分配盘与分配器壳体上的孔(与气缸数目相同)相配合,控制各缸起动阀的启闭。

空气分配器安装在柴油机的一端,由凸轮轴首端驱动,由本体 1、轴套 2、轴 3 和分配盘 5 等组成。在空气分配器本体上,设有控制空气进入管和通向各缸气缸起动阀的分配管。柴油机运行时,凸轮轴靠作用在轴肩上的滑油压力将轴及分配盘略向外推出。柴油机起动时,控制空气通过 X 口供向分配器,A 空间有压力空气,分配盘 7 被压靠到内盘上。此时,控制空气通过分配盘及内盘上的通道向某个气缸起动阀供气,打开起动阀。起动空气进入柴油机气缸内,曲轴开始转动。曲轴带动凸轮轴,凸轮轴带动空气分配器轴及分配盘转动,按发火顺序向下一个气缸的起动阀供气。同时上一个气缸的起动阀控制空气通过分配器泄气口泄气,起动阀关闭,起动空气停止进入这个气缸。柴油机达到发火转速后,空气分配器 A 空间控制空气泄气,柴油机开始正常运转,分配器分配盘与内盘脱开,以减少分配盘和内盘之间不必要的磨损。

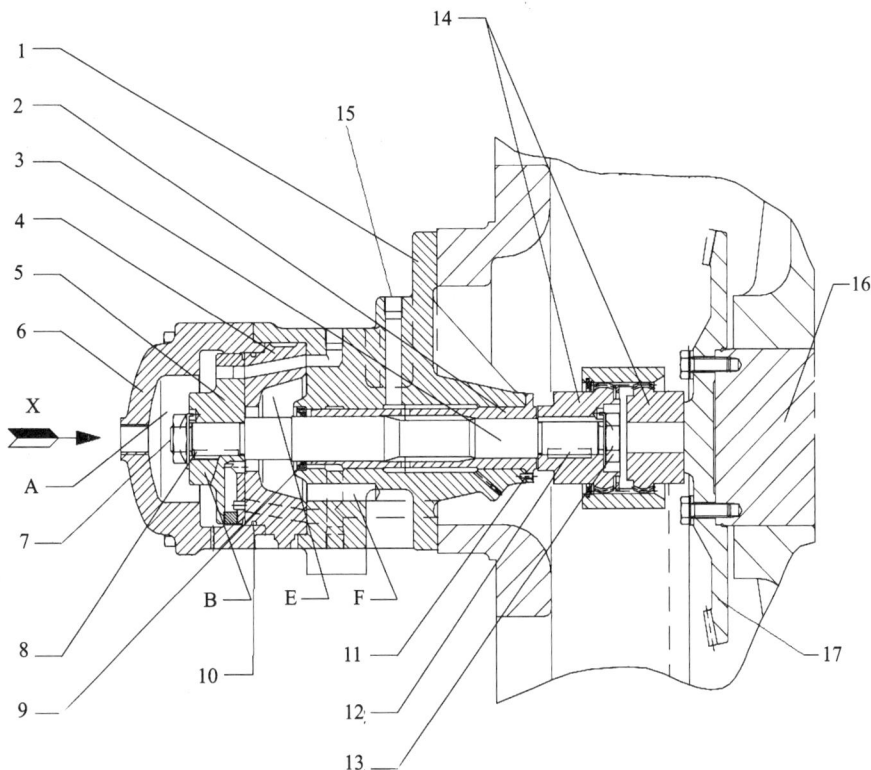

图 2-84　MAN B&W S35MC 型柴油机转盘式空气分配器

1—本体;2—轴套;3—轴;4—内盘;5—分配盘;6—端盖;7、13—螺母;8、12—键;9、10—密封圈;11—销;14—弹性联轴器;15—滑油进口;16—凸轮轴;17—传动齿轮

3. 气动马达起动

气动马达起动方式采用压缩空气驱动气动马达,气动马达与飞轮的齿圈啮合,驱动曲轴转动。与压缩空气直接起动方式相比,采用气动马达起动的柴油机起动系统结构简单。但是因为气动马达的输出扭矩有限,且不具备制动和换向功能,仅适用于中小型发电柴油机。气动马达由压缩空气驱动,通常其允许的最大工作压力为 1.0 MPa,最小工作压力为 0.75 MPa。通常采用减压阀将 2.5~3.0 MPa 的压缩空气减压至 0.8 MPa 左右。

图 2-85 所示为 Wartsila L20 型柴油机起动空气系统简图。气动马达主要由涡轮、行星齿轮、传动轴、空气活塞、弹簧和驱动轴组成。起动电磁阀得电后,涡轮在压缩空气驱动下转动,同时空气活塞在压缩空气作用下克服弹簧作用力将驱动轴推出与柴油机飞轮上的齿圈啮合。当柴油机转速达到起动转速后(约 200 r/min),起动电磁阀断电;压缩空气被切断,气动马达内的压缩空气被泄放;涡轮停止转动;在弹簧的作用下,驱动轴退出与齿圈的啮合;起动结束。

起动电磁阀易被压缩空气中乳化的滑油或其他污物污染而导致卡阻。为防止出现以上故障,在起动柴油机之前应对起动空气管路放残,并视情解体清洁地洞电磁阀。应急情况下,可以手动顶动起动电磁阀,起动柴油机。

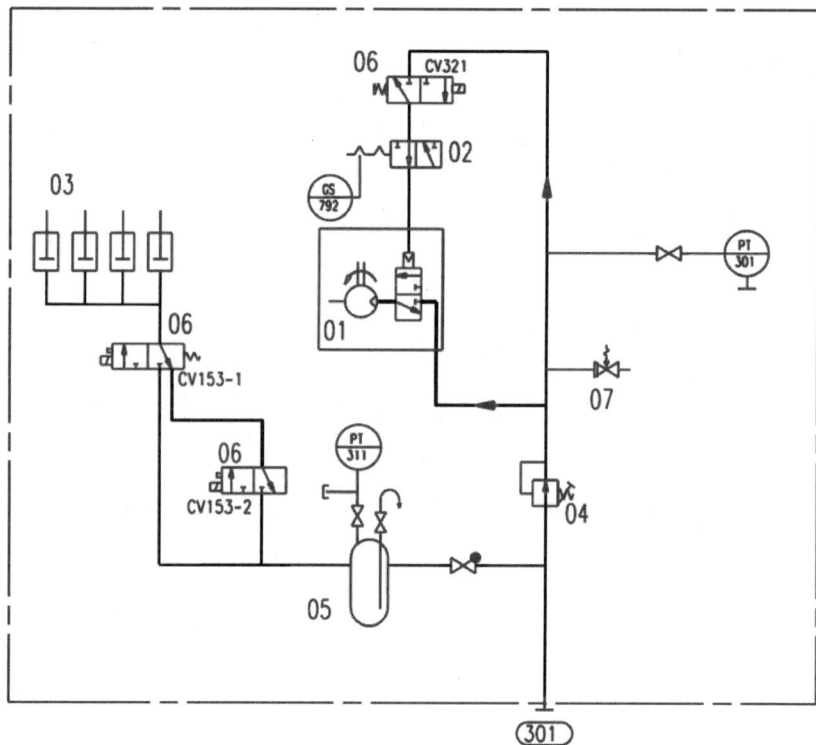

图 2-85　Wartsila L20 型柴油机起动空气系统

二、操纵系统

为了满足船舶在各种复杂航行工况的需要,船舶主机必须设置起动、换向、调速装置以及便于轮机人员控制主机的操纵系统。操纵系统就是能将上述各装置联结成一个统一整体并可集中控制柴油机的机构。

在船舶柴油机各系统中,操纵系统是最复杂的一部分,零部件多,设备错综复杂。尤其遥控与自动化技术在操纵机构上的应用,电子计算机技术和微处理机已用于主机遥控、巡回检测、工况监测和故障报警等方面,更增加了操纵系统的复杂程度。

1. 操纵系统简介

按操纵方式操纵系统可分为:机旁手动操纵、机舱集中控制室控制和驾驶室控制。机旁手动操纵是指操纵台设在机旁,使用相应的控制机构操纵柴油机满足各种工况下的需要。机舱集中控制室控制是指在机舱的适当部位设置专用的控制室,以实现对柴油机的控制与监视。驾驶室控制是指在船舶驾驶台的控制台由驾驶员直接控制柴油机。

最初的船舶主机仅设有机旁手动操纵。随着电子信息技术和自动化技术的发展,船舶主机操纵逐渐发展远距离操纵(简称遥控)。操纵系统也就发展为遥控操纵系统(简称遥控系统)。遥控系统是用逻辑回路和自动化装置代替原有的各种手动操作程序。机舱集控室设有操纵部位转换开关,根据航行条件的需要将柴油机的操纵转换至集控室、驾驶台和机旁。

按照使用的能源和工质不同,遥控系统可分为电动式遥控系统、气动式遥控系统、液力式遥控系统、电-气式遥控系统、电-液式遥控系统和微型计算机控制系统。目前,船舶多采用以微机控制系统为核心的主机遥控系统。

2. "育鲲"轮主机遥控系统

"育鲲"轮主机驱动调距桨为船舶提供前进或倒退推力,无须换向,同时可通过增速齿轮箱驱动轴带发电机向电网供电。主机遥控系统包括 AT2000 推进控制系统(the Alphatronic 2000 propulsion control system)、安保装置 SSU8810、电子调速器 DGS8800e,三个系统联合实现对主机的控制。

AT2000 推进控制系统是 MAN B&W 公司开发的专用于调距桨船舶推进装置的微机控制系统,能够实现对主机和调距桨的联合控制。AT2000 推进控制系统组成部分包括:位于集控室内的主控制箱;驾驶台中央和侧翼控制面板;集控室内控制面板;调距桨装置控制箱内的螺旋桨伺服单元。AT2000 推进控制系统功能包括:主机起动停车;主机转速和负荷控制;主机和调距桨三种推进模式选择;调距桨螺距设定;主机降负荷功能;控制位置的选择和报警指示等功能。

安保装置 SSU8810 是为保护主机安全运行而设置的功能系统,其控制面板安装在集控室内。它集报警和控制功能于一身,监测并根据主机运行过程中出现的故障自动控制主机减速或停车。SLOW DOWN(故障减速)功能由机舱集中监控系统和 AT2000 推进控制系统实现,在本轮安保装置只实现 SHUT DOWN(故障停车)功能。SHUT DOWN 故障主要包括主机超速、主机滑油低压、缸套冷却水低压、推力块高温和齿轮箱滑油低压。

电子调速器 DGS8800e 是微机控制的全数字式调速器,直接接受 AT2000 推进控制系统的调速指令,控制主机油门拉杆,从而实现主机加减速或维持主机转速稳定。

三、MAN B&W S35MC 型柴油机操纵系统实例

下面以 MAN B&W S35MC 型柴油机和 AT2000 推进控制系统为例介绍柴油机的操作系统。其气动控制系统如图 2-86 所示。系统阀件功能如表 2-4 所示。

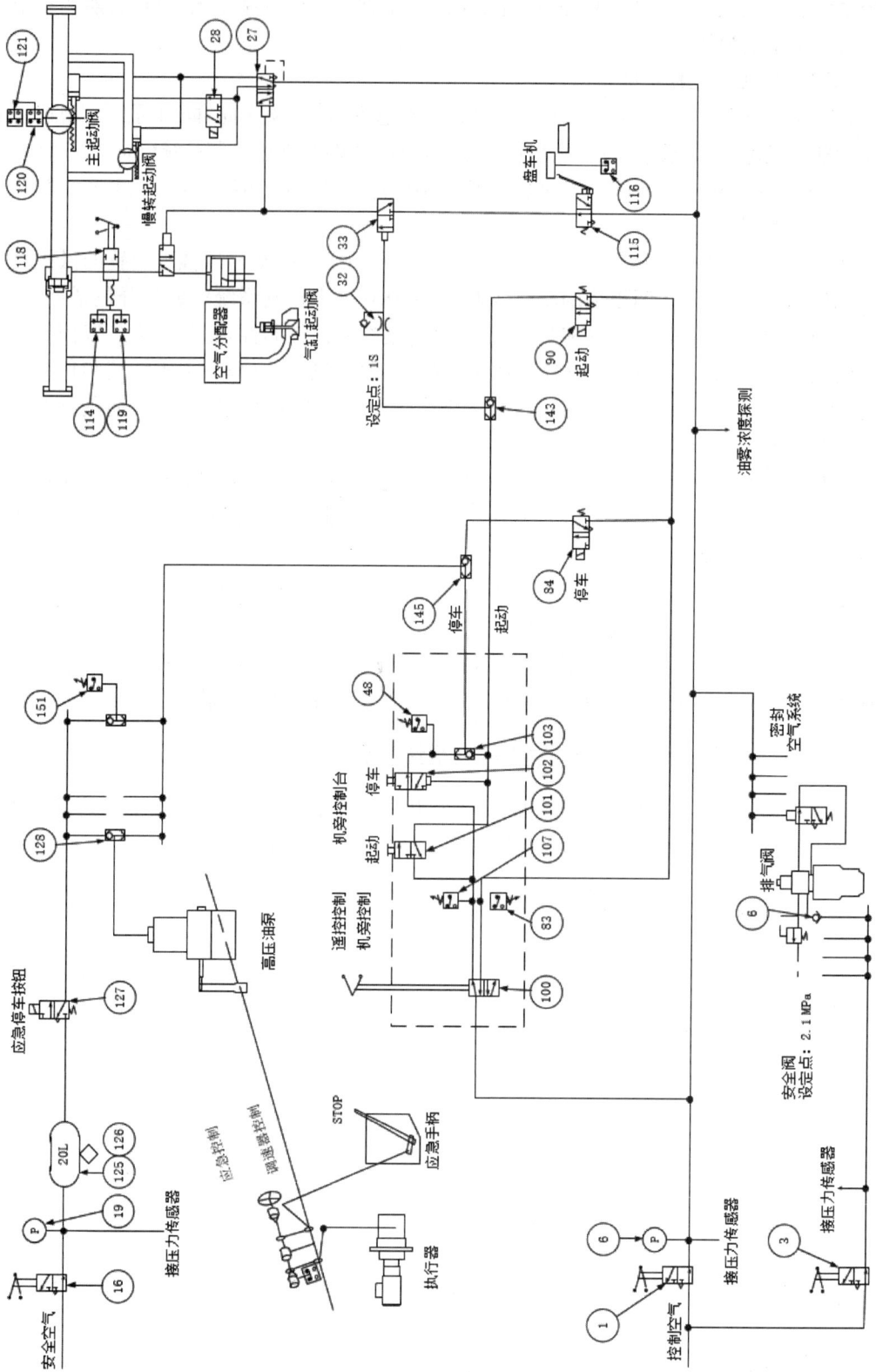

图 2-86　MAN B&W S35MC 型柴油机操纵系统

表 2-4 MAN B&W S35MC-C 柴油机操纵系统阀件功能

代号	阀的性质	功能
1	手控二位三通球阀	用于手动切断控制空气气源
3	手控二位三通球阀	手动切断排气阀空气弹簧气源
6	压力表	指示控制空气压力
16	手控二位三通球阀	手动切断向安全空气气瓶 125 供给的安全空气气源
19	压力表	指示安全空气压力
26	二位三通气动阀	主起动阀泄漏时,防止空气进入空气分配器,起动时则允许空气通过
27	二位五通气动阀	控制主起动阀和慢转阀打开或关闭
28	二位三通电磁阀	在慢转期间闭锁主起动阀
32	单向节流阀	延迟泄放阀 26 和 27 的控制信号(延迟时间是可调的) 延迟目的:确保由起动空气供气的气缸在供燃油时完成起动,确保柴油机起动成功。延迟大约为 1 s
33	二位三通气动阀	盘车机脱开时,引导来自 60 L 气瓶的控制信号至阀 26 和 27
48	开关(在机旁操纵台上方的面板上)	在机旁控制台应急控制期间,当调速手柄处在 STOP 位置时,使 SHUT DOWN(在安全面板上)功能复位
83	压力开关	当主机处于驾驶台控制方式时,给信号至操纵系统,设定值为 0.2 MPa
84	二位三通电磁阀	驾驶台或集控室给出停车命令,信号直接送到阀 23
90	二位三通电磁阀	当驾驶台给出起动信号时,引导控制信号至阀 33
100	二位五通气动阀(遥控/机旁操纵转换阀)	将控制空气从机旁应急控制系统转为遥控系统或从遥控系统转为机旁应急控制系统
101	手动二位三通阀(机旁起动阀)	在机旁应急手动控制时,引导起动信号到阀 25、33、36、117 并向阀 105 供气。在应急控制时该阀可同时给出起动和停油信号
102	手动二位三通阀(机旁停车阀)	在机旁应急手动控制时引导停车信号至阀 25、36、117,并向阀 105 供气
103	双向止回阀	
107	压力开关	当机旁应急手动控制主机时,给操纵系统发出信号,设定值为 0.2 MPa
114	行程开关	当起动空气分配器被打开时,使驾驶台控制面板给出指示
115	二位三通阀(盘车机联锁阀)	盘车机啮合时,闭锁起动
116	行程开关	如果盘车机啮合,向驾驶台控制面板给出指示信号
118	截止阀	手动关闭至起动空气分配器的控制空气
119	行程开关	当起动空气分配器被关闭时,使驾驶台控制面板给出指示
120	行程开关	送出信号至操纵台上,指示主起动阀开启
121	行程开关	送出信号至操纵台上,指示主起动阀关闭状态
125	20 L 储气瓶	提供足够的安全空气,减少安全系统延时

续表

代号	阀的性质	功能
126	球阀	泄放安全控制空气管路中的水分
127	二位三通电磁阀	当接收到 SHUT DOWN 和 EM STOP 信号时,使高压油泵的泄油阀起作用
128	双向止回阀	
137	止回阀	至排气阀(空气弹簧),并防止排气阀空气回流
143	双向止回阀	
145	双向止回阀	
151	压力开关	停车信号起作用时,撤销来自于安保系统的测速传感器故障报警信号

第十节　主机的运转管理

一、备车

1. 基本概念

为便于理解后续课程,先介绍几个关于船舶操纵和主机操纵的概念。

(1)车钟

图 2-87 所示为 Nabtesco M-800-Ⅲ型遥控系统车钟和操纵手柄。在主车钟上显示有正车 AHEAD(DEAD SLOW/SLOW/HALF/FULL/NAV. FULL)、停车 STOP 和倒车 ASTERN(DEAD SLOW/SLOW/HALF/FULL)。在副车钟上显示有定速 AT SEA(R/U)、备车 STAND BY(S/B)和完车 FINISHED WITH ENGINE(F/E)。

(2)备车(STAND BY)

备车是指主推进系统处于随时可用状态(即柴油机可以起动,也可以停车;可以正车,也可以倒车的状态)。在靠/离码头、抛锚、过浅水道、过拥挤水道等机动航行情况下,船舶处于备车状态。

(3)定速(AT SEA/RUN UP)

定速是指主推进系统处于稳定运行状态。在远离海岸或在大洋航行时,船舶处于定速状态。

(4)完车(FINISHED WITH ENGINE)

完车是指长时间内(几个小时至几天)不需要主推进系统工作的状态。在靠泊、锚泊、坞修等情况下,船舶进入完车状态。

(5)正车(AHEAD)

正车是指主推进系统向船舶提供前进动力的状态。对于定距桨,指的是柴油机处于正向运转状态;对于调距桨,指的是调距桨处于正螺距状态。

(6)倒车(ASTERN)

倒车是指主推进系统向船舶提供后退动力的状态。对于定距桨,指的是柴油机处于反向运转状态;对于调距桨,指的是调距桨处于负螺距状态。

(7)停车(STOP)

停车是指停止向柴油机缸内喷入燃油,使柴油机转速降低至0。停车状态,船舶速度不一定是0。停车不同于完车。停车时不一定完车,但是完车时一定是停车状态。

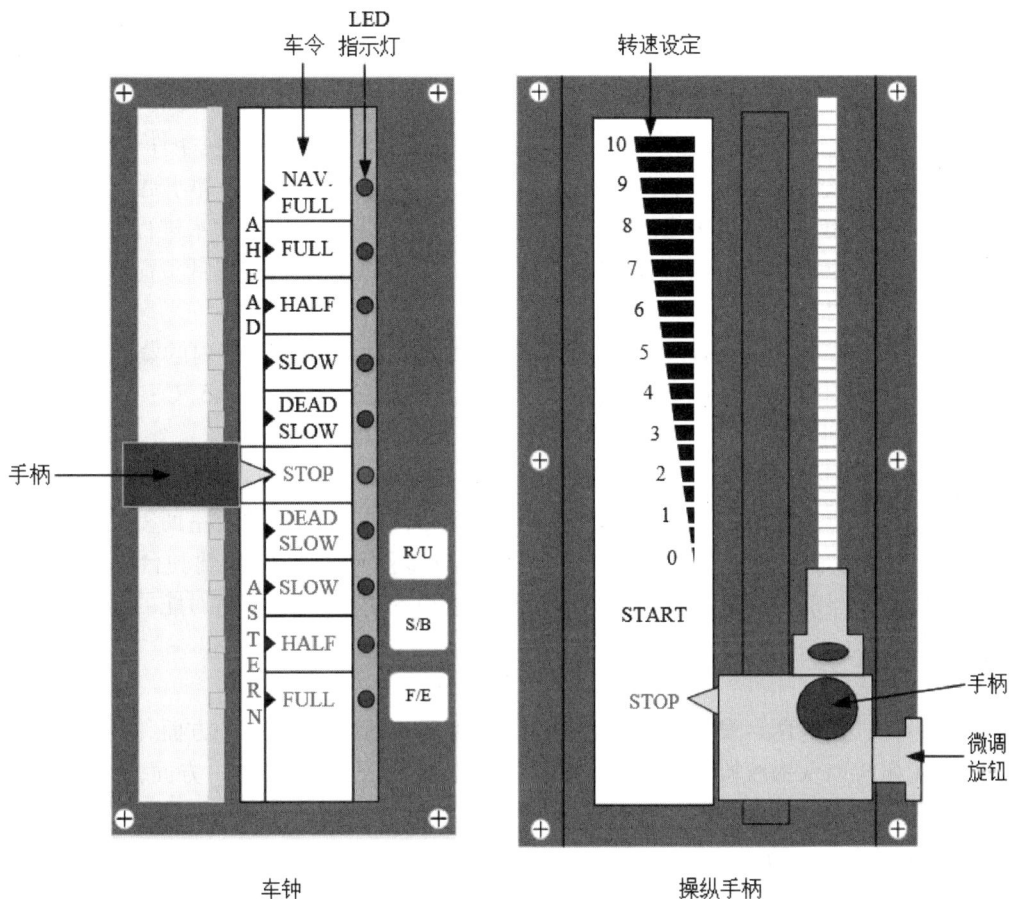

图2-87 Nabtesco M-800-Ⅲ型遥控系统车钟和操纵手柄简图

(8)盘车(TURN)

盘车也称为转车,是指通过盘车机或盘车杆驱动柴油机缓慢转动。

(9)冲车(BLOW)

冲车是指通过起动系统使柴油机短时快速转动,通常此时不向缸内提供燃油。冲车时需要观察柴油机示功阀是否有异物喷出。

(10)起车(START)

起车是指通过起动系统使柴油机达到起动转速,并向缸内喷入燃油,使柴油机稳定运转。

2.备车操作程序

备车操作程序可以分为停泊时备车和航行中备车,两者略有不同。停泊时备车是船舶由靠泊或锚泊状态向推进装置随时可用状态的转换过程;航行中备车是船舶由定速航行状态向推进装置随时可用状态的转换过程。一般情况下,因船舶动力装置类型、功率的不同,备车所需的时间长短不一,备车的程序有所区别,但备车的内容大致相同。下面主要介绍停泊时备车操作,主要包括暖机、对时对车对舵、电力系统准备、各动力系统准备、盘车、冲车、试车等。

(1)暖机

暖机是指船舶在靠泊或锚泊时为航行做准备,而预先加热冷却水系统和曲轴箱油润滑系统中的循环液,利用循环液提高柴油机各部件的温度。暖机的目的是为了提高柴油机的起动性能,降低低温腐蚀,减少燃烧室各部件的热应力。暖机时间随柴油机尺寸、环境温度和加温方式不同而不同。在接到离港时间后,轮机部根据设备状况和环境条件安排暖机。

主机冷却水系统的预热方式有三种:一是将运转中发电柴油机的冷却水通入主机冷却水系统中;二是利用蒸汽加热主机缸套水;三是利用电加热器对主机缸套水进行加温。冷却水温度低于20 ℃不可起动柴油机;冷却水温度低于50 ℃时,柴油机需要低负荷运转一段时间,待温度升高后再加负荷。

主机曲轴箱油润滑系统的加温方式有两种:一种是利用滑油循环柜内的蒸汽加温盘管进行加温;二是利用滑油分油机进行加温。润滑油温度通常预热至40~45 ℃。

(2)备车时驾机联系

通常驾驶台在起车前1 h通知机舱备车,并进行对时、对车和对舵操作。对时是指以驾驶台时钟为准,对集控室时钟进行校准。对车是指驾驶台操纵车钟,集控室回复并跟随驾驶台车钟指示。对舵是指起动舵机后,通过声力电话与驾驶台通信,按照驾驶台要求操纵舵机,比较驾驶台遥显舵角和舵机机旁舵角的差异。通知备车、对时、对车、对舵的时间均应记录在轮机日志上。

(3)供电准备

起动备用发电机,两台发电机并网运行。原因主要包括两个方面:一方面,因空压机、辅助风机、机舱风机以及锚绞机等大功率负载运行对电量的需求较大;另一方面,为了保障供电的安全可靠。

(4)压缩空气系统的准备

当值轮机员应将主、辅空气瓶充气至规定压力,放掉气瓶及压缩空气系统中的水和残油。开启控制空气减压阀前的截止阀,打开控制空气管路上空气干燥器电源开关,打开起动空气管路进机前的截止阀,打开主起动阀锁板,打开空气分配器前截止阀。排气阀采用液压顶杆式的柴油机,应先打开控制空气,再起动主滑油泵。

(5)滑油系统的准备

检查滑油循环柜、增压器油液观察镜(或油柜)、调速器、艉轴重力油柜、艉密封装置、中间轴承等处的滑油油位。起动主滑油泵、凸轮轴油泵、齿轮箱油泵等(不同船舶需要起动的油泵不同),观察油泵出口压力、滑油进机压力、活塞冷却液流动情况等,以确保将滑油输送至各运动副表面。

检查气缸油日用柜液位,对于机械式气缸油注油系统,应手动注油;对于电控气缸油注油系统,需要预润滑。

(6)冷却系统的准备

首先关闭缸套水预热器蒸汽加温阀,停止预热泵运行,关闭泵出口阀。检查主机膨胀水箱的水位和冷却水系统中各阀门是否处于正常状态,起动一台缸套水泵。起动泵后,检查冷却水压力及管路系统是否存在泄漏。

(7)燃油系统的准备

检查轻、重油沉淀柜和日用柜液位和温度,并对各油柜进行放残。部分船舶主、副机共用一个燃油单元,其燃油一直处于循环状态。对于主机采用独立供油单元或供油泵的船舶,首先起动燃油供给泵,除气,待压力稳定后再起动燃油循环泵,检查各燃油泵的运行情况。活络油门齿条,以确保其活动自如。

(8)齿轮箱、调距桨液压系统准备

部分船舶主机推进系统中设有齿轮箱。备车时,应检查齿轮箱油位,将齿轮箱预润滑油泵控制开关转至自动位置。油泵自动起动后,观察油压及管路。

部分船舶采用调距桨作为推进器。备车时,应检查液压系统油柜油位,将一台液压油泵控制开关转到手动位置手动起动,另一台控制开关转到自动位置。油泵起动后,检查油压是否正常,管路及配油环是否泄漏。通过调距桨本地控制箱,将螺距设定为正车方向某一值,检查设定螺距与螺距机械指示的差异,如无异常,则再检查倒车方向的螺距。

(9)废气锅炉系统的准备

部分船舶废气锅炉采用附加受热面式设计,需要强制循环水泵实现炉水的循环。备车时,应起动一台强制循环水泵,并将另一台置于自动控制位置。

(10)盘车/转车

盘车也称转车,是指通过盘车机缓慢转动主机。盘车可以检查各运动部件的运动情况,也有助于各运动副之间形成润滑油膜。盘车注意事项包括:盘车前打开示功阀;盘车前起动滑油泵并进行气缸注油;询问驾驶台是否可以盘车,获得许可后方可盘车。正倒车各转1~2圈,确认主机无异常后,脱开盘车机,并释放联锁装置将盘车机锁在脱开位置。

(11)冲车

冲车是指利用起动装置供给压缩空气(不供燃油)使主机转动的操作过程。冲车可以将气缸内的杂质、残水或积油等从示功阀冲出。在冲车过程中可以判断主机起动系统是否正常。冲车注意事项包括:盘车无异常后才能冲车;冲车时保持示功阀处于开启状态;检查主机是否满足起动条件,不满足起动条件无法冲车;询问驾驶台是否可以冲车,获得许可后方可冲车;冲车完毕,无异常后,关闭示功阀。不同的遥控系统,冲车方式不同。部分遥控系统通过控制屏上的按钮进行冲车操作,部分遥控系统通过推动车钟手柄指向起动位置进行冲车操作。

(12)试车

试车的目的是检测起动系统、换向装置、燃油喷射系统、油量调节机构、调速器、轴系和螺旋桨等设备是否正常工作。

对于定距桨船舶,试车操作由轮机员通过车钟与驾驶台通信,通常将车钟推至正车(或倒车)微速(DEAD SLOW)位置,待驾驶台回车令后,轮机员通过操车手柄起动柴油机,待主机供油发火后短时运转数转后停车(STOP)。换向后,再次起动试车。在起动和换向过程中,应注意观察起动装置、换向装置、调速器等设备的动作是否灵活、正常。同时观察主机运行是否正常。试车无异常后,备车完毕。

对于调距桨船舶,根据主机选择的运行模式进行控制。以"育鲲"轮为例,该船通常采用定速模式和轴带发电机,并设有艏侧推。主机起动后,应先使主机在"combinator"工况即联合工况对应的 85 r/min 转速下运转 10 min 左右,再转换至"separate"工况,主机在程序控制下逐渐加速到 125 r/min。主机在此转速下再运转 10 min 后,再转换至"const. speed"工况,主机转速逐渐加到 170 r/min。此时,可以将主机控制权转至驾驶台。主机转速稳定后,在配电板上对轴带发电机励磁,合上轴带发电机的主开关,再合上舷侧推装置主开关,使舷侧推处在可用状态。舷侧推准备完毕后,应要求驾驶台的驾驶员进行测试。

3. 备车期间的注意事项

船舶在进出港、靠离码头时运动状态变化比较频繁,船舶动力装置必须为船舶运动状态的可控提供有力保障。值班轮机员应严格准确地执行车令,正常操作和管理主机。备车期间的注意事项主要包括:

(1)值班轮机员必须集中精力,使各运转设备的主要参数在规定的范围内,必要时进行适当调整,除处理进机故障外,不得远离集控室操纵台。

(2)轮机长应监督轮机员进行各种操作;监控各设备运行情况。

(3)起动主机时,尽量做到一次起动成功,但油门不易过大,防止柴油机冷爆、热应力过高等危害。

(4)主机加速过程不易过快,防止柴油机热负荷和机械负荷过大。

(5)应快速越过转速禁区(临界转速),防止主机发生共振。

(6)倒车操作时,不应过快,应控制油门,避免主机超负荷。

二、定速

通常船舶航行至开阔水域后,可以定速航行。接到驾驶台的定速指令后,机舱的操作主要包括:轻油换重油、高位海底门换低位海底门、视情解列备用发电机。轻油换重油的注意事项包括:先打开蒸汽加温,再操纵轻重油转换阀;关注燃油温度和黏度,温度不宜变化太快,黏度不宜太高。目前,部分柴油机完车之后仍保持燃油系统处于循环状,所以除进入排放控制区和干船坞之外,很少进行燃油转换操作。转换海底门的注意事项包括:先打开低位海底门再关闭高位海底门;关注海水泵出口压力。根据发电机负荷决定是否解列备用发电机。

三、完车

完车的相关操作主要包括:主机由驾驶台控制转至集控室控制;停车;打开示功阀冲车;关闭辅助风机;停燃油供给泵;关闭起动空气系统阀门;盘车;停缸套水泵和主滑油泵;视情解列备用发电机。

完车通常是指船舶停航后,不再需要船体推进装置的相关操作。当船舶靠港后、锚泊、进坞或其他情况需要停航时,要进行完车操作。完车前,经过到港前的准备,主机已处于备车状态。当船舶停航后,即可进行完车的操作。

1. 到港前的准备

(1)到港前应确定主机是否需要换轻油。

现代船舶主机燃油系统及燃油喷射系统的设计一般都允许柴油机在重油使用状态时完车。如需要换用轻油,应在机动操作用车前 1 h 驾驶台通知机舱进行换油备车,机舱当值人员进行相关操作。

（2）使用轴带发电机的船舶,到港前应从电网解除轴带发电机,由两台柴油发电机同时向电网供电。使轴带发电机单独向艏侧推装置供电,并确定艏侧推装置工作正常。

（3）从深水区域进入浅水区应将海底门由低位转换至高位。

2. 完车后的操作

当值轮机员接到驾驶台"完车"通知时,表明主机不再动车,应按"完车"程序做好如下工作。

（1）将控制位置由驾驶台转至集控室。

（2）停止主机。对于采用调距桨的船舶,应使主机逐级降速,并在每一级运行一段时间再降至下一级,最后停车。此操作与备车过程的操作相反,不再赘述。

（3）停掉主机的辅助鼓风机,停掉机舱专用增压器风机,用防尘罩将压气机消声器滤网盖好。

（4）打开各缸示功阀、合上转车机进行转车 10~20 min。

（5）停燃油泵。采用独立供油系统的主机,在重油状态完车时,应停止燃油供给泵,保持燃油循环泵继续运行,并对燃油加热保温,温度可低于正常使用温度 20 ℃,维持 30 cSt 的黏度。如轻油停车,停止燃油供给泵和燃油循环泵,关闭燃油单元控制箱电源。

（6）停调距桨液压单元和齿轮箱润滑油泵。采用调距桨的船舶,应停止调距桨液压单元的油泵,使两个油泵均处在机旁控制位。采用齿轮箱的推进装置,应保持齿轮箱预润滑油泵继续运转 15~20 min,再将其控制开关调到机旁控制位,停止齿轮箱预润滑油泵。

（7）保持主滑油泵、缸套水泵继续运转 15~20 min,使其充分冷却柴油机避免因应力过大而发生故障。同时可以避免活塞头结炭。

（8）关闭起动空气系统的主停气阀、主起动阀、空气分配器截止阀、控制空气截止阀,关闭空气干燥器电源。

（9）采用强制循环水泵的废气锅炉,应保持强制循环水泵继续运转 30~60 min 后,再停止运转,并关闭进出口阀。

四、运转管理

船舶定速航行后,轮机管理人员应使柴油机及其装置处于正常的技术状态。出现故障应在短时间内消除,恢复航行。在运转管理中,值班人员应集中精力、遵守操作规程、按要求进行巡回检测,确保各技术参数处在正常范围之内,并做好值班和交接班工作。这样,才能有效地保证动力装置及其附属设备工作可靠,处于经济性较高的运行状态。除此之外,在停泊或航行中,还应对柴油机的相关报警和保护装置进行测试,以确保其正常工作。

1. 主机运行中的主要检查项目

值班时,轮机员通常在集控室通过监控设备及警报监控机械设备运转情况,以及定时在机舱按照巡回检查路线,采用看、摸、听、闻等最直接又简便的手段,检查机械设备的运转情况并定期记录设备运转参数。如出现不正常的运转声响、设备运行参数异常变化、刺激性气味及机械设备连接处或阀件等的泄漏,都表明设备运转异常,应立即采取相应的处理措施。除巡回检查与记录运转参数之外,还可以通过示功图检查柴油机的运行情况。

（1）热力检查

热力检查的目的是检查和确定柴油机各缸燃烧情况及负荷分配的均匀程度。这是柴油机正常运转、可靠工作的必要保证,也是衡量柴油机运转性能和技术状态的主要指标之一。

影响主机燃烧状况及各缸负荷分配情况的因素较多,主要包括船舶航行状态、环境因素、燃油喷射系统工作状况、气缸状态、进排气系统工作状况、燃油品质等因素。准确判断柴油机热力状态需要检测的关键参数包括:机舱大气压力和温度、船舶吃水、主机转速、平均有效压力、最大爆发压力、压缩压力、油门刻度、燃油温度及黏度、排烟温度及压力、扫气温度及压力、增压转速、增压器后排气背压、增压器吸入滤器压差、空冷器前后压差、空冷器前后增压空气温度、缸套水温度。值班期间每个值班轮机员,应准确检测并记录以上关键数据,将其与历史数据和最佳运行工况时的数据进行比较,进而分析主机运行状态是否正常。

热力检查最为简单的方式是检测排烟温度,最为有效的方式是测量示功图。排烟温度是热力检查中的重要参数,能够综合反映燃油系统、燃油喷射设备、进排气系统、燃烧室部件等设备和系统的运行状况。通过各缸排烟温度的偏差,可以初步判断各缸负荷分配的均匀程度。通常单缸的排烟温度与各缸平均值的最大偏差不宜超过 15～20 ℃。主机运行过程中,如出现排烟温度异常变化或排温偏差异常变化,均需要结合其他设备或系统的参数和运行情况找到原因并排除故障。

测量示功图是热力检查中最可靠的措施。为了准确掌握各缸的燃烧情况和负荷分配情况,应定期测量示功图。通过示功图,可以获得平均指示压力、最大爆发压力、压缩压力等数据,以便于分析柴油机运行状况,并根据数据差异对单缸或多缸进行调节。

除了检测排烟温度和测量示功图之外,热力检查还需要一些辅助措施,主要包括:观察排烟颜色;打开示功阀观看火焰情况;感受高压油管的脉动情况;检测缸套水和活塞冷却液温度。

(2)机械检查

机械检查的目的主要是及时发现柴油机各设备和系统跑冒滴漏、异常振动等情况,各设备和系统处于正常的技术状态。

机械检查的主要措施包括:看、摸、听、闻。优秀的轮机员可以通过人体的感觉器官判断出故障发生的苗头,并将故障扼杀在萌芽状态,确保各设备和系统的正常运行。通过眼睛观察可以检测各设备和系统的参数以及跑冒滴漏等情况;通过手触摸可以检测温度、温差、振动等情况;通过耳朵听可以及时发现运转设备的异常声音;通过鼻子闻可以及时发现刺激性气味的源头,检测设备温度异常或跑冒滴漏情况。机械检查主要包括:冷却系统、滑油系统、燃油系统和增压系统。具体检查和维护管理注意事项请参考前面的内容。

2. 示功图测录与分析

(1)示功图简介

示功图是气缸内工质压力随气缸容积或曲轴转角变化的图形。它是研究柴油机气缸内工作过程完善程度的重要依据,也是用来计算柴油机指示功率的依据。通过示功图可研究缸内的燃烧过程、燃烧放热规律,评估扫气过程,计算柴油机指示功率、平均指示压力,确定柴油机最大爆发压力和压缩压力等。由于它能以图像形式显示缸内的工作过程,而且测试仪器简单实用,因此在柴油机的测试中,示功图的测取具有非常重要的地位。

(2)示功图测量方法和种类

根据热工测量的不同目的和任务,可测取不同类型的示功图。用机械示功器可以测取 p-V 示功图、p-V 转角示功图、弱弹簧示功图,也可用手拉测取手拉示功图和梳形图等,用电

子示功器可测取 p-V 示功图和 p-φ 示功图。

（3）示功图分析

随着电子信息技术的发展，电子示功器越来越普及。部分船舶已为主机安装示功图在线检测系统，如 MAN B&W 公司的在线 PMI 系统。下面主要以电子示功器测录的示功图为例进行分析。

图 2-88 和图 2-89 所示为便携式 PMI 对 6S35MC 型柴油机的测量结果。通过测量结果可以比较各缸的平均指示压力、压缩压力、最大爆发压力、平均指示功率。PMI 系统还给出了调整建议。

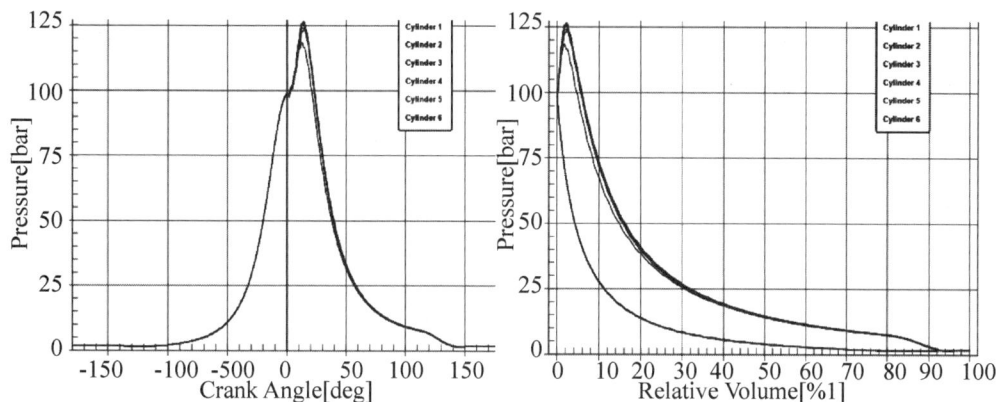

图 2-88　便携式 PMI 测取的 p-φ 示功图和 p-V 示功图

Cylinder Number	p(i) [bar]	p(comp) [bar]	p(max) [bar]	Engine Speed [rpm]	Effective Power [ekW]	Effective Power [bhp]	p(i) Deviation [bar]	Index Adjust [-]	Rotation of Link [-]	p(max) Deviation [bar]	Shim Adjust [-]
1	16.53	98.0	124.9	170.0	587	798	0.38			1.4	
2	16.13	98.6	123.1	170.5	673	779	-0.02			-0.4	
3	16.04	98.4	125.5	170.0	568	772	-0.11			2.1	
4	16.68	98.9	125.3	170.0	593	806	0.53			1.9	
5	16.47	98.2	124.0	170.5	586	797	0.32			0.5	
6	15.05	98.3	117.9	170.9	533	725	-1.10	3.5	1.4	-5.5	1.5
Mean	16.15	98.4	123.4	170.3	573	780					
New Mean	16.37		124.5								
Total					3440	4677					

p(scav) = 1.82 bar

图 2-89　便携式 PMI 测量值

比较平均指示压力和平均指示功率可以分析各缸负荷分配情况；比较压缩压力可以分析气阀定时和气缸密封情况（活塞环和排气阀）；比较最大爆发压力可以分析各缸的喷油定时。平均指示压力、压缩压力和最大爆发压力之间也存在着联系，在分析时应该综合考虑。比如，相同情况下，压缩压力高，平均指示压力和最大爆发压力也会较高。

除了比较压缩压力之外，还可以利用压缩空气检查气缸密封情况。这一方法既适用于主机也适用于副机。具体步骤包括：在柴油机处于停车状态时，盘车至活塞上止点；将测量工具（如图 2-90 所示）安装在示功阀上；打开示功阀和测量工具进气阀；向气缸内充气直至压力稳定（0.6~0.7 MPa）；关闭测量工具进气阀，记录压力表降至 50 MPa 所需的时间。因多种因素会导致测量误差，所以应多次测量取平均值。

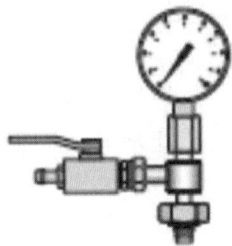

图 2-90　气缸密封性测量工具

3. 报警和保护装置测试

为了确保稳定安全运转,柴油机设有多种报警和保护装置。这些报警和保护装置的测试也是船级社、船旗国和港口国重点检查的项目。下面主要介绍滑油低压保护、超速保护、高压油管泄漏和曲轴箱油雾浓度报警测试的方法。

(1)滑油低压保护测试

此处的滑油压力是指进机压力。通常,滑油低压意味着润滑不足,会导致柴油机运动部件异常磨损。为此,柴油机厂商设定了滑油低压降速和滑油低压停车保护。不同机型的滑油低压降速和滑油低压停车保护的设定值不同,应以设备说明书为准。表 2-5 列举了 MAN B&W 公司部分型号柴油机滑油压力设定值。通常,滑油低压保护传感器处设有截止阀和泄放阀。其测试方法是:关闭截止阀,打开泄放阀。

表 2-5　MAN B&W 公司部分型号柴油机滑油压力设定值

机型	滑油压力 正常值/MPa	滑油低压报警 设定值/MPa	滑油低压降速 设定值/MPa	滑油低压停车 设定值/MPa
S50ME-C	0.20~0.23	0.16	0.14	0.12
S60ME-C, L60ME-C, S60ME,	0.21~0.24	0.17	0.15	0.13
S65ME-C, L70ME-C, K80ME-C	0.22~0.25	0.18	0.15	0.13
S65ME-C, L70ME-C, K80ME-C	0.23~0.26	0.19	0.16	0.14
S70ME-C, S80ME-C, K90ME-C,	0.24~0.27	0.20	0.16	0.14
K98ME-C, K98ME	0.24~0.27	0.20	0.17	0.15
K90ME	0.24~0.27	0.20	0.18	0.16

(2)超速保护测试

船用柴油机为了防止在调速器损坏时造成柴油机超速飞车,确保柴油机运转安全,按我国有关规定,凡标定功率大于 220 kW 的船用主机和船用发电柴油机还应分别装设超速保护装置,以防止主机转速超过 120%标定转速和发电柴油机转速超过 115%标定转速。此种超速保护装置是一种运转安全装置,它与调速器不同,它只能限制柴油机转速,本身无调速功能,在柴油机正常运转范围内不起作用,只在柴油机转速达到规定限值时才发生动作使柴油机立即停车或降速。按规定,超速保护装置必须与调速器分开设立而独立工作,无论柴油机的操纵机构处于什么状态,该装置的保护性动作必须迅速而准确。

柴油机超速保护测试方法主要包括两种:模拟测试;降低设定值进行测试。降低设定值的测试方法较为统一,模拟测试的方法因机型而异。部分柴油机只能进行模拟测试。模拟测试是通过操作按钮或操作界面输入一个大于设定值的模拟转速,触发警报。

（3）高压油管泄漏测试

在工作中,高压油管承受高温、高压和振动等作用。其工作条件较为恶劣。一旦发生高压油管破损,燃油大量泄漏,极易引发火灾。虽然高压油管的质量在不断提高,但仍然不能百分之百避免泄漏故障。为此,柴油机设计了高压油管泄漏监测报警装置。该装置将高压油管泄漏的燃油汇集至报警箱。报警箱内设置浮子式或电容式液位开关。当存在燃油泄漏时,液位开关即触发警报。电容式液位开关的测试方法是:打开报警箱,向其内部灌入轻油,触发警报。浮子式液位开关的测试方法是拆卸浮子式液位开关,将浮子推至高位。

（4）曲轴箱油雾浓度报警测试

柴油机运行时,对各运动部件(如连杆大端、连杆小端、十字头等)润滑的润滑油沿轴承间隙溢出,溢出的润滑油随运动部件一起运动,飞溅至各处。飞溅的滑油以油滴和油气两种形式存在。在正常运行情况下,虽然曲轴箱内存在空气和油,但是油气浓度低于爆炸极限,而且没有满足达到着火点的要求,因此,柴油机曲轴箱不会发生爆炸。在曲轴箱发生爆炸之前,其油雾浓度会明显升高。柴油机装设曲轴箱油雾浓度监视报警器后,一旦油雾浓度超过正常标准时,能及时发出声、光报警,同时使主机自动降速或停车。

通常,油雾浓度探测器采用光学方法监测油雾浓度。部分油雾浓度探测器通过检测透光度反映油雾浓度的大小;部分油雾浓度探测器通过检测散射光强确定油雾浓度的大小。

曲轴箱油雾浓度测试方法因设备型号而异。但基本原理是一样的,即遮挡探测器的光线。常用的方法包括:遮挡法、烟雾法和试烟器法。遮挡法是在光源与感光电池之间插入专用的测试挡板,以遮挡光源。烟雾法是将烟雾喷剂喷入油雾浓度探测器测试口中,以触发警报。试烟器法是 Graviner(油雾浓度探测器厂商)提供的专用方法,利用专用工具产生烟雾进行测试。

第十一节　副机的运转管理

图 2-91 所示为"育鲲"轮发电机组结构图,其型号为 Wartsila Auxpac 520W4L20。柴油机飞轮端通过法兰直接与发电机相连。柴油机和发电机固定于焊接结构的公共底座上。公共底座通过弹性块固定于船体。通常,将发电柴油机称为副机。其主要性能参数如表 2-6 所示。该型柴油机的结构、系统和起动等知识已在前面章节介绍过,这里不再详述。本节主要以该型发电机组为例介绍副机的运行管理。

一、起动

不同的副机控制系统,对起动条件的具体要求不同,应该遵循说明书的要求。"育鲲"轮 Wartsila Auxpac 520W4L20 型发电机组的起动条件主要包括:冷却水系统的阀门处于工作位置,温度不宜过低;燃油系统的阀门处于工作状态,黏度适宜;预润滑油泵处于自动位置,润滑油压力过低将导致无法起动;起动空气系统阀门处于工作状态,压力满足起动要求。通常,副机包括三种起动方式:机旁起动、遥控起动和自动起动。

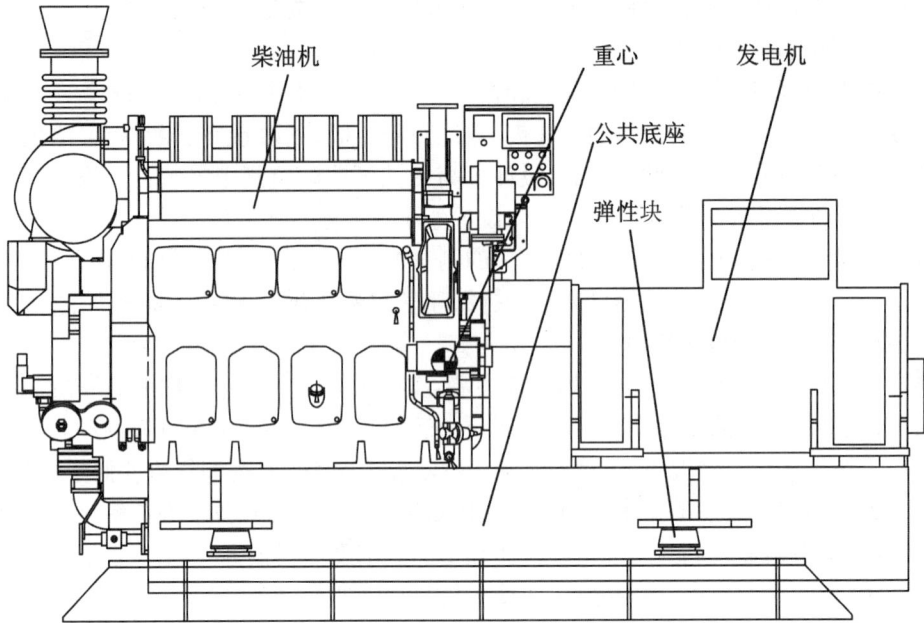

图 2-91　Wartsila Auxpac 520W4L20 型柴油发电机组

表 2-6　"育鲲"轮副机主要性能参数

Auxpac 发电机组功率/kW		520
柴油机功率/kW		545
转速/(r/min)		1 000
缸数		4
缸径/mm		200
冲程/mm		280
气缸排气量/dm^3		8.8
活塞平均速度/(m/s)		9.3
平均有效压力/MPa		1.86
转向(从飞轮端看)		顺时针
燃油消耗率/[g/(kW·h)]	100%负荷	196
	75%负荷	199
	50%负荷	203

1. 机旁起动

机旁起动也称为本地起动,需要在机旁控制面板或机旁操纵处(部分副机只有起动按钮,没有控制面板)进行操作。图 2-92 所示为 Wartsila 4L20 型柴油机的机旁控制面板。该控制面板可以分为四个部分。左上角为曲轴和增压器转速表,可通过下面的旋钮选择显示种类。转速表内还设置工作小时数,是副机维护管理的重要依据之一。右上角为柱状图显示的主要系统的压力和温度,从左至右分别为燃油、起动空气、控制空气、扫气、HT、LT、滑油的压力,以及 HT 温度。左下角为排气温度,通过旋钮可分别显示增压器后和 1~4 号气缸的排气温度。右下角为副机控制按钮。其中 ENGINE MODE 为柴油机模式旋钮,可控制为四种模式:REMOTE(遥控)、LOCAL(机旁)、BLOCKED(锁闭)、BLOW(冲车);START 起动按钮带有绿色指示灯,可进行冲车或起动操作;STOP 为红色停车按钮。SHUTDOWN RESET 停车复位按钮带有蓝色指示灯;EMERGENCY 按钮用于柴油机紧急停车,该按钮按下后需要顺时针转动以复位。

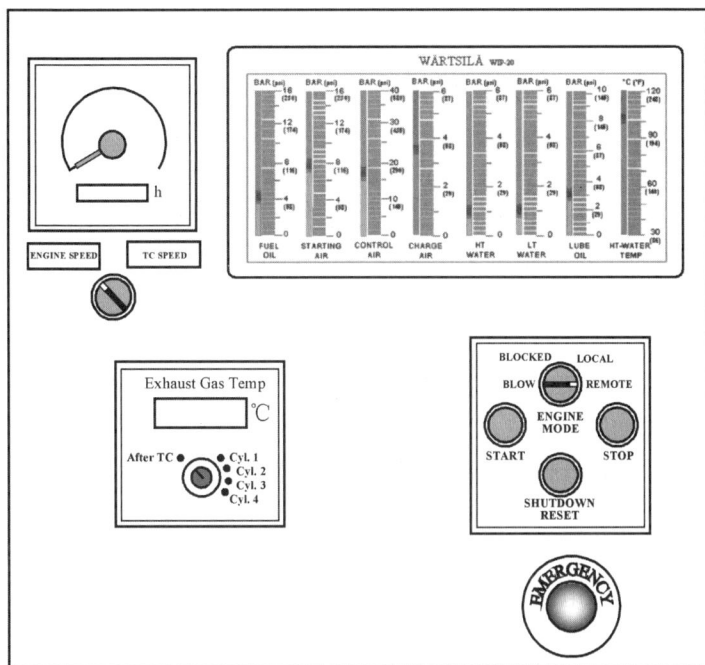

图 2-92　Wartsila 4L20 型柴油机的机旁控制面板

除特殊情况和测试需求之外,尤其是在长时间(超过 8 h)停车之后,应采用机旁起动的方式起动副机。虽然机旁起动程序复杂,却是最安全的起动方式,它可以对柴油机进行系统的检查以防止发生恶性事故。起动过程如下:

(1)各系统检查

起动之前,通过机旁控制面板可以检查燃油系统、起动和控制空气系统、冷却水系统和润滑油系统的参数,以确保其处于工作状态。若发现某个参数异常,应及时检查对应系统中的阀门状态和设备运行情况。除了应用轴带发电机或进入干船坞等情况之外,燃油系统一直处于循环状态;冷却水系统也通过运行机进行预热和保温;起动和控制空气系统处于工作状态;润滑油系统由预润滑泵供油。其中,润滑油系统需要检查油底壳油位;起动和控制空气系统需要通过放残阀泄放管路中的凝水和乳化的润滑油。

(2)盘车

盘车的作用包括:确保柴油机运动部件能够自由运转;在各运动副之间形成润滑油膜。该型柴油机属于四冲程柴油机,需要盘车两圈才能使所有的运动部件工作一个循环。盘车的准备工作和操作主要包括:将柴油机控制模式旋钮转至"BLOCK"位置;将油门控制杆转至"STOP"位置;打开示功阀;打开盘车保护罩,利用盘车杆或盘车棘轮扳手进行盘车。通常设置盘车联锁,以防盘车时柴油机突然自动起动。盘车联锁的方式包括在盘车保护罩上设置电气联锁和在盘车齿轮处设置控制空气联锁,该型柴油机采用的是控制空气联锁。

(3)冲车

冲车的作用包括:检查气缸内是否存在泄漏情况,并将气缸内的杂质、残水或积油等从示功阀冲出;判断柴油机起动系统是否正常。冲车的准备工作和操作主要包括:保持示功阀开启;取下盘车杆或盘车棘轮扳手,恢复盘车保护罩,以确保盘车联锁复位;将柴油机模式旋钮转至"BLOW"位置;长按"START"按钮进行冲车。冲车时应观察示功阀处是否有异物喷出。若发现有异物喷出,应等待一小段时间(5 min)后再次冲车检查。若发现仍然有异物,则说明气缸内存在泄漏情况,应根据异物的性质(水、燃油或润滑油)进行针对性检查。

(4)起动

系统检查、盘车和冲车均无异常,则可以起动副机。起动的准备工作和操作主要包括:关闭示功阀;将油门控制杆转至"WORK"位置;将柴油机模式旋钮转至"LOCAL"位置;按下"START"按钮进行起动。该型副机采用气动马达起动。当转速达到 200 r/min 时,气动马达脱开并停止工作。

(5)起动后的检查

副机起动完成后,应对其工作状况进行检查。除了机旁控制面板上的运行参数之外,检查的项目还包括:测量油底壳油位;打开高压油泵保护罩检查是否存在燃油泄漏情况;检查废气涡轮增压运行情况;检查机带高温淡水泵、低温淡水泵和润滑油泵的运行情况(此时预润滑油泵应停止运转,由机带泵供给润滑油);检查润滑油自清洗滤器工作状况;通过声音和振动判断柴油机运行情况。检查无异常情况,将柴油机模式旋钮转至"REMOTE"位置。之后,可以在集控室进行并电操作。

2. 遥控起动

遥控起动是指在集控室发电柴油机控制屏上进行的起动操作。遥控起动需要具备的条件包括:机旁控制箱的选择开关置于"REMOTE"位置;柴油机满足起动条件。按下发电柴油机控制屏上的起动按钮即可进行遥控起动。虽然副机配备了遥控起动操作,但是使用频率不高。通常在副机短时间(8 h 之内)停车或测试遥控起动性能时,采用遥控起动方式起动副机。副机起动后,仍然需要进行机旁检查,检查项目与机旁起动相同。经检查无异常之后,可以在集控室进行并电操作。

3. 自动起动

自动起动是指副机按照船舶电站管理系统(Power Management System,PMS)的需求和指令进行的起动。自动起动需要具备的条件包括:机旁控制箱的选择开关置于"REMOTE"位置(即使在"LOCAL"位置,部分副机控制系统也允许自动起动);发电机控制屏的模式开关置于"自动"位置;柴油机满足起动条件。船舶电站管理系统发出起动指令的情况包括:起动大负载之前的重载询问(船舶克令吊和大型压载泵等会设置重载询问);运行机的负荷过高,达到设定值(比如运行机负荷已经达到 85%);运行机出现导致停机的故障(比如超速保护、润滑油低压、排烟温度过高、冷却水温度过高等)。自动起动是对电站需要的响应,起动完毕自动并电。副机自动起动后,仍然需要进行机旁检查,检查项目与机旁起动相同。

二、运转管理

副机运行中的主要检查项目与主机类似,也主要包括热力检查和机械检查。此处不再赘述。只有极少数船舶配备副机示功图测量装置。通常,副机仅使用爆压表测量其压缩压力和最大爆发压力,以判断各缸工作状况。

表 2-7 列出了"育鲲"轮副机运转时的主要温度、压力范围,运行中应注意调节各工作系统,保证主要参数满足要求。在运行中应尤为注意这些关键参数的变化。

表 2-7　"育鲲"轮副机运转参数

	正常值	报警(停车)值
负荷	100%	0~100 %
温度/℃		
滑油进机	63~67	80
滑油出机	比进机高 10~15	—
HT 出机	86~95	105(110)
HT 进机	比出机低 6~10	—
LT 进空冷器	35~50	—
扫气	45~70	75
HT 预热	60	—
压力/MPa		
滑油	0.40~0.50	0.30(2.0)
HT/LT 水泵进口	0.07~0.15	—
HT 进机	0.16+静压	0.10+静压
LT 进空冷器	0.16+静压	0.10+静压
燃油进机	轻柴油 0.4~0.7,燃料油 0.5·1.0	4

三、停车

停车是指副机由运行状态转变为停止状态的操作。停车主要包括保护性停车、应急停车、机旁停车、遥控停车和自动停车。

1. 保护性停车

不同于主机存在降速保护和停车保护,副机只有停车保护,以防止发生恶性事故。以"育鲲"轮副机为例,其停车保护主要包括:润滑油低压保护,当运行机润滑油压力低于 0.2 MPa 时自动停车;高温淡水高温保护,当高温淡水温度高于 110 ℃ 时自动停车;超速保护,当转速超过 115%额定转速(额定转速 1 000 r/min,超速设定值 1 150 r/min)时自动停车。

2. 应急停车

若副机出现恶性故障先兆或已经发生恶性故障,为了保护副机,应立即采取停车措施,称为应急停车。在集控室的发电柴油机控制屏和机旁控制面板上均设有应急停车按钮"EMERGENCY STOP"。该操作可能导致全船失电,所以需要在确保船舶安全的情况下进行。该情况下,一方面对故障副机采取应急停车保护,另一方面应立即起动备用副机。

3. 机旁停车

正常情况下,通过机旁控制面板上的"STOP"按钮进行的停车,称为机旁停车。根据电站负荷需求,发电机从电网解列后,在机旁控制面板将控制模式选择为"LOCAL",待柴油机空载运行 5~10 min 后,按下机旁控制面板上的"STOP"按钮停止柴油机运转。预润滑油泵自动起动运行。因为副机冷却水和润滑油大多由机带泵供给,所以,停机前使副机空载运行一段时间,可以使柴油机得到良好的冷却。通常,该停车方式主要用于副机检修后的运行检查。

4. 遥控停车

正常情况下,通过集控室发电柴油机控制屏上的"STOP"按钮进行的停车,称为遥控停车。根据电站负荷需求,发电机从电网解列后,待柴油机空载运行 5~10 min 后,按下发电柴油机控制屏上的"STOP"按钮停止柴油机运转。遥控停车需要机旁控制面板将控制模式选择为"REMOTE"位置。这是船上发电柴油机最为常用的停车方式。

5. 自动停车

当船舶电站模式选择为"自动"且副机的负荷低于设定值(比如 25%)时,船舶电站管理系统根据备用顺序自动解列一台运行机。解列之后,待柴油机空载运行一段时间(因设计而异,通常 5~10 min)后,副机自动停车。预润滑油泵自动起动运行。

第三章　船舶压缩空气系统

第一节　空气压缩机

　　压缩空气在船上的作用很多,主要包括:(1)起动柴油机,包括主机、副机和应急发电机;(2)作为主机的控制气源;(3)作为其他设备的控制气源,如供油单元、分油机、离心泵自吸装置、油水分离器和自清滤器等;(4)驱动汽笛;(5)驱动气动防火风闸和百叶窗;(6)控制快关阀的关闭动作;(7)杂用,例如压力水柜保压、吹扫零件和设备、驱动气动工具等。

　　空气压缩机(简称空压机)是产生压缩空气的动力设备,是压缩空气系统的核心。船上装设2台活塞式二级压缩式主空压机,1台辅助空压机和1台应急空压机。

一、空压机工作原理

　　二级压缩空压机按气缸布置形式可分为并列气缸式和级差式两类。如图3-1所示,"育鲲"轮空压机为并列气缸式结构,其低压级和高压级气缸单独布置,活塞由电机经双拐曲轴-连杆驱动。低压级活塞从上止点移至下止点过程中,缸内容积增加而压力降低,排气阀3关闭,吸气阀2开启,空气经滤器1进入气缸,此阶段为吸气过程。在活塞从下止点向上止点回行过程中,吸排气阀均关闭,缸内气体被压缩导致压力升高,直至压力升高到排气管内的压力,此阶段为压缩过程。然后,排气阀被顶开,活塞继续上行达到上止点过程中,缸内空气被排出,此阶段为排气过程。至此低压级完成一个工作循环。低压级排气经中间冷却器5进入高压级,高压级的工作过程与低压级类似,经历吸气、压缩和排气三个过程后,空气以更高的压力排至后冷却器,最后进入空气瓶。需要说明的是,低压级进行排气时,高压级应进行吸气,所以高、低压级的曲柄夹角为180°。

二、空压机的结构

　　"育鲲"轮设置4台空压机,主要异同点列于表3-1。

表3-1　空压机的结构形式和特点

名称	台数	级数和气缸布置形式	冷却方式	额定排气压力/MPa	排气量/(m³/h)	驱动方式
主空压机	2	2级直列	水冷	3.0	113	电动
辅空压机	1	2级V形	风冷	3.0	25	电动(应急)
应急空压机	1	2级级差	自然冷却	3.0	0.9 m³/行程	手动

1. 主空压机

主空压机为SPERRE HV2/200型,其工作系统如图3-2所示,结构如图3-3所示。

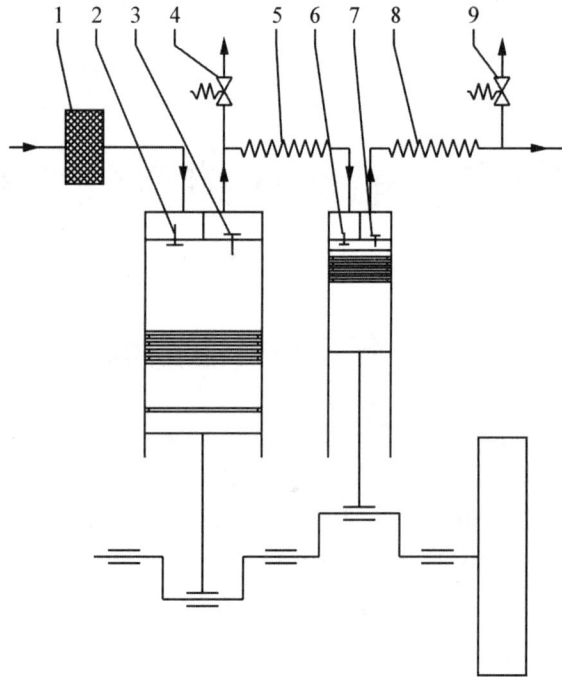

图 3-1 二级压缩空压机工作原理

1—滤器;2—低压级吸气阀;3—低压级排气阀;4—低压级安全阀;5—中间冷却器;6—高压级吸气阀;7—高压级排气阀;8—后冷却器;9—高压级安全阀

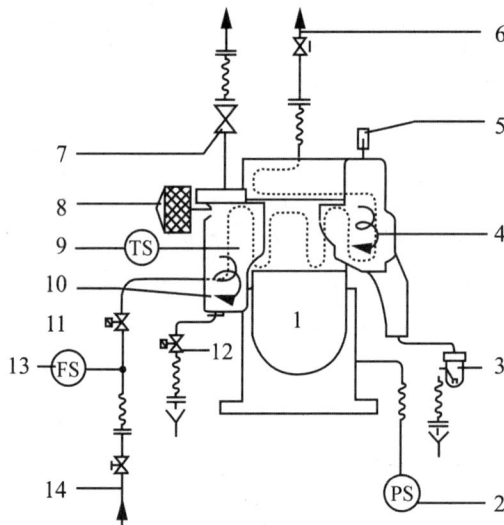

图 3-2 HV2/200 型空压机工作系统

1—空压机本体;2—滑油压力开关;3—低压级放残阀;4、10—气液分离器;5—温度计;6—冷却水出口;7—止回阀;8—吸气滤器;9—空气温度开关;11—冷却水电磁阀;12—高压级放残电磁阀;13—流量开关;14—冷却水进口

（1）工作系统

主空压机的工作系统主要包括空气系统、冷却系统和滑油系统。空压机底座采用弹性块连接到船体，工作时机体在一定幅度范围内振动。所以各工作系统与外界之间均采用柔性软管连接。

空气系统流程与图3-1相同。在中间冷却器后方设有气液分离器，将空气中的滑油和水分（残液）分离出一部分，向下流至低压级放残阀。该阀为浮球式自动阀，液位升高开启时，残液在空气压力的驱动下泄放。在后冷却器后方设置一个旋风式气液分离器，被分离出的残液经电磁阀12的控制泄放。在空压机起动和停车时，电磁阀12打开（会产生很大的气流声），这使得排气压力为大气压力，压缩机所需功率很小，称为空压机的卸载。在压缩空气出口，设置止回阀7以防止空压机停车时管路中的空气倒流。

冷却系统由船上的低温淡水系统提供。空压机工作时电磁阀11开启，冷却水依次流经后冷却器、缸套、中间冷却器和缸头。如果冷却水量不足，则流量开关控制压缩机停车。冷却水温度可通过温度计5观察。

滑油系统采用压力式润滑，机带滑油泵从曲轴箱吸入滑油，提高滑油压力后，经滤器将滑油送至主轴承、连杆轴承和活塞等处进行润滑。滑油系统装设压力开关2以保证足够的滑油压力。

（2）结构

HV2/200型空压机的主要参数为：低压级活塞直径200 mm，高压级活塞直径93 mm，行程110 mm，转速725 r/min，功率20.6 kW。

曲轴箱内储存一定量的滑油，油位可通过油尺12测量或通过观察镜观察。曲轴自由端驱动齿轮滑油泵。曲轴和连杆内部有钻孔，作为压力润滑的油道。低压级活塞上设有2道压缩环、刮油环2道和1道布油环；高压级活塞上设有4道压缩环和1道布油环。

中间冷却器和后冷却器均为壳管式，冷却器后部均设置气液分离器以便分离出残液。低压级安全阀开启压力为0.9 MPa，高压级安全阀开启压力为3.15 MPa。

气阀是空压机最重要的易损件，其工作性能直接影响压缩机的容积流量和效率。气阀应满足关闭严密、启闭及时、阻力小、结构简单及安装维护方便等要求。如图3-4所示，气阀主要包括阀座1、阀片2、弹簧片4和阀盖5等，这些部件用螺栓和螺母固定为一个总成，以便整体拆装检修。阀座内设多个通道供气体流通。阀片靠弹簧片的弹力压紧在阀座上保持关闭，靠上下气体压力差开启。阀盖5兼作阀片升程限制器。

图3-4（a）所示的低压级吸气阀上部带有卸载机构。在机旁手动控制时，应将卸载手柄（图中未示出，参照图3-3中16）搬到垂直位置，然后起动空压机。此时卸载机构6被压向下，强制顶开吸气阀片2，空气经吸气阀吸入和排出，不会被压缩，即卸载起动。待电机达到额定转速后，再将卸载手柄搬到水平位置，转入正常压缩过程。

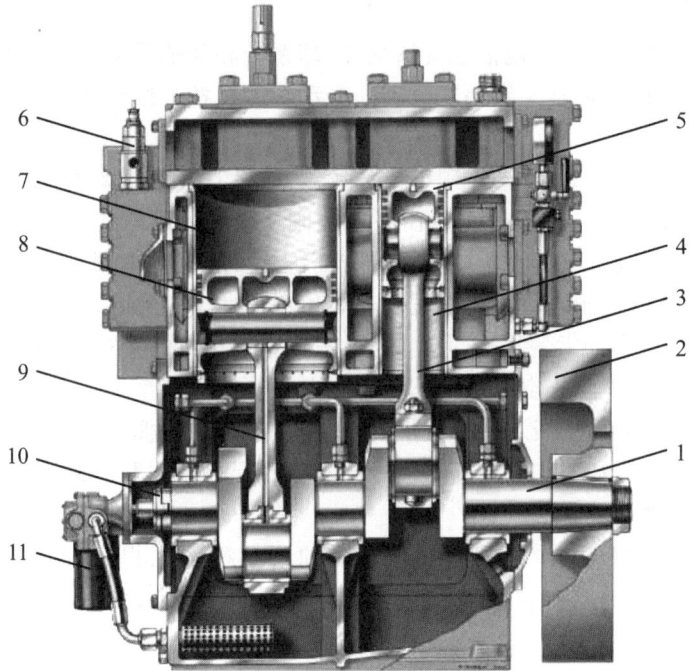

(a)横剖面图

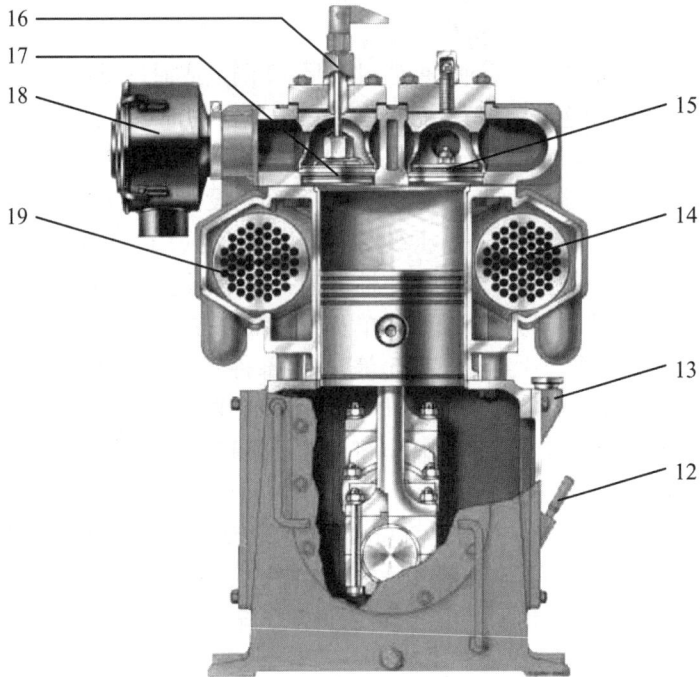

(b)纵剖面图

图 3-3　HV2/200 型空压机结构图

1—曲轴;2—飞轮;3—高压级连杆;4—高压级气缸;5—高压级活塞;6—高压级安全阀;7、8—低压级活塞;9—低压级连杆;10—滑油泵;11—滑油滤器;12—油尺;13—呼吸器及加油口;14—中间冷却器;15—低压级排气阀;16—卸载机构;17—低压级吸气阀;18—吸气滤器;19—后冷却器

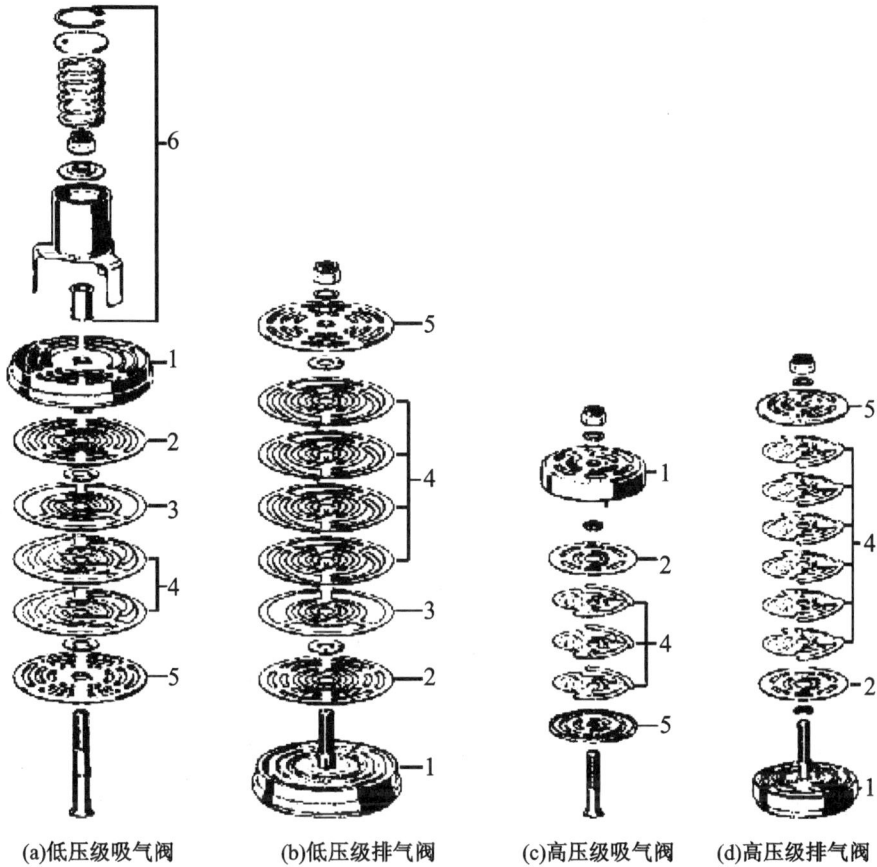

(a)低压级吸气阀　　　(b)低压级排气阀　　　(c)高压级吸气阀　　(d)高压级排气阀

图 3-4　空压机的气阀

1—阀座;2—阀片;3—缓冲片,4 —弹簧片;5—阀盖;6—卸载机构

(3)起停控制

空压机有机旁/遥控两种控制模式,遥控有手动/自动两种控制方式。通常,通过将机旁控制箱上的模式旋钮置于遥控模式,通过集控室控制台上的空压机控制板选择自动或手动控制方式。因"育鲲"轮采用变距桨,主机不必频繁起动,所以用气量小,一台空压机即可满足用气量需求。通常将一台主空压机选择自动,另一台选择停止,必要时可手动起动。

当选择遥控-自动控制时,如图 3-5 所示,压力开关的波纹管经传压管 A 感受主空气瓶的压力,控制触点 1、2 的闭合或开启。如果空气瓶压力较高,则波纹管向上伸长,经连接杆将触头向上顶起,触点 1、2 开启,控制箱据此信号停止电机运转。随着空气瓶对外供气,压力逐渐降低到某一压力时(称为压力开关的下限,例如 2.2 MPa),波纹管经连接杆将触头向下拉动,触点 1、2 闭合,控制箱据此信号起动电机,空压机向空气瓶充气。当空气瓶压力升高到某一压力时(称为上限,例如 3.0 MPa),压力开关触点开启,空压机停车。

压力开关的上限和下限之差称为幅差。幅差过大会造成供气压力不足,幅差过小则会导致空压机起停频繁。

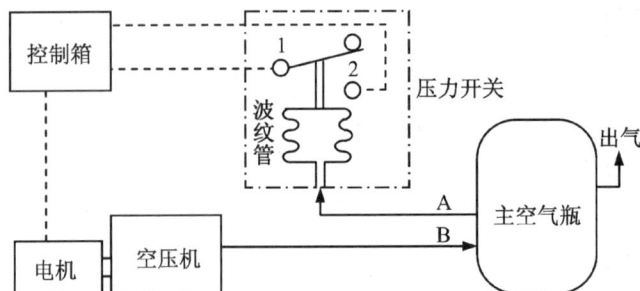

图 3-5　空压机自动起停控制原理图

2. 辅空压机

辅空压机为 SPERRE HL2/77 型,气缸呈 V 形布置,采用强制对流空气冷却,结构如图 3-6 所示。辅空压机电机由应急配电板供电。

为增加换热效果,气缸外表面设置肋片。中间冷却器和后冷却器均为铜质翅片管,每个冷却器大约绕空压机本体 1 周。冷却风扇设置在电机和空压机的联轴器处,空气从电机侧流向空压机侧,重点对中间冷却器和后冷却器散热。

辅空压机无手动卸载阀。通过设置在气液分离器底部的电磁放残阀开启的方法进行卸载。润滑系统采用飞溅润滑。

3. 应急空压机

应急空压机为 SPERRE HLH/119 型,高压段活塞直径为 50 mm,低压段活塞直径为 120 mm,活塞行程 80 mm。空压机安装在附属空气瓶上,通过手柄 8 手动操作,结构如图 3-7 所示。

4. 螺杆式空压机

螺杆式空压机只有转子的相互啮合,无气缸的往复运动,振动小、噪声低,无易损件。主副转子间以及转子与机体外壳间精密配合,回流泄漏小,效率高。例如某船采用型号为 TMC22-9EA 螺杆式空压机作为工作空压机。

三、空压机的操作和管理

1. 起动

在初次起动前以及长时间不运转以后,按下述步骤进行操作:

(1)检查润滑油油位及品质,判断是否被水或其他异物污损。

(2)检查空压机阀门,并用滑油润滑气缸。

(3)手动打开低压级吸气阀上的卸载装置,并手动盘车检查其是否有卡阻。检查无异常复位卸载装置。

(4)检查压缩机和空气瓶之间管路以及冷却水管路的阀门是否在工作位置。

(5)如上述一切正常,允许在压缩机达到最大工作压力前运转几分钟。

2. 运转

在压缩机正常运转时,压力和温度应在规定范围内,这些参数可自动检测,例如由压力开关检测滑油压力、温度传感器检测冷却水和空气温度等,但应定期对自动功能进行检测。压缩空气总在系统中产生一些冷凝水,因此应经常检查压缩机的低压和高压冷却器泄放

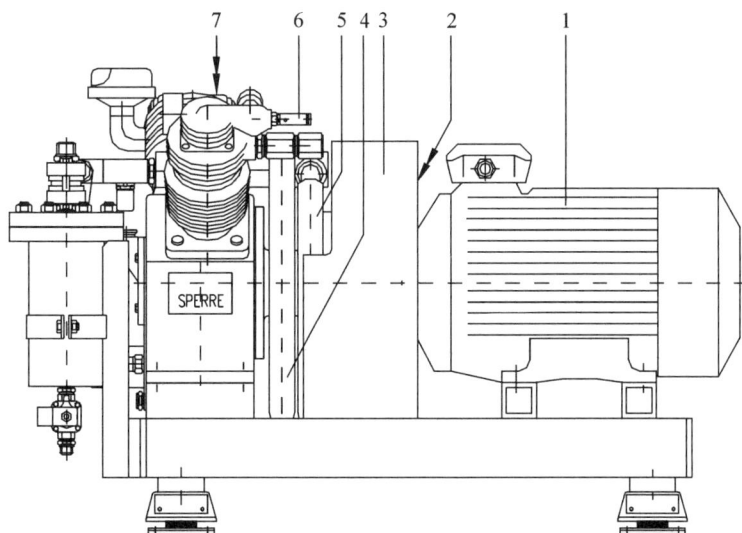

（a）横向视图

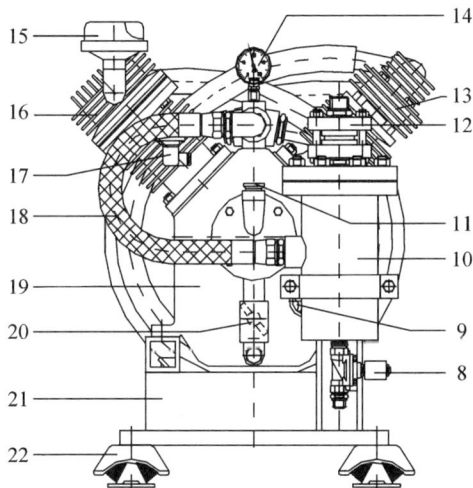

（b）轴向视图

图 3-6　SPERRE HL2/77 型空压机外观图

1—电机；2—风扇；3—保护罩；4—中间冷却器；5—后冷却器；6—低压级安全阀；7—高压级安全阀；8——放残阀；
9—观察镜；10—气液分离器；11—呼吸器及加油口；12—止回阀；13—高压级气缸；14—压力表；15—吸气滤器；
16—低压级气缸；17—温度开关；18—软管；19—本体；20—油位开关；21—底座；22—减振块

旋塞。

3. 停止

（1）手动开启压缩机吸气阀卸载装置。

（2）打开放残阀。

（3）停止压缩机。

4. 日常保养

空压机运行 200 h 后要检查底座螺栓、更换滑油。

每天都要检查的项目包括：滑油压力、滑油液位、冷却水压力、冷却水温度、冷凝水泄放、

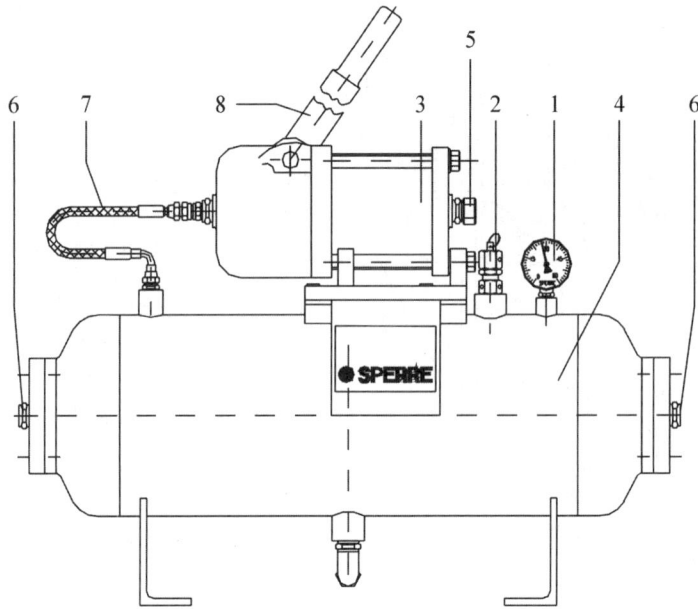

图 3-7　SPERRE HLH/119 型空压机外观图

1—压力表;2—安全阀;3—机体;4—空气瓶;5—吸气阀;6—空气出口;7—软管;8—手柄

自动控制功能等。根据说明书规定时间检查高、低压吸排气阀,安全阀,管路接头等,若有损坏及时更换;更换滑油,清洗滑油滤器及空气滤器;检查联轴器、主轴承等;通过阀孔检查气缸和活塞状况,若有必要须吊缸进行检查并更换损坏部件。

四、典型案例分析

该型空压机为直列双缸、单作用、水冷型空压机,滑油牌号为 CASTROL AIRCOL PD 100。在空气潮湿的季节,该空压机滑油乳化严重,甚至换新的滑油使用 1 天就发生乳化,不得不频繁更换滑油。这不仅导致工作量增加和滑油浪费,而且易引发缸套磨损、轴瓦烧蚀等严重故障。

1. 空压机滑油乳化机理及原因分析

滑油乳化需要具备三个条件:

(1)具有互不相溶或不完全相容的两种液体;

(2)具有乳化剂;

(3)具有形成乳化液的能量,如强烈的搅拌、循环、流动等。

对于空压机而言,滑油乳化不相容液体主要是液态水。CASTROL AIRCOL PD 100 滑油中的添加剂如抗氧化剂和防锈剂等都是表面活性剂,这些物质对滑油和水均具有一定的亲和能力,是不可避免的乳化剂。空压机滑油主要润滑主轴承、连杆大端轴承、活塞销座等运动部件,滑油不断地循环、流动,并通过飞溅润滑气缸套,在运行过程中具备了形成乳化的能量。因此对空压机而言,滑油乳化的三个必要条件中,条件(2)、(3)是必然存在的,只有条件(1)属于可控条件,因此只要防止液态水进入滑油中,便可防止滑油乳化。换言之,空压机滑油乳化必然是由液态水进入滑油而导致的。导致滑油乳化的液体水的来源主要包括两方面:一方面是冷却水泄漏;另一方面是潮湿空气的冷凝水。冷却水泄漏的原因主要包括:

气缸套冷却腔裂缝、气缸盖冷却腔裂缝、气缸盖密封垫损坏、低压冷却器裂缝。以上故障均会导致冷却水进入气缸内,泄漏严重时导致液击,进而损坏连杆和曲轴;泄漏量较小时,液态水经活塞环搭扣间隙以及活塞环的刮油作用进入曲轴箱。曲轴箱内空气冷凝水是导致空压机滑油乳化的主要原因。空气冷凝水产生的部位不局限于曲轴箱,在低压级气缸和高压级气缸也有可能产生冷凝水。以高压级气缸为例进行分析:经过低压冷却器冷却后,饱和空气进入高压级气缸;空气在高压级气缸压力升高,其压力露点升高,如果气缸套温度低于该压力露点就会发生冷凝。影响空气冷凝水产生的主要因素包括:空气含湿量、空气压力和腔室壁面温度。对于在曲轴箱可能发生的冷凝,对于低压级气缸和高压级气缸,空气含湿量和缸内压力是不可控的,只能通过控制冷却水流量和温度以提高缸套内壁温度来防止产生空气冷凝水。

2. 空压机滑油乳化故障的排除

根据由简单到复杂的故障排除原则,在检查低压泄放阀及换新空气吸入滤器均未能解决滑油乳化问题的情况下,先后采取了以下措施:

(1)调节冷却水流量,空压机冷却水进出口阀为截止阀,将冷却水的进出口阀关小,空压机滑油乳化现象并未解决。由于冷却水进口安装有流量开关,冷却水流量过小时,流量开关无法闭合,空压机自动停车。笔者在保障空压机运行的情况下,尽可能地降低冷却水流量,仍然未能解决空压机滑油乳化的问题。

(2)改造曲轴箱呼吸器,取下曲轴箱呼吸器,换以透气量大的透气弯管。空压机滑油乳化问题仍然没有解决。

(3)吊缸检查,在改造曲轴箱呼吸器时,发现透气弯管处明显能感觉到大量空气流出。对空压机进行吊缸检修,缸套内径、活塞环搭扣间隙均在说明书要求的范围之内。换新活塞环之后,空压机滑油乳化问题仍然存在。

(4)提高冷却水温度,木轮采用中央冷却系统,低温淡水的温度设定在 30 ℃ 左右。在夏季,为保障伙食冰机和空调制冷压缩机的冷却效果,低温淡水的温度控制在 30 ℃ 以下。而该型空压机要求冷却水进口最低温度为 30 ℃。在机舱温度为 38 ℃,相对湿度为 60% 的情况下,将低温淡水温度调至 30.5 ℃,新换的滑油仍然出现了乳化现象。进一步提高低温淡水温度至 32 ℃,乳化的滑油开始变得清澈,滑油乳化的问题得以解决。为防止空压机滑油乳化,要求值班人员定期检查空压机滑油乳化情况,在防止滑油乳化的情况下尽可能降低低温淡水温度以满足其他设备冷却的需要。

进一步分析该型空压机的结构,可以发现,其缸套冷却水腔位置较低。在气缸套的下部,空气压缩产生的热量较少,而冷却水的温度较低(水自下而上流动),导致气缸套下部温度最低。当活塞上行时,曲轴箱内湿空气在气缸套下部形成冷凝水;当活塞下行时,将冷凝水刮落至曲轴箱。这一点可以通过气缸套下部及连杆上的锈迹得以佐证。降低冷却水量难以提高气缸套下部的温度,所以降低冷却水量无法解决空压机乳化问题。基于以上分析,可改进空压机气缸套冷却水腔设计,在保障气缸套机械性能的前提下,仅对气缸套上部进行冷却,以提高气缸套下部温度,防止湿空气产生冷凝水。

第二节　压缩空气系统

压缩空气系统主要包括空压机、空气瓶、减压阀和安全阀等设备和管路。其作用是向用气设备提供压力和流量等参数符合要求的压缩空气。系统共设 10 个空气瓶，其设置情况和主要参数列于表 3-2。

表 3-2　空气瓶设置情况和主要参数

名称	数量	容积 /m³	工作压力 /MPa	设置场所
主空气瓶	2	1.25	3.0	主机舱底舱
辅空气瓶	1	0.25	3.0	辅机舱底舱
控制空气瓶	1	0.1	0.8	主机舱底舱
烟囱气动百叶窗及防火风闸控制气瓶	1	0.1	1.0	消防控制站
快关阀控制空气阀	1	0.5	0.7	消防控制站
汽笛空气瓶	1	0.1	1.0	艇甲板机舱棚
杂用空气瓶	1	0.5	1.0	主机舱底舱
应急空气瓶	1	0.1	3.0	应急发电机室
应急空压机附属空气瓶	1	0.03	3.0	应急发电机室

图 3-8 为压缩空气系统原理图。主空气瓶可以向船舶所有用气设备提供压缩空气。两个主空气瓶一个工作，另一个蓄气备用。每个主空气瓶设置一个带截止止回阀的进气管和两个出气管。较粗的出气管（管路Ⅰ，$\phi76 \times 3.0$）提供主机、辅机起动用气，或经管路Ⅲ向应急空气瓶供气；较细的出气管（管路Ⅱ，$\phi48 \times 3.0$）经减压阀组和控制空气干燥器向主机提供控制空气（B）和紧急停车空气（C），或经减压站向其他设备供气。控制空气干燥器采用制冷压缩机组将空气冷却到 2~5 ℃，以彻底凝结出其中的残液并泄放，确保主机控制系统用气的清洁。

减压站由进出口截止阀、滤器、减压阀、安全阀和压力表等元件构成。第一组减压站出口压力为 0.7 MPa，向主机增压器清洗机构（AP）、快关阀控制空气瓶、控制空气瓶、烟囱气动百叶窗及防火风闸控制气瓶等处供气。第二组减压站出口压力为 1.0 MPa，向汽笛空气瓶、杂用空气瓶等处供气。杂用空气瓶出口设置 0.4 MPa 的减压站，向全船提供杂用空气，主要包括日用海水压力水柜、淡水压力水柜、饮用压力水柜及机舱和甲板舱室杂用；另外还有一路压缩空气接到海底阀箱，可对附着在格栅上的淤泥和海底生物进行吹除，特别是在比较脏的浅水航道，可以防止格栅被突然脏堵，造成冷却水断流或流量不足。

空气瓶均设置安全阀，其中主、辅空气瓶因为压力高、容积大，安全阀放气口通过管路连接到烟囱顶部，以防伤及人员。其他空气瓶安全阀则就地放气。此外，虽然空压机各级设置放残阀，但压缩空气中仍然会含有少量残液，所以空气瓶也设置放残阀，应定期打开放残以保持压缩空气的清洁。未经良好放残的压缩空气会导致系统元件腐蚀、结垢、堵塞等。

因为空气无污染、资源丰富，所以压缩空气系统采用开式系统，压缩空气被使用完泄压后即直接释放到大气。

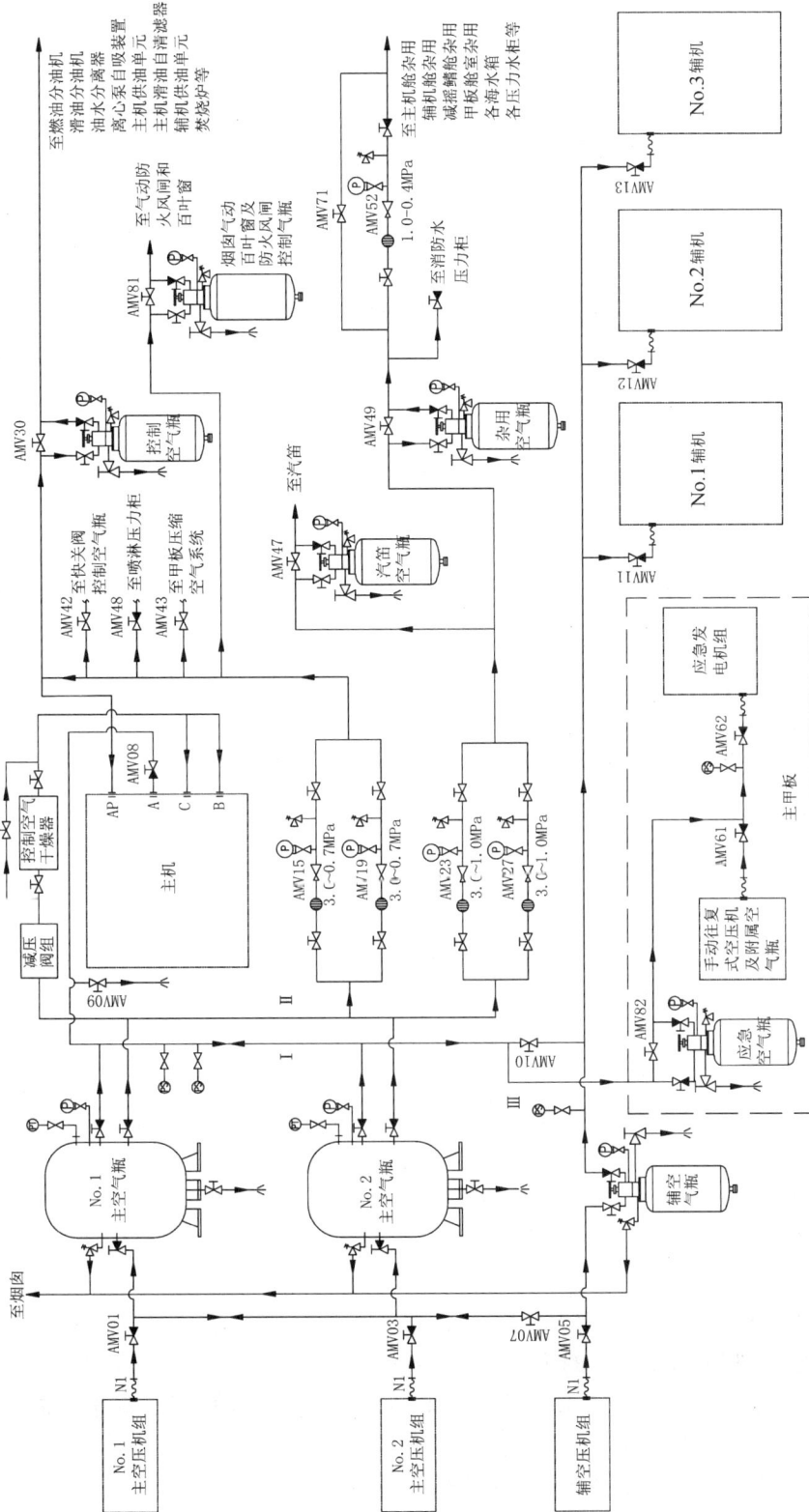

图3-8 压缩空气系统原理图

第四章　船用泵

第一节　船用泵总述

一、泵的用途

在船上,泵用来输送燃油、滑油、海水、淡水、污水等液体,从而提高其位能、动能或压力能。从本质上讲,泵用于提高液体的机械能。

根据船用泵的用途不同,可分为如下三大类:

(1)船舶动力装置用泵,用来保证主机、发电柴油机、锅炉以及其他辅助设备的正常运行。一般包括主海水泵、燃油泵、滑油泵、冷却水泵、液压泵以及各种驳运泵、给水泵等。

(2)船舶安全和生活设施用泵,一般包括压载水泵、舱底水泵、消防水泵、日用海/淡水泵等。

(3)特殊船舶的专用泵,如油船的货油泵、挖泥船的泥浆泵等。

二、泵的分类

按照工作原理,船用泵主要分为三类,即容积式泵、叶轮式泵和喷射式泵。

1. 容积式泵

容积式泵靠工作部件的运动造成工作容积周期性的增大和缩小,从而吸排液体,并靠工作部件的挤压增加液体的压力能。根据运动部件的运动方式不同,容积式泵可分为往复泵和回转泵。回转泵主要有齿轮泵、螺杆泵和叶片泵等。

2. 叶轮式泵

叶轮式泵靠叶轮带动液体高速回转,从而把机械能传递给所输送液体。根据叶轮和流道机构的不同,叶轮式泵主要有离心泵、旋涡泵和轴流泵等。

3. 喷射式泵

喷射式泵靠工作流体产生的高速射流引射流体,再通过动量交换而使被引射流体的能量增加。

后两类非容积式泵亦称为动力式泵,是指靠增加流体动能而使流体能量增加的泵。

此外,还可以根据泵轴位置的不同将泵分为立式泵和卧式泵;按驱动方式,分为电动泵、机带泵(如某些发电柴油机的滑油泵和冷却水泵)、手摇泵、汽轮机泵(如某些油船的货油泵)和柴油机驱动泵(如某些船上的应急消防泵)等。

船用泵的类型繁多,本章将介绍几种比较常用的泵,包括往复泵、齿轮泵、螺杆泵、叶片泵、离心泵、旋涡泵和喷射泵。

三、泵的主要参数

在泵的铭牌上,一般会标示出流量、扬程(或排压)、转速、功率等主要性能参数,如表 4-1 所示。

表 4-1　泵的主要性能参数

序号	参数名称	表示方法	单位
1	流量	体积流量:Q	m^3/s 或 m^3/h
		质量流量:G	kg/s
2	扬程	H	m
3	排压	p_d	MPa
4	转速	n	r/min
5	功率	P_e	W
6	允许吸上真空高度	H_s	MPa
		NPSHR 或 $[H_s]$	m

第二节　往复泵

一、往复泵的工作原理和结构

往复泵属于容积式泵,其对液体做功的主要部件是做往复运动的活塞或柱塞,因做往复运动部件的不同,也可分别称为活塞泵或柱塞泵。图 4-1 所示为单缸活塞式往复泵的工作原理。

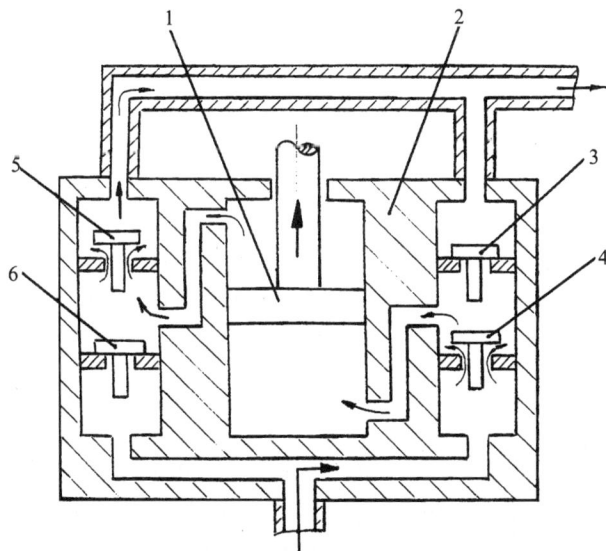

图 4-1　单缸活塞式往复泵的工作原理
1—活塞;2—泵缸;3,5—排出阀;4,6—吸入阀

如图 4-1 所示,活塞 1 将泵缸 2 分隔成上、下两个空间,泵缸上腔通左边阀箱的小室,泵缸下腔通右边阀箱的小室。

当活塞向上运动时,泵缸下腔容积不断增大,压力降低,形成一定的真空度,与其相通的右边阀箱的小室也形成一定的真空度,使排出阀 3 关闭,吸入室中的液体(泵刚起动时为空气)在大气压力的作用下顶开吸入阀 4 进入泵缸下腔,即泵缸下腔吸入液体;与此同时,泵缸上腔的容积不断减小,压力升高,与其相通的左边阀箱的小室内压力也升高,使吸入阀 6 关闭,排出阀 5 打开,液体(泵刚起动时为空气)经排出管排出,即泵缸上腔排出液体。

当活塞向下运动时,泵缸上腔容积不断增大,压力降低,形成一定的真空度,与其相通的左边阀箱的小室也形成一定的真空度,使排出阀 5 关闭,吸入室中的液体在大气压力的作用下顶开吸入阀 6 进入泵缸上腔,即泵缸上腔吸入液体;与此同时,泵缸下腔的容积不断增大,压力升高,与其相通的右边阀箱的小室压力也升高,使吸入阀 4 关闭,排出阀 3 打开,液体经排出管排出,即泵缸下腔排出液体。

往复泵在活塞每一往复行程中吸排液体的次数,称为往复泵的作用数。图 4-1 所示的往复泵每个往复行程活塞两侧各吸排一次,为双作用泵。此外还有单作用泵、三作用泵(有三个单作用泵缸)和双缸四作用泵等常用类型。

目前,在船上大多使用电动往复泵作为舱底水泵,现以某船日用舱底泵组为例介绍往复泵的一般结构,型号为 2DSL-10/0.3,其中各数字和字母所代表含义为:2——双缸;D——电动;S——水泵;L——立式;10/0.3——排量 10 m^3/h,排出压力 0.3 MPa。它主要由电动机、减速箱、曲柄连杆机构、泵缸、活塞及活塞环、泵阀、润滑油泵等组成。

1. 活塞和活塞环

活塞是往复泵的易损件之一。活塞上有两道活塞环,它用久后因磨损而在缸内的开口间隙超过规定值,弹性下降,密封性变差,应换新。往复式舱底水泵的活塞环常用夹布胶木制成,浸水后会膨胀,新换时应先在热水中浸泡一段时间,待其变软后取出将开口撑开,等冷却后放入缸内及环槽内,检查各间隙值合适才使用。

2. 泵缸和缸套

泵缸由灰铸铁浇铸,内镶青铜缸套,可防海水腐蚀,也便于修理或更换。泵缸、阀箱等受压零件应进行水压试验,试验压力为安全阀排放压力的 1.5 倍。试验时间 ≮5 min,不应有渗漏现象。

3. 填料函

往复泵活塞杆运动速度不高,一般采用软填料轴封,在活塞杆的伸出处设有填料函。填料安装应松紧适当,应允许有少量液体滴漏,以润滑和冷却活塞杆。当软填料因磨损而泄漏量增加时,可均匀地压紧填料压盖。如果填料磨损太多,压紧压盖也不能减轻泄漏,即应更换。装填料时各圈的切口应错开。

4. 润滑油泵

本例中往复泵由泵轴自由端带动齿轮润滑油泵,实现压力润滑,来保证泵轴两端支承在曲轴箱上的主轴承、连杆两端轴承和十字头的润滑。轴承温度应 ≯70 ℃。滑油压力一般为0.08~0.12 MPa,油温一般 ≯70 ℃。新装的或大修后的往复泵应防止接线相序不对而反转。反转虽然不会使泵吸排方向改变,但会影响飞溅润滑的效果,还可能因滑油泵反转而无法供油。

5. 安全阀

往复泵必须设安全阀,能在排出压力过高时自动开启,使排出室和吸入室相通。

6. 泵阀

往复泵的水阀,无论是吸入阀还是排出阀,常安设在一个与缸体相连的阀箱中。在每一阀箱中都设有两个水阀,下部为吸入阀,上部为排出阀。水阀的构造种类较多,应用比较广泛的是盘阀,主要由阀盘、阀座、弹簧、升程限制器等组成。

二、往复泵的主要特点

(1)有较强的自吸能力。自吸能力,指泵靠自身即有抽出泵内及吸入管路中的空气,从而将液体从低于泵的地方吸入泵内的能力。

(2)流量取决于泵的结构参数和转速,与工作压力无关。因此,往复泵在调节流量时,不能采用节流调节(调节排出阀的开度),只能采用旁通调节或变速调节。至于柴油机高压油泵所普遍采用的柱塞式往复泵(柱塞上带有斜槽),可通过调节柱塞的有效行程来改变流量。

(3)排压与泵的尺寸和转速无关,主要取决于泵的密封性能和承载能力等。因此,往复泵的出口一般需要装设安全阀,且泵起动前排出阀要尽可能全开。

上述几点是容积式泵共同的特点。此外,往复泵还有自身特点如下:

(1)往复泵流量不均匀,排压波动较大。

(2)泵阀易磨损,对输送液体的洁净程度较敏感。

(3)结构复杂,易损件多。

三、往复泵的用途

由于往复泵结构复杂、造价较高、维护管理不便,在船舶中的地位逐渐被离心泵所取代。但由于其较强的自吸能力,在舱底水泵和油船扫舱泵中还有所应用。"育鲲"轮日用舱底水泵所采用的便是双缸四作用电动活塞式往复泵。而某些要求流量小、排压高的泵,如柴油机的高压油泵和气缸注油器等,则普遍采用柱塞式往复泵。

第三节 齿轮泵

一、齿轮泵的工作原理

齿轮泵为常用的回转式容积泵,其主要工作部件是互相啮合的齿轮。根据啮合方式的不同又可分为外啮合式和内啮合式两类。下面将介绍常用的外啮合直齿齿轮泵的工作原理。

图 4-2 所示为外啮合直齿齿轮泵的工作原理。在泵体内平行地安装着主动齿轮和从动齿轮,由原动机带动旋转。由于齿轮的齿顶与泵体内壁的间隙、齿轮端面和侧板的间隙都很小,主动齿轮和从动齿轮又互相啮合,因此在泵体内形成两个空间——吸油腔和排油腔。吸、排油腔分别与吸入管、排出管相连接。当齿轮泵按图图 4-2 所示方向转动时,啮合点右侧的空间为吸油腔,左侧的空间为排油腔。

在吸油腔,互相啮合的齿逐渐退出啮合,空间增大,形成局部真空,油箱中的油液在大气压力下进入吸油腔,充满由于轮齿脱开啮合时所增大的空间。随着齿轮的旋转,一个个吸满油的齿间陆续转过吸油腔,并沿泵体内壁将油液送至排油腔。在排油腔,各个轮齿依次进入啮合,彼此占据了相应的齿谷空间,将齿谷中的油液挤出,从排出口排出。

在船上常见的齿轮泵种类有:外啮合齿轮泵、内啮合齿轮泵和转子泵。外啮合齿轮泵常用作驳油泵,现以某船燃油驳运泵为例,介绍一下基本结构。型式为 NHG-20MT,卧式齿轮泵,排量为 20 m³/h,进口压力为-0.05 MPa,出口压力为 0.55 MPa,转速为 1 450 r/min。它主要由主动齿轮、从动齿轮、安全阀、轴封、吸排口等组成。为了防止油液外漏,在主动轴出轴端盖处设有轴封,常见的轴封有机械轴封和油封,详见第九节。内啮合齿轮泵主要由齿环、齿轮、月牙形隔板等组成,齿环与右侧的圆盘和泵轴做成一体;左侧的底盘上有月牙形隔板和与泵轴偏心的短轴,短轴上面套着齿轮。当泵轴带齿环转动时,与齿环呈内啮合的齿轮随之转动,产生吸排作用,工作原理与外啮合齿轮泵类似。

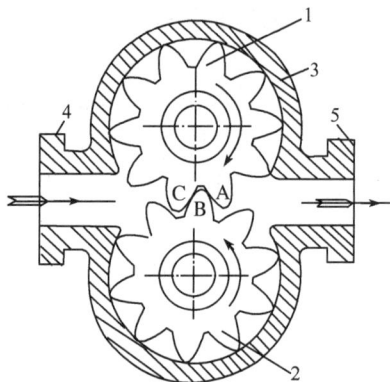

图 4-2 外啮合直齿齿轮泵的工作原理
1—主动齿轮;2—从动齿轮;3—泵体;4—吸入口;5—排出口

转子泵是一种有摆线齿形的内啮合齿轮泵,其外转子比内转子多一个齿,两者的圆心 O_2、O_1 偏心,转向相同,转速不同。转子相邻两齿的啮合线与前盖、后盖形成若干个密封腔。转轴带内、外转子转动时,密封腔的容积发生变化,通过前、后盖上的吸、排口即可吸、排油。

二、齿轮泵的困油现象

外啮合齿轮泵的齿轮,一般都采用模数已标准化的渐开线齿轮。齿轮泵为了运转平稳,要求齿轮的重叠系数大于1。因此,齿轮泵工作时总是在前一对啮合齿尚未完全脱离啮合时,后一对齿便已经进入啮合。于是,在部分时间内,相邻两对齿会同时处于啮合状态,它们和端盖之间就形成一个封闭空间,使一部分油液困在其中,而这个封闭空间的容积 V 又将随着齿轮的转动而变化(先缩小,后增大),从而产生困油现象。

由于液体的可压缩性很小,所以,当封闭容积 V 减小时,其中液体受到挤压,压力急剧升高,油液将从零件密封面的缝隙中被强行挤出,产生噪声和振动,并使轴承受到很大的径向力,功率损失增加。而当封闭容积 V 增大时,又将使油液中产生气泡,使泵的容积效率降低,噪声变大和振动加剧。可见,困油现象对齿轮泵的工作性能和使用寿命都是有害的。

为解决困油现象,目前,齿轮泵一般都开有泄荷槽,即在与齿轮端面接触的两端盖内侧,各挖两个矩形凹槽,以便将封闭容积 V 与排出口或吸入口相通。

采用斜齿轮(或人字齿轮)的齿轮泵,当一端的一对齿进入啮合时,其所形成的封闭容积的另一端即将脱开,故可避免困油现象。

三、齿轮泵的主要特点

(1)有一定的自吸能力,但不如往复泵。

(2)流量取决于工作部件的尺寸和转速,与排压无关。

(3)排压与工作部件的尺寸和转速无关,主要取决于泵的密封性能和轴承的承载能力,一般需要设置安全阀。

(4)流量连续,但有脉动。

(5)结构简单,价格低廉,易损件少,工作可靠。

四、齿轮泵的用途和常见故障分析

因齿轮泵的摩擦面较多,故适用于输送不含固体颗粒并具有润滑性的油类。在船上,齿轮泵一般用作排出压力不高、流量不大,以及对流量和排压的均匀性要求不高的油泵,如燃油驳运泵、滑油泵等,而液压泵也越来越多地采用高压齿轮泵。

在"育鲲"轮上,燃油驳运泵、滑油驳运泵以及部分液压油泵,均采用了齿轮泵。

对齿轮泵常见故障的分析如下:

1. 起动后不能排油或流量不足

不能建立足够大吸入真空度的原因有:

(1)密封间隙过大,内漏严重;

(2)新泵及拆修过的泵齿轮表面未浇油,难以自吸;

(3)泵转速过低(一般 $n<200\sim300$ r/min 时 η_{v} 太低,不能正常工作)、反转或卡阻;

(4)吸入管漏气或吸口露出液面。

有较大吸入真空度而不能正常吸入的原因有:

(5)吸高太大(液压泵一般 $\not> 500$ mm);

(6)油温太低,黏度太大;

(7)吸入管路阻塞,如吸入滤器脏堵或公称流量太小、吸入阀未开等,此外也可能是:

(8)油温过高或吸入油中的气泡太多,产生"气穴现象";

属于排出方面的问题有:

(9)排出管泄漏或旁通,安全阀或弹簧太松;

(10)排出阀未开或排出管滤器堵塞,安全阀顶开。

2. 工作噪声太大

原因可分两类:

(1)液体噪声,是由漏入空气或产生气穴现象而引起,后者可见前条(5)至(8)项;

(2)机械噪声,可能是与原动机对中不良,滚动轴承损坏或松动,安全阀跳动,齿轮磨损严重而啮合不良,齿轮在轴上的键松动,泵轴弯曲或因加工、安装不良引起泵内机械摩擦等。

3. 泵磨损太快

主要原因有:

(1)油液含磨料性杂质;

(2)长期空转;

（3）排出压力过高，泵轴变形严重；

（4）装配失误引起中心线不正。

其他容积式泵故障分析可参照齿轮泵进行排查。

第四节　螺杆泵

一、螺杆泵的工作原理

螺杆泵也是常用的回转式容积泵，其利用螺杆的回转来吸排液体。根据螺杆数目的不同，可分为单螺杆泵、双螺杆泵、三螺杆泵和五螺杆泵等。在船上，单螺杆泵和三螺杆泵应用得较为普遍，下面分别加以介绍。

1. 单螺杆泵的结构和工作原理

图 4-3 所示为单螺杆泵的结构原理图。其转子部分由三段组成，分别为螺杆 2、万向轴 3 和动力轴 4，三者之间分别由两段挠性联轴器 6 连接。在工作过程中，转子会在泵缸 1 中产生摆动。螺杆和泵缸的啮合能将吸入口 A 和排出口 B 完全隔开。当泵运转时，螺杆与泵缸之间与吸入口 A 相通的工作容积不断增大而吸入液体，然后形成与吸入口隔离的密闭容积，继而左移与排出口 B 相通，该空间容积又不断减小而排出液体。机械轴封 5 用于防止泵内液体过多的向外泄漏。机械轴封是旋转轴广泛使用的一种密封方式。

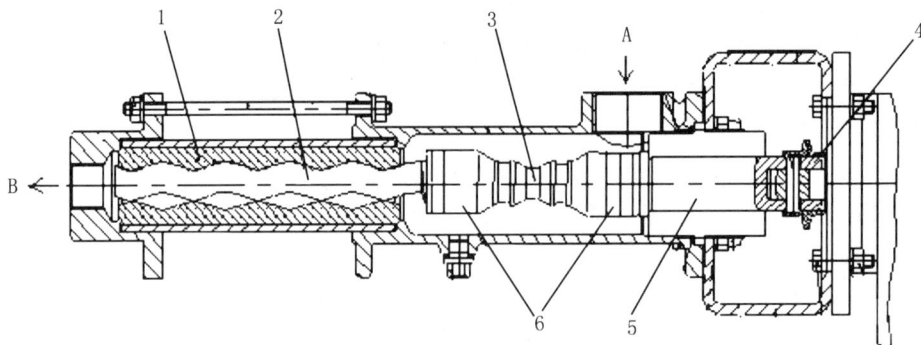

图 4-3　单螺杆泵的结构简图

1—泵缸；2—螺杆；3—万向轴；4—动力轴；5—机械轴封；6—挠性联轴器；A—吸入口；B—排出口

2. 双螺杆泵的结构和工作原理

密封型双螺杆泵螺旋的常用齿形由渐开线和摆线组合而成。若螺杆的螺旋表面进行渗氮处理，轴颈表面镀铬，则即使输送含固体微粒的液体也能可靠工作。

图 4-4 所示为卧式非密封型双螺杆泵。它采用的主、从动螺杆 9、10 是两根直径相同、单头螺旋、齿形为矩形或梯形的螺杆，有两段长度相等、旋向相反的螺纹，工作时液体从螺杆两端吸入，从中部的排出口排出，可使轴向液压力基本平衡，而径向液压力由轴承承受。停用时泵内能存液，以便再起动时保持良好的自吸能力。这种螺杆不能形成连续的啮合线将吸、排端完全隔开，为减少泄漏，须增加螺旋的导程数以增加泄漏路径长度，为螺杆不致太长只好减小螺旋升角，从而导致螺杆自锁；这种泵螺杆间传递扭矩需依靠一对同步齿轮，其主、从动螺杆彼此不接触，相互之间及与泵体之间的间隙靠同步齿轮和轴承来保证，长期工作螺

杆也磨损甚少。某轮主机滑油泵采用的就是双螺杆泵。

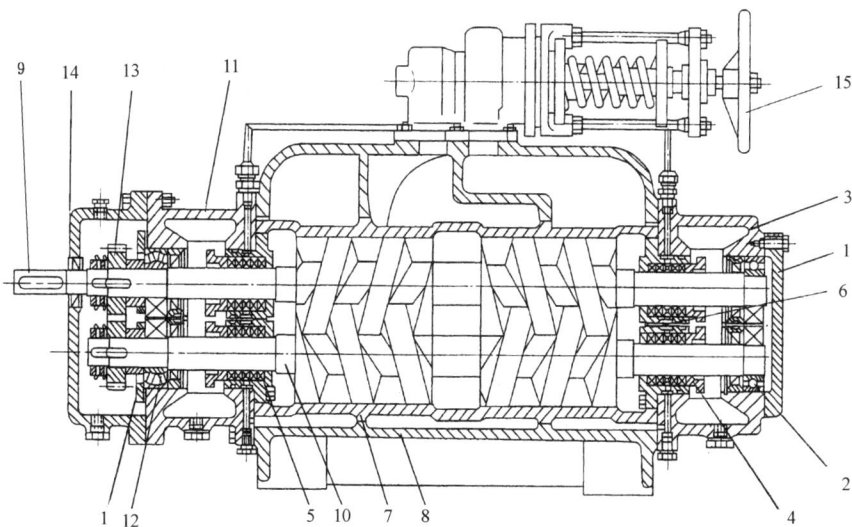

图 4-4 卧式非密封型双螺杆泵的结构图

1—压盖;2、12—滚动轴承;3、11—填料函;4—填料压盖;5—填料;6—填料函本体;7—衬套;
8—泵体;9—主动螺杆;10—从动螺杆;13—同步齿轮;14—齿轮箱;15—安全阀

3. 三螺杆泵的结构和工作原理

图 4-5 所示为三螺杆泵的结构原理图。三螺杆泵由固定在泵体中的缸套,以及插在缸套中彼此啮合、转向相反的主动螺杆和从动螺杆组成,都是双头螺杆。其中主动螺杆 6 由动力轴 1 驱动,并与两个从动螺杆 7 互相啮合。各螺杆之间以及螺杆与泵体 5 之间的间隙很小,并可借助啮合线从左到右形成Ⅰ、Ⅱ、Ⅲ等多个彼此隔开的容腔。随着螺杆的啮合传动,与泵吸入口 A 相通的容腔首先在右端开始形成并逐渐增大(如图中Ⅲ处),不断吸入液体,然后封闭。一方面这个封闭容腔沿着轴向不断向左推移直至排出口 B;另一方面,新的吸入容腔又紧接着形成。就这样,一个接一个的封闭容腔从吸入端移到排出端,其中的液体就不断被泵出。

三螺杆泵在尚未开始排液的空转期间,主动螺杆通过棱边的啮合线向从动螺杆传递转矩以克服其摩擦扭矩,这时传给从动螺杆的力会产生指向排出端的轴向力。而在开始排送液体后,会因螺杆两端液压力不同而产生指向吸入端的轴向推力,主动螺杆所受轴向液压力比从动螺杆大。为了平衡螺杆的轴向力,采用液力平衡装置,凸螺杆在排出端带有平衡活塞,其背后设泄油管将漏油泄回吸入腔,保持低背压。于是平衡活塞受向上的作用力,可将螺杆所受的大部分轴向力平衡。此外,在凸螺杆中央还钻有油孔,将排出端的压力油引到各螺杆下端的平衡轴套之中,产生向上的平衡力。此外,泵还装有推力垫圈和推力垫块,以弥补液力平衡系统可能出现的平衡力不足。

二、螺杆泵的主要特点

除具有容积式泵的共同特点外,螺杆泵还有自身特点如下:

(1)流量均匀,工作平稳,噪声小和振动轻。

(2)吸入性能好,流量范围大。

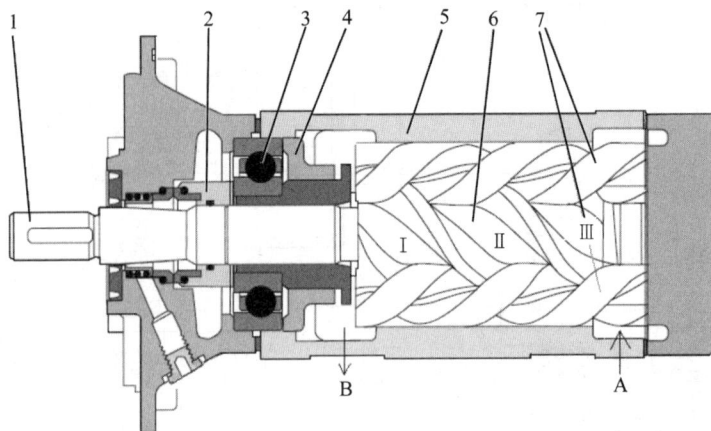

图 4-5　三螺杆泵的结构简图

1—动力轴;2—机械轴封;3—轴承;4—平衡轴套;5—泵体;6—主动螺杆;
7—从动螺杆;A—吸入口;B—排出口

(3)三螺杆泵允许的工作压力高。

(4)对所输送液体的搅动少,水力损失低。

(5)零部件少、体积小、重量轻,维修量少,寿命长。

(6)加工工艺要求高,造价较高。

三、螺杆泵的用途

在船上,三螺杆泵一般用作主机的滑油泵和燃油泵、油船的货油泵及某些液压泵等;单螺杆泵可用作油水分离器的污水泵、油渣泵、污油泵等。

在"育鲲"轮主/副机燃油供给泵和增压泵、锅炉供油泵等,均采用了立式电动三螺杆泵;而油水分离器污水泵、油渣泵、焚烧炉油泥循环泵及定量泵等,则采用了对杂质不太敏感的单螺杆泵。

第五节　叶片泵

一、叶片泵的工作原理

叶片泵为回转式容积泵,可分为双作用和单作用两类。

1. 双作用叶片泵

图 4-6 所示为双作用叶片泵的工作原理图。它主要由转子 1、定子 2、叶片 3、泵体 4 和配流盘等组成。定子 2 内腔的型线是由两段长半径 R 圆弧和两段短半径 r 圆弧以及连接它们的四段过渡曲线组成。装在转轴上的圆柱形转子 1 与定子同心,转子上开有若干叶槽,槽内装有叶片 3。当转子旋转时,叶片受离心力及液压力(叶片底部空间一般由排出腔引入压力油)作用,向外顶紧在定子的内壁上,并随着定子内壁离转子中心距离的改变而在槽内往复滑动。在定子和转子的两侧,紧贴着两块配油盘。每块配油盘上有两对吸、排口。配油盘与定子的相对位置由定位销固定。这样,在定子、转子、叶片和配油盘之间就形成若干个工

作空间。当叶片由定子的长半径 R 向短半径 r 转动时,叶片间容积减小,经配油盘的排出口向泵的排出管排油。而当相邻两叶片同时位于吸、排口之间的密封区时,它们正好将吸、排口隔开,这时叶片顶端与定子的圆弧部分接触,旋转时两叶片间的容积不变,不会产生困油问题。

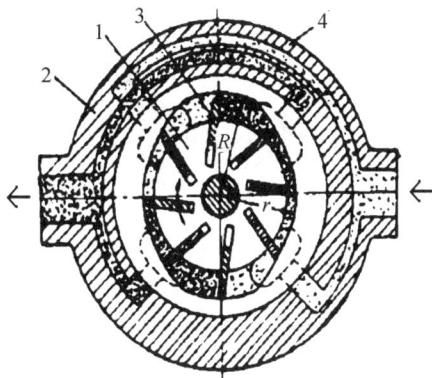

图 4-6　双作用叶片泵的工作原理图
1—转子;2—定子;3—叶片;4—泵体

这种叶片泵转子每转一周,由叶片所形成的每个工作空间都吸、排两次,故称为双作用叶片泵,其作用在定子和转子上的液压力完全平衡。

普通双作用叶片泵吸入侧和排出侧的配流盘都有两个吸入口 S,这样使叶间腔室在吸入区可两侧同时吸入,以降低吸入流速和流阻,减少产生气穴现象的可能性。排油则仅通过排出侧配流盘的排油窗口。而在吸入侧配流盘上对应排油窗口的位置开有形状相同但不通的"盲孔",是为了使叶片两侧所受轴向液压力得以平衡。

配流盘端面开有环槽,排出侧配流盘的槽有小孔与排出腔相通,将压力油通过环槽引入叶槽内叶片底部空间。这样,在吸入区叶片顶部作用的是吸入油压,所以底部的排出油压可帮助离心力克服惯性力和摩擦力,使叶片迅速伸出而贴紧定子。因此,定子曲面在吸入区最容易磨损,必要时可先将磨损表面用细砂布磨光,然后将定子翻转后定位安装,使原吸入区变排出区,继续使用。

配流盘的排出窗口在叶片转入端处开有三角槽。它可使叶间容积从密封区转入排出区时,逐渐地与排出窗口相通,以免压力骤然增加,造成液压冲击和噪声,并可避免因液体高压时稍可压缩而引起流量脉动。由此可见,吸、排配流盘是不能互换使用的。

叶片顶端的一侧常加工成倒角,多数叶片泵的叶片按转向看倒角朝后安装,这样可使叶片在从吸入区转到排出区前的密封区内时,顶端有相当一部分面积朝向吸入区,承受吸入压力,有助于叶片贴紧定子。有倒角的叶片不能翻转安装,以免变成前倒角影响叶片端部密封。

2. 单作用叶片泵

图 4-7 所示为单作用叶片泵的工作原理图。其定子 2 的内腔型线是等半径的圆。圆柱形的转子 1 装在转轴上,转轴的中心与定子圆心存在偏心距 e。当转子逆时针回转时,两叶片间的工作空间在右半转容积不断增大,而转到左半转则容积不断减小,因此,能分别从贴紧定子和转子两侧端面的配油盘上的吸、排口吸油和排油。

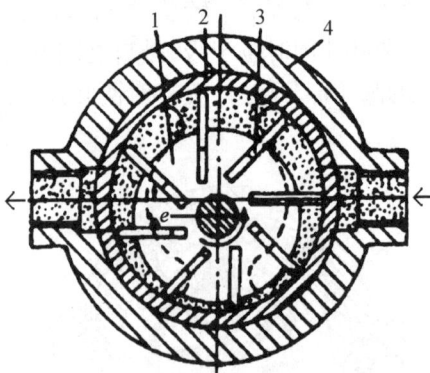

图 4-7 单作用叶片泵的工作原理图
1—转子;2—定子;3—叶片;4—泵体

单作用叶片泵的每相邻叶片转到吸、排油间的密封区时,所接触的定子曲线不是与转子同心的圆弧,密封区的圆心角略大于相邻叶片所占圆心角。相邻叶片在密封区内转动时,叶间工作容积先略有增大,然后略有缩小,会产生困油现象,但不太严重,通过在排出口边缘开三角形泄荷槽的方法即可解决。

二、叶片泵的特点

除具有容积式泵的共同特点外,叶片泵还有以下特点:

(1)流量均匀,运转平稳,噪声低。

(2)双作用叶片泵转子所受径向力平衡,轴承寿命长;内部密封较好,容积效率高;可以实现较高的排出压力。

(3)机构紧凑,尺寸较小而流量较大。

(4)对工作条件要求较严。叶片抗冲击较差,容易卡住;对油液的清洁程度和黏度要求较高;对转速范围要求较高,一般在 $500 \sim 2\,000$ r/min 的范围内。

(5)结构较复杂,零件制造精度要求较高。

三、叶片泵的用途

在船上,叶片泵多用作液压系统的工作油泵,也可用作清洁油类的输送泵等。在某些场合,叶片泵也可用作特殊的气泵,如"育鲲"轮生活污水处理装置的气泵便采用了单作用叶片泵。在此情况下,必须连续为泵内提供满足要求的润滑油。

第六节 离心泵

一、离心泵的结构和工作原理

1. 离心泵的工作原理

图 4-8 所示为单级蜗壳式离心泵的结构简图。其主要工作部件是叶轮 1 和泵壳 3。叶轮由若干个弧形叶片 2 和前、后圆形盖板构成,用键和螺帽 7 固定在泵轴 6 的一端。轴的另

一端则通过填料函伸出泵壳外,由原动机驱动按照箭头方向旋转。泵壳呈螺线形,亦称蜗壳,包括蜗室 8 和扩压管 5 两部分。泵的吸排管分别接在泵壳的中心和扩压管的出口,可见离心泵为轴向吸入,径向排出。

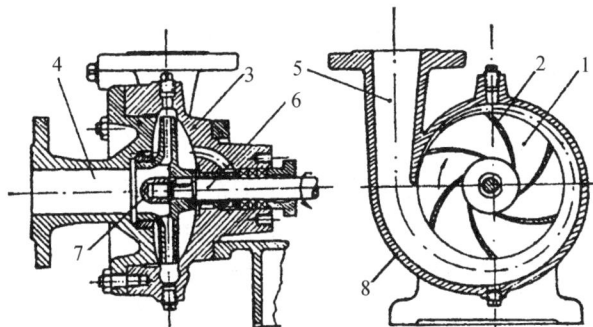

图 4-8 单级蜗壳式离心泵结构简图
1—叶轮;2—叶片;3—泵壳;4—吸入接管;5—扩压管;6—泵轴;7—固定螺帽;8—蜗室

离心泵在起动之前,泵壳内应灌满液体。当驱动机通过泵轴带动叶轮旋转时,叶轮中的叶片驱使泵壳内的液体与叶轮一起旋转,因而产生离心力。在此离心力的作用下,液体沿叶轮内的流道被甩向叶轮的出口,液体通过叶轮获得了能量,其压力能和动能都得到了提高,并通过蜗室进入扩压管。扩压管流道的横截面积逐渐增大,使液体流速降低,大部分动能转化为压力能,然后从排出管排出。

在泵内的液体被甩向叶轮出口的同时,叶轮中心就形成了一定的真空度,被吸液体在外界大气压力的作用下,沿轴向进入叶轮中心,继而又被甩向叶轮出口,并经扩压管从排出口排出。

2. 离心泵的一般结构

(1)叶轮。将原动机的机械能传递给被排送液体的部件。兼有前、后盖板的叶轮为闭式,它工作时液体漏失少,效率较高,使用最普遍;只有后盖板的叶轮为半开式;开式叶轮则只有叶瓣和部分后盖板。后两种叶轮铸造比较方便,但工作中液体容易漏失,多用于输送含固体颗粒或黏度较高的液体。

叶轮又有单侧吸入和双侧吸入两种。流量较大时,由于叶轮的进口直径不宜太大,为避免叶轮进口流速过高,抗汽蚀性能变差,多采用双吸式叶轮。双吸式叶轮安装时应谨防装反,否则若成为前弯叶片,运行时会过载。

(2)压出室。液体离开叶轮时速度很高,而排出管中的流速却不宜太大,否则管路阻力损失过大。压出室的主要任务就是要以最小的水力损失汇聚从叶轮中流出的高速液体,将其引向泵的出口或下一级,并使液体的流速降低,大部分动能转换为压力能。

离心泵压出室有蜗壳和导轮两种。蜗壳如图 4-8 所示,叶轮外周的蜗室主要起收集液体作用;蜗室后的扩压管以 7°~14° 锥角扩大,使流速平稳降低,动能转换为压力能。导轮有两个圆环形壁面及夹在其中的若干导叶,导叶的流道正好对准叶轮外周,前段形状是一条对数螺线,以便平顺地收集自叶轮流出的液体;后段才是扩压段,液体离开扩压段时流速降为叶轮出口流速的 15%~30%。导轮背面还设有若干反导叶。液体离开导叶后经一环形空间即进入反导叶流道,引入下一级叶轮的进口。

理论上蜗壳比导轮水力性能更完善,在非设计工况及车削叶轮后效率变化较小,高效区较宽。但蜗壳内表面铸造精度和光洁度不易保证,实际效率与导轮相差不多。目前单、双级离心泵(尤其是低扬程的)多采用蜗壳。双级蜗壳泵的泵壳轴向剖分,吸、排口都铸在半个泵壳上,无须拆卸接管即可打开另一半泵壳,便于检修泵内零件。三级以上离心泵采用蜗壳制造过于复杂,压出室多采用导轮,由各级叶轮、导轮和径向剖分的各段泵壳沿轴向组装而成。导轮结构紧凑,重量比采用蜗壳可减轻 20%~50%。目前铸造工艺提高,高扬程的单级泵以及多级泵的末级也有的在导轮之外再加蜗壳,做成组合式。

(3)密封环。如图 4-8 所示,离心泵叶轮排出的液体可能会从叶轮与泵壳之间漏回吸口,这会降低泵的容积效率,使泵的流量和扬程减小。为了减少内泄漏,须将泵壳和叶轮进口处的间隙做得很小,磨损后又要容易修复,故在叶轮入口处常装设密封环。

密封环是离心泵的易损件,常用铜合金制成,也有用不锈钢或塑料制作的。安装在叶轮与泵壳上的密封环分别称为动环和静环,它们可以成对使用,小型叶轮可省去动环。

(4)轴封。泵轴伸出泵壳处都设有轴封装置,否则液体可能由此漏出,不仅会降低容积效率,还容易污染环境;或因泵正吸高较大,轴内侧压力低于大气压,空气可能漏入使噪声和振动增大,甚至使泵失吸,具体结构详见本章第九节。

二、离心泵的主要特点

离心泵靠叶轮的高速旋转而带动液体旋转,从而将机械能传递给液体,属于叶轮式泵。因而,与容积式泵相比,其性能存在较大差异。离心泵的主要特点如下:

(1)工作平稳,流量连续均匀,便于调节。可通过排出口节流的方法来调节离心泵的流量。

(2)离心泵转速高,结构简单,尺寸和重量比同流量的往复泵小得多,造价低。

(3)离心泵对杂质不敏感,易损件少。

(4)离心泵的扬程主要取决于叶轮的直径和转速。离心泵一般为大流量、低扬程。可通过多级叶轮串联来提高离心泵的扬程。

(5)离心泵的扬程随流量而变,并与叶片的倾角有关。为提高效率,离心泵多采用后弯叶片,此时,离心泵的扬程随流量的增大而减小。

(6)离心泵的轴功率随流量的增大而增大。故离心泵一般应关闭排出口起动,以降低起动电流。

(7)离心泵无自吸能力,起动前泵腔内应灌满水。

三、离心泵的自吸

船用离心泵的吸口大多在吸入液面以下,液体靠自身重力便可自动流入泵腔,所以吸入不成问题。而某些离心泵,如舱底水泵、压载水泵等,其吸入液面的位置可能比泵低,若不采取一定措施,则无法将水吸入。

为使离心泵自吸,常用的办法有三种:一是自带自吸真空泵,或采用特殊形式的泵壳来实现自吸,这类离心泵称为自吸离心泵;二是采用真空箱集中抽吸系统,对多个离心泵实现自吸;三是在普通离心泵的基础上附设自吸装置,起动时能自动抽出吸入管路中的气体,从而将液体引入泵壳内。

目前,前两种方法在商船上应用较少,普通的离心泵一般采用附设自吸装置来实现自吸。常用的离心泵自吸装置有两种,即空气喷射器自吸装置和水环泵自吸装置。水环泵主要用作真空泵来排送气体,在船上可作为离心泵的自吸泵。单作用水环泵具有径向(或前弯)叶片的叶轮偏心地安装在圆形泵体之中,两端由侧盖封闭,在与泵体连成一体的侧盖上靠近叶轮轮毂处开有较大的吸口和较小的排口,分别与吸入管和排出管相通。

此外,在船上,还经常采用"引水"的办法来实现普通离心泵的自吸。例如,在起动舱底水泵之前,首先开启泵吸口处的海水引水阀,由于舷外海面高于泵所在位置,则海水会自动灌满泵腔;在舱底水泵起动并形成连续的吸排后,则可关闭引水阀;也可以保持引水阀部分开启,使舱底水泵一直保持较好的吸入性能。

还有一种由离心泵和旋涡泵串联而成的离心旋涡泵,在船上也有所使用。该泵第一级采用离心叶轮,第二级采用具有自吸能力的旋涡叶轮,具有一定的自吸能力,扬程高,流量小,比较适用于作为各种压力水柜的补水泵。

四、离心泵的用途

目前,船用水泵和大型船舶的货油泵大多采用离心泵,附设自吸装置的离心泵也广泛应用于需要自吸的场合。

"育鲲"轮的主冷却海水泵、高/低温淡水泵、消防泵、锅炉强制循环水泵、日用海水泵等,均采用了普通的离心泵;舱底泵、压载泵及舱底压载泵为采用空气喷射器自吸装置的离心泵;舱底消防总用泵为采用水环泵自吸装置的离心泵;锅炉补水泵对排压要求较高,采用了多级离心泵(20级);热井补水泵和饮水压力柜补水泵采用的是离心旋涡泵。

五、离心泵常见故障

1. 起动后不能供液——可能是不能吸入液体或不能排出液体,情况有以下几种:

(1)离心泵高于吸入液面而不能产生足够的真空度,无法吸上液体。原因可能是:①自吸失灵——例如初次使用的自吸离心泵未向泵内灌水;水环真空泵端面间隙过大;空气喷射器不能抽气。②吸入管或轴封漏气。③吸入管露出液面。

(2)吸入真空度已大于"允许吸上真空度",无法吸入液体。原因有:①吸高过大;从真空容器吸入的泵则可能是流注高度太小或吸入液面真空度过大。②吸入管流阻过大,例如滤器堵塞。③吸入管不通,例如吸入阀未开、底阀锈死或吸入管堵塞等。④吸入液体温度过高,以致"允许吸上真空度"过小。

(3)若液体已进泵内,泵产生的封闭排出压力太低,无法排液。原因是在泵的方面——如叶轮松脱、淤塞或严重损坏;转速太低或转向弄反。也有可能是灌入泵的舷外水含气泡过多,以致起动后气体分离而聚于叶根,不易冲走。

(4)封闭排出压力正常,管路背压太高,无法排液。可能是管路静能头太大,或排出阀未开(例如闸板阀与阀杆脱落),或另一台并联泵扬程过高。

2. 流量不足——不是泵的扬程特性曲线降低,就是管路的特性曲线变陡或上移,以致工况点向小流量方向移动。原因可能是:

(1)管路方面——管路静能头(排出高度或排出液面压力)过高或排出管阻力变大。

(2)泵的方面——转速不够;阻漏环磨损使内部泄漏太大;叶轮破损或淤塞;吸入管或

轴封漏气;吸入管浸入液体中太浅以致吸入了气体;泵工作中发生汽蚀等。

3.电动机过载。船用离心泵多数是电动泵。电动机过载时,过电流保护设备会因电流过大而自动断电停车。这可从以下方面查找原因:

(1)电压过低,则电流就会升高,这时电动机功率实际上并未增加,称为表面过载。另外,如电流频率过高,则电动机的转速将成正比地增大,泵的轴功率就会增加。

(2)若盘车比正常紧,则可能是填料压盖过紧,或机械轴封安装不当(弹簧过紧),以及泵轴弯曲、对中不良、叶轮碰擦或轴承严重磨损等。

(3)所送液体的黏度、密度是否超过设计要求。

(4)双吸叶轮如果装反,则后弯叶片变成了前弯叶片,会使泵过载。

(5)必要时让电动机和泵脱开运转,如测得电流比正常的空载电流高,则表明电机本身有毛病(转子碰擦、缺相运转等)。

应该说明,如因管路条件使扬程很低,以致离心泵流量显著超过额定流量,则其功率将超过额定功率,不过一般所配电动机都有功率余量。

4.运转时振动和噪声过大——原因可分为机械方面和液体方面两类。

(1)机械方面:①转动部件不平衡——除制造或补焊后的转子动平衡不合格外,叶轮局部腐蚀、磨损或淤塞也可能会使其失去平衡。②动、静部件擦碰——可能是由泵轴弯曲、轴承磨损等引起的,也可能是因轴向力平衡装置失效,导致叶轮轴向移动而碰触泵壳。③底座不好——例如地脚螺栓松动、底座刚度不足而与泵发生共振。④泵轴对中不好——联轴节对中不正,管路安装不妥或底座下沉牵扯泵轴不正。⑤原动机本身振动,可脱开联轴节进行运转检查。

(2)液体方面:①气穴现象——通常是在流量较大时产生,频率较高(600~25 000 Hz),可查看吸入真空度是否过大。②喘振现象——有驼峰形扬程曲线的离心泵向静能头较大且周期性变化的容器(例如压力水柜)供液时,或向流动阻力较大而某处又积有相当数量气体的管路供液时,由于工况点不稳定,可能发生喘振,频率通常为0.1~10 Hz。船用泵一般避免使用有驼峰形扬程曲线的离心泵,并注意不选扬程低的离心泵向静能头较高的容器供液,或向高流阻管路排液时防止管路中出现气囊,故喘振很少发生。

第七节　旋涡泵

旋涡泵也是一种叶轮式泵,它依靠叶轮回转时使液体产生旋涡运动来传递能量,从而达到吸排液体目的。

一、旋涡泵的工作原理

旋涡泵属叶轮式泵,根据所用叶轮形式的不同可分为闭式旋涡泵和开式旋涡泵。现以闭式旋涡泵为例来讲解其工作原理。图4-9所示为闭式旋涡泵的典型结构图。它采用圆盘形的闭式叶轮1,叶轮外缘带有若干个径向短叶片。所谓闭式叶轮,指其叶片部分设有中间隔板(或端盖板)、泵体2和泵盖3以很小的间隙紧贴叶轮,而在它们与叶片相对应的部位则形成等截面的环形流道4。流道占据了大半个圆周,其两端顺径向外延形成吸、排口,而圆周的剩余部分则由泵体上的隔舌6将流道的吸、排两方隔开。这种两端直通吸、排口的流道称为开式流道。闭式旋涡泵必须配开式流道。

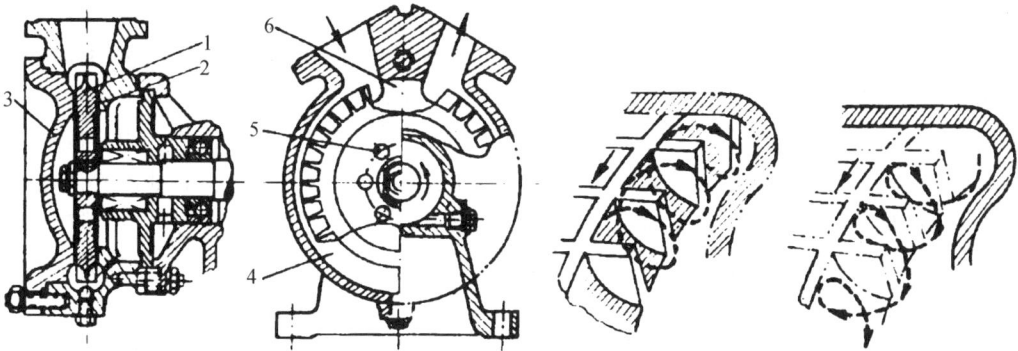

图 4-9　闭式旋涡泵的典型结构图
1—叶轮;2—泵体;3—泵盖;4—环形流道;5—平衡孔;6—隔舌

当叶轮回转时,带动泵内液体一起回转,产生离心力。由于叶轮中液体的圆周速度要比流道中液体的圆周速度大,产生的离心力也大,因而液体就会从叶片间被甩出,进入流道,并迫使流道中的液体产生向心流动,再次从叶片根部进入叶间,这种环形流动称为纵向旋涡。这样,液体在沿整个流道前进时,也就会多次进入叶间获取能量,如同多级离心泵一样,直到最后从排出口排出,这也是旋涡泵能产生较高扬程的基本原因。

旋涡泵主要靠纵向旋涡的作用来传递能量,纵向旋涡越强,液体质点进入叶轮的次数越多,泵所能产生的扬程就越高。纵向旋涡的强弱一方面取决于叶轮内液体和流道内液体的离心力之差;另一方面也受纵向旋涡流动阻力大小的影响,即与叶片和流道的形状及叶片数目有关。

闭式旋涡泵液流在入口是从叶轮外缘进入叶间,该处圆周速度较大,液流情况复杂,故闭式旋涡泵汽蚀性能差,必需的汽蚀余量较大。此外若泵吸入气体会聚在叶片根部,转到出口时不易排出,又会经过隔舌带回吸入端,故闭式旋涡泵一般不能抽送气液混合物,也无自吸能力。要使闭式旋涡泵能自吸,必须在排出端设底部有回液口的气液分离室,让分离室中的液体挤入排出端叶片的根部驱赶气体,然后被带回吸入端重新裹携气体。

二、旋涡泵的主要特点

(1)可在较小的流量范围内获得较高的扬程。

(2)工作扬程随流量的增大而减小;而且在扬程变化时,旋涡泵的流量变化程度较小。

(3)旋涡泵应当开启排出阀起动,且不宜采用节流调节来改变流量。

(4)效率较低。

(5)开式旋涡泵可以自吸;闭式旋涡泵出口设气液分离设备也可实现自吸,但起动前泵腔内应灌满液体。

(6)不宜输送带固体颗粒或黏度过大的液体。

(7)结构简单,重量轻,体积小,制造和维修方便。

三、旋涡泵的用途

由于旋涡泵适用于小流量、高扬程、功率较小和需要自吸的场合,在船上,常用作锅炉或压力柜的给水泵、小型柴油机的冷却水泵等。但由于旋涡泵的效率较差,在船上的使用越来越少,逐渐被不同类型的离心泵所取代,或以离心旋涡泵的形式在船上使用。离心旋涡泵第一级采用离心叶轮,第二级采用旋涡叶轮。它既可借离心叶轮必需汽蚀余量小的长处弥补旋涡泵汽蚀性能差的缺点,又发挥了旋涡叶轮扬程相对较高和便于自吸的优点。这种泵的特性曲线较陡,在扬程变化时流量波动较小,特别适用于向供水量不大的压力容器供水,在船上可用作日用海、淡水泵。

在"育鲲"轮,锅炉的热井补水泵和饮水压力柜补水泵采用的是离心旋涡泵。

第八节　喷射泵

喷射泵就工作原理而言自成一类,与前述容积式泵、叶轮式泵均有很大的差异。喷射泵靠高压工作流体经喷嘴后产生的高速射流来引射被吸流体,与之进行动量交换,以使被引射流体的能量增加,从而实现吸排作用。

喷射泵常用的工作流体有水、水蒸气、空气,分别称为水喷射泵、蒸汽喷射泵(器)、空气喷射泵(器);被引射流体则可以是气体、液体或有流动性的固、液混合物。通常工作流体和被引射流体皆为非弹性介质的称为喷射泵,工作流体只有一种为非弹性介质的多称为喷射器。

一、喷射泵的结构和工作原理

在此,以水射水泵为例,介绍喷射泵的结构和工作原理。如图4-10所示,水射水泵主要由喷嘴1、吸入室2、混合室3和扩压室4等组成。

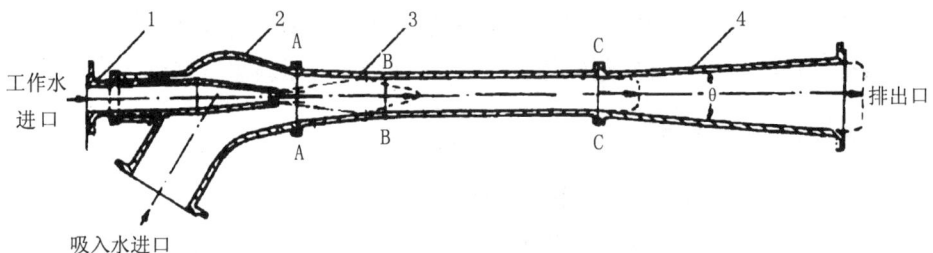

图4-10　水射水泵
1—喷嘴;2—吸入室;3—混合室;4—扩压室

喷嘴的作用是将工作水流的压力能转变为动能。水射水泵的喷嘴是由一段收缩的流道和一段长度约为出口孔径一半的圆柱形管道构成。通常,由离心泵供应的水流经喷嘴射入吸入室,由于喷嘴流道断面急剧收缩,流速迅速增加,压力下降,从而将水流的压力能转换为动能。

工作流体自喷嘴喷出后,由于射流质点的横向紊动和扩散作用,就会与周围的介质进行动量交换并将其带走,使吸入室形成低压,从而将被引射流体吸入。

混合室的作用是使流束本身的液体进行充分的动量交换,以使其出口速度尽可能趋于均匀。混合室通常做成圆柱形或圆锥形与圆柱形的组合形式。

扩压管是一段扩张的锥管,它的作用是使液流在其中降低流速,增加压力,从而将动能转换为压力能。

其他喷射泵的基本结构与水射水泵大致相同。

二、喷射泵的性能特点

(1)效率低。

(2)结构简单,体积小,价格低廉。

(3)没有运动部件,工作可靠,噪声低,寿命长。

(4)可造成较高的真空度,自吸能力强。

(5)可输送含固体杂质的污浊液体;即使被水浸没也能工作。

三、喷射泵的用途

在商船上,喷射泵主要的用途如下:

一类是用来疏水的水射水泵,如应急舱底水泵;

一类用作各种真空泵,如水射抽气器和空气喷射器可作为离心泵的引水装置,水射抽气器也可用作造水机排盐泵及真空泵。

还有一些船舶采用空气喷射器作为油渣泵使用。

在"育鲲"轮,造水机排盐泵采用的是水射抽气器;锚链舱舱底水喷射泵采用了水射水泵;废气锅炉除灰剂投放装置采用了空气喷射器,用压缩空气引射除灰剂;而舱底泵、舱底压载泵等,则使用空气喷射器作为离心泵的引水装置。

第九节　泵轴密封

回转式泵和叶轮式泵均有泵轴,而旋转的泵轴与固定的泵壳之间存在间隙,泵排出的液体可能由此外漏。外漏不仅会降低泵的容积效率,还可能污染环境;有时泵壳内部的压力低于大气压,空气可能漏入,因而会增加振动和噪声,严重时会使泵丧失吸入能力。因此,在泵轴伸出泵壳处都设有轴封装置。

机械轴封、填料密封、骨架密封是目前最广泛使用的几种轴封形式,下面分别介绍其基本结构及主要特点。

一、机械轴封

1. 机械轴封的结构

机械轴封的基本结构如图 4-11 所示。在泵轴 9 的端盖 10 处,设置有机械轴封。机械轴封的主要密封面由静环 7 和动环 6 构成。静环坐落于端盖内,靠静环密封圈 8 与端盖之间形成密封,并使静环紧固在端盖内。动环则靠弹簧 3 通过弹簧座 4 压紧在静环上,并借助动环密封圈 5 的摩擦力随泵轴一起转动。在另一端,弹簧 3 压在推力环 2 上,由卡簧 1 形成轴向定位。

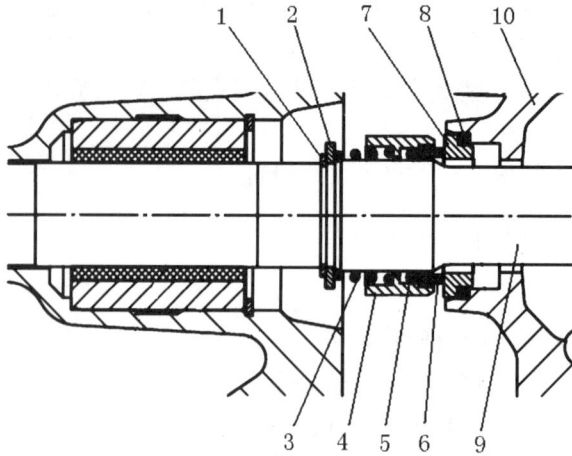

图 4-11　机械轴封

1—卡簧;2—推力环;3—弹簧;4—弹簧座;5—动环密封圈;6—动环;7—静环;8—静环密封圈;9—泵轴;10—端盖

在机械轴封中,动环、静环的材料对轴封的性能和寿命有着重要的影响。动环一般为硬质材料,如金属、硬质合金或陶瓷材料等;而静环一般为软质材料,如浸渍过金属或树脂的石墨、有填充物的塑料等。此外,动环密封圈和静环密封圈也很重要,是机械轴封的辅助密封元件。

2.机械轴封的特点及应用

机械轴封将主要的动密封面由填料与轴之间的径向曲面密封转变为动环与静环间的轴向端面密封。与填料密封相比,机械轴封的主要优点包括:密封性能好;使用寿命长,一般在一年以上;摩擦耗功少,仅为填料密封的25%左右;轴或轴套基本不被磨损;适用范围广。

机械轴封的缺点是对制造工艺要求较高,价格较贵;密封元件的拆装更换比较麻烦;对使用条件的要求也较严格,如要求泵轴的对中性高,动环、静环之间必须实现液膜润滑,轴封与泵轴尺寸匹配严格等。

机械轴封因其上述特点,在泵轴密封中取得了非常广泛的应用,船用泵大都采用这种密封方式。在"育鲲"轮,各种回转式油泵几乎都采用机械轴封;各离心式水泵,除生活污水处理装置粉碎泵外,也基本都采用了机械轴封。

二、填料密封

1.填料密封的结构

除机械轴封外,填料密封也是离心泵最常用的轴封方式之一。泵轴的填料密封如图 4-12 所示,方形的填料 2 一般有 3~5 道,并排的缠绕在泵轴 6 上。每道填料的长度取决于泵轴的周长,各道填料依次压入填料箱 1 中,在外端由填料压盖 4 压紧。填料压盖又通过螺栓 3 和螺帽 5 对称地紧固在填料箱上。

作为密封用的填料是由植物纤维、人造纤维、石棉纤维等的编织物或以有色金属为基体,辅以某些浸渍材料或填充材料制成的绳状物。船用离心泵多采用方形截面的填料。例如,石棉纤维编织物浸以矿物油并填充石墨或二硫化钼润滑脂(俗称"石棉盘根"),广泛用

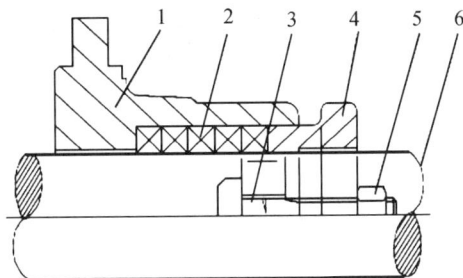

图 4-12　填料密封
1—填料箱；2—填料；3—螺栓；4—填料压盖；5—螺帽；6—泵轴

于抽送淡水、海水或油类的离心泵。某些工作温度、压力较高的泵，则可采用以软金属制成的填料。以聚四氟乙烯充填石墨的填料，可用于密封压力为 3~5 MPa 的高压离心泵，密封效果良好。填料的圈数与工作压力有关，低于 0.5 MPa 的一般取 3~4 圈，0.5~1 MPa 的一般取 4~5 圈。

填料密封应有合理的泄漏量，以实现密封处的润滑和冷却。若填料压盖压得过紧，则会导致泄漏量不足，从而使填料箱发热，并增大泵的转动阻力，加剧填料的磨损；若填料压得过松，则会导致泄漏量过大，从而降低泵的容积效率，并污染环境。一般情况下，填料密封的泄漏量应保持在每分钟不超过 60 滴。在使用过程中，当泄漏量过大时，可对称地适当压紧填料压盖。当填料已经压得很紧却仍有严重泄漏时，则表明填料已经过度磨损或老化变硬，需要及时换新。

2. 填料密封的特点及应用

填料密封为填料与轴之间的径向曲面密封。与机械轴封相比，填料密封结构简单，成本低廉，更换方便，故在离心泵中获得了广泛应用。但其易磨损，泄漏量大，使用寿命短，摩擦耗功多，一般只能用在低速（泵轴的回转线速度不高于 20 m/s）、低压（不超过 5 MPa）和液体温度不高（不超过 200 ℃）的场合。近些年，填料密封已经越来越多地被机械轴封所取代，目前在船用污水泵中还有较多的使用。

在"育鲲"轮，生活污水处理装置粉碎泵（带刀片的离心泵）和油水分离器污水泵（单螺杆泵）采用了填料密封。

3. 骨架密封

骨架密封又叫油封、旋转轴唇形密封圈，俗称"皮碗轴封"，适用于工作压力不高的旋转轴。它由弹性体、金属骨架和弹簧组成。弹性体由皮革、橡胶或聚四氟乙烯等制成，其内径比轴径略小，装在轴上靠内侧唇边的过盈量抱紧轴表面。弹簧常置于弹性体内侧唇边的外缘，用以增加唇边与转轴间的接触压力，并补偿唇边的磨损，有的也可省去弹簧。包在弹性体内的骨架用来增加弹性体的机械强度和刚性。安装时唇缘朝向油液侧，接触面应涂敷油液或油脂，可用专用工具推入，务必防止偏斜。

第十节　泵的日常操作

一、泵的日常操作要点

泵的日常操作较为简单,不论是容积式泵还是叶轮式泵,其主要操作要领均包括如下几点:

(1)起动前相关管路的检查,确保吸、排阀位置正确。容积式泵一般应全开排出阀起动,若有出口旁通还应将旁通管路全开,以降低起动功率;而离心泵应当关闭排出阀起动,并在起动后2~3 min内全开排出阀。

(2)泵轴盘车检查,确保无卡阻和异常声响。虽然有些容积式泵原理上可以反转,但实际大多数泵因为润滑、受力平衡等问题是不允许反转的,故新泵或检修后的泵,初次起动时应瞬时合闸试转,以判别是否因接线错误而反转。

(3)润滑状况检查。定期向各轴承充注润滑脂(俗称"牛油")或指定型号的润滑液,并注意检查润滑液是否乳化变质。

(4)避免干转。容积式泵尽管有自吸能力,但起动前需要灌入所泵送液体,以避免运动部件的磨损;离心泵,即便是自吸式的,初次起动前一般也应灌满所泵送液体。

(5)起动时和运转过程中,观察泵的吸、排压力,倾听声响,并检查振动状况是否正常。

(6)流量和排压的调节。船用泵大都是由定速电机驱动的,故若要调节容积式泵的流量和排压,一般采用旁通调节;而离心泵一般通过节流方式来调节排出流量和压力。

二、"育鲲"轮应急消防泵操作步骤

下面,以应急消防泵为例,介绍离心泵的操作步骤。"育鲲"轮应急消防泵位于减摇鳍舱内,可由应急电网供电。该泵为电动立式两级离心泵,带有水环泵自吸装置。泵的第一级叶轮用作舱底泵,流量较大,扬程较低,可将舱底水直接排至舷外;第一、二级叶轮串联后作消防泵用,可提供排压较高(约0.85 MPa)的消防水。因此,该应急消防泵又称No.1舱底消防总用泵。"育鲲"轮应急消防泵的操作步骤如下:

1. 泵的起动

(1)检查泵体和电机的固定螺栓,确保紧固良好;

(2)检查联轴器周围是否有障碍物;

(3)盘车检查,确保泵轴的对中良好,转动顺畅;

(4)检查电源,打开控制箱主开关;

(5)打开海水吸入阀和引水阀,待自吸装置灌满水后,关闭引水阀;

(6)确保排出阀处于关闭状态,按下起动按钮;

(7)观察泵的吸、排压力,并检查振动情况,倾听有无异常声响;

(8)待吸、排压力正常后,及时打开排出阀,泵投入正常工作状态;

(9)再次观察泵的吸、排压力,并检查电压和电流值等是否正常。

2. 泵的停止

(1)关闭排出阀,封闭停泵;

（2）切断控制箱主开关电源；

（3）关闭吸入阀；

（4）在停用期间，若存在结冰危险，应放空泵腔内的液体。

3. 泵的日常保养

（1）应急消防泵每周应起动一次，检查工作状态；

（2）每间隔三个月检查水环泵自吸装置，运动机构加润滑脂，必要时解体清洁、活络、除锈；

（3）每间隔六个月检查电机轴承状况，加注润滑脂。

第五章　甲板机械

　　船舶甲板机械一般是指装在船舶甲板上的机械设备,它是船舶的重要组成部分,可满足船舶正常航行及停靠码头、装卸货物、上下旅客等需求。甲板机械主要包括舵机、起货机、锚机、绞缆机、吊艇机、舷梯升降机、舱盖启闭装置等,此类设备一般位于机舱之外,由甲板部人员操作,但由轮机部人员负责进行日常保养。甲板机械所用动力可以是气、蒸、电动、液压等。目前,液压已经成为船舶甲板机械的主要动力类型。

　　相对于直接以电动机通过机械传动带动工作机械的电动甲板机械,液压甲板机械的主要优点如下:

　　(1)液压执行元件功率重量比大,故液压甲板机械的重量、体积和惯性力相对较小。

　　(2)液压动力元件与执行元件可开或远距离布置,能输出很大的力或力矩,易于实现转动、摆动或直线运动等多种运动形式。

　　(3)操作性能好,易于实现大范围无级调速和微速运动,对电网冲击较小。同时,起动扭矩大,便于实现带负荷起动,非常适用于起动较为频繁的舵机、绞缆机等设备。

　　(4)液压油可防锈,润滑性好,且抗冲击,能吸振,使用寿命较长。

　　当然,液压传动也有一些缺点,如对液压油的清洁程度和系统元件的精度要求很高;液压油易泄漏(尤其是在高压、高温的情况下),若泄漏会污染环境并存在火灾隐患。

　　本章将简要介绍液压传动系统的组成元件,并根据"育鲲"轮的实际情况,主要介绍舵机、起货机、锚机和绞缆机。

第一节　液压元件

　　液压系统是利用液压泵输出的高压液体的压力能来驱动液压缸或液压马达,从而带动工作机械做功。液压系统的组成部件如下:

　　动力元件——液压泵,将机械能转化为液压油的压力能(液压能);

　　执行元件——液压缸或液压马达,将液压能转换成带动工作部件运动的机械能;

　　控制元件——各种液压阀,控制液压系统中液压油的流向、流量和压力;

　　辅助元件——油箱、滤器、蓄能器、压力表、换热器、油管、密封件等。

一、液压控制阀

液压控制阀作为液压系统中的控制元件,根据其功能不同可分为三类,如表5-1所示。

表 5-1　液压控制阀按功能分类表

种类	功能	详细分类
方向控制阀	控制油流方向	单向阀、液控单向阀、换向阀、梭阀、比例方向控制阀等
压力控制阀	控制油压	溢流阀、减压阀、顺序阀、卸荷阀、平衡阀、比例压力控制阀等
流量控制阀	控制油的流量	节流阀、单向节流阀、调速阀、集流阀、比例流量控制阀等

上述三类阀也可根据需要组成各种复合阀。

1. 方向控制阀

方向控制阀是控制流动方向的阀的总称。常见的方向控制阀包括单向阀和换向阀。

（1）单向阀

单向阀又称止回阀，可分为普通单向阀和液控单向阀。普通单向阀的功能是使油液只能沿一个方向流动，不许它反向倒流。根据阀芯结构，单向阀可分为球阀式和锥阀式两种。单向阀可安装在泵的出口，防止系统压力冲击对泵的影响，还可用在泵不工作时防止系统油液经泵倒流回油箱。单向阀有时也安装在回油管路中，作为背压阀使回油保持一定的压力。此外，它还可与过滤器、冷却器等并联，作安全阀使用，在这些元件因脏堵而压降过大时开启旁通。

液控单向阀即液压控制单向阀，又称单向闭锁阀。它除像普通单向阀那样能允许油流单向流过外，还能在控制油作用下允许油流反向通过。液控单向阀有普通型和带卸荷阀芯型两种，每种又按其控制活塞的泄油腔的连接方式分为内泄式和外泄式两种。液控单向阀在液压系统中可对液压缸进行锁闭，还可作立式液压缸的支承阀，在某些情况下还能起到保压作用。此外，在液压系统中常使用一种布置在同一阀体中的双联液控单向阀来锁紧执行元件，以防止其滑移，这样的双联液控单向阀被称为液压锁。

（2）换向阀

换向阀是利用阀芯相对于阀体的相对位移来改变阀中油路的沟通情况，以变换油液的流动方向，从而使执行元件起动、停止或变换运动方向。换向阀按通路可分为二通、三通、四通、五通……，按工作位置数可分为二位、三位、四位……，按控制或操纵方式可分为电磁换向阀、电液换向阀、液动换向阀、手动换向阀、机动换向阀和气动换向阀等。换向阀按阀芯形状可分为滑阀式和转阀式两种，后者在船舶液压系统中很少采用。

滑阀式换向阀的结构主体是阀体和滑阀阀芯。滑阀阀芯在手动、机动、电磁动、液动或电液动等操纵方式的作用下，可在阀体中移动至不同位置，使液流的通路接通、关断，或变换流动方向，从而实现执行元件运动状态的改变。滑阀式换向阀处于中间位置或原始位置时，阀中各油口的连通方式称为换向阀的滑阀中位机能。中位机能直接影响执行元件的工作状态，不同的滑阀中位机能可满足系统的不同需求。

2. 压力控制阀

压力控制阀的功用是控制油液压力，其按工作原理可分为直动式和先导式，按阀芯结构可分为滑阀、球阀和锥阀；按功用可分为溢流阀、减压阀、顺序阀和比例平衡阀等。

（1）溢流阀

溢流阀的功用是通过阀口的溢流，使被控制系统或回路的压力维持恒定，实现稳压、调压或限压作用。根据其在系统中的作用可分为两种：一种是在系统正常工作时常闭，仅当系统油压超过额定压力时开启溢油,即作安全阀使用;另一种则是在系统工作时保持常开,并通过改变开度调节溢流量,以保持阀前系统油压的基本稳定,即作定压阀使用。根据工作原理不同,溢流阀也可分为直动式和先导式两类。

(2)减压阀

减压阀是一种将出口压力调节到低于进口压力的控制阀。根据其工作特点,可分为定值减压阀(也称定压减压阀,所控制的压力近似为恒定值,其在液系系统中最为常用,简称减压阀)、定比减压阀(能使阀进口、出口压力比保持近似恒定)和定差减压阀(能使阀进口、出口压力差保持近似恒定)。

在同一液压系统中,往往需要一个油泵向多个执行元件供油,而各个执行元件所需工作压力不尽相同。若某执行元件所需工作压力低于油泵供油压力,则可在该分支油路中串联一个定值减压阀,使油液流经该阀后压力降低为执行元件所需的压力值。定值减压阀也有直动型和先导型之分,后者性能好,较常用。

(3)顺序阀

顺序阀是一种用油压信号来控制油路通断的阀,因常用于控制多个执行元件的顺序动作而得名,也可将其看成是一种液动的二位二通阀。通过改变控制、泄油的方式和二次油路的接法,顺序阀还可作背压阀、平衡阀或卸荷阀使用。根据工作原理不同,顺序阀也可分为直动式和先导式两类,其中直动式较为常见。根据控制压力来源的不同,顺序阀可分为内控式和外控式;而根据泄油的方式不同,顺序阀还可分为内泄式和外泄式两种。

3.流量控制阀

流量控制阀是通过改变阀的开度以改变通流面积,从而控制通过阀的流量,以达到调节执行元件运动速度的目的。常用的流量控制阀有节流阀、调速阀等和溢流节流阀。

(1)节流阀

节流阀是一种通过移动或转动阀芯的方法直接改变阀口的通流面积,从而改变流量的阀。节流阀安装在定压液压源后面的油路中或定量液压源的分支油路上,就能起到流量调节作用。但是,在使用过程中,当节流阀的通流截面积调整好以后,由于负载变化可能会引起阀前、后的压差变化,从而使流量不稳定。因此,对于调速稳定性要求较高的场合,必须采用压力补偿的办法,使节流阀前、后压差近似不变。

(2)调速阀

普通的调速阀(也称二通型调速阀)是由定差减压阀和节流阀串联而成。在负载变化时,定差减压阀能补偿节流阀前、后的压差,使之近似不变,从而使通过阀的流量基本恒定。

(3)溢流节流阀

溢流节流阀又称三通型调速阀、旁通式调速阀或分路式调速阀,它是由定差溢流阀和节流阀并联而成。在负载变化时,定差溢流阀能够补偿节流阀前、后的压差,使之近似不变,从而使通过阀的流量基本恒定。

调速阀和溢流节流阀虽然都是通过压力补偿的方式来保持节流阀前、后的压差不变,但在性能和应用方面有一定差别。当应用在液压泵和溢流阀组成的定压油源供油的节流调速系统中时,调速阀可以安装在执行元件的进油路、回油路或旁通路上。而溢流节流阀则只能用在进油路上,泵的供油压力将随负载压力而改变,因此系统功率损失小、效率高、发热量小。此外,溢流节流阀本身具有溢流和安全功能,与调速阀不同,其进口处不必单独设置溢流阀。但是,溢流节流阀中流过的流量更大,阀芯运动时阻力较大,弹簧较硬,使得该阀的稳定性稍差。

4. 比例控制阀

比例控制阀简称比例阀,它是在通断式液压阀和伺服阀的基础上发展起来的一种新型的电-液控制元件。其输入的是电气信号(通常是电流),输出的是液压参数(压力、流量等)。只要改变输入电流的大小,就能够实现连续地、按比例地改变输出的压力或流量。与手动调节的普通液压阀相比,它能提高系统参数的控制水平。与电液伺服阀相比,虽然某些性能稍微逊色,但由于其结构简单,成本较低,因此被广泛应用于要求对液压参数进行连续控制或程序控制,但对控制精度和动态特性要求一般的液压系统中。

根据控制功能不同,比例阀可分为比例压力阀、比例流量阀、比例方向阀和比例复合阀等。根据操纵或控制方式不同,比例阀还可分为电磁式比例阀、电动式比例阀、电液式比例阀和手动比例阀等。各类比例阀在船舶液压甲板机械中均有不同程度的应用。

二、液压泵

液压泵又称为液压动力元件,其功能是将机械能转换成油液的压力能,为液压系统提供具有一定压力和流量的液体去驱动执行元件。液压系统中使用的液压泵都是容积式泵,按其在单位时间内的输出流量是否可调节,可分为定量泵和变量泵;按其结构形式,可分为齿轮式、螺杆式、叶片式和柱塞式。齿轮泵、螺杆泵和叶片泵前文已有介绍,这里主要介绍柱塞泵。

柱塞泵也属于容积式泵,它是依靠柱塞在缸体孔内做往复运动时产生的容积变化进行吸油和排油的。其采用多作用回转油缸,可设变量机构,能在转速和转向不变的情况下改变油流的方向和流量。按照柱塞布置的方向不同,柱塞泵可分为轴向柱塞泵和径向柱塞泵两类,轴向柱塞泵又可分为斜盘泵和斜轴泵。由于径向柱塞泵尺寸大、转速低、性能参数较差,在船用液压机械中已少有采用,本节以斜盘式轴向柱塞泵为例介绍柱塞泵的基本原理和特点。

斜盘式轴向柱塞泵的工作原理如图 5-1 所示。该泵由泵轴 1、配流盘 2、缸体 3、柱塞 4 和斜盘 5 等主要部件构成。泵轴 1 通过键与缸体 3 相连。缸体上沿圆周均匀分布有若干个轴向油缸,各油缸底部有腰形配油孔。油缸中设有柱塞 4,柱塞靠端部油压或机械方法贴紧在斜盘 5 上。斜盘可绕 O 点偏转,即其轴线相对于泵轴线的倾角 β 可以改变。缸体的另一端面紧贴在配流盘 2 上。配流盘用定位销与泵体 9 固定,盘上开有两个弧形的配油窗口 6。各油缸在相应的位置可分别通过配油窗口与吸、排油口 7 或 8 相通。

当原动机经泵轴带动缸体顺时针旋转(从斜盘端看)时,若斜盘按图示方向倾斜,则在缸体自下而上转过左半周的过程中,柱塞将从油缸退出,使缸内容积逐渐增大,经左侧窗口由油口 7 吸油。而当缸体自上而下转过右半周时,柱塞会被压入油缸,使缸内容积逐渐减小,将已吸入的油经右侧窗口从油口 8 排出。显然,泵的尺寸和转速一定时,改变斜盘倾角 β 的大小,即可改变泵的流量。倾角 $\beta=0$ 时,泵的流量也降为零。而改变斜盘的倾斜方向,则会相应改变泵的吸、排方向。

柱塞泵的工艺性能好(主要零件均为圆柱形),配合精度高,密封性能好,工作压力较高。与齿轮泵和叶片泵相比,该泵能以最小的尺寸和最小的重量供给最大的动力,为一种高

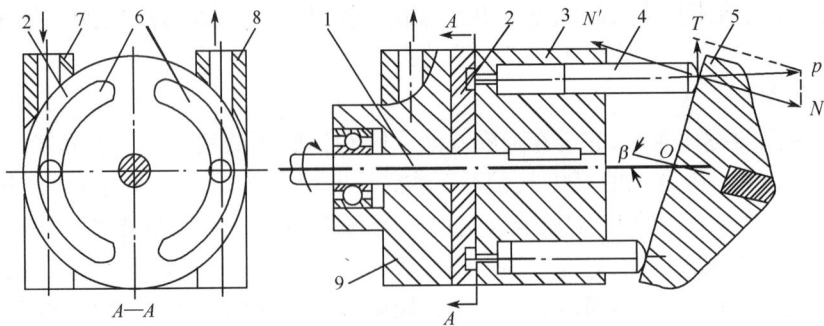

图 5-1　斜盘式轴向柱塞泵工作原理图

1—泵轴;2—配流盘;3—缸体;4—柱塞;5—斜盘;6—配油窗口;7—吸油口;8—排油口;9—泵体

效率的泵。但其制造成本相对较高,适用于高压、大流量、大功率的场合。

三、液压马达

　　液压系统中的执行元件功能是将液压油的压力能转换为机械能,带动机械设备工作。执行元件主要包括两种:输出直线运动的液压缸和输出回转运动的液压马达(又称"油马达")。液压缸结构和原理较为简单,而液压马达结构和原理相对复杂,种类也较多,包括连杆式液压马达、五星轮式(静力平衡式)液压马达、内曲线式液压马达和叶片式液压马达等。本节以连杆式液压马达为例介绍液压马达的工作原理和特点。

　　就工作原理而言,对于所有容积式泵(除结构上有吸、排单向阀者外),若从其一根主油管输入压力油,而从另一根主油管回油至油箱或泵的吸口,都能使其回转变成液压马达。但液压马达一般要求能双向转动,若液压泵是按不可逆转设计,则液压马达与之结构细节会有所不同。并且,液压泵一般转速高、尺寸小,直接改作液压马达则是高速、小扭矩,而低速、大扭矩液压马达需专门设计。

　　连杆式液压马达的结构如图 5-2 所示。由图可见,在星形壳体 5 上径向地设有五个油缸,每个油缸中都装有活塞18,活塞与连杆 16 的球头铰接,以两个卡在活塞内侧环槽内的半圆形球承座17 和弹性挡圈23 定位。连杆大端的凹形圆弧面与曲轴1 上的偏心轮的外圆配合,两侧各用一个抱环 6 箍住。

　　曲轴两侧的主轴颈分别由锥形滚柱轴承3、7 支撑,定位于壳体 5 及壳体盖 4 的座孔中。选用合适厚度的环形垫片15,可以调整曲轴左右窜动的间隙。两只骨架油封 2 背向安装,分别防止油被甩出和污物侵入壳体。

　　曲轴通过十字形滑块联轴器 9 带动配流轴 11 旋转,配流轴的圆柱面上加工有 A、B、C、D、E 五个工作槽,分别用六道密封环 14 分隔。其中,环形槽 A、B 通过配流壳体 8 的孔道与法兰连接板 10 上的对应油口 A_1、B_1 相通,并经配流轴内的孔道分别通配流槽 D 的两侧油腔 A_2、B_2,然后通过壳体的油道向各缸配油。随着配流轴的转动,两油腔 A_2 和 B_2 即可通过壳体上的通道,与各油缸轮流相通。若经 A_1 输入压力油而使 B_1 通油箱或液压泵吸口,则压力油就要经 A_2 腔进入相应油缸。作用在两缸(或三缸)活塞上的油压力通过连杆传递到偏心轮上,对输出轴(轴线圆心 O)形成扭矩,使其逆时针回转;而其余油缸中的油则经 B_2 从 B_1 回油。若改变进、回油方向,则马达将反转。

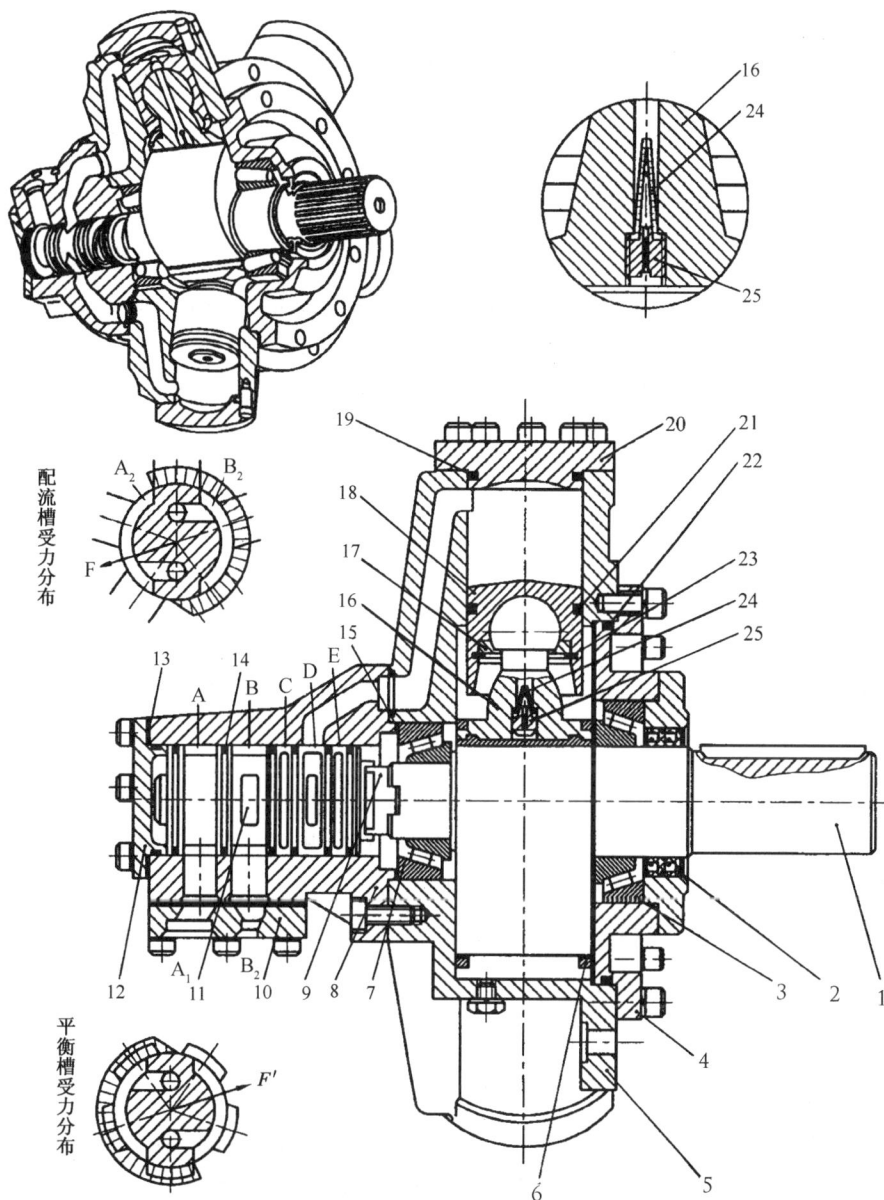

图 5-2 连杆式液压马达结构图

1—曲轴;2—油封;3、7—轴承;4—壳体盖;5—壳体;6—抱环;8—配流壳体;9—十字滑块联轴器;10—法兰连接板;11—配流轴;12—端盖;13—调整垫片;14—密封环;15—调整环垫;16—连杆;17—球承座;18—活塞;19、22—密封圈;20—油缸盖;21—活塞环;23—弹性挡圈;24—过滤帽;25—节流器

连杆式液压马达虽然结构简单,但工艺性较差,球铰以及连杆与偏心轮接触比压大,工作时容易磨损和咬死,故需使用黏度较高的油液。同时,转矩和转速的脉动率大,润滑油膜易遭破坏,低速时($n<10$ r/min)还会产生"爬行现象"。而且,由于摩擦面大,起动时润滑条件差,起动转矩较小。此外,由于配流轴径向受力不平衡,泄漏损失较大,容积效率也较低。

四、液压辅件

液压系统中除了动力元件、执行元件、控制元件外,滤油器、油箱、蓄能器、热交换器、压力表、密封装置和管件等,都称为液压系统辅助元件。液压辅件在液压系统中同样不可或缺。

1. 滤油器

滤油器在液压系统中的主要作用是滤去油液中的杂质污物,使油液保持清洁,从而降低系统故障率,延长液压油和装置的使用寿命。常见的滤油器有纸质滤油器、线隙式滤油器、网式滤油器和烧结式滤油器等。滤油器可安装在液压泵的吸油或压油管路上,也可安装在系统的回油管路上,还可安装在支油管路上,或组成单独的过滤系统。

2. 油箱

油箱在液压系统中的主要功能是贮存液压油、散发系统工作时产生的热量、释出混在油液中的气体和为系统中的元件提供安装位置等。液压系统中的油箱有整体式油箱、分离式油箱;开式油箱、闭式油箱之分。

3. 蓄能器

蓄能器是一种能储存和释放液压油压力能的元件。在液压系统中,蓄能器常用来在短时间内供应大量压力油液,维持系统压力和减小液压冲击或压力脉动。蓄能器主要有弹簧式和充气式两种。

4. 热交换器

液压系统的工作温度一般希望保持在 30 ~ 50 ℃ 的范围内,如果温度过高,依靠自然冷却无法将液压油温降低至适宜的温度范围时,必须采用冷却器来降低油温。反之,如果环境温度太低无法使液压泵起动或正常运转时,就须安装加热器。液压油冷却器可分为水冷式和气冷式两大类。"育鲲"轮锚机和绞缆机液压系统均在油箱旁边配备有海水冷却的壳管式油冷却器。

第二节　舵机

舵装置是船舶航行的重要设备,绝大多数船舶都用舵来控制航向。舵装置由舵及舵机组成。舵布置在船尾螺旋桨的后侧,舵叶左右转动可以相应地改变船舶航行方向,左舵船舶左转,右舵船舶右转。舵机包括使舵叶运动的动力设备、转舵机构和向舵杆施加转矩的部件。舵机布置在船尾的舵机舱内,控制舵叶的转动。目前,大多数船舶采用电动液压舵机。

一、舵的构成

舵由舵叶、舵杆、挂舵臂、舵承、舵销等组成。图 5-3 为"育鲲"轮舵装置结构图。如图所示,舵杆上部和舵机连接,下部和舵叶连接,舵机带动舵杆转动,舵杆带动舵叶转动。舵杆穿过舵机舱平台处安装的舵杆上轴套及密封装置。密封装置可防止下部空间海水进入舵机舱以及舵机舱内污染物漏入舵杆下部空间。舵杆穿过船体底部处安装有下舵承。下舵承包括舵承本体、舵杆轴套及舵杆衬套。下舵承为舵杆径向定位,承担舵杆转动时的径向力,由海水润滑。舵杆底部安装在舵叶的锥孔内,由液压螺母紧固,舵杆的转舵力矩是通过舵杆和锥孔的摩擦力传递到舵叶。

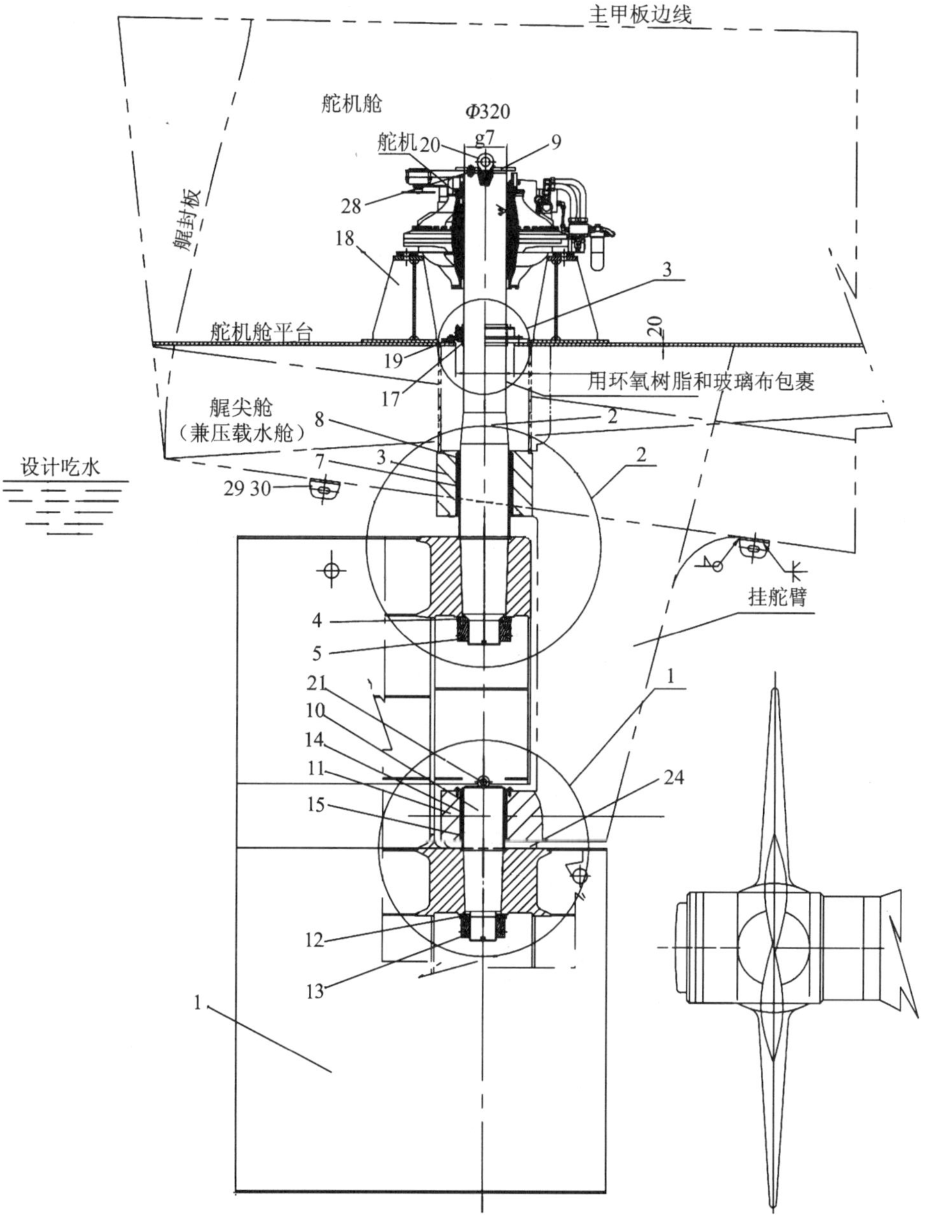

图 5-3　"育鲲"轮舵装置结构图

1—舵叶;2—舵杆;3—下舵承本体;4—舵杆垫圈;5—舵杆螺母;6—舵杆衬套固定板;7—舵杆衬套;8—舵杆轴套;9—舵杆压板;10—舵销;11—舵销钮座;12—舵销垫圈;13—舵销螺母;14—舵销衬套;15—舵销轴套;16—舵销挡圈;17—舵杆上轴套;18—液压舵机支架;19—上密封舵承;20、21—吊环螺钉;22、23—止动条;24—止动块舵叶上部和舵杆连接,中部安装舵销进行径向定位。舵销由液压螺母紧固在舵叶的锥孔内,舵销中心线与舵杆中心线在同一条线上,并与水平线垂直。舵销上部安装轴套,插入挂舵臂的销孔内。挂舵臂焊接在船体上,挂舵臂销孔内安装舵销衬套,与舵销轴套构成舵销轴承。舵销轴承对舵销径向定位,承担舵叶转动时的径向力,轴承由海水润滑。

二、舵机

舵机装置是指舵机舱的舵机设备。在液压舵机中,转舵机构用来将油泵供给的液压能转变为转动舵杆的机械能,以推动舵叶偏转。根据动作方式的不同,转舵机构可分为往复式和回转式两大类。前者主要有十字头式、拨叉式、滚轮式和摆缸式;后者主要是转叶式,此外还有弧形撞杆式和球形转子式等。

"育鲲"轮采用的是 Rolls-Royce 公司生产的转叶式舵机,型号为 SR723-FCP. 320。舵机装置由转叶式转舵机构、变频变向泵单元、阀块及舵角反馈装置等组成。

1. 转叶式转舵机构工作原理

图 5-4 所示为舵机三转叶式转舵机构原理图,和实际的机构略有区别。该机构内部装有三个定叶 5 的油缸体 2,与舵杆上端相固接的转子 3 镶装着三个转叶 4。由于转叶与缸体内壁及上下端盖之间,以及定叶与转子外缘和上下端盖之间,均设法保持密封,故转叶和定叶将油缸内部分隔为六个小室。当油泵如图中箭头所示那样,经油管 6 分别从三个小室吸油,并把油排入另外三个小室,则转叶就会在液压作用下通过转子带动舵杆和舵叶偏转。

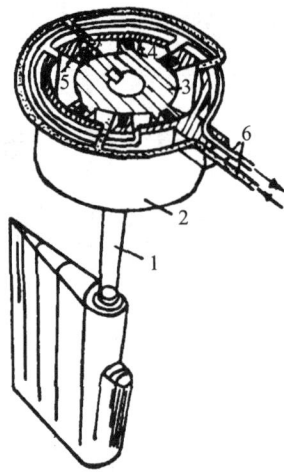

图 5-4 三转叶式转舵机构原理图
1—舵杆;2—缸体;3—转子;4—转叶;5—定叶;6—油管

2. 转舵机构结构

Rolls-Royce 公司转叶式舵机转舵机构型号 SR723 中的 SR 为 Spherical Rotor(球形转子)的缩写,3 是指三个转叶,72 是技术参数,其结构如图 5-5 所示。

舵杆位于转舵机构中央位置。转子安装舵杆的孔是锥形的,通过液压的方法安装锥形轴套将舵杆紧固在转子安装孔内。转子与舵杆之间的转舵力矩是靠轴套的摩擦力传递的。

转舵机构马达上下壳体由螺栓紧固在一起,结合面密封环保证液压油不会泄漏。转子安装在壳体内部,在转子和壳体上下部结合面处安装有轴承,轴承承担转子、舵杆及舵叶的

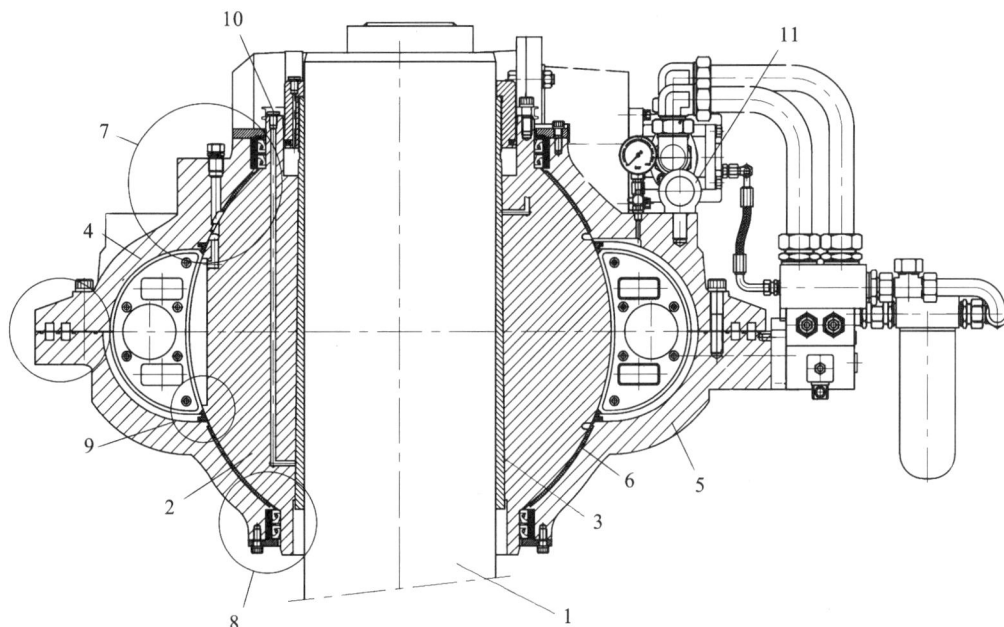

图 5-5　SR723 型转舵机构结构图

1—舵杆；2—转子；3—轴套；4—马达上壳体；5—马达下壳体；6—下轴承；7—上轴承及舵杆上部密封；8—下部密封；9—转子壳体密封；10—安装轴套注油孔；11—吊环

重量及转舵时产生的力,轴承由液压油润滑。转子和壳体中部形成液压油空间,由定叶和转叶分隔成六个空间。转子和壳体之间安装密封装置,对液压油空间密封,允许少量油泄漏润滑轴承。转子伸出壳体处有上下密封装置,防止液压油向外泄漏。

3.舵机液压系统

"青鲲"轮的舵机液压系统原理如图 5-6 所示。该系统为闭式液压系统,采用双向泵作为主油泵。液压系统为两套独立的液压系统,可以单独使用,也可以共同使用。如果一套系统出现故障,不会影响另外一套液压系统工作。

(1)变频电机控制双向泵

双向油泵 2 由变频电机 3 驱动。变频电机可以控制双向泵的转向和排量,并在不同的舵角要求下输出恒定的功率,使转舵机构能输出恒定的转舵力矩。常规舵机液压系统中,油泵电机总是在不停运转。而在变频电机控制双向泵的液压系统中,只在有舵角命令时,电机和泵才投入工作,达到舵角指令后即停止工作,由逻辑阀 7 锁紧油路。也就是说,在没有舵令时,泵和电机处于停止状态,从而减少了噪声,延长了设备的使用寿命。

(2)液压油路

当有舵令时,变频电机 3 驱动油泵 2 转动,油路建立起压力,单向阀 4 打开,同时向回油油路的平衡阀 5 送出压力信号,将阀打开。二位三通电磁阀 6 通电,工作在右位,两个逻辑阀 7 下部泄压。逻辑阀下部泄压后,在油压作用下打开,液压油进入转舵机构 1 转叶与定叶构成的空间,转舵机构带动舵杆、舵叶转动。回油经过逻辑阀、平衡阀、回油滤器、单向阀,回到油泵吸口。当舵叶达到舵令的转舵角度后,油泵停止运转,二位三通电磁阀失电,工作在

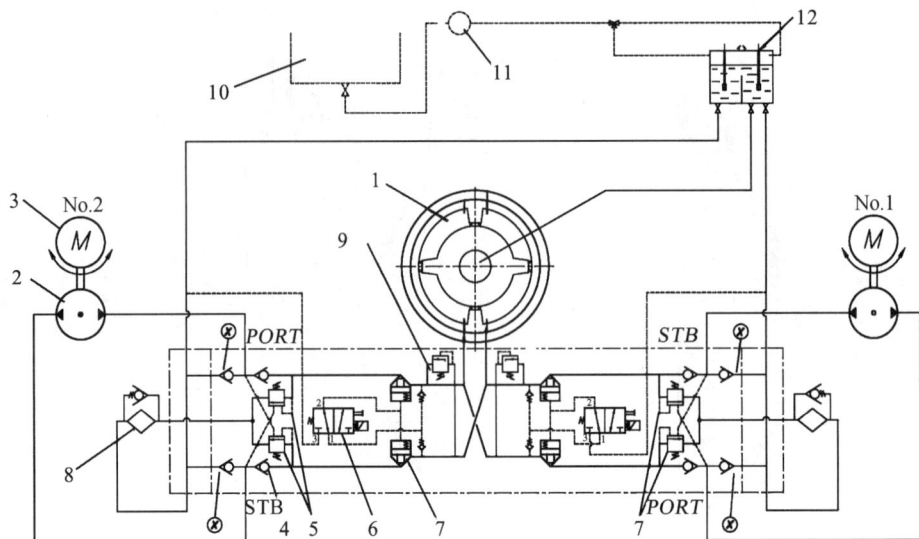

图 5-6 舵机液压系统原理图

1—转舵机构;2—双向油泵;3—变频电机;4—单向阀;5—平衡阀;6—二位三通电磁阀;7—逻辑阀;8—滤器;
9—防浪阀;10—储油柜;11—手摇泵;12—高置油箱

左位,液压油进入逻辑阀下部,使逻辑阀关闭,转舵机构闭锁。防浪阀 9 的作用是当油路闭锁时泄放可能产生的过大油压,避免对转舵机构及油路产生破坏。

系统设置高置油箱 12 向系统及转舵机构补油。当高置油箱缺油时,可用手摇泵 11 从储油柜 10 向高置油箱补油。

(3)操作方式

在驾驶台,舵机有三种操作方式:自动舵、手操舵和应急操舵。正常在海上航行时使用自动舵,进出港等机动航行时采用手操舵方式,以上两种操舵方式出现故障时,使用应急操舵。在舵机舱,有机旁应急操舵方式。正常工作时,舵机舱内的舵机控制箱上控制位置转换开关在遥控位,当驾驶台三种操控方式均失灵,需要将控制位置转换开关转换到本地控制位置,由操舵人员在舵机舱操作控制箱上的操舵按钮来控制舵机。驾驶台和舵机舱的应急操舵需定期试验,确保功能正常。

4. 应急舵机

"育鲲"轮上,在两台舵机中设置一台为应急舵,通常将 No. 2 舵机设为应急舵,它的型号和功能与 No.1 舵机完全相同,只是动力电源来自应急配电板。当船舶主电网因故障不能供电由应急发电机向应急配电板供电时,No.2 舵机仍然能够使用,以保持船舶航向。

5.故障现象、原因及措施

表 5-2　舵机故障现象、原因及措施

故障	原因	修复措施
只能单向转舵	舵柄(steering lever)或限位开关箱内的微动开关故障	检查舵柄或限位开关箱
	电路连接故障	检查电路
	喷嘴(nozzle)堵塞	检查喷嘴
	起动箱内 solenoid driver 故障	检查 solenoid driver
起动油泵,在没有给出舵令时舵冲过了头	舵柄内的微动开关故障	检查舵柄
稳舵期间舵偏离所停舵角	阀块上安全阀由于杂质或弹簧故障卡死在开启位置	解体检查安全阀
	安全阀由于设定压力低导致开启	调整安全阀设定压力
	转子密封磨损严重	更换密封
操舵时舵转动滞缓、不均匀	液压油系统内有空气	除气
当外力增大时,无法达到指定舵角	阀块上安全阀设定压力不正确	调整安全阀设定压力
	转子密封磨损严重	更换密封
舵不能从最大舵角回中	转舵机构上的限位开关箱内的微动开关故障	检查限位开关箱内的微动开关
油泵噪声大	液压油系统内有空气	除气
油箱溢油	液压油系统内有空气	除气
	油箱至油泵膨胀管路阀门未开	打开阀门
转舵机构工作时发出噪声	转子轴承太紧	调整轴承间隙
	液压油系统内有空气	除气

三、PSC 舵机检查要点

舵机是影响船舶航行的重要设备,也是 PSC(港口国监督)检查的重点项目。PSC 检查官对舵机的检查一般包括舵机舱及通道、设备功能和人员操作等三个方面。

1.舵机舱及通道

(1)如果应急操舵位置在舵机舱,舵机舱应有两条逃生通道,或者有一条直接通向甲板的逃生通道。根据 SOLAS 公约 2000 修正案 CII-2/R13.4.1.3 规定:在舵机处所,如果应急操舵装置位于该处所,应提供第二条脱险通道,但该处所设有直接通向开敞甲板通道的除外。对于近些年新造的商船,应急操舵位置大多位于舵机舱内,因此舵机舱应有两条逃生通道,并保持其畅通。

(2)舵机舱工作通道应铺设防滑设施(木格栅、防滑花钢板等),并从进口处围绕舵机四周和应急操舵处设置扶手栏杆。根据 SOLAS 公约第Ⅱ-1 章 C 部分第 29 条之规定,舵机舱应有适当的布置以保证有到达操舵装置和控制器的工作通道。这些布置应包括扶手栏杆和格子板或其他防滑地板以保证液体泄漏时有适宜的工作条件。

（3）舵机舱不可堆放油漆、燃油等易燃品。如果堆放缆绳等物品，则不可阻挡通道。

2.设备功能

（1）驾驶室与舵机舱之间的通信设施应工作正常。

（2）舵机舱应配备一台罗经复示器且工作正常。根据 SOLAS 公约第 V 章第 19 条之规定，所有总吨 500 及以上的船舶，除满足本条 2.3（不包括 2.3.3 和 2.3.5）和 2.4 的要求外，还应设有 1 台电罗经艏向复示器，或其他装置，用于将可视艏向信息传送到应急操舵位置（如设有）。

（3）舵机失电、油柜低液位、过载、缺相等报警功能正常。

（4）应急操舵功能正常。"育鲲"轮舵机油泵采用变频电机驱动，应急操作时，只需将操作位置转换开关转至本地位置，根据驾驶台操舵指令，在电机控制箱上分别按下"左舵"或"右舵"按钮操舵即可。有的舵机则需要先起动油泵，然后手动推动比例换向阀阀芯的某一端（分别对应"左舵"或"右舵"），从而实现应急操舵。

（5）主操舵装置应能在不大于 28 s 的时间内将舵自任何一舷的 35°转至另一舷的 30°。

（6）舵机液压油储存柜应与液压系统之间有固定连接，且应配有液位指示器。根据 SOLAS 公约 81 修正案第 29 条 12.3 的规定，当主操舵装置要求动力操舵时，设置一个固定储存柜，其容量足以至少为一个动力执行系统包括贮存器进行再充液。储存柜应用管系固定连接以使能从舵机舱内容易地再次为液压系统充液，并应备有液位指示器。

（7）舵机舱内应永久张贴显示遥控操舵系统和舵机动力单元简要转换程序的框图。

（8）应急舵部件保养完好，能迅速启用，附近张贴附带方框图的操作说明。

3.人员操作

（1）船上应定期组织应急操舵演习。根据 SOLAS 公约要求，每三个月要进行一次应急操舵演习，开航前 12 h 之内应对操舵装置进行核查和试验。

（2）船员应熟悉舵机舱与驾驶台通信、应急操舵和舵机动力单元转换等操作。

第三节　起货机

一、概述

干货船一般装设有装卸货物用的起货机，而大多数船舶都设有吊运物料、备件和伙食的小型起货机。

根据动力的不同，船舶起货机主要有电动起货机和液压起货机；根据起货设备的不同，又可分为吊杆式起货机和回转式起货机（又称"克令吊"）。目前，对于大型船舶起货机而言，回转式液压起货机的应用较为广泛。

二、船用起货机的主要结构类型

1.吊杆式起货机

吊杆式起货机是船上应用最早的起货机，其结构比较简单，初置费较少，对不同货物、不同包装和不同装卸场地具有较好的适应性。吊杆式起货机根据吊杆数的不同又可分为单吊杆式和双吊杆式,这里仅对单吊杆式起货机进行简单介绍。

单吊杆式起货机结构如图5-7所示。回转绞车2装有绕绳方向相反的两个卷筒,分别卷绕着两根支索4,绞车转动时,两根支索分别卷起或放出,从而使吊杆5回转。吊杆的俯仰(变幅)则由变幅绞车3控制顶牵索(变幅索)6的收放来实现。吊钩则由起货绞车1来控制,从而对货物进行起升或下放。

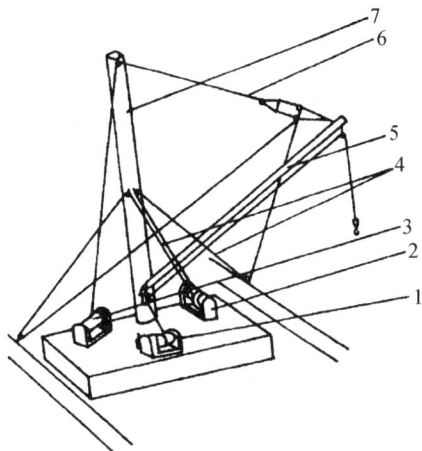

图 5-7　单吊杆式起货机结构图
1—起货绞车;2—回转绞车;3—变幅绞车;4—支索;5—吊杆;6—变幅索;7—起货柱

单吊杆起货机只需一人操作;作业前准备工作简单,且可随时调整作业范围;能两舷轮流装卸货物。缺点是吊杆在作业中需要回转,起吊周期较长;货物在空中容易摆动,落点定位不容易把握准确。

2. 回转式起货机

在回转式起货机中,起货绞车、变幅绞车、回转绞车以及吊杆和索具等,已经被组装在一个共同的回转座台上。作业时,各组成部分随座台一起回转。

回转式起货机占用甲板面积小,操作灵活,可360°旋转,吊放准确,效率高。但其结构复杂,对维护管理的要求高,价格也较昂贵。一般认为,船舶经常靠港而每次起重量超过5 t时,采用液压回转式起货机是合适的。

三、"育鲲"轮起货机

作为专用教学实习船,"育鲲"轮不设货舱,故没有大型的起货机,只是在艇甲板后部左右两舷各设一台救生筏兼物料吊,用于吊放救生筏,并可作为起货机使用,吊放物料、备件和伙食等。此外,"育鲲"轮还在游步甲板前部设置了一台手动小吊。本节将介绍"育鲲"轮艇甲板的救生筏兼物料吊,该起货机也常用于吊装伙食,因此常被称为伙食吊。

1. 主要性能参数

救生筏兼物料吊是镇江船舶辅机厂生产的SAFC21型单臂吊车。在吊放救生筏时,其最大工作负荷为21 kN,电动(应急时也可手动)起升,重力下放,液压(泵站和蓄能器或手动泵供油)回转。设有机旁操纵下放和回转以及筏内遥控下放和回转两种功能。起重机最大工作负荷为20 kN,电动起升和下降,液压回转。其主要性能参数如表5-3所示。

表 5-3 "育鲲"轮救生筏兼物料吊的主要性能参数

	救生筏吊架	起重机
最大安全工作负荷/kN	21	20
最大回转、起升负荷/kN	14	20
最大起升高度/m	30	30
起升速度/(m/min)	≥18	12~15
下降速度/(m/min)	40~55	12~15
回转半径/m	3.6	4.1
回转角度	泵站或手动泵供油时:≤330° 蓄能器供油时:≤110°	泵站供油时:≤330°
回转速度/(r/min)	电动回转:0~0.25 蓄能器回转:0.6~0.8	电动回转:0~0.25

2. 液压回转系统

该型吊车没有变幅机构,其起升机构使用电动机直接带动钢丝绳卷筒,结构较为简单,以下内容将主要介绍 SAF21 型吊车的液压回转系统。图 5-8 为 SAF21 型单臂吊车液压回转系统原理图,其各主要部件的功能介绍如下:

(1)液压泵 1。由电机 2 带动,从油箱 14 吸入液压油,将其加压至 19 MPa,从而将电能转变为液压能。

(2)单向阀 3。使油只能单向通过,在液压泵停止时可防止管路中液压油倒流。

(3)集成阀 4。由溢流阀 a、二位二通电磁换向阀 b 和三位四通电磁换向阀 c 组成。

溢流阀 a 用作安全阀,在油泵出口压力过高时使管路中部分油液经滤器 5 泄放回油箱。换向阀 b 在图示中处于断电状态,下端通,液压油经此阀流回油箱,可保证吊车在短期不动作时无须停液压泵。当吊车需要回转时,换向阀 b 的电磁线圈通电,在电磁力的作用下,阀芯移动,使上端处于工作状态,截断油流,液压油将进入换向阀 c。换向阀 c 在图示位置为断电状态,阀芯处于中位,油液不能通过;当吊车需要左转时,上端电磁线圈通电,阀芯移动,上位通,高压的液压油将从左端管路进入液压马达 11,进而驱动吊车左转;反之亦然。

(4)手动换向阀 8。图示为该阀的正常工作状态,液压油经该阀通往液压马达。当因失电而采用蓄能器回转时,须将阀 8 手动推至右位通。

(5)手动换向阀 9。用于手动控制液压马达转向,从而控制吊车转向。

(6)溢流阀组 10。用作液压马达的安全阀,防止马达任一端超压。

(7)液压马达 11。可将液压油的压力能转变为机械能,输出回转力矩,从而驱动吊车回转。

(8)机械制动器 12。俗称"刹车",靠弹簧力使摩擦带抱紧马达,从而使马达锁紧不动。

(9)蓄能器 7。内部充有氮气,用于积蓄液压能,可在断电时应急向液压马达提供油压为 19 MPa 的液压油。

(10)单向节流阀 6。为节流阀(上)和单向阀(下)的组合阀,可通过该阀向液压马达应急供油,又可在需要时由液压泵向蓄能器补油。

(11)手动泵 13。在断电且蓄能器失压时向液压马达应急供油,从而使吊车应急回转。

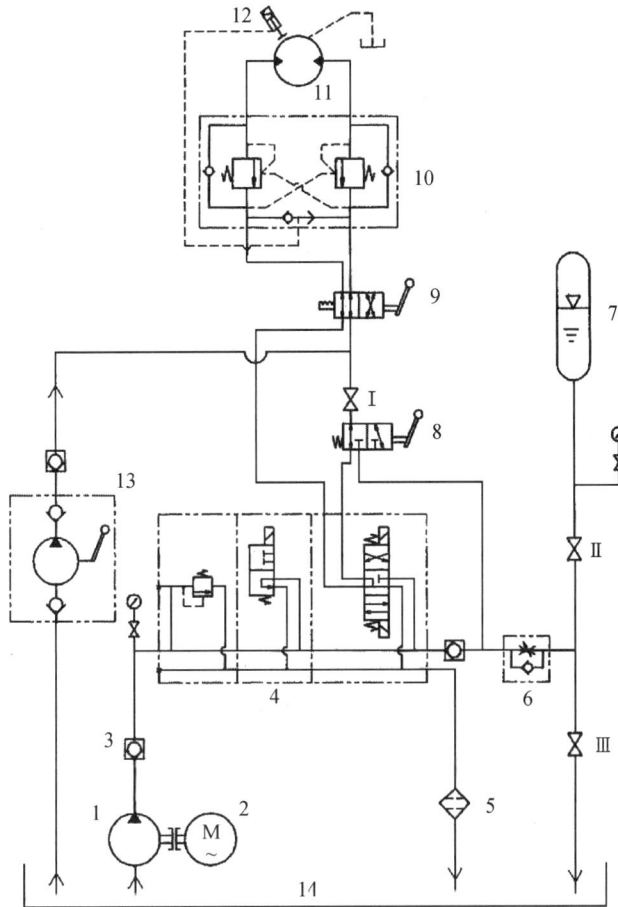

图 5-8　SAF21 型单臂吊车液压回转系统原理图

1—液压泵;2—电机;3—单向阀;4—集成阀;5—回油滤器;6—单向节流阀;7—蓄能器;8、9—手动换向阀;
10—溢流阀组;11—液压马达;12—机械制动器;13—手动泵;14—油箱;Ⅰ、Ⅱ、Ⅲ—截止阀

3.回转的控制方式

"育鲲"轮 SAF21 型吊车可通过三种方式实现回转,以保证能及时将救生筏转至舷外。

(1)电动回转。打开截止阀Ⅰ,操纵遥控按钮盒,通过换向阀 4(c)的动作,即可实现吊车的左转或右转。

(2)蓄能器回转。打开截止阀Ⅰ和Ⅱ,操纵回转用手拉三角环,将手动换向阀 8 推至右位通,即可实现蓄能回转。

蓄能器回转为单向驱动,当蓄压低于 18 MPa 时,应打开截止阀Ⅱ,起动泵站,将蓄能器充压至 19 MPa,然后关闭截止阀Ⅱ,停止泵站。

(3)手动泵回转。关闭截止阀Ⅰ,操作手动泵 13 和手动换向阀 9,即可实现左、右回转。

4.操纵方法

图 5-9 为 SAF21 型单臂吊车控制板示意图,控制板上部分两排布置有七个指示灯(各指示灯具体功能如图所示),中部布置有泵站的起动、停止按钮,下部有"充压"和"加热器开关"两个旋钮。

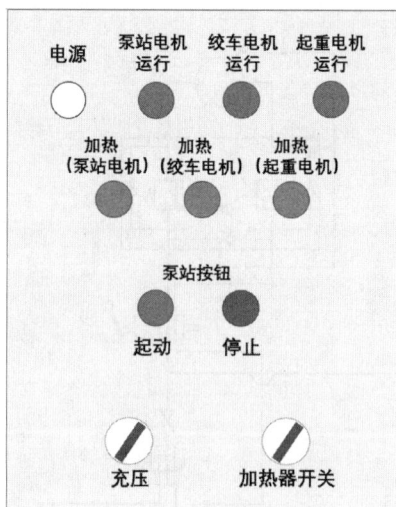

图 5-9　SAF21 型单臂吊车控制板示意图

控制板中央位置的"起动"和"停止"按钮分别用于起动和停止油泵。使用吊车之前,需要起动油泵,否则吊无法自动进行回转运动。

"充压"旋钮用于控制二位二通电磁阀 4(b)。吊车在正常使用时,该旋钮应置于"关"的位置,对应的电磁阀 4(b)下位连通。起动油泵之后,泵从油箱吸油,再循环回油箱。当需要给蓄能器充压时,先将截止阀Ⅱ开启,再将"充压"旋钮置于"开"的位置,对应的电磁阀 4(b)上位连通。泵起动后,即可向蓄能器充压,充压至 19 MPa 后,停泵即可。

"加热器开关"用于在气温较低时,给吊车上的电机加热。

另外,每个吊车还配有一个按钮盒,按钮盒上的"向左"和"向右"按钮分别对应三位四通电磁换向阀 4(c)的两个电磁线圈。按下按钮时,对应的线圈通电,吊臂可向左转或向右转。

第四节　锚机和绞缆机

一、锚机和绞缆机的作用和组成

1. 锚机的作用和组成

船舶在抵港前,常因等候泊位或引航员等需要而在港外停泊;在航行过程中遇到较强风浪时,也需要抛锚避风;在紧急情况下,还可利用锚进行紧急制动。用于收放锚和锚链的设备便是锚机。

锚机、锚和锚链等统称锚设备,一般在船首左右两舷各设置一套,"育鲲"轮也是如此。锚设备的布置如图 5-10 所示,它主要由锚、锚链、锚机、制链器、制链钩和锚链舱等组成。

2. 绞缆机的作用和组成

船舶进行拖船作业、进出船坞、系靠码头,或系靠浮筒及其他船舶时,用于绞缆、系缆的设备称为系泊设备。系泊设备主要由系缆索、导缆装置、带缆桩、绞缆机以及绳车、碰垫等组成。

船尾以及大船的中部一般都设置独立的绞缆机,而船首大都是锚机兼艏绞缆机实施绞缆功能。

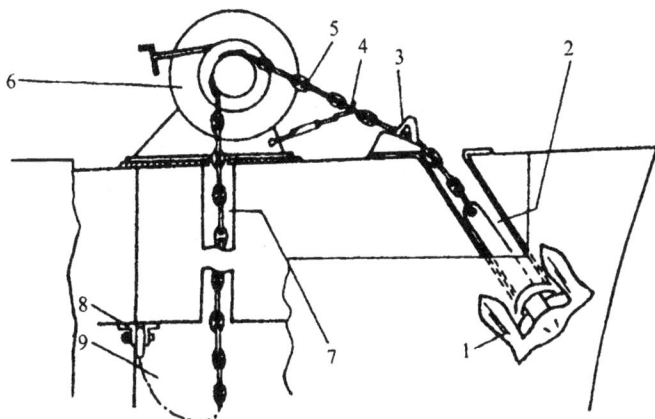

图 5-10　锚设备的布置

1—锚;2—锚链筒;3—制链器;4—制链钩;5—锚链;6—锚机;7—锚链管;8—弃链器;9—锚链舱

二、锚机和绞缆机应满足的要求

1. 锚机应满足的要求

根据《钢质海船入级规范》的规定,锚机应满足的要求主要有:

(1)必须由独立的原动机或电动机驱动。对于液压锚机,其液压管路如果和其他甲板机械的管路连接时,应保证锚机的正常工作不受影响。

(2)在航行锚泊试验时,锚机应能以平均速度不小于 9 m/min(公称速度)将单锚从水深 82.5 m 处(3 节锚链入水)拉起至 27.5 m(1 节锚链入水)。

(3)在满足公称速度和额定拉力时,应能连续工作 30 min;应能在过载拉力(不小于 1.5 倍额定拉力)作用下连续工作 2 min,此时不要求速度。

(4)所有动力操纵的锚机均应能倒转。

(5)链轮与驱动轴之间应装有离合器,离合器应有可靠的锁紧装置;链轮或卷筒应装有可靠的制动器,制动器刹紧后应能承受锚链断裂负荷 45% 的静拉力;锚链必须装设有效的制链器。制链器应能承受相当于锚链的试验负荷。

(6)液压锚机的系统和所有受压部件应进行液压试验。液压泵试验压力为 1.5 倍最大工作压力(不必超过 6.9 MPa);系统和其他受压部件试验压力为 1.25 倍设计压力(不必超过 6.9 MPa)。

2. 绞缆机应满足的要求

(1)绞缆机应保证在受风 6 级以下时(风向垂直于船体中心线)能系住船舶。

(2)绞缆机的额定拉力与船舶尺寸有关,可按《钢质海船入级规范》所推荐的参数选取。

(3)绞缆机在额定拉力时的公称绞缆速度一般在 15 m/min 左右,空载绞缆速度一般为公称速度的 2~3 倍。

三、锚机和绞缆机的结构

目前,锚机一般还驱动绞缆卷筒,可免于在船首单独设置绞缆机。"育鲲"轮左锚机兼舷绞缆机的结构如图 5-11 所示。下面结合该图介绍锚机和绞缆机的结构。

液压马达 1 可通过减速齿轮箱 2 驱动主绞缆筒 8 和副绞缆筒 9,也可通过减速齿轮 3 驱动锚链轮 4。在起锚时,用手柄 6 将锚链轮离合器 5 合上,用手柄 11 将主绞缆筒离合器 10 脱开,便可利用液压马达输出的转矩驱动锚链轮回转,从而将锚收回。抛锚时,可脱开离合器靠锚及锚链自重进行;必要时也可合上离合器 5 用锚链轮抛锚。刹车手柄 7 用于收紧刹车带进行制动。在使用主绞缆筒 8 绞缆时,则需要合上离合器 10,脱开离合器 5;刹车手柄 11 用于对主绞缆筒进行制动。副绞缆筒 9 由减速齿轮箱 2 直接驱动,一旦液压马达运转便保持连续转动。

与船首的锚绞机相比,艉绞缆机没有锚链轮以及对应的离合器和刹车。

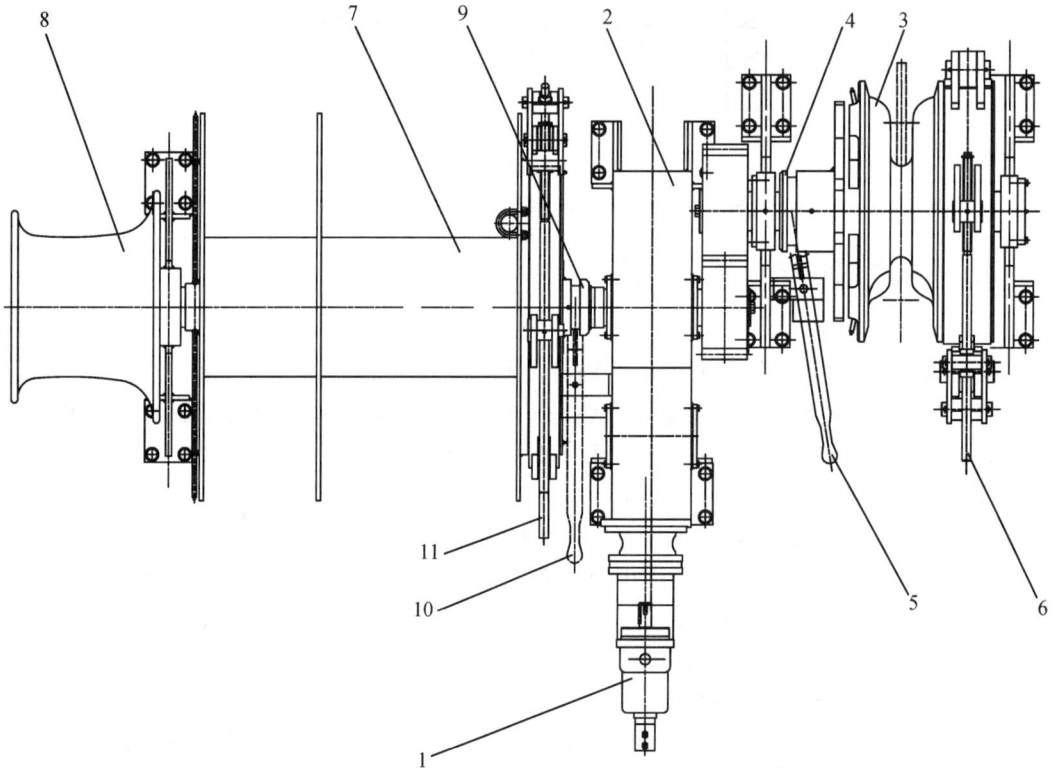

图 5-11 "育鲲"轮左锚机兼艉绞缆机结构图

1—液压马达;2—减速齿轮箱;3—减速齿轮;4—锚链轮;5、10—牙嵌离合器;6、11—离合器手柄;7、12—带式刹车手柄;8—主绞缆筒;9—副绞缆筒

四、"育鲲"轮锚机和绞缆机的主要参数

"育鲲"轮液压锚机及系统产自意大利 MEP 公司,其中锚机型号为 SALP44,共两台,分别布置于船首的左右两侧,该锚机既可驱动锚链轮,又可驱动绞缆筒;液压绞缆机及系统也产自意大利 MEP 公司,型号为 AS 800/D,共两台,分别布置于船尾的左右两侧。锚机和绞缆机均配置了 C.I.30+30 型液压单元,分别布置在水手工艺室和舵机间。设备具体参数如下:

1. SALP44 型锚机兼艏绞缆机和 AS 800/D 型绞缆机

锚机主要由液压马达、锚链轮、主/副绞缆筒和减速齿轮箱组成;绞缆机除了没有锚链轮之外,与锚机相同。

(1)液压马达。轴向柱塞式双向变量马达,双速式,3 200/4 300 r/min,最高稳定工作压力 35 MPa。

(2)锚链轮。额定拉力 92 kN,平均起锚速度 12 m/min,过载拉力 138 kN,制动力 693 kN。

(3)主绞缆筒。额定拉力 80 kN,额定绞缆速度 15 m/min,空载速度 45 m/min,最大制动力 240 kN。

(4)副绞缆筒。额定拉力 80 kN,绞缆速度 0~15 m/min,空载速度 0~45 m/min。

(5)减速齿轮箱。传动比约 90:1。

2. C. I. 30+30 型液压单元

(1)液压泵。2 台,轴向柱塞式单向变量泵,转速 1 450 r/min,额定工作压力 20 MPa,最高稳定工作压力 35 MPa,排量 102 L/min(37.5 cSt 液压油)。

(2)油箱。1 台,容量 350 L。

五、锚机液压系统

"育鲲"轮锚机与绞缆机采用相同的液压单元,下面以锚机兼艏绞缆机液压系统为例介绍其液压系统。图 5-12 所示为锚机兼艏绞缆机液压系统,其中包括两套完整的闭式液压系统,分别服务于左、右锚机。

左锚机兼艏绞缆机操纵台面板如图 5-13 所示。需要指出的是,当锚机驱动锚链轮时,系统只允许油泵以最大排量工作,此时,操纵台上的快、慢速切换旋钮 3 无效;在起锚过程中,如果需要增加拉力将锚拔离海底,可以在将换向操作杆 1 扳向"Lifting"方向的同时,按下"Anchor Breaking Ground"按钮 2;驱动绞缆筒时,可选择快速或慢速,但快速只用于拉力很小的场合。

图 5-13 中的换向操作杆 1 对应的就是图 5-12 中的三位四通手动换向阀 14,该手动换向阀的实际位置位于操纵台面板下方。图 5-13 中的"Anchor Breaking Ground"按钮控制的是图 5-12 中的二位二通电磁换向阀 8。图 5-13 中的快、慢速切换旋钮控制的是液压马达上的快、慢速电磁阀,以实现液压马达的变量调节。

如图 5-12 所示,液压泵 3 从油箱 6 吸油,泵出口设有单向阀 20、常开截止阀 25 和溢流阀 15(用作安全阀,调定压力 27 MPa)。手动换向阀 14(三位四通阀)位于机旁控制台 29 上,可决定高压油液从左端或右端进入液压马达 19,从而控制液压马达的转向,以便起锚或抛锚。当阀 14 处于图示状态的中位时,液压马达的油路被锁闭,液压泵的排油经换向阀 8、溢流阀 21(调定压力 20 MPa)返回油箱。

在起锚的过程中,当需要较大的拉力时(例如将锚拔离海底时),可在操纵台上按下"Anchor Breaking Ground"按钮。这时,两位两通电磁阀 8 通电,上位连通,油路断开。于是,溢流阀 21(设定压力为 20 MPa)失去了作用,溢流阀 15 则成为油泵出口管路唯一的安全阀(设定压力为 27 MPa),油泵的排压升高,液压马达的扭矩相应增大,从而可以提供较大的拉力。

锚机有两个离合器,分别驱动锚链轮或主绞缆筒,其中,连接锚链轮的离合器有个位置

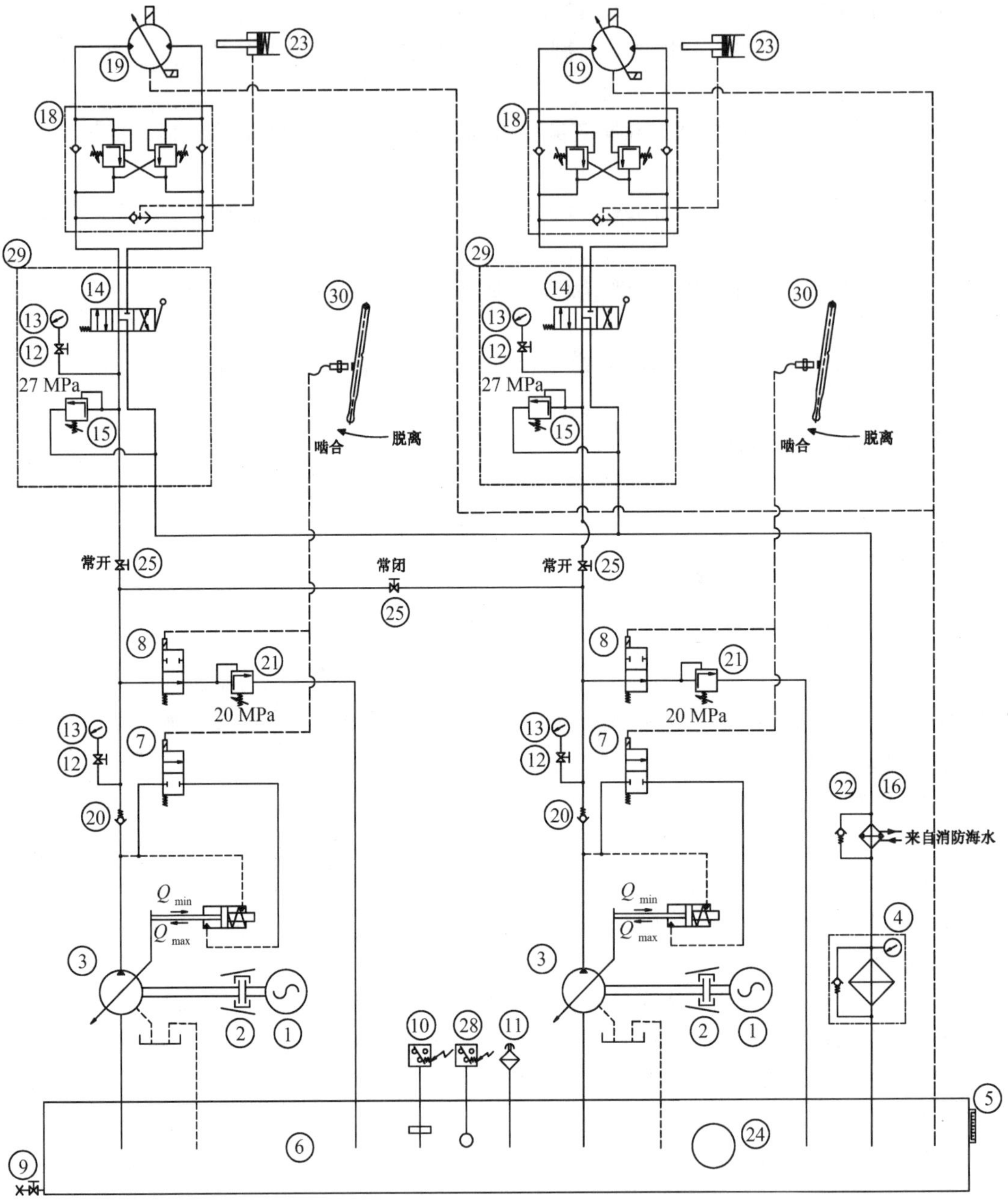

图 5-12 "育鲲"轮锚机液压系统原理图

1—电机;2—联轴器;3—液压泵;4—滤器;5—油位计;6—油箱;7、8—换向阀;9—泄油阀;10—油位开关;11—加油旋塞;12、25—截止阀;13—压力表;14—手动换向阀;15、21—溢流阀;16—冷却器;18—双向溢流阀;19—液压马达;20、22—单向阀;23—制动器;24—检修门;28—温控开关;29—机旁控制台;30—离合器手柄

开关。当锚机连接锚链轮的离合器啮合时,图 5-12 中的二位二通电磁阀 7 断电,下位连通,实现液压泵变量的差动活塞左侧的油泄放到油箱(图中未标出),差动活塞移动至左位,液压泵以最大排量工作。当该离合器脱开时,即锚机用于收放缆绳时,电磁阀 7 通电,上位连通,差动活塞两侧均充满液压油,并且油压相等。但是,由于活塞左侧的面积比右侧大,活塞

将向右移动,直到活塞右侧的弹簧被压缩,活塞两侧的力平衡为止。当负荷增大,油泵排压升高时,差动活塞两侧力的平衡将被打破,活塞将向右移动,直到弹簧继续被压缩,活塞两侧的力再次平衡为止。也就是说,当锚机用于收放缆绳时,液压泵可以根据负荷大小自动调节流量,确保功率稳定,即负荷增大时,流量减小;负荷减小时,流量增大。

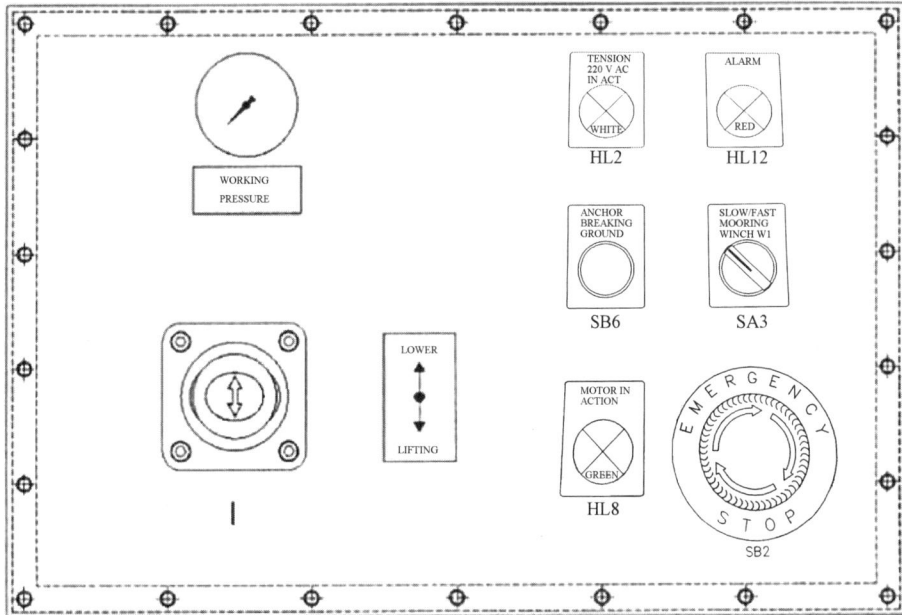

图 5-13 左锚机兼艏绞缆机操纵台面板示意图

1—收、放锚(或缆绳)换向操作杆("Lower"/"Lifting");2—"Anchor Breaking Ground"按钮;3—快、慢速切换旋钮

双向溢流阀 18 用作液压马达的安全阀,制动器 23 可在需要时手动锁紧马达。来自液压马达的回油经冷却器 16 和滤器 4 流回油箱。油箱上还设置有液位计 5、油位开关 10 和温控开关 28,用于监控液压油的液位和温度。常闭截止阀 25 可在必要时连通左、右锚机的液压系统,实现左泵向右马达供油,或右泵向左马达供油。

六、自动绞缆机

"育鲲"轮绞缆机仍采用普通绞缆机,在停泊期间,当潮汐涨落或船舶吃水变化时,需要人工松出或收紧缆绳,不仅麻烦,稍有疏忽还可能使缆绳松弛而失去系缆作用,或因过载而拉断。因此,许多自动化程度较高的船舶采用了能使拉紧缆绳的张力保持在一定范围内的自动绞缆机,当拉力过大时能自动放缆,而缆绳松弛时又能自动收揽。在特殊情况下,还能将绞缆机转至手动状态,此时与普通绞缆机的操作无异。

自动液压绞缆机在自动状态下无须使用刹车,靠换向阀将液压马达中的油液锁闭而保持一定的扭矩。液压绞缆机的液压马达在排量一定时,扭矩与工作油压成正比,因此,只要能自动控制马达的工作油压,就能控制马达的扭矩,即自动控制系缆张力。

自动绞缆机使用方便,但在海况多变的情况下,液压泵的起动会很频繁,使绞缆机的可靠性降低,这在很大程度上限制了自动绞缆机的应用。目前,日本川崎公司生产的液压自动绞缆机在船上有较多使用。

第六章 辅锅炉装置及造水机

锅炉是船舶动力装置的重要组成部分,其通过燃料(一般为燃油)的燃烧把化学能转化为热能,使炉内的水变成蒸汽(或热水)。在以蒸汽轮机为主机的船上,锅炉产生的过热蒸汽用于驱动船舶,故称其为主锅炉,这种形式在普通商船上已经很少采用;而在柴油机为主机的船上,锅炉产生的饱和蒸汽仅用于加热燃油、滑油以及满足生活使用,故称其为辅锅炉,在"育鲲"轮上便是如此。

商船一般设置 1 台饱和蒸汽压力为 0.5~1.0 MPa、蒸发量为 0.4~2.5 t/h 的辅锅炉。而油轮则因为需要加热货油、驱动货油泵、清洗油舱等,需要大量蒸汽,故一般应设置两台辅锅炉。在大型客船上,因旅客人数较多,一般也设置两台辅锅炉,万一有一台损坏也不至于影响旅客和船员的日常生活。

船舶在航行过程中,主机的排气量很大,温度也很高。大型低速二冲程船舶柴油机的排气温度一般在 300 ℃ 以上,四冲程中速柴油机的排气温度可达 400 ℃ 左右。而水蒸气在压力为 0.5 MPa 时,其饱和蒸汽温度为 165 ℃;压力为 1.3 MPa 时,饱和蒸汽的温度也仅为 194 ℃。所以,可以利用船舶主柴油机的排气余热来产生蒸汽。在船舶主柴油机的排气管上,一般都装设有废气锅炉。废气锅炉不但可以节约燃油,还可以降低柴油机排气噪声,起到节能减排之功效。

锅炉的主要性能指标有:蒸发量、饱和蒸汽压力、效率、受热面积、蒸发率、炉膛容积热负荷等。

"育鲲"轮在机舱顶部装有燃油锅炉和废气锅炉各一台。停泊时,由燃油锅炉提供蒸汽;航行时,主要由废气锅炉提供蒸汽,必要时燃油锅炉可同时使用。

第一节 燃油锅炉

一、燃油锅炉的结构

燃油锅炉利用燃油燃烧时发出的热量来产生蒸汽。燃油锅炉本体一般包括炉膛、蒸发受热面、水腔和蒸汽空间等。锅炉本体上还应有一系列的附件,如水位计、安全阀、主蒸汽阀、炉水取样阀、上、下排污阀等。

传统的燃油锅炉主要有两种类型,即烟管锅炉和水管锅炉。若燃油燃烧产生的烟气在受热面管内流动,管外是水,则该锅炉为烟管锅炉。若锅炉受热面管内流动的是水或汽水混合物,而烟气在管外流动,则该锅炉为水管锅炉。近些年,一种新型的针形管锅炉在船上取得了广泛应用,"育鲲"轮燃油辅锅炉便是这种类型。

"育鲲"轮上使用的针形管式燃油锅炉为德国生产的 SAACKE KLN/VM-2.5/7 型,产汽量 2.5 t/h,工作压力 0.7 MPa,其结构如图 6-1 所示。该锅炉的圆筒形锅壳(汽水空间)10 中大部为水腔 B,上部是蒸汽空间 A,下部设有圆筒形的炉膛 3。炉膛底板 11 焊接在炉膛本体上,上面覆盖有耐火层 12。

在炉膛顶部和汽水空间内有一系列的垂直烟管 4,内有针形管 5,每一个烟管及其内部的针形管构成一个单元。流经各烟管的烟气最终汇聚到烟箱 1,然后经顶部的烟囱 7 排至大气中。

为减少锅炉的散热损失和降低周围的环境温度,并防止人员烫伤,锅炉的外部覆盖有隔热层 6,最外面还由铁片罩起来。

锅壳的外面有若干接口,用于连接锅炉附件,如主蒸汽阀接口 2、安全阀接口 9、水位计接口 8 和锅炉给水接口 18 等。锅炉的底部还有下排污口 13 和炉膛烟灰冲洗水泄放口 14。

在水侧,炉膛和换热管壁面的水被加热产生气泡,含气泡的水密度较低,迅速上升,在蒸汽空间实现汽、水分离,其余的水从下方流过来补充,形成自然水循环。

锅炉本体上还设置有一些部件,用于进行内部检查和水腔的清洁。水腔的下部有泥渣孔 15,可以由此定期清除锅炉水腔内沉积的泥渣。人孔 16 用于对烟箱进行检查和清洁。还有火焰观察镜 17,可以随时观察炉膛内的燃烧状况。

图 6-2 所示为针形管单元的剖视图。针形管本体为无缝钢管,外壁上焊有许多细长的钢针,以增加烟气与炉水之间的传热效果。针形管上、下两端分别通蒸汽空间、水空间,这种结构保证了炉水能够从针形管下部的水空间流入上部的汽空间,形成良好的自然循环。

针形管锅炉是在立式烟管锅炉的基础上发展起来的,保留有烟管锅炉的某些特点:以容积较大的锅壳存水;炉膛中产生的热量主要通过辐射的方式传递给周围的炉水。但由于引入了针形管,因而也具有水管锅炉的特点,水自然循环良好。一个针形管元件可以顶替很多根烟管,使锅炉的蒸发率明显提高,尺寸也显著减小。在该锅炉中,约有 50% 的热量来自炉膛的辐射热,其余的热量来自针形管的对流传热。

当然,这种针形管锅炉也有一些缺点,尤其表现为清洁不便。由于烟管和针形管结构的复杂性,且体积较小,不论是烟侧还是水侧,要进行人工清洗都比较困难。

表 6-1 所示为"育鲲"轮燃油锅炉的主要性能指标。

表 6-1 　"育鲲"轮燃油锅炉主要性能指标

序号	性能指标	参数
1	锅炉数量	1 台
2	针形管数量	6 根
3	锅炉负荷	100%
4	蒸发量	2.5 t/h
5	工作压力	0.7 MPa
6	蒸汽温度	170.4 ℃
7	设计压力	0.9 MPa
8	燃料	船用燃料油(HFO)
9	燃油消耗率	184 kg/h
10	点火燃料	船用柴油(MDO)
11	100%负荷时的效率	83.4%
12	水腔容积(正常液位)	2.6 m³

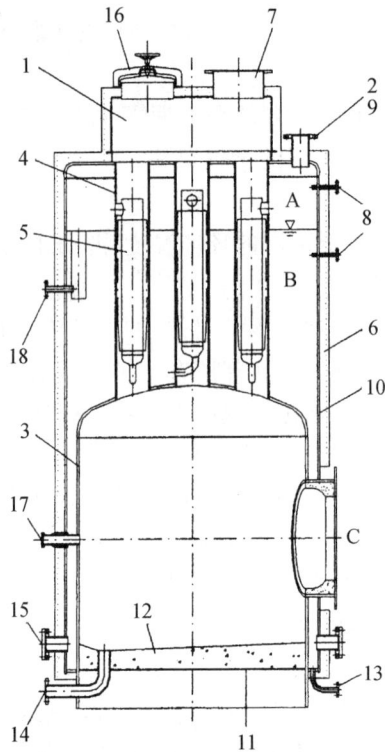

图 6-1 "育鲲"轮上使用的燃油锅炉的本体结构

1—烟箱;2—主蒸汽阀接口;3—炉膛;4—烟管;5—针形管;6—隔热层;7—烟囱;8—水位计接口;9—安全阀接口;10—锅壳;11—炉膛底板;12—耐火层;13—下排污口;14—炉膛冲洗水泄放口;15—泥渣孔;16—人孔;17—火焰观察镜;18—锅炉给水接口;A—蒸汽空间;B—水腔;C—燃烧器接口

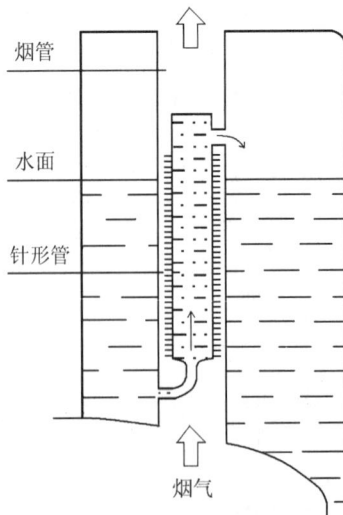

图 6-2 针形管单元结构图

二、燃油锅炉的附件

与大多数船舶辅锅炉一样,"育鲲"轮燃油锅炉的主要附件包括如下几种:

1. 安全阀

在锅炉顶部的汽腔上设有两个安全阀,可在炉内蒸汽压力超过设定压力(0.9 MPa)时自动开启,将多余蒸汽泄放至大气中。此外,安全阀顶部还设置手动强开机构,必要时可强开安全阀。

2. 主蒸汽阀

该阀为截止止回阀,是锅炉向外界提供蒸汽的唯一通道。由于该阀处于常开状态,亦常称作停汽阀。

3. 给水阀

为保证充分的可靠性,给水阀设有两组,用于向锅炉水腔补充因蒸发而损失的炉水。每一组给水阀包括一个截止阀和一个止回阀,可防止炉水倒流入给水系统。

4. 水位计

锅炉本体上装有两个玻璃水位计,分布于左右两侧,用于显示锅炉的实际水位。水位计有上、下两个截止阀,分别通汽腔和水腔,其泄放管路上还有一支冲洗阀。

5. 上排污阀

上排污阀又称浮渣阀,为截止止回阀,用于泄放炉水表面的浮渣。

6. 下排污阀

下排污阀有两组,分别位于锅炉的两侧,用于泄放沉积在炉水底部的杂质和泥渣等。每一组下排污阀包括一个截止止回阀和一个速闭阀。

7. 放气阀

放气阀位于锅炉的顶部,为截止阀,常闭,只有在锅炉初次起动前需要灌水或停炉后需要泄水时才打开放气。

8. 取样阀

用于炉水取样化验。

此外,锅炉本体上还设有两个服务于废气锅炉的炉水进、出口阀。

第二节　废气锅炉

一、废气锅炉的结构

目前,船上常用的废气锅炉主要有两种类型,分别为立式烟管废气锅炉和强制循环水管废气锅炉。"育鲲"轮采用的是SAACKE KIP/PC-0.7/7型强制循环水管废气锅炉,图6-3所示为该废气锅炉的结构简图。

在废气锅炉本体1内,布置有多组垂直并列的翅片管2(水管外部焊接有翅片,以提高传热效果)。

各组翅片管的进、出口分别与水平布置的进口联箱3和出口联箱4相连。两个联箱均布置在废气锅炉本体内,只有进口接口5和出口接口6露在外面。

在有联箱的一侧,各水管都被焊接到废气锅炉本体上,而水管的另外一端是浮动的,以便各管有热胀冷缩的余地。各组翅片管紧贴在一起,构成了废气锅炉的主体。每上、下两层水管之间由弯管 7 相连。

废气锅炉本体上覆盖有隔热层,并包有铁皮外罩 8。整个废气锅炉坐落在钢架 9 上,而废气烟箱 10 则焊接于本体上、下两端的法兰上。本体的侧面分布有上、中、下三个检修道门 11,而正面则分布有三个蒸汽吹灰器 12,各检修道门与吹灰器位于同一高度,以方便检修和清洁。

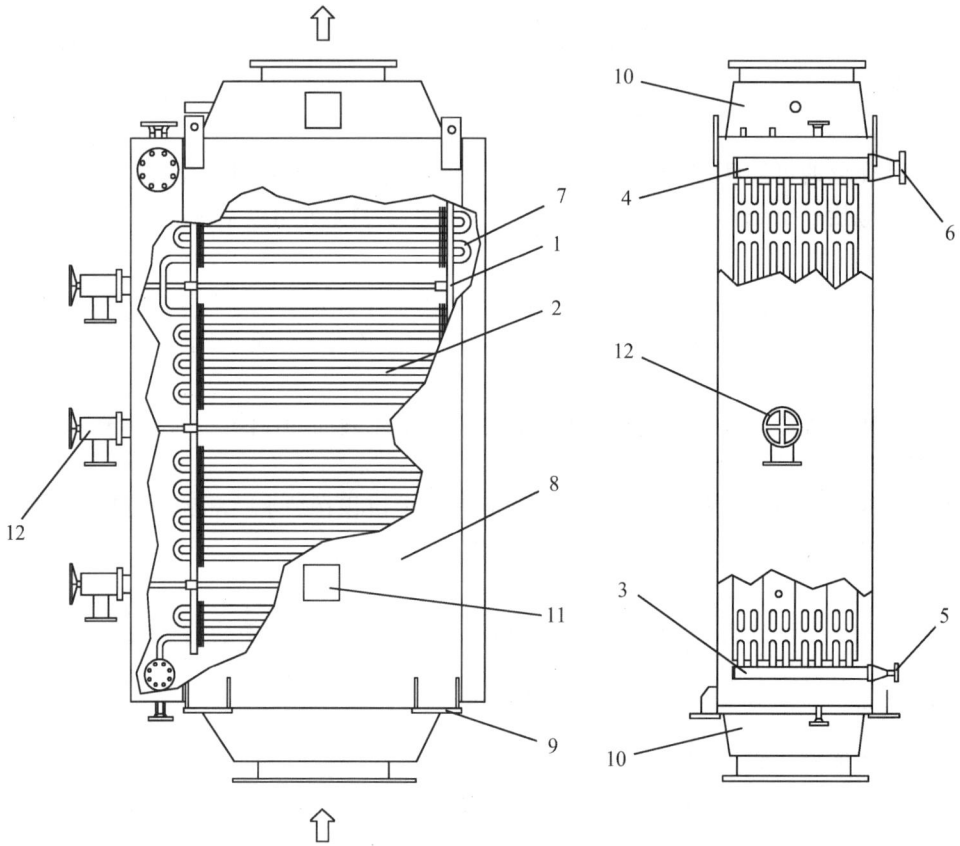

图 6-3 "育鲲"轮废气锅炉结构图

1—本体;2—翅片管;3—进口联箱;4—出口联箱;5—进口接头;6—出口接头;7—弯管;8—外罩;9—钢架;10—废气烟箱;11—检修道门;12—蒸汽吹灰器

在工作过程中,柴油机排气在翅片管的外侧流过,而水则由专门的循环水泵从燃油锅炉水腔吸入,压送到废气锅炉进口联箱,再进入各翅片管内部被加热,然后以汽水混合物的形式由出口联箱汇集,并送回燃油锅炉进行汽水分离。

由于主机通常运行在85%的标定负荷下,下面列出"育鲲"轮废气锅炉在85%负荷下的主要性能指标,如表6-2所示。

表 6-2　"育鲲"轮废气锅炉在 85％负荷下的主要性能指标

序号	性能指标	参数
1	锅炉数量	1 台
2	主机负荷	85％
3	蒸发量	0.7 t/h
4	工作压力	0.7 MPa
5	设计压力	1.2 MPa
6	废气进口温度	249.2 ℃
7	废气出口温度	199.1 ℃
8	废气压降	84 mmWG(毫米水柱)
9	循环水量	6 000 kg/h
10	水腔容积(正常液位)	0.3 m³
11	蒸汽吹灰器数目	3 s

二、废气锅炉蒸发量的调节

废气锅炉的蒸发量取决于主机的排气量和排气温度,这是随主机功率而变的。尽管正常航行时主机的功率基本稳定,但船舶对蒸汽量的需求却是随着航区和季节而变的,因此,废气锅炉的蒸发量需要调节。废气锅炉蒸发量的调节方法主要有如下三种:

1. 烟气旁通法

废气锅炉普遍采用烟气旁通法来调节蒸发量。这需要在废气锅炉的烟气进、出口之间加设旁通烟道和相应的挡板,通过改变挡板的开度来改变废气锅炉的烟气流量,从而控制废气锅炉蒸发量。

2. 改变有效受热面积法

改变有效受热面积法即通过改变废气锅炉内的水量来控制蒸发量,在蒸发量较小时,需要大面积的受热面干烧,存在烧坏的危险。

3. 多余蒸汽泄放法

在"育鲲"轮,主机所有的排气都进入废气锅炉,不存在旁通烟道,而废气锅炉的换热面也是固定的。在航行过程中,当废气锅炉的蒸发量超过全船的蒸汽需求时,蒸汽压力会过分升高,蒸汽管路上的多余蒸汽释放阀便会开启,向大气冷凝器泄放多余的蒸汽。

三、废气锅炉与燃油锅炉的联系

废气锅炉与燃油锅炉之间的联系方式主要有三种形式。

1. 二者相互独立,有各自的给水管路和蒸汽输出管路。
2. 废气锅炉与燃油锅炉合为一体,形成组合式锅炉,二者共用汽水空间。
3. 废气锅炉为燃油锅炉的一个附加受热面。

"育鲲"轮采用的是第三种方式。锅炉给水泵将来自热水井的水送至燃油锅炉,炉水强制循环泵再将燃油锅炉中的水输送至废气锅炉使之加热蒸发,并将汽水混合物压回燃油锅炉汽腔,在汽腔内进行汽水分离,蒸汽最终由燃油锅炉的主蒸汽阀输出。

在航行中,若废气锅炉的蒸发量无法满足全船需求,蒸汽压力低于燃油锅炉的起动压力时,则燃油锅炉可自动投入工作。

第三节　锅炉燃油设备及系统

锅炉的燃油设备及系统主要包括燃烧器及外围的燃油系统。目前,船用燃油锅炉的燃烧器大多采用整装式。

一、整装式燃烧器

1.燃烧器的主要部件

"育鲲"轮燃油锅炉采用的是 SKVJ M18 型整装式燃烧器,其外形如图 6-4 所示。其主要部件如下:

(1)喷油器。喷油器包括压力式点火油头 11 和转杯式主喷油器 12。

图 6-5 所示为点火油头和电极的结构图。在点火时,点火电极 1 通电,两极之间尖端放电产生火花;同时,压力约 1 MPa 的柴油在点火油头 2 中央的细小喷孔的节流作用下以油雾的形式喷出,油雾在配风器 3 周围的空气助燃下被点火电极点燃;然后,点火油引燃主喷油器所喷出的燃油;之后点火油头停油,靠主喷油器持续燃烧提供热量。

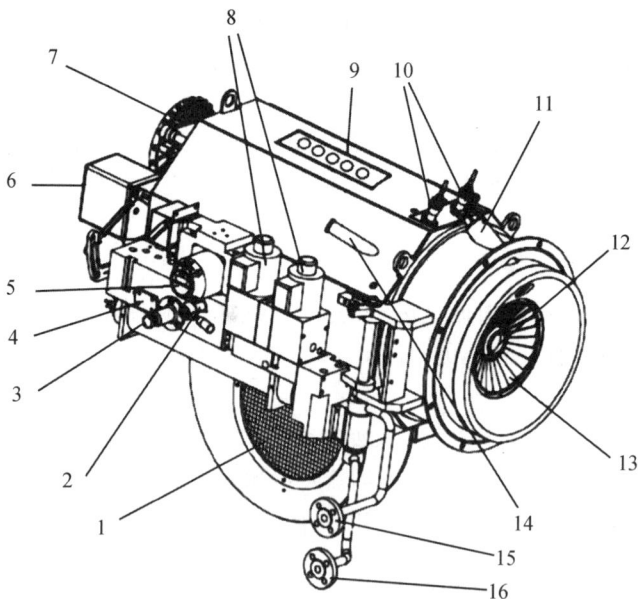

图 6-4　SKVJ M18 整装式燃烧器

1—风机;2—速闭阀;3—调压阀;4—滤器;5—流量计;6—伺服电机;7—负荷凸轮;8—燃油电磁阀;9—应急操作按钮盒;10—火焰探测器;11—点火头油座;12—主喷油器;13—配风器;14—火焰观察镜;15—进油口;16—回油口

图 6-6 所示为转杯式喷油器结构简图。电机 5 通过皮带 6 带动中央轴 2 高速旋转,同时驱动圆锥形的转杯 1 和雾化风机叶轮 3 旋转。压力约 0.25 MPa 的燃油被泵入转杯后,由

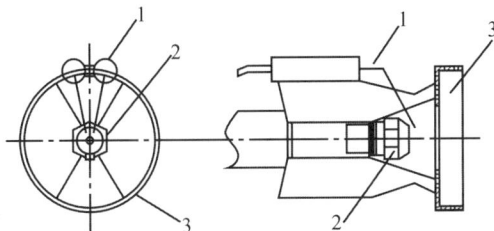

图 6-5　压力式点火油头及电极
1—点火电极;2—点火油头;3—配风器

于离心力的作用,在转杯内壁形成油膜并被甩入炉膛;叶轮 3 将雾化风(即一次风)从转杯外缘吹入,将甩出的油膜吹散成油雾。一次风量可由风门 7 调节,而提供燃烧所需氧气的二次风则由另外的风机单独供应。

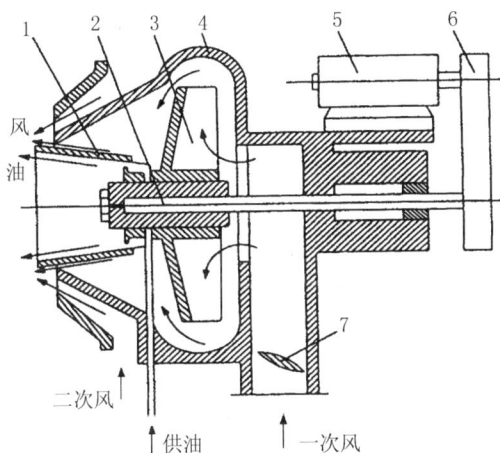

图 6-6　转杯式喷油器结构简图
1—转杯;2—中央轴;3—雾化风机叶轮;4—外壳;5—电机;6—传动皮带;7—一次风门

由于转杯式喷油器没有细小的喷孔,故对杂质不太敏感,可燃用劣质燃油甚至污油,因而在船舶辅锅炉中取得了越来越广泛的应用。但其缺点也很明显,即价格高、结构复杂。

(2)风机 1(见图 6-4),用于提供燃烧所需空气,为离心式风机。

(3)配风器 13(见图 6-4),用于向主喷油器分配一次风(雾化风)和二次风(燃烧风),确保风量与油量相匹配。配风器应当能够提供风量、风向和风速适宜的一次风和二次风。

(4)火焰探测器 10 和观察镜 14(见图 6-4)。分别对炉膛内的火焰进行自动探测和人工观察。

(5)伺服电机 6(见图 6-4)。用于驱动负荷凸轮 7(见图 6-4)。

(6)负荷凸轮 7。用于控制并指示锅炉负荷,可同时对风门和油门进行调节,使二者时刻保持匹配。

(7)应急操作按钮盒 9(见图 6-4)。当燃烧器的自动控制系统故障时,可切换为手动模式,通过燃烧器顶部的应急操作按钮盒进行手动点火以及负荷调节操作。

2. 燃烧器的系统流程

SKVJ M18 型燃烧器的系统原理如图 6-7 所示。燃用重油时,预加热器 1 加热燃油使得进入转杯的燃油保持在一定范围。如油温监测器(低)15 检测到温度低于设定最低温度值,伴热和预加热器工作,在温度达到最低温度之前,燃烧器不能点火。油温监测器(高)16 对回油温度进行监测,当温度高于最高值时,回油伴随加热关闭。根据燃油规格的不同,其温度应当控制在 60~90 ℃ 的范围之内;调压阀 2 用于控制供应至转杯的燃油压力;流量计 9 则可连续记录锅炉的燃油消耗量。

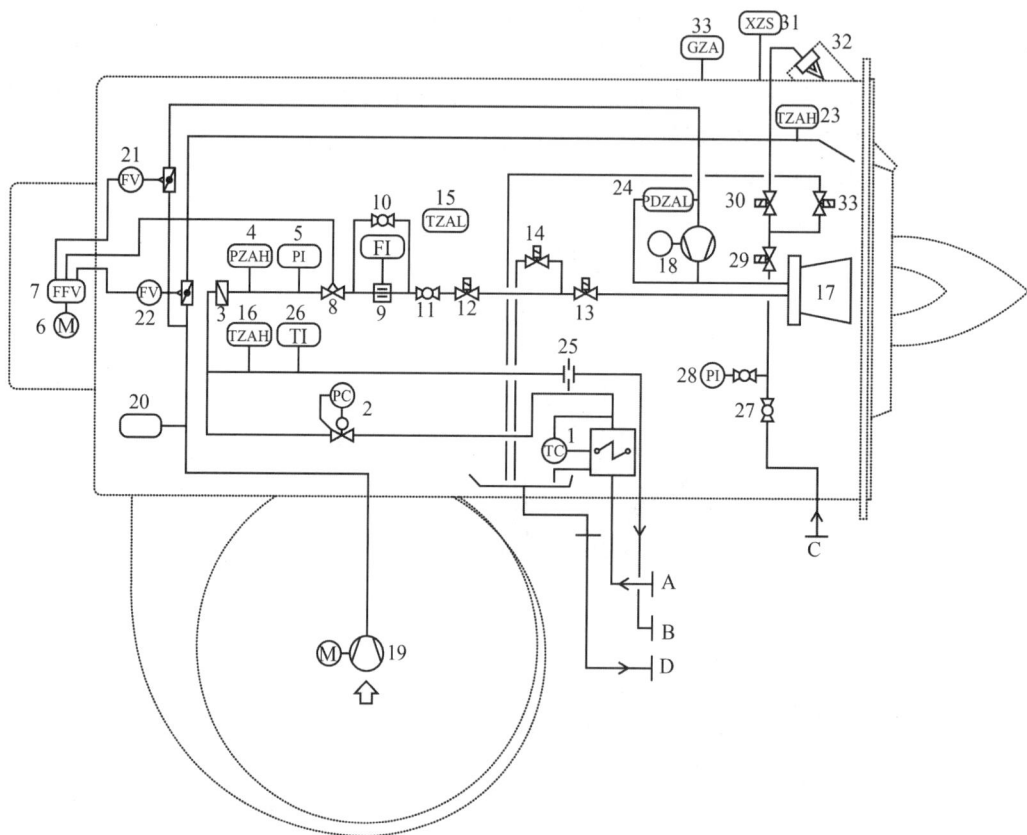

图 6-7　SKVJ M18 型燃烧器系统原理图

1—预加热器;2—调压阀;3—滤器;4—油压监测器(高);5—压力表;6—伺服马达;7—控制转盘;8—油量调节阀;9—流量计;10—旁通阀;11—速闭阀;12、13、29、30—电磁阀;14、33—泄油电磁阀(常开);15—油温监测器(低);16—油温监测器(高);17—主喷油器(转杯);18——次风风机;19—主风机;20—风压监测器(低);21——次风挡板;22—二次风挡板;23—风箱温度监测器(高);24——次风压差监测器(低);25—节流孔;26—温度表;27—截止阀;28—压力表;31—火焰探测器;32—点火油头及电极;33—燃烧器联锁开关;A—主油头进油口;B—主油头回油;C—点火柴油进口;D—泄放油出口

燃烧器不工作时,主油路电磁阀 12、13 和点火油路电磁阀 29、30 均处于断电关闭状态,对应泄放电磁阀 14、33 断电开启,转杯主油头 17 和点火油头 32 没有燃油供给。

控制系统接到点火指令时,主风机 19 起动,开始向炉膛进行预扫风;同时,一次风风机 18 投入工作,同轴驱动转杯 17 转动。预扫风结束后,点火电极通电释放电火花,同时,外部的点火油泵起动,电磁阀 33 通电关闭,电磁阀 29、30 通电打开,从进口 C 进入的柴油在压力作用下经油头 32 雾化,被电极点燃。如点火成功,电磁阀 14 通电关闭,电磁阀 12、13 通电打开,从进口 A 来的燃油,依次经过预加热器 1、调压阀 2、滤器 3、流量调节阀 8、流量计 9、供油电磁阀 12、13 进入转杯,在高速旋转产生的离心力作用下形成油膜离开转杯外沿,在一次风作用下雾化,被点火油头的火焰点燃。转杯式油头形成稳定的火焰后,电磁阀 29、30 失电关闭,电磁阀 33 失电打开,点火油路停止工作。

随着锅炉蒸汽压力的变化,控制系统向伺服马达 6 发出信号,带动控制转盘 7 转动,同时开大(或关小)油量调节阀 8、一次风挡板 21 和二次风挡板 22,在调节负荷同时保持相互匹配。

该燃烧器设置有一系列的安全保护装置,可连续监测燃烧器的运行状态。包括:火焰探测器 31,一旦发现火焰强度不足,就会及时关闭燃烧器;风压监测器(低)20,当发现风机送风压力低于设定值时关闭燃烧器;一次风压差监测器(低)24,当发现一次风压差低于设定值时关闭燃烧器;燃烧器联锁开关 33,在燃烧器脱开锅炉本体时自动切断燃烧器供油。此外,还有自动点火程序保护功能,一旦发现点火失败,油路上的电磁阀会立即关闭。

燃烧器送风结构如图 6-8 所示。转杯电机 3 经过传动皮带 4 驱动转杯的轴转动,转杯同轴驱动离心式风机 5,对从主风机 1 来的部分空气二次加压,经转杯外圆的环形空间送出,形成一次风 B。主风机提供的大部分空气从通道 C 送入形成二次风,提供燃烧所需的氧气。此外,部分空气经过转杯外火焰稳定器进入炉膛形成三次风 D,这部分空气对相关部件具有冷却作用并保持火焰稳定,减少结炭。

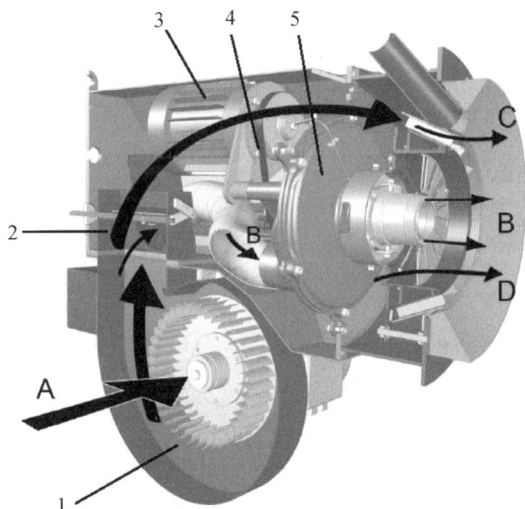

图 6-8　燃烧器送风原理
1—主风机;2—风门挡板;3—转杯电机;4—传动皮带;5——次风风机;A—空气进口;B——次风;C—二次风;D—三次风

伺服马达、控制转盘以及图 6-9(a)所示的传动部件构成机械组合式负荷调节器,控制马达通过传动杆直接控制油门,马达通过传动杆驱动控制盘,控制转盘通过两个传动杆分别控制一次风风门和二次风风门。油门、一次风、二次风之间的匹配通过调节马达到各自调节杆之间的传动特性实现。其中油门控制杆由马达通过一个长度和铰接点可调整的传动杆驱动,通过调整传动杆长度可设定最小油门开度,通过调整铰接点位置可调整传动比,即设定负荷改变是油门变化的速度。

驱动一次风、二次风风门调节杆的控制转盘内侧带有凸轮轮廓线形状的驱动条,结构如图6-9(b)所示。不同负荷位置具有独立的调节螺杆5,调节各负荷对应的调节螺钉,可改变驱动条的线型,形成转盘转动时二次风风门的调节特性曲线。一次风风门传动机构和调节方法与此相同。风门调节特性一般在调试阶段完成设定,调试结束后一般不需要调整。如运转中发现在某一负荷下供风不当,可调整对应负荷位置的调节螺杆5,右旋方向为增大供风。当转盘位于某一特定负荷时调整此负荷对应螺杆可看到风门的开关动作趋势。

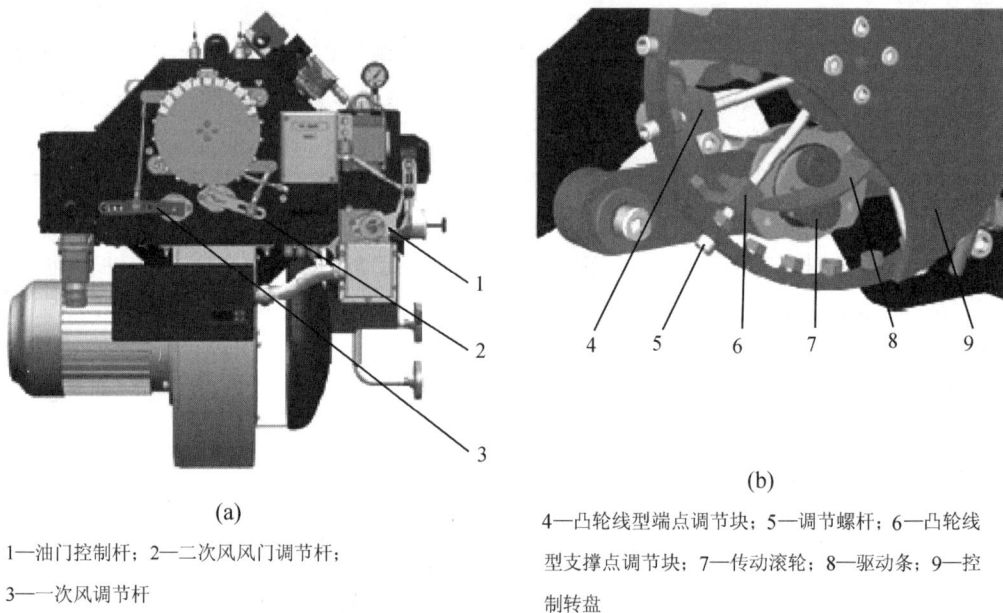

(a)

1—油门控制杆;2—二次风风门调节杆;
3—一次风调节杆

(b)

4—凸轮线型端点调节块;5—调节螺杆;6—凸轮线型支撑点调节块;7—传动滚轮;8—驱动条;9—控制转盘

图6-9　机械组合式负荷调节器

3. 燃烧器控制程序

(1)自动起停时序控制

在触摸屏人机交互界面起动燃烧器自动模式,当符合起动条件时燃烧器得到起动指令,程序控制动作顺序如下:

①燃烧风机和转杯(一次风风机)自动起动;

②风门挡板自动打开,风门打开到最大位置后计时器开始预扫风计时;

③预扫风过程中,火焰监测系统如检测到火焰信号,则风机停止,风门关闭;

④扫风结束后,风门和油门关小;

⑤当风门和油门回到点火位置时,开始进入点火模式,点火变压器、点火电磁阀、点火油泵通电工作;

⑥预点火3 s后,点火变压器断电;

⑦如果火焰监测点检测到点火火焰,则主电磁阀通电,主油头供油开始点火;

⑧主油头点火5 s之后,点火电磁阀和点火油泵断电停止工作;

⑨火焰监测点检测到主油头火焰,开始进入负荷控制程序。

如有任何一个火焰监测点检测主油头火焰失败,则主油路电磁阀断电,系统锁闭,须手动复位后才能再次起动。

当蒸汽压力达到停止燃烧设定值,或者在触摸屏手动停止燃烧器,燃烧器自动减小负荷到最小位置后停止供油,进入后扫风,后扫风之后风门自动关小,燃烧风机和转杯(一次风风机)停止。

(2)负荷控制逻辑

燃烧器燃烧负荷由蒸汽负荷决定。压力传感器检测锅炉蒸汽压力并将压力信号送到负荷控制系统,系统比较蒸汽压力测量值和工作压力设定值,按照控制系统中程序设定的算法对差值进行计算,然后输出控制信号到伺服马达,伺服马达通过机械式组合负荷调节器(负荷凸轮、传动杆等)同时调节风门和油量调节阀,从而增大或减小燃烧负荷。

当蒸汽消耗量很小时,燃烧器最小负荷燃烧,通过起停燃烧器实现负荷控制。

二、燃油系统

锅炉燃油系统包括从日用柜至锅炉燃烧器的管系及相关设备。

"育鲲"轮辅锅炉燃油系统如图6-10所示。燃油从重油日用柜1或柴油日用柜2被燃油泵3吸入,然后经接口A送至主燃烧器。一般情况下,主油路燃用重油,只有在重油柜因无蒸汽加热而温度过低时才使用柴油。调压阀5用于调节A口处,也即主燃烧器的供油压力。经调压阀旁通出来的燃油和经B口来的燃烧器回油一起返回重油日用柜,或回到燃油泵的吸口,这取决于三通阀6的位置。点火柴油由点火油泵4从柴油日用柜吸入,然后经接口C送至点火油头。

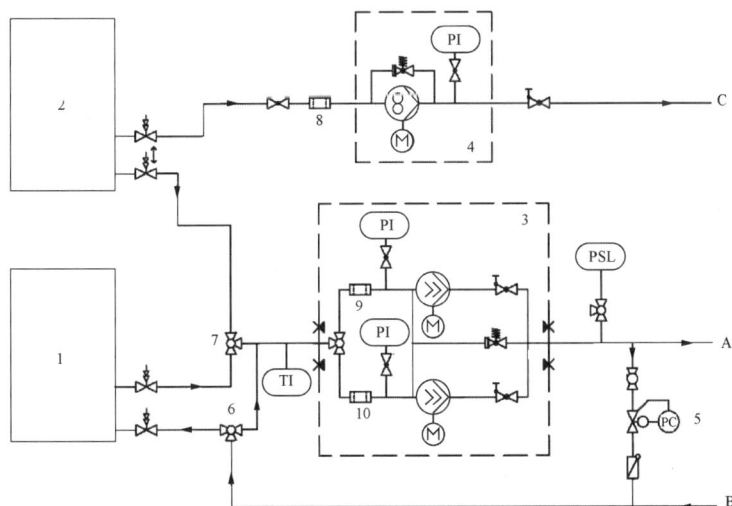

图6-10　"育鲲"轮辅锅炉燃油系统图

1—重油日用柜;2—柴油日用柜;3—燃油泵;4—点火油泵;5—调压阀;6—回油三通阀;7—重/柴油转换阀;8、9、10—滤器;A—燃油至燃烧器;B—燃烧器回油;C—柴油至点火油头

第四节　锅炉的蒸汽和凝水系统

燃油锅炉的废气锅炉所产生的蒸汽,通过管道输送至各处,供燃油、滑油的加热,以及空

调装置、热水柜、厨房等生活用汽。大部分蒸汽在放热后变成凝水,由凝水系统流回热水井,再由给水泵经给水系统送至锅炉水腔。由于少量的蒸汽被直接消耗,以及部分不可避免的泄漏,流回热水井的凝水要少于锅炉向外界提供的蒸汽量,再加上因锅炉排污而损失部分炉水,所以要经常向热水井补水。

下面以"育鲲"轮的蒸汽、凝水、给水和排污系统为例,介绍船舶辅锅炉的汽、水系统。

一、蒸汽系统

蒸汽系统的任务是将锅炉产生的蒸汽按照不同的压力需求,送至各用汽设备。

如图 6-11 所示,燃油锅炉和废气锅炉所产生的蒸汽通过燃油锅炉顶部的主蒸汽阀输出,首先有一路蒸汽经阀 STV27 至蒸汽吹灰器对废气锅炉进行吹灰;大部分的蒸汽则汇集于 0.7 MPa 的蒸汽分配器。经此分配器,蒸汽分别供各油舱、油柜、分油机、主/副机燃油单元等加热使用。另有一部分蒸汽经减压阀减压至 0.4 MPa,并送至 0.4 MPa 蒸汽分配器,供各舱室加热、空调加热加湿以及厨房、热水柜等处加热使用。还有一路蒸汽经多余蒸汽释放阀(压力式)泄放至大气冷凝器,用于在废气锅炉供大于求时释放多余蒸汽。另有一路蒸汽经温控阀进入热水井,用于在冬季对热水井加温,保持 60~90 ℃ 的给水温度。蒸汽分配器底部有泄水管,用以在刚开始供汽暖管时放出凝结水,以避免在管道中产生水击。

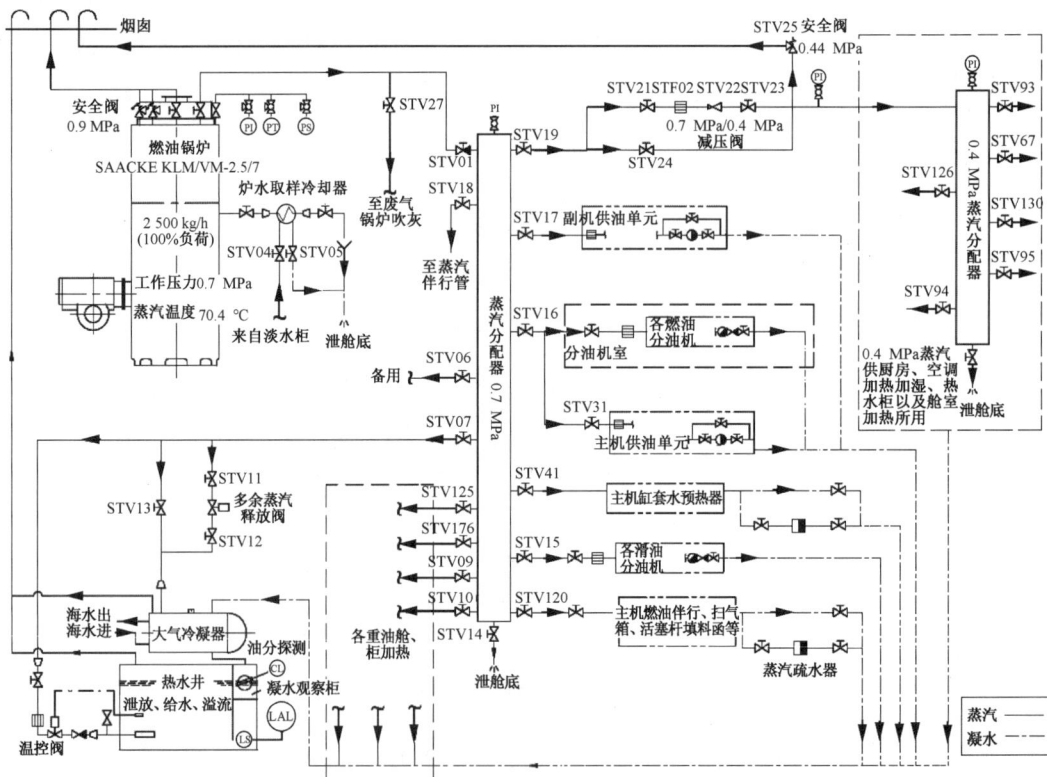

图 6-11 "育鲲"轮辅锅炉蒸汽及凝水系统

锅炉蒸汽压力由压力开关 PS 来控制,压力开关设定有蒸汽压力的上、下限。"育鲲"轮锅炉工作压力一般设定在 0.55~0.70 MPa,当蒸汽压力达到 0.70 MPa 时,主油路电磁阀

（图 6 中 12、13）断电,燃油锅炉会自动断油停炉;而当蒸汽压力降至 0.55 MPa 时,燃油锅炉则会按照预设程序自动投入燃烧。

二、凝水系统

凝水系统的任务是回收各处的蒸汽凝水,并防止油分进入锅炉。

如图 6-11 所示,供各处加热油、水和空气的蒸汽,在加热器中放热后大部分都会变成凝水,并经各自的蒸汽疏水器流回凝水总管。疏水器仅允许凝水通过,而蒸汽将被阻挡下来。但疏水器毕竟无法完全阻止蒸汽漏过,因此,在凝水回到热水井之前,需要先经大气冷凝器的冷却,使蒸汽完全液化,并可适当降低凝水温度。大气冷凝器为管壳式换热器,采用海水冷却。

若加热油的蒸汽管路泄漏,可能会导致油分进入凝水系统,而油分进入锅炉则有可能导致局部过热。凝水首先进入热水井的凝水观察柜,在此可观察水中是否含油;同时,凝水观察柜内还设有油分探测器,在油分超标时会发出警报。

可通过专用的取样阀进行炉水取样。为免于人员烫伤,样水会首先经取样冷却器后方可流出。定期的取样化验是必需的,以监控炉水质量,并决定炉水处理剂的投放量。"育鲲"轮燃油锅炉炉水化验的主要指标包括盐分、碱度、导电性及联氨含量等。

1. 热水井单元(含大气冷凝器)

"育鲲"轮大气冷凝器和热水井为单元式结构,单元结构如图 6-12 所示,主要由大气冷凝器、热水井(含凝水观察柜)、过滤去油装置、液位开关、液位计、自动补水阀、温度计、观察盖、观察镜、检修孔及管路等组成。大气冷凝器布置在热水井上部,采用管壳式换热器,由海水或低温淡水进行冷却,大气冷凝器上部(同热水井上部一起)经过透气管路与大气相通,保证冷凝器内部的冷凝压力为大气环境压力,冷凝水在重力下返回热水井单元。

热水井附件包括浮子式自动补水阀、加温蒸汽管路、液位计、液位开关、温度计、观察镜等,顶部设置三个可打开的密封盖子,分别用于检修凝水柜、过滤柜、储水柜。

正常工作时,从用汽设备返回的凝水(可能含有少量蒸汽)进入大气冷凝器进行冷却,然后进入凝水观察柜;当大气冷凝器故障停用时可将进入大气冷凝器的疏水直接接入凝水柜备用疏水进口,保证蒸汽系统正常工作。

凝水观察柜内设有过滤及去油装置,进入凝水观察柜中的凝水经过滤装置后,凝水中所含的残油及杂质均被过滤隔离。清洁的凝水通过内部设置的 L 型溢流管进入过滤柜内。L型溢流管使凝水柜观察柜水位保持在观察镜中心位置,通过观察镜观察油位及杂质的液面高低,如果发现油位液面过高,需打开设在凝水观察柜上的排油口放泄至船上的污油舱。

热水井中储水柜水位控制通过浮子式自动补水阀实现,自动补水阀设定工作水位应低于凝水观察镜位置,以保证凝水柜水位由 L 形溢流管决定。热水井储水柜设置低液位开关,当热水井储水柜中水位低于低液位开关时,液位开关切断锅炉给水泵电路,同时发出警报信号。热井中的水位过高时从上部溢流口溢流。

热水井模块表面应保持清洁,各连接处有泄漏时应及时处理。凝水观察柜与热井本体内应定期进行清洗,将残留在柜体内表面及底部的污垢全部清洗干净,液位计、凝水观察镜内外表面擦拭干净。当凝水观察柜内油位升高,应暂停热井模块的工作,打开检修盖,取出过滤装置,检查过滤装置内的过滤材料,如需要进行更换。热水井工作正常时过滤材料也应

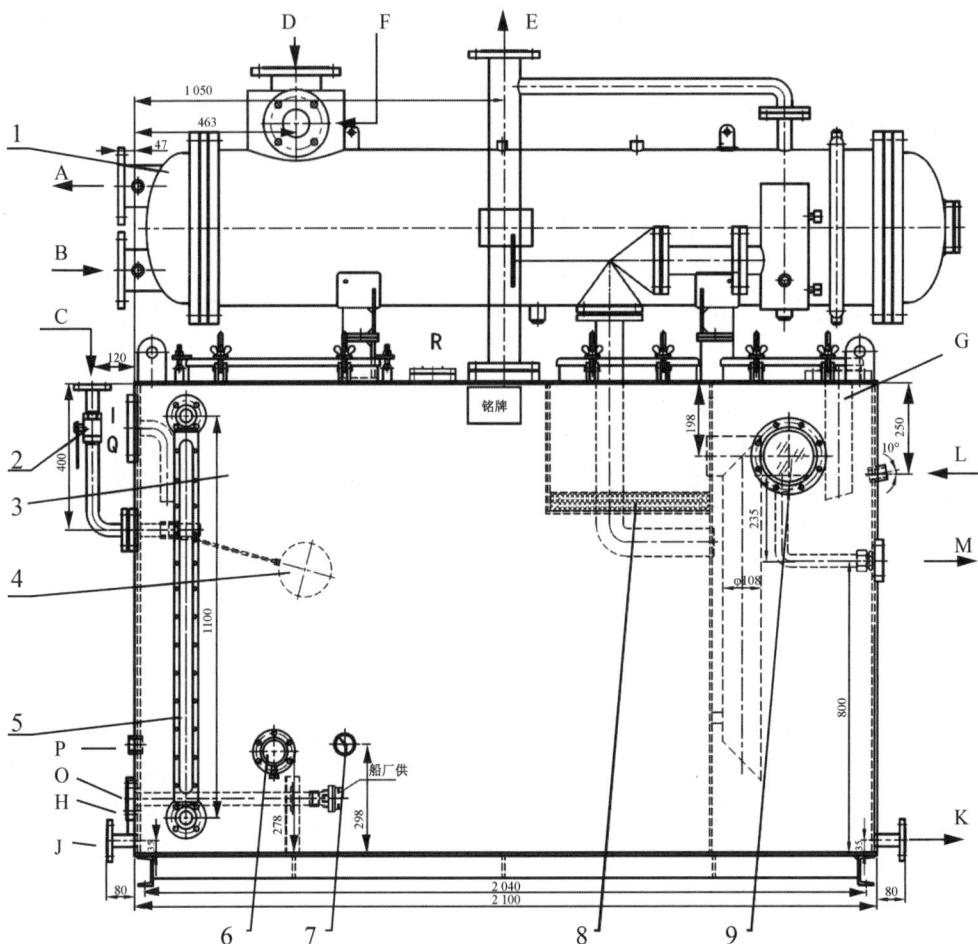

图 6-12　热水井结构原理图

A、B—冷却水进出口;C—补水接口;D—过量蒸汽进口;E—透气管接口;F—冷凝器疏水进口;G—凝水观察柜凝水进口;H—凝水泵接口;I—溢流口;J、K—泄放口;L—油分检测接口;M—排油口;O—加热蒸汽接口;P—温度传感器接口;Q—给水泵回水接口,R—疏水进口;1—大气冷凝器;2—球阀;3—本体;4—浮子阀;5—液位计;6—液位开关;7—温度计;8—过滤材料;9—凝水观察镜;10—检修盖

定期更换,保证过滤效果。

　　热水井单元液位计、自动补水阀、液位开关、温度计等各附件应定期检查试验已确认功能正常。大气冷凝器冷却水进出口温度突然发生变化时应查明原因,确定冷凝器内部是否有泄漏或脏堵。长期使用后,壳体内冷却管壁上会形成水垢,影响换热效果,必要时应对大气冷凝器内部进行清洗。3 个月内应检查大气冷凝器端盖处的防腐锌块腐蚀情况,按需要更换,并记录一般更换周期。如不能及时更换锌块,可能导致端盖腐蚀严重。

　　2. 油分检测

　　"育鲲"轮热水井单元安装 CT-OSDA 油分检测和报警装置,其超声探头结构原理和安装位置如图 6-13 所示,探头包括两个压电转换晶体:一个用于将控制单元产生的高频信号转变为超声波;另一个用于接收超声波并转换为电信号送回控制单元。当两个压电转换晶体之间充满同一性质的液体(如水)时,超声波可以传递到接收晶体,控制单元可得到相应电信号。当回水含油时,水面逐渐形成一层油膜,当油膜处于两个压电转换晶片之间时阻碍超声波传递,控制单元不能得到相应电信号,发出凝水含油警报。

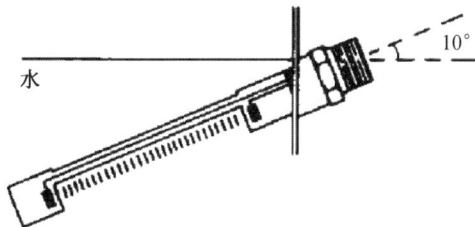

图 6-13　油分检测探头原理和安装示意图

三、给水系统

1. 给水系统工作原理

给水系统的任务是及时向锅炉提供品质符合要求的炉水,一般有两套完整的管系,以保证可靠补水。

图 6-14 所示为"育鲲"轮辅锅炉给水和排污系统图。锅炉给水泵(20 级离心泵)从热水井吸水,经盐度监测仪的检测,在盐度合格后方可补入锅炉。给水泵的起、停由液位监测仪 LT 控制,使锅炉水位一直保持在设定的范围之内。热水井补水泵(离心旋涡泵)从蒸馏水舱吸水,把由真空沸腾式造水机产生的蒸馏水补入热水井,以弥补锅炉汽、水系统中的损失。在自动状态下,热井补水泵的起、停分别由低、高液位开关 LS 来控制。热水井的功能包括收集蒸汽凝水、探测油分、过滤杂质、加入补充水和投放炉水处理药剂等。

炉水处理剂一般存放在专用的加药箱内,由加药泵定量输出,可随着锅炉补给水均匀地加入锅炉水腔。在投药装置故障时,可直接将药剂投入热水井。

系统中还设有炉水强制循环泵(离心泵),用于把燃油锅炉中的水送入废气锅炉,在其中吸收主机排烟的热量后再流回燃油锅炉。

2. 给水泵和水位控制

燃油锅炉配置两台 CR5-20 型给水泵,给水泵为 20 级离心泵,设计扬程 120 m,最大排出压力 1.5 MPa,设计流量 4.3 m³/h,给水泵驱动电机功率 3 kW,3 000 r/min,其结构和工作原理如图 6-15 所示,给水从叶轮中心进入,在叶轮 1 带动下高速旋转获得能量从叶轮周向排出,向上进入级间壳体下部向心导向叶片回到中心位置,进入下一级叶轮吸口,最后一级叶轮排出后的压力水,经过级间壳体 2 与外壳体 3 之间的环形空间向下进入泵的排出口。

燃油锅炉水位采用双位控制,采用电容式水位传感器测量水位,结构如图 6-16 所示,测量电极和传感器壳体构成电容两极,测量电极外部进行良好绝缘,水位变化时,相当于电介质(dielectric)在两极间面积变化,流过电容的电流与水位成正比。水位测量传感器工作电源为 220 V 交流电,输出信号为 4~20 mA 。输出信号可用于水位远程显示和控制水泵起停。水泵起停水位、备用水泵起动压力可通过控制箱操作界面设定。

除上述电容式水位计之外,燃油锅炉还设置带自检功能低低水位停炉传感器。停炉传感器包括 NRG 16-11 S 型电极与 NRS 1-7B 型液位开关,液位设定值取决于电极的长度,当液位降低到使电极暴露出水面时,触发液位开关的警报信号,延时后液位开关两触头断开,切断燃油锅炉燃烧器安全电路,停止燃烧器燃烧。液位开关设置 15 s 总延时,以避免由于

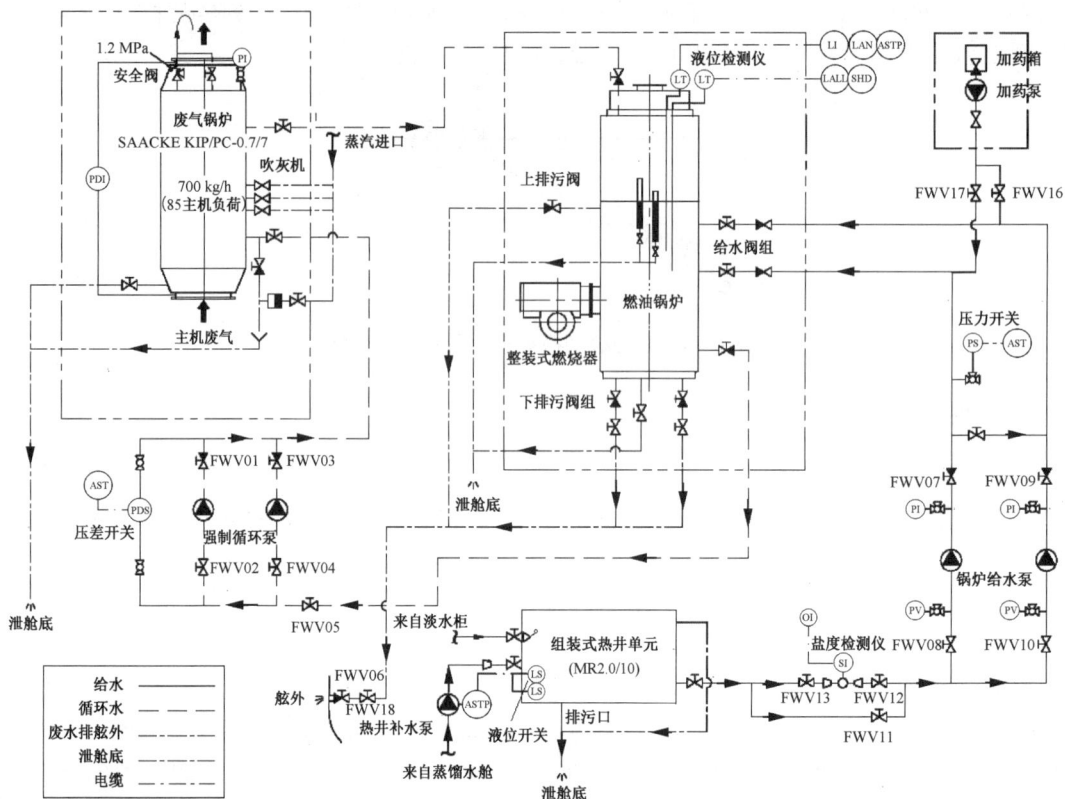

图 6-14 "育鲲"轮辅锅炉给水和排污系统

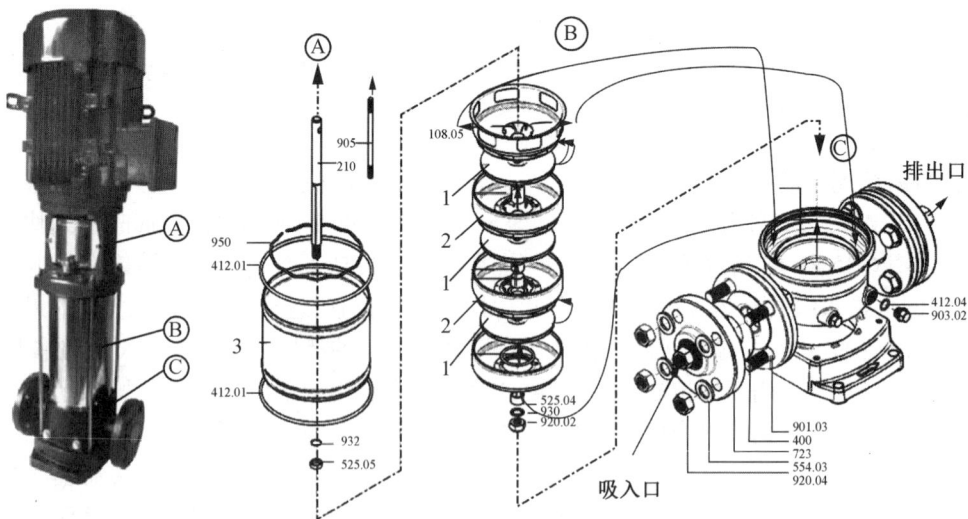

图 6-15 锅炉给水泵结构示意图

1—叶轮;2—级间壳体;3—外壳体

船舶运动造成水位波动误动作。

电极具有自检功能,电极绝缘损坏、电路连接故障时可发出警报。液位电极安装形式和水位传感器近似。

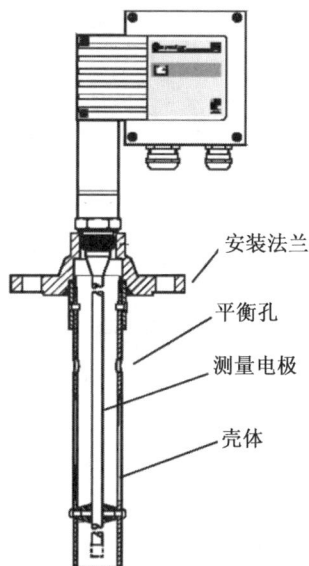

安装法兰

平衡孔

测量电极

壳体

图 6-16　电容式水位传感器外观结构图

3. 炉水质量控制装置

（1）盐度检测和控制

热水井单元至锅炉给水泵之间设置 SL6000 型盐度检测装置,装置探头为两个带有温度补偿的镀金电极,通过测量给水导电度获得给水盐度,测量范围 0~200 ppm,测量值显示在控制单元上部发光二极管单元,报警设定值显示在下部发光二极管单元,设定值可通过控制器按键任意调整设定。锅炉给水盐度一般不超过 10 ppm。当检测值超过设定警报值时发出警报的同时停止给水泵运转,防止高盐分给水进入锅炉。

（2）投药单元

某轮投药单元组成如图 6-17 所示,定量泵为电磁泵,当给水泵工作时自动起动,每分钟工作冲程数可调,最大每分钟 160 次,0.8 MPa 工作压力条件下最大流量为 2.3 L/h,1.6 MPa 工作压力时最大流量为 1.9 L/h。定量泵安装在药筒顶部,药筒容量 60 L。注入喷嘴开启压力 10 MPa。吸入管包含低液位检测功能,当药筒液位低时发出警报,提醒补充化学药剂。

四、排污系统

锅炉在工作一段时间后,底部可能聚集泥渣,投药处理后也会产生部分沉淀,因此,锅炉底部设有下排污阀(包括一个截止止回阀和一个截止阀),以便定期把泥渣和沉淀排出。同时,炉水表面也可能漂浮一定量的油污、盐分泡沫等,需要通过上排污阀(截止止回阀)将其泄放。上、下排污经通海阀排至舷外。

燃油锅炉在长期运行后,其炉膛会变脏,导致传热效果下降,故需要定期进行水洗。而废气锅炉烟侧也会逐渐脏污,在运行过程中,可每天对废气锅炉烟侧进行蒸汽吹灰;当吹灰没有明显效果时,就需要进行水洗。上述清洗所产生的污水均经泄水管泄放至舱底。

燃油锅炉的水位计需要定期冲洗,以防卡死;热水井也需要定期的上、下排污,以保持其中炉水的清洁。水位计冲洗水和热水井排污水均经相关管路泄放至舱底。

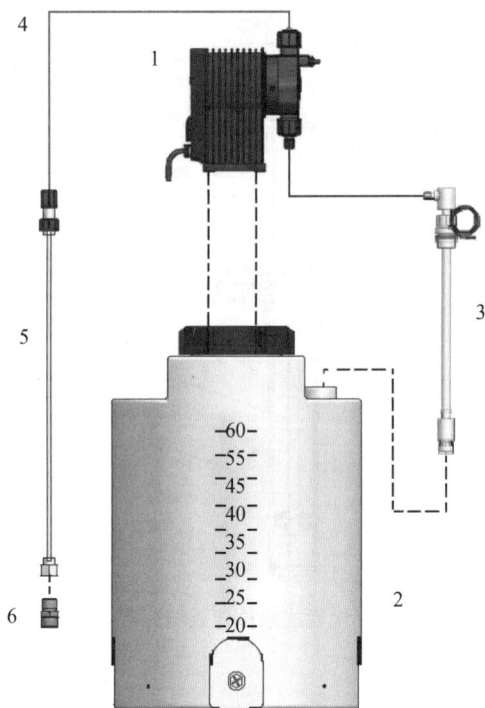

图 6-17 投药单元组成示意图

1—定量泵;2—药桶;3—吸入管(低液位检测);4—软管;5—冷却管;6—注入喷嘴

第五节 锅炉的日常操作及管理

目前,船舶辅锅炉基本都可实现自动控制,只有在自动控制失灵或故障排查过程中才需要采用手动操作模式。下面介绍"育鲲"轮辅锅炉日常操作步骤。

一、燃油锅炉燃烧器的起停操作

1. 安全提示

锅炉整体系统和部件中存在高温液体、高温表面、高压气体、易燃液体,在船上,任何相关操作只能由适任的轮机人员完成,实习生只能在轮机人员现场指导下操作,不可独立操作。

操作人员应穿戴适当防护用品,锅炉附件或与压力相连通部件损坏需维修前,必须将压力释放,炉体内蒸汽压力释放不可通过手动打开安全阀或放气阀的方式进行。

2. 长期停用后首次起动

(1)检查外部管路、附件正确安装,阀门开关正确,其中炉体顶部放气阀开启。

(2)检查给水处理单元和水位控制工作正常,向锅炉补水到液位计 1/4 高度。注意:空炉不带压力补充炉水时,应关小给水泵后的截止阀,避免给水泵过载。

(3)采用多次短时运行的方式为锅炉预热。点火后,随着温度和压力上升,水位会上升,检查确认水位,如果必要通过下部排污泄放部分炉水。当放气阀喷出蒸汽、锅炉压力上升到不小于 0.15 MPa 时关闭放气阀。

(4)锅炉压力升高到 0.2~0.3 MPa 时,打开供汽截止阀,按需要打开联箱供气阀和用汽设备供气阀。锅炉升压过程中检查所有道门、法兰处密封性,确认螺栓松紧,按需要进一步上紧。

3. 自动运行操作

(1)将两主电源开关之一置"ON"位置;

(2)将风机和转杯电机旋钮置"AUTO"位置;

(3)将两台油泵、两台给水泵、两台循环泵开关同时置于"AUTO"位置;

(4)锅炉运行模式选择开关放在"0"位置(自动模式);

(5)在触摸屏上依次按下"Operation->Burner Start/Stop"起动锅炉;

(6)在自动模式下,锅炉将根据蒸汽压力的大小自动起停,无须人工干预;

(7)若有报警发出,在触摸屏上依次按下"Operation->Message Acknowledge"可复位本地报警,每按两次复位一个报警,复位警报同时应确认警报原因消除。

燃油锅炉蒸汽压力由压力开关控制燃烧器点火实现,当蒸汽压力达到自动停炉压力时,压力开关动作,向燃烧器控制程序发出熄火信号,锅炉燃烧器自动停炉;当蒸汽压力降至自动点火压力时,压力开关动作向燃烧器控制程序发出点火信号,燃烧器按照程序自动点火燃烧,压力达到设定停炉压力时自动停炉。

目前,船舶辅锅炉多采用自动控制,只有在自动控制失灵或故障排查过程中采用手动操作模式。"育鲲"轮燃油锅炉系统中,可手动控制燃烧风机、旋杯风机、预热器、燃油泵、给水泵等设备运转,燃烧器手动操作为应急模式。

4. 应急操作

触摸屏故障、火焰检测故障或者其他控制监测系统故障时,需要用到应急操作。当在控制箱将控制模式转为应急模式时,部分安全和警报电路被隔离。此时,第一级水位过低、第二级水位过低、蒸汽压力过高、烟气温度过高、风箱温度过高、燃烧器打开位置联锁、火焰故障(一组火焰监测点故障时,应急模式下选用无故障火焰监测点)等警报电路仍工作,警报触发时可发出停止燃烧器信号。应急操作时,工作模式选择及油泵、水泵、风机等操作在控制箱进行操作,燃烧器开关风门、加减负荷、点火等操作在燃烧器上应急操作按钮盒(图 6-4 中应急操作按钮盒 9)进行操作,具体操作步骤包括:

(1)起动前准备工作

起动前的准备工作主要包括:确认控制箱电源接通;确认锅炉水位正常;检查燃油系统,确认阀门开关正确,油位、油温、油压正常;检查给水泵和管路,确认热水井水位;将两主电源开关之一置于"ON"位置;将风机和转杯电机旋钮置"MAN"位置;锅炉运行模式选择开关放在"1"位(手动模式);手动起动燃烧风机和转杯电机。

(2)起动操作

①预扫风

按"加负荷"(Increase)按钮,开大风门扫风,预扫风时间约为 1 min(至少 30 s);

按"减负荷"(Decrease)按钮关小风门,检查风门位置,负荷指示应在 3 以下。

②点火

按下"点火油头"(Ignition Valve)按钮,点火油头开始点火。

③打开主电磁阀

观察到有稳定点火火焰、应急控制按钮盒火焰指示灯亮起后,按下"主油头"(Oil

Valve)按钮,观察主油头火焰,当确认主油头火焰稳定后,松开"点火油头"和"主油头"按钮。

④负荷调整

通过"加负荷"(Increase)或"减负荷"(Decrease)按钮调整负荷。

(3)应急运转模式下停止操作

应急工作模式下,停炉前首先降低燃烧负荷到最小,然后通过应急停油阀门关闭油路,燃烧器停止燃烧,手动停止转杯电机,后扫风之后手动关闭燃烧风机。

二、燃油锅炉维护管理

1. 燃烧器维护

燃油锅炉的维护管理主要包括燃烧器、水汽系统、炉体清洁、停炉保养等工作,其中燃烧器维护工作包括:

(1)检查燃油泵组运行状态,确认燃油系统压力和温度正常;

(2)检查自动燃烧控制器运行是否正常,燃烧室进口油压和送风按负荷要求控制得是否得当;

(3)观察燃烧室火焰情况,确认燃烧良好,火焰应呈明亮的橘黄色;

(4)观察烟囱排烟情况,排烟应呈近似透明状态;

(5)视情况,定期清洗燃油滤器、喷油器等部件。

2. 水汽系统

水汽系统维护管理主要包括给水泵、管路、阀门检查、水质化验、投药装置检查等工作。

(1)观察热水井回水状态,确认回水呈透明色,不应有油污及其他杂质,如有异常,查明污染物来源,并加强锅炉上、下排污。

(2)检查热水井状态,确认水位和补水阀工作正常,观察记录热水井自动补水阀补水频率和补水量。测量热水井水温,应在 80~90 ℃。

(3)给水泵运行时,检查其运转状态,记录排出压力,和锅炉蒸汽压力比较,确认供水正常;定期(每月)切换主备用给水泵。

(4)检查炉水处理剂药箱液位,给水泵运行时,确认投药装置工作正常。

(5)定期对炉水水质进行检查并化验,确认盐度、碱度、联氨根浓度等各项指标均在正常范围内,根据化验结果进行上、下排污,如必要,调整投药流量设定,相关操作做好记录;化验周期可根据化验结果波动情况适当调整。

(6)检查各用汽设备疏水器工作状态,视情况拆检清洁疏水器,如需要,调整过冷度或者换新疏水器,防止疏水器故障导致蒸汽浪费。

3. 炉体及附件维护管理

炉体维护主要包括烟侧和水侧清洁、检查,附件维护主要包括水位计冲洗、安全阀试验、压力表校准等工作。相关工作常包括:

(1)定期(每周)进行水质化验,确认各项指标均在标准值范围内,根据化验结果进行上、下排污和投放炉水处理药剂,并记录。

(2)燃油压力和温度是否在标准值范围内,燃油系统是否有不正常现象;定期(每月)清洗燃油滤器。

（3）锅炉给水是否正常，热水井回水状况是否良好；定期（每周）冲洗水位计。

（4）自动燃烧控制器运行是否正常，燃烧室进口油压和送风按负荷要求控制得是否得当。

（5）观察烟囱排烟情况和燃烧室燃烧情况，确认燃烧是否处于良好状态；燃烧良好的标志是火焰呈橘黄色。

（6）每天向炉膛投放除灰弹一枚，并定期（每三至六个月）对炉膛进行水洗。

三、废气锅炉的日常操作及管理

1. 日常操作

废气锅炉的运行依赖于主机运转，主机备车时，应确认废气锅炉水位正常，强制循环泵电源接通且置于自动控制位置。每次主机备车前半小时，打开炉水强制循环泵进、出口阀，起动一台循环泵，将其旋钮置于"MAN"，另一台泵置于"AUTO"；每次主机完车两小时后，停止炉水强制循环泵，关闭其进、出口阀；停航期间，废气锅炉停用，保持炉水强制循环泵进、出口阀处于关闭状态。

主机排烟温度较高时，应关注锅炉蒸汽压力，当压力接近蒸汽泄放阀设定压力时观察阀门是否动作。

2. 烟侧清洁

（1）蒸汽吹灰

航行期间，每天用蒸汽吹灰器对废气锅炉吹灰两次。

（2）水洗

随着废气锅炉运行时间增长，烟灰会积聚在烟侧部件表面，积聚程度和主机负荷、工况、燃油品质等因素有关，因此清洁周期并不固定。判断烟侧需要清洗的方法包括：拆检过程中通过外观判断；在主机额定负荷下，废气锅炉出口烟气温度上升 25 ℃以上或废气锅炉压差超过 250 Pa。

水洗在主机停机时进行，打开烟箱检修道门，在烟箱内烟气消散后，锅炉冷却前进行清洗，以获得较好的清洗效果。清洗前，打开炉水洗炉水管路泄放阀，检查确认管路畅通。清洗时手持水喷枪直接对准每排翅片管进行冲洗。清洗过程中检查清洗水泄放情况，确认泄放管路畅通，清洗水没有在烟箱内大量聚积。清洗结束后，确认烟箱内水泄放彻底，关闭泄放阀。起动锅炉强制循环水泵，将水洗后的部件烘干，避免烟灰残留中的硫氧化物和水生成酸，然后装复检修道门。

四、故障诊断与排除

锅炉系统故障包括燃烧器故障、炉体附件破损、水汽系统异常等。当锅炉发生故障或是异常现象时，应判断故障是否会导致危险状态，如必要采取应急停炉操作，如受压部件（如炉体、炉体附件）发生破损，除停止燃烧外还应尽快将锅炉泄压。如消除故障需要在燃烧器、炉体汽水空间进行操作，应断开相应设备电源并悬挂禁止合闸标牌。

1. 燃烧器相关故障

燃烧器相关故障包括机械故障、点火/燃烧不良两类。点火/燃烧不良多为调整不当造成。造成点火困难常见原因是油温不当、油中含水、风门调整不当，此外也可能是点火器故障造成的。点火器故障包括变压器故障、点火电极间绝缘低、电极间距调整不当等。燃烧不良的主要原因是风油比不恰当,可通过调整风门改善燃烧状态(参考第三节燃烧器相关内容)。

2.汽水系统异常现象

(1)炉水异常损失

理论上,除了上、下排污和开式热水井、大气冷凝器部分蒸汽蒸发损失之外,锅炉蒸发和凝水量相平衡,热水井补水量近似等于排污量,如果运行中发现热水井经常性大量补水,则需要查明原因。可能的原因包括:炉体开口道门处泄漏、炉内烟管破裂、安全阀泄漏、排污阀泄漏、外部蒸汽凝水系统管路泄漏等。

(2)水位异常

锅炉自动运转中,如偶然出现高低水位情况,可能是由锅炉负荷突然变化引起,短时间内会自动恢复正常。如频繁出现异常高水位或低水位,常见原因包括两方面:一是水位控制传感器失灵;二是给水泵补水效率不足。给水泵给水效率低的原因包括叶轮损坏、进出口阀门开度不足等原因造成阻力过大、热水井温度过高导致"失吸"。此外,水泵回水管路节流孔板设置不当可能造成回水过多,导致给水泵向锅炉供水量过小。

(3)水位高、水位低警报

反复出现水位报警时,首先通过液位计确认真实液位,如液位异常则按照上一标题所述内容分析。如上述方面不存在问题,则检查高低位报警值设定、报警延时设定是否恰当,校准液位传感器信号量程。

废气锅炉热量来自主机,相对于燃油锅炉少了燃烧器相关系统,其余部分和燃油锅炉相同,相关故障分析与排除参照燃油锅炉部分。

第六节　造水机

船舶每天都要消耗相当数量的淡水,主要用于四个方面:(1)设备冷却水,例如主机、辅机、空压机和冰机等系统的高低温冷却水;(2)锅炉补给水;(3)生活用水,例如饮食、洗涤等;(4)冲洗用水,例如冲洗甲板、设备用水等。船舶可在靠岸时或通过加水船加水储存在淡水舱。但储存的淡水数量可能不足以适应长航线要求,或者水质不能满足使用要求,所以远洋船上要设置造水机,将海水淡化来弥补淡水的不足。

"育鲲"轮设置了两台造水机:一台真空沸腾式造水机提供锅炉补给水;另一台反渗透造水机提供其他用水需要。

一、真空沸腾式造水机

1.工作原理

真空沸腾式造水机最基本的工作原理,就是对海水加热使之沸腾汽化,海水所含盐分在该过程中不会进入蒸汽,对蒸汽冷凝后即得到淡水。海水的沸腾汽化和冷凝是在真空下完成的,主要是因为:真空下海水沸点低,所以可以利用主机缸套水加热海水使之沸腾,起到良好的节能效果;海水在低温下沸腾,可以抑制水垢尤其是硬质水垢的生成。

图6-18所示为 Alfa Laval JWP-26-C80 型造水机系统原理图。该造水机的设计技术条件如表6-3所示。

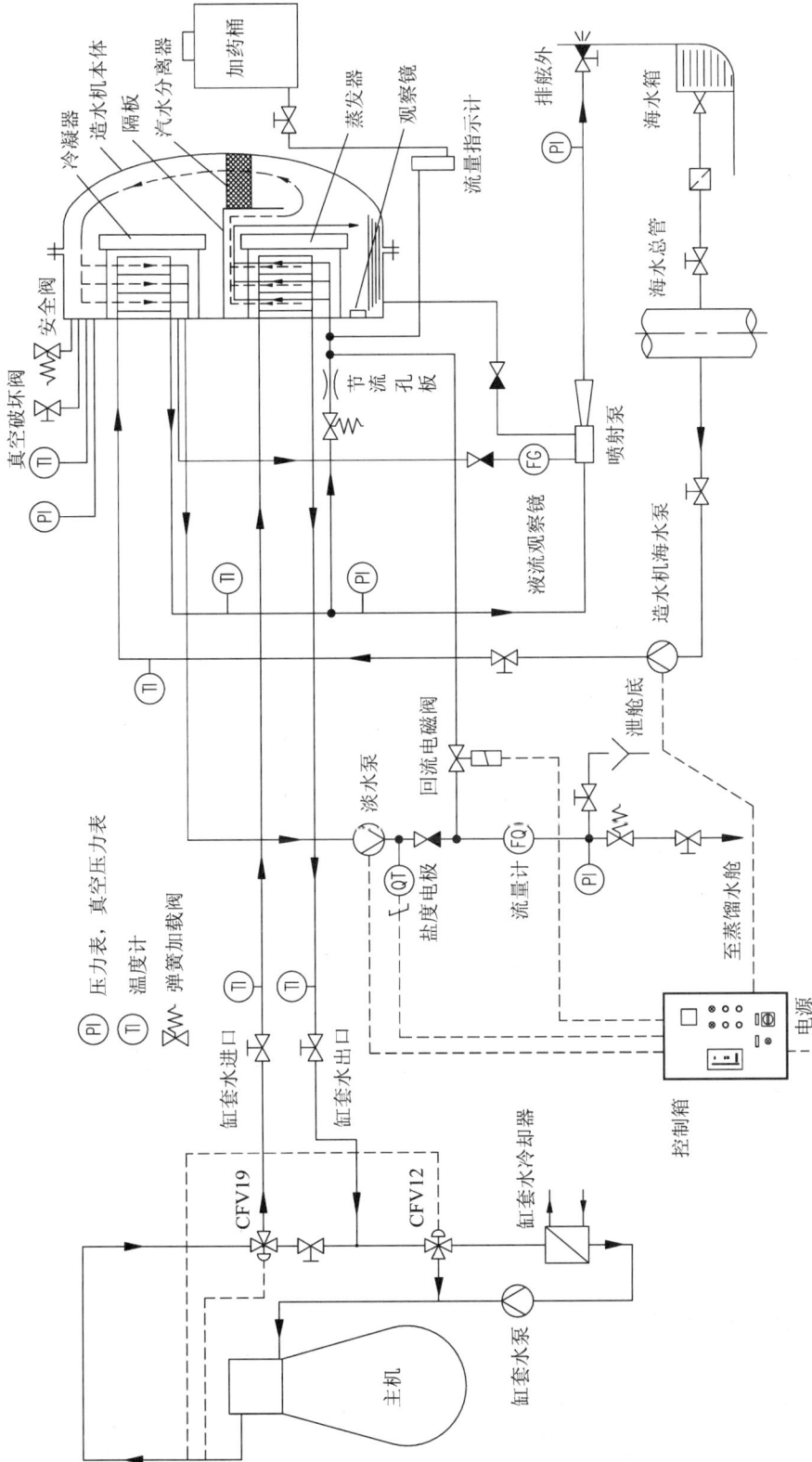

图6-18 真空沸腾式造水机系统原理图

表 6-3　JWP-26-C80 型造水机设计技术条件

产水量/(m³/24 h)	16	
缸套水温度/℃	进口 80	出口 67.8
缸套水流量/(m³/h)	34	
缸套水耗热量/kW	481	
海水温度/℃	进口 32	出口 42.3
海水流量/(m³/h)	36	
真空度/%	93	
海水沸点/℃	40	

造水机本体壳体由两部分构成,图中左侧壳体带有各工作系统和附件接口,右侧弧形壳体为不锈钢材料,二者之间设有垫片,并用螺栓紧固在一起。本体内部最下方为盐水空间,盐水水位附近设有观察镜。盐水空间上方为蒸发器,蒸发器上方设有隔板,隔板上方为冷凝器。蒸发器和冷凝器均为钛合金板式换热器。隔板右侧和不锈钢壳体之间设置汽水分离器。工作时,造水机壳体内保持较高的真空度,供入蒸发器的海水受缸套水的加热则沸腾汽化。因沸腾过程进行得比较剧烈,所以水蒸气中会含有一定量的细小水滴。汽水混合物在流经汽水分离器时,细小水滴被分离出而滴落到造水机壳体底部。水蒸气则进入冷凝器,被海水所冷却,冷凝成为淡水。

海水持续供给到蒸发器中,其中的水分沸腾汽化而产生淡水,但盐分则残留在蒸发器中,如果不加处理,蒸发器中海水的含盐量将不断增加,最终导致造水机不能持续稳定工作。为了解决这一问题,向冷凝器中供给较大流量的海水,使一部分海水沸腾汽化最终成为淡水,另一部分(称为盐水)从蒸发器溢流而将盐分及时带走。造水机中,海水量/淡水量称为给水倍率。给水倍率较大可以减少淡水含盐量,减轻水垢的生成,但产水量会降低。给水倍率一般维持在 3~4。

2. 工作系统

(1)海水系统

造水机海水泵提供的海水首先进入冷凝器冷却水蒸气,吸热升温后分为两路:一路经弹簧加载阀和节流孔板后进入蒸发器,沸腾汽化称为水蒸气或成为盐水;另一路供给到喷射泵作为其工作水,然后排至舷外。

(2)加热系统

三通温控阀 CFV19(设定温度 78 ℃)自动调节主机缸套水进入蒸发器,对海水放热降温后到达三通温控阀 CFV12(设定温度 80 ℃)。阀 CFV12 控制主机缸套水出口温度稳定在 80 ℃。

(3)抽真空和排盐水系统

喷射泵兼作真空泵和排盐水泵,所以设两个吸入口。排盐水吸入口将造水机壳体底部的盐水及时排走,防止盐水水位过高。抽真空吸入口通过冷凝器将造水机壳体内的空气排走。在抽真空管路上设置液流观察镜,造水机正常工作期间观察镜内应无液体流动。此外,喷射泵两个吸入口管路上均设置止回阀,以防止喷射泵故障无法产生真空时海水倒灌进入造水机壳体。

造水机起动期间,真空度是靠喷射泵抽除壳体内的空气建立的。在工作期间,真空度是靠冷凝器和真空泵共同维持的。冷凝器起主要作用,负责及时地将蒸汽冷凝为淡水,保持内部绝对压力不升高,即真空度稳定;喷射泵负责将海水中溢出的空气以及经壳体等处漏入的空气抽除。

（4）淡水系统

虽然汽水分离器将蒸汽中的大部分小水滴分离,但仍然会有一定量的含有盐分的水滴进入冷凝器,所以造水机所产淡水中仍后含有盐分,盐分过高则不能使用。淡水含盐量的要求一般以锅炉补给水标准为依据,我国规定为 NaCl 含量<10 mg/L。冷凝器内产生的淡水由淡水泵排出。淡水泵出口设置盐度电极检测淡水含盐量,该信号送至盐度计。如果淡水含盐量超标,盐度计就会报警,同时输出信号控制回流电磁阀开启,淡水返回蒸发器重新沸腾汽化;如果含盐量符合要求（本造水机含盐量可<10 mg/L）,则回流电磁阀关闭,淡水流经流量计后顶开弹簧加载阀,此时打开截止阀即可将淡水送至蒸馏水舱。流量计用于计量累积淡水体积。流量计之后的管路上还设置有压力表和取样阀。

（5）海水投药系统

为了减轻蒸发器加热表面结垢,延长造水机解体清洗周期,设置海水投药系统。化学药品有两个作用:①使海水中的难溶物质不形成水垢,而形成易于被喷射泵排走的细小、松散晶体;②消泡剂成分能消散小气泡,防止海水沸腾过于剧烈,以减少淡水含盐量。加药桶内储存着 AMEROYAL 溶液,通过流量指示计上的调节阀控制溶液流量。

3. 造水机的操作规程

（1）起动

具体操作可见造水机起动运行视频。

（2）停止

具体操作可见造水机停止运行视频。

4. 真空沸腾式造水机的管理要点

（1）定期清洁海水滤器

进入造水机的海水滤器是管路改造后加入的,在一定程度上缓解了造水机海水侧经常被堵的现象。所以要定期观察运行时海水侧的压力,当压力下降时,要及时清洁海水侧滤器。

（2）定期检查气密性

为维持工作时有足够高的真空度,应注意检查和保持装置的气密性。为了检查装置的气密性,可将蒸馏器通外界各阀关闭,然后启用喷射泵,尽可能将蒸馏器抽至工作所要求的真空度后停止抽气。如在 1 h 真空度下降>10%,则表明密封性不合格。

（3）定期清洁换热板

造水机使用日久淡水产量减少时,应及时对蒸发器和冷凝器进行清洗除垢。板式换热器清洁工作比较简单:可打开前盖,把蒸发器或冷凝器的换热板拆下,拆后用专用的化学药剂与淡水按一定的比例混合的溶液浸泡在足够大的容器内。最里面和最外面的换热板应放好,以免装错。浸泡过的换热板上的水垢很容易清除,用软刷和不高于 50 ℃ 的热水擦洗即可,不要划破换热板表面的防护层。清洁还换热板后,按正确的顺序装复,组装后的尺寸应与规定的尺寸相符(若拆除个别换热板,尺寸应相应减少)。蒸发器和冷凝器装复后,分别打开加热热水和冷却海水的进、出口阀,检验是否泄漏。确认不漏后再装好前盖。同时,应检查防腐锌板的腐蚀情况,耗蚀过半应予以换新。

(4)定期检查回流电磁阀。

定期检查回流电磁阀,定期拆开对其进行一些清理与维护工作,防止由于电磁阀故障而造成造水失败。

(5)典型故障案例分析

某航次造水机起动运行了一段时间后,结果发现造水机流量计运转缓慢,打开放水阀能放出部分水,但过会儿水就没有了,一段时间后又能放出部分水。此时造水机的实际产水量远远低于额定水量,与正常工作时相关参数对比如表6-5所示。

表6-5　正常运行与故障数据对照表

造水机数据参数	正常运行值	发生故障时对应值
冷凝器温度/℃	40	40
真空度/%	95	95
造水机海水出口温度/℃	21	21
造水机海水出口压力/MPa	0.3	0.3
制出淡水出口压力/MPa	0.1	0.01

在进行故障分析时,首先考虑造成淡水产量降低的可能发生原因。通常的原因有以下几点:

(1)换热面脏污结垢或加热侧发生"气塞",使蒸发器传热系数减小。

(2)蒸发器内水位太低,使蒸发器实际换热面积减小,水位太高,则会增加装置的热损失,因此必须控制适当的给水倍率。

(3)真空度不足,导致海水的沸点提高,蒸发量减少。

(4)加热工质流量小,亦是影响蒸发量的一个重要因素。

(5)所产淡水含盐量过高,凝水回流入蒸发器,或者凝水回流电磁阀关闭不严,使一部分合格的淡水回流回蒸发器。

根据表6-5给出的参数来判断,造水机海水压力没有下降,不存在堵塞问题,加热工质流量没有变化,因此重点对回流电磁阀进行了检查。经过检查,发现回流电磁阀接触不良,时不时会处于打开的状态,更换电磁阀后造水机工作正常。

总结:对于造水机的回流电磁阀,要注意观察,其动作是否良好会直接影响造水机的造水量,造水机造不出水时不要忽略此因素。

二、反渗透式造水机

1.基本工作原理

反渗透,即为渗透的逆作用,其工作机理是使高浓度的溶液以较高的速度和压力通过反渗透膜,其中大颗粒的成分将被阻隔下来,从而在膜后产生较纯净的溶液。"育鲲"轮反渗透式造水机便是基于上述原理而工作的。

2.系统流程

图6-19所示为"育鲲"轮AQUA-SEP型反渗透式造水机工作原理图,其中主要包括海

水供给系统、制淡水系统、盐水系统、冲洗水系统和化学清洗水系统。

（1）海水供给系统

高盐度的海水经粗滤器（海底滤器）的过滤后被供给泵（离心泵）吸入，供给泵可将海水加压至140 kPa左右。加压后的海水又依次通过多媒介滤器和细滤器，并经手动三通阀BVl被增压泵（高压柱塞泵）吸入，增压泵可将海水加压至6 515 kPa左右。

（2）制淡水及盐水系统

经增压泵加压后，高速、高压的海水进入反渗透膜腔，经其中反渗透膜作用后，分别产生制淡水（标定工况下的浓度为84 ppm）和盐水。制淡水经手动三通阀BV3进入淡水流量计进行计量，然后又经电磁阀SV1和相关管路进入制淡水舱。高浓度的盐水经手动三通阀BV2、调压阀NV1进入盐水流量计，并经舷侧的出海阀排出舷外。

盐度传感器用于检测制淡水中的盐度，符合要求时，电磁阀SV1开启，SV2关闭，制淡水可送至制淡水舱；当盐度超标时，电磁阀SV1关闭，制淡水则经电磁阀SV2进入盐水系统并被排出舷外。调压阀NV1用于调整压力表A处的工作压力，使其保持在6 515 kPa左右，以便造水装置时刻处在最佳工作状态。

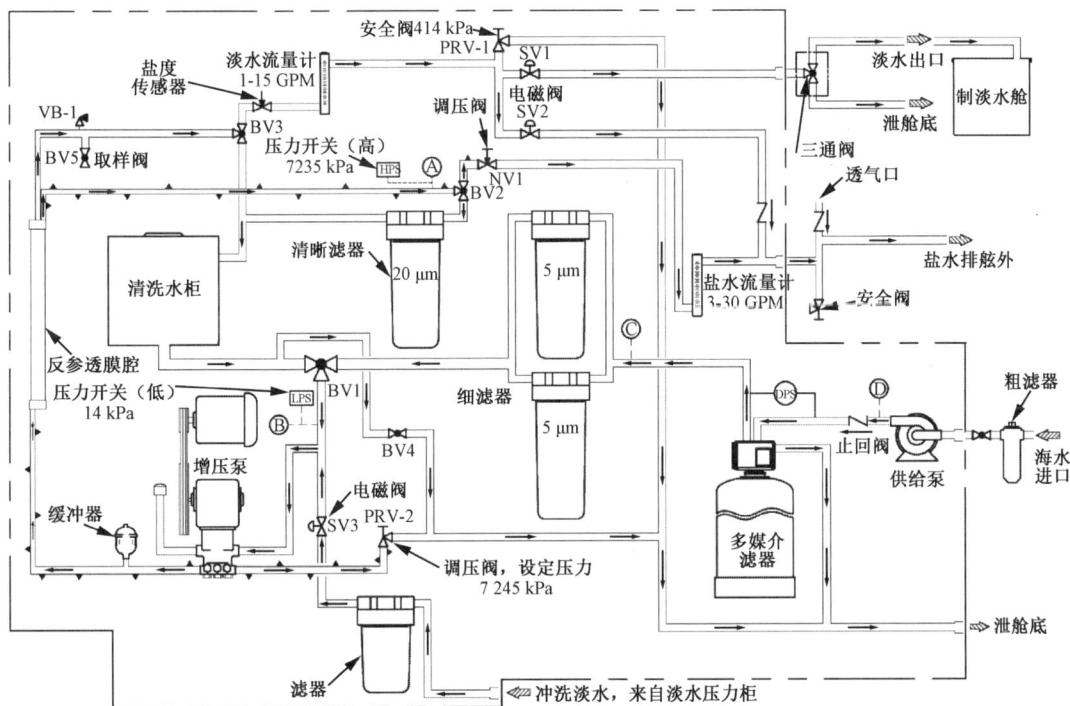

图6-19　AQUA-SEP型反渗透式造水机工作原理图

（3）冲洗水系统

冲洗水系统包括多媒介滤器的反冲洗和反渗透膜的淡水冲洗。多媒介滤器中含有多种耐久的过滤材料，可滤出海水中的颗粒和少量油滴。工作一段时间后，便需要对多媒介滤器进行反冲洗。多媒介滤器顶部设置有反冲洗控制器，可实现定时（正常情况下每天一次）反冲；在定时反冲洗程序被激活之前，若滤器进出口压差超过了压差开关DPS的设定值，则会激活压差反冲洗程序。反冲洗海水经泄放管路泄放至舱底。

在系统要长期停用或需要化学清洗时,需要用淡水对管路和反渗透膜进行冲洗,以避免系统腐蚀和反渗透膜脏污。淡水冲洗程序需要在控制面板上手动激活,此时,电磁阀 SV3 开启,来自淡水压力柜的冲洗淡水便会经冲洗水滤器和增压泵进入反渗透膜,并经相关管路排往舷外。

（4）化学清洗系统

系统中设置有粗滤器、多媒介滤器和细滤器等多级滤器,用于保持反渗透膜的足够清洁.但在长期使用后,仍需要对反渗透膜进行化学清洗。一般情况下,当制淡水产量相对初始产量显著下降或所产淡水中含盐量显著增加时,需对系统进行化学清洗。

清洗水柜中的清洗液经阀 BVl 进入增压泵,然后进入反渗透膜,分别从制淡水出口和盐水出口流出。制淡水管路中的清洗液经阀 BV3 流回清洗水柜;盐水管路中的清洗液经阀 BV2 和清洗滤器流回清洗水柜。如此,可对反渗透膜进行循环清洗及浸泡。

三、反渗透式造水机的特点

反渗透式造水机的主要工作部件包括反渗透膜、各级粗/细滤器、供给泵和增压泵等。在制淡过程中,没有加热和相变过程发生,对能量的消耗主要来自对海水的加压过程,即供给泵和增压泵的电功率消耗。在工作过程中,"育鲲"轮反渗透式造水机可实现全自动控制,无须人工干预。

与真空沸腾式造水机相比,反渗透式造水机不依赖主机缸套水的热量,布置起来比较自由;且由于没有加热环节的存在,不存在结垢的危险,工作过程中只需定期对滤器进行冲洗或对反渗透膜进行化学清洗。

反渗透式造水机产生的制淡水盐度较真空沸腾式造水机高,可直接供人员生活所用。

四、"育鲲"轮反渗透式造水机操作规程

（1）初次起动
①检查增压泵的油位和转向,打开海水进装置阀和出海阀;
②确保调压阀 NV1 全开;
③确保手动三通阀 BV1,BV2、BV3 均处在"OPERATE"位置;
④将控制箱主电源开关打开,在控制面板上选择手动操作模式（"HAND MODE"）;
⑤起动海水供给泵,允许其运行 5~10 min,观察盐水流量计的流量,直到看不到气泡为止;
⑥起动增压泵,观察盐水流量计的流量,直到看不到气泡为止;
⑦缓慢顺时针转动调压阀 NV1,直到操作压力表指示接近 6 515 kPa;
⑧运行 1 h 观察系统无异常后,可将产出的水收集到制淡水舱,记录初始操作的各项参数以备以后参考;
⑨每周记录并对比各项参数。淡水产量和海水温度、操作压力及给水盐分有关,任一参数的变化都会影响淡水产量。

（2）常规起动和停止
反渗透装置完成初次起动并记录下各项参数后,系统以后的操作可按如下步骤进行:
①确保多媒介滤器控制阀在"SERVICE"位;

②确保阀 BV1 在"OPERATE"位,BV2 在"CLEAN"位,BV3 在"OPERATE"位,BV4 在"OPEN"位;

③保持调压阀 NV1 在初次起动中预设的位置;

④将控制箱主电源开关打开,在控制面板上选择手动操作模式("HAND MODE");

⑤在控制面板上依次起动供给泵和增压泵,并允许系统低压下运行 5 min;

⑥缓慢转动阀 BV2 到"OPERATE"位,操作压力将迅速升高到预设的操作压力 6 515 kPa;

⑦观察系统运行状态,对比以前的各参数,系统进入正常操作模式;

⑧造水工作结束后,将阀 BV2 缓慢转到"CLEAN"位,释放系统压力;

⑨在控制面板上先后停止增压泵和供给泵;

⑩切断控制箱电源主开关。

（3）低压淡水冲洗

系统要长期停用或需要清洗时,需要用淡水冲洗系统,以避免系统腐蚀和反渗透脏污。打开淡水进装置阀(可以保持常开),在控制面板上按下列程序进行:

①如果系统在运行,在操作模式屏上按下"SYSTEM OFF"按钮,系统切断;

②按下"FLUSH"按钮,进入淡水冲洗界面;

③确保阀 NV1 在全开位置(逆时针转动至全开);

④确保阀 BV1、BV2、B V3 均处在"OPERATE"位;

⑤按下"START FLUSH"按钮,进入冲洗模式,冲洗进口电磁阀 SV3 打开,冲洗时间为 60～300 s,可自由设定。

（4）反渗透膜的化学清洗

当淡水产量相对初始产量下降10%,或盐分显著增加 la（TDS>200）时,需对系统进行化学清洗。

①如果系统在运行,停止增压泵和供给泵,缓慢转动阀 NV1 至全开,释放系统压力;

②在控制面板上选择清洗模式("CLEAN MODE");

③在清洗水柜中,放入说明书建议的一定量的清洗溶液,并盖好水柜盖子;

④将阀 BV1、BV2、BV3 转到 CLEAN 位置;在"CLEAN MODE"屏中,按下"START CLEAN"按钮,起动增压泵开媚循环清洗剂,循环持续 10～30 min,该时间可设定,监视清洗剂的温度不超过 65 ℃;

⑤完成循环过程后,增压泵自动停止,进入浸泡程序,浸泡时间 10～30 min,该时间可设置。若系统较脏,该时间可设定为 10～15 h;

⑥循环/浸泡周期将自动重复三次;在循环/浸泡周期内,按"CLEAN MODE PAUSED"和"CANCEL CLEAN MODE",可暂停或取消该过程;

⑦清洗过程结束后,将阀 BV1、BV2、BV3 转到"OPERATE"位置;

⑧起动供给泵,允许系统低压运行 5～10 min,排出清洗剂;

⑨完成一个清洗循环后,系统自动打开电磁阀 SV2,持续 15 min 以泄放舱底,而不考虑盐度传感器的检测值,这将允许系统清除清洗化学药剂;

⑩清洗过程结束之后,系统可重新投入工作。

第七章　船舶制冷与空气调节装置

第一节　船舶制冷装置

一、船舶制冷概述

所谓制冷,就是用人工方法从被冷却对象中移出热量,使其温度降低到一种相对低的状态。显然,要使一个冷藏室中的温度低于周围环境温度,必须不断地从室内排出热量。因为热量只会自行从高温处传至低温处,而不能反向转移,所以制冷装置的功用就在于将冷藏室中的热量强行排出。

1. 在船上安装制冷装置的目的

(1)冷藏伙食

船舶一般来说本身都必须储藏相当数量的食品,以满足船上人员生活上的需要。为了储存食品,大多设有伙食冷库和相应的制冷装置,船上习惯称为伙食冰机。

(2)船舶空调

现代船舶为了能向船员和旅客提供适宜的生活条件和工作环境,一般都装有空气调节装置。为空调提供冷源的制冷装置船上习惯称为空调冰机。

(3)冷藏运输

为了防止易腐食品或一些特殊货物在运输过程中腐烂变质或蒸发、自燃或爆炸,早在19世纪80年代就开始建造并使用专门运送冷藏货物的冷藏船。现在冷藏集装箱运输已日趋普遍,冷藏船和冷藏集装箱都设有专门的制冷装置。

2. 食品冷库的冷藏条件

(1)温度

低温是食品冷藏最重要的条件。低温可以抑制微生物的活动,同时也抑制水果、蔬菜的呼吸,延缓其成熟。只有食品中的水分完全冻结,微生物的生命活动才会停止。食品中的水分溶有盐类等物质,要完全冻结约需 $-60\ ℃$;但到 $-20\ ℃$ 时食品中的大部分微生物已基本停止繁殖。储藏冻结的肉、鱼类食品的船舶伙食冷库习惯称为低温库。长航线航行的船低温库储藏温度以 $-22\sim-18\ ℃$ 为宜(也有的设计温度低至 $-25\ ℃$),肉类能较长时间地(半年以上)保存。库温保持在 $0\ ℃$ 以上的其他伙食冷库习惯称为高温库,其中菜库温度多保持在 $0\sim5\ ℃$,粮库和干货可选择的温度为 $12\sim15\ ℃$。

(2)湿度

相对湿度过低会使未包装的食品因水分散失而干缩;而湿度过高又使霉菌容易繁殖,但对冷冻食物影响不大。因此,高温库适宜的相对湿度为 $85\%\sim90\%$,低温库的相对温度可保持在 90%~95%。冷库一般在降温过程中能保持适宜的湿度,不需要专门调节。

食品在冷藏期间会发生干缩。这是因为食品在降温过程温度比库温高,其表面的水分因蒸发而不断散失。食品干缩速度不仅取决于库内空气的含湿量,还与库内空气流速及食品的性质、外形和包装方式有关。侵入库内的热量越多,制冷装置工作的时间越长,则食品的水分转移到制冷蒸发器表面的霜、露就越多。

(3)二氧化碳(CO_2)和氧气(O_2)的浓度

适当减少 O_2 和增加 CO_2 的浓度,能抑制水果、蔬菜呼吸和微生物的活动,可减少水分的散失,从而使水果、蔬菜的储藏期可比普通冷藏库延长 0.5~1 倍,但如果 CO_2 浓度过高,呼吸就会过弱,菜、果反而更快变质腐烂。菜、果库一般以 CO_2 浓度控制在 5%~8%(大气中含量约为 0.4%)、O_2 浓度控制在 2%~5% 为宜。

船舶冷库采用适当的通风换气来保持合适的气体成分。所谓舱室的换气次数,是指更换了相当于多少个舱室容积的新鲜空气量。果蔬类冷藏舱或冷藏集装箱的换气次数以每昼夜 2~4 次为宜。船上菜库由于每天开门存取食品,一般无须特意换气。

(4)臭氧浓度

臭氧是分子式为 O_3 的气体,它在一般条件下极易分解,即 $O_3 \rightarrow O_2+[O]$,产生的单原子氧其氧化能力很强,能使细菌、霉菌等微生物的蛋白质外壳氧化变性而死亡。臭氧除杀菌作用外,还可抑制水果的呼吸,防止其过快成熟,这是因为水果在呼吸时会放出少量的乙烯,对水果有催熟作用,而臭氧能使乙烯氧化而消除。此外,臭氧还有除臭作用。但臭氧也会使奶制品和油脂类食物的脂肪氧化,产生脂肪酸而变质,故目前在船上臭氧多用于菜库。

臭氧可由臭氧发生器产生,它是利用两个金属电极间的高压放电,使空气中的氧气转变成臭氧,即 $3O_2 \rightarrow 2O_3$,这和夏季雷雨时天空中的闪电能使大气产生臭氧一样。臭氧发生器宜装设在冷库高处,因为臭氧在空气中相对密度较大,放在高处有利臭氧散播。使用的为壁挂式 KT-KB3G1-F 型臭氧发生器,采用 220 V 单相电源,最大功率为 60 W,臭氧产量为 3 000 mg/h。

臭氧发生器采用全自动工作模式,装置电源接通时开始工作,工作循环为 1 h 工作/1 h 停止。

臭氧一般来说是无毒安全的,呼吸 0.1 ppm 以下体积分数的臭氧对人体还有保健作用。但由于其强氧化作用,体积分数超过 1.5 ppm(空气中含量约 2 mg/m³)时,会刺激人的呼吸道黏膜并使人头疼,故进冷库前应停止臭氧发生器的工作。国际臭氧协会制定的卫生标准是 0.1 ppm,接触不超过 10 h(我国标准是 0.15 ppm,不超过 8 h)。臭氧体积分数达到 0.02 ppm 时嗅觉灵敏的人可嗅到草腥味,体积分数超过 0.15 ppm 时一般人都能嗅出。

二、蒸气压缩式制冷的原理和工况

机械制冷的方法主要有蒸发制冷、气体膨胀制冷和半导体制冷,其中蒸发制冷最为普遍。蒸发制冷是利用液体蒸发汽化时吸收汽化潜热的原理来制冷,常用的有蒸气压缩式(简称压缩式)、吸收式和蒸汽喷射式三种。下面只介绍蒸气压缩式制冷方式。

1. 蒸气压缩式制冷的原理

(1)液态与气态互相转换的规律

任何物质当其呈液态时,总有一些动能大的分子能脱离液面蒸发成为气体,液体温度越高,单位时间内汽化的质量就越多,液体汽化时如果不能从外界吸热,则汽化后剩下液体的温度就会降低。另一方面,气体分子在运动总会有一部分返回到液体中去,气体的压力越大,单位时间液化的质量就越多,气体液化时要放热,如不能向外散热,液体的温度就会升高。当液体温度既定时,液面气体压力达到某既定值则汽化和液化会达到动态平衡,液面上气体达到饱和状态,这时的气体压力称为该温度所对应的饱和(蒸汽)压力,而这时的温度就称为该压力所对应的饱和温度。

任何液态物质都存在自身固有的饱和温度和饱和压力的对应关系。温度越高,饱和压力也越高,反之亦然。

压缩制冷所用的工质——制冷剂(简称冷剂)通常是常温下饱和压力较高的液体。当液态冷剂单独贮放在冷剂瓶中时,瓶内压力便是它在该温度所对应的饱和压力。温度升高,则瓶内压力也随之升高,例如制冷剂 R404A 在 30 ℃时的饱和压力(绝对)是 1.415 MPa,如温度升高到 50 ℃,饱和压力便升高到 2.30 MPa。因此,为安全起见,冷剂瓶不应被太阳暴晒和接近高温热源。当需要把冷剂从甲容器转移到乙容器中时,只要用能耐压的接管将两容器相连,使甲容器瓶口向下,并适当加热甲容器(例如浇热水)或冷却乙容器(例如浸冰水),使两容器保持一定温差(压差)即可。

当液体温度低于其压力所对应的饱和温度时,汽化只在液面上发生。而液体被加热到温度升高到其压力所对应的饱和温度时,内部便会产生许多气泡,因其饱和压力已达到液体所受压力而不致被"压灭",便会随液体吸热汽化而长大浮起,这种在液体表面和内部同时进行的较剧烈的汽化现象称为沸腾。液体沸腾时被加热温度(沸点)也不变,所吸收的热量使液体汽化;反之,气体被冷却到其压力所对应的饱和温度时便开始冷凝成液体,放出潜热。在冷凝过程中气体和液体的温度(冷凝温度)保持不变。在同样压力下冷凝温度和沸点相同。单位质量的某物质在既定压力下全部汽化所吸收的热量与液化所放出的热量相等,称为汽化潜热。在沸腾或冷凝过程中,气体称为饱和蒸汽,液体称为饱和液体,二者的混合物称为湿蒸汽。饱和蒸汽在湿蒸汽中所占的质量比例称为干度。液体全部汽化后,干度为1的饱和蒸汽称为干饱和蒸汽。干饱和蒸汽继续吸热而温度升高即成为过热蒸气。过热蒸气的温度与其压力所对应的饱和温度之差称为过热度。另外,湿蒸汽在液化过程中干度降为0的饱和液体继续冷却而温度下降即成为过冷液体,其温度称过冷温度。液体所处压力所对应的饱和温度与液体实际温度(过冷温度)之差称为过冷度。

(2)压缩制冷的基本循环

压缩制冷的原理可参照图 7-1 叙述如下:如果将钢瓶中的冷剂经膨胀阀泄放到冷却盘管(蒸发器)中,而使盘管内的压力保持比钢瓶中低得多,则冷剂流经阀后压力便急剧降低。因其原来温度远高于盘管中压力所对应的饱和温度,部分冷剂便迅速闪发成气,其汽化潜热取自其余未汽化的液体,气、液温度均降为阀后压力所对应的饱和温度。这就像锅炉中温度高于 100 ℃的水被泄放到大气中,其中一部分会闪发成蒸汽,其余水的温度立即降到 100 ℃一样。拿 R404A 来说,如阀后表压力为 0.203 MPa,其饱和温度(在此称蒸发温度)约为 −20 ℃,这时阀后管壁立即结满霜层。冷剂在蒸发器中从周围的空气吸热使之降温,本身不断汽化,至接近盘管出口处即可成为过热蒸气。为了使盘管中气压能保持较低,并能回收冷剂供循环使用,盘管出口应接气体压缩机吸口。压缩机从盘管中吸入冷剂过热蒸气并压送到冷凝器中。冷凝器不断接收压缩机排出的温度较高(吸收了压缩机耗功所转换成的热)的过热蒸气,因而气压较高。压力越高则饱和温度越高,例如 R404A 在表压 1.315 MPa 时,饱和温度为 30 ℃,低于此温度的冷却介质(例如处于环境气温的空气或船舶的舷外水)便能将冷剂过热蒸气冷却到饱和温度(在此称冷凝温度)而液化,在冷凝器底部的液体还可能有一些过冷度。将冷凝器中的冷剂液体引至膨胀阀,则可再流经阀循环使用。

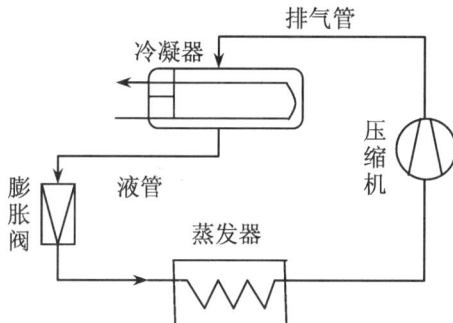

图 7-1　蒸气压缩式制冷原理

膨胀阀、蒸发器、压缩机、冷凝器是组成压缩制冷循环的基本元件。它们的功用是:

膨胀阀——使流过的冷剂节流降压,并可控冷剂的流量;

蒸发器——使流经其中的冷剂吸热汽化;

压缩机——抽吸蒸发器产生的冷剂蒸气并将其压送到冷凝器中;

冷凝器——使压缩机送来的冷剂气体冷却并液化。

在压缩制冷循环中,从膨胀阀至压缩机吸口为系统的低压部分;从压缩机排出口到膨胀阀进口为系统的高压部分。在此循环中,冷剂在蒸发器中所吸收的热量加上压缩冷剂气体耗功所转换成的热量,经冷凝器传给冷却介质带走。

三、制冷剂

制冷剂是制冷装置用来完成制冷循环的工质。近几十年来船上普遍使用的冷剂是氟利昂(Freon),它是卤代烃的商品名。冷剂氟利昂是将甲烷(CH_4)或乙烷(C_2H_6)中的氢原子用卤素氟(F)、氯(Cl)原子全部或部分取代而制作成。由甲烷制成的用 R XX 表示,由乙烷制成的用 R1 XX 表示;若有分子式相同的异构体在后面加 a、b、c 等。

在距地球表面 15~60 km 的大气层中臭氧含量相对较多,此臭氧层能将太阳辐射至地面的紫外线绝大部分吸收。科学研究发现,有些含氯的氟利昂在地表外的大气中很难分解,升至高空臭氧层后,在强烈的紫外线作用下释放出氯离子,会起催化作用而大量损耗臭氧,形成臭氧空洞,使到达地面的紫外线显著增强,对人类健康和农作物、海洋浮游生物的生长不利,并引起气候异常。这种分解臭氧的能力通常用臭氧耗损潜值(ODP)来衡量,它是以 R11 为基准,将其 ODP 值定为 1 而得出的相对指标。

另外,CO_2 和大部分冷剂及某些其他气体还会产生温室效应,即能吸收到达地面后又被反射的太阳射线,再辐射加热地面空气,从而使全球变暖,对人类生存环境产生不利影响。

全球变暖潜值(GWP)是衡量物质温室效应大小的相对指标,常以 CO_2(也有用 R11 的)为比较基准,将其 GWP 值定为 1。氟利昂的 GWP 值是 CO_2 的几千倍,但其耗量少得多,对全球变暖的相对影响不足 1%,随着世界各国制冷剂使用量的不断增大,这种影响也绝不可忽视。

CFCs 表示不含氢的氯氟烃,ODP 值高,按国际协议已从 1996 年(发展中国家推迟至 2010 年)起禁用。HCFCs 表示含氢氯氟烃,ODP 值较低,按协议属第二批受控物质,2020 年(发展中国家 2030 年)起禁用,欧盟已提前至 2015 年禁用,而 R22 在德、意等国 2000 年已禁用。HFCs 表示无氯的含氢氟化烃,ODP = 0,未限制使用。

共沸冷剂是由两种氟利昂按一定比例合成的共沸混合物,用 R5 XX 表示。这类冷剂在汽化或液化的相变过程中,液、气相物质组分的质量分数始终不变;相变压力既定,则相变温度始终不变,彼此有既定的相应关系,就和单一物质一样。

共沸冷剂的标准沸点比组成它的纯冷剂都低,因此,可用在蒸发温度要求较低的制冷装置中;若蒸发温度既定,采用共沸冷剂的吸气压力比采用纯冷剂高,密度更大,故单位容积制冷量大。但现研发的共沸冷剂只在部分国家使用。

非共沸冷剂现今也是由两种以上氟利昂按一定的质量比混合而成,它的编号是 R4 XX,若有组分相同而各组分质量分数不同,则后面加 A、B、C……区分。这类冷剂在既定压力下相变时,各组分在气相和液相中的质量分数不同,且一直在变化,相变温度也在改变。汽化开始和结束(即液化结束和开始)的温度分别称泡点和露点,两者温度差称温度漂移。使用非共沸冷剂的系统如果在只有气体(例如吸、排气管)或只有液体(例如液管)处发生泄漏,系统中冷剂组分的质量比不会改变。但在停机期间,或工作时在冷剂同时存在气、液相的地方(冷凝器、蒸发器),如果发生气体或液体泄漏,则系统中冷剂组分的质量比就会改变,装置的性能(制冷量和效率等)就会有某种程度的变化。

如果定压相变过程温度漂移小(<1 ℃),则称为近共沸混合物,其气、液相中各组分的质量分数相近。实验证明,使用近共沸冷剂的装置即使多次泄漏和补充冷剂,性能几乎不变。

常用制冷剂有 R717、R22、R134a、R404A、R407C、R410A 等。长期以来,R22 以其优良的物理和化学性能、良好的热力性能(饱和压力适中、容积制冷量大、低能耗、合适的临界温度、低黏度、高导热系数等)、良好的使用安全性(无毒、不燃、不爆等)、良好的经济性、与矿物油的可溶性及对金属和非金属材料无腐蚀性等特点而广泛用于制冷空调领域。但 R22 对大气臭氧层有破坏作用(其 ODP 值为 0.05,GWP 值为 1 700),仅允许在过渡期使用,在发达国家的制冷设备中已不允许使用。就船舶空调制冷行业而言,使用 R404A 仍然属于过渡时期的无奈选择。因为 R404A 虽然不受 MARPOL 的使用限制,而且其 ODP 值为 0,但是其 GWP 值却高达 3750,因此有环保船级符号的船舶对其使用受到限制。由于目前在船舶冷藏的低蒸发温度领域尚没有合适的环保制冷剂,因此 R404A 仍在船舶行业被广泛应用。R134a 和 R407C 由于其低 ODP 和低 GWP 而在船舶空调制冷领域是一种很好的选择,但是由于 R134a 适用于-23.3 ℃ 及以上的蒸发温度范围,在低蒸发温度和高压缩比时,使用 R134a 的压缩机容积效率较低,因此在船舶伙食冷藏系统当库温要求在-18 ℃ 以下时,不适于采用 R134a 和 R407C。

MARPOL 附则 Ⅵ 已经于 2005 年 5 月 19 日起生效。附则 Ⅵ 禁止故意排放消耗臭氧物质,包括氟化卤代烃树脂和 CFC(如 R11、R12 等)。含有消耗臭氧物质的新装置禁止再安装到船上,但 2020 年 1 月 1 日前,还允许安装含有氢化氯氟烃(HCFC,如 R22)的新装置。根据蒙特利尔议定书哥本哈根修正案,发达国家自 2010 年起禁止生产 HCFC(R22)制冷剂,2020 年起停用;发展中国家自 2020 年起禁止生产,2030 年起停用。考虑到 MARPOL 附则 Ⅵ、CCS 等船用规范的要求,我国应在 2020 年 1 月 1 日起停止使用 HCFC(R22)制冷剂。因此目前大部分民用船舶已经不再采用 R22 制冷剂。

自 MARPOL 附则 Ⅵ 生效起,各个船级社对船舶制冷空调行业制冷剂的使用也提出了相应的要求,并对满足要求的船舶赋予相应的附加环保标志。随着新环保符号的应用,各船级社根据各方反馈及经验对各自的环保入级符号进行了修正和补充说明,以 CCS 绿色生态船舶规范(2020)为例进行说明,当船舶满足下列适用要求时,可授予附加标志"RSC1":

(1)制冷系统应适当设置维修隔离措施,以防止在进行保养或修理时造成制冷剂的大量泄漏。但与使用制冷剂回收装置相关的不可避免的微量释放可以接受。

(2)为回收制冷剂,压缩机应能将系统内的制冷剂排空至贮液器。而且制冷剂回收装置应能方便地将系统排空至现有的贮液器或者为接收制冷剂而专设的适当容器中。贮液器或接收容器的容量应足以容纳可以隔离的最大制冷单元的全部制冷剂。

(3)每一系统的制冷剂,年度泄漏量应小于其制冷剂全部充装量的 10%。应装设泄漏探测器,以连续监测制冷剂可能泄漏的处所。而且应在有人值班的位置设置报警器,在制冷剂浓度超过预先设定的值(如氨的浓度为 25 ppm)时发出报警。当发现有泄漏时,应能实施纠正措施。

(4)当使用多种制冷剂时,应采取措施避免发生混合。

(5)船舶应备有一份制冷剂管理计划,该计划应至少包括以下内容:

①船名及船舶识别号;

②所有制冷系统的清单以及简图和部件描述(包括泄漏探测系统);

③对制冷剂的消耗、泄漏、排空及处置进行管理和控制的方法,包括上述(3)所述的泄漏时的纠正措施;

④对制冷剂的更换、泄漏、回收、补充及处置等的记录方式和方法。记录应至少包括:日期、系统类型、制冷剂类型、系统初次充装量及制冷剂液位、补充注入量、回收量、泄漏类型和纠正措施。

(6)船舶应建立和维持一份船上制冷剂清单和上述④所要求的记录簿,并伴随系统整个寿命周期。每一项的记录应至少在船上保持 3 年以备验船师核查。

当船舶除满足上述的适用要求之外,还满足船舶货物冷藏装置、中央空调系统、集中式制冷系统所采用的制冷剂,其臭氧消耗潜能(ODP)应为 0,全球变暖潜能(GWP)应小于 2000,可授予附加标志"RSC2"。

四、制冷压缩机

制冷压缩机是制冷装置中的重要组成部分,对装置的制冷量、性能系数和使用寿命有决定性的影响。制冷压缩机有活塞式、螺杆式、离心式等不同类型。

其中活塞式制冷压缩机使用最广泛,制造、管理和维修的经验都比较成熟。因其流量受转速限制,只用于 $Q_0 < 200$ kW 的中、小制冷量范围,是船舶制冷装置采用的主要机型。"育

鲲"轮伙食冷库采用的就是这种压缩机。

螺杆式压缩机转速高,输气量较大,过去适用制冷量 Q_0 的范围是 150~1 500 kW,在船上主要用于冷藏舱制冷装置,近年来经不断改进,Q_0 已可达 50 kW 以下。其价格虽比活塞式高,性能系数一般也比活塞式低,但单位制冷量的尺寸较小,重量较轻,易损件少,工作寿命长,维护简单,故在有些大型船舶的空调装置中已取代活塞式压缩机。"育鲲"轮空调装置就选用了螺杆式压缩机。本节只介绍活塞式和螺杆式两种制冷压缩机。

1. 活塞式制冷压缩机

(1)活塞式制冷压缩机的分类和结构

船用活塞式制冷压缩机多为单级多缸(2、3、4、6、8)。按气缸中心线布置方式分有立式、V 形、W 形、S(扇)形。按壳体结构又可分为:

开启式——压缩机曲轴通过轴封伸出机体之外,再由原动机驱动。较大的压缩机通常都采用开启式。轴封或多或少会有制冷剂泄漏。我国国标 GB/T 10079—2001《活塞式单级制冷压缩机》规定的开启式压缩机缸径有 100 mm、125 mm、170 mm。

半封闭式——电动机和压缩机共用一根主轴,装在同一机体内,没有轴封;有可拆卸的缸盖、端盖以便换修气阀、油泵等易损件,采用垫片静密封,使制冷剂泄漏机会显著减少。其电动机可由制冷剂吸气冷却,所用绝缘材料等必须耐油、耐制冷剂。我国国标规定的半封闭压缩机缸径不大于 70 mm。

全封闭式——采用同一主轴的电动机和压缩机装在一个焊死的薄壁机壳内,没有任何可拆卸的部件。这种压缩机要求可靠性高、使用寿命长,同时也要求系统清洁、密封好,在使用期内一般可免维修。全封闭压缩机主要用于冰箱、小型空调装置等。

GB/T 10079—2001 规定的我国活塞式制冷压缩机的型号表示方法以 810F70G 为例说明如下:前面数字表示缸数 8 和缸径 10(cm),F 表示制冷剂用氟利昂(A 表示氨),后面数字表示行程 70(mm),G 表示高冷凝压力(低冷凝压力不用文字表示)。

图 7-2 所示为最简单的单缸立式活塞式制冷压缩机。

它主要由机体,活塞,曲轴,连杆,吸、排气阀,气缸,气缸盖等组成(见实物图和动画)。但根据具体结构、气缸位置排列、制冷剂进出方向、气缸直径、气缸数、压缩级数及采用的制冷剂等不同,可以分成许多类型。目前中、小型压缩机多采用小缸径、多缸、V 形或扇形布置,某轮有活塞式制冷压缩机两台,其型号为 4H. 2Y / K283H2,四缸 V 形布置。这不但可以改善压缩机的运转平衡性能,使其结构紧凑,而且可以用同缸径不同缸数的压缩机来满足对制冷量的不同要求。压缩机在吸、排腔之间应设有安全阀或安全膜片(功率不超过 10 kW 可不设),在冷剂压力过高时开启或爆破,使冷剂回流至吸入侧。压缩机吸、排截止阀壳体上设有由小型截止阀控制的多用接头,它可接压力表或压力控制器,还有其他多种用途。有的制冷压缩机吸、排截止阀采用双阀座结构,在阀体上设了常通接头和可用阀盘启闭的多用接头。将阀杆退足则截止阀全开,多用接头关闭;若阀杆退足后反旋一两圈,则多用接头与截止阀都开启。

压缩机曲轴箱内的滑油通过内设磁性滤器,由滑油泵吸入。然后排至机械轴封油腔,同时经曲轴和连杆的油孔去润滑主轴承和连杆大、小端轴承(活塞与气缸壁靠飞溅润滑);另外,再由三通电磁阀控制,通至每对气缸的卸载油缸。压缩机一端设有指示吸入压力和油压的压力表及油压差控制器。功率小于 5 kW 的压缩机采用飞溅润滑或离心式润滑。后者是

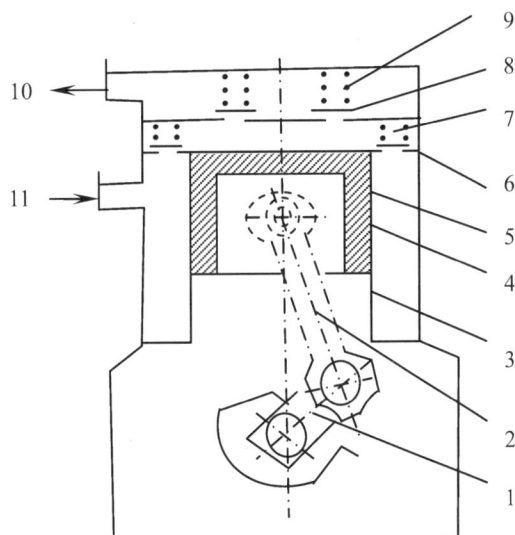

图 7-2　单缸立式活塞式制冷压缩机简图

1—曲轴;2—连杆;3—活塞;4—气缸;6—吸气阀;7—吸气阀弹
簧;8—排气阀;9—排气阀弹簧;10—排出管;11—吸入管

用曲轴自由端设的甩油盘将油甩入曲轴端部的油槽,再经曲轴中心的钻孔,由轴旋转产生的离心力吸入,供至各摩擦面。

曲轴箱中压力越高,温度越低,则氟利昂在滑油中的溶解度越大,起动时容易"奔油"。压缩机曲轴箱内可根据需要设定加热器,加热器长期停用后起动应提前 6~8 h 通电加热滑油,让溶于油中的氟利昂逸出;压缩机运行时断电停止加热,暂停时自动通电加热,可使油中溶解的氟利昂尽量少,避免起动时"奔油"。

(2)压缩机的容量调节

较大的压缩机带负荷起动对电网冲击大,而且须选配大功率电动机,正常运转后电机又因不能满负荷工作而效率较低。另外,制冷装置的热负荷变化较大,热负荷较低时压缩机的制冷量如不能相应减小,吸入压力和蒸发温度就会太低,不仅影响运行的经济性,压缩机还可能因低压控制器断电而停车,以致起停频繁。国标规定缸径≥70 mm、缸数≥4 的活塞式制冷压缩机气缸应设置冷量调节机构和卸载起动机构,它们通常是同一套机构。压缩机的制冷量调节就是输气量调节。容量调节一般都以吸入压力为被调参数,它测取方便,反应较快。吸入压力增高表明压缩机的制冷量(输气量)不能满足热负荷的要求,应该增大;反之,吸入压力降低则需要减小压缩机的输气量。容量自动调节机构的动力可采用滑油泵的排出压力或压缩机排气压力,或直接用电磁线圈的电磁力。

某开启式制冷压缩机带有能量调节的配气和卸载机构,它不但包括环形吸气阀片、排气阀片,弹簧等零件,而且还包括气缸套、吸气阀片顶开机构。这些零件组装成整体部件后,直接安装在气缸上。缸套上部凸缘上有一圈吸气孔通吸气腔,由环形阀片覆盖,由 6 个吸气阀弹簧压紧。假盖(排气阀升程限位器)与排气阀内阀座用阀座螺栓连接在一起,被假盖弹簧压在外座和内座构成的排气阀座上。当缸内吸入过多液态制冷剂或滑油时,活塞在排出行程接近上止点时将液体从升程很小的排气阀排出很困难,这时缸内压力迅速超过排气腔压力(如超过假盖弹簧限定值3 MPa),克服假盖弹簧的张力将排气阀连同内阀座以块顶起,以免连杆轴承和主轴承受过大的冲击负荷。习惯将这种可被顶起的排气阀盖组件成为"假盖"。制冷压缩机的能量卸载机构包括装在气缸套外侧的转动环、顶杆、顶杆弹簧以及推动转动的卸载油缸、推杆等。卸载机构动作的动力来自具有一定压力的润滑油。当顶杆的下端处于转动环的凹槽中,环形吸气阀片在阀座中能自由启闭。当卸载油缸失去一定压力的润滑油时,油缸中的活塞便带动推杆移动,并由推杆使转环转动,使顶杆下端沿凹槽斜面移动,此时顶杆升起,上端触及吸气阀片并把它强行顶开,使气缸处于卸载状态(此时该气缸的排气量为零)。当向油缸供油时,则油缸内压力升高,推动转环反向转动,顶杆下端移向转环的凹槽,上端与吸气阀片脱离,吸气阀片恢复自由启闭状态,该气缸又投入正常工作(见实物图和视频)。从卸载机构的工作过程可知,当制冷压缩机刚起动时,由于润滑油泵的供油压力尚未到达正常值,无法使转环动作,气缸处于卸载状态(吸气阀片均被顶开),这就有利于大型制冷压缩机的起动。

比泽尔(Bitzer)4H.2Y型压缩机可选配具有起动卸载功能和能量调节功能的缸盖,其标志如图7-3所示:

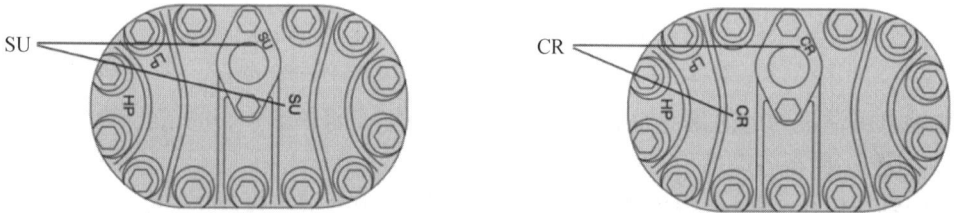

图7-3 具有起动卸载和能量调节缸盖的标志

SU—起动卸载(Start Unloading);CR—能量调节(Capacity Control)

当低压压力传感器检测压缩机吸入口连续压力信号,经过扩展模拟量I/O模块将数据送入CPU,CPU将测量值与设定值比较,当运转中吸入压力降低到设定减载压力时输出减载信号通过容量调节电磁阀使压缩机工作于50%排量,如减载后CPU检测到压力回升至设定加载压力则输出加载信号使压缩机加载工作于100%排量。如果减载后吸入压力进一步降低到设定的停机压力值则输出停机信号。当压力回升至起动压力时CPU输出起动控制信号。

2.操作与维护

(1)装置安装后,投入使用前的工作

①外观检查:根据系统原理图和工作图,检查管路布置,包括管路倾斜要求、接头可靠性、管路支撑固定间隔等。

②压力试验:通过充注一定压力的干燥N_2进行压力试验,试验的最大压力不应超过铭牌标注的最大压力(本船冷藏系统高压管路试验压力3.28 MPa,低压管路试验压力2.6 MPa),油气分离器和油冷却器不应承受最大压力,系统高低压管路按照不同压力进行试验。

③真空试验:系统中所有阀门、电磁阀打开,通过真空泵对整个系统抽真空,当真空泵停止工作时,系统内压力会有所回升,如需要则重复起动真空泵,最终系统应能保持不超过150 Pa绝对压力。

④充注滑油:充注要求牌号的滑油到观察镜适当位置,打开曲轴箱加热器。

⑤充注冷剂:压缩机停止状态下直接向冷凝器充注液态冷剂,压缩机运转时向压缩机吸入侧冲入气态冷剂。

（2）压缩机长时间停用首次起动前检查

①检查油位:油位应在油位观察镜 1/4~3/4 的范围内,如果曲轴箱内滑油过多,可能造成液击,需要泄放部分滑油。泄放前脱开电源,手动盘转压缩机,直到盘转没有额外阻力。此外如果是压缩机故障之后更换压缩机,系统中已经存在滑油,运转后系统中滑油会回到压缩机,此时也需要泄放曲轴箱部分滑油。

②油温:起动前应确认滑油温度高于吸入压力对应饱和温度 15~20 ℃,必要时打开曲轴箱加热器提高油温。

③检查安全报警点和自动控制参数设定。

④外部管路阀门开关正确。

（3）起动操作

设备长时间停止后首次起动一般采用手动控制模式,操作如下:

①打开待起动压缩机进出口阀门和贮液器阀门,另一台机组阀门保持关闭,打开所有冷库供液截止阀;

②接通电源,等待 CPU 起动完成;

③起动冷却水泵,检查冷却水压力正常;

④起动 1~2 个冷库的冷风机,打开对应供液电磁阀,起动压缩机;

⑤根据压缩机吸入压力,可逐渐增加制冷工况冷库的数量。

待所有冷库温度接近正常范围,机组工况稳定后,可转为自动模式。

（4）运转中检查

①滑油油位:起动后立即确认滑油油位,并且起动后最初一个小时需要连续检查滑油油位,如果油位下降过多,不可盲目添加滑油,应检查系统回油情况,防止系统油回到曲轴箱时产生液击。

②滑油油压:必要时通过外接压力表测量油泵进出口压力,油压差应保持在 0.14~0.35 MPa 的范围内,吸口压力不得小于 0.04 MPa。油压差开关当压差小于 0.07 MPa 时,延时 90 s 切断压缩机工作。

③吸/排气温度:本系统采用 R404A 制冷剂,压缩机排出温度应至少高于排出压力对应的饱和温度 20 ℃,以避免冷剂在排出管路液化。吸气温度不应低于 19 ℃。

④机械振动:检查压缩机、管路、毛细管、温包等的振动情况。

⑤起停次数:记录最短运行时间和起停次数,压缩机最短运行时间不应小于 5 min,每小时最多起停不超过 8 次。如果起动过于频繁,应对系统进行调整,避免对压缩机和电机造成损坏。

⑥其他工作参数:运转中检查并记录各参数,一般应包括压缩机吸入温度/压力,压缩机排出温度/压力,冷凝温度/压力,冷风机蒸发温度/压力,滑油温度,滑油压力,起停次数,工作电压/电流,各冷库温度等。

（5）日常维护

①压缩机初次运转 100 h 后,按照说明书中给出扭矩对缸头螺栓进行上紧。

②安全阀:压缩机内部安全阀设定压力为 2.8 MPa,一般工作条件不需要维护。然而,如果由于异常运转导致此阀多次开启,可能导致持续泄漏,继而排温升高,效率降低,此时需要对此阀进行检修或换新。

③吸排气阀:吸排气阀设计为免维护,但实际运转中应结合滑油换新,每 10 000~12 000 工作小时进行检查。

④轴封:一般情况轴封不需要拆检,可结合换油周期,或者润滑系统故障检修时对轴封进行检查,主要关注以下方面:密封圈老化、硬化、裂纹,轴封磨损、划痕,油泥或其他异物沉积。轴封允许少量泄漏,在新轴封磨合期间(大约 250 h)泄漏量可能会较大,磨合期后一般泄漏量不超过 0.05 cm³/h,泄漏的滑油通过轴封处泄放管路泄放。

⑤滑油:工厂车间组装的压缩机组磨合后已经更换了滑油,装船初期运转后不需要换油。而对于非工厂车间安装、在船组装设备,最初运转 100 h 后需要换新滑油,换新滤器。正常工作条件下,滑油更换周期为 10 000~12 000 工作小时或者 3 个自然年。

⑥机组切换:为了避免备用机组长时间不工作可能产生的冷剂转移、滑油溶入冷剂等不良后果,应定期切换工作机组。

⑦仪表校准:应定期对压力表、传感器、温度开关、油压差开关等校准。

⑧检查联轴器、地脚螺栓,如需要上紧。

⑨停机:机组长时间不工作时,需对曲轴箱进行加温,避免滑油中溶入过量冷剂。如检修需要,可通过制冷剂回收装置将系统冷剂移出系统。

3. 双螺杆式制冷压缩机

(1)螺杆压缩机的结构和工作原理

船用螺杆式制冷压缩机多是双螺杆压缩机,设在气缸体内的主动转子是螺旋齿形凸起的阳转子,工作时它压缩的气体,间接驱动与之啮合的螺旋齿槽凹进的阴转子反向旋转,两转子的齿数比多为 4∶6、5∶6 或 5∶7。两转子的每一对相通的齿槽和与螺杆贴合的缸壁及两头端盖间形成的容积称基元容积,其容积和位置随螺杆转动而变。在吸气端盖偏上方有占据大部分圆弧的轴向吸气口,而缸壁上部有凹进的三角形径向吸气口;转子另一头排气端盖的斜下方有较小的轴向排气口(有容量调节滑阀时其代替缸壁处开有径向排气口)。

转子转动时,吸气端两转子的齿分别从对方的齿槽中逐渐退出,形成的基元容积与吸气口相通,随转子转动而容积不断增大,吸入气体;当基元容积与吸气口脱离时吸气结束,转子另外的齿开始挤进彼此的齿槽,使该基元容积不断缩小,其中气体被压缩;当该基元容积和排气口相通时,压缩结束,排气直至排尽。工作中转子啮合线两侧相继形成的单元容积,都要经历吸气、压缩、排气三个过程,使气体的压送连续不断(其工作过程见视频)。

双螺杆式压缩机的转子之间及转子与气缸壁之间都有微小间隙,运转时不会直接摩擦,但会发生气体泄漏。螺杆压缩机对气体中含有液体不敏感,通常工作时向转子啮合部位喷油,作用是:①保证良好的润滑和气密;②冷却被压缩的气体,降低排气温度和防止机件变形;③减轻噪声。但喷油式压缩机喷油量较大,系统需增设体积较大的油分离器和油冷却器,使机组变得庞大笨重。后开发的喷液式螺杆压缩机在排气温度过高时,将冷剂液体在适当部位(与滑油混合或分开)喷入啮合的转子,吸收压缩热并冷却滑油。喷液的润滑和密封效果不如喷油,故不能完全代替喷油;但冷却效果很好,可使喷油量显著减少。

某船空调压缩机为 Bitzer 的 HSK7471-90-40P 半封闭螺杆式,制冷剂为 R404A,能量调节分6挡,最小为20%。使用新开发的型线,齿数比为5∶6,转子两端由滚动轴承精确定位,由于特殊的设计,这种压缩机不需要任何工作阀门。为避免压缩机停机时的反转(膨胀作用),排气腔中装有一单向阀,内置安全阀提供超压保护。压缩机由安装在机体内的三相异步电动机驱动,电机转子连接于阳螺杆轴上,由流经电机转子孔的冷剂蒸气冷却电机。压缩机吸入口处设置滤网,以防止系统中的杂质损坏螺杆,自身设有高压压力开关、能量调节电磁阀(2个)、供油电磁阀、油压传感器、温度传感器等附件。

(2)螺杆式制冷压缩机的容量调节方法和性能特点

螺杆式压缩机属于容积式压缩机,其输气量取决于转子的几何尺寸和转速,其常用的容量调节方法为吸气回流式,也能卸载起动。

滑阀容量调节机构如图7-4所示,在转子啮合部位下方设有与两螺杆外圆柱面贴合的滑阀3,控制由压缩机滑油系统提供的压力油进、出活塞4两侧的方向,可改变滑阀轴向位置。若滑阀向排气口7方向左移,打开回气口5,当基元容积开始减小时其中气体便从回气口回流,即压缩开始的位置后移,螺杆有效工作长度缩短,输气量减少。控制方法不同,可实现有级调节或10%~100%范围的无级调节(见工作视频)。回气口开启不多时,输气量下降梯度很大,然后随滑阀后移按比例下降。输气量减小≥50%时,功率几乎成比例降低;输气量减至<50%时,功率因存在摩擦扭矩而降低变慢,性能系数(单位轴功率制冷量)降低。

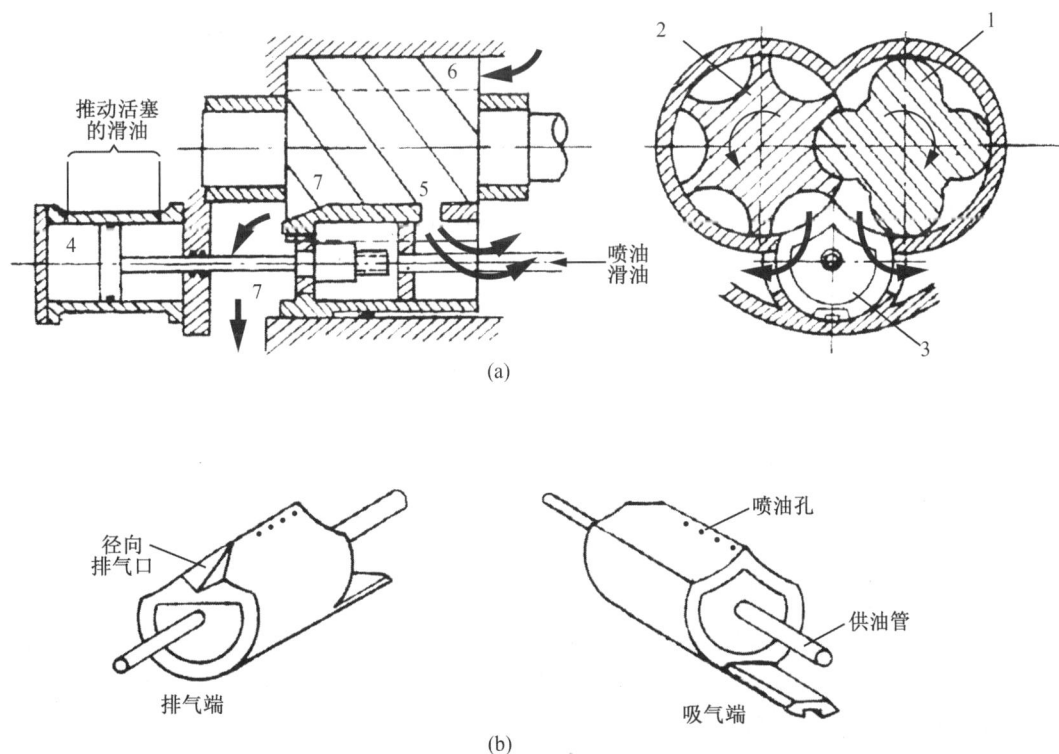

(a)

(b)

图7-4　螺杆式压缩机的滑阀容量调节机构

1—阳转子;2—阴转子;3—容量调节滑阀;4—油压活塞;5—回气口;6—吸气口;7—排气口

柱塞阀容量调节机构。小型螺杆压缩机多在气缸体上沿螺杆轴向开设旁通通道,在轴向特定位置设有柱塞阀,由电磁阀控制靠滑油泵的油压驱动启闭,进行有级容量调节。

螺杆式制冷压缩机的特点：

（1）无往复运动惯性力，工作平稳，又没有气阀，因而可采用较高转速（常用 3 000 ~ 4 400 r/min），所以单位制冷量的尺寸小、重量轻。

（2）无气阀、活塞环等易损件，磨损轻微，故运行可靠，检修周期可长达 30 000 ~ 50 000 h。

（3）无余隙容积，吸气阻力和预热损失小，而且对吸气带液体不敏感，可喷油或喷液冷却和改善密封性，故高压力比时仍可采用单级压缩，输气系数仍较高，排气温度≯100 ℃。

（4）性能系数一般不及往复式，尤其在高压力比以及冷凝压力改变而发生欠压缩或过压缩时，能量损失更严重。

此外，螺杆式压缩机的转子加工难度大，价格较高。

五、"育鲲"轮伙食冷库制冷装置

"育鲲"轮伙食冷库系统如图 7-5 所示，共有五个库，即肉库（77 m³、−22 ℃）、鱼库（39.3 m³、−22 ℃）、蔬菜库（102.6 m³、2 ℃）、干货库（47 m³、15 ℃）、粮食库（41.8 m³、12 ℃）。很显然，上述的库温有的在 2 ℃以上，有的在 0 ℃以下，对于不同的食品，应分别采用冷却和冷冻不同的冷处理方法。

肉库、鱼库和蔬菜库配备融霜装置，肉库、鱼库还配有排水管的加热电缆。鱼库、肉库和菜库冷风机提供自动融霜控制，融霜次数和时间可以根据实际情况在触摸屏上进行修改。本船现设置为冷冻库的融霜每天三次，每次 30 min。菜库的融霜每天三次，每次 10 min。现在船上广泛应用的一种融霜方式是电热融霜。融霜所需的电热器可装在蒸发器的前面、下面或插在管间（见实物图）。融霜前需先停止向空气冷却器供液，并将其抽空，然后再关闭回气管截止阀，以使其与冷剂回路相隔绝。为了防止融霜时热空气进入冷库，还需停掉风机。此外，融霜时为避免水分在泄水管路中冻结，还需注意集水盘等处的电加热器工作是否正常。

鱼库融霜功率约 2 700 W（3×380 V/50 Hz），肉库约 3 990 W，蔬菜库约 2 400 W。各个冷库的库温可以在缓冲间内各库库门边上的温度计上显示，也可在厨房遥控显示（见实物图）。各冷库冷却用的是顶式安装的冷风机。所有冷风机包括膨胀阀、电磁阀、止回阀和压力调节阀、集水盘等都预装在冷风机机箱内（见实物图）。

另外为了系统的正常运行所需的其他所有必要的设备，如温控器、电磁阀、膨胀阀、气液分离器都将提供。总的负荷设计基于每天运行 16 h。除了在拿取食品的时候，库内的灯和开关都应关闭。

冷藏机组包括两套完整的冷凝装置，安装在同一公共基座上。机组用的是开式压缩机，安装在距冷库 10 m 范围以内。包括低温淡水冷却的冷凝器和独立的贮液器，还设有必要的安全装置、压力开关和气液分离器等。每套机组为 100%设计负荷。一台作为备用，两台机组可同时运行也可单台运行。

每台冷藏机组包括以下主要部分：

一个开式压缩机：型号：4H.2Y；制冷量：15.6 kW，带能量控制；蒸发温度：−30 ℃；冷凝温度：45 ℃；制冷剂：R404A；依靠吸气压力可在 100% ~ 50%两挡进行能量控制。

一个壳管式淡水冷却冷凝器：型号：K283 H2；热负荷：30 kW；冷却水进口温度：36 ℃；冷却水出口温度：40.4 ℃；水耗量：6.12 m³/h。

其他设备:一个自动回油油分离器;一个加油阀和油量调节阀;一个曲轴箱加热器;一套高压、油压和低压开关和表及阀件;一套液体干燥过滤器带截止阀;压缩机进出口的温度和压力表;一个储液器;两台冷藏机组共用的气液分离器一个和充液阀带旁通阀一个。所有上述原件全部预装在机组上。

冷库系统采用 PLC 控制,控制箱内装有:每个马达的起动器;每个压缩机的高压和油压遥控报警触点;控制电源的变压器;电流表;压缩机马达的运行计时器;电融霜控制器;手动融霜开关;压缩机转换开关;断电后压缩机延时起动器;控制灯;报警显示灯和公共报警输出;空间加热器运行指示灯;运行远端指示和报警;臭氧发生器的电源接线柱和起动/停止按钮;蔬菜库低温报警等。

控制箱和 PLC 控制还包括以下功能:显示实际库温和设定库温;不同形式的温度控制;不同融霜形式的内部融霜记时器;时间或温度控制融霜结束;风机时间或温度控制;内置温度报警蜂鸣器;手动融霜。

1. 制冷装置的组成部件(实验室制冷系统主要组成部件)

(1)压缩机

压缩机是制冷装置的"主机",是决定装置制冷量的关键设备,也是维修保养的重点,其结构在上一节中已经讲述。

(2)油分离器

虽然制冷系统设计上要求能让滑油随冷剂一起流经系统后返回压缩机,但滑油进入蒸发器太多会使制冷量降低。为此,在压缩机排出端可装设油分离器,用来分离排气带出的滑油,使之直接返回压缩机曲轴箱(半封闭式压缩机回至吸气管),从而避免压缩机排气将过多的滑油带入系统。油分离器并不能将油全部分出,仍会有少量滑油随冷剂一起循环。有些小型伙食冷库制冷装置或空调制冷装置系统管路不长,也有省去油分离器的。

氟利昂制冷装置滑油分离器多采用过滤式,滑油被金属滤网分离,返回压缩机的方法有两种:①由浮球阀控制;②由电磁阀控制,电磁阀靠延时继电器控制在压缩机起动 20～30 min 后开启,以免刚起动时分出的油不多,气态冷剂向压缩机回流;而压缩机停车时电磁阀同步关闭。回油还要经过带阻尼孔的节流元件以控制回油速度。

(3)冷凝器

冷凝器的功用是将压缩机排出的气态冷剂冷凝成液态,供系统循环使用。

船舶制冷装置的冷凝器几乎都采用卧式壳管式,结构如图 7-6 所示。两侧的端盖 2 内装有防蚀锌棒,或内表面涂有防蚀涂层。冷凝器上通常装有:

①安全阀——它装在冷凝器顶部(与安全阀接头 10 相接)。《钢质海船入级规范》(2006)规定制冷系统的所有压力容器均应装设串联安装的安全膜片和安全阀,压力意外升高时可将排出物引至甲板安全地点排往大气。

②放气阀——它装在冷凝器顶部两端处(与放气阀接头 5 相接),用来泄放不凝性气体。

③平衡管——它从冷凝器的顶部(接头平衡管 9 处)引出,与后面的贮液器相通,使彼此压力平衡,便于冷凝器中的液体流入贮液器。如连接两者的管路短而粗,也可省去平衡管。

④水室放气旋塞 11 和放水旋塞 12——它们装在无外接水管的端盖的最高处及最低

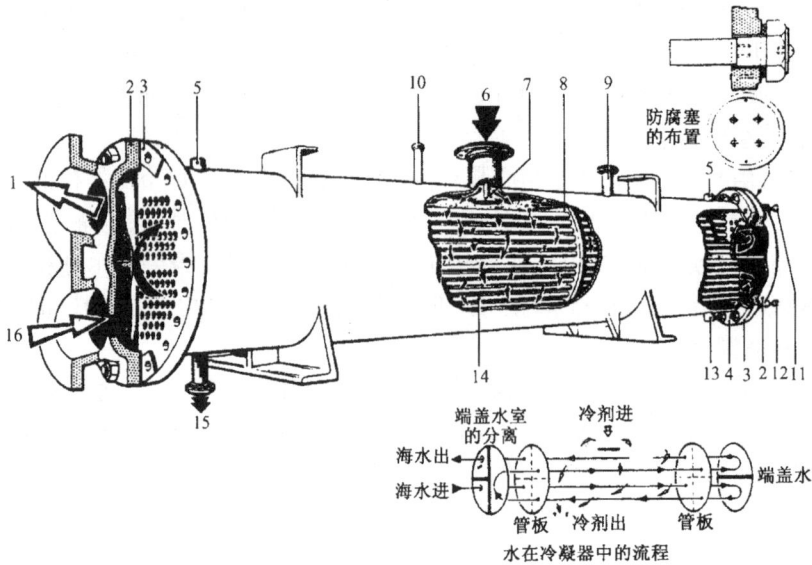

图7-6 卧式壳管式冷凝器

1—冷却水出口;2—端盖;3—垫片;4—管板;5—放气阀接头;6—气态冷剂进口;7—挡气板;
8—管架;9—平衡管接头;10—安全阀接头;11—水室放气旋塞;12—水室泄水旋塞;13—泄放
阀接头;14—冷却管;15—液态冷剂出口;16—冷却水进口

处,前者用来泄放水腔的空气,防止形成气囊,妨碍传热;后者用来在检修前放空存水,或冬季停用时放水防冻。

此外,冷凝器兼作贮液器用时在下部还装有液位镜或液位计。

(4)贮液器

它是装在冷凝器后用来储存液态冷剂的容器(见主要组成部件实物图)。其作用是:①在制冷系统中储备一些冷剂。当热负荷减小,蒸发压力降低时,蒸发器等低压管路中冷剂量减少,可防止冷凝器中液位太高而妨碍气体冷凝,以致排气压力过高;而当系统中冷剂有所损失,或热负荷增大,蒸发压力升高,低压管路中冷剂量增加时,可防止膨胀阀供液不足。②装置检修或长期停用时收存系统中的冷剂,减少漏失。小型装置可不设贮液器而以冷凝器兼之。

贮液器应有足够的容积,以保证系统中全部冷剂贮入后不超过其容积的80%。贮液器不允许完全充满液体,否则当温度升高时会有压力过高的危险。

(5)干燥过滤器

氟利昂制冷系统中均应装设干燥器,其布置应使其能旁通并关断,以便在拆开时不妨碍系统的运行。同时还规定在压缩机的吸入管路(常设在压缩机吸入口)和膨胀阀的冷剂管路上应设过滤器。现在通常将干燥器和过滤器做成一体装在液管上。此外,常选用进口带滤网的热力膨胀阀。

干燥剂用久后会失效,应使之再生或更换。拆干燥过滤器或任何液管上的元件前,应先抽空冷剂液体,关断其上游的截止阀,重复两三次把压力抽至低压停车,然后关断其后面的截止阀;不抽空就拆很可能被流出的冷剂液体将手冻伤。拆后滤网必须清洗并检查确认无破损,重加干燥剂必须填实,以免互相摩擦产生碎末。装复时接头先别上紧,应稍开截止阀

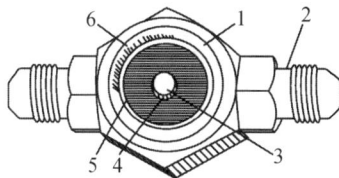

图 7-7　液流指示镜

1—壳体；2—管接头；3—纸质圆芯；4—芯柱；5—观察镜；6—压环

用系统中冷剂吹除空气后再上紧。小型装置使用一次性干燥器，失效后整体更换。

干燥器应在新充冷剂或换油、拆修压缩机等操作后一段时间内，以及系统中出现冰塞时接入系统使用。正常运行后可以旁通，以免因阻力较大而使液态冷剂压降太大而闪气，同时减少干燥剂被污染或产生粉末进入系统的可能性。

（6）液流指示镜

有的氟利昂制冷装置的液管上装有液流指示镜，其结构如图 7-8 所示，它用来指示液管中液体流动的情况。工作正常时应看到稳定的液流；若见到许多气泡，则表明系统中冷剂在液管中的压降太大，出现"闪气"，或是冷剂不足。氟利昂制冷装置用的液流指示镜还常兼水分指示器，其中装有浸透金属盐指示剂的纸芯，当冷剂含水量不同时，金属盐生成的水化物能显示不同颜色。

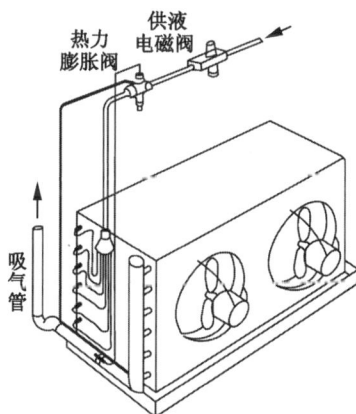

图 7-8　液流指示镜

（7）蒸发器

蒸发器的功用是让制冷剂在其中汽化，而从被冷却的介质中吸热。根据制冷是采用直接冷却式或是间接冷却式，蒸发器所冷却的介质不同，其形式也不同。

船舶氟利昂制冷装置大多数采用直接冷却式，其蒸发器直接放在冷库（或空调器）中冷却空气，有冷却排管和冷风机两种形式。

冷却排管有立式管和蛇形管两种。船舶冷库的氟利昂排管蒸发器多采用由 $\Phi19 \sim$ 22 mm 的无缝钢管或紫铜管制成的蛇形肋片管，上面进液，下面回气，以便使制冷剂带入的滑油顺利返回压缩机。冷却排管外被冷却的空气是自然对流，传热系数很小。

冷风机的蒸发器如图 7-9 所示。经供液电磁阀和热力膨胀阀供入氟利昂冷风机的冷剂湿蒸气先进入垂直安装的分液器，然后均匀进入许多分液管——并联的蛇形肋片铜管。管

外风速为 $2\sim3$ m/s,传热系数为 $29\sim35$ W/$(m^2\cdot\text{℃})$。

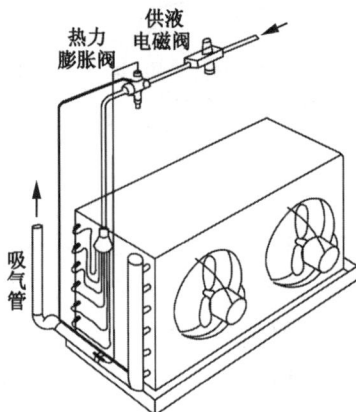

图 7-9　冷却空气的蒸发器

　　冷风机传热系数是冷却排管的 $4\sim6$ 倍,故尺寸紧凑、节省管材,充冷剂量少;它安装方便:可采用便于自动控制的电热融霜;而且能使库内的空气循环好,温度、湿度和气体成分均匀;必要时还可停止制冷,利用融霜电加热器来加热空气(例如要求贮藏温度高于 0 ℃的集装箱当环境气温低于 0 ℃时)。因此,不仅船舶高温冷库几乎全部采用冷风机,而且新造船的低温库大多数也采用冷风机。它的缺点是风机耗电使热负荷增大(约占保温期间热负荷的 $20\%\sim30\%$);风速高使未包装的食物水分丧失快;因体积小,蓄冷能力也小;故某些低温冷库仍有用冷却排管的。

　　间接冷却式的蒸发器多采用管壳式的液体冷却器,所冷却的是传递热量的中间介质——载冷剂(淡水、乙二醇溶液、盐水等),后者通过冷却排管或冷风机去冷却空气,再回液体冷却器放热,不断循环工作。氟利昂通常所用卧式壳管式液体冷却器,冷剂从下部进入管内,从上部流出时有一定过热度;载冷剂在管外由隔板引导流动。

　　间接冷却方式要增添载冷剂和相应的循环管路及设备,会增加管理工作量;而且二次换热要求蒸发温度更低,会使制冷量和性能系数降低。它的主要好处是能使冷剂管路缩短,充冷剂量减少,泄漏机会也减少,主要用于大型客船或人员较多的特种船舶的空调制冷装置。

　　(8)气液分离器

　　不采用回热循环的系统,为了防止万一未蒸发完的液态冷剂或滑油大量返回压缩机发生液击,在压缩机吸气管上设有气液分离器(主要组成部件见实物图)。气液分离器采用重力分离法,进口管开口向下,与开口向上的 U 形出口管错开。如果吸气中有未蒸发完的冷剂液体,或者有滑油返回吸气管,由于液体的密度较大,会落到分离器的底部。液态冷剂会因环境温度较高而蒸发,细微的雾状冷剂和过多的滑油可经 U 形管上的许多小孔被吸走。因为小孔的总面积不足吸气管通流面积的 10%,故不会过多吸入液体。

　　此外,有的制冷装置还可能设有回热器或蒸发式过冷器等。

　　2.制冷装置的自动化元件

　　在系统中除了压缩机、冷凝、膨胀阀、蒸发器四个主要部分外,现代船舶食物冷库制冷装置都实现了自动化,下面将分别说明各个自动化元件的功用:

　　(1)热力膨膨胀阀——制冷装置在实际工作中热负荷经常变化,热力膨胀阀除了能起节流降压作用外,还能自动调节冷剂流量,使冷剂在蒸发器出口的过热度保持在适当的范围内。这样,既能避免蒸发器因冷剂供应不足而换热面积得不到充分利用,制冷量降低;又能防止冷剂供给太多而不能全部汽化,以致压缩机吸入湿蒸气,甚至导致"液击"。也就是说通过它保证压缩机实现干压并使蒸发器充分发挥作用。

(2)电磁阀——电磁阀是由电磁力控制启闭的阀。在制冷装置中它常装在热力膨胀阀前的液管上,由冷库的温度控制器控制,作为决定向蒸发器供给冷剂液体与否的供液电磁阀。此外,油分离器的自动回油管路、半封闭式压缩机的喷液管路等也要用到电磁阀。

为了方便布置安装,有的厂家将每个冷库的进出截止阀、供液电磁阀和热力膨胀阀等安装在一块面板上,安置于缓冲间,这个集中布置阀门的面板可称作阀板。

(3)温度控制器——温度控制器是以温度为控制信号的电开关,即温度继电器,亦称温度开关。它常被用来控制供液电磁阀通电与否,传感器通过扩展模拟量 I/O 模块将温度信号送入 CPU,CPU 比较测量值和设定值,当库温高于设定库温范围时输出电磁阀接通信号,供液电磁阀打开,对应冷风机运转,冷库开始制冷。当库温低于设定范围时,CPU 输出电磁阀断电信号,供液电磁阀关闭,冷风机停止运转,冷库停止制冷,以使冷库的库温得以保持在给定范围内。也有用温度控制器直接控制压缩机起停的,当一台压缩机为多库工作时,各库温度控制器可并联控制压缩机。在单效应的制冷装置中(即只有一个冷库的情况),温度继电器直接用来控制压缩机的起、停以达到控制库温的目的。温度控制器也可用于其他需要的场合,如融霜保护等。

(4)压力控制器——压力控制器是以压力为控制信号的电开关,即压力继电器,亦称压力开关。制冷装置一般都设有高压和低压控制器。高压控制器感受压缩机排出压力,当其高于调定值时,即切断压缩机控制电路,实现保护性停车。不论何种原因使排出压力超过高压继电器所调定的断开压力值时,压缩机都将自动停车,直到故障排除后才能恢复工作。低压控制器以压缩机吸入压力为信号,控制压缩机起停,既可使压缩机根据制冷的需要自动间断地工作,又可当吸入压力过低时实现保护性停车,防止空气漏入系统。多库共用一台压缩机的伙食冷库制冷装置,当各库库温先后到达调定下限而温度控制器陆续断电后,供液电磁阀全部关闭,吸入压力很快降到调定下限,低压控制器即断电使压缩机停车;当某库库温回升到上限,温度控制器通电使供液电磁阀开启,冷剂进入蒸发器,吸入压力回升到调定上限值时,低压控制器又通电,使压缩机重新起动。有时只剩个别冷库还在制冷,如果该库热负荷设计时就低,或蒸发器不能充分发挥效能(例如结霜太厚、冷剂流量不足等),吸入压力有可能会低于调定下限,压缩机也会保护性停车。当然,这种情况不太合适,因为仍有供液电磁阀开启,吸入压力不久就会回升,压缩机可能起停过于频繁,故热负荷变动大的伙食制冷装置宜采用有容量调节的压缩机。某船制冷压缩机当运转中吸入压力降低到设定减载压力时(约 80 MPa)输出减载信号使压缩机工作于 50% 排量,如减载后 CPU 检测到压力回升至设定加载压力(约 130 MPa)则输出加载信号使压缩机加载工作于 100% 排量。如果减载后吸入压力进一步降低到设定的停机压力值(约 30 MPa)则输出停机信号。当压力回升至起动压力时(约 0.2 MPa)CPU 输出起动控制信号。

有的压缩机为了避免压缩机起停频繁,使压缩机排气侧的高压气体通过容量调节阀,有控制地节流回到低压侧。为了不因热气回流而使压缩机吸、排气温度过高,有的改从冷凝器后的贮液器顶部引高压饱和蒸汽回流,或在排气温度过高时将冷凝器(或贮液器)的液态冷剂经喷液阀节流喷至吸气管。但是这两种办法都不能解决低负荷时蒸发器制冷剂流量太低所导致的回油困难,更好的方法是将排气引回至蒸发器的中部或进口。

也有的伙食制冷装置采用的自动控制方案是当各库库温均达下限,各温度控制器都断电时,直接使压缩机断电停车;只要有一个库的温度控制器接通,压缩机便通电起动。这样低压控制器仅起在吸气压力过低时断电停车的保护作用。这种方案压缩机不会因气阀等泄漏使吸入压力回升较快而起停频繁,但停车时不能将吸入侧(包括曲轴箱)压力尽量抽低,因而停车期间冷剂溶入滑油中的量可能会多(可设油加热器来防止)。

(5)油压差控制器——油压差控制器是以制冷压缩机滑油泵的排油压力与吸气压力之差为控制信号的电开关,叫油压差继电器,亦称油压开关。当上述油压差低于调定值时,经过一段时间的延时即自动切断压缩机电路,实现保护性停车,以避免压缩机各运动部件因润滑不良而损坏。

(6)蒸发压力调节阀——蒸发压力调节阀亦称背压阀,装在蒸发器出口管路上,能在阀前的蒸发压力变动时自动调节阀的开度,使蒸发压力大致限定于调定值。船舶伙食冷库制冷装置常常是由一台压缩机控制几个要求不同库温的冷库,若不设蒸发压力调节阀,则各库蒸发压力会都相同,高温库的蒸发压力(温度)就可能太低,使库温很不均匀,靠近蒸发器的菜、果、蛋等容易冻坏;还会使高温库蒸发器结霜加重,库内湿度降低,增加食品干耗;而在高温库制冷时低温库不易达到足够低的蒸发温度,使低温库库温难以下降。因此,通常在高温库蒸发器出口管上设蒸发压力调节阀,使之保持适当高的蒸发压力和蒸发温度;同时在低温库蒸发器出口应设止回阀,否则高温库热负荷较大时压缩机吸入压力较高,若高于低温库库温所对应的冷剂饱和压力,则高温库产生的冷剂蒸气就会倒流进入低温库蒸发器冷凝放热。

(7)冷却水量调节阀——制冷装置的冷却水温较低时,若不及时关小冷却水阀调低流量,冷凝压力就会太低,可能使蒸发器供液不足,蒸发压力过低,制冷量减小;而关小冷却水阀后,若水温升高未能及时将阀开大,冷凝压力又会过高而停车。远洋船舶航区变化较快,水温经常变化,为了免得人工调节麻烦,通常在冷凝器的出水管上装设冷却水量调节阀,它能根据冷凝压力变化自动改变开度,调节冷却水流量,使冷凝压力保持在调定的范围内。

另外,新造船舶制冷系统经常安装冷剂泄漏检测系统,某船采用优利多(UNITOR) MRD-4S 系统,可检测低至 100 ppm 浓度的 CFC、HCFC、HFC 类型冷剂,系统有高、低 2 个警报值设定,警报信号接入通用报警系统。低值警报时面板显示黄色指示灯,触发低值警报的状态消失后警报自动复位,高值警报时面板显示红色指示灯,高值警报时必须手动按下复位键,且在传感器空间冷剂浓度消除后约延时 1 min 后才可消除警报。冷剂泄漏检测系统包括:3 个检测单元(1 个用于压缩机组,2 个用于冷库),每个控制面板 4 个通道,每通道 1 个传感器,系统共 12 个冷剂检测传感器,其布置为:3 台空调冷水机组、1 个冷藏压缩机组,8 个冷库(其中肉库和菜库各 2 个,其余冷库每库 1 个)。

对于冷库,特别是大型冷库,库房体积大,密封性强,一旦出现人员被困库房,在里面呼叫,外部根本无法听到和发现,有时候也因为信号不好无法使用手机,不能得到救助。为了生产安全,现在一般要求有冷库的都必须安装这种紧急呼救报警系统。它是根据冷库的特殊环境而设计的,防水、防潮、安全电压、多点联网、报警信号远传,现场和监控室或值班室同时声光报警,以便发生危险时可以得到及时救助。

六、船舶制冷装置的典型案例分析

某船的 2 台制冷压缩机组呈上下布置,1 号机在上,2 号机在下,工作模式为一台工作,另一台备用。自接船初,轮机员就发现该船伙食冷藏装置存在 1 号压缩机向 2 号压缩机油底壳窜油的问题,即 1 号压缩机在运行时,压缩机油底壳的滑油会不断减少,而停用状态的 2 号压缩机油底壳液位不断上升。夏天,经过 3 天左右 1 号压缩机油底壳油位即降至下限;冬天,经过 7 天左右 1 号压缩机油底壳油位降至下限。但若 2 号压缩机运行、1 号压缩机备用,则不存在上述问题。经检查,1 号压缩机的滑油分离器能正常工作,自回油观察镜能看到滑油正常回流。经分析,1 号压缩机在工作时,即使有滑油分离器也难免有少量滑油进入系统,在高负荷时管系内的滑油会随着制冷剂一起流回压缩机吸口。该船 2 台压缩机组呈上下布置,回流滑油必然会有部分沿着压缩机吸入阀前的一段下降管流入 2 号压缩机。针对这些客观条件,轮机员只能通过一定的操作维持制冷系统的工作,即:夏季工况时主要使用下部的 2 号压缩机;冬季工况时主要使用上部的 1 号压缩机,然后通过外接软管定期将流入 2 号压缩机的滑油倒回 1 号压缩机。为减少倒油的麻烦,平常保持 2 号压缩机吸入阀为关闭状态,1 号压缩机油位下降后在其运行时打开 2 号压缩机吸入阀,利用压差将存留在管段内的滑油送入 1 号压缩机。

第二节　船舶空气调节装置

大多数船舶在营运过程中,将航行于各个海域,气象条件复杂多变。为了能给船上人员提供舒适的工作和生活环境,现代船舶通常都设有空气调节系统(简称"空调")。

一、对船舶空调的要求

船舶空调大多是为满足人们对工作和生活环境舒适和卫生的要求,属于舒适性空调。它与某些生产场所为满足工艺或精密仪器的要求所用的恒温恒湿空调不同,对温度、湿度等空气条件的要求并不十分严格,允许空气参数在稍大的范围内变动。

船舶空调装置应在舱外空气条件不超过规定参数时,使室内空气符合以下几方面的要求。

1. 温度

空调使人舒适与否,最重要的是能在一般衣着条件下,自然地保持身体的热平衡,其中影响最大的是空气温度。在湿度适中和空气稍有流动的条件下,一般人在通常衣着时感到舒适的空气温度是:冬季为 19~24 ℃,夏季为 21~28 ℃。从节能考虑,空调设计参数可偏近舒适范围的上限。我国国标 GB/T 13409—92《船舶起居处所空气调节与通风设计参数和计算方法》中规定无限航区船舶空调舱室的设计标准是:冬季舱内温度为 22 ℃;夏季舱内温度为 27 ℃;舱内地板以上 1.8 m 内及距四壁 0.15 m 以上的中间空间内,各处温差不超过 2 ℃。此外,夏季人进出舱室一般不加减衣着,为防止感冒,舱内外温差不宜超过 6~10 ℃。

2. 湿度

人对空气的湿度不十分敏感。相对湿度以 50% 左右为宜,而在 30%～70% 的范围内都不会明显感到不适。但如果湿度太低,人会因呼吸时失水过多而感到口干舌燥;而湿度太高,则汗液难以蒸发,人容易感到闷热。冬季靠喷水蒸气或喷水加湿,舱内湿度设计值通常取 50%;实际可控制在 30%~40% 范围内,以便减少淡水耗量,并防止与室外低温空气接触的舱壁结露。夏季空调靠冷却除湿,舱内湿度可按(50±5)% 设计,实际保持在 40%~60% 范围内即可。

空调设计中所设定的舱外气候条件关系到空调装置负荷的大小,对装置的尺寸和造价有较大的影响。考虑到经济性,设计船舶空调时一般不以极端的气候条件为依据。我国所定的无限航区船舶空调设计的舱外条件是:冬季为-20 ℃;夏季为 35 ℃,相对湿度 70%。

3. 清新程度

空气清新是指空气清洁(含粉尘和有害气体少)和新鲜(有足够高的含氧量)。如果只为满足人呼吸氧气的需要,新鲜空气的最低供给量每人 2.4 m³/h 即可;然而要使空气中二氧化碳、烟气等有害气体的浓度符合卫生要求,则新风量就要多得多。前述国标规定每人所需新鲜空气量是:28 m³/h(船员舱室按定员计),20~25(办公室按 2~4 人计,公共舱室按座位计),30(娱乐室按 4 人计);或不小于空调总风量的 40%(有限航区)~50%(无限航区);以上两种算法中取所得数值较大者。

4. 气流速度

在室内人的活动区域,要求空气有轻微的流动,以使室内温、湿度均匀和人不感到气闷。室内气流速度以 0.15~0.20 m/s 为宜,最大不超过 0.35 m/s。

此外,距室内空调出风口 1 m 处测试的噪声应不大于 55~60 dB(A)。

二、船舶空调装置概况

船舶空调装置一般都是将空气集中处理后再分送到各个舱室,称为集中式空调装置或中央空调;有的船舶空调装置还能将集中处理后送往各舱室的空气进行分区处理或舱室单独处理,称为半集中式;某些特殊舱室,例如机舱集控室,因热负荷与一般舱室相差太大,需单独设专用的空调器,称为独立式空调装置。

图 7-10 给出船舶集中式空调装置的示意图。通风机 7 由新风吸口 6 吸入外界空气(称为新风),同时也从通走廊的回风吸口 4 吸入一部分空气(称为回风),二者混合后在中央空调器 1 中经过过滤,然后加热、加湿,或冷却、除湿,达到要求的温度和湿度,最后送入若干并列的主风管 2,再经各支风管分送到各舱室的布风器 3,对舱室送风。而舱室中的空气则通过房门下部的格栅流入卫生间(若有的话)及走廊,走廊中的空气部分作为回风又被空调器吸入,其余排往舱外。

可能有不卫生气体或有异味气体产生的舱室(例如厕所、浴室、医务室、病房、公共活动舱室、餐厅、厨房等),应设机械排风系统,由排风机 5 将空气排至舱外,以保持舱内负压,避免这些舱室的气味散发到走廊和其他舱室。较大客船的走廊也应机械排风。舱容小而自然排风条件好的处所,可以采用自然排风。

排风舱室的进风,可由空调舱室的空气流入(例如船员舱室卫生间)以保持一定的空调效果,或以通风机直接送入新鲜空气(例如厨房),或靠空调送风系统直接送风(例如餐厅、公共活动舱室、医务室、病房)。医务室、病房的送风管应装止回风板。

独用的厕所、浴室最小换气次数为每日 10 次;公用的厕所、浴室、洗衣间等最小换气次数为每日 15 次。医务室、病房若设独立排风系统,其设计排风量应比空调送风量大 20%;而

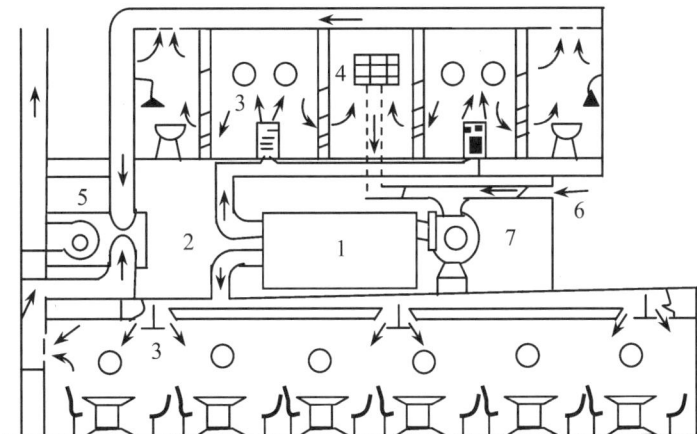

图 7-10　船舶集中式空调装置示意图

1—中央空调器;2—主风管;3—布风器;4—回风吸口;5—排风机;6—新风吸口;7—通风机

餐厅的排风量应等于空调送风量。空调区域内各排风系统所排除的空调空气量之和,不能超过区域内送入新风量的80%,并连同其回风量一起,不能超过区域内空调送风量的90%,以保持空调区域的空气正压。而排风量相对新风量太少的空调系统,则空调区域的适当处需设自然排风口,以使区域内的空气正压不致过高。

三、船舶空调系统及设备

集中式和半集中式船舶空调装置的空调系统主要有以下几种形式:

1. 集中式单风管系统

在这种系统中,送风由中央空调器统一处理,然后通过单风管送到各个舱室,如图 7-11 所示。由于各舱室的送风参数相同,所以对各舱室空气参数的个别调节就只能靠改变布风器风门的开度,即改变送风量来实现。

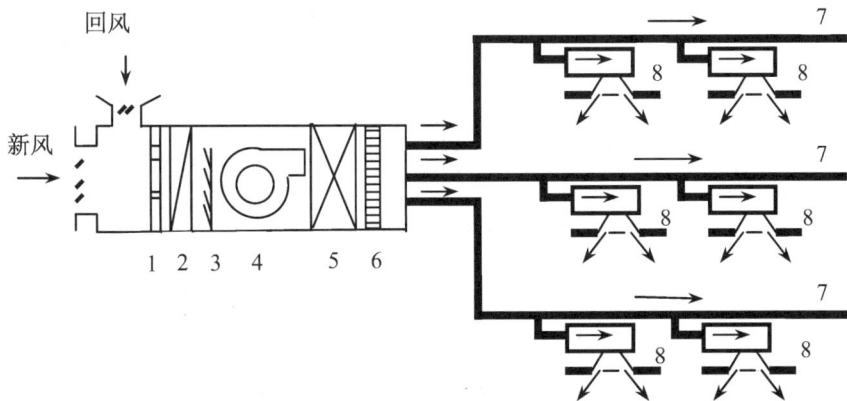

图 7-11　集中式单风管空调系统简图

1—空气滤器;2—空气加热器;3—加湿器;4—风机;5—空气冷却器;6—挡水器;7—主风管;8—布风器

这种系统比较简单,初装费较低,在货船上用得很普遍。但因采用变量调节,调节幅度不宜过大,否则难以保证舱室的新风供给量和室内空气参数均匀;此外,调节时还会对其他舱室的送风量产生干扰。

2. 分区再热式单风管系统

这种系统是将中央空调器统一处理后的空气,由设在空调器分配室的各隔离室内或主风管内的再热器进行再加热,然后用单风管送至各空调舱室,详见本章第四节实例一。

这种系统冬季采用较小的送风温差,对损失热量较小的舱室可少进行或不进行再加热,故一般不需要将送风量过分调小。虽然要对舱室进一步调节仍要靠变量调节,但所需调节幅度明显减小,不会影响新风需要量和室温均匀。这种系统允许将热湿比相差较大的舱室列入同一空调区。

3. 末端再热式单风管系统

这种系统除在中央空调器中对送风做统一处理外,还在各舱室的布风器内设电加热器。冬季气温>5 ℃时,只需靠调节电加热器改变舱室的送风温度;当气温<5 ℃时,空调器先将送风加热到能满足热损失较小的舱室对室温的要求即可。一般当气温 30 ℃时,热损失大的舱室可用布风器中的电加热器补充加热,进行变质调节。夏季则只能做变量调节。

这种方法设备费用增加不多,管理也较简单,适合那些常在高纬度海域航行的货船。

4. 双风管系统

这种系统如图 7-12 所示,中央空调器由前、后两部分组成,进风经空调器前部预处理(冬季经预热器 3 加热;夏季即自然风)后,即经中间分配室送至舱室布风器,称为一级送风;其余空气则经空调器后部再处理(冬季经空气再热器 8 再加热、加湿器 4 加湿;夏季经空气冷却器 7 冷却除湿)后,经后分配室送至舱室布风器,称为二级送风。这种系统能向舱室同时供送温度不同的两种空气,通过调节布风器两个风门的开度,改变两种送风的混合比,即可调节舱室温度,冬、夏季都可变质调节。

双风管空调系统虽然空调器和风管的重量和尺寸较大,但调节灵敏,不影响新风送风量室内风速和温度均匀性,较多用于对空调性能要求高的客船。

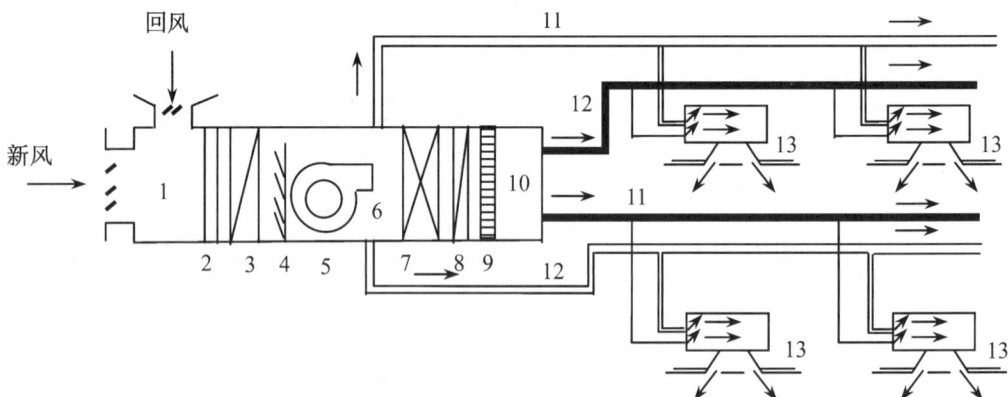

图 7-12　双风管空调系统简图

1—进风混合室;2—空气滤器;3—空气预热器;4—加湿器;5—风机;6—中间分配室;7—空气冷却器;8—空气再热器;9—挡水器;10—后分配室;11——级送风管;12—二级送风管;13—布风器

四、"育鲲"轮船舶空调装置实例

"育鲲"轮空气调节装置共设有 6 台结构相同的半封闭螺杆式压缩机组,并且将其组装在 3 个台架上,即每 2 台组成一个冷水机组,除蒸发器是共用的外,各自的压缩机组都是独立的。在空调系统里采用淡水作为媒介来传递热量,冷媒水在蒸发器里被低压、低温的冷剂冷却,然后由冷媒水泵送到各个空调器。"育鲲"轮中央空调系统主要包括三部分:①冷水机组和冷媒水泵,②空调单元,③布风管系和布风器。本船的送风布风采用中压单风管系统:其中冷水机组和冷媒水泵布置在副机舱内,其功能是为各空调单元提供符合温度要求的冷媒水;空调单元位于空调间内,其功能是通过利用冷媒水和蒸汽,集中对空气进行温度和湿度调节处理,将符合要求的空气送入布风管系;布风管系和布风器将空调单元提供的空气输送到房间,并进行最终的流量控制和房间内均匀分布,部分布风器还具有终端再热功能。

1. 冷水机组

"育鲲"轮空调装置设有三台冷水机组,原理图如图 7-13 所示,每台容量为设计负荷的 50%。冷媒水管管路用镀锌钢管,外部用 Armafles 发泡绝缘材料包裹。每台机组包括两台半封闭螺杆式压缩机组、两个由低温淡水冷却的冷凝器、一个蒸发器(带两个回路)。

冷水机组的功能是将用于空调系统的循环冷媒水冷却。每台机组包括:R404A 直接蒸发系统;一个冷媒循环水系统,含循环水泵;冷却淡水系统。冷水机组与循环冷媒水系统连接,并联工作。冷水机组设计用 36 ℃ 的低温淡水冷却,循环冷媒水为 12 ℃ 进蒸发器,出蒸发器温度约为 7 ℃。冷水机组由 PLC 自动控制。机组负荷通过 PLC 根据相应的压力和温度控制。如果其中一个传感器感受到了过高压力或过高温度和感受到过低温度,相应的压缩机就会有相应动作。

3 套低温淡水冷却的冷水机组,被安装在副机舱内。控制箱带 PLC 控制器、带遥控和显示的触点。压缩机为半封闭螺杆式压缩机,型号:HSK7471-90-40P;制冷量:2×235 kW/套;冷剂:R404A。带吸气/排气阀,依靠吸气压力进行能量控制,最少 20%,可分 6 步调节。

用于全船空调系统的二台循环冷媒水泵是相同的立式水泵,各 50% 的容量,一台备用。型号:CB65-250;容量:70 m³/h;压头:0.2 MPa(20 米水柱)。泵壳铸铁,叶轮青铜,不锈钢轴。系统还设有闭式膨胀水箱。

每台冷水机组的控制箱包括:低压保护,油压保护,高压保护,冷媒水低温保护,排气超温保护、冷却水联锁、电机过载保护、漏电流保护、电源缺相保护、冷媒水温控制以进行能量调节,控制箱还包括 PLC 控制器的接线端子及传感器,彩色触摸屏幕。每台控制箱也装有必要的继电器、断路器、手动顺序开关、各种信号指示、压缩机延时起动控制、计时器、与冷却水及冷媒水泵的联锁、高压报警、油压报警、电源缺相报警、马达过载报警及外部报警无源触点、压缩机远程运行指示的触点等。

PLC 控制对机组提供预防性的监测,通过以下几点提高其可靠性:在特定起动情况和反复起动情况下,自动减少压缩机的起停次数;压缩机等时运行;有效减少了控制部件的毛细管和手动控制部件。

功能包括:两台机组能根据热负荷顺序起动,即主机组首先起动,辅机组只有在主机组制冷量不能满足要求的情况下起动;通过 PLC 能够将任一台机器设定为主机组;机组的手动及自动控制功能;当一台冷水机组故障停机时,备用机组可自动起动亦可手动起动;共有 4 路供电到控制箱,3 路(每路约 160 kW)单独供冷水机组用,另一路供其他部件用。

系统的输入输出参数可以通过控制箱上的 Profibus 接口输出到中央控制系统。

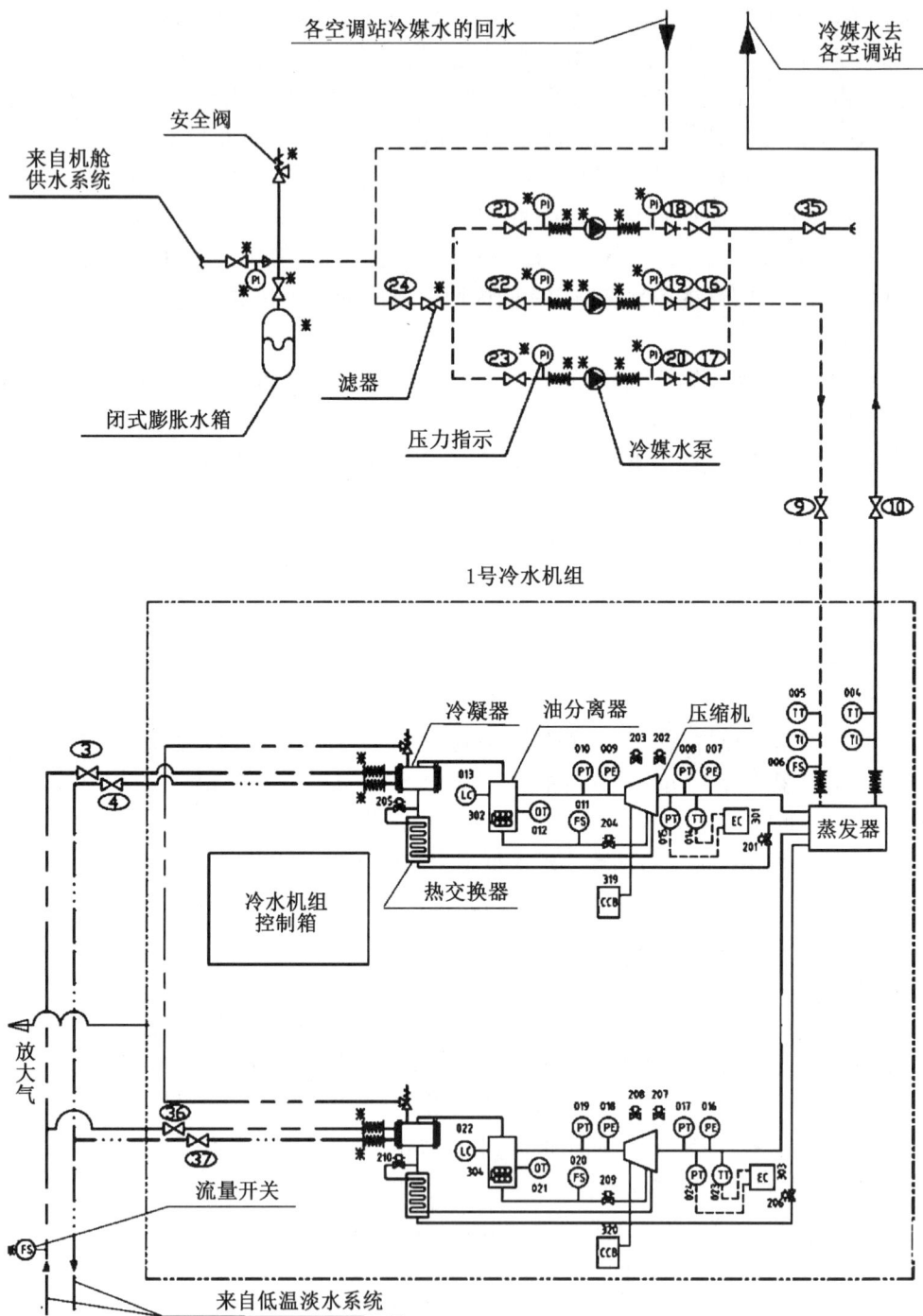

图 7-13　"育鲲"轮空调装置冷水机组原理图

004、005、014、015、023—温度传感器;006—流量开关;007、016—低压开关;008、010、017、019、024—压力传感器;009、018—高压开关;011、020—油流量开关;012、021—油温控制器;013、022—油位控制器;201、206—膨胀阀;202、203、207、208—能量控制阀;204、209—回油阀;205、210—热交换阀;301、303—蒸发控制器;302、304—加热器;319—No.1 压缩机控制箱;320—No.2 压缩机控制箱

2. 中央空调系统

"育鲲"轮中央空调采用的是中压单风管空调系统,共设有 6 台中央空调器,普通船员餐厅、高级船员餐厅和厨房各设 1 台柜式空调器。中央空调器结构原理如图 7-14 所示。此空调系统冬季设计条件为舱外温度－20 ℃、新风比 50%,舱内条件为温度 20 ℃、相对湿度50%。当室外气温介于 20~23 ℃时,可采用自然通风。而当气温高于 23 ℃时,即可起用空调制冷装置。夏季的设计条件是舱外温度 35 ℃、相对湿度 70%、新风比 50%,舱内条件是温度 25 ℃、相对湿度 50%。低温淡水的温度 36 ℃。可见夏季制冷和冬季采暖时新风比不小于 50%。中间过渡季节新风比 100%。独立人员房间每人最小新风量 25 m³/h;公共舱室人员每人最小新风量 15 m³/h。回风通过通道和走廊(病房不回风)。

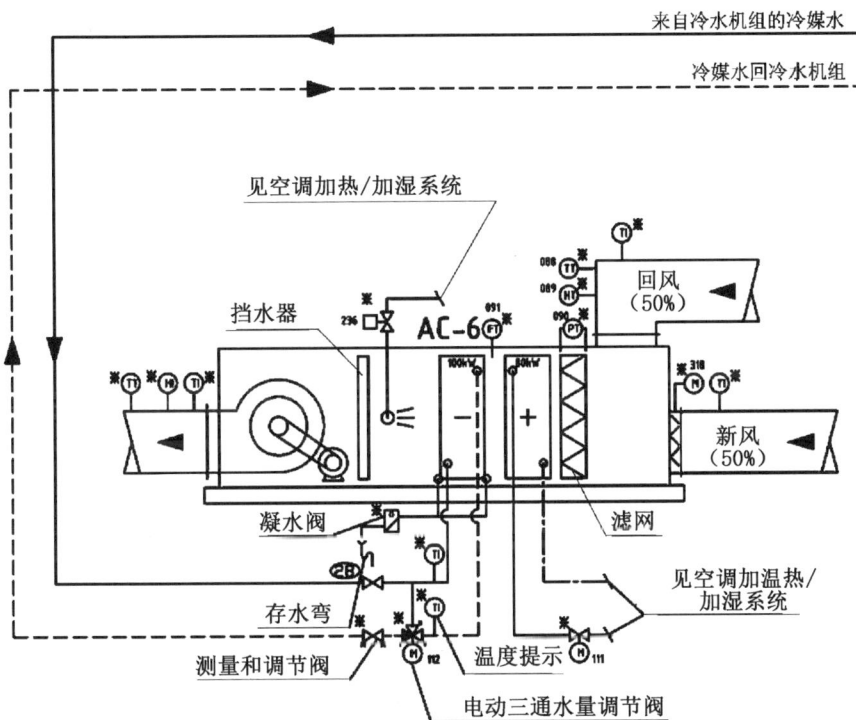

图 7-14　"育鲲"轮中央空调器结构原理图

088—温度传感器;089—湿度传感器;090—压力传感器;091—防冻温控器;111—电动加温控制阀;236—湿度控制阀;318—电动空气挡板;HI—湿度指示器;TI—温度指示器

新风通与回风混合后通过滤器进入空气加热器、冷却器,新风进口采用电动风闸,回风采用手动风闸。冷却器后设有加湿器和挡水器。

加热器连接蒸汽系统,在冬季将空气加热到要求温度。冷却器连接到冷媒水系统,在夏季将空气冷却到要求温度和相应的湿度(见总体布置实物图)。在冷却器后的加湿器上有数个蒸汽喷嘴是用来加湿的,在冬季的时候将加热后的空气加湿到舒适的湿度。控制通过湿度传感器和电动调节阀来实现。

除蒸汽加湿外,有的船还有采用电极式加湿器,例如某船空调单元采用 NORDMANN 公司 NOVAP3000 系列电极式加湿器,当加湿开关选择为手动时,加湿电磁阀通电进行加湿,当加湿选择自动时,采用电极式加湿器提供加湿蒸汽。电极式加湿器工作主电源为 3 相

440 V 交流电,每小时最大加湿量 45 kg(100%),最小加湿量 9 kg(20%)。其原理如图 7-15 所示,两工作电极直接对水进行加热,水相当于电阻,可通过自动调节进水阀和泄放阀控制蒸发腔内水位,从而改变两个电极浸水面积改变蒸汽产生流量。采用程序控制通断电的方式控制加湿起停,从而实现送风湿度符合要求。产生的蒸汽通过图 7-16 所示加湿管加湿,蒸汽在加湿管内流动时会部分凝结,凝水通过下部管路流出空调单元。本加湿器可适用于硬水,但供水管路需安装滤器。

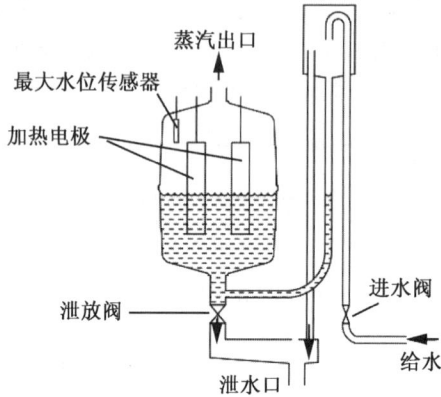

图 7-15　电极式加湿器工作原理示意图

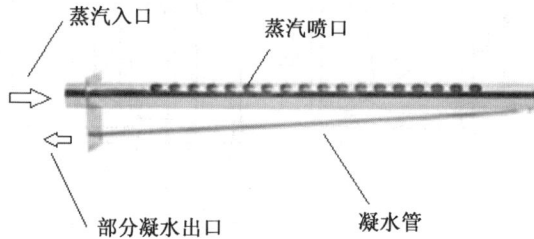

图 7-16　加湿管结构外观图

在加湿段后装有挡水器,用以防止水汽进入空调送风系统。冷却器、加湿器和挡水器下有承水盘,经水封管泄水。之后风机将空气送入特制的静压箱,静压箱内壁包裹绝缘材料,用于降噪。处理后的空气分配到各个相应舱室,通过顶式布风器送风到室内。舱室布风器采用锥形扩散型直布式布风器,只能作变量调节,需要定向供风设备处采用球形布风器。

通过自动控制的三通阀调节冷媒水/蒸汽的流量来实现温度控制。这些阀件由设置在空调器室的控制箱控制。温度和湿度的测定通过安装于相应区域的回风管的传感器来感受。

空调器采用 PLC 控制并连接到局域网,接口 Profibus。

控制箱除包括手动和自动控制功能外,主要有以下功能:空调器风机起动器,并带热过电流继电器;加湿控制;加热/冷却系统的控制;缺相报警,滤器过压差报警;用于报警的常开触点;显示温度、湿度;当失电后,空调器风机能够从驾驶室遥控延时 20 s 起动。

系统的输入输出参数可以通过控制箱上的 Profibus 接口输出到中央控制系统。

所有设备在如下指定的环境条件下能长时间工作:横倾:±15 ℃;纵倾:5 ℃;横摇:±22.5 ℃;纵摇:±10 ℃;

温度:−20 ℃~+50 ℃;相对湿度:95%;以及受盐雾、霉菌影响和船体振动和冲击环境。

其中 AC4 号空调单元设有热回收转轮结构,与其他 5 台单元略有不同,其结构原理如图 7-17 所示。热回收转轮由导热性能良好的铝质金属制成,沿轴向呈多孔状,空气可在较小阻力下轴向流过,其作用是在采用全新风的同时,可以回收排出空气中的部分热量(或冷量)。热回收转轮前设置预加热器,其作用是防止新风温度过低时转轮结冰而影响换热。工作时,转轮在电机驱动下保持匀速旋转,舱室回风在排风风机作用下经转轮前滤网轴向进入转轮,与转轮进行换热(夏季较低温度的回风将转轮热量带走,冬季相反),经风机排出生活区外。新风在送风风机作用下经进气滤网、预加热器后轴向进入转轮,与转轮进行换热。之后依次经过加热器、加湿器、冷却器和除水挡板,经风机送入布风管系。

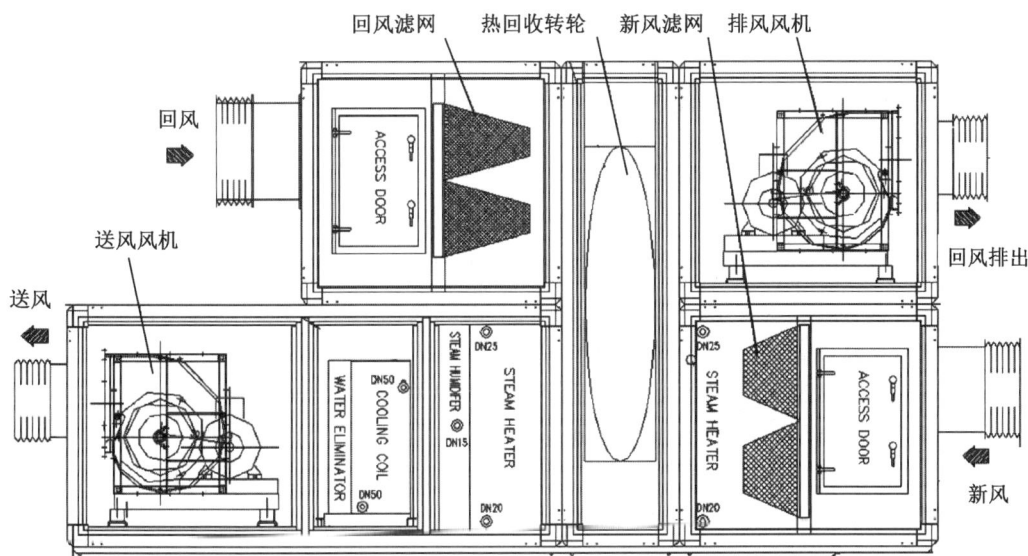

图 7-17　AC4 空调单元结构原理

3."育鲲"轮冷水机组、冷媒水泵操作规程

(1)操作前的准备

①接通冷水机组和冷媒水泵控制箱电源;

②检查确认各组制冷压缩机和冷媒水泵及其阀门处于随时可用的状态。

(2)起动冷水机

①电源开启后触摸屏显示的是主界面,按"ENG/中"可经行中英文切换,按界面上方的冷水机组进入冷水机组界面。

② 点击"备用"按钮,即可将相应的机组设定为备用(按钮显示黄色),机组内的压缩机不会投入运行。

③ 点击"压缩机 1-2""压缩机 3-4""压缩机 5-6""主从设定"进入相应的操作设定界面。

④完成备用机组设定后,点击"主从设定"进入冷水机组及机组内压缩机主从设定界面,点击"冷水机组",可将相应的冷水机组设为主机组(主机组栏内显示绿色),没有设为备用机组的冷水机组,系统自动设定为从机组(从机组栏内显示绿色)。在主从冷水机组内,

点击相应的"压缩机"按钮,即可设定为主压缩机,机组内另一台自动被设定为从压缩机。系统运行后,根据主冷水机组的回水温度,依次起动压缩机的次序为:主主—从主—主从—从从,停止顺序则相反。

⑤点击1号冷水机组(2号、3号亦如此),显示该机组中两台压缩机的运行,报警状态及运行累计时间,点击1号压缩机(2号亦如此)显示其高低端压力及相关设备的状态,点击"启用"按钮,即将压缩机投入备车状态。点击屏幕下方的"→"将显示压缩机的数据界面,点击"←"返回上一级。

(3)起动冷媒水泵

点击触摸屏幕上方"冷媒水泵"按钮,正常工作时两用一备;可点击"就地"和"远程"两种控制模式,从而可以在相应的模式下进行泵的起停。

(4)停止工作

进入(2)④压缩机控制界面和(3)冷媒水泵控制界面分别点击"停用"按钮,停止压缩机和冷媒水泵,然后关闭相应阀件。

(5)参数设定

①点击屏幕上方"参数"按钮,进入参数设定主界面;

②点击"冷水机组起动参数设定",可对4台压缩机的起停温度进行设定;

③点击"压缩机参数设定",可进行压缩机的高低压停机压力和加载设定;

④点击"报警参数设定",可对冷却水,冷媒水,压缩机高低压的报警点值进行设定;

⑤点击"参数设定",可对压缩机的起停参数和相关的参数进行设定;

⑥点击"数据修正",可对当传感器测得数据与实际数据有偏差时,进行修正;

⑦点击"恢复默认设置功能",系统会出现将系统的所有参数恢复到出厂设定值和维持当前参数的提示,点击时间栏可以重新设定时间。

(6)报警界面

当出现报警时,"报警"按钮显示红色,点击该按钮屏幕会显示报警的相关信息,当故障消除后,点击屏幕下方的"报警复位"按钮。

4."育鲲"轮AC4空调器操作规程

(1)起动前的准备

①接通AC4机旁控制箱的电源;

②制冷工况:通过冷水机组触摸屏起动冷媒水泵和制冷压缩机,并检查设备工作是否正常,开启空调站冷媒水进出口阀;取暖工况:开启蒸汽分配器至空调站的蒸汽阀,打开空调站蒸汽进口阀、凝水回水阀和加湿阀。

(2)起动AC4空调器工作

①电源开启后AC4机旁控制箱触摸屏上显示的是主界面,按界面上方的AC4进入AC4空调器控制主界面。

②按系统运行按钮"SYS ON",起动系统。

③空调器开始运行时,推荐先在手动方式运行,检查各项功能是否正常,然后转到自动方式运行。

④在手动方式时,按下相应的运行按钮,会在屏的下方显示出相应的运行状态,点击"FAN ON"打开风机(屏幕显示FAN OFF),点击"DAMP ON"打开挡风板进新鲜空气(屏幕

显示 FAN OFF),点击"HUMI. ON"空气开始加湿(屏幕显示 HUMI. OFF),点击"COOLING"空气冷却,点击"HEATING"空气加热;在自动方式下,屏上的操作按钮无效,系统根据设定的温度自动选择运行模式,并在下方显示出相应的运行状态,通风模式"VENT"只在自动运行时指示状态。

⑤点击界面上方的"R-FAN ON""ROTOR ON"分别起动回风机和转轮,因为该空调器进风为 100 % 新风,因此使用时务必将新风挡板全开并起动回风机和节能转轮。

(3)停止 AC4 空调器工作

点击"SYS OFF",系统停止工作,所有运行部件和功能均被停止或关闭,若只停止某个或某些部件,则点击屏幕上方的"X OFF"按钮(屏幕显示 X ON),停止冷却或加热点击"COOLING"或"HEATING"按钮;然后关闭相应阀件。

(4)参数设定

①点击"Param"按钮切换至密码输入界面,在口令栏输入密码:3750,点击确认,再点击 ENTER 进入参数设定主界面。

②点击"Alarm Setting"进入报警参数设定界面,设定完毕后按触摸屏上方的"BACK"按钮返回参数设定主界面。

③点击"Setpoint Setting"进入温度湿度设定界面,设定完毕后按触摸屏上方的"BACK"按钮返回参数设定主界面;其中界面上方"Heating Model"和"Cool Model"只在自动模式下运行才有效。

④点击"Display Amend"进入温度湿度修正界面。

⑤点击 AC4 主界面上方的"ROTOR ON"进入节能转轮设定界面,这时,在"REV SET-ING"的格内填入需要的数值,"REV MAX"为转速设定上限,设定完毕后按触摸屏上方的"BACK"按钮返回 AC-4 主界面。

(5)报警界面

①当出现报警时,点击屏幕上方的"Alarm"按钮,会在报警界面显示相应的 PLC 报警信息。

②当与报警相关的故障消除后,点击上方的"RESET"按钮进行报警。

5. 空调系统管理要点

(1)空气滤网检查清洗:定期检查空气滤网外观和送风前后压差。空调运行初期应对相关参数进行记录,并在现场仪表做出相应标记,以供后期对比判断。如滤网前后压差减小,说明滤网可能有脱落、漏装。如果压差增大,说明需要进行清洗或更换。

(2)风机设备检查:"育鲲"轮风机采用皮带传动,应定期检查皮带松紧程度并校正两皮带轮,必要时进行调整。皮带中部用手可压下(大约 5 kg)的距离应是 15 mm/m 左右,如按下距离过大说明皮带过松,皮带和皮带轮之间滑移而快速磨损,反之皮带过紧则会额外增加电机和风机轴承负荷而使噪声变大和功耗增加,降低轴承寿命。

本船风机轴承采用润滑脂润滑,须定期检查和添加锂基润滑脂。在环境良好条件下,润滑脂可使用高达 8 000 h,但是当工作温度高于 60 ℃时,其更换周期应缩短到不超过 3 500 h,如果湿度高达85%则其使用寿命不超过 2 500 h。

(3)新回风比例调整

一般情况下,降温工况和取暖工况时固定采用50%回风,不需要调整。以下情况需要对回风比例进行调整：

①当采用通风工况时一般采用全新风,回风风门关闭;

②外界空气特别污染或进行挥发性、扬尘性货物操作时,短时采用全回风,关闭新风风门和外部气窗,防止外部脏空气污染生活区和空调送风系统;

③当环境空气特别热湿或特别寒冷,热负荷超出了设计条件时,适当增大回风比例,保证生活区合适的温度。

此外,还需定期检查风门关闭严密性,风门挡板转轴按需要进行润滑,长期不调整的风门定期对转轴进行活络。

(4)采暖工况起停注意事项

采暖工况启用空调装置应先使加热器投入工作,然后再开通风机,以免外界冷空气突然灌入舱室,最后再开加湿阀。若是蒸汽加热器,应先全开出口阀,进口阀开始时只慢慢开半圈,对加热器进行预热,并注意泄放凝水,否则容易引起水击。

停用时则应先关加湿阀,半分钟后再停风机。如果先停风机再关加湿蒸汽,则存留在空调器和风管中的已加湿空气因温度下降而在金属壁面结露,易导致腐蚀。空调器应定期清洁内部,除去锈迹并予以油漆。

(5)采暖工况严格控制加湿量

加湿喷嘴应及时检查,发现脏堵应予清除,并用压缩空气吹通。采暖工况舱内空气的含湿量一般不应超过 6.5 g/kg(相应于室温 22 ℃、相对湿度 40%),气温较高时应关小加湿阀。若仅保持舱内湿度满足设计下限(室温 18 ~ 22 ℃、相对湿度 30%时含湿量仅 4 ~ 5 g/kg),气温在 5~8 ℃以上一般无须加湿。外界气温降低时,需适当开大加湿阀。加湿器多置于加热器之后,该处空气温度较高,吸水能力强,务必防止加湿过量,否则送风进入舱内后温度降低,容易使舱内湿度过高,甚至在舱壁上结露。

(6)降温工况起停注意事项

降温工况起动空调装置时,应先开风机,后起动空调制冷装置。因为制冷装置刚起动时,膨胀阀由于温包降温较慢而开度较大,如风机未工作,则进入空气冷却器的冷剂吸热太少,压缩机可能吸进湿蒸气,容易造成液击(同样理由降温工况不允许关闭所有布风器)。

活塞式空调制冷压缩机起动时应慢慢开启吸入截止阀,若听到液击声就应立即关小吸入阀,以后再逐渐开大。起动初期应让压缩机按较低容量工作,以后再逐渐调至满负荷,以便乘员逐步适应气温的改变。天不太热的中间季节时起动活塞式空调压缩机尤须小心,因为这时空气冷却器换热量小,操作时贮液器供液阀可只开 1/2 圈,压缩机吸气阀慢慢开一半。

活塞式制冷压缩机降温工况停用时应将系统抽空:先关贮液器出液阀,手动控制压缩机工作,待抽空蒸发器使吸气压力降至表压为零时再停车,关闭压缩机进、排气阀和贮液器进口阀。若停机前不抽空蒸发器将冷剂回收至贮液器中,不仅停久后冷剂容易泄漏,而且天凉后冷剂会在蒸发器中凝结,以后再起动压缩机时容易引起液击。

螺杆式制冷压缩机对湿压缩不敏感,起动时无须担心液击,停用时也无须抽空系统。

降温工况注意保持承水盘的清洁。万一杂质堵塞承水盘的泄水口,则凝水聚集有可能浸渗到空调器其他部分,损坏隔热层。

（7）防火风闸

在通风管穿过防火分隔的地方安装有防火风闸，以便在发生火灾时能够自动将风道关闭，隔离不同的防火区域。防火风闸正常为常开状态，如果实际工作中出现部分区域没有供风，除了检查供风管路上调节挡板之外，还应确认防火风闸没有误动作关闭。防火风闸结构工作原理和布置位置可查阅相关船舶资料。

五、特殊情况（以疫情为例）下舱室通风

1. 建议船舶起居舱室和生活处所每日通风 3 次，每次 20~30 min，寒冷地区通风时注意保暖，在高温环境下可增加使用电风扇增强通风和降温。

2. 抵达疫区港口的船舶，应当注意船舶空调及通风控制，尽量保持船上生活和居住处所空气新鲜。建议控制船上一次风（新风）占 10%~20%，二次风（循环风）占 80%~90%，根据船舶实际进行风比调整，直至二次风关闭。

3. 中央空调系统风机盘管正常使用时，定期对送风口和回风口进行消毒。

4. 中央空调新风系统正常使用时，若出现疫情，不要停止风机运行，应在人员撤离后，对排风支管封闭，运行一段时间后关断新风排风系统，同时进行消毒。

5. 带回风的全空气系统，应把回风完全封闭，保证系统全新风运行。

6. 船上应当设置隔离处所或隔离区，以防病毒扩散传染。有条件的船舶，隔离处所应当配有独立的卫生间，独立通风或关闭全船回风，减少生活区内部空气循环。

第八章 船舶通用管系

第一节 船舶管路系统总述

船舶管路系统是专门输送流体的管路、设备以及检查、测控仪表的总称,其作用是保证船舶航行性能和安全,以及满足船舶正常运行和人员生活需要,简称管系。

一、船舶管系分类

船上的管路纵横交错,遍布全船,概括起来,可以将船舶管系分为动力管系、通用管系及特种船舶专用管系三种类型,如表8-1所示。其中,动力管系是为船舶主机、副机(即发电机的原动机)、锅炉等动力机械服务的管系;通用管系又称辅助管系,是为保证船舶的正常航行和安全,以及船员和旅客的生活所需而设置的管系;特种船舶专用管系仅适用于相应的特种船舶。

表8-1 船舶管系分类

类型 序号	船舶动力管系	船舶通用管系	特种船舶专用管系
1	燃油系统	压载水系统	液货装卸系统
2	滑油系统	舱底水系统	洗舱系统
3	冷却系统	消防系统	液货加热系统
4	压缩空气系统	日用水系统	惰性气体保护系统
5	排气系统	通风系统	
6	蒸汽系统	空调系统	

二、船舶管系识别

1. 管系标志

根据管系内介质的不同,需要通过不同的管路油漆颜色或者管路上带状油漆或色标带对各种管路进行区分以便于日常的管理和维修。管系识别设置的一般原则为在甲板或平台上易于观察和到达的管路用带箭头的色标带表示,在机舱内的甲板或平台下以及不易于观察和到达的管路则是将管路油漆直接刷成系统的色卡颜色并辅以箭头表示。管路识别的系统颜色及色卡代号,如表8-2所示。

表 8-2　管路识别

序号	系统名称	色卡代号(ISO)	标志颜色
1	蒸汽管系	9006	浅灰色
2	冷凝水管系、冷却淡水系统、日用淡水管系、饮用水管系、锅炉给水管系	5015	淡蓝色
3	冷却海水管系、压载水管系	6018	绿色
4	燃油管系、柴油管系、低硫油管系	8001	褐色
5	滑油管系、液压油管系	2003	黄色
6	舱底水、灰水管系、生活污水管系	9005	黑色
7	压缩空气系统	7001	深灰色
8	水喷淋系统、消防水管系、CO_2管系	3000	红色

2. 系统图符号说明

为了便于对船舶管路系统图的理解及阅读，需要了解管路系统的常用符号，在船舶管路系统图中，需将管系中使用的所有材料及元器件使用专用符号表示出来，如管子、管子接头、控制和调节元件、阀门、滤器、疏水器、指示和测量仪表等其他附属元件均用特殊符号表示，各国标准可能略有差异，主要元件符号基本相同，熟悉符号可帮助尽快读懂系统图。各部件的识别可参照附录一(轮机管系符号说明)。

三、管路附件

管路附件是指船舶管路中的连接件、阀件、密封、滤器、热交换器、固定支架等。船舶上经常使用的管路附件都已经标准化，应用时可参考有关国家标准(GB)和船标(CB)选取。下面对管路中常用的连接附件、阀件、密封材料等加以介绍。

(一)连接附件

在管路中，连接附件用于将机械、设备、仪表和管子等连接成一体，主要有螺纹连接、法兰连接、夹布橡胶管连接、膨胀接头连接等几种形式。

1. 螺纹连接

螺纹连接通常是用成品的螺纹接头作为连接件，螺纹接头一般为碳钢、镍铬钛钢、黄铜、青铜等制造。这种接头通常用于直径小于 150 mm 的各种工质压力的管路上，如图 8-1 所示。除直接螺纹连接外，还有 45°、90°、T 字形和活络管接头等。

2. 法兰连接

法兰连接又称凸缘连接，如图 8-2 所示。法兰连接是最可靠的连接方法之一，易于拆装，适用范围广，但外形尺寸和重量较螺纹接头大。

3. 夹布橡胶管连接

将一段夹布橡胶管分别套于两根待连接的管子外壁上，而后用金属夹子固定。这种方式只适用于低温、低压、小口径油水管路，结构简单，便于操作，有弹性，但寿命短。

4. 膨胀接头连接

在管路中常设有膨胀接头，以防止当船体变形或管路受热膨胀时造成管路泄漏、管子弯

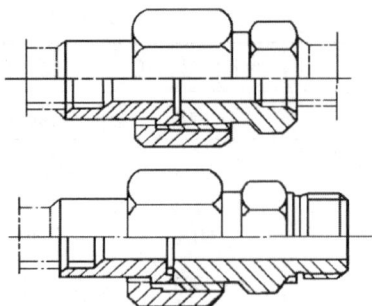

图 8-1　螺纹接头

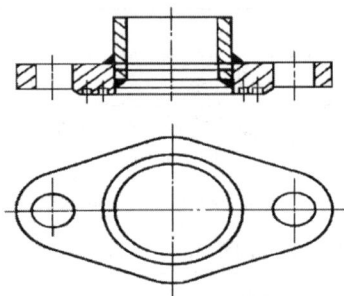

图 8-2　法兰连接

曲或破裂。

图 8-3 所示为常用的三种弯管式膨胀接头,其中图 8-3(a)和图 8-3(b)适用于高温蒸汽管路,图 8-3(c)所示的接头适用于温度较低的管路。其优点是补偿能力大,易于加工,使用方便;缺点是占地面积大,对工质阻力大,接头材料易产生疲劳。

图 8-4 为常用的两种波形膨胀接头,图图 8-4(a)为钢质波形膨胀接头,其内部焊有一根中间固定的(也有一端固定的)光管,这种形式既可防止所送介质的压力损失,又适应管路的热胀冷缩,适用于柴油机和锅炉的排气管路。图图 8-4(b)为胶质波形膨胀接头,也有钢和铜质的,其中胶质的主要用于管路较长的压载水和舱底水系统,而钢和铜质的则主要用于柴油机排气管系和某些分油机的管路,其优点是结构紧凑,不需检修,缺点是承压能力小,只适用于低压管路,补偿能力小,使用寿命短。

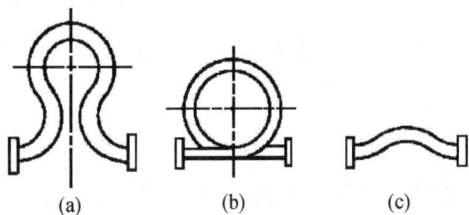

(a)　　　(b)　　　(c)

图 8-3　弯管式膨胀接头

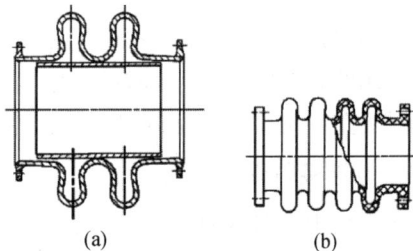

(a)　　　　　　(b)

图 8-4　波形膨胀接头

(二)管路阀件

船舶管路中装有各式各样的阀门,用于对管路中的介质实现截止、调节、导流、防止逆流、稳压、分流、溢流泄压等功能。由于阀件的种类繁多,其分类方式也不尽相同。总体上,阀门主要有以下两大类:

第一类:自动阀门。指依靠介质(如液体、气体)自身的能力而自行动作的阀门,如止回阀、安全阀、减压阀、调节阀、疏水阀等。

第二类:驱动阀门。指借助手动、气动、电动、液动等方式来操纵的阀门,如截止阀、蝶阀、闸阀、球阀、旋塞阀等。

根据国际惯例,一般按用途对阀门进行分类如下:

(1)开断阀:用来接通或切断管路介质,主要包括截止阀、蝶阀、闸阀、球阀、旋塞等基本类型。开断阀可以采用手动或其他动力驱动方式。

（2）止回阀：主要用来防止管路中的介质倒流，主要包括各种结构类型的止回阀。止回阀一般是自动控制的阀门。

（3）分配阀：分配阀用来改变管路介质流向或分配介质，如常用的三通阀、三通旋塞等。分配阀可以采用手动或其他动力驱动方式。例如，在主机冷却水系统中，常通过气动或电动三通阀来控制气缸冷却水的温度。

（4）调节阀：用来调节管路介质的压力和流量。调节阀一般为自动阀门，并可以设定动作值的大小。

（5）安全阀：在介质压力超过规定值时，用来释放多余的介质，从而保证管路系统及设备安全。安全阀一般是自动阀门，可以设定动作值的大小并手动开启。

（6）其他特殊用途的阀：包括疏水阀、排污阀、出海阀等。例如，安装在蒸汽凝水管路中的蒸汽疏水阀，安装在锅炉排污系统中的排污阀，安装在压载水排舷外管路中的出海阀。

下面，将介绍几种常用阀门的结构、工作原理及使用场合。

1. 截止阀

截止阀，又称普通型截止阀，是一种最常见的阀，用来将管路中的一段与另一段隔开，直通式截止阀结构如图8-5所示。截止阀由阀体、阀杆、阀盖和阀座等组成。逆时针方向转动阀杆，手轮上升，阀开启，介质自阀盘下方进入，经阀盘与密封座之间的通道向上流出。若顺时针方向转动阀杆，使阀盘与阀座紧密接触，阀关闭，从而截断介质流动。截止阀应按阀上标明的介质流动方向的箭头安装。如果标志不清，可按"低进高出"的原则判断。如果截止阀反向安装，工作介质依然可以流通，不过管路阻力较正向流动要大很多。直通式截止阀一般用于日用海水、淡水、燃油和蒸汽管路中，是船用阀件中应用最多的一种。

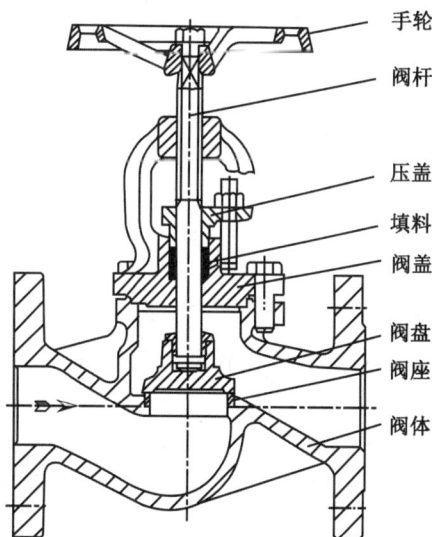

图8-5　直通式截止阀结构

2. 蝶阀

图8-6所示为蝶阀结构原理图，因其阀杆位于圆饼形阀盘的中轴线上，形似蝴蝶，故而得名。其阀体亦呈圆形，内有密封圈。当阀盘垂直于管路时，蝶阀为关闭状态；当阀盘平行于管路时，蝶阀为全开状态。手动蝶阀上一般都标注有0°~90°的角度，对应于不同的开度。

在开关过程中,阀杆只是在90°的范围内转动,其高度保持不变。蝶阀的密封面积较大,对工作介质的洁净程度和温度有较高要求,并且不宜频繁开关,否则易导致泄漏。

在全开状态下,蝶阀对工质产生的阻力非常小;与截止阀和闸阀等相比,在通径相同时,蝶阀的重量要小很多。所以,在船上,蝶阀广泛用在低压、大流量的场合,如各种冷却系统、压载水系统、消防水系统等。

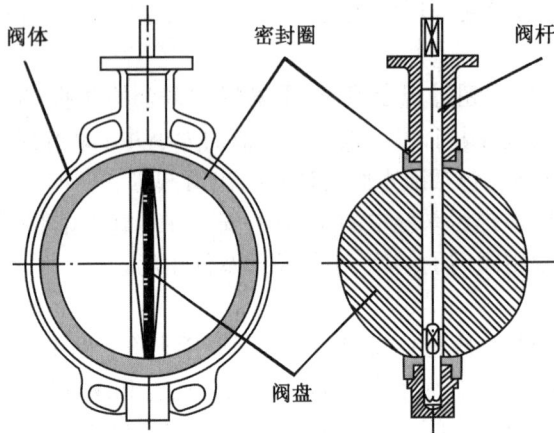

图8-6 蝶阀的结构

3. 闸阀

闸阀的阀盘为一楔形板,开关过程中产生平移而改变开度。其作用与截止阀相同,但只能是直通式,且无节流作用。根据其在开启状态下阀杆外移与否,可将闸阀分为两类:

(1)阀杆不向外移动的闸阀。如图8-7所示,其闸板中央及阀杆下端分别加工有内、外螺纹,可通过阀杆的转动升、降闸板。该闸阀的优点是高度尺寸较小,开启与关闭其高度均不改变;缺点是当转动手轮时无法知道内部闸板位置,需在阀的上部加设一套行程指示器。其阀杆、螺纹在本体内与工质接触,易腐蚀与损伤。

(2)阀杆向外移动的闸阀。如图8-8所示,其阀盖及阀杆上端分别加工有内、外螺纹,可通过阀杆的转动使阀杆和闸板一起升降。该闸阀的优点是开启时阀杆向外伸出的高度即表示了闸板的开启高度,且阀杆螺纹位于本体外部,与工质不接触,容易加注润滑剂;缺点是高度尺寸较大,并随闸板开启的增大而增大。

当闸阀部分开启时,其闸板背面会产生涡流,引起闸板的振动和侵蚀,从而损坏密封面,因此,闸阀通常适用于不需要经常启闭,且保持闸板全开或全闭的工况,不适合节流使用。闸阀的作用基本与截止阀相同,由于外形尺寸大、流通截面积大、工质流动阻力小且不受流向限制,开关省力,故常用于低压大口径管路,如海水、淡水、燃油、滑油及污水管路等。

4. 旋塞

旋塞的主要控制件是一个围绕阀体本身轴线旋转的阀芯,依靠阀芯上的通孔与阀体上的通孔位置不同来切断或接通某一段管路。旋塞可分为直通旋塞、三通旋塞、多通旋塞等类型,图8-9所示为直通旋塞的结构。

旋塞的优点是通道面积几乎不变,介质流阻较小,开关转换迅速方便。其缺点是在转动时摩擦较大,易于磨损而失去紧密性。只适用于低温低压管路,一般用于公称直径不大于80 mm、温度不超过100 ℃、压力不超过0.6 MPa的管路。

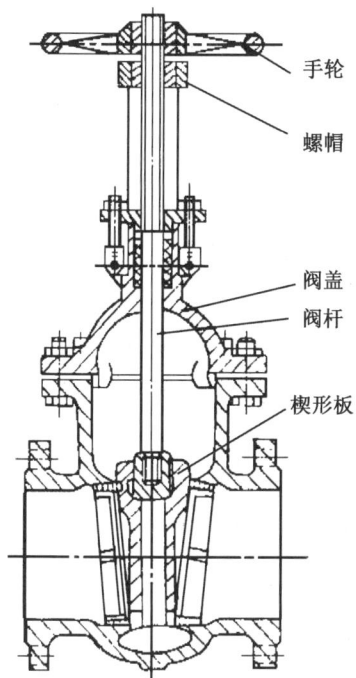

图 8-7 闸阀(阀杆不外移)

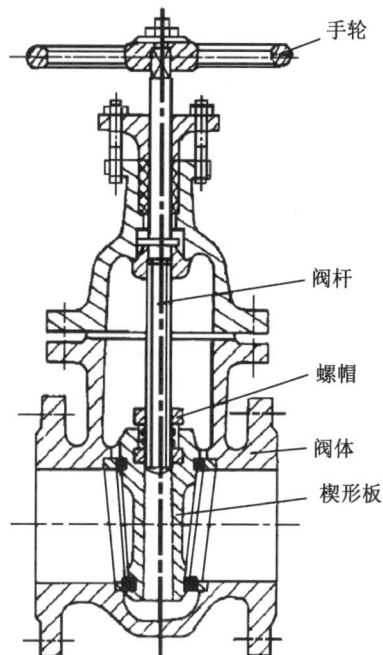

图 8-8 闸阀(阀杆外移)

5. 球阀

球阀是由旋塞演变而来的,其阀芯是一个球体,球体可以绕阀体中心线旋转,从而实现阀的开启与关闭。其结构如图 8-10 所示。当球体的中心开孔方向与阀体的中心线方向一致时,球阀便处于开启状态;当球体的中心开孔方向与阀体的中心线垂直时,球阀则处于关闭状态。可见,只需要将球体旋转 90°,就能使球阀开启或关闭。

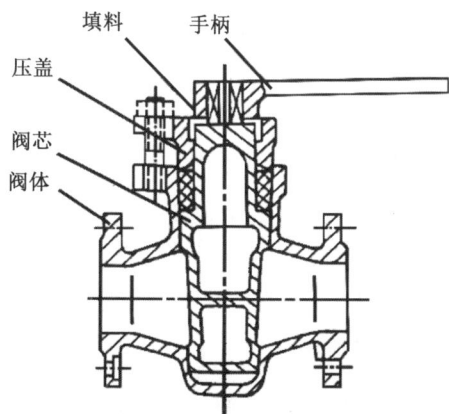

图 8-9 直通旋塞

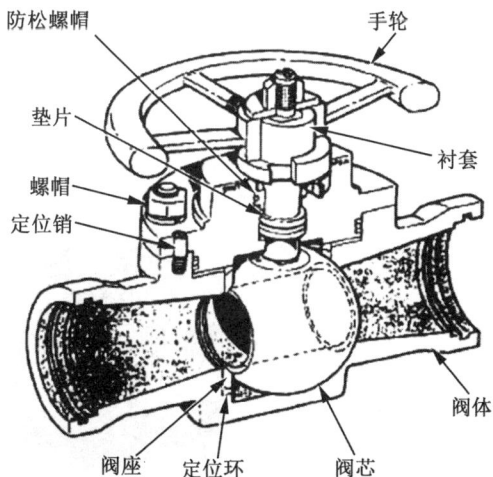

图 8-10 球阀

球阀的结构简单、紧凑,密封可靠,密封面与球面在常闭状态下不易被介质冲蚀,易于操作与维修,常用于淡水管路、锅炉清洗水泄放管路等。

6. 止回阀

止回阀又称单向阀,它使介质只能沿一个方向流动而不能倒流,分为升降式、旋启式和蝶式三种。

(1)升降式止回阀

升降式止回阀在船舶管路中应用较多,其结构如图 8-11 所示。当介质自阀盘下面向上流动时,则顶开阀盘,经阀盘与阀座之间的通道流出。若阀盘下面的介质停止向上流动,则阀盘将在自身重力和弹簧弹力的作用下下落,阀盘与阀座之间的通道关闭,阀盘上面的介质压紧阀盘和阀座,介质故不能倒流。

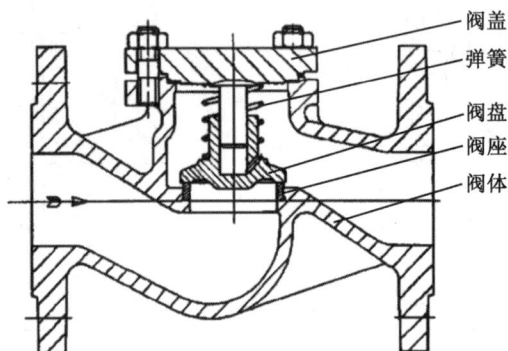

图 8-11　升降式止回阀的结构

一般而言,尺寸较小的止回阀需要设置弹簧,而尺寸较大的止回阀,由于阀盘足够重,一般不设弹簧,仅靠阀盘自身重量关闭。由于阀盘靠重力落座,止回阀需要直立安装在管路上。

(2)旋启式止回阀

旋启式止回阀的结构如图 8-12 所示。当介质自阀盘左侧的进口向右侧的出口流动时,则顶动阀盘,使其绕阀座外的销轴旋转而开启;反之,阀盘在重力以及介质压力的作用下关闭,介质不能从右侧向左侧流动。

旋启式止回阀流动阻力小,其密封性不如升降式,适用于低流速和介质流量较稳定的场合。

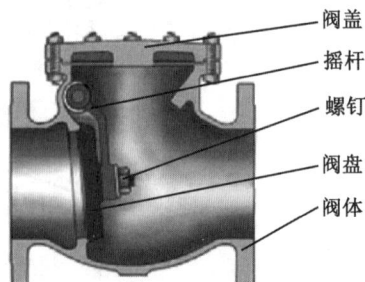

图 8-12　旋启式止回阀的结构

7. 截止止回阀

截止止回阀是截止阀和止回阀的组合阀,具有截止和阻止介质逆向流动的双重作用,一般用于泵的出口管路,以避免介质逆向流动使压力作用于泵上。图 8-13 所示为截止阀与升降式止回阀组合而成的截止止回阀,属于半自动阀门。

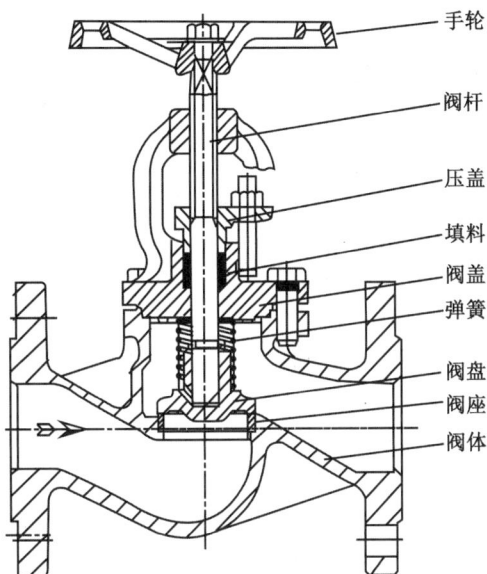

图 8-13　截止止回阀

截止止回阀不能强制开启阀盘,阀杆上升阀盘不能随之提升,仅当阀盘下面介质的作用力大于阀盘上面的作用力时,才能开启阀盘,顶起高度取决于阀杆上升的高度和介质的流动情况;反之,当阀盘上面的作用力(阀盘重量、弹簧弹力和介质压力)大于下面的力时,亦即当介质逆向流动时,阀盘即下降而自动关闭,从而阻止介质逆向流动。顺时针转动阀杆可压紧阀盘,将阀强制关闭,从而截断介质的流动。和止回阀一样,尺寸较大的截止止回阀一般不设弹簧,也需要直立安装在管路上。

8. 三通阀

三通阀的阀体有三个口,在管路中主要起到介质分流、分配、合流等作用,也可以用于流量调节。其阀芯结构可以有多种形式,但以三通球阀和三通流量调节阀(即三通控制阀)最为常见。

(1)三通球阀

三通球阀主要有 L 型和 T 型两种结构形式,其结构如图 8-14 所示。其中,左侧的两个阀为 L 型,右侧的四个阀为 T 型。

L 型为垂直双孔道,主管道常通,通过阀杆带动阀芯旋转 90°,实现介质的流向在两个支流管道之间切换;T 型为三孔道,适用于介质的分流、合流或流向切换,通过不同的设定,可以使三个通道互相连通或使其中两个通道连通。

(2)三通流量调节阀

三通流量调节阀多采用 T 型三孔通道,其典型结构如图 8-15 所示。

按照流体作用方式的不同,三通流量调节阀可分为合流阀和分流阀。合流阀有两个入

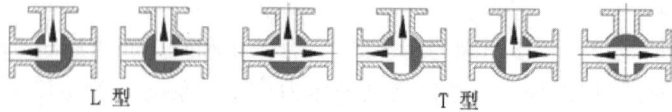

L 型　　　　　　　　　　　T 型

图 8-14　三通球阀

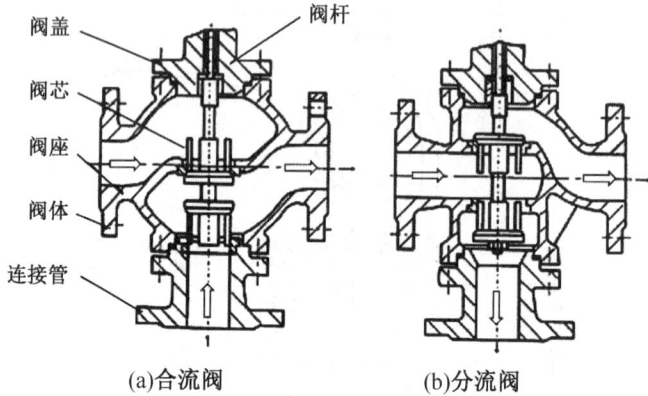

(a)合流阀　　　　　　　　(b)分流阀

图 8-15　三通流量调节阀

口,介质合流后从一个出口流出;分流阀有一个入口,介质经分流后从两个出口分别流出。当一个阀芯与阀座之间的流通面积增加时,另一个阀芯与阀座之间的流通面积会减少。

三通流量调节阀常采用气动、电动或电-液驱动方式,实现对压力、流量、温度等参数的调节或者对液体、气体等介质的配比调节与控制,广泛应用在各种船舶管路系统中。

（三）管路密封材料

管路接头的密封件可以有效地防止管路介质的跑、冒、滴、漏现象,常用的材料有紫铜、橡胶、石棉、纸箔、塑料、复合材料等。

（1）紫铜垫片

紫铜垫片一般用于高压压缩空气管路、液压管路和柴油机高温、高压零部件间的密封。其厚度一般为 1~3 mm。柴油机排气管路常用 0.5~1.0 mm 的紫铜皮包覆复合材料作为密封件。

（2）石棉橡胶板

石棉橡胶板是一种复合材料,曾广泛应用于船舶,主要适用于各种蒸汽、海水、淡水（饮用水除外）、空气、烟气和惰性气体等管路。由于石棉材料对人体有害,国际海事组织（IMO）在 MSC.282(86)号决议中要求,自 2011 年 1 月 1 日起,所有船舶应禁止新装含有石棉的材料。目前,根据所用场合的不同,石棉材料由相应的聚四氟乙烯、合成纤维橡胶、柔性石墨复合材料等替代。

（3）夹布橡皮

夹布橡皮是一种复合材料,适用于工作压力为 0.6 MPa 和工作温度为 60 ℃ 以下的低温、低压管路,如海水、燃油等管路。但不可用于蒸汽、高温水管路,以免其黏结。饮用水管路的密封应为无毒夹布橡皮垫片。

（4）聚四氟乙烯密封带

聚四氟乙烯密封带是一种塑料密封材料,一般用于工作压力为 0.6 MPa 和工作温度为

260 ℃以下的海水、淡水、空气和燃油等管路。

四、管路维修管理

1. 管路损坏的原因

(1)管路内残水未放干净,引起锈蚀或冻裂。

(2)在寒冷的冬季未能及时包扎而冻裂。

(3)管路内工质的流速太高,或因焊接缺陷,造成管路内部过度磨损破裂。

(4)管路断续使用,时干时湿,内部最易产生腐蚀,特别是经过焊接加工的弯曲部分。

(5)管路在安装时,由于使用的垫片材料不佳、凸缘平面不平等引起泄漏和松脱。

(6)由于法兰连接螺栓的紧固力不均或船体振动、管路胀缩等引起泄漏或裂缝。

(7)蒸汽阀门开启过快而发生液击,造成管路破损。

2. 管路的修补

(1)焊补法。用电焊或者气焊修复破损部分,是船舶上最常用的管路修补方法,适用于各种材质、各种介质的管路。焊补燃油和滑油管路时,必须将管子拆下来焊补,以防引起火灾或爆炸。

(2)管箍法。又称打卡子,是在破损的管路外面贴上一层厚度适中的橡皮,然后用管箍或卡子卡牢。使用的管箍要与管径相符,有时也可以用铁丝代替。管箍法常用于修复直径较小的低压海水、淡水管路或蒸汽管路上的漏洞。

(3)打水泥。这种方法常用于直径较大的海水管子的堵漏,尤其适用于靠近船底板的大直径管子。预先将漏洞处的管壁清洗干净,用木板或铁皮制作一个简单的框架,再用铁丝将框架与管子相对固定,最后将拌和好的水泥灌注于框架与管壁之间。水泥凝固后撤除框架即可。拌和水泥时宜掺入一定比例的沙子,水泥灌注好后应每隔2~3 h洒上些淡水,以防止产生裂纹。

(4)铁水泥修补。工业修补剂,俗称"铁水泥",能与多种金属材料、水泥、塑料等产生良好黏合,可在常温下固化,坚硬耐磨。铁水泥价格较高,一般用于直径较小管路的应急堵漏。应用前,管路泄压、清洁,涂用后再用玻璃丝带包扎,待铁水泥凝固后即可投入使用。

(5)环氧树脂修补。环氧树脂可替代铁水泥使用。环氧树脂泛指分子中含有两个及以上环氧基团的有机化合物,是一类重要的热固性塑料,广泛用作黏合剂、涂料等。固化后的环氧树脂对金属和非金属材料的表面具有优异的黏结强度。

3. 管路的日常管理

(1)各系统起动工作之前,检查或试验所有管路的畅通情况,以及管路附件工作状态是否正常,各阀门开关是否正确。

(2)定期清除管路上的铁锈,并涂以防锈漆;保持管路外表和内部的清洁,检查管路连接部位的可靠性与密封性,不得有泄漏现象。

(3)排除气体管路中的水分、液体管路中的空气。

(4)对阀门操纵机构及阀杆处加注润滑油或润滑脂。

(5)注意管路支架、紧固装置的牢固性,防止松动造成事故。

(6)寒冷天气注意及时放掉有关管路附件中的积水,防止管路冻裂。

(7)拆卸或维修管路时,谨防杂物落入管内。

（8）对于重要的管系，在拆检、换新完毕后，要进行水压试验，或用其他方法检查其密封情况。

第二节　压载水系统

一、压载水系统概述

1. 压载水系统的作用

压载水系统的作用是，根据船舶营运的需要，对全船压载舱进行注入或排出，以达到下述目的：调整船舶的吃水和船体纵、横向的平稳及安全的稳心高度；减小船体变形，以免引起过大的弯曲力矩与剪切力，降低船体振动；改善船舶的空舱适航性。

2. 压载水系统的组成

压载水系统主要由压载水泵、压载水管路、压载舱及有关阀件或阀箱组成。一般船上可用艏尖舱、艉尖舱、双层底舱、边舱、顶边舱与深舱等作为压载水舱。艏尖舱、艉尖舱对调整船舶的纵倾最有效，边舱对调整船舶横向平衡最有效，而调节深舱的压载水量可有效地调整船舶的稳心高度。

货船的压载水量一般占船舶载货量的 50%~70%；油船的货油舱可兼作压载水舱，有的还设专用压载舱。压载水量占货油量的 40%~60%。

3. 压载水系统的布置

（1）支管式

压载水集合管设于机舱前壁或后壁，集合管和压载水泵间用总管相连，集合管和各压载水舱间用支管相连。这种形式便于管理，且各舱均可独立排水和注水，但管路较长，可用于普通货船的双层底、深舱、舷侧顶边舱等。

（2）总管式

对于用作压载的双层底舱、深舱，可在船长方向敷设总管，由总管向各舱引出支管，在支管上安装吸口和遥控阀。油船、散装货船、矿砂船等大型船舶常用这种形式。

（3）管隧式

为避免隔舱开孔和便于维修，在双层底内设管隧，在管隧内敷设压载水总管或支管。这种形式为矿砂船和散装船等所采用。

二、压载水系统介绍

"育鲲"轮压载水系统如图 8-16 所示。该系统采用总管式布置，在辅机舱内设置有压载泵和舱底压载泵各一台，前者主用，后者备用。全船分布有包括艏、艉尖舱在内的压载水舱共计 15 个。海水可以经左、右两个海水箱进入压载水系统，舱内压载水可经出海阀 BMV19 和 BMV20 排出舷外。为防止船舶携带的压载水在异地排放时为当地海域带来有害水生物，系统还设置有压载水处理装置，用于杀灭水中微生物。

"育鲲"轮压载水系统中各阀采用的是电-液遥控蝶阀，每个阀都具有独立动力源和液压驱动系统。在甲板工作室和机舱集控室内均设置有压载水控制站，可分别遥控操作压载水泵以及管路上的各阀。每个蝶阀都具有独立动力源和液压驱动系统。压载水系统的阀门

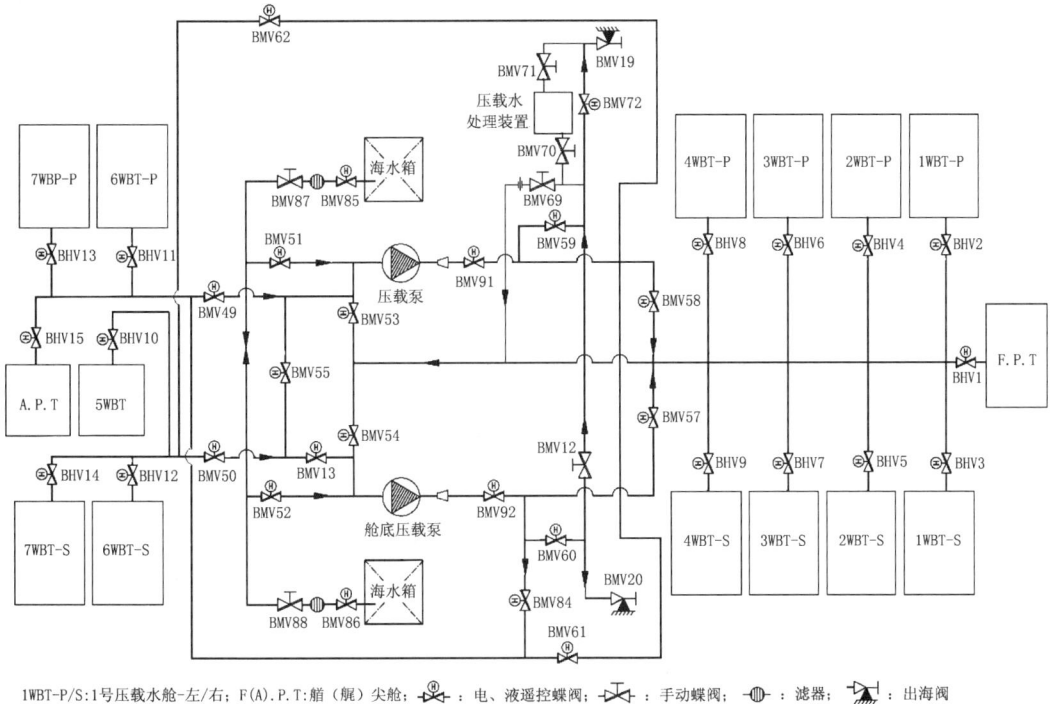

图 8-16　"育鲲"轮压载水系统

1WBT-P/S:1号压载水舱-左/右；F(A).P.T:艏（艉）尖舱；⊗：电、液遥控蝶阀；⊠：手动蝶阀；▭：滤器；⊿：出海阀

根据其用途不同可以分为单作用式及双作用式；根据阀位指示的不同分为开关指示及连续指示；根据工作环境不同分为干式及浸没式。以双作用式遥控蝶阀为例，如图 8-17 所示为双作用式阀门液压原理图。

需要开阀操作时，电动机和电磁阀通电，油泵（变量泵）17 由油箱吸油，经过电磁阀 14 及液控单向阀 13 进入执行器 B 口，阀门打开，执行器内的油经过 A 口并经过液控单向阀 5 后进入油箱，当阀门完全打开时，泵的压力升高，升高到一定压力后安全阀 15 打开，油直接经过安全阀 15 进入油箱，此时电动机和电磁阀断电，执行器被液控单向阀锁闭，阀门一直处于开启状态。如果油温升高，则执行器内的油压也会相应升高，当油压升高到安全阀 6、安全阀 11 的设定值时，安全阀 6、安全阀 11 打开卸压。关阀操作时，除电磁阀不通电外，其余过程与开阀操作类似。在紧急情况下，如果液压动力单元发生故障，可以通过手动泵接头 7、10 进行开阀和关阀操作。双作用遥控蝶阀根据阀门大小的不同，驱动头有 BRC125、BRC250、BRC500、BRC1000、BRC2000 及 BRC4000 等不同形式。

三、压载水系统的基本操作

船舶压载水系统的日常操作是按甲板部的书面通知进行。自动化程度高的船舶大多是由甲板部直接进行压载水系统的日常操作，这种船舶设有专门的船舶压载平衡水控制室，其内安装各舱液位检测装置、泵的控制装置和各种控制阀的遥控设备。压载水系统中的各种设备均由轮机部负责日常维护管理。

"育鲲"轮压载水系统一般由甲板部遥控操作，轮机部需要确保系统能可靠运行。压载水的就地操作步骤如下：

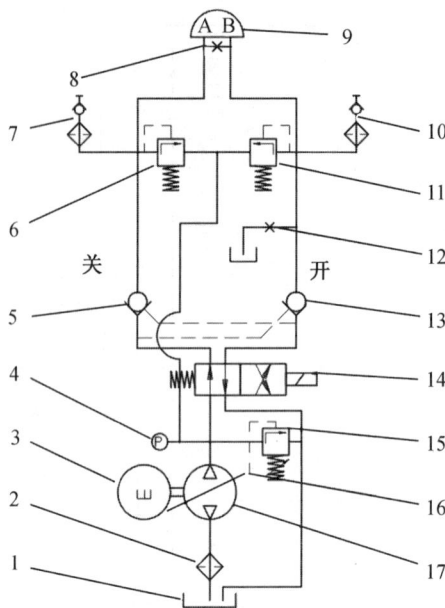

图 8-17　双作用式阀门液压原理图

1—油箱;2—吸入滤器;3—电动马达;4—压力开关;5、13—液控单向阀;6、11、15—安全阀;7、10—手动泵接头(带滤器);8—旁通阀;9—双作用执行器;12—加油阀;14—电磁阀;16—压力控制流量调节;17—变量泵

（1）检查压载泵电源的供应是否正常。

（2）人工转动压载泵轴,检查叶轮是否卡阻。

（3）在其余各阀处于关闭状态的前提下,手动打开阀 BMV87,然后在压载水控制站遥控打开阀 BMV85 和 BMV51,将海水引入压载泵内。

（4）压载操作:打开有关阀门后起动压载泵即可,例如,打开阀 BMV91、BMV58 和 BHV1,然后起动压载泵,即可将海水从舷外打入艏尖舱。

（5）排载操作:在其余各阀处于关闭状态的前提下,依次打开阀 BHV1、BMV53、BMV91、BMV59、BMV72 和 BMV19,即可将艏尖舱内的压载水排出舷外。

（6）操作结束后,停泵,关闭各阀门,然后切断电源。

第三节　舱底水系统

在船舶的正常营运中,由于机舱设备的泄水、各种管路的泄漏、冲洗水、船体接缝不严密处的渗漏、从舱口流入的雨水和水线附近甲板或舱室的疏水泄放等均聚集于舱底,形成舱底水。舱底积水对船体有腐蚀作用;货舱积水会浸湿货物造成货损;机舱舱底积水会使机电设备受潮或浸水损坏,影响机器正常运转,并给管理工作带来困难。当舱底水积存过多时,其将会严重地影响船舶稳性并危及航行安全。

一、舱底水系统概述

1. 舱底水系统的作用与组成

舱底水系统的作用是及时将机炉舱和货舱的舱底积水排至舷外。一般而言,正常营运的船舶,机舱舱底积水量为 $1\sim10$ m³/d,对于 20 万~30 万吨级的船舶,则可达到 20 m³/d 左右。当船舶破损时,舱底水系统还可用于应急排出积水。货舱积水一般不含油,通常直接排放至舷外;而机舱积水一般都含油,故需要经油水分离器进行处理,当含油量低于 15 ppm 后方可入海。

2. 舱底水系统的管理

(1)按要求收集和排放含油舱底水。经轮机长和驾驶员同意方可排放,并填写"油类记录簿"。

(2)注意检查舱底水系统各种设备的工作情况,如舱底水泵的吸、排压力是否正常。

(3)定期清洗各污水井和舱底水泵吸入口处的滤器、泥箱,疏通污水沟与污水井,切勿乱丢棉纱、破布和塑料制品等,以免造成堵塞。

(4)定期检查机舱应急舱底水吸口,加强维护管理,确保排水的有效性。

二、"育鲲"轮舱底水系统介绍

舱底水系统一般由舱底水泵、舱底水管、舱底水吸口、阀件及有关附件组成。由于"育鲲"轮没有货舱,故其舱底水主要来自机舱,健身房、测深仪舱等处所也会有少量舱底水。"育鲲"轮舱底水系统包括两套完全独立的系统,分别是机舱舱底水系统和应急舱底水系统。

1. 机舱舱底水系统

图 8-18 所示为"育鲲"轮机舱舱底水系统。机舱中所产生的含油污水会自动向舱底的各污水井汇聚而形成舱底水。如污水井液位达到一定高度,可利用日用舱底泵将其中污水输送至容积较大的舱底水舱进行储存。在适宜的条件下,便可使用油水分离器对舱底水舱中的含油污水进行处理,然后在含油浓度不超过 15 ppm 的情况下排放入海。

此外,油水分离器也可以直接从各污水井吸入舱底水。日用舱底泵也可以经阀 BMV15 将舱底水排岸,以满足某些海域不允许任何舱底水入海的要求。日用舱底泵采用的是自吸能力较强的往复泵,一般不需引水便可实现自吸。在必要的时候,也可经阀 BMV93 将海水引入泵腔,以提高吸入性能。

2. 应急舱底水系统

"育鲲"轮应急舱底水系统如图 8-19 所示。根据 CCS 规范规定,本船需设置独立动力的舱底泵 3 台,并需满足规范规定的舱底水吸口数量及位置。除常规舱底水吸口外,CCS 规范规定:"在每一主机机器处所还应设 1 个应急舱底水吸口,该吸口一般应通向 1 台主冷却水泵并装设截止止回阀,阀杆应适当延伸以使手轮高出花钢板以上,一般应高出花钢板以上450 mm",并且"应急舱底水吸口阀应设有清楚而永久性的铭牌"。

本船共设置 4 台具有独立动力的舱底泵,分别为 No. 1 舱底消防总用泵、No. 2 舱底消防总用泵、舱底泵及舱底压载泵。在机舱或货舱大量进水时,可以通过 4 台泵将舱底水直接排至舷外,但正常情况下不允许如此操作。除上述四台泵之外,本船根据规范要求还设有应急

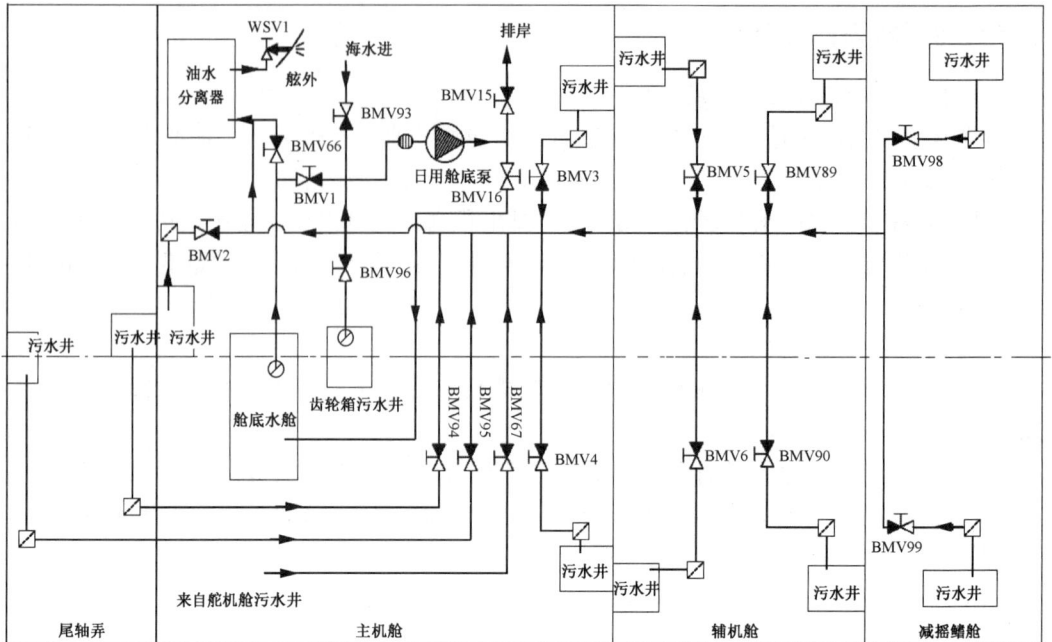

图 8-18 "育鲲"轮机舱舱底水系统

舱底水吸口,应急舱底水直接经过 No.1 主海水冷却泵排出舷外。系统中的除排舷外阀外均为电-液遥控阀门,可以在甲板工作室和机舱集控室的阀门遥控电脑上进行操作。

舱底泵、舱底压载泵为自吸离心泵,采用的是空气喷射器自吸装置。No.1/No.2 舱底消防总用泵还可以作为消防泵,向消防总管提供足够压力的海水。两台舱底消防总用泵结构完全相同,为两级自吸离心泵(采用了水环泵自吸装置)。其中,第一级用于泵送舱底水,出口通往舷外;第一、二级串联后泵送消防水,出口通往消防总管。

机舱之外的健身房、测深仪舱等处的舱底水可以通过本系统排出舷外,但机舱舱底水不能随意通过本系统入海,只有在因船体或管路破损而导致机舱大量积水时,才允许通过本系统向舷外应急排水。

第四节 消防系统

船舶在有限的空间集中了船上人员和大量物资,存在各种可燃和易燃物质。船上同时存在着许多火源:吸烟者的烟蒂、厨房的炉灶、高速运转的机械、烟囱、维修中的气焊和电焊、电气设备的短路或绝缘不良、易燃物品的保养不当,甚至静电等均可引起火灾。而船舶远离陆地,自身消防能力较差,发生火灾时难于疏散和救助,所以船舶一旦失火将会带来巨大损失乃至引发沉船的恶果。

船舶消防系统的作用是预防和制止火灾的发生和蔓延,并可迅速灭火,将火灾的损失减至最低程度。船舶消防的基本原则是防火、探火和灭火。船舶防火是从船体材料、船体结构、布置和设施上来防止和限制火灾的发生和蔓延;船舶探火报警系统使人们及早发现火情,及早采取灭火措施,减少损失;船舶灭火是根据火灾的情况、灭火介质等的不同,采取不

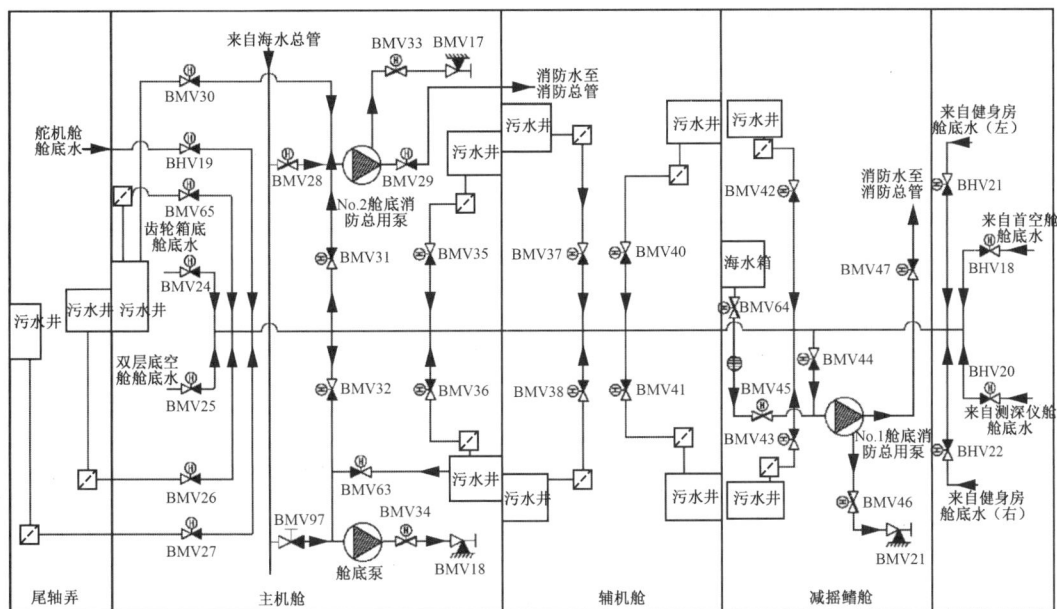

图 8-19　"育鲲"轮应急舱底水系统

同的灭火系统。

船舶消防系统实际上指的是船舶的灭火系统。根据中国船级社的《钢质海船入级规范》的规定,船舶应设置固定式消防系统,使用有效的灭火剂,如水、CO_2、蒸汽、泡沫和干粉等。固定式消防系统主要分为水消防系统、蒸汽消防系统、CO_2 消防系统、泡沫消防系统和干粉消防系统。

一、水消防系统

水是不燃液体,是船上最常用的灭火剂。利用强大的水流或水雾冲击火区,使燃烧物急剧降温,并利用水受热产生大量水蒸气来稀释火区的氧浓度灭火。扑灭可燃固体物质火灾可采用直流水枪,通过冲刷、冷却作用来灭火;扑灭可燃液体物质火灾可采用喷雾水枪,通过覆盖、冷却作用来灭火。

根据使用场合的不同,水消防系统又可分为固定水灭火系统、舱室水喷淋灭火系统和机舱局部水雾灭火系统。

1. 固定水灭火系统

固定水灭火系统是所有船舶均必须设置的固定式消防系统,它由消防泵、管路、消火栓、消防水带和水枪等组成。灭火时,消防泵将消防水送至船上各甲板和舱室处的消火栓,再经消防水带从水枪喷射到船舶任何处所进行灭火。除用于灭火外,消防水还可用于冲洗锚链、甲板。

"育鲲"轮固定水灭火系统如图 8-20 所示。消防压力柜经截止止回阀 BMV11 向消防总管提供一定压力(0.8~1.0 MPa)的消防淡水。当柜中压力低于 0.75 MPa 时,压力开关 PS(低压)会发出信号(ASTP)使消防稳压泵起动,从淡水舱吸入淡水,从而补入消防压力柜;当柜中压力升至 1.0 MPa 时,压力开关 PS(高压)发出信号(ASTP)使消防稳压泵停止,从而保持消防压力柜内的压力稳定。消防压力柜上设有补气阀 AMV1,在必要时可向柜中手动补充 1.0 MPa 的压缩空气,以保证柜中压力足够。

当消防水被大量使用时,由于消防稳压泵的流量有限,可能导致其连续运转仍不能保证消防总管有足够压力,此时,消防压力柜中压力会逐渐下降。当压力降至 0.6 MPa 时,第三个压力开关 PS 将发出起动信号(AST),使消防泵起动。消防泵从海水总管吸入,可以向消防总管提供足够压力和流量的海水。

本系统中还有两台流量更大的舱底消防总用泵,吸入海水,可以实现消防水的遥控操作。No.1 舱底消防总用泵位于减摇鳍舱,接应急电源,用作应急消防泵,可在驾驶台遥控起动。

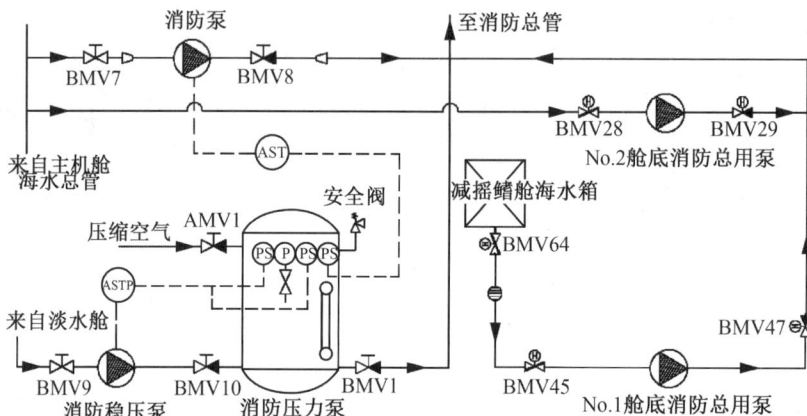

图 8-20 "育鲲"轮固定水灭火系统

2. 舱室水喷淋系统和机舱局部水雾灭火系统

随着国际上对船舶安全的日趋重视,客船或定员较多的船舶需要设置居住舱室水喷淋灭火系统;载运危险货物的船舶需要设置货舱水喷淋系统;机舱也需要设置局部水雾灭火系统。下面主要介绍舱室水喷淋灭火系统和机舱局部水雾灭火系统。

(1)舱室水喷淋灭火系统

"育鲲"轮定员 236 人,按照相关规定,设置了居住舱室水喷淋系统,图 8-21 所示为该系统的原理图。系统设备主要包括消防喷淋泵、喷淋压力柜、喷淋淡水泵、空气喷射器、水雾喷嘴以及各控制装置等。喷淋设备设置在减摇鳍舱内。

喷淋压力柜设定压力为 1.6 MPa,该压力值可以由补气管路上的减压阀来设定。柜中设有浮子式液位开关,低于设定液位时会发出警报;压力开关 1 也会在柜中压力低于 1.55 MPa 时发出警报。若要向柜中补水时,需要手动起动喷淋淡水泵。压力开关 2 会在柜中压力达到 1.6 MPa 时自动停止喷淋淡水泵。

当系统中的水被大量使用而导致压力低至 0.9 MPa 时,压力开关 3 会起动消防喷淋泵,从而向各喷嘴提供流量足够的淡水。消防喷淋泵从淡水舱吸入淡水,也可在必要的时候应急吸入海水。消防喷淋泵接应急电源,只能在控制箱上手动停止。

当整个喷淋系统意外失压时,也由消防总管应急接口向各喷嘴提供消防水。

设置在各舱室顶部的水雾喷嘴由玻璃管密封,当房间温度达到 68 ℃以上时(厨房为 93 ℃),玻璃管受热破裂,1.6 MPa 的喷淋水便会以水雾的形式喷出进行灭火。

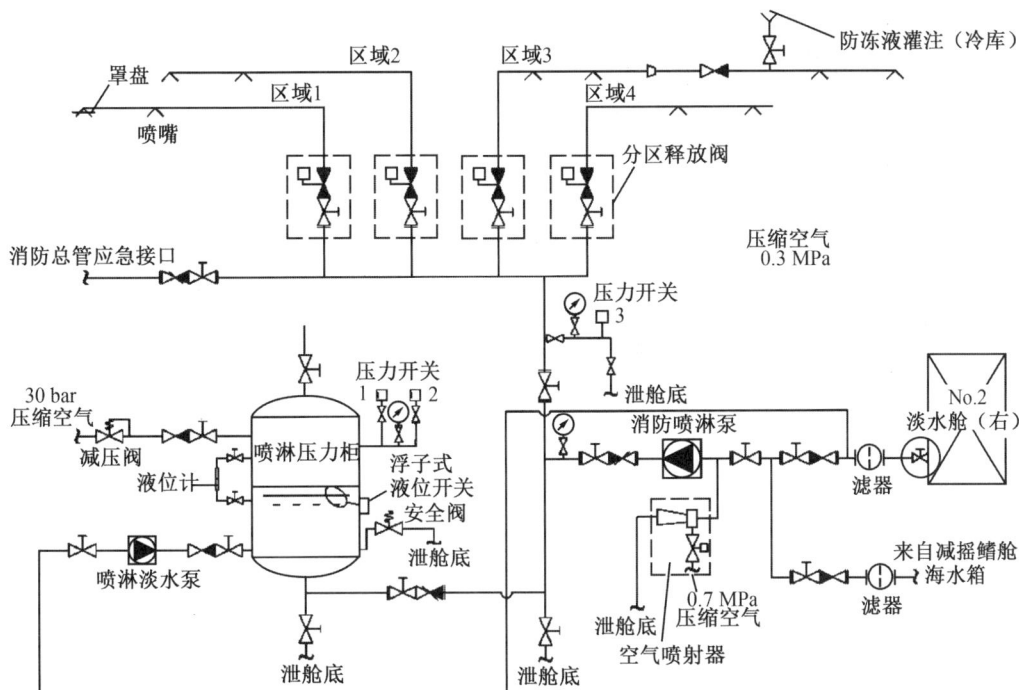

图 8-21 "育鲲"轮舱室水喷淋灭火系统

（2）机舱局部水雾灭火系统

《SOLAS 公约》规定：总吨 500 及以上的客船和总吨 2 000 及以上的货船应设置固定式局部灭火系统；容积超过 500 m³ 的 A 类机器处所，除应设置机器处所内的固定式灭火系统外，还应设置一个经认可的固定式水基或等效的局部灭火系统；对于周期性无人值班机器处所，该灭火系统应能自动和手动释放；对于连续有人值班的机器处所，仅要求该灭火系统能手动释放。固定式局部水雾灭火系统用于保护内燃机、锅炉、焚烧炉和分油机等，而无须关闭发动机、撤离人员或封闭这些场所。

图 8-22 所示为某轮机舱局部水雾灭火系统。该系统主要由喷淋泵、控制箱、空气发生器、分区阀、喷嘴、系统控制板及复示板组成。喷淋泵、控制箱、压力表、空气发生器、分区阀等均安装在一个单元上，其中，喷淋泵的排量为 8.32 m³/h，压头为 114 m，电机功率为 5.5 kW。

局部水雾灭火系统在各保护区域的上方均布置有光学烟雾探测器、火焰探测器及声光报警，在分区附近设置有手动释放按钮。

本系统可以通过自动、遥控、手动方式来进行控制。自动模式：控制箱上的手动/自动转换开关必须放置在"AUTO"位置，滤器前后的截止阀，泵出口的截止止回阀均处于开启状态，空气接头管路上的截止止回阀处于关闭位置，所有的阀均锁定在合适位置。遥控模式：即使在火灾探测器未触发时，也可以通过防火控制站、驾驶台及机舱的控制板或复示板来遥控释放。手动操作：可以在控制箱上通过手动控制来起动喷淋泵。

本系统的工作过程为：当火焰探测器或光学烟雾探测器其中一个被触发时，将发出报警信号，如果在同一个区域内的火焰探测器和光学烟雾探测器同时被触发，且系统处于自动运行状态时，喷淋泵将会自动起动，在喷淋泵起动后水压作用在空气发生器上，空气发生器压

— 281 —

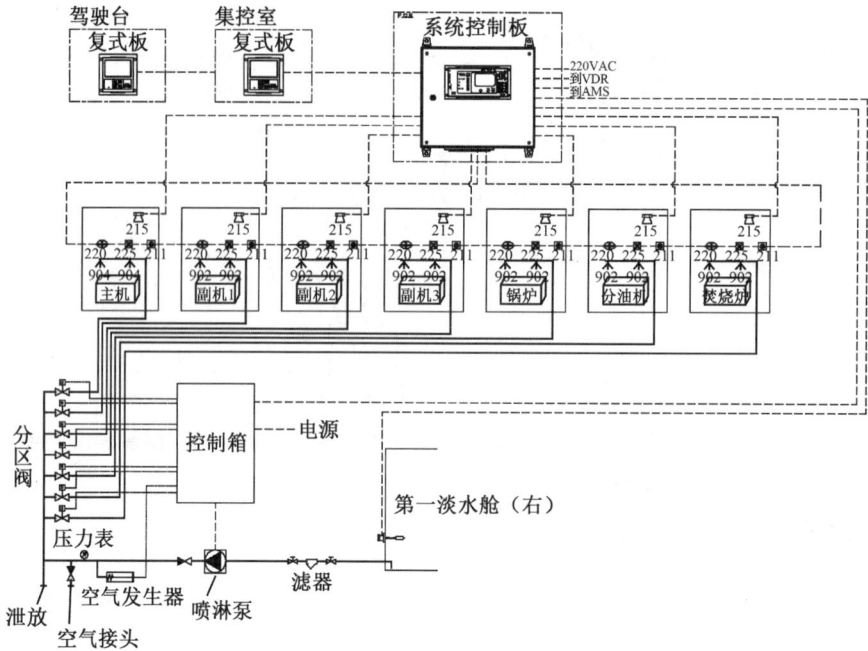

图 8-22 某轮机舱局部水雾灭火系统

211—手动释放按钮;215—声光报警;220—光学烟雾探测器;225—火焰探测器;902—NHP2 型喷嘴;904—NHP4 喷嘴

缩空气管内的空气,使其最高达到 1.6 MPa,通过控制箱内的减压阀将空气减压后设定为 0.6 MPa,通过控制系统将该区域的分区气动阀打开,水流该分区阀后作用在该区域的喷嘴上释放压力水雾,达到灭火的作用。

二、CO_2 消防系统

CO_2 在常温下是一种无色无味的惰性气体,相对密度为 1.529。空气中 CO_2 含量达 15%以上时能使人窒息死亡;达 28.5%时可使空气中的含氧量降至 15%,使一般可燃物质的火焰逐渐熄灭;达 43.6%时可使空气中的含氧量降至 11.8%,能抑制汽油或其他易燃气体的爆炸。所以,CO_2 灭火剂适用于货船、油船的灭火,因其不导电和无腐蚀作用,故适用于电气火灾和机舱火灾的扑救。CO_2 在船上以液态储存于钢瓶中,船员利用 CO_2 的窒息和冷却作用灭火。

船舶上一般设置有固定式 CO_2 消防系统,用于机舱和货舱的灭火;一般还设置有小型独立的 CO_2 消防系统,用于油漆间、厨房烟道等处所的灭火。以"育鲲"轮为例,主甲板后部设置有 CO_2 间,用于保护主机舱、辅机舱和分油机室;在厨房抽风管道以及油漆间等处还设置有独立的 CO_2 消防系统。

固定式 CO_2 消防系统分为高、低压两种形式。高压系统为 15 MPa,低压系统为 2.1 MPa(储存于-18 ℃以下的专用冷库中)。一般船舶的机舱、货舱采用高压系统;CO_2 灭火剂需要量超过 10 t 以上的大型油船、滚装船和集装箱船采用低压系统。

1.CO_2 消防系统实例

CO_2 消防系统由 CO_2 钢瓶、瓶头阀、分配阀、起动装置、管路和自动烟雾探测装置等组成。烟气探测装置可分为感烟式、感温式和感光式。货舱多采用感烟式,机舱采用感光式探测装置。

图 8-23 所示为某轮的 CO_2 消防系统。CO_2 钢瓶 2 放置在 CO_2 间,其上设有瓶头阀 1,通过拉杆装置 3 可以打开瓶头阀。拉杆装置可以由起动气缸 4(压缩空气来自起动气瓶 5)或人工驱动。操纵盒 15 设置在消防控制站,可控制起动气瓶和机舱快开阀 7,用于向机舱释放 CO_2。若要向相应的货舱释放 CO_2,还需通过货舱控制阀 12、管路 13 及货舱中的喷嘴 6 来实现。货舱中的气体会连续经吸烟口 14、吸烟管 11 送至烟雾报警器 10 进行检测,一旦发现某个货舱的烟雾浓度超标,烟雾报警器就会及时发出警报。

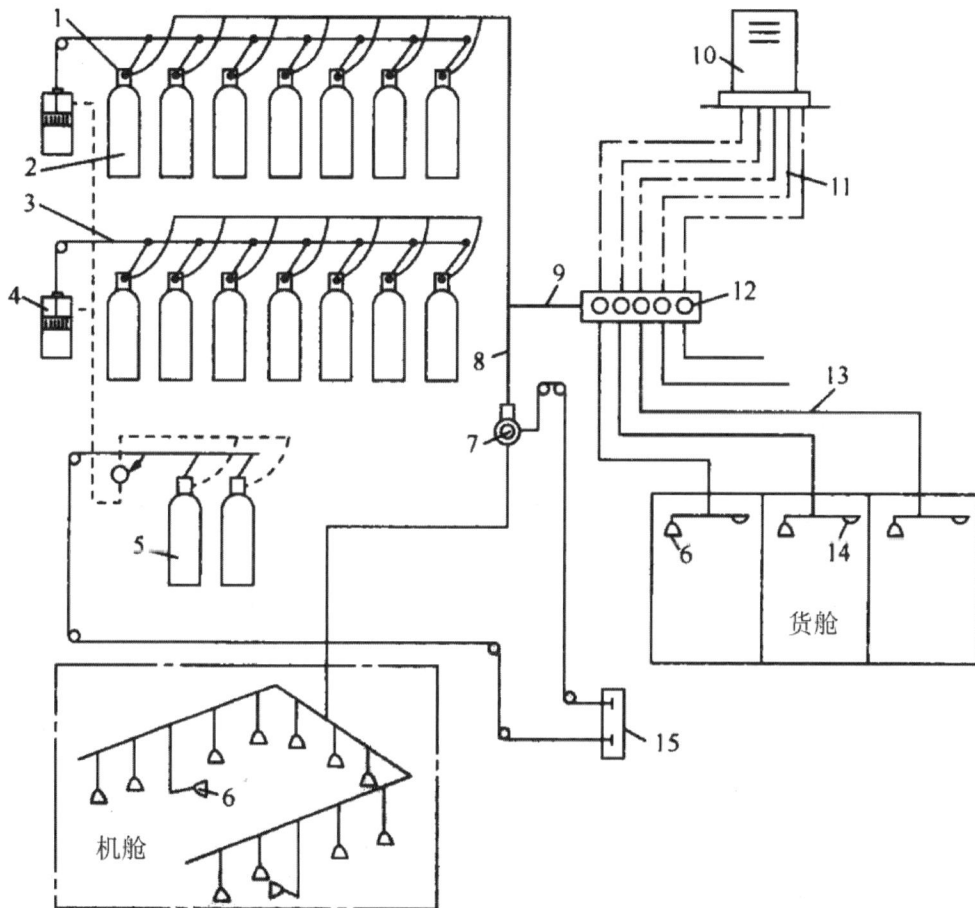

图 8-23　某轮 CO_2 消防系统

1—瓶头阀;2—CO_2 钢瓶;3—拉杆装置;4—起动气缸;5—起动钢瓶;6—喷嘴;7—快开阀;8—CO_2 总管;9—分配管;10—烟雾报警器;11—吸烟管;12—货舱控制阀;13—CO_2 管;14—吸烟口;15—操纵盒

高压 CO_2 喷入失火舱室后,压力急剧下降,体积膨胀使失火舱室内的含氧浓度迅速降低,当空气中的含氧量降至 15% 时可扑灭一般可燃物质的火焰,含氧量降至 11.8% 时可抑制汽油或其他易燃气体爆炸。

2. CO_2 消防系统的操作

当船舶机舱发生火灾,用手提式灭火器及水消防系统不能扑灭时,针对图 8-23 所示的

CO_2 消防系统,可按如下程序向机舱释放 CO_2:

①用锤敲碎相应遥控释放站箱门上的玻璃,取出钥匙,打开箱门即自动发出释放 CO_2 警报。

②迅速关闭机舱风机及各油泵(经风油切断按钮),以及燃、滑油舱柜出口阀(经速闭阀)。

③确认被保护区所有工作人员均已离开。

④关闭被保护区所有出入口。

⑤拉动操纵盒下部的拉环,即可打开起动钢瓶,使控制空气进入起动气缸,其中的活塞向下运动,并拉动拉杆装置打开所有 CO_2 的瓶头阀。

⑥为确保机舱人员充分撤离,等待 20~40 s 后,拉动操纵盒上部的拉环,打开快开阀 7,即开始向机舱释放 CO_2 进行灭火。

对于自动化程度较高的船舶,打开 CO_2 释放站箱门时,机舱风机及各油泵会自动切断;起动钢瓶和机舱快开阀也可能采用气动控制方式,按下相应的按钮即可打开,但不同形式的手动开启机构也必须设置。

三、其他消防系统

除了水灭火系统和二氧化碳灭火系统之外,油船和化学品船还设有泡沫消防系统或干粉消防系统。

1. 泡沫消防系统

泡沫是一种由碳酸氢钠与发泡剂的混合液和硫酸铝混合接触产生的 CO_2 泡沫,按其发泡倍数分为低、中、高膨胀泡沫。泡沫灭火剂的密度小于油,灭火时泡沫覆盖于油面使之与空气隔绝,从而灭火。同时泡沫中的水分可以吸收热量使可燃物降温,所以非常适合于油类火灾的扑救。

低膨胀泡沫消防系统常用于油船油舱区域、钻井平台的飞机起落平台、小型油船等;高膨胀泡沫消防系统用于各类船舶的机舱和油轮的货油泵舱,也可作液化气船的辅助灭火系统。

2. 干粉消防系统

干粉灭火剂的相对密度较大,干粉在气流的喷射作用下喷洒在火焰上,分解出 CO_2、Na_2O、水蒸气等气体窒息燃烧物质,同时吸收大量热量使燃烧物降温,从而灭火。干粉消防系统主要用于液化气体运输船舶上。

第五节　机舱供水系统

机舱供水系统,又称日用海、淡水系统,其作用是提供船员和旅客日常生活用水需要,可分为饮用水系统、生活淡水系统和卫生海水系统。饮用水系统主要供应炊事用水、饮用水和医疗用水等;生活淡水系统主要供应浴室、洗衣室、洗物池和洗盆等处的冷、热洗涤水;卫生海水系统从舷外吸取海水,供厕所等处冲洗用。有些船舶上的饮用水和生活淡水会储存在一起,二者没有区分,则可统称为日用淡水。

供水系统的主要设备有水泵、水柜、热水器、供水管和阀件等。供水方式分为重力供水和压力供水两种形式。目前,大中型海船基本上采用压力供水方式。压力供水的特点是设置压力水柜,借助水柜中空气的压力将水送至各用水处,这种压力水柜的布置不受高度的限制。在大中型船舶上,至少应设两个压力柜:一个是海水压力柜,供应卫生水;一个是淡水压力柜,供应饮水和洗涤水。如果船上需要供应热水,则在供水系统中加设热水器,一般采用蒸汽或电加热方式。

一、饮用水系统

1. 饮用水系统工作原理

饮用水系统主要供应饮用水、厨房用水和医疗用水等。图 8-24 为某轮饮用水系统原理图。饮用水系统主要由饮用水舱、饮水泵、饮水压力柜、饮用水矿化器、饮水消毒器和用水终端等组成。饮水泵由饮用水舱吸水后将饮用水送至饮水压力柜,燃油经过矿化器矿化并调节 pH 值,经消毒器消毒后送往厨房、饮水机等用水终端。饮水压力柜内的水可以来自反渗透海水淡化装置或通过位于艉楼甲板的加水口进行添加。在饮水压力柜上设有压力开关,可以根据饮水压力柜内的压力来自动地起停饮水泵,当饮水压力柜内的压力低于 0.45 MPa 时,自动起动饮水泵;当饮水压力柜内的压力达到 0.6 MPa 时,自动停止饮水压力柜。两台饮水泵可以通过控制箱进行切换。当饮水柜中的水位较高但压力偏低或泵自动起动频繁时,需要通过补气阀对饮水压力柜进行补气。

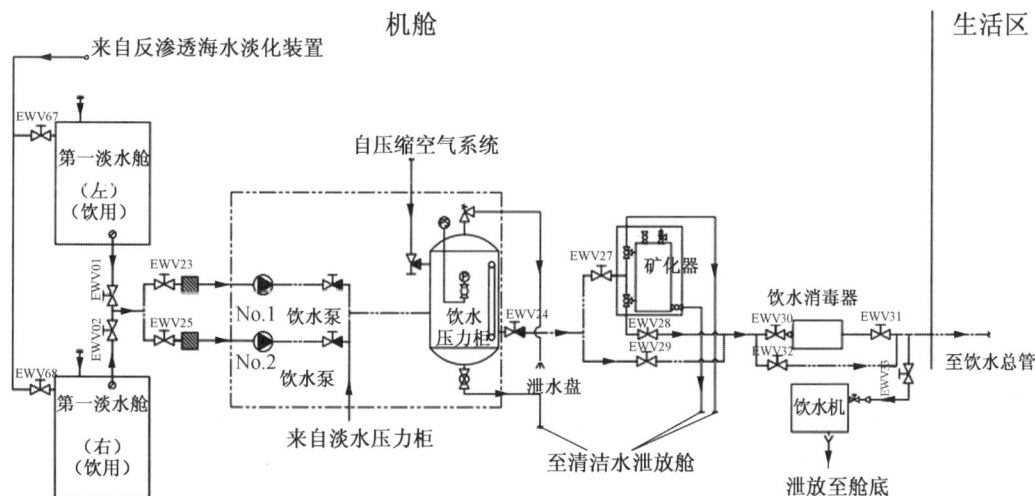

图 8-24　某轮饮用水系统原理图

2. 饮用水矿化器

图 8-25 为某轮饮水矿化器结构图和内部填充示意图。饮水矿化器内部分层布置有 pH 值调整介质和过滤沙,并且在上端和下端设置有滤器。矿化器的作用是过滤掉饮水中的大颗粒杂质并饮用来的 pH 值调节为 7.0~8.5,呈弱碱性,供人员饮用,并可以减少对管路及附件的腐蚀。在更换内部填充时,首先要保证下滤器已经安装完毕,且过滤沙要超过下滤器约 100 mm,pH 值调整介质填充完毕后的高度约在上滤器下 150 mm。

（1）矿化器的起动程序

初次起动时或矿化器更换内部介质时,需要对矿化器进行冲洗,打开进水口,将出水口

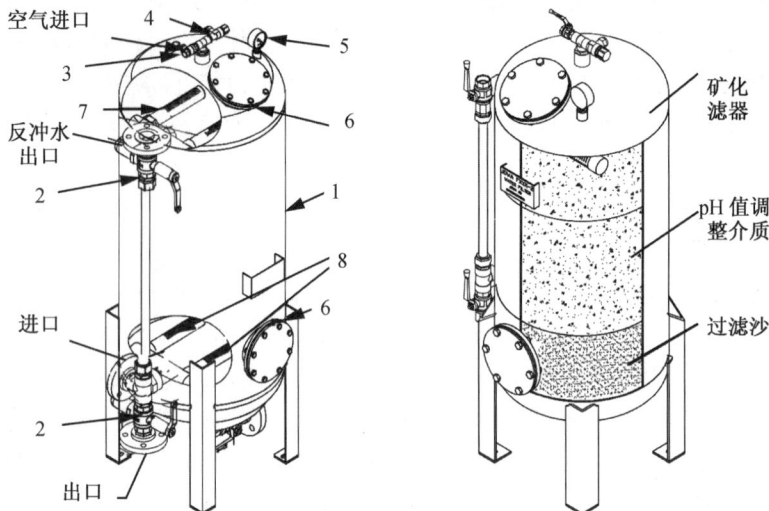

图 8-25　饮水矿化器结构图及内部填充示意图

1—矿化器筒体;2—三通阀;3—球阀;4—安全阀;5—压力表;6—检修孔;7—上滤器;8—下滤器

三通阀转换至清洁水泄放舱,持续冲洗,直至清水在出水口中流出,冲洗完毕后将各个阀门置于常用状态。

需要注意的是矿化器需要定期进行冲洗,一般间隔 1~2 周,要经常检查出水情况,根据出水的清洁程度,适当延长或缩短冲洗间隔。矿化器内部的调整介质需要根据水的酸碱度进行调整,并按比例进行添加,所以在日常的操作中,需要经常化验出水的 pH 值以确定是否需要更换矿化介质。

(2)日常操作

饮水矿化器在日常工作中分为正常工作模式及反冲洗工作模式,图 8-26 为两种工作模式的示意图。在正常工作时,矿化装置由进水口进水,水进入管路后上行,由矿化器的上部进入矿化器,经过上滤器、矿化介质及下滤器后流向出水口。由图中可以看出,在正常工作时,两个三通阀的手柄均应处于向下的位置。在反冲洗模式下,进水口变为反冲水进口,将两个三通阀的手柄置于向上的位置,反冲水由进水口进入后向下流动,在矿化器的下部进入,对下滤器、矿化介质及上滤器依次进行冲洗,最后由上部排出至清洁水泄放舱。

3.饮水消毒器

(1)饮水消毒器实例

图 8-27 所示为 JOWA 公司生产的 UV4 型饮水消毒器。该型饮水消毒器主要由电控箱、筒体、紫外线灯管、电磁阀及其他附件组成。其杀菌原理是通过紫外线对细菌、病毒等微生物的照射,以破坏其机体内 DNA(脱氧核糖核酸)的结构,使细菌、病毒等立即死亡或丧失繁殖能力。

(2)饮水消毒器的操作

①检查电压是否正确(220 VAC,60 Hz);

②开启下部的泄放阀 8,慢慢打开进水阀 12,防止水压过大破坏石英套管,待水从上部的泄放阀流出后,关闭上部泄放阀 13,全开进水阀;

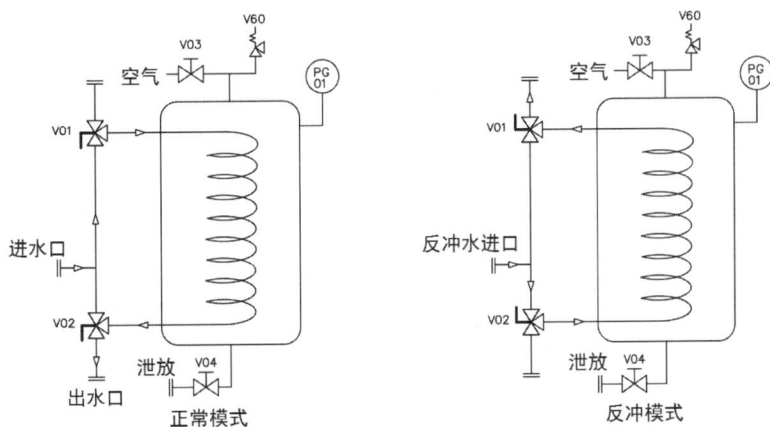

图 8-26　饮水矿化器工作模式

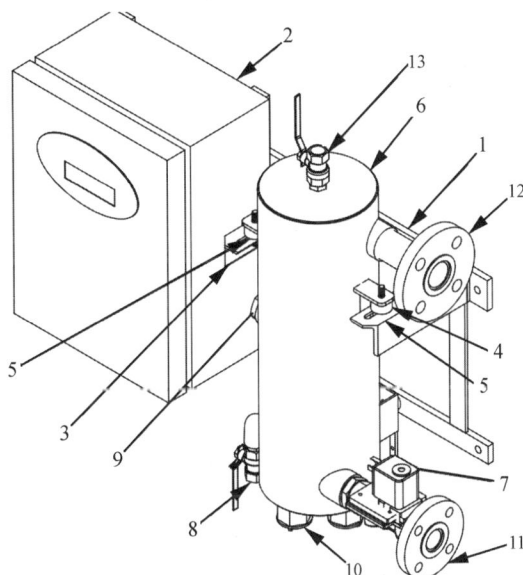

图 8-27　饮水消毒器外形图

1—本体支架;2—电控箱;3、4—固定装置;5—减震器;6—筒体;7—电磁阀;8—下部泄放阀;9—紫外线强度传感器;10—紫外线灯;11—出水口;12—进水口;13—上部泄放阀

③检查装置及管路是否存在泄漏、UV 灯的安装和连接以及外部报警的连接;

④在控制箱上合上电源,绿色的运行指示灯亮起;

⑤出口电磁阀延迟 2 min 开启以保证 UV 等能够达到全亮状态;

⑥紫外线消毒器可以完全自动运行,如果发生故障将会自动报警。

通过控制箱上的屏幕可以查看消毒器的运行状况,在默认屏幕下是紫外线浓度及运行小时记录,可以通过上下翻页来查看报警点的设置值和总的运行时间等。如果产生故障报警,屏幕将会弹出报警类型并给出解决方法。紫外线浓度报警和 UV 灯失效时,控制箱会给出报警并自动停止消毒器的运行;如果是运行小时超过设定值,控制箱会给出报警,但不会停止消毒器的运行。

二、生活淡水系统

淡水包括冷水和热水。图 8-28 所示为"育鲲"轮生活淡水系统图。淡水泵从淡水舱吸入,将淡水送至淡水压力柜加压(0.2~0.4 MPa)后,分别经阀 FMV32 和 FMV34 送至居住区供水系统和热水柜。热水柜中压力由淡水压力柜保持,热水由顶部的阀 FMV28 送至居住区供水系统。热水柜中设有蒸汽加热器,由温度开关 TS 控制蒸汽流量,从而将水加热至 60~65 ℃。为保证管路中一直有热水,还需要有热水循环泵将系统中的热水回水送入热水柜循环加热。如图中所示,No.1 日用淡水泵还可用于各淡水舱之间的互相调驳。

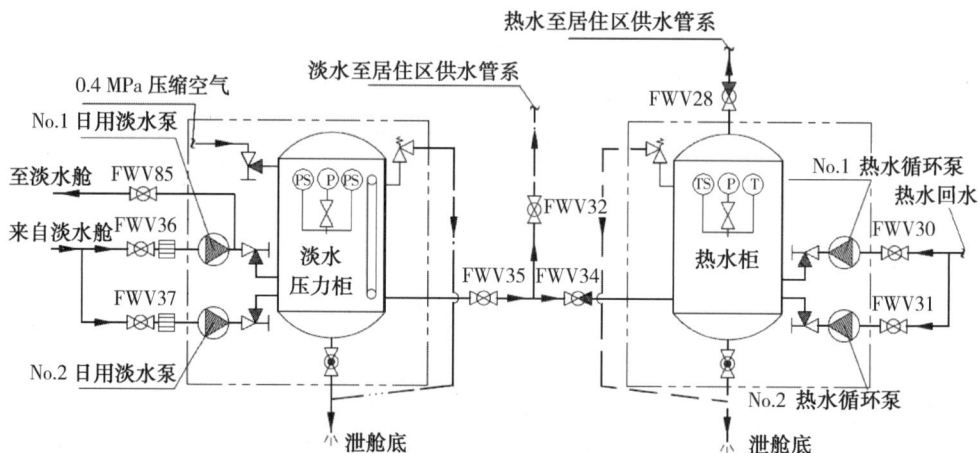

图 8-28 "育鲲"轮生活淡水系统

在运行中,应保持压力水柜中正常的气水比例,通常为 1∶2。如果空气太多,则可能使供水中断,此时应打开水柜顶部的放气阀,放掉一部分气体。如果空气太少,则会使水泵起停频繁,对泵的工作不利,此时应打开水柜顶部的补气阀,补入适量的压缩空气。

三、卫生海水系统

图 8-29 所示为"育鲲"轮卫生水系统。卫生水泵从辅机舱海水总管吸入海水,将其送入卫生水压力柜加压(0.2~0.4 MPa)。加压的海水经阀 FMV41 和 FMV38 至各居住区,供厕所冲洗所用。卫生水也可经阀 FMV39 和 FMV40 分别进入 No.1/No.2 生活污水处理装置,供装置内部清洗所用。

由于海水的腐蚀性较强,卫生海水系统跑冒、滴、漏现象十分普遍。目前,随着技术的进步,真空抽吸式卫生系统逐渐在远洋船舶上得到应用。

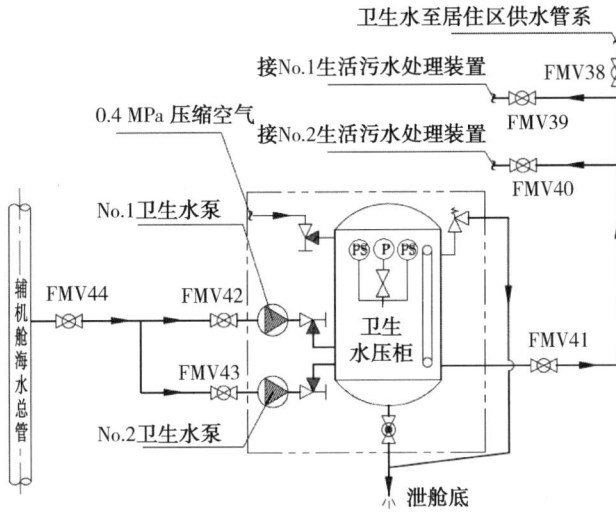

图 8-29 "育鲲"轮卫生海水系统

第九章　应变部署与应急设备

第一节　船舶应变部署与应急反应

一、船舶应变部署的有关内容

　　船舶所处的环境复杂多变,随时可能发生危及船舶和人命安全的意外事故。为了避免造成严重后果,把损失减小到最低限度,每艘船舶都应按主管机关规定的格式与要求(中国籍总吨 200 及以上的运输船舶,都必须配备我国主管机关认可的统一印制的货船或客船应变部署表),根据本船设备和人员情况,编制应变部署表与应变须知,明确指定每个人在不同紧急情况时的岗位及任务,并定期进行训练及演习,以便在紧急情况下能正确熟练地使用各种应变设备,做到统一指挥、各尽职守、行动迅速、忙而不乱、协力抢救,以减少船、货、人的损失。

　　1. 应变部署的种类

　　船舶应变部署一般分为救生(包括弃船求生和人落水救助)、消防、堵漏和综合应变等。

　　2. 应变部署表的主要内容

　　(1)船舶及船公司名称,船长署名及公布日期;

　　(2)紧急报警信号的应变种类及信号特征、信号发送方式和持续时间;

　　(3)职务与编号、姓名、艇号、筏号的对照一览表;

　　(4)航行中驾驶台、机舱、电台固定人员及其任务;

　　(5)消防应变、弃船求生、放救生艇筏的详细分工内容和执行人编号;

　　(6)每项应变具体指挥人员的接替人;

　　(7)有关救生、消防设备的位置。

　　3. 应变信号

　　各类应变的警报信号为:

　　(1)消防:警铃和汽笛短声,连放 1 min。

　　(2)堵漏:警铃和汽笛二长声一短声,连放 1 min。

　　(3)人落水:警铃和汽笛三长声,连放 1 min。

　　(4)弃船:警铃和汽笛七短一长声,连放 1 min。

　　(5)综合应变:警铃和汽笛一长声,连放 1 min。

　　(6)解除警报:警铃和汽笛一长声,持续 6 s 或以口头宣布。

　　为了指明火警部位,在消防警报信号之后,鸣一声表示船的首部,二声中部,三声后部,四声机舱,五声上层建筑甲板。

4. 应变部署职责

船长是应变总指挥,有权采取一切措施进行抢险处置,并可请求有关方面给予援助;政委是应变副总指挥,协助船长指挥抢险;大副是应变现场指挥(除机舱抢险外),是应变总指挥的接替人,并负责救生、消防、堵漏等单项应变的组织部署;轮机长是机舱现场指挥,并负责保障船舶动力;驾驶员(大副、二副、三副)任各救生艇艇长;轮机员或熟练机工任机动艇发动机操纵员;放艇时,先进入艇内的两人应是技术熟练的一级水手。

消防应变部署分消防、隔离和救护三队:消防队由三副或水手长任队长,直接担负现场灭火;隔离队由木匠任队长,任务是根据火情关闭门窗、舱口、风斗、孔道,截断局部电路,搬开近火易燃物品,阻止火势蔓延;救护队由医生或事务员任队长,任务是维持现场秩序,传令通信和救护伤员。

堵漏应变部署分堵漏、排水、隔离和救护四队:堵漏队由水手长任队长,三管轮任副队长,直接担负堵漏和抢修任务;排水队由轮机长领导机舱固定值班人员进行;隔离队由三副任队长,负责关闭水密门、隔舱阀等,木匠测量各舱水位;救护队由医生或事务员任队长。

5. 应变部署表的编制要求

根据 SOLAS 公约规定:

(1)应变部署表应写明通用紧急报警信号和有线广播的细则,并应规定发出警报时船员和乘客必须采取的行动。应变部署表还应写明弃船命令将如何发出。

(2)应变部署表应写明分派给各种船员的任务。

(3)应变部署表应指明各高级船员负责保证维护救生设备和消防设备,使其处于完好和立即可用状态。

(4)应变部署表指明关键人员受伤后的替换者,要考虑到不同应变情况要求不同的行动。

(5)应变部署表应指明在应变时,指定给船员的与乘客有关的各项任务。

(6)应变部署表应在船舶出航以前制定。

(7)客船用的应变部署表的格式应经认可。

6. 应变部署表的编制原则

(1)符合本船的船舶条件、船员条件、客货条件以及航区自然条件;

(2)关键部位、关键动作选派得力船员;

(3)根据本船情况,可以一职多人或一人多职;

(4)人员的编排应最有利于应变任务的完成。

7. 应变部署表的编制职责与公布要求

应变部署表由大副具体负责;三副根据大副的部署意图,于船舶开航前编排应变部署表,经大副审核,船长批准签署后公布实施。应变部署表应张贴或用镜框配挂在驾驶台、机舱、餐厅和生活区内走廊的主要部位;在其附近,应有本船消防器材布置示意图;为使应变中各级负责人熟悉所领导的人员及其分工,应将部署表中各编队(组)分别抄录发给各艇(队、组)长。

在客船上,还应绘制出本船各层安全通道的路线图,图上应标明各梯口、出入口和各登艇点的位置和走向。张贴在旅客生活区(包括餐厅、主要走廊、重点舱室和其他旅客活动场所)各部位。在此附近和每个客房内均应挂有救生衣穿着法示意图。在备用救生衣站(箱或柜)处应有醒目标志。走廊内每隔适当距离,应标有指明通道走向的箭头标志并注明去向。

二、船舶应变须知和操作须知的有关内容

1. 应变须知

每个船员应有一份应变时的须知。在床头及救生衣上都有一张应变任务卡。任务卡上有本人在船员序列中的编号、救生艇艇号、各种应变信号及本人在各种应变部署中的任务。

在旅客舱室中,应该张贴用适当文字书写的图解和应变须知,向旅客通知他们的集合地点,应变时必须采取的必要行动和救生衣的穿着方法等。

2. 操作须知

在救生艇筏及其降落操纵器的上面或附近,应设置明显的告示或标志,说明其用途和操作程序,并提出有关须知和注意事项,以便紧急操作时不至于造成错误。

救生艇是救生应变的最主要设备,放艇必须经船长同意,除演习、操练和紧急救助之外,不准随意动用救生艇。在港内放艇,必须事先得到港监批准。在紧急救助时,机动艇不应少于 5 人,非机动艇不应少于 7 人。

3. 演习

(1)每位船员每月应至少参加一次弃船演习和一次消防演习。

(2)若有 25%以上的船员未参加本船上个月的弃船演习和消防演习,应在该船离港后 24 h 内举行该两项演习。

(3)客船每周应举行一次弃船演习和消防演习。

(4)堵漏(抗沉)演习每三个月举行一次。

三、船舶应急时保证旅客和船员安全的规定

船舶发生火灾、可能沉没、遭遇海盗时,船长应迅速电告外界。高级船员有责任监督和保护旅客和船员的安全。发生火灾时,船员应引导旅客撤离现场,并迅速灭火。弃船时,应遵循先旅客、后船员、最后为船长的撤离顺序。应阻止海盗登轮袭击,但遇到武装海盗攻击时,国际社会劝告旅客和船员放弃对峙,以避免伤亡。

客船弃船时,由指定船员负责保护和照顾旅客,包括:向旅客告警;查看旅客是否适当地穿好衣服,以及是否正确地穿好救生衣;在各集合地点集合旅客;维持通道及梯道上的秩序,并控制旅客的动向;保证把毛毯送到救生艇上,还应向旅客说明情况并安定情绪;指导旅客有秩序地登乘救生艇、筏;清点旅客人数并确保所有旅客住舱无人。所有船员应保持镇定,切忌向旅客流露恐慌情绪。对有暴力行为和歇斯底里的旅客应采取果断措施予以解决。

四、船舶消防演习与应急反应的有关规定

1.《SOLAS 公约》的消防演习规定

(1)演习应尽可能按实际应变情况进行。

(2)每位船员每月应至少参加一次弃船演习和消防演习。若有 25%以上船员未参加该特定船上的上个月弃船和消防演习,应在该船离港后 24 h 内举行该两项船员演习。当船舶是第一次投入营运或经重大修理或有新船员时,应在开航前举行这些演习。

客船每周应举行一次弃船演习和消防演习。

(3)每次消防演习计划应根据船舶类型和货物种类而实际可能发生的各种应急情况。

(4)每次消防演习应包括：

①向集合地点报到,并准备执行应变部署表规定的任务;

②起动消防泵,要求至少使用2支所要求的水枪,以显示该系统处于正常的工作状态;

③检查消防员装备及其他个人救助设备;

④检查有关的通信设备;

⑤检查演习区域内水密门、防火门、挡火风闸和通风系统的主要进口和出口的操作;

⑥检查供随后弃船用的必要装置。

(5)演习中使用过的设备应立即放回,保持其完整的操作状态,如在演习中发现有任何故障和缺陷,应尽快修补。

2. 消防演习的组织

(1)消防演习应按应变部署表中的消防部署进行。大副任消防演习的现场指挥,负责指挥消防队、隔离队和救护队。

(2)演习要求:消防演习时,应假想船上某处发生火警,组织船员扑救。假想之火警性质及发生的地点应经常改变,以便船员熟悉各种情况。全体船员必须严肃对待演习,听到警报后,应按照消防应变部署的规定,在2 min内携带指定器具到达指定地点,听从指挥,认真操演。机舱应在5 min内开泵供水。

(3)演习评估:消防演习后,由现场指挥进行讲评,并检查和处理现场,还要对器材进行检查和清理,使其恢复至可用状态。必要时,船长可召集全体船员大会,进行总结。

(4)演习记录:演习结束后,应将每次演习的起止时间、地点、演习内容和情况,如实记入航海日志。

3. 火灾应急反应及人员安全

(1)船员发现火灾应立即发出消防警报,就近使用灭火器材进行灭火。

(2)全体船员听到警报后,应立即就位并按应变部署表的分工进行灭火。

(3)探火人员应在大副(机舱为轮机长)的指挥下,迅速查明火源,掌握燃烧物名称、特性、火烧面积、火势蔓延方向等,并报告船长。

(4)如有人在火场遇到危险,应立即采取抢救措施,如确定火场无人应关闭通风口和其他开口,停止通风并切断火场电源,然后控制火势。

(5)在港外或航行时,应注意操纵船舶使火区处于下风方向,并按规定显示号灯、号型。

(6)在港池发生火灾,应立即停止装卸作业,视情况做好拖带出港准备,备车待命。

(7)船长应根据具体情况决定灭火方案,并对是否可能引起爆炸做出判断;消防人员应根据"应变部署表"的分工和船长的指示全力扑救。

(8)如火势严重,有外援帮助救火时,应提供防火控制图,详细介绍火场情况,并予以配合。

(9)如采用封闭窒息方法灭火,必须经过相当长的时间,并组织足够的消防力量做好扑灭复燃的准备,才能逐步打开封闭设施,再视情况予以缓慢通风。

(10)如火灾引起爆炸,经抢救确属无效时,船长应宣布弃船。

五、船舶救生与应急反应的有关规定

1.《SOLAS 公约》的弃船演习规定

（1）每次弃船演习应包括：

①利用有线广播或其他通信系统通知演习；将乘客和船员召集到集合地点，并确保他们了解弃船命令；

②向集合地点报到，并准备执行应变部署表规定的任务；

③查看乘客和船员的穿着是否合适；

④查看是否正确地穿好救生衣；

⑤在完成任何必要的降落准备工作后，至少降下 1 艘救生艇；

⑥起动并操作救生艇发动机；

⑦操作降落救生筏所用的吊筏架；

⑧模拟搜救几位被困于客舱中的乘客；

⑨介绍无线电救生设备的使用。

（2）每艘救生艇一般应每三个月在弃船演习时乘载被指派的操作船员降落下水 1 次，并在水上进行操纵。

（3）在合理可行的情况下，专用救助艇应乘载被指派的船员每个月降落下水 1 次，并在水中进行操纵。在任何情况下，至少应每三个月进行一次。

（4）如救生艇与救助艇的降落下水演习是在船舶航行中进行，因为涉及危险，该项演习应在遮蔽水域，并在有此项演习经验的驾驶员监督下进行。

（5）在每次弃船演习时应试验供集合和弃船所用的应急照明系统。

2. 弃船演习的组织

（1）集合地点

弃船或其演习的集合地点应设在紧靠登乘地点。集合与登乘地点一般在艇甲板。通往集合与登乘地点的通道、梯口和出口应有能用应急电源供电的照明灯。

客船应有旅客容易到达登乘的集合地点，并且是一个能集结和指挥旅客用的宽敞场地。

（2）演习组织

①听到弃船警报信号后，全体船员应在 2 min 内穿好救生衣并到达集合地点。

②艇长检查人数，检查各艇员是否携带规定应携带的物品，检查每人的穿着和救生衣是否合适，并加以督促、指挥，然后向船长汇报。

③船长宣布演习及操练内容。

④由两名艇员在（船长发出放艇命令后）5 min 内完成登乘和降落准备工作；其他船员按分工各就各位。

⑤在完成任何必要的降落准备工作后；至少降下一艘救生艇；起动并操纵救生艇发动机。

⑥操作降落救生筏所用的吊筏架。

⑦模拟搜救几位被困于客舱中的乘客。

⑧介绍无线电救生设备的使用。

⑨试验集合与弃船所用的应急照明系统。

⑩演习结束,船长发出解除警报信号;收回救生艇。清理好索具由艇长进行讲评后解散艇员并向船长汇报。

（3）记录

弃船演习的起止时间、演习及操练的细节由大副记录于航海日志。

3. 弃船应急反应及人员安全

（1）当确认不弃船就无法保全船上人命安全时,船长应果断下令弃船。

（2）船长下达弃船命令后,除"途中固定值班人员"外,全体船员应立即穿着救生衣,按应急部署表的分工完成各自的弃船准备工作。

（3）无线电员须在电台值守,按规定发送遇险电文,直至通知撤离。

（4）机舱固定值班人员在听到警报信号后仍应坚守岗位按令操作;在得到完车通知后,在轮机长的领导下,抓紧做好锅炉熄火放汽、关机、停电等弃船安全防护工作;如果接到两次完车信号或船长利用其他方法的通知后,应立刻携带规定物品撤离机舱登艇。

（5）船长应督促检查下列工作（国旗和航海日志应亲自携带）:

①降下国旗并携旗下艇;

②销毁秘密文件;

③锅炉熄火放汽;

④关停发电机和机舱内正在运转中的其他一切设备;

⑤关闭海底阀及各个应急遥控油阀等;

⑥是否已发出遇险求救电报并已投放（卫星）紧急无线电示位标;

⑦油舱在甲板上的透气口是否封死;

⑧检查艇长的放艇准备工作。

（6）船长应检查按应急计划规定须携带的物品,如国旗、航海日志、VHF 通信设备和雷达应答器（若艇筏上没有）以及足够的食品、淡水、毛毯等物品。

（7）在登艇前,船长应布置（艇长应请示）如下事项:本船遇难地点;发出遇难求救信号是否有回答;可能遇救的时间及地点;驶往最近陆地或交通线的航向、距离;各艇筏间的通信约定及其他有关指示。

（8）按船长命令放下救生艇和救生筏,有序地登艇、筏。

（9）最后,船长应通知坚守岗位的无线电员和机舱值班人员撤离,在确信全船无任何人员后方可离船登艇。

（10）各艇应迅速在离开难船数百米以外集合,以防船舶沉没时产生浪涌的袭击。

（11）离船后,船长对全体船员和旅客仍保持完全的职权。

第二节　应急设备的使用和管理

船舶装设应急设备的目的:为应付船舶出现险情或故障等紧急情况（例如船壳破损漏水、船舶发生火情、影响航行的主用设备损坏、遥控系统故障等）,需要装设在正常情况下不会用到的设备。

一、应急设备的种类

按其功能不同可分为下列几种：

（1）主要应急设备，包括应急电源、应急操舵装置、油路紧急切断装置、脱险通道、风机油泵速停装置、通风筒挡火板及机舱天窗应急关闭装置等；

（2）其他应急设备，应急消防泵、应急空气压缩机、应急舱底水吸口及吸入阀、救生艇发动机等；

（3）应急动力设备，应急电源、应急空气压缩机和应急操舵装置等；

（4）应急消防设备，应急消防泵、燃油速闭阀、风油应急切断开关、通风筒防火板和机舱天窗应急关闭装置等；

（5）应急救生设备，救生艇发动机和脱险通道（逃生孔）等；

（6）机舱进水时的应急设备，应急舱底水吸口及吸入阀、水密门等。

二、应急电源

应急电源系指在主电源供电发生故障的情况下，用于向应急配电板供电的电源。客船和总吨 500 以上的货船均应设有独立的应急电源。

1. 公约和规范对应急电源的要求

（1）应急电源的布置要求

①应急电源连同其变换设备、临时应急电源、应急配电板以及应急照明配电板等均应安装在最高一层连续甲板以上易于从露天甲板到达之处，且它们不应装设在防撞舱壁之前。

②应急电源连同其变换设备、临时应急电源、应急配电板和应急照明配电板相对于主电源连同其变换设备、主配电板等的位置应布置成能确保主电源连同其变换设备、主配电板等所在的处所或任何 A 类机器处所发生火灾或其他事故时，不致妨碍应急电源的供应、控制和分配。设有应急电源连同其变换设备、临时应急电源以及应急配电板等的处所，应尽可能不与 A 类机器处所或装有主电源连同其变换设备或主配电板所在处所的限界面相毗邻。

（2）对应急发电机的要求

应急电源可以是发电机，该发电机应符合下列要求：

①由一具有独立的冷却装置和燃料供给，并设有符合规范规定的起动装置的柴油机驱动。

②除设有符合规定的临时应急电源的货船外，在主电源供电失效时应能自动起动和自动连接于应急配电板，且规定的各项设备自动换接至应急配电板。原动机的自动起动系统和原动机的特性均应能使应急发电机在安全而实际可行的前提下，尽快地承载额定负载（最长不超过 45 s）。

（3）对蓄电池组的要求

应急电源也可以是蓄电池组，该蓄电池组应符合下列要求：

①承载应急负载而不必再充电，并在整个放电期间蓄电池组的电压变化应能保持在其额定电压的±12%范围内；

②当主电源的供电失效时，自动连接至应急配电板；

③能对规定的各项设备供电。

2. 应急发电机的起动装置

(1)应急发电机组的原动机,在 0 ℃下应具有冷机起动的能力。如不具备这种能力或可能遇到更低温度时,可装设加热辅助装置,以保证应急发电机组的低温起动性能。

(2)自动起动的每台应急发电机组,应设有起动装置,并配备至少能供 3 次连续起动的能源。储备的能源应受到保护,以免被自动系统耗尽,除非设有第二套独立的起动装置。此外,还应配备能在 30 min 内能起动 3 次的第二能源,但人工起动能被证明是有效者除外。

(3)所储备的起动能源,应始终保持如下:

①电力和液力起动系统应由应急配电板保持;

②压缩空气起动系统,可由主压缩空气瓶或辅压缩空气瓶,通过 1 个适当的止回阀或由应急配电板供电的 1 台应急空压机来保持;

③所有起动、充电和能源储备装置,应设于应急发电机处所,这些装置除起动应急发电机组外不应做其他目的的使用。但这并不排除通过设在应急发电机处所内的止回阀,从主或辅压缩空气系统向应急发电机组的空气瓶供气。

④当不要求自动起动时,可采用人工起动,例如手摇曲柄、惯性起动器、人工充液液力蓄能器等。

3. "育鲲"轮应急发电机概况

"育鲲"轮应急发电机位于机舱外主甲板后部的应急发电机室,发电柴油机基本概况见表 9-1。

表 9-1　应急发电机主要参数

柴油机	
机型	TBD234V8
型式	四冲程、V 形、8 缸
进气方式	直喷式、增压中冷、双循环水冷却
气缸直径/冲程	128/140 mm
标定功率/标定转速	249 kW/1 500 r/min
曲轴转向	逆时针(从飞轮端看)
冷却方式	风扇水箱强制冷却
起动方式	电起动 DC24 V 和压缩空气起动(3.0 MPa)
滑油牌号	SAE15W-CD40

应急发电机组选用的柴油机,随机带有润滑油系统及冷却系统,仅需要外置的燃油系统进行供给。应急发电机柴油柜的柴油可以由柴油输送泵由机舱内供给,也可以通过甲板上的注入口注入。在应急发电机的外部设置有快关阀操纵箱,以保证在应急情况下,可以通过快关阀操纵箱切断应急发电机的油路使其停车。

应急发电机报警点主要包括滑油压力低、滑油压力过低报警并停机、滑油温度高报警、冷却水温度高报警、超速报警并停机、燃油泄漏报警、冷却水压力低报警、蓄电池电压低报警、三次起动失败报警等。在本船的应急发电机中,有两项可以引起停机的故障,即滑油压力过低报警并停机和超速报警并停机,其中滑油压力过低报警并停机可以屏蔽,仅发出报警,不执行停机动作。

　　"育鲲"轮的应急发电机有两种起动方式:一种为蓄电池供电起动;另一种是压缩空气起动。正常情况下,压缩空气来自主空气瓶,应急情况下可以通过手摇式应急空压机供气。还有的可以通过机体上的蓄能装置起动。

　　应急电源的供电范围有:登乘救生艇、筏的集合地点、所有服务及起居处所内的通道、梯道、出入口、消防员装备贮放处所、应急设备操作处、《国际海上避撞规则》所要求的航行灯和其他信号灯、通信设备、助航设备等,一般应急照明标有红色标志。

　　关于该型号应急发电组操作过程。

　　4. PSC 检查要点和典型案例分析

　　(1)检查要点

　　①应急发电机应外观良好,无油泄漏痕迹,无烟气泄漏;

　　②应急发电机油柜内要有充足的燃油;

　　③简明起动说明清晰张贴在应急发电机附近;

　　④应急能源(蓄电池等)放置处所通风、照明、风雨密正常;

　　⑤应急发电机能在模拟失电状态下迅速自动起动(如可行,进行试验)、供电;

　　⑥应急发电机的两种起动方式均试验正常,且有足够的储备能源;

　　⑦应急发电机要求定期带负荷试验;

　　⑧油柜速闭阀经常活络。

　　(2)案例分析

　　某 PSCO 对靠泊在辖区码头的集装箱船某轮开展港口国监督检查。PSCO 对船舶应急发电机进行检查时,发现该轮应急发电机起动装置储备能源为压缩空气和蓄能电池。压缩空气瓶布置在应急发电机间内,船舶主压缩空气瓶和另一布置在应急发电机间的应急空气压缩机为其提供压缩空气。蓄能电池布置在驾驶台后的电池间内,且当应急发电机模拟断电起动时只能由其为起动装置提供能源(也出现过起动电瓶未布置在应急发电机间,而是设置在另一间舱室,与应急发电机间相隔一个走廊)。依据《SOLAS 公约》有关规定,所有这些起动、充电和能源储存设备均应设置在应急发电机处所内,这些设备除操纵应急发电机组外不应作他用。结合 PSC 检查中发现的其他缺陷,依据《东京备忘录》港口国监督程序,PSCO 对该轮实施了滞留。

三、救生艇

　　以"育鲲"轮救生艇为例进行介绍。本船选用救生艇机为镇江四洋柴油机制造有限公司生产的 380J-3 型直列、水冷、四冲程柴油机,标定功率 19.7 kW,标定转速 1 020 r/min,采用电动马达起动,设有两组蓄电池。通常,救生艇的蓄电池一直处于浮充状态。

　　救生艇机应每周进行检查和测试。检查和测试前,应切断蓄电池的充电电源,以确保能够真实反映蓄电池的工作状况。打开电源开关后,检查艇内和艇外的照明和指示灯。起动发动机之前,检查燃油液位、油底壳液位和齿轮箱液位,测量蓄电池电压。分别采用 1 号和 2 号蓄电池进行起动试验。起动时操纵手柄在空挡位置,起动后应进行正倒车试验,以判断操纵系统能否正常工作。测试完,应测量蓄电池电压,计算蓄电池的压降,以判断蓄电池的性能。分别通过舵轮和应急操舵杆测试舵的运行情况。测试完毕,将各照明和指示灯关闭,并关闭蓄电池开关,连接蓄电池充电线路。

四、水密门

1. 公约和规范对水密门的要求

（1）水密门应为滑动门或铰链门或其他等效形式的门。任何水密门操作装置,无论是否为动力操作,均须于船舶横倾15°时能将水密门关闭。

（2）机舱与轴隧间舱壁上应设有滑动式水密门,水密门的关闭装置应能就地两面操纵和远距离操纵。在远距离操纵处应设有水密门开关状态的指示器。

2. 液压水密门实例

（1）水密门结构及液压系统

"育鲲"轮在减摇鳍舱和副机舱、副机舱和主机舱、发电机舱和艉轴弄之间分别设有三道液压驱动的滑动式水密门,在门的两侧、驾驶台和冷库门口都可对其进行开关操作。该水密门系统主要由滑动式水密门本体、液压动力单元和电气控制系统组成。液压动力单元型号为HYWD-1,由电动泵站、双作用液压油缸、手摇泵组及各个配套的阀件等组成。系统配有一套液压储能器,当动力电源失电时,蓄能器仍能使水密门开和关。电气控制系统由起动报警箱、警铃、操作开关以及行程开关等组成。

（2）水密门的维护管理

水密门的维护管理主要体现在各部件的检查和测试。对泵站(包括液压油箱、蓄能器、手动泵组和手动换向阀)进行检查,并进行手动、遥控开启操作测试。对水密门框架进行检查,紧固螺栓,为滑动部位和滚轮加油脂。对液压油缸及管系进行检查,与泵站检查相结合,测试水密门启闭性能。测量电气设备的绝缘电阻,控制箱的绝缘电阻不小于 $1\ M\Omega$,电动机的绝缘电阻不小于 $1.2\ M\Omega$,并检查其内外接线是否牢靠。检查一次所有的行程开关和报警装置,如有松动应及时紧固。

3. PSC检查要点

（1）是否按规定对水密门进行测试,并进行记录。

（2）布置的符合性,滑动水密门的布置和数量必须符合《SOLAS公约》规定,不得设置在限界线以下的防撞舱。

（3）关闭时间和音响警报装置,滑动水密门完全关闭的时间:手动不应超过90 s;动力关闭单独水密门的时间应控制在20~40 s,同时关闭所有门的时间不应超过60 s。还应确认,动力遥控关闭水密门时,门开始移动前是否发出5~10 s的音响报警。手动遥控操作的情况下,门移动时发出音响报警即可。报警随后应持续直至门完全关闭,且应与该区域其他警报不同。

（4）操作机械及指示装置

水密门两侧均应设有开关门的操作装置。该就地控制手柄与地板距离至少应为1.6 m,手柄的运动方向应与门开关的方向相一致。除就地操作和驾驶台操控外,在舱壁甲板上方还应设有手动遥控操作装置。所有手动操作装置处应清楚地标明其相应的动作方向。同时,在看不见水密门的所有遥控操纵位置,应配备显示门处于开启或关闭位置的指示器。

（5）水密门的动力检查,组成水密门的所有装置的电力供应应由应急配电板供电,或者舱壁甲板上方的专用配电板供电。水密门动力系统的故障不应妨碍任何门的手动操作。

（6）其他常规性检查

滑动式水密门是一套完整的系统，包括的设施设备繁多。安检员还应对其进行常规性外观检查，如水密门能否完全关闭，液压动力系统是否漏油，门框和门板是否变形，压力表是否损坏，手动操作装置动作方向标示是否清晰等。

五、脱险通道

公约和规范要求货船和载客不超过36人的国际客船，在机器处所内，在每一机舱、轴隧和锅炉舱应设有两个脱险通道，其中一个可为水密门。在专设密门的机器处所内，两个脱险通道应为两组尽可能远离的钢梯，通至舱棚上同样远离的门，从该处至艇甲板应设有通路。

机舱脱险通道主要用于在机舱发生火灾时应急逃生，也可以用于探火、救助被困人员。一旦出现机舱火势无法控制的紧急情况，机舱脱险通道的完整性是确保人员能否安全及时撤离的关键，因此机舱脱险通道的照明、通畅性、防火遮蔽的完整性等要求显得尤为重要。

从机舱处所的下部起至该处所外面的一个安全地点，应能提供连续的防火遮蔽。应急逃生通道应有箭头表示的指引牌，用荧光材料制成。应急通道内照明应保持正常。

脱险通道中设置一条安全绳，安全绳是没有强制要求的，仅作为船上良好做法，但要保证安全绳状态良好，常见安全绳有各种形式，配有安全带、滑轮，打上间隔结等。

"育鲲"轮在副机舱、主机舱和艉轴弄三个舱里都设有逃生口。

六、应急速闭装置

1. 风油切断

SOLAS 公约和《钢质海船入级规范》规定，服务于机器处所的动力通风的停止应集中在两个位于服务处所外部的位置上进行，其中之一应位于邻近于这种处所的并易于到达之处，且应在其所服务的处所失火时不易被隔断。机器处所动力通风的停止设备应与其他处所的通风停止设备完全分开；应设有停止强力送风和抽风机、燃油驳运泵、燃油装置用泵、润滑油供应泵、热油循环泵和油分离器（净油器）的控制设备。除油分离器外，该控制设备应位于各有关处所的外部，从而不会在其所服务的处所失火时被隔断。

"育鲲"轮在三层左舷（2个）、三层右舷（1个）和消防控制站（2个）共设有5个风油应急切断开关。另外应有设施以停止用机器处所及装货处所的通风机和关闭通达该处所的一切门道、通风筒、烟囱周围的环状空间。此项设施在失火时应能从各处的外部操纵（通风筒挡火板及天窗、烟囱的应急关闭装置）。在消防控制站内、电控间内和三层左舷后部还设有多个开关，用来遥控关闭风道防火闸门。

2. 燃油速闭装置

速闭阀是设在双层底上方的储油柜、沉淀油柜和日用油柜的每一根吸油管上，当该油柜所在处失火时能从有关处所的外部加以关闭的旋塞或阀。船上燃油速闭阀应急关闭装置动力一般是压缩空气。公约是对船舶设计、建造，实现特定功能的最低要求，其对速闭阀的要求可总结为：（1）位置在船舶双层底以上且容积≥500 L 的燃油舱柜的燃油管路上需要安装速闭阀；（2）速闭阀应直接安装在燃油舱柜上；（3）速闭阀应能在燃油舱柜所在处所以外的位置进行操作，实现关闭；（4）应急发电机油柜的速闭阀远程操作位置应独立于机器处所其他油柜速闭阀操作位置。

"育鲲"轮机舱油舱柜速闭阀控制系统为气动控制系统,包括速闭阀控制空气瓶、各油舱柜速闭阀及管路阀门。控制空气瓶位于游步甲板的消防控制站内,空气瓶保压 0.7 MPa,空气来自机舱压缩空气系统。四个控制阀位于消防控制站外的阀箱内,控制四路油舱柜速闭阀的开启。一路控制焚烧炉轻柴油柜、焚烧炉污泥柜、锅炉柴油日用柜及锅炉燃料油日用柜,一路控制 1 号燃油沉淀柜、2 号燃油沉淀柜、1 号主机燃油日用柜、2 号主机燃油日用柜,一路控制轻柴油沉淀柜及轻柴油日用柜,一路控制气缸油储存柜、主机滑油沉淀柜、主机滑油储存柜、副机滑油储存柜、1 舱左燃油舱、1 舱右燃油舱及副机燃油日用柜。打开各路相应控制阀,相应出口速闭阀即自动关闭。

机舱油舱柜速闭阀控制系统为机舱应急设备,需每月测试一次。测试时,打开控制阀箱内的控制阀,检查相应所控制油舱柜速闭阀是否正常关闭(测试过程见视频)。每周检查控制空气瓶空气压力,泄放残水。每月测试时,检查管路阀门是否泄漏,活络各个油舱柜速闭阀。

钢丝绳型速闭装置,可选择其中部分速闭阀来试,如应急发电机油柜,如不能动作可能是阀的问题或拉绳转向轮不活络或损坏等原因。

另外还有一种是液压型速闭阀,可检查是否漏油,能否建立起油压,储油柜中是否有油,手柄有无断裂现象。

3. PSC 检查要点

(1)安装方面:油舱、油柜是否根据公约要求装速闭阀。速闭控制装置是否处于保护处所之外。

(2)功能方面:速闭阀是否卡死、生锈,遥控装置故障,是否漏气、漏油,速闭阀手柄是否被绑在开启位置。

七、应急消防泵

1. 公约和规范相关要求

应急消防泵是当机舱进水、失火或全船失电时,用来提供消防水的设施。按规定,总吨 2 000 以下船舶的应急消防泵可为可携式,常用汽油机驱动的离心泵;总吨 2 000 及以上船舶应设固定式动力泵。固定式应急消防泵应设在机舱以外,其原动机为柴油机或电动机。电动应急消防泵需由主配电板和应急配电板供电。

应急消防泵的排量应不少于所要求的消防泵总排量的 40%,且任何情况下不得少于 25 m³/h。应急消防泵按要求的排量排出时,在任何消火栓处的压力应不少于规范规定的最低压力。

作为驱动应急消防泵的柴油机,应在温度降至 0 ℃ 时的状态下能用人工手摇曲柄随时起动。若不能做到,或可能遇到更低气温时,则应设置经主管机关认可的加热装置,以确保随时起动。如人工起动不可行,可采用其他起动装置。这些起动装置应能在 30 min 内至少使动力源驱动柴油机起动 6 次,并在前 10 min 内至少起动 2 次。任何燃油供给柜所装盛的燃油,应能使该泵在全负荷下至少运行 3 h,在主机舱以外可供使用的储备燃油,应能使该泵在全负荷下再运行 15 h。

"育鲲"轮在减摇鳍舱装设有应急消防泵,型号为 ESNN-150MH-C55,排量:80 m³/h,

压头:85 m。这台泵为两级串联式离心泵,也可单级使用,单级使用时将作为减摇鳍舱的污水泵。它的控制位置包括:驾驶台、机控室、消防控制站、甲板办公室、机旁。

2. PSC 检查要点

(1)应急消防泵处所 IMO 标识清晰,张贴有应急消防泵操作程序;

(2)所有遥控位置起动正常,吸口阀保持长开;

(3)应急消防泵能够正常起动(10 min 内至少两次),出水压力正常(空载状态下仍能同时供应两股水柱),无严重泄漏;

(4)泵体无严重锈蚀,压力表正常,阀件活络,起动箱及进、出口阀有标志;

(5)原动机处于良好状态,电动应急消防泵遥控装置正常;

(6)柴油机日用燃油柜所盛装的燃油,应能使该泵在全负荷下运行至少 3 h,另在机舱外储存足够燃油供泵再运行 15 h;

(7)泵间照明良好(含应急照明),无积水(有污水位报警的设备应保持良好)。

八、应急空气压缩机

应急空压机应采用手动起动的柴油机或其他有效的装置驱动,以保证对空气瓶的初始充气。

应急空压机是船舶以"瘫船"状态恢复运转的原始动力。所谓"瘫船状态",是指包括动力源的整个船舶动力装置停止工作,而且使主推进装置运转和恢复主动力源的辅助用途的"育鲲"轮分别设有电动应急空压机和手动应急空压机。电动应急空压机的型号为 SPERRE HL2/77;冷却方式:风冷;排量:25 m^3/h;最高排出压力:3.0 MPa。作用:主空压机故障时,由应急配电板供电,代替主空压机向空气瓶充气。

手动应急空压机的型号:HLH/119,排量:0.5L/STROKE,最高排出压力:3.0 MPa,作用:在瘫船状态时,人工摇动往复式空压机向应急发电机起动空气瓶充气,以便起动应急发电机。

九、轮机部应急设备维护保养

轮机人员应加强对应急设备方面的管理,所有应急设备应按规定周期进行效用试验并记录,确保应急设备始终处于立即可用状态,并能达到熟练操作使用的程度。

属轮机部管理的应急设备种类、效用试验周期、设备负责人及维护如表 9-2 所示。

表 9-2　轮机部应急设备维护保养一览表

序号	应急设备	效用试验内容及周期	设备负责人	维护保养标准
1	救生艇机	①艇机:每周进行起动、正倒车换向试验,每次试验时间不得少于 3 min; ②充电变压器:每季测量输出电压;每月进行自动起动试验	三管轮	①及时补充燃油并泄放油柜凝结水; ②具备 0 ℃起动功能,冬天用 10 号轻柴油; ③充电变压器螺丝要紧固,充电控制箱水密性要好,自带充电机及艇内照明应检查线路,排除短路、断路和腐蚀隐患
2	消防泵和应急消防泵	每周进行效能试验		在最高位置的消火栓上应能维持两股射程不少于 12 m 的水柱或消火栓处的压力达 0.28 MPa
3	应急空压机	①每 2 周效用试验; ②每年进行充气试验一次	二管轮	年度充气试验应记录应急气瓶充气压力和所需时间
4	应急发电机	每月试验应该包括起动和供电: ①自动起动和人工起动均正常; ②在主电源断电后 45 s 内能及时供电		①应急电源可以是应急发电机,也可以是蓄电池,但必须满足《钢质海船入级规范》要求。应急发电机应具备 0 ℃起动能力,及时补充燃油和滑油并泄放燃油柜的凝结水; ②应急配电板内外清洁,螺母无松动; ③蓄电池组必须保持清洁,注液孔的胶塞必须旋紧,以免因振动使电解液溢出;透气孔保持畅通; ④充放电盘:为了消除极板磁化现象,应按时进行过充电和定期进行全容量放电; ⑤蓄电池室严禁烟火并通风良好
4	应急配电盘	①每月试验应急起动应符合要求; ②每年检查与主配电板连锁装置动作应正常		
4	充放电盘及蓄电池	每年对电解液化验一次、发现异常应及时处理		
5	油类速闭阀	每 6 个月就地、遥控关闭试验		及时保养集控箱(或空气管路、气瓶、空气压力或液压系统等)连接索,保持操作灵活

续表

序号	应急设备	效用试验内容及周期	设备负责人	维护保养标准
6	主机机旁应急操作装置	每6个月操作试验		有些船公司要求每次抵港前和开航前进行操作试验。张贴主机应急操作规程
7	风、油应急切断装置	每6个月进行切断电源试验		
8	机舱应急吸入阀	每3个月进行开关活络检查；每年打开彻底检查		该阀应是截止止回阀,吸口应直通舱底,开关手轮应高出花铁板450 mm,开关方向的标志要醒目。检查机舱进水操作步骤
9	应急舵机	每3个月进行手动操舵试验		有些船公司要求每次抵港前和开航前进行操作试验。应急操作程序应能永久显示
10	机舱天窗、烟囱百叶窗速闭装置、机舱风筒挡火板	每3个月进行开关试验	大管轮	保持活络
11	机舱水密门	每3个月就地两侧及遥控关闭试验		关闭前声光报警15 s,直到关闭;关闭时间不大于90 s(手动)或60 s(动力)
12	机舱安全通道	随时畅通		整洁、照明良好
13	CO_2灭火装置	随时保证完好可靠		①CO_2站室的通风和通信联系应良好可靠,站内不许存放任何杂物,开启站室钥匙箱应完好;②瓶体明显腐蚀时应对其进行测厚检查或压力试验;③机舱CO_2遥控释放装置应完好可靠,释放前声光报警应完好

第十章　船舶防污染装置

当前,在航运业飞速发展的同时,船舶对海洋环境造成的污染也在日趋加剧。船舶对海洋环境的污染可分为油类污染和非油类污染。油类污染主要包括机舱含油污水(又称舱底水)和油渣;非油类污染主要指船舶生活污水、固体垃圾、船舶废气和外来物种入侵等。

国际上对船舶防污染最有影响的是《MARPOL 73/78 公约》,全称是《〈1973 年防止船舶造成污染国际公约〉及其 1978 年议定书》。该公约由国际海事组织制定,共有六个附则,分别为:防止油污规则;控制散装有毒液体物质污染规则;防止海运包装、集装箱、可移动罐柜或公路及铁路槽罐车装运有害物质造成污染规则;防止船舶生活污水造成污染规则;防止船舶垃圾造成污染规则;防止船舶造成大气污染规则。此外,IMO 通过的《2004 年国际船舶压载水和沉积物控制和管理公约》(以下简称《压载水公约》)对压载水排放也提出了要求,以控制外来物种入侵。

在我国,也有《中华人民共和国海洋环境保护法》《船舶污染物排放标准》《中华人民共和国防止船舶污染海域管理条例》等一系列法律法规,为保护海洋环境提供了法律依据。

目前,为了保护海洋环境,并满足各公约和法规的要求,船舶主要设置的防污染设备包括:油水分离器、焚烧炉、生活污水处理装置和压载水处理装置。为了防止船体和海水管路的腐蚀和脏堵,船舶还设有防污防腐装置。

第一节　油水分离器

油水分离的方法有很多种,主要有物理分离、化学分离和生化分离等。船用油水分离器主要采用物理分离,如离心分离、重力分离、过滤、聚合和吸附等。本节主要介绍 TURBULO MPB2.5 型油水分离器和 Bilge Master-E 5000 clean design 型油水分离器以及油分浓度检测仪。

一、TURBULO MPB2.5 型油水分离器

TURBULO MPB2.5 型油水分离器产自德国,处理量为 2.5 m³/h,是一种重力分离与聚合分离相组合的油水分离器。如图 10-1 所示为该油水分离器的结构图。如图 10-2 所示为该油水分离器工作原理图。

工作时,污水泵 34(单螺杆泵)首先将舱底水压入一级分离筒 1,由于油与水之间存在密度差,较轻的油滴便会上浮到分离筒顶部;其余含油污水向下进入凝聚过滤器 5,该过滤器可使油滴凝聚而增大,当油滴直径达到一定程度时,所受浮力大于重力与黏附力,油滴便会脱离凝聚过滤器而上浮到分离筒顶部。经处理后的污水经三通阀 24 进入二级分离筒 14。

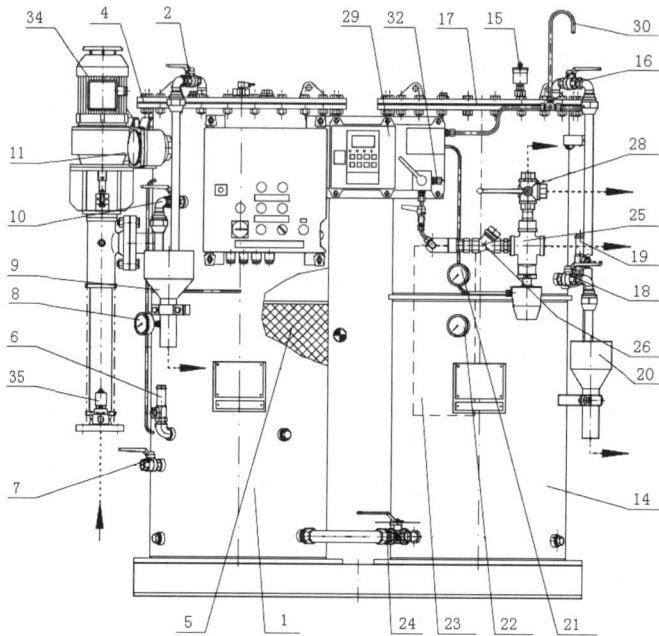

(a)主视图

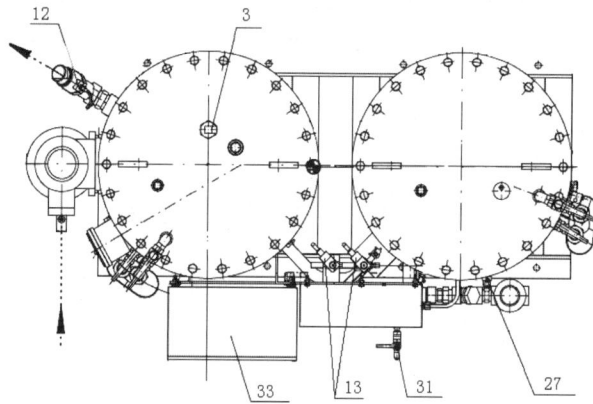

(b)俯视图

图 10-1 TURBULO MPB2.5 型油水分离器结构图

1——一级分离筒;2——泄油阀;3——液位电极;4、17——密封圈;5——凝聚过滤器;6、19——安全阀;7——充水阀;8、21、22——压力表;9、20——漏斗;10——油位控制阀;11——电加热器;12——气动排油阀;13——电磁阀;14——二级分离筒;15、27——放气阀;16——高位泄油阀;18——低位泄油阀;23——聚合滤芯;24——三通阀;25——气动三通阀;26——保压阀;28——手动三通阀;29——油分浓度检测仪;30——透气管;31——取样阀;32——淡水进口;33——电控箱;34——污水泵;35——防干转电磁阀

在二级分离筒内,污水依次通过上、下两级聚合滤芯 23,在此,更细的油滴被吸附;然后,清水(油分浓度不超过 15 ppm)经保压阀 26、气动三通阀 25 以及手动三通阀 28 排往

舷外。

清水在排往舷外之前,必须有一部分样水进入油分浓度检测仪 29,以检测其中的油分浓度。只有在油分浓度不超过 15 ppm 时,气动三通阀 25 才能打开,将处理过的污水排往舷外。淡水可经进口 32 进入油分检测室,以便在检测室脏污后对其进行清洗。

汇集在一级分离筒顶部的污油通过气动排油阀 12 排往油渣舱。泄油阀 2 和油位控制阀 10 用于检验油位,若打开后有油流出,则应立即手动开启阀 12 排油。二级分离筒内污油聚集的速度较慢,可定期开启高位泄油阀 16 和低位泄油阀 18 检查油污汇聚情况,必要时可经漏斗 20 将污油泄放至舱底。

左、右两个电磁阀 13 分别控制气动三通阀 25 和气动排油阀 12 的控制空气通断。左电磁阀由液位电极 3 控制,右电磁阀由油分浓度检测仪 29 控制。放气阀 15 和 27 用于泄放聚集在分离筒内部的空气。电加热器 11 可在环境温度较低时对污水加温,以提高油和水的密度差,提高分离效果,并有利于污油泄放。由充水阀 7 可向油水分离器内部供应压力为 0.4 MPa 的淡水,以便在停用时保持分离筒内部充满清水,并可用于分离筒的清洗。污水泵 34 的吸口还设有防干转电磁阀 35,正常工作时常闭,舱底水舱液位低至液位开关设定值时打开,从而吸入淡水,以防止舱底水被排空后污水泵干转。

经长期使用后,凝聚过滤器 5 和聚合滤芯 23 均会变脏,凝聚过滤器可经清洗恢复过滤功能,但聚合滤芯是不可再生的,脏到一定程度必须换新。

如图 10-2 所示,在航行期间,当满足油水分离器的工作条件时,污水泵可以直接从机舱污水井吸入含油污水,经过重力-聚合分离,将油分浓度不超过 15 ppm 的清水经阀 WSV1 排出舷外。在靠泊期间,任何含油污水都不允许排放,而需要将各污水井中的舱底水收集,存放于舱底水舱,待到航行期间再经油水分离器排出舷外。经阀 WSV6 而来的海水,可在起动时防止污水泵干转,并可在停用或清洗时向分离筒内注入海水。

二、Bilge Master-E 5000 clean design 型油水分离器

GEA 公司生产的 Bilge Master-E 5000 clean design 型油水分离器是一种离心式油水分离器。离心机的型号为 WSE50-01-037 型,处理量为 5 000 L/h,电机功率为 17.5 kW,IP55,ISO-Class F;污水供给泵型号为 Allweiler AEB 1E 100 型,额定转速为 375 r/min,电机功率为 1.73 kW;油分浓度检测器为 OMD-24 EV 型,检测范围为 0~30 ppm。离心机的工作原理与分油机类似,此处不再赘述。

如图 10-3 所示为该型油水分离器的工作原理图。由图中可以看出,舱底水经污水供给泵吸入后首先经过自清滤器进行过滤,自清滤器可以将直径大于 0.4 mm 的杂质过滤掉,有效降低离心机内盘片的脏污。自清滤器根据压差进行反冲洗,反冲洗产生的杂质排至油渣舱。过滤后的舱底水经过加热后达到设定温度(加热温度 85 ℃),则通过三通阀进入油水分离器;如果未达到设定温度,则经过三通阀回流至舱底水预处理舱。舱底水经过在油水分离器内的离心分离后,分离出的污油将排放至舱底水分离油舱;净水经过油分浓度检测装置检测合格后(≤15 ppm),经气动三通阀排放至舷外。在气动三通阀排舷外管路的下游还设有手动三通阀,可以通过手动三通阀转换选择排舷外或者回流至舱底水舱。舱底水供给泵为变频调节,通过变频器控制频率在 20~74 Hz 的范围内,根据油分浓度检测数值的大小自动调节进入油水分离器的舱底水的流量,以保证良好的分离效果,使排出净水的油分浓度低

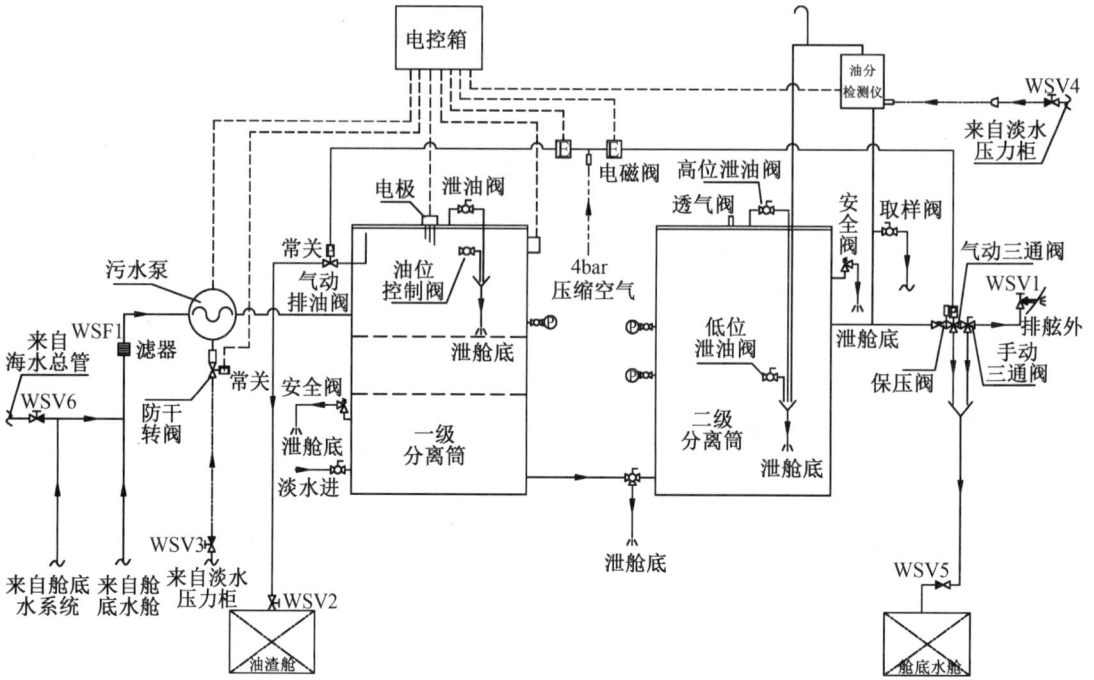

图 10-2   TURBULO MPB2.5 型油水分离器工作原理图

于 15 ppm。

除上述满足 IMO MEPC 107(49) 的基本要求外,"育鲲"轮还设置有 5 ppm 的吸附滤器,通过该滤器可以将舱底水中含油浓度降低到 5 ppm。如果吸附滤器产生故障,可以通过旁通管路后进入正常的 15 ppm 检测程序。

三、油分浓度检测仪

油分浓度的检测方法主要有光学浊度法、荧光法以及红/紫外吸收法等。"育鲲"轮油水分离器采用的是基于光学浊度法的 OMD 2005 型油分浓度检测仪,其结构如图 10-4 所示。

该油分浓度检测仪利用测量光束通过油污水乳浊液后,直射光和散射光的强度随含油液浓度变化的原理来测定油分浓度。控制单元 1 用于对检测信号进行处理,当油分浓度的测量值超过设定值 15 ppm 时,便会发出声、光报警,同时(通过图 10-1 中的电磁阀 13 使气动三通阀 25 动作)使舱底水由排舷外转至返回舱底水舱。工作时,样水由三通阀 7 进入检测室 4,然后从上部的出水口流回舱底。检测室内部为一玻璃管,其顶部有旋塞 2,每当油水分离器使用前,需要打开该旋塞对玻璃管内壁进行清洁,以提高检测精度。检测室右上方还有干燥器 3,用于除去玻璃管外侧的水分,以免影响测量效果。转换手柄 5 用于控制三通阀 7,可选择是样水还是清水进入检测室。只有在转至"样水"位置时,限位开关 6 才会检测到信号,油水浓度分离器正常工作;当转至"清水"位置时,控制单元检测不到位置信号,油分检测仪处于清洗状态,污水将只能回到舱底水舱。

15 ppm 报警测试常用方法有两种:一是模拟测试,产生模拟信号,仅能测试报警器及各

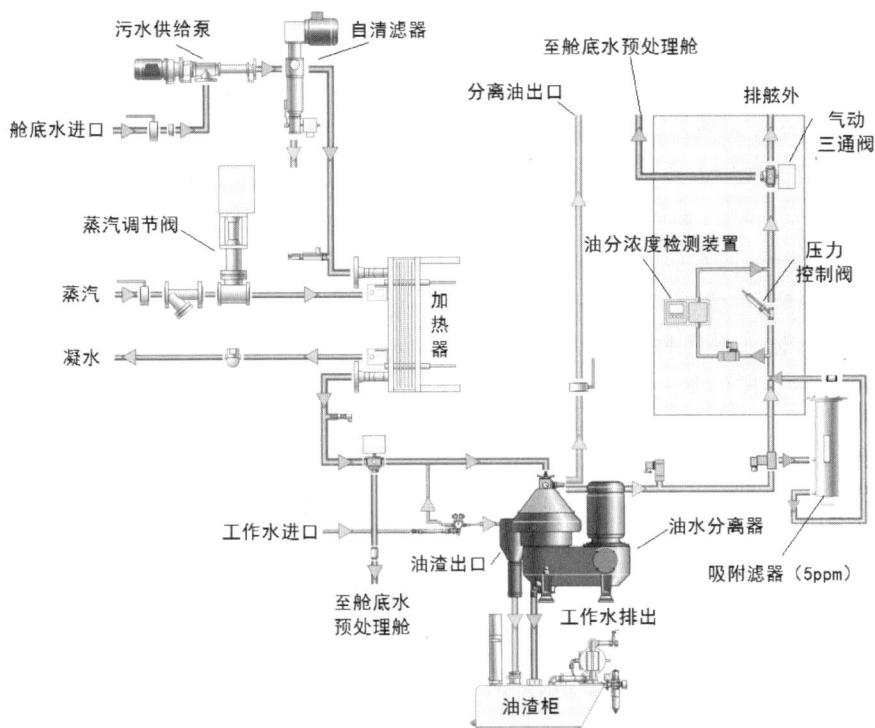

图 10-3　Bilge Master-E 5000 clean design 型油水分离器工作原理图

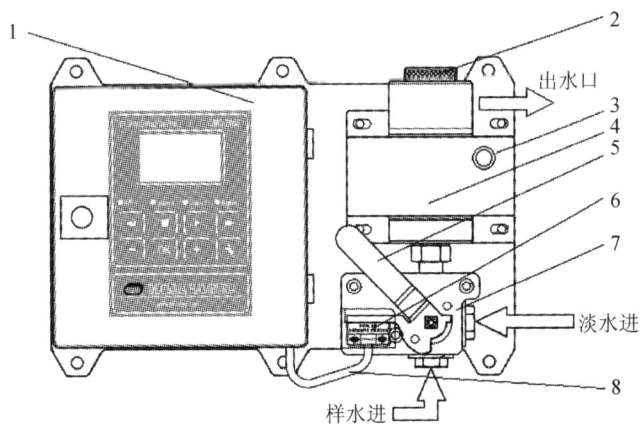

图 10-4　OMD 2005 型油分浓度检测仪

1—控制单元;2—旋塞;3—干燥器;4—检测室;5—转换手柄;6—限位开关;7—样水/清水三通阀;8—电缆

转换阀的性能,而不能对监测及超标报警进行测试;二是使用毛刷等遮光物插入油分计内手动清洗过程报警;三是使用含油样水注入油分计。

四、PSC 检查要点和典型案例分析

油水分离器是船舶防污染设备中最重要的设备,也是国内外船舶检查中的必查项,在这方面查出的缺陷必定会造成船舶的滞留。因此,加强油水分离器的管理是一项非常重要的

任务。

1. PSC 检查要点

（1）机舱舱底及舵机间无过量油污水；设备和管路无明显漏水现象；应急舱底水吸口阀开关自如；机舱舱底水高位报警正常有效。

（2）与实际设备相符的操作规程永久性张贴在油水分离/过滤设备处所，相关人员熟练操作。

（3）设备、机舱、污水舱及管路布置应与 IOPP 证书上相关内容一致；无非法排放管路。

（4）油水分离/过滤设备的壳体、泵、阀件、压力表/真空表等部件处于良好状态。

（5）自动排油阀、三通阀转换功能正常，管路畅通。

（6）15 ppm 监控装置试验正常。

（7）油水分离器的记录仪工作正常，并确认油分计记录仪耗材足够。

（8）船舶靠港/进入限制区域前，机舱污水排舷外阀必须关严上锁并挂警告标志牌。

（9）船上应装设接收舱底水残余物的标准排放接头；标准排放接头即刻可用，并确认有足够螺栓及规定尺寸。

（10）相关人员应能熟练操作排油监控系统和油水分离/过滤设备。

（11）油水分离/过滤设备已定期清洗，内部和排放管系无过多油污。

（12）核查油类记录簿中关于舱底水的转驳、处理等记录，可在现场对舱底水舱存量情况进行核查。

（13）按照油类记录簿说明和相应代码准确记录每一项加装燃/润油、污水排放和残油处理等作业，每项作业完成后责任人签字；残油和含油污水交岸应保存主管机关认可的收据；残油（油泥）焚烧整个操作时间记入油类记录簿。

船舶管理者应注意以下问题：

（1）到港前，必须对阀进行功能试验，检查三通阀是否在真动作，不能只听到空气的声音就认为阀是正常运作的。不要忘记锁闭出海阀，并保证出海管、法兰及周围无污油。油水分离器周围应张贴禁止向舷外排放油污水的警示牌和污水处理管系图。注意，有时检查官会要求向 15 ppm 报警系统的管路中注污油，测试其是否报警。

（2）必须用闷板将机舱各消防泵和压载泵排污的管系封死。

（3）使用油水分离器时，污水柜中的水不要全部排出去，因为污水柜上部会有一层污油，每次都保留一定的存水量，等污油量较多时，可将其打到污油柜，尽量避免污油进入油水分离器。

（4）管理者应严格按照操作规程进行污水处理。起动泵前，须先向油水分离器内注满海水，并手动排污，同时打开蒸汽加温阀。停用油水分离器前，必须用海水冲洗，并手动排污几分钟，防止油水分离器内部有剩余污油。

（5）定期打开油水分离器的道门检查和清洁，如有必要应更换滤器。平时使用中检查滤器前后压力表的压差，若压差太大，则需要清洗滤器。

（6）抵港前，确保污水泵和油水分离器底盘及周围无污油。

2. 典型缺陷分析

（1）油水分离器取样管路与冲洗水管路转换布置不满足设备有效监控要求

MEPC. 107(49)要求 15 ppm 舱底水报警反冲洗装置的结构应是每当为做清洁工作或

恢复零位而使用清水时,均起动警报(防止蓄意操纵)。在对某船进行 PSC 检查时发现,反冲洗装置仅设置了一个三通转换即可以对取样管路和冲洗水管路进行切换,而对该三通转换阀的操作无任何监控,当切换至冲洗水管路时,冲洗水代替样水后,系统仍可以继续运行。还有的反冲洗装置设置了一个三通转换即可以对取样管路和冲洗水管路进行切换,并利用一行程限位开关进行操作手柄监控;当操作手柄转换至冲洗水管路时,触动限位开关,触发报警动作;按照装换开关工作原理及结构布置,在触发报警前,该转换阀可以对取样水进行节流,也可以在切换冲洗水时,保持在一定开度上向油分计供给冲洗水,该布置存在蓄意操作的可能,不能保证取样的真实性和足够的流量及压力。

(2)某外籍集装箱船配备了符合 MEPC.107(49)决议的 15 ppm 舱底水报警装置,在某港接受 PSC 检查时,PSC 检查官发现该船通向 15 ppm 舱底水报警装置检测单元的取样管路上有一个可手动操作的截止阀,当 15 ppm 舱底水分离器正常运转一段时间后,关闭取样管路上的截止阀(即切断取样水),15 ppm 舱底水报警装置未发出报警,未触发自动关停装置。虽然该船的舱底水防污染设备具有符合 MEPC.107(49)决议的型式认可证书,但在船舶实际营运时,若在设备正在运行期间关闭取样阀,受取样管路内残余压力的影响,系统仍能继续运行,意味着有可能排放含油量大于 15 ppm 的舱底水至舷外,据此被 PSC 检查官开具缺陷。

(3)其他常见缺陷

油水分离器排出管路上气动三通阀或排出电磁阀因橡胶老化或者阀芯被杂物卡住而关不严,致使超标后污油水仍向舷外排放,曾多次导致船舶被滞留;部分装置箱体内接线端子裸露,且要害点无铅封或封条,装置很容易被通过短路等方式越过其监控功能;打印机或记录装置不能正常打印或记录装置不能调取历史记录,原设备不具有打印功能(只能调取历史数据),不能留存近 18 个月的信息在船上;多个舱底水报警装置的响应时间超过决议的要求而被滞留,舱底水报警装置的响应时间,即从送至 15 ppm 舱底水报警装置的样品发生变化至 ppm 显示器显示出正确的响应所需时间超过 5 s。总响应时间即送至 15 ppm 舱底水报警装置的样品发生变化到自动关停所需时间超过 20 s。

第二节　焚烧炉

在船上,焚烧炉主要用于焚烧污油、油渣、生活污水处理装置排出的污泥、机舱废棉纱和其他可燃固体垃圾。其中,污油通过污油燃烧器燃烧;固体垃圾可经加料门送入炉内燃烧;生活污泥可送入污油柜中与污油混合,经粉碎泵循环粉碎后,通过污油燃烧器喷入炉内进行燃烧。

一、焚烧炉的工作原理

"育鲲"轮采用的是丹麦生产的 ATLAS 200 SL WSP 型焚烧炉,配有 1200 SP 型污油柜。在标定工况下,该焚烧炉的污油处理量为 24 L/h,垃圾的处理量为 40 kg/h。如图 10-5 所示为该焚烧炉的系统原理图,主要包括焚烧炉本体和各个系统,如燃油系统、污油系统、燃烧器、空气-烟气系统、压缩空气系统和蒸汽加热系统等。

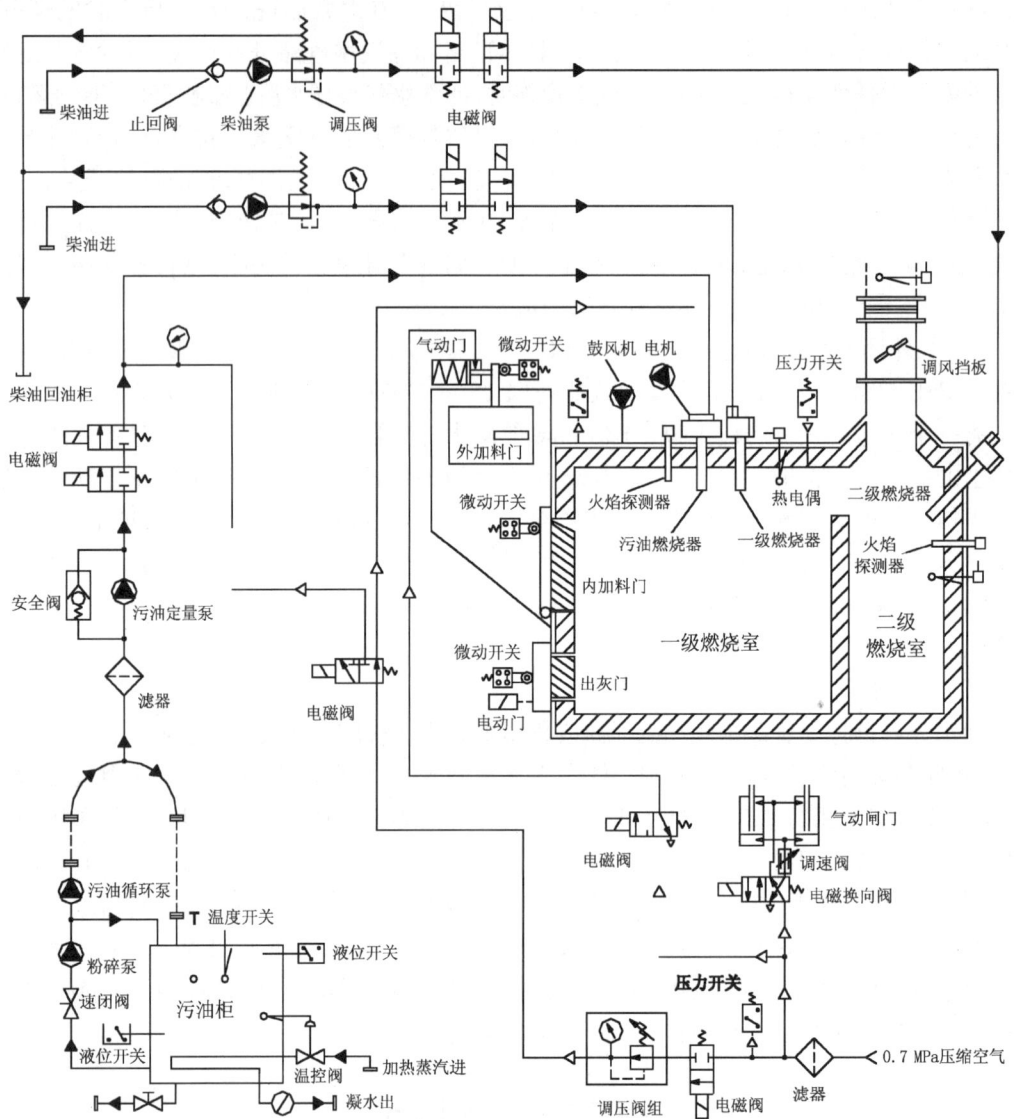

图 10-5 "育鲲"轮焚烧炉系统原理图

1. 焚烧炉本体

焚烧炉本体主要包括一级燃烧室、二级燃烧室、烟道、内/外加料门、出灰门等。炉体顶部装有一台鼓风机、污油燃烧器(自带风机)、污油定量泵、一级/二级燃烧器模块(包括燃烧器、鼓风机、柴油泵)。一级燃烧室用于焚烧污油或固体垃圾,二级燃烧室用于焚烧来自一级燃烧室的未完全燃烧气体,以降低废气对大气污染的程度。固体垃圾先后经外、内加料门方可进入一级燃烧室,燃烧产生的灰渣从出灰门排出。

2. 燃油系统

燃油系统有两路,分别由两台柴油泵从焚烧炉柴油回油柜吸入,经各自的调压阀和电磁阀后再分别进入一级燃烧器和二级燃烧器。一级燃烧器用于对一级燃烧室预热,并引燃固体垃圾和污油燃烧器;二级燃烧器用于对二级燃烧室预热,并燃烧来自一级燃烧室的未完全燃烧气体。

在本焚烧炉中,两台柴油泵分别与各自的燃烧器整装在一起,分别位于一级燃烧室和二级燃烧室,燃烧器组件是由燃油泵、鼓风机及喷油器组成的。可以分别根据一、二级燃烧室的温度自动起停。

3. 污油系统

污油由粉碎泵(带刀片的离心泵)从污油柜吸入,然后再回到污油柜,如此多次循环加热、粉碎和搅拌后,可形成小颗粒的乳状液;同时,污油循环泵(单螺杆泵)从粉碎泵的出口吸入污油,然后流回污油柜,用于对污油管路保温。污油柜中设有蒸汽加热器,通过蒸汽管路上的温控阀控制加热温度。污油定量泵(单螺杆泵,由变频电机驱动)经滤器从污油循环管路中吸油,然后将其送至污油燃烧器进行燃烧。

4. 燃烧器

焚烧炉中一般设置有辅助燃烧器和污油燃烧器。辅助燃烧器可燃用重油或柴油,用于预热炉膛,保持炉内足够高的温度,以引燃污油燃烧器及固体垃圾;污油燃烧器只用于焚烧污油。"育鲲"轮设置有两个柴油辅助燃烧器(一级/二级燃烧器)和一个污油燃烧器。

辅助燃烧器采用的是压力式燃烧器,其基本原理较为简单,这里仅介绍气流式污油燃烧器。

如图 10-6 所示为"育鲲"轮焚烧炉污油燃烧器的原理图。该气流式燃烧器利用压缩空气(也有些气流式燃烧器使用蒸汽)使污油雾化而燃烧。这种燃烧器的喷嘴采用套管形式,外管 5 内套有内管 6,从而在内、外管之间形成环形污油通道。工作时,压缩空气从气孔 8 中高速喷出,与从油孔 7 喷出的污油在混合孔 9 内高速撞击,污油被撕碎成细小油滴。雾化后的小油滴与燃烧风机供入的燃烧空气充分混合,然后在燃烧室中燃烧。这种燃烧器雾化效果好,与空气混合均匀,燃烧迅速,炉膛负荷高,污油在炉内燃烧时间短,焚烧量大。其缺点是对污油中颗粒的直径要求较高,需要将粒径控制在 0.8 mm 以下,否则喷嘴容易堵塞。

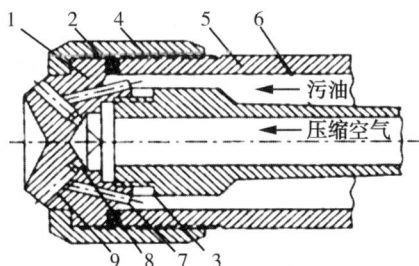

图 10-6　气流式燃烧器

1—喷嘴体;2、3—垫圈;4—喷嘴帽;5—外管;6—内管;7—油孔;8—气孔;9—混合孔

5. 空气-烟气系统

本装置中有两类空气,分别是冷却空气和燃烧空气。冷却空气由装于焚烧炉顶部的鼓风机送入焚烧炉炉壁内的空气夹层,用于冷却焚烧炉外壳,并与燃烧后的高温烟气混合,以冷却并稀释排出的烟气。燃烧空气由相应的燃烧器自带风机提供,分别为污油燃烧器、一级燃烧器和二级燃烧器提供燃烧空气。

燃烧产生的废气经排烟管排出,调风门用于控制燃烧室内压力的大小,从而改善燃烧效果。

6. 压缩空气系统

压缩空气系统可向焚烧炉提供三路 0.7 MPa 的压缩空气。其中第一路经调压阀组进入污油系统,供污油燃烧器雾化使用;第二路空气经电磁阀进入气动门,用于打开外加料门的锁闭机构,以便向其中投放垃圾(该气动门靠弹簧力关闭);第三路空气经电磁阀和节流阀后进入气动闸阀,用于控制内加料门的启闭,从而向炉膛内投放垃圾。

7. 蒸汽加热系统

污油柜中设置有蒸汽盘管,用于对污油进行加热,在提高污油流动性的同时,可使其中的水分挥发出去,以提高污油的可燃性能。加热温度通过蒸汽进口管路上的温控阀来设定和控制,一般设定为 110~120 ℃。

此外,系统中还有各种控制元件,如液位开关、温度开关、微动开关(限位器)、火焰探测器和热电偶等,用于实现焚烧炉的自动控制,并可在装置运行异常时发出声、光报警,乃至停止燃烧。

工作时,污油的燃烧由污油系统来实现;对于垃圾的处理,可装入塑料袋中,在停炉时直接从加料门投入炉内,然后再点炉让其在高温炉膛的热辐射下自燃,也可以在烧污油时直接从加料门投入。燃烧后产生的灰渣从电控的出灰门排出。

二、"育鲲"轮焚烧炉操作规程

由于"育鲲"轮焚烧炉为全自动控制,一旦投入使用后不需人工干预,这里将主要介绍其在焚烧垃圾和焚烧污油过程中的时序控制流程。如图 10-7 所示为"育鲲"轮焚烧炉自动控制时序图。

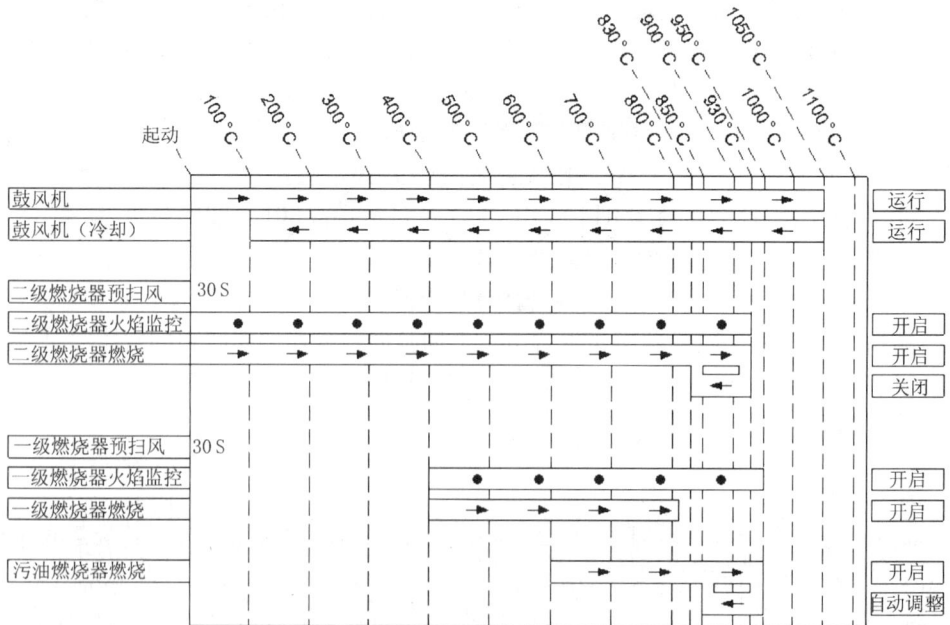

图 10-7 "育鲲"轮焚烧炉自动控制时序图

1. 起动前的准备工作

(1)确保焚烧炉柴油柜和污油柜液位正常。

(2)打开柴油系统管路上各阀,两台柴油泵盘车检查,确保状况正常;若停用时间较长,则需要从油泵滤器处灌入少量柴油,以防止油泵干转。

(3)打开压缩空气管路进口阀,检查压力是否正常。

(4)确保两台鼓风机的进气和焚烧炉排烟畅通。

(5)打开焚烧炉控制箱的电源主开关。

(6)如果要焚烧污油,需提前打开污油柜蒸汽进出口阀,将污油加热至110~120 ℃,盘车检查污油粉碎泵、循环泵及定量泵的状况。

(7)如果要焚烧垃圾,则提前打开外加料门,将垃圾放入,然后关闭外加料门,同时确保内加料门和出灰门处于关闭状态。

2. 焚烧固体垃圾(见视频)

(1)起动焚烧炉。在控制面板上选择"焚烧垃圾"模式,将焚烧炉起停旋钮转至"起动"位置,鼓风机将自动起动,对燃烧室进行预扫风;同时,两台柴油泵自动起动。

(2)起动预加热。在起动焚烧炉并经过30 s的预扫风后,二级燃烧器进口管路上的电磁阀通电打开,点火电极通电点火,二级燃烧器投入燃烧。

(3)火焰控制。根据燃烧室的温度,二级燃烧器将自动点火或熄灭。万一火焰失败,延时1 s后警报将被激活。

(4)起动燃烧。当二级燃烧室的温度达到400 ℃时,一级燃烧器进口管路上的电磁阀通电打开,点火电极通电点火,一级燃烧器投入燃烧;同时,二级燃烧器持续燃烧。按下加料面板上的"加料"按钮激活加料程序,外加料门锁闭,内加料门打开,预先放入加料门内的垃圾供入燃烧室,垃圾开始焚烧。

在外加料门处于关闭状态时,可以随时通过"加料"按钮打开内加料门。

(5)二级燃烧器的自动起停。当二级燃烧室的温度达到930 ℃时,二级燃烧器将停止燃烧,柴油供应被管路上的电磁阀切断,但鼓风机持续运转;当温度下降到830 ℃以下时,二级燃烧器重新投入燃烧。

(6)一级燃烧器的自动起停。在焚烧垃圾的过程中,若一级燃烧室的温度超过了810 ℃,则一级燃烧器将自动停止燃烧,若温度低于810 ℃,则自动起动。

(7)停止燃烧。按下"停止燃烧"按钮,一级和二级燃烧器的柴油供应被切断,鼓风机及一级/二级燃烧器风机继续运行,焚烧炉进入冷却程序。

(8)停止焚烧炉。当焚烧炉内的温度下降到100 ℃以下时,冷却程序结束,各风机自动停止。切断控制箱上的主开关,焚烧炉操作结束。

3. 焚烧污油

(1)起动焚烧炉。在控制面板上选择"焚烧污油"模式,将焚烧炉起停旋钮转至"起动"位置,鼓风机将自动起动,对燃烧室进行预扫风;同时,两台柴油泵、污油粉碎泵和循环泵也将自动投入工作。

(2)起动预加热。在起动焚烧炉并经过30 s的预扫风后,二级燃烧器进口管路上的电磁阀通电打开,点火电极通电点火,二级燃烧器投入燃烧。

(3)火焰控制。根据燃烧室的温度,二级燃烧器将自动点火或熄灭。万一火焰失败,延时 1 s 后警报将被激活。

(4)起动燃烧。当二级燃烧室的温度达到 400 ℃ 时,一级燃烧器进口管路上的电磁阀通电打开,点火电极通电点火,一级燃烧器投入燃烧;同时,二级燃烧器持续燃烧。当一级燃烧室内温度达到 600 ℃ 时,污油定量泵自动起动,管路上的电磁阀同时打开,污油供应至污油燃烧器,并在高温的一级燃烧室内被点燃;在污油燃烧的过程中,一级燃烧室内温度将自动保持在 850~950 ℃,由定量泵通过污油供应量的变化来实现。

在焚烧污油的过程中,也可随时通过"加料"按钮打开内加料门进行垃圾焚烧。

(5)二级燃烧器的自动起停。当二级燃烧室的温度达到 930 ℃ 时,二级燃烧器将停止燃烧,柴油供应被切断,但鼓风机持续运转;当温度下降到 830 ℃ 以下时,二级燃烧器重新投入燃烧。

(6)一级燃烧器的自动起停。在污油燃烧器工作的过程中,若一级燃烧室的温度超过了 810 ℃,则其将自动停止燃烧,若温度低于 810 ℃,则自动起动。

(7)停止燃烧。按下"停止燃烧"按钮,一级燃烧器、二级燃烧器和污油燃烧器断油,污油定量泵停止运转,鼓风机及一级/二级燃烧器风机继续运行,焚烧炉进入冷却程序。

(8)停止焚烧炉。当焚烧炉内的温度下降到 100 ℃ 以下时,冷却程序结束,各风机自动停止。切断控制面板上的主开关,焚烧炉操作结束。

4.相关参数的调定

(1)工作时,保持两台柴油泵的压力在 1.1 MPa 左右,相应风门刻度在 8 左右,并可根据火焰颜色和排烟状况进行适当调整。

(2)污油燃烧器的风门一般不需调整。

(3)炉膛负压保持在 2 kPa 左右,可通过烟道上的挡板开度进行调整。

(4)内加料门控制空气管路有一调速阀,用于控制加料门的开关速度,一般不需调整。

(5)内加料门控制空气管路有一电磁换向阀,其透气口滤器在长期使用后可能脏堵,从而影响放气速度;严重时,会导致气缸动作不畅而无法驱动内加料门。此时,可将该滤器取下,以迅速放气。

三、焚烧炉常见故障及常规保养

表 10-1　焚烧炉常见故障及排除方法

故障现象	可能原因	排除方法
焚烧炉供电故障	主开关失电	检查线路
焚烧炉火焰故障,停炉报警	柴油柜液位低	检查柴油柜液位
	柴油泵故障	检查柴油泵状况
	火焰探测器故障	检查、清洁火焰探测器
	点火电极位置不佳	检查并调整点火电极
	辅助油头喷嘴脏堵	检查喷嘴状况
	供油电磁阀无法打开	检查电磁阀状况及其供电与否
	污油燃烧器脏堵	检查并清洁污油燃烧器

续表

故障现象	可能原因	排除方法
	污油定量泵故障	检查污油定量泵的状况
	污油滤器脏堵	清洁污油滤器
	污油循环管路断油	检查污油循环泵状况
燃烧室温度过高	热电偶失效	测试热电偶状况
	垃圾投放过多	减少垃圾投放量
燃烧室温度过低	柴油供应不足	检查柴油泵、电磁阀及喷嘴状况
焚烧炉排烟温度高	热电偶失效	测试热电偶状况
	垃圾投放过多	减少垃圾投放量
污油柜反馈信号或电机故障	蒸汽加热系统故障	检查蒸汽供应状况,检查温控器状况
	污油柜液位低	污油柜加油,或结束焚烧
	电机故障	检查电机及接线
雾化空气故障	调压阀设定不当	重新设定空气压力
	空气供给中断	检查调压阀状况,检查气源及滤器状况
	电磁阀故障	检查电磁阀状况
燃烧空气故障	鼓风机故障	检查鼓风机状况
	气压设定不当	检查并调整燃烧空气压力
鼓风机过载	泵卡阻,电机过载	检查泵和电机状况
污油定量泵过载	泵卡阻,电机过载	检查泵和电机状况
污油循环泵过载	泵卡阻,电机过载	检查泵和电机状况
污油粉碎泵过载	泵卡阻,电机过载	检查泵和电机状况
内加料门不能关闭	内加料门卡阻	待焚烧炉冷却后,检查内加料门状况
	压缩空气供给不足或断气	检查气源及空气管路
外加料门开启	外加料门没有关闭	关闭外加料门
	限位开关失效	检查限位开关状况
出灰门开启	出灰门没有关闭	关闭出灰门
	限位开关失效	检查限位开关状况
炉膛负压低	压力开关设定不当	调整压力开关设定值
	烟道挡板开度不当	调整烟道挡板开度

表 10-2　焚烧炉常规保养时间及保养内容

部件	调节/检查/更换	时间间隔
控制板	热能继电器(用于电机过载保护)检查,接线端上紧	5 000 h
污油燃烧器	清洁并检查磨损状况和有无裂纹	1 000 h
一级和二级燃烧	更换油头 柴油泵滤器清洁,点火电极检查,看特殊说明	2 000 h
火焰探测器	清洁感光元件	500 h
热电偶	清洁并调节,如果破裂需更换	2 000 h
电磁阀	检查是否能灵活动作,有无卡阻。电气连接部分紧固,并检查电缆。	5 000 h
污油泵	检查定子、转子和机械密封	1 000 h
污油泵齿轮	检查油位	定期检查
各加料门和出灰门	检查有无泄漏	5 000 h
耐热衬套	检查,如必要应清洗或维修耐火土,看特殊说明	2 000 h
污泥自清洗滤器	清除沉积物	2 000 h
空气滤器	清除沉积物	2 000 h
循环泵	检查定子、转子和机械密封	1 000 h
循环泵齿轮	检查油位	定期检查
电机轴承	轴承是全封闭式的,无加油口,定时更换轴承	10 000 h

四、PSC 检查要点和典型案例分析

1. PSC 检查要点

(1)焚烧炉 IMO 型式认可证书

2000 年 1 月 1 日以后安装焚烧炉的船舶必须保存 IMO 型式认可证书。还应检查船上的焚烧炉是否与船上的焚烧炉证书相符,特别是证书中焚烧炉最大处理量与说明书、国际防油污证书或国际防止空气污染证书等是否一致。

(2)焚烧炉操作检查

检查是否有操作手册,以便在公约限制内操作船上焚烧炉;外观清洁,无油污,工作正常;是否按照规定对燃烧室气体出口温度进行监测。与实际设备相符的操作规程永久性张贴在焚烧炉附近的位置;相关人员应能熟练操作焚烧炉,无非法焚烧设备;安全保护装置及报警装置处于正常工作状态;知道《MARPOL 公约》附则 V 规定的特殊区域。

(3)垃圾的分类

对于无 IMO 型式认可证书的焚烧炉焚烧塑料垃圾,不允许焚烧聚氯乙烯(PVC)。焚烧聚氯乙烯(PVC)的焚烧炉需要 IMO 的认证,可要求船上人员对塑料垃圾分类,以确保未将所有塑料垃圾在船上焚烧炉内焚烧。

(4)焚烧灰烬的处理

对于普通垃圾的焚烧灰烬可按照普通垃圾的处理方式处理。一切塑料制品,包括但不限于合成缆绳、合成渔网、塑料垃圾袋以及可能包含有毒或重金属残余的塑料制品的焚烧炉

灰烬,均禁止处理入海。焚烧炉附近最好放置盛炉灰和待烧垃圾的容器,并保持适量灰烬备查。

（5）"垃圾记录簿"的记录

检查记录的规范,核实垃圾抛弃入海操作是否符合规定,每项操作有无相关人员和船长的签名。每次焚烧炉操作后,轮机管理人员应记录焚烧开始和结束时的船位、炉膛含氧量、排烟温度等参数,以备 PSC 检查及日后的查阅。

2. 典型案例分析

2013 年,某局港口国监督检查官对停泊在码头的巴拿马籍集装箱船实施 PSC 检查。该轮龙骨安放时间为 2008 年 1 月 11 日,安装有符合 MEPC 76(40)决议要求的焚烧炉,并记录在 IAPP 证书附件中。检查中,PSC 检查官发现:焚烧炉燃烧器故障,每次焚烧炉起动一小段时间后就发出燃烧器故障报警信号并熄火,控制面板上显示燃烧室温度在 200 ℃左右,船方未能向 PSC 检查官出示对焚烧炉故障已采取积极有效处理措施的证据。根据 MARPOL 73/78 公约附则 Ⅵ(2005 年 5 月 19 日生效)第 16 条第 9 款要求:应要求在所有时刻对燃烧烟气出口温度做出检测;当该温度低于 850 ℃的最低许可温度时,废物不应被输入连续供料的焚烧炉中。对于分批装料的船上焚烧炉,该装置应设计成燃烧室中的温度在开动后 5 min 内达到 600 ℃。PSCO 对该缺陷开出禁止离港的处理意见。该船焚烧炉故障在 PSC 检查结束离船后,经过细致排查发现是因为燃烧器的时间继电器故障而导致燃烧器无法正常工作,经更换时间继电器,焚烧炉运行良好。

第三节　生活污水处理装置

船舶生活污水指厕所、医务室、厨房和盥洗室等处的所有废水废物。在离岸 12 n mile 以内,生活污水必须经过处理达到有关排放标准,否则不得随意排放入海。

船舶生活污水处理装置按照污水排放方式的不同可分为储存方式、处理排出方式和处理循环方式等。按净化机理可分为:生物化学法、物理化学法和加热浓缩法等。目前,船上普遍采用基于生物化学法的处理排出方式。

生物化学处理是利用微生物来消化分解污水中的有机物,以此使污水净化。船上大多使用的是活性污泥法。使用这种方法应先培植好气性微生物,在有氧与适宜的温度条件下,这些微生物吸收污水中的有机物质,通过其自身的消化分解作用,最终将有机物转化为简单的无机物。微生物在此过程中也得到繁殖。

生化处理装置结构简单,净化效果好,药剂用量少,成本低;缺点是需要连续曝气,否则微生物就会死亡。如果装置停用时间较长,再次起动前需用至少 1 周左右的时间重新培养微生物。此外,这种装置对污水负荷的变化适应性较差,装置的体积也较大。

在"育鲲"轮减摇鳍间,设置有江苏南极机械有限责任公司生产的 WCB100 型和 WCB150 型生化式污水处理装置各一套。下面以 WCB150 型污水处理装置为例,对其性能和工作原理加以介绍。

一、WCB150 型污水处理装置的性能

（1）额定使用人数:150 人;最大使用人数:156 人。

（2）排放水质：

悬浮固体 SS≤50 mg/l；生化需氧量 BOD₅≤50 mg/l；大肠杆菌群≤250 个/100 ml；pH 值 6~9。

（3）排放压力：0.1 MPa。

（4）污泥排放周期：约 3 个月。

（5）容量：约 16 m³。

二、WCB150 型污水处理装置的工作原理

本装置采用活性污泥法处理有机污染物质，其工作原理如图 10-8 所示。

来自生活区的污水首先进入曝气柜，在由风机不断通入空气的情况下，活性污泥消化分解有机物质，使其变成无害的二氧化碳和水，同时活性污泥得到繁殖。二氧化碳气体由顶部的透气口排出。在有机污染物质减少时，活性污泥细菌呈饥饿状态以致死亡，死亡的细胞就成为附着在活性污泥中的原生物和后生动物的食物而被吞噬。粪便污水中 95% 以上是易消解的有机物质，完全被氧化。

在二级接触氧化柜内悬挂有软性生物膜填料，具有吸附消解有机物功能的生物膜在水中自由飘动，大部分原生动物寄居于纤维生物膜内，同样由于充氧的作用，有机物质进一步与生物膜接触氧化分解。

之后，活性污泥与水进入沉淀柜，此时污水中的污泥量已很少。在沉淀柜内累积的活性污泥沉淀物聚集在漏斗型形部，其中一部分经污泥回流管返回一级曝气柜内，以补偿活性污泥的流失，多余部分则定期排出。

如果停机一段时间再起动的话，由于生物膜中尚有细菌的孢子存活，因此比常规曝气法起动要快得多。

经过沉淀处理的污水最后进入消毒柜，由含氯药品杀菌，然后由排放泵排至舷外。

污泥排放周期视污水性质和负荷而定，一般三个月左右排放一次多余污泥是适当的。

从位于柜顶的消防水入口可向装置内部灌注海水，以进行内部清洗，或在初次起动时向柜内加水。

三、WCB150 型污水处理装置的主要设备

1. 风机

该风机为单作用叶片泵，故又称气泵。转子偏心地装在泵体内，转子槽内有 4 根叶片。转子旋转时，叶片在泵腔内往复运动，将空气吸入、压缩、排出，从而将 0.06 MPa 左右的空气经阀 5、6、8、9 送入各柜中。叶片和转子、泵体相互摩擦会产生摩擦热，所以在运行中，需要由喷油嘴往气缸内滴入必要的润滑油。此滑油能起到减磨、冷却和密封的作用。该润滑系统是利用风机工作时产生的压差而形成的自动供给系统。

2. 粉碎泵

粉碎泵即排放泵，用于将处理过的污水排放至舷外。在需要时也可排放本体各柜的污泥。该粉碎泵是在普通离心泵的基础上，于排出口增设一对动刀和静刀而成，用于对排出水中的较大颗粒进行粉碎。在工作过程中，粉碎泵受沉淀-消毒柜中液位电极的控制而自动起停。

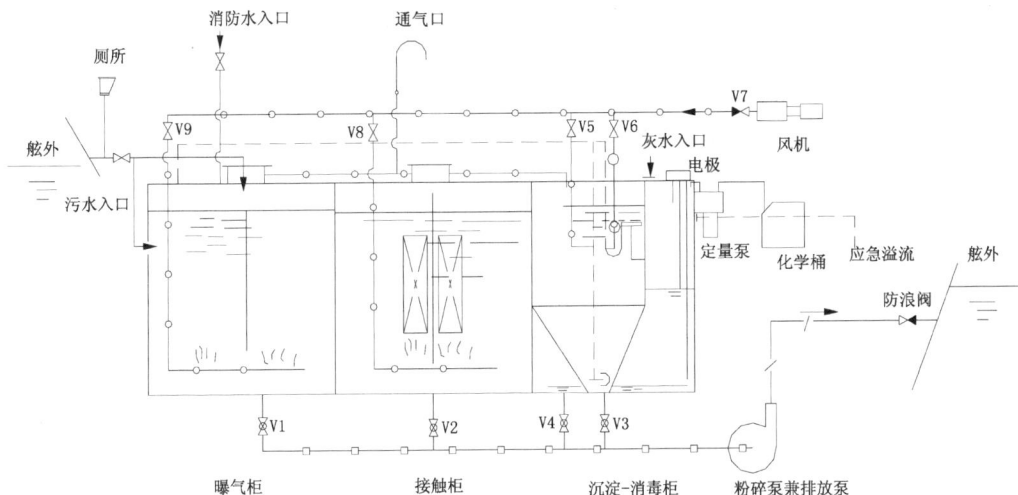

图 10-8　"育鲲"轮 WCB150 型生活污水处理装置

3. 定量泵

定量泵又称加药泵,从化学桶吸入液体,定量地向消毒柜中添加含氯消毒液,用于对消毒柜中污水进行消毒。

四、生活污水处理装置操作规程

1. 初次运转的准备

检查粉碎泵、风机轴承内是否注油;检查各泵的转向是否正确;打开阀 4,关闭阀 1、2、3;打开冲洗水(消防水)入口阀,向柜内加水,待消毒柜内液位达到中位时,粉碎泵将自动起动。此时应保持阀 4 常开,并停止注水,当水位降到低位时,粉碎泵自动停止。

2. 培养菌种

打开污水入口阀;将风机转换开关转向"连续";打开阀 5、6;待消毒柜液位达到中位时,粉碎泵自动起动,待液位到低位时,粉碎泵自动停止;粉碎泵 3 次起停后,关闭污水进口阀,进行培菌;每隔 1 天停歇风机半小时,然后打开污水入口阀,待粉碎泵起停 1 次后,关闭污水进口阀。

当环境温度为 20 ℃左右、污水总悬浮固体为 500 ppm 时,培养时间在 5~7 天,如果预先加入 50~100 L 活性污泥菌种,培养时间可缩短到 2 天。

3. 正常运转

将粉碎泵开关转向"自动";将风机开关转向"连续";打开污水入口阀;每天打开阀 5、6两次,每次约 2 min,视污泥多少而定;根据负荷选用"连续"或"断续"运行模式。

4. 污泥排放

(1)在设备正在运行状态时从取样口取 100 ml 液体,静止半个小时后,如沉淀物超过40%,则需排放污泥;

(2)从观察镜看到沉淀物超过观察玻璃的 2/3 时,先加大阀 5 的开度,以增加淤泥的回流量,如无效,则也应排放污泥;

(3)排放污泥时,关闭阀 4,打开阀 3,手动起动粉碎泵,将沉淀柜内的污泥排出,待液位

降到 1/2 时,停止粉碎泵;

(4)一般每 3 个月排放 1 次,但切忌排空。

5. 长期不用时的管理

关闭污水进口阀;打开阀 1、2、3,将污水排至舷外;反复冲洗柜子 2 次,并排空;切断电源。

6. 加药操作

每次将 2 kg 漂粉精(主要成分为氯)加入 25 L 的专用桶中,搅拌均后静置 2 h 以上,接上定量泵即可使用。

五、船舶生活污水排放要求

(一)国际公约及相关决议要求

1. MARPOL 公约要求

MARPOL 公约附则 Ⅳ 适用总吨 400 及以上的国际航行船舶和小于总吨 400 且核准载运 15 人以上的国际航行船舶,其明确了船舶排放生活污水的具体要求。

(1)船舶生活污水处理装置

经船舶生活污水处理装置处理的生活污水可以在港期间排放,前提条件是船舶所设经批准的生活污水处理装置正在运转,且该装置已由主管机关型式认可,同时装置试验结果已写入该船的防止船舶生活污水污染证书。此外,排出物在其周围的水中不应产生可见的漂浮固体,也不应使水变色。

(2)生活污水粉碎和消毒系统

经主管机关认可的生活污水粉碎和消毒系统应配备令主管机关满意的各项设施,用于船舶在离最近陆地不到 3 n mile 时临时储存生活污水。当船舶在距最近陆地 3 n mile 以外时,使用主管机关所认可的系统,排放业经粉碎和消毒的生活污水。

(3)集污舱

在距最近陆地 12 n mile 以外排放未经粉碎和消毒的生活污水,但在任何情况下,不得将集污舱中储存的生活污水顷刻排光,而应在航行途中,船舶以不小于 4 kn 的船速航行时,以中等速率排放,排放率应经主管机关根据国际海事组织制定的标准予以批准。

2. 相关决议要求

经型式认可的船舶生活污水处理系统应符合相关决议要求,主要有 2003 年 9 月 27 日生效的 MEPC. 2(Ⅵ)决议、2010 年 1 月 1 日生效的 MEPC. 159(55)决议以及 2016 年 1 月 1 日生效的 MEPC. 227(64)决议,这些决议本身不具有追溯性,但排放标准不断提高,指标不断增加。各决议要求的生活污水排放标准如表 10-3 所示。

表 10-3 各决议要求的生活污水排放标准

	MEPC. 2(Ⅵ)	MEPC. 159(55)	MEPC. 227(64)
SS/(mg/L)	50	35	35
BOD_5/(mg/L)	50	25	25
化学需氧量/(mg/L)	无要求	125	125

续表

	MEPC.2（Ⅵ）	MEPC.159(55)	MEPC.227(64)
耐热大肠菌群数/（个/L）	2 500	1 000	1 000
pH 值	6~9	6~8.5	6~8.5
总氯/（mg/L）	尽可能低	<0.5	—
氨氮/（mg/L）	无要求	无要求	—
总氮/（mg/L）	—	—	20
总磷/（mg/L）	—	—	1.0

（二）国内法规及标准要求

1. 国内法规要求

根据《海船法定检验技术规则》，海船生活污水的排放控制要求与 MARPOL 公约的要求类似。《内河船舶法定检验技术规则》规定，航行于内河水域的船舶，其生活污水不应随意排放，船舶生活污水应排至接收设施或经生活污水处理装置处理达到排放标准后才能排往水域，同时明确，经过处理的船舶生活污水的排放应避开取水源，不应在停靠码头时排放，也不应顷刻排放，排放应在船舶航行中进行。

2.《船舶水污染排放控制标准》（GB 3552—2018）

要求 2018 年 7 月 1 日，强制实施《船舶水污染排放控制标准》（GB 3552—2018），适用总吨 400 及以上的船舶和小于总吨 400 且核准载运 15 人以上的船舶，明确在内河和距最近陆地 3 n mile 以内的海域，船舶若需排放生活污水，应利用船舶生活污水处理装置处理，达到排放标准后在航行中排放。这意味着船舶靠泊港口和锚地停泊期间是不可以排放生活污水的。另外，新国标在原有 GB 3552—83 标准要求基础上不仅增加了新的水污染物指标，如有毒液体物质，还对原水污染物控制指标提出更严的标准和排放要求，如对生活污水排放指标新增总氮、总磷等指标，并提高原控制指标总悬浮物、生化需氧量等限值标准。新国标排放指标要求如表 10-4 所示。

表 10-4　新国标排放指标要求

	2012.1.1 以前安装的装置	2012.1.1 及以后安装的装置	2021.1.1 及以后（客船内河排放）
SS/（mg/L）	150	35	20
BOD$_5$/（mg/L）	50	25	20
化学需氧量/（mg/L）	无要求	125	60
耐热大肠菌群数/（个/L）	2 500	1 000	1 000
pH 值/（无量纲）	无要求	6~8.5	6~8.5
总氯/（mg/L）	无要求	<0.5	<0.5
氨氮/（mg/L）	无要求	无要求	15
总氮/（mg/L）	—	—	20
总磷/（mg/L）	—	—	1.0

六、PSC 检查要点和典型案例分析

近年来，随着海上运输量逐年增加，世界船队的发展以及船舶数量增加，船舶所排放的生活污水对海洋的污染日益严重，如何保证船上的生活污水处理装置处于良好的工作状态以满足以上标准，是船舶管理员的一项重要工作，也是 PSC 检查官在船舶安全检查中经常检查的项目。对生活污水处理装置进行 PSC 检查主要是依据 MARPOL 73/78 公约附则 IV《防止船舶生活污水污染规则》的相关规定。

1. PSC 检查要点

（1）证书文书检查

总吨 400 及以上船舶，或者小于总吨 400 且核定载运 15 人以上的船舶应持有防止船舶生活污水污染证书和一份有效的生活污水处理系统型式认可证书。检查船上实际配备的生活污水处理装置的型号、额定处理量是否与防止船舶生活污水污染证书上所列信息一致，生活污水处理装置额定处理人数是否大于船舶安全设备证书上标注的人员数量，查看是否持有船旗国或者认可组织所批准的排放速率表，该表格提供了船舶排放未经处理生活污水的一系列排放率。

（2）管路系统检查

船舶生活污水处理设备的外观是否整洁，是否有操作步骤说明及其使用注意事项的告示牌，管路、阀门标示是否清楚，设备实际布置是否与生活污水处理系统管路图相同，表明集污舱容量的目视装置是否清晰可视，在港期间可以直接向外排放未处理的生活污水的通海阀是否关闭上锁，标准排放接头是否符合规定要求等。

（3）设备工作情况检查

若怀疑生活污水处理装置长时间未用（即生活污水直接排入海中），可要求打开集污舱顶部投药孔或曝气室顶部观察盖观察，如内壁干燥、堵塞，均可判断该集污舱或生化处理装置长时间未用或未曾使用过；查看生活污水处理装置的维修保养记录，看看其是否有记录定期检查曝气室内活性污泥的浓度（以污水颜色为巧克力色为佳来判断）及调整通风量、定期补充消毒剂（一般 3 个月一次）等。有条件的话，可在其运转约半小时后从出口取样阀处取样，化验检查出水中生化耗氧量、悬浮固体量、大肠杆菌是否与排放标准相同。

询问船员是否了解船舶生活污水的处理过程，让船员口述或实际操作生活污水处理装置，看其口述或实际操作是否正确、熟练，是否根据厂家的说明进行操作。如这些检查均满意则可基本判定该轮生活污水处理装置系统处于正常使用中，否则，很可能存在非法偷排生活污水的情况，应进一步检查。

（4）船舶管理者应注意以下问题：

①船长、轮机长和相关轮机员要熟悉 ISPP 证书：证书中标明了生活污水处理装置处理能力对人员限定，证书列明了生活污水处理装置的型号和出厂名称，该装置必须是被 MEPC. 2(VI)认可的，且必须要有型式认可证书；船长、轮机长和相关轮机员一定要知道生活污水储存舱的容量。否则，如果船舶在港口时间过长，排放量超过储存舱的容量，则会被检查人员认为船舶非法排放。

②生活污水处理装置的操作说明，必须译成船员懂得的工作语言张贴在现场。有船舶厕所、医疗室排水管道图纸，且医疗室排水管道是与其他管道分开的单独地直接进入处理装

置,在图纸上必须标明,铭牌永久性表明类型、制造厂、型号等。

③根据产品说明书制定定期检查、测试和维护保养计划等,并按计划定期检查保养,做好记录。

④到港之前,生活污水直接排放舷外的阀门必须关闭。

⑤建立"船舶生活污水记录簿",使用的次氯酸钙片必须有药品证书和有效期。

⑥做好培训,船员应熟知排放标准和要求并能正确操作,船员必须熟悉领海基线和最近陆地概念。中华人民共和国领海基线:中国大陆及其沿海岛屿的领海以连接大陆岸上和沿海岸外缘岛屿上各基点之间的各直线为基线。最近陆地就是指上述看不到的基线。生活污水的排放是以最近陆地为标准,"距最近陆地"的定义为:指距按国际法规定领土所属领海基线。不能理解为船舶到最近岛屿或陆地岸线。它是一条看不见的虚线。

2.典型案例分析

2018年,某港口海事 PSC 官员对靠泊的利比里亚籍船舶开展 PSC 检查,发现船舶生活污水处理装置的额定处理量是 25 人,但是船舶实际在船船员 28 人,很明显在船船员人数超出了生活污水处理装置的额定处理量。随即执法人员对船舶生活污水进行了取样。经过化验检测,发现该轮生活污水部分指标超出了《船舶水污染物排放控制标准》(GB 3552—2018)[5 日生化需氧量(BOD$_5$)≤50 mg/L,悬浮物(SS)≤150 mg/L,耐热大肠菌群数≤2 500 个/升]的要求。最终船舶因超标排放生活污水被行政处罚,罚款 8 万元。

第四节　船舶压载水处理装置

船舶为保障航行效率和安全,实现正常的装卸货和运转,压载是必不可少的一环。据统计,每天都有大量来自异地港口的压载水通过船舶排放全本地港口,因此船舶压载水引发的外来生物入侵问题日益成为各港口国关注的焦点。根据国际海事组织(IMO)的估算,全球每年大约有 100 亿吨压载水被船舶运输携带。为了减少和消除船舶压载水及其沉积物带来的危害,IMO 于 2004 年 4 月 23 日通过了《2004 年国际船舶压载水和沉积物控制和管理公约》(BWM 公约),2016 年 9 月 8 日,芬兰向 IMO 递交了加入 BWM 公约的文书,使公约达到生效条件,公约于 2017 年 9 月 8 日正式生效。BWM 公约的生效被称为"阻止入侵性水生物种扩散里程碑的一步"。我国已于 2018 年 10 月加入《压载水公约》,交通运输部海事局印发了《船舶压载水和沉积物管理监督管理办法(试行)》并已于 2019 年 1 月 22 日起生效实施。截至 2020 年 5 月份,加入该公约的国家达 83 个,占全球商船总吨位的 90.98%。

一、压载水公约相关要求

BWM 公约制定了 D-1(置换标准)和 D-2(排放标准)压载水管理标准。D-1 置换标准:①实施压载水置换的船舶应至少达到 95% 容积置换率;②泵透法(溢流法和稀释法)置换压载水的船舶,每个压载水舱应泵流 3 倍于舱容的水量才被视为满足要求;③如果泵入水量少于压载舱容积的 3 倍,但能证明达到了>95% 的置换率,也可以被接受。进行压载水更换的船舶应在距最近陆地≥200 n mile、水深≥200 m 的地方进行压载水置换;当船舶不能按以上要求进行压载水置换时,应尽可能在距最近陆地≥50 n mile、水深≥200 m 的地方进行压载水置换;若上述 2 条要求均不符合,港口国可指定船舶进行压载水置换的区域。当船舶被要求进行压载水更换却未执行时,应在"压载水记录簿"中记录未执行压载水置换的理由。

公约规定压载水排放性能标准(D-2标准)如表10-5所示。如表10-6所示为公约给出的船舶强制性符合D-2标准的时间表。

表10-5 压载水排放性能标准(D-2标准)

存活水生物	数量	指标微生物	允许浓度
≥50 μm	<10 个 m^3	有毒霍乱弧菌	<1 cfu/100ml 或<1 cfu/g 浮游动物样品
≥10 μm 且<50 μm	<10 个 ml	大肠杆菌	<250 cfu/100 ml
		肠道球菌	<100 cfu/100 ml

表10-6 船舶强制性符合D-2标准的时间表

建造日期	压载水容量(m^3)	D-2标准强制性实施日期
2009年前	1 500~5 000	在2014年的交船周年日后的首次IOPP证书换证检验时注1
	<1 500 或>5 000	在2016年的交船周年日后的首次IOPP证书换证检验时注2
2009年及以后但在公约生效前	<5 000	公约生效日期后的首次IOPP证书换证检验时
2009年及以后但在2012年前	≥5 000	在2016年的交船周年日后的首次IOPP证书换证检验时注2
2012年及以后但在公约生效前	≥5 000	公约生效日期后的首次IOPP证书换证检验时

注1:如果公约在2014年及以后生效,在公约生效日期后的首次换证检验时满足D-2标准。

注2:如果公约在2016年及以后生效,在公约生效日期后的首次换证检验时满足D-2标准。

1. 船舶符合压载水公约应持有如下文件

(1)压载水管理计划

船舶为符合压载水公约相关要求,应持有一份按照MEPC.127(53)决议制定的并经主管机关或RO批准的《压载水管理计划》(BWMP)。船舶在不迟于申请初次检验发证时提交BWMP批准。

(2)压载水记录簿

船舶应备有一份压载水记录簿,以记录船舶给予压载水的一切相关操作要求。

(3)国际压载水管理证书

①适用范围

总吨400及以上的船舶(不包括浮动平台、FSUs/FPSOs),应按照公约要求进行检验发证。对小于总吨400的船舶,主管机关制定相应的措施,确保这些船舶符合公约要求。

②检验类型

船舶应进行检验发证,应持有一份有效的国际压载水管理证书。检验包括:初次检验、换证检验、年度检验、中间检验和附加检验。

2. 美国"船舶压载水排放规则"的相关要求

采用美国海岸警卫队（USCG）认可的压载水管理系统（BWMS）进行压载水管理的船舶,其排放标准与 IMO 排放 D-2 标准完全相同。适用于所有设有压载舱、从事国际航行的非娱乐性船舶(包括美国旗和外国旗)。对采用 USCG 认可的 BWMS 在美国水域进行压载水排放管理的船舶,需要按照表 10-7 的实施时间来满足压载水排放 D-2 标准。

表 10-7　采用 USCG 认可的 BWMS 的船舶对压载水排放标准的实施时间表

船舶	压载舱容	建造日期	实施时间
新造船	所有容量	2013 年 12 月 1 日及以后	交船时
现有船	<1 500	2013 年 12 月 1 日以前	2016 年 1 月 1 日以后第一次计划的干坞检验
	1 500~5 000	2013 年 12 月 1 日以前	2016 年 1 月 1 日以后第一次计划的干坞检验
	>5 000	2013 年 12 月 1 日以前	2016 年 1 月 1 日以后第一次计划的干坞检验

二、压载水处理装置实例

船舶压载水的管理主要包括两种方式,即压载水置换和压载水处理。

压载水置换是指要求在深海中将在港口内装载的压载水置换成深海中的水,因为深海中的水即使携带某些水生物,被排放到接收港水域内后,水生物一般因生存条件的差异性而不易存活,因而减少或避免了对当地港口水生环境的不利影响。

压载水处理则是指对加装上船的压载水在排放到另一水域内前必须对其中的水生物进行杀灭处理,使得其在压载水中的存活率达到一定的限定标准而不会再对接收港水域造成不利影响。

压载水处理的方法和技术有:

（1）机械法

机械法就是通过过滤或分离等物理方法进行处理,要求将全部压载水流经滤器、旋分器或者其他分离器。对于大流量压载水的情况,设备的尺寸可能会带来问题。如果设备是在压载水排放时使用,大量滤出物必须保留在船,会增加储存负担。

（2）物理处理法

物理处理法包括紫外线照射、气穴现象、脱氧等。紫外线处理通常是在压载水打进和排放时进行,其有效性受到水的浊度的影响,水的浊度会影响光线的穿透能力。脱氧处理可能需要几天的时间才能保证对水生物的杀伤率,另外,压载舱一定要有密闭的通风系统且应被完全惰化。

（3）化学处理法

化学处理法通过加入抗微生物剂或其他药剂来进行处理,此方法要求加药量应该合适,通常能在几个小时内达到对水中生物的杀灭率,但压载水排放时可能还残留过量的药物,因此通常需要对水中药物进行中和处理,以确保对排放环境无害。另外如果压载舱中药物浓度过高,还有可能腐蚀压载舱壁。

中远海盾 COSCO Blue Ocean Shield（BOS）BOS500 型压载水处理装置采用物理过滤方式去除水体中的 50 μm 以上的生物体,并通过紫外线照射杀灭水体中小于 50 μm 的生物体。其主要参数为:

处理能力:500 m³/h;组合方式:过滤+紫外;功率:45.1 kW;电制:440 V/3φ,220 V/1φ;工作压力损失:0.04 MPa;设计压力:1.0 MPa

1.系统组成

本装置由全自动反冲洗过滤器(包含反冲洗气瓶)、紫外灭活系统(包含紫外电源柜)和集成控制系统三个部分构成。

(1)全自动反冲洗过滤器

全自动反冲洗过滤单元包括一个过滤器,为自动自清洗过滤器,并配有一个辅助气瓶,空气瓶的容积为0.4 m³,工作压力为0.7 MPa,设计压力为1.0 MPa。过滤器的功能是去除压载水中50 μm以上的颗粒和浮游生物。过滤器去除大型浮游生物的同时,可以提升待处理压载水的透光率,提高后续紫外灭活的效率。如图10-9所示为压载水处理装置过滤器外形图。

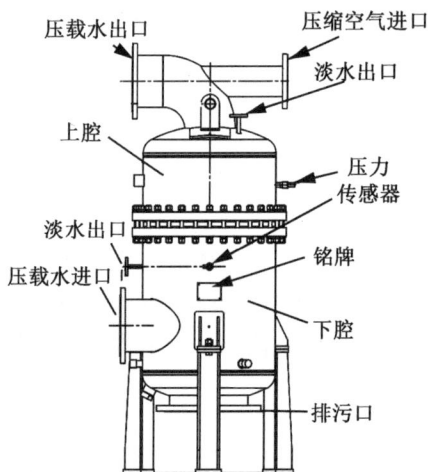

图 10-9 压载水处理装置过滤器外形图

过滤器总体为圆柱外形空腔罐体,罐体被分为上、下两腔,上腔为滤后腔,下腔为滤前腔,两腔之间以管板分隔。管板为钢制圆板,被上下两腔的法兰夹持于其间,管板上开有若干螺孔,每孔固定一根滤芯。滤前水可通过滤芯表面的微孔进入滤芯内,沿滤芯管腔上行,从滤芯开口端流出进入过滤罐上腔。滤前水中的颗粒物则被截留在滤芯外壁上,杂质在滤网表面富集并形成"滤饼",致使滤网内外形成压差。

过滤器上腔开有出水口和进气口,出水口用于滤后水流出,进气口则是在反冲洗滤芯时高压气进入罐体的通道,二者外侧皆装有气动蝶阀用于控制通路开闭。此外,过滤器上、下腔上分别装有压力传感器,用于监控过滤器的工作状态,并判断滤器是否需要反冲洗。过滤器下腔开有进水口和排污口,其外皆装有气动蝶阀。过滤器上、下腔有淡水保养进水口和出水口,其外装有截止阀,当系统停止工作时,从淡水保养进水口注入淡水以达到淡水保养防腐蚀的效果。每次压载结束后,必须使用淡水对滤器进行保养,防止滤器腐蚀与滤芯堵塞。

(2)紫外灭活系统

紫外灭活系统包括一个紫外反应器,以及与其配套的紫外电源柜,紫外灭活单元的功能是杀灭待处理压载水中的浮游生物和微生物。紫外反应器采用"十字交叉"布局设计,使高剂量输出介质中压灯管与流体垂直。紫外反应器由不锈钢外壳及紫外线灯管组成,水流流经该单元完成处理过程,紫外灯管外套石英套管安装于紫外反应器内,水流可以从各方向经过套管。

紫外反应器由五大部分组成,分别为反应器筒体、机械清洗装置、接线盒、紫外光强传感器、温度传感器等。

①反应器筒体

如图 10-10 所示为紫外线反应器筒体外形图。筒体是水流与紫外线进行反应的场所,筒体上设置有进出水口,主水流流动方向与灯管布置方向垂直,筒体内利用密封支撑结构安装有紫外套管,在筒体与套管外形成一个过流空间,筒体上开有一个检修孔,检修时可以开启使用。

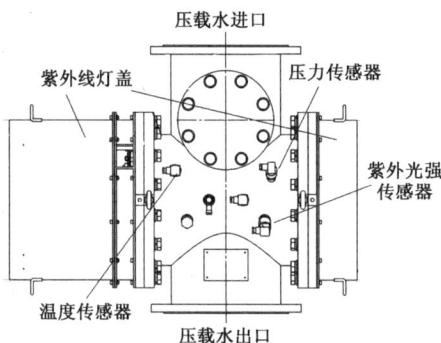

图 10-10 紫外线反应器筒体外形图

②机械清洗装置

如图 10-11 所示为紫外线反应器机械清洗装置图。机械清洗装置由丝杠螺母机构驱动,带动刮板在石英套管表面实现机械清洗,去除石英套管表面的污垢,恢复其透光能力。

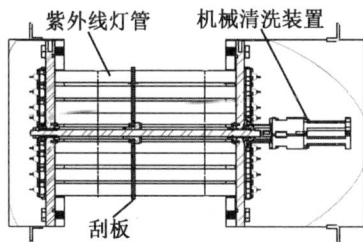

图 10-11 紫外线反应器机械清洗装置图

③接线盒

用于内外部电缆连接。

④紫外光强传感器

用来检测筒体内检测点位置的紫外线强度,用于监控石英套管的污染程度。

⑤温度传感器

用于检测紫外反应器腔体内的温度,避免紫外灯管过热。工作过程中如果紫外反应器内温度超过 50 ℃,紫外反应器将自动切断电源进行保护。紫外灯管是完全封闭在紫外反应器内,而且不允许在反应器外操作。在各种突发情况比如:电流过大或者温度过高,紫外灯管将自动关闭。对于所有的意外情况,系统的安全装置将保证系统正常投入运行。万一紫外反应器发生泄漏,系统旁通阀将自动打开进行旁通,系统的进出口阀门将自动关闭。

集成控制系统包括一个系统控制箱和一系列传感器和执行器件。集成控制系统的职能包括:人机界面职能、全自动的系统工作过程控制、手动控制职能、设备的故障记录和报警职能、设备运行状况记录职能。在集成控制系统内,过滤器和紫外灭活系统以及 BOS 系统内的阀门实现了协调动作,最大限度地确保了设备的连续稳定运行,降低了操作人员的劳动强度。

2. 工作原理

如图 10-12 所示为压载水处理装置系统图。压载水处理装置的工作模式分为压载模式、排载模式、旁通模式及扫舱模式。在船舶注入压载水期间,系统在压载模式下运行,注入压载舱的压载水分别经过过滤器和紫外反应器处理后,注入压载舱。过滤器利用压载泵提供的压力强制压载水通过过滤器内的过滤面,去除 50 μm 以上的生物体和大颗粒杂质,实现紫外灭活前的预处理。紫外反应器内高强度紫外线直接灭活过滤压载水内的浮游生物和微生物后,将处理后的压载水注入压载舱。每次压载结束时,紫外自清洗机构将会自动运行一次。具体操作为:压载时,打开 BWM-V1、BWM-V2、BWM-V5,关闭 BWM-V6,压载舱水经过压载泵、过滤器和紫外反应器处理后进入压载舱。压载过程中,当过滤器上下腔压力差达到预设值或者设定时间时,进行全自动反冲洗。如图 10-13 所示为压载模式示意图。

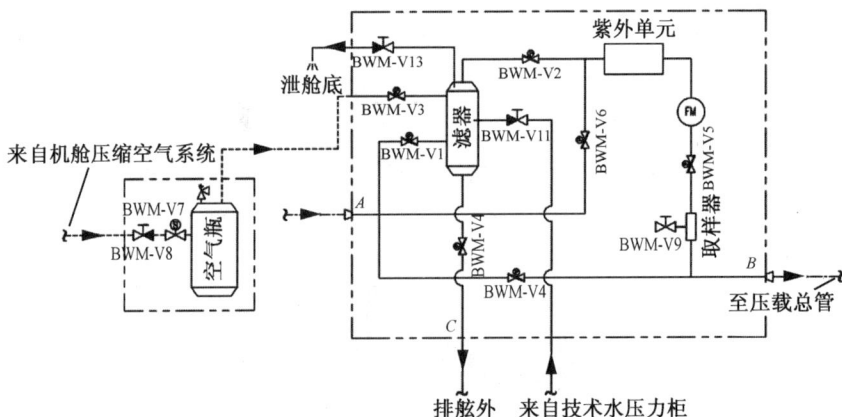

图 10-12　压载水处理装置系统图

当船舶需要将压载水从压载舱内排出时,本系统工作在排载模式下。压载水经压载泵泵出压载舱后,流过本系统内的过滤器旁路,进入紫外反应器做灭活处理,之后通过出海口排到舷外。每次排载结束时,紫外自清洗机构将会自动运行一次。排载时,打开 BWM-V6、BWM-V5,关闭 BWM-V1、BWM-V2,压载舱水不经过过滤器,只经过紫外反应器处理后排海。在进行压载舱扫舱时,压载水和扫舱工作水混合经过滤器和紫外反应器处理后排放入海,由于此时压载水流量较小,因此可以调节紫外反应器紫外光强度以达到节能的目的。如图 10-14 所示为排载模式示意图。

当压载水管理系统不能正常工作而需压载或排载时,或者船舶在紧急情况下,可以打开压载水管理系统旁通阀,起动海盾旁通模式,不经过压载水管理系统实现船舶的压排载,按照公约要求,船员需记录旁通事件。

处理扫舱水时,原海水经粗滤器过滤后和扫舱水经喷射泵混合后进入紫外反应器,经处

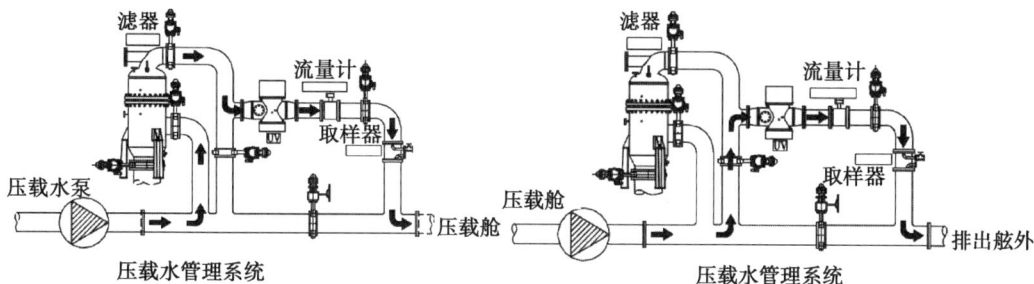

图 10-13 压载模式示意图

图 10-14 排载模式示意图

理后排海,在扫舱水处理模式下,紫外反应器经变频调节以匹配扫舱泵流量,来达到节能目的。每次扫舱结束后,紫外自清洗机构将会自动运行一次。

3. 取样

当事国为了验证压载水的处理是否达到了公约规定的标准,可能需要对压载水进行取样,一般采用在管路上设置取样器的方式进行,本船采用的便是取样器取样方式。在压载水排放管路中进行生物群取样的优点是,最有可能准确地代表实际排放物中各种物质和生物的浓度,此为排放物符合性检查的首要因素。如图 10-15 所示为在压载管路中取样器的示意图。

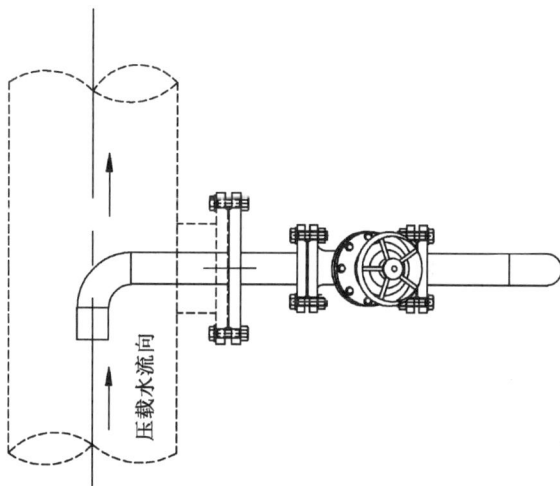

图 10-15 压载水取样器示意图

4. 维护保养要点

(1) 过滤器及空气瓶

①在低温海水和高温机舱环境的作用下,过滤罐表面可能会凝结水滴,每次使用过滤器后应以干净油布擦拭罐体表面水迹,以免罐体锈蚀。

②使用设备时,请注意每一管线接头与螺栓连接处,及时发现有可能的渗漏或松脱状况。

③压缩空气瓶使用过程中会凝结液态的水,并聚集在空气瓶内。空气瓶下方有排水阀门,操作人员应该定期打开排水阀排放凝水。

④气源分配器下方有排水阀门,操作人员应该定期打开排水阀排放凝水。

⑤检查牺牲阳极电极锌棒。

⑥定期检查滤器状况,如果滤器出现损坏要及时更换,以避免降低处理效果。

(2)紫外反应器

①通过控制系统中的各种显示器和指示灯,然后根据指示灯显示指标正确判断灯管电源是否正常接通,工作温度是否正常,灯管的紫外光强是否在额定数值。

②紫外灯使用时间超过设计时间后,系统将提示用户更换紫外灯管。需要根据提示及时更换紫外灯。

③通过观察套管法兰端盖处的密封口是否渗水判断是密封圈损坏还是套管损坏,若是套管损坏应立即更换套管,需要立即关闭阀门,排空紫外反应器。

5.注意事项

(1)更换 UV 灯管时,先关掉电源开关并戴上干净手套。

(2)在使用过程中,紫外灯管发出高强度紫外光,紫外光对人的眼睛和暴露的皮肤有损伤。

(3)紫外灯管在正常工作时,温度将达到 600~800 ℃,在关闭电源后,灯管陶瓷接头仍然会持续一段时间高温。

(4)紫外灯管含有汞,需要特别注意防止损坏。

三、PSC 检查要点和案例分析

1.PSC 检查要点

(1)压载水相关证书文书

不管是 PSC 检查还是船舶防污染现场检查,船上的压载水相关证书、文书毫无疑问都是重中之重。常见的问题有压载水管理证书与压载水管理计划信息不一致,比如 IBWMC 和 BWMP 对适用 D-1 标准的压载水置换方法(顺序法、溢流法或稀释法)的描述不一致,还有一些压载水管理证书标记的处理量与实际不一致,甚至有些证书上适用标准是 D-1 还是 D-2 都出现勾选错误。船舶存在多版本压载水管理计划,计划未经船旗国或船级社批准,部分船舶船名和船旗进行了更换但计划中船舶明细未更新,计划的流转等缺陷也较多见。

(2)压载水管系和处理设备的检查

安装的压载水管理系统应获得符合相对应决议的型式认可证书在船备查,且处理量要能满足船舶的实际要求,并与船上压载泵等实际设备匹配。

①管路、阀件及压载泵的检查

压载管系较常出现的问题有某处压载管路锈穿破洞、压载舱管系弹性接头破损、穿过某压载舱的某管系泄漏。加装过压载水管理系统的船舶一般采用全气动阀门或液压阀门,应检查各个气动管路有无空气或液压油泄漏情况,检查各个减压阀压力是否正常,常见的缺陷有某压载舱遥控阀损坏、某处气动阀或液压阀无法动作、阀门遥控系统故障。压载泵常出现的故障有泄漏、压载泵额定流量不足、出水压力无法满足设备要求。

②压载水处理设备的检查

压载水处理设备形式多样,原理不同,检查方法也不尽相同,这里仅做共性的分析。

a. 外观检查

检查设备外观是否良好,设备运转是否正常;设备管路及阀是否有明显缺陷,管路布置有无明显改动的痕迹,管路布置是否与批准图纸一致;查看设备铭牌与"压载水管理系统型式认可证书"载明信息是否一致。

b. 旁通阀的检查

压载水处理装置都设有旁通阀,是为保证在应急情况下,即使压载水处理装置出现故障,也能通过旁通管路进行应急压排水。规范要求,在压载水处理装置被旁通时,这种操作应和 GPS 信号一起记录并储存至少 2 年,同时系统输出声、光报警,提醒相关人员在上述旁通操作。

c. 系统操作记录的检查

监测设备应能自动记录压载水管理系统运行情况并标记时间。操作数据可以按正式检查的要求显示或打印记录。一般可以通过控制面板配有的 USB 接口调取和复制,再通过和压载水记录簿记录数据进行对照,判断是否存在数据不一致等造假行为。可以检查屏幕是否可以正常操作,系统时间设置是否混乱,警报灯指示是否正常等。

d. 监控报警单元的检查

根据 G8 导则的规定,监控报警系统应对压载水操作期间进行全面的监控,自动记录主要设备的工作参数、工作位置、报警、操作等信息。检查"ALARM"指示灯是否红色常亮。警报的测试及数据记录检查类似于油水分离器的检查,当出现影响系统运行的故障时,在所有能进行压载水操作的控制站点应发出声、光警报信号,可对该声、光警报进行测试检查。此外,可以检查压载水管理系统每次报警是否记入航海日志并标记时间。

e. 滤器单元的检查

不管是紫外线法还是电解法或者电催化法,常用的压载水处理技术都离不开机械过滤环节,滤器是系统里的头道防线和薄弱环节,也是维护保养检查的重点之一。即便有反冲洗功能,一般滤器也要定期拆装清洗。滤器单元压差高是常规报警,可以将报警记录和系统使用和维护保养记录以及备件对照检查。所有的保养和维修应予以记录,所有易磨损或损坏的部件应便于维修。

f. 取样管的检查

各种类型系统都自带取样检测功能,以判断处理后的压载水是否达标,也有供外部检查人员用的取样设置。主要缺陷有取样管管径不符合要求和取样管未设置插入管至主管路中,这些都可以引起对取样分析结果的质疑。如 PSC 检查需要,则对压载水进行指示性分析。指示性分析可以快速、粗略地评估样品中的生物数量并与 D-2 排放标准比较获得比对结果。如有需要,须进行压载水取样并进行详细分析,采用合适的方法检出限,详细分析法可以确定精确的生物体浓度,进而确定船舶是否满足《压载水公约》规定的 D-2 压载水排放标准。

(3)船员培训和熟悉

BWM 公约第 B-6 条规定,高级和普通船员应熟知其在供职船舶实施其具体压载水管理方面的职责并应熟知与其职责相应的船舶压载水管理计划。船长是保证压载水处理符合《压载水公约》的首要责任人;大副为压载水处理的具体实施人,需要制定压载水处理操作的具体要求与详细程序,并保证压载水操作过程中人、船、物的安全;木匠或者水手长根据大副的指令进行操作,并且要与轮机部保持沟通;轮机部的三管轮需要确保压载水处理系统中所有设备处于正常可用状态。因此,责任船员应接受相应的培训,熟悉压载水管理计划的内容和本船压载舱、管系、泵的布置,能按厂商说明书要求操作和维护压载水管理系统。

2. 案例分析

我国已于 2019 年 1 月 22 日起实施《压载水公约》。某海事局 PSC 官员于 1 月 30 日对悬挂某非洲岛国国旗的 A 轮进行 PSC 检查。A 轮建造于 2017 年 10 月 30 日,2018 年 8 月下水营运,无历史检查记录,是在《亚太地区港口国监督谅解备忘录》中检查优先级为 PI 的高风险船舶。A 轮建造日期在《压载水公约》生效之后,安装了滤器+紫外线型的压载水处理系统,"临时压载水管理符合证明"也显示 A 轮是通过处理压载水来满足《压载水公约》D-2 标准的新船。因此,如无异常情况,该轮只能通过压载水处理系统处理压载水,而不能再使用 D1 标准,也就是公约规定的置换方法置换压载水,更不能排放未经处理的压载水。

PSC 官员检查压载水管理计划时发现,该计划未经船舶当前船旗国或船级社认可。直至检查近结束时,船长才提供一份经 A 轮当前船级社临时认可的计划,但船舶明细中的船名和船旗未更新,计划的流转无任何记录。船长承认该计划未在涉及压载水管理的船员中流转并签名。检查 A 轮压载水记录簿时,PSC 官员发现该记录簿格式不符合《压载水公约》的要求,记录也不规范,如记录时未使用项目代码,港外吸入压载水时未记录水深,压载水容积单位使用吨而非立方米等。PSC 官员还发现 A 轮对某舱内的压载水进行了置换,且未处理。A 轮为新船,压载水处理系统工况正常,且未曾发生紧急情况,应按照《压载水公约》D-2 标准处理压载水,不应再置换压载水。PSC 官员通过 ECIDS 核实 A 轮排放压载水的地点,发现该轮近期排放压载水的地点大都位于我国毗连区和专属经济区内,最近一次排放点距我国领海基线不足 18 n mile,位于我国的毗连区,排放地点非公海,也不属于《压载水公约》第 A-3 条规定的例外情况。

鉴于 A 轮在压载水管理方面存在诸多问题,PSC 官员将压载水管理计划和压载水记录簿存在的问题记录为一般缺陷,将 A 轮在压载水处理系统工况良好的情况下,多次排放未经处理的压载水记录为滞留缺陷,且上述缺陷反映 A 轮压载水管理与安全管理体系相关规定不符,开具体系滞留缺陷,要求船级社实施附加审核。这是《压载水公约》对中国生效后,中国 PSC 官员开具压载水管理缺陷滞留的首艘外轮。

A 轮被滞留后,该轮船级社验船师登轮,更新了压载水管理计划,更改了压载水记录簿格式,对船员进行了《压载水公约》相关要求和压载水处理系统操作的培训。同时针对船舶安全管理体系进行附加审核,开具了关于船员操作和压载水记录簿的两个不符合项,要求该轮安全管理公司限期挖掘问题根本原因,并采取相应措施,避免类似问题再次发生。之后,PSC 官员登轮复查,复查合格后,船舶于 2019 年 1 月 31 日被解除滞留。

从该案例可以看出,A 轮压载水管理涉及的人员既不熟悉 BWM 公约要求,也未按厂家提供的压载水处理系统操作程序使用该系统。如该轮为现有船,船舶采用置换或处理压载水的方法都是可接受的。但该轮为新船,也安装了压载水处理系统,且工况良好,这时再置换压载水或排放未经处理的压载水,既不符合该轮压载水管理计划、安全管理体系和压载水处理系统操作程序的要求,也严重违反了《压载水公约》的相关规定。而且,该轮驾驶员对毗连区、专属经济区、公海的范围理解有误。

第五节　防污防腐装置

船舶营运过程中,船体、海水管系内部会积聚大量的海生物。海生物在海水系统内的附着生长会导致海底门、滤器、管路、阀件和冷却器等阻力增加,严重时甚至堵塞通道。这会造成水泵和冷却器的工作效率降低,影响主、副机等设备的可靠运转。此外,海生物在海水管系内表面的附着可在金属表面形成电化学腐蚀,即氧浓差电池,使局部腐蚀加速,最终造成点蚀穿孔,降低了管系的寿命,也增加了维护工作量。

一、防污防腐装置的工作原理

为了解决这些问题,船上装设了防腐防污装置。现代船舶海水管路防污、防腐和防微生物最常见的装置为外加电流防微生物系统,能有效杀灭浮游微生物的积聚。目前,常用的有两种方法:一种方法是电解海水防污装置。据某些厂家资料的介绍,第三代电解海水法电解海水防污、防海生物装置,通过化学法杀微生物。电解海水所产生的次氯酸,海水中这种有效氯为 0.2~0.5 ppm 时,足够杀灭海水中的浮游微生物。若是大于 0.5 ppm 或更高便会对金属系统造成腐蚀。电解海水时会产生氢气(H_2),使用时,需特别重视系统防爆性能和经常释放气体。使用间接式电解海水方法时,阳极易结垢。另外一种方法是船舶电解铜铝、铜铁电极防污、防微生物装置。该装置的工作原理如图 10-16 所示,海水经进水隔栅 5、海底阀箱 4 和海底阀 3 进入船内,在海底阀箱 4 处设置金属电极 2,由控制仪 1 施加以低压弱电流使电极在海水中电解,并向循环的海水中释放出一定浓度的金属离子和氧化物质,在整个海水系统内造成海洋生物难以生存的环境;同时在海水管系内表面形成一薄层防腐保护膜,从而达到防污、防腐的双重目的。

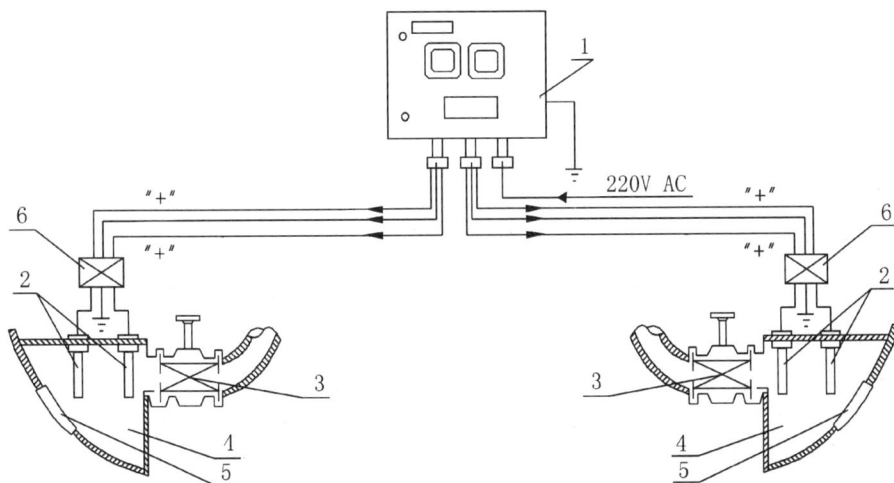

图 10-16　"育鲲"轮防污、防腐装置系统示意图
1—控制仪;2—金属电极;3—海底阀;4—海底阀箱;5—进水隔栅;6—接线盒

控制仪具有恒流、定压工作功能,在控制过程中这两种模式可随负载变化进行自动转换以适应负载变化的控制需要。控制仪还具有短路自动保护、短路时控制电流恒定等功能。在主机舱高、低位海水箱,辅机舱高、低位海水箱和应急海水箱处,均设置了防污、防腐装置。

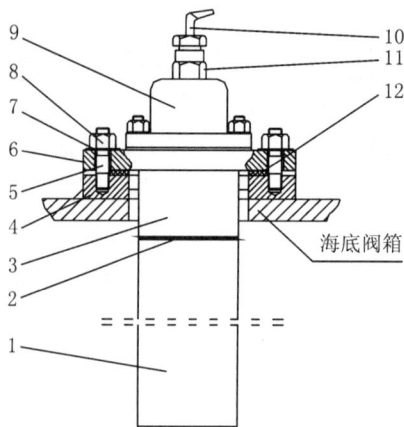

图 10-17　电极安装图

1—电极;2—密封垫;3—连接块;4—安装法兰;5—双头螺柱;6—电极法兰;7—垫
圈;8—螺母;9—安全帽;10—电缆;11—填料函;12—密封垫

二、防污、防腐装置维护保养

防污、防腐效果一般靠检查过滤器、管路和冷却器来确定,如果发现有污损迹象加重,阳极电流可增加 0.1~0.2 A。电流值越高,阳极寿命越短,因此,不能随意加大电流值。防污、防腐电极的更换周期一般与船舶的坞期一致,因此一般船舶进坞时进行更换,正常航行期间一定不要轻易进行更换,曾经发生过航行期间主管人员进行检修时,操作不当导致机舱进水,主机被海水浸泡的严重事故。防污、防腐装置日常维护保养项目包括:

(1)使用过程中,要经常检查控制箱上指示灯是否正常(绿色表示正常,红色表示故障),工作电流是否正常,如果有偏差,应该及时通过调节电位器调整电流值。

(2)当船舶进入淡水区域航行时,提前关掉防海生物装置,将该路输出调节电位器调到零。

(3)当船舶吃水发生较大变化时,若高位海底门露出水面,将高位海底这一路的调节电位器调到零;恢复吃水后再恢复到设定状态。

(4)铜、铁阳极寿命一般与船舶的坞期相一致,在三年左右,因此当船舶到坞修期编制修理单时,要考虑到订购铜阳极和铝阳极用来更换;更换完毕当阳极完全浸入海水中,即船下水后方可调试使用,注意检查恒电流源上的阳极和阴极接线是否正确。

(5)更换铜、铝阳极时,要注意检查铜、铝阳极的消耗程度,与上一次换下的铜、铝阳极做比较,判断消耗率,并根据情况适当微调电解电流值。

(6)在安装铜、铁阳极时,要注意绝缘材料正确安装,不能与船体接地,要清理干净安装孔内外接触面,水密材料要每次更换,并且要和海底阀箱一起做不低于 0.2 MPa 的水密性试验,确定无误后下水,进行调试至正常使用。

第十一章 船舶适航性控制

第一节 船舶减摇装置

一、船舶减摇装置的作用和减摇效果

1. 船舶在波浪中的摇荡

船舶的摇荡主要有下列六种形式:横摇、纵摇、艏摇、垂荡(又称升沉)、横荡、纵荡。其中,横摇、纵摇和垂荡对船舶航行的影响最大,而横摇又最易发生,摇荡幅值也最大,严重影响船舶安全。海况越恶劣,波倾角 θ 越大(如图 11-1 所示),船舶摇荡也越激烈。

2. 减摇装置的效果

船舶摇荡以横摇的不良影响为最大,减摇效果也最佳。因此船舶减摇装置主要以减轻横摇为目的。而纵摇和艏摇程度较轻,减摇必要性不大,且摇摆力矩巨大,减摇的效果和经济性均较差,所以在船上没有专门为其设置减摇装置。

减轻船舶横摇能够提高船舶的安全性,改善船舶的适航性;改善船上工作条件,提高船员工作

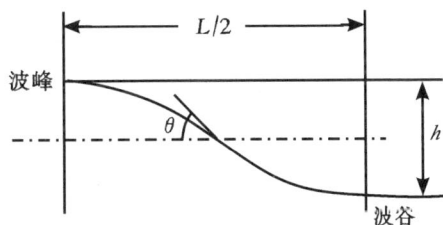

图 11-1 波倾角

效率;避免货物碰撞及损伤;避免由于摇摆引起的航速下降,提高船舶在风浪中的航速,节省燃料,确保船舶设备的使用寿命;提高船舶营运率;保证特殊作业等。

3. 减摇装置的能力

为了平衡波倾角为 θ 的波浪作用于船舶的横摇力矩,减摇装置必须具有与该力矩相等的减摇力矩。实际上减摇装置所具有的减摇力矩是有限的,通常将其最大减摇力矩所能克服的波浪波倾角 θ 作为衡量减摇装置能力的标志,并称为减摇装置的当量波倾角,或称为减摇能力。

各种减摇装置的减摇能力不同,减摇水舱的减摇能力一般为 $2°\sim3°$;减摇鳍能力较大,客船通常是 $5°$,军舰为 $7°$;集装箱船和货船在 $5°$ 以下。

实际上,任何减摇装置都不可能完全克服横摇,总有一定剩余横摇,只有在共振周期时才具有较高的减摇率,而在其他情况下减摇率都较低。因此,在共振周期之外,减摇性能都用减摇效果的绝对值即剩余横摇角来表示。一般剩余横摇角为 $3°$。

二、减摇装置的类型

减少船舶横摇有两个途径:一是增加船体横摇阻尼;二是增加复原力矩或减少横摇力

矩。减摇装置根据是否为其提供动力可分为被动式和主动式两类。主动式减摇装置的动力系统有三种,即电力式、液压式和电液式。其中电液主动式减摇装置应用较普遍。

1. 舭龙骨

舭龙骨是最原始、最经济的横摇阻尼设备。装于船中两舷舭部外侧,与舭部外板垂直的长条形板材结构。一般占船长的 30%~35% 以上,只要有足够的宽度,就能提供适当的阻尼,也是最简单而有效的减摇装置。当船舶横摇时,舭龙骨产生与横摇方向相反的阻力,形成减摇力矩,包括零速在内的各种航速范围内都能有效地增加船体的横摇阻尼,从而减小船舶的横摇。舭龙骨结构简单、造价低、效能高、便于维护,对船体和航速影响不大,因此被各种船舶普遍采用。

2. 减摇水舱

船体内部左右舷连通的 U 形或槽形水舱:分为主动式和被动式两种。当船舶侧倾时,水在水舱中的流动产生的水柱振荡滞后于波浪振荡 180° 相位角,所产生的减摇力矩与波浪的倾侧力矩正好相反,从而起到减摇作用。其效果与水舱的形状、水量、位置有关。

(1)被动式减摇水舱

槽形自由液面式减摇水舱是靠船舶横摇时造成水在水舱中向左右舷做往返流动来减轻船舶横摇。水舱的容积应足够大,以便工作时水舱的一边可容纳全部水流,得到最佳减摇效果。要注意使水舱的装水量等于舱容的一半,水量太多或太少都有不利影响。

U 形管式被动减摇水舱工作原理同上,分为不可控式和可控式两种。不可控式 U 形管被动减摇水舱由设在两舷的水舱和连通管组成。其工作原理与自由液面式相同,差别只是水舱在两舷离船舶中线较远,水可在水舱中聚集液面更高,减摇效果更好些。如图 11-2 所示为可控式被动减摇水舱,通常是封闭的 U 形管水舱。两水舱间的水流和气流可通过控制系统调节,因此水流的流动周期可调范围较大。自动调节两封闭水舱间空气连通管上的阀门,通过控制连通管中的气流,从而控制舱中水的流速,使水的流动周期在较大范围内与横摇周期趋向一致,来改善水舱的响应特性。但因储水量有限,又是靠水位差而流动的,所以,减摇能力有限,很少大于 2°~3°,仅适用于中等海况。

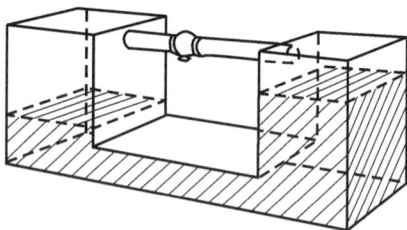

图 11-2　可控式被动减摇水舱原理图

(2)主动式减摇水舱

主动式减摇水舱是在 U 形被动式减摇水舱的基础上发展起来的。它通过水泵或风机强迫水在水舱间流动,并能形成较高的水位差,因此可在水量有限的条件下获得较大的减摇能力。控制系统可对水泵(或风机)、调节阀进行控制,调节水的流量,使装置在很宽的遭遇周期范围内具有良好的减摇效果。

这种方式可作为防止船舶倾斜的手段,在船舶装卸货物向一舷倾斜时调整船舶。

3. 减摇——防倾联合水舱

减摇是一种新型装置,兼有被动和主动水舱的优点。水舱的固有周期大致等于船舶的最短横摇周期。当船舶处于短横摇周期时,可按被动式水舱方式工作;当横摇周期超出被动水舱的响应范围时,则以主动水舱方式工作,因此能在较大范围内有效地减摇。

4. 减摇鳍

减摇鳍是迄今使用最多、效果最好的一种主动式船舶减摇装置。它是在船中舯部或舵部稍上方伸出舷外的一对或数对鳍片,剖面为机翼形,又称侧舵。它的减摇原理是:船舶在水中行驶过程中,通过操纵机构转动减摇鳍,当鳍在水中有一个速度和倾斜角的时候,就会产生一个升力,利用此升力产生的力矩来抵抗海浪的干扰力矩,便可达到减小船舶横摇的目的,如图 11-3 所示。

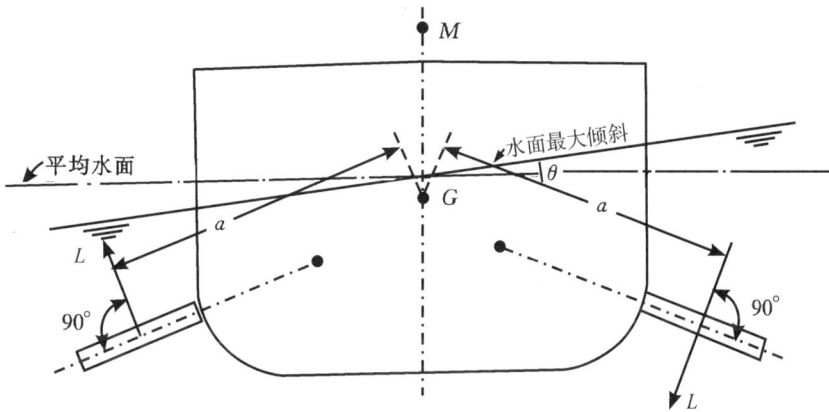

图 11-3　减摇鳍工作原理

减摇效果取决于航速,航速越高,效果越好,这是因为减摇鳍的升力与航速的平方成正比,因此,在低速航行时升力很小,减摇作用差,只适合于航速高于 12 kn 的船舶。

鳍的减摇力矩与船舶固有周期无关,不受船舶稳心高度变化的影响,并在整个遭遇周期范围内具有良好的响应特性。与其他主动式减摇装置不同,减摇鳍装置的功率不直接用来产生减摇力矩,而是用于控制鳍角,因此所需功率有限,具有很好的运行经济性。

减摇鳍装置根据能否将鳍收入船内,分为不可收式减摇鳍、伸缩式减摇鳍、折叠式减摇鳍。

5. 舵减摇

舵减摇是利用舵力产生的横摇力矩来减摇的。一般船舶对横摇力矩的响应周期是 8~12 s,而对艏摇(转向)力矩的响应周期是 30~35 s。这种巨大差别允许将转向和减摇控制信号同时施加给舵,而不致产生不良的相互响应,因此可利用操舵来减少船舶横摇。

舵减摇的最大优点是取消了昂贵的减摇鳍装置,有很好的经济性。只要对舵机加装减摇控制环节,就可使某些现有船舶具备减摇能力。但现有舵机用作减摇后,以最大转舵速度工作的频率增加,会加速机构的磨损。

除了上述减摇装置外还有陀螺、主动重锤、被动重锤等。就其减摇率来说可收放式减摇鳍最高。

三、减摇装置的控制与管理

1. 减摇装置的控制

电液式减摇鳍装置控制原理如图 11-4 所示,敏感元件感受的船舶摇摆信号有横摇角度、横摇速度、横摇加速度、船舶自然倾斜角等,控制机构将信号放大并用来控制动力元件的伺服机构,使动力元件输出必要的功率以推动减摇机构动作,产生减摇力矩。减摇机构的动作信号反馈到控制机构,与敏感元件感受的船舶摇摆信号相减,达到平衡即停止动力元件的输出。

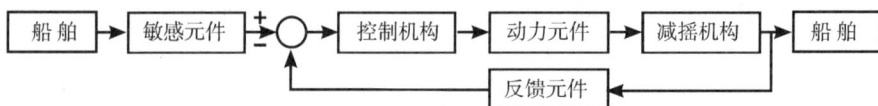

图 11-4　电液式减摇鳍装置控制原理图

2. 减摇装置的操作

不同的减摇装置,操作管理方法不同,下面仅以可收式减摇鳍装置为实例。

可收式减摇鳍一定要在船舶进入宽敞水域后才能将鳍放出,并在进入窄水道、浅水道前将鳍收回,以免碰伤鳍片。当船舶的横摇角不大时,例如小于 3°~5°,应停止使用减摇鳍,以免增大船舶航行阻力。装置的起动、停止等操作步骤,要按照说明书规定进行。只许在鳍角为零时进行鳍的收放,只有在鳍片完全放出就位后,才能转动减摇鳍。尽管装置的传动机构、液压系统或控制系统中都有联锁装置,但在操作时还需注意核查鳍的状况,以免联锁装置失误造成鳍的损坏。

四、"育鲲"轮减摇鳍控制系统

1. 减摇鳍的控制原理

"育鲲"轮减摇鳍的控制,是通过一个工业用的可编程逻辑控制系统来实现的,减摇鳍的控制原理如图 11-5 所示。摇摆传感器不断监控船舶的摇摆动作并向中央控制单元传送信号,同时,船舶航行信号也送到中央控制单元,经过中央控制单元的处理,得出对每一个鳍角度的指令信号,然后指令信号被发送至左舷右舷电子-液压比例阀,通过控制液压油的流量,这些阀门将相关鳍调整到要求的角度。由此产生的液压力量抵消了船舶的摇摆。鳍角度由鳍单元中的线性转换器监控,并被反馈给伺服放大单元,以对鳍的位置实现闭环控制。

本船减摇鳍控制系统运用了专为满足严格的强度和可靠性标准而设计的现代工业可编程逻辑控制技术。使用串行通信网络以数字化形式进行信息传递,符合工业总线标准。可以提供高速、高质、可靠的通信。使用模块式总线终端组合,将模拟信号与数字信号同通信网络对接,以提供一个灵活且易于维护的系统。

主要的人机交互界面由驾驶台控制站和工程控制站(在机舱集控室内)构成。安装于落地式支架上的驾驶台控制站包括一个驾驶台电子设备单元和一个驾驶台操作员面板,后者为方便使用而设计,可以清楚地指示每一个鳍的运行状态。驾驶台控制站的驾驶台操作员面板部分由 SOLAS(海上人身安全)面板和减摇鳍控制面板构成。这些单元可以同驾驶台电子控制单元、中央控制单元(在工程控制站)以及每一个鳍的局部控制单元相互作用。

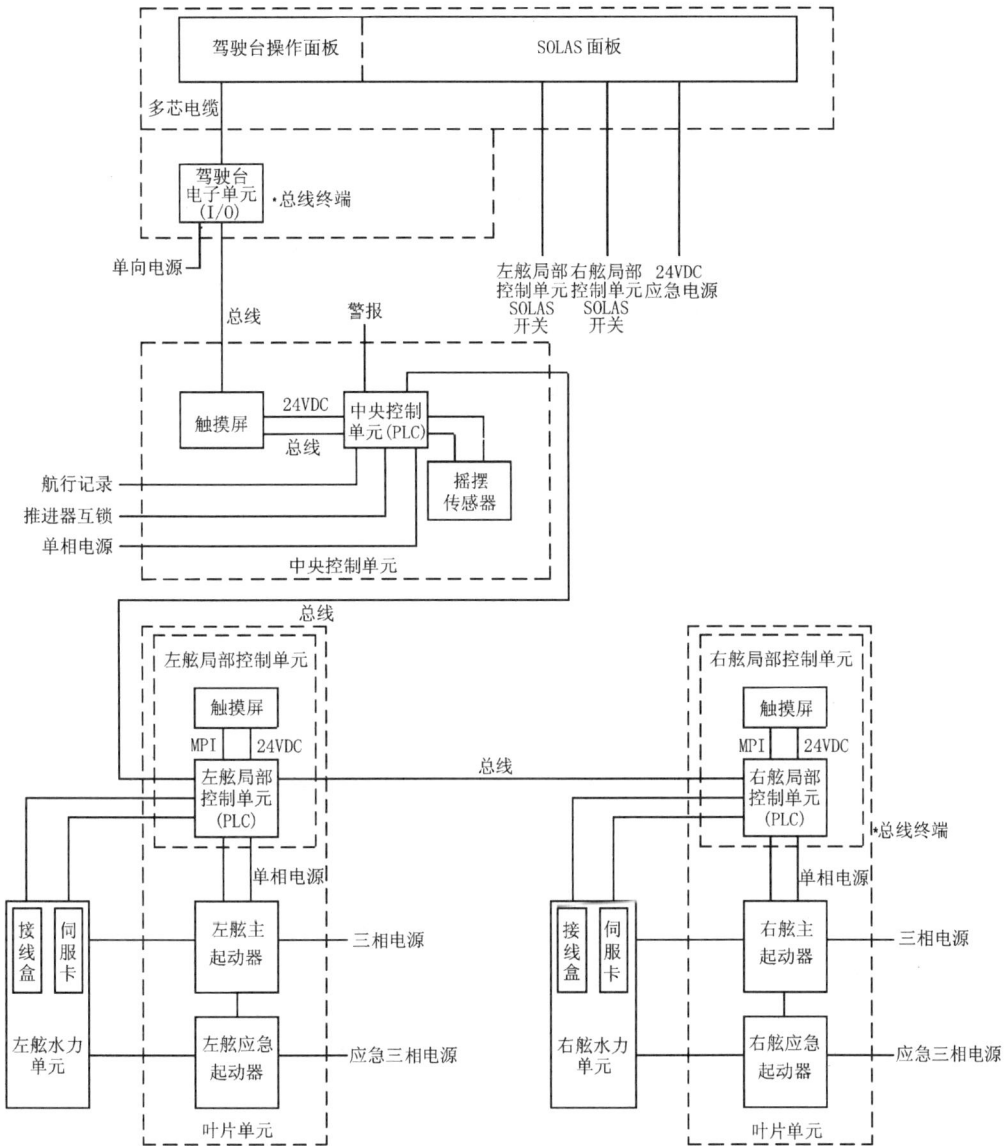

图 11-5　"育鲲"轮减摇鳍控制系统方框图

这些个体单元配置安装于减摇鳍舱鳍旁的控制箱内。之后通过通信网络实现相互连接。该系统和水力、鳍等子系统连接,控制鳍的运行顺序并监控故障情况。

SOLAS 面板用于在紧急情况下显示鳍是否收回。对每一个鳍的紧急控制,属于局部功能,独立于控制系统。

2."育鲲"轮减摇鳍系统

减摇鳍液压系统由液压动力单元和内接管构成。液压系统提供的液压动力与控制信号交互作用,用油缸来操作鳍的上升或下降以及收鳍和放鳍。

液压动力单元包括:液压油箱 35,双向叶片泵 26 和电动机 24 组、齿轮泵 27 和电动机 25 组,分配阀箱 16,比例阀 17,油冷却器 31 和回油过滤器 29 等。如图 11-6 所示显示的液压系统是一个开环式结构,对流向鳍上升或下降以及收鳍和放鳍系统的液压油实施闭环电子-液压比例控制。

液压油箱 35 既是储油装置,又是液压系统的基础结构。泄放球阀 33 和油冷却器 31 安装在罐底,其他所有元件和设备都安装在罐顶板上。检查油量计 22 的刻度,即可监测液压油箱 35 内的油位高度。低油位可以被液位/温度检测器 21 自动监测到,发出报警信号。高温可以被热调节开关监测到,发出报警信号。通过油箱顶的注油/通气口可以为罐内注油,使油位增高,也可以注入新过滤的液压油。

主泵/电动机组由双向叶片 26、电动机 24 和卸载阀 32 构成。泵的出口连接有一个卸载阀 32 。卸载阀 32 得电时关闭,泵的流量全部用于鳍的操作功能。卸载阀 32 断电时打开,主双联泵较大一侧出来的流量在低压状态下直接回到油箱,只有较小的泵输出用于鳍的回收和伸出。泵是连续运行双叶结构,一个泵壳内有两个独立的叶片。泵有一个共用的抽吸管道,两条独立的输出线。泵盒的流量分布使得高流量单元的流量约为低流量单元的4 倍。主泵/电动机组为系统提供压力油。从低流量单元送出的压力油直接通过单向阀进入分配阀箱 16,从高流量单元送出的压力油通过另一个单向阀 8 也进入分配阀箱 16,并可通过可远程控制的泵卸载阀 32 回油箱。除稳定操作外,在起动及所有其他操作中,高流量单元都在卸载。这使得电动机可以在最小负载状态下起动。由于低流量单元流量较小,这也使得收鳍和放鳍操作以及鳍对中操作减速进行。

分配阀箱 16 里面有鳍控制所需的全部阀门。主泵和应急泵送出的压力油通过单向阀 8 进入分配阀箱里一个共同的压力总管,压力总管被分割成多个部分,对应多个出口,压力油在这里进行分配和输出。同样,回油管路也是一个共用的总管,它将系统的多条回流汇总,然后通过油冷却器 31 和回油过滤器 29 送回液压油箱 35。液压油流经压力总管进入比例阀 17 以及收鳍和放鳍电磁阀 1。压力总管还通过一根管路连接至压力计 20,压力计可以通过手动操作的截止阀 19 关闭。压力总管通过压力补偿器 3 和负载感应旁通阀 5 与回油管路连接。

鳍的操作控制是通过电子-液压比例阀 17 实现的,比例阀由比例螺线管操纵,为流向鳍上升或下降油缸的液压油提供流量和方向控制。

比例阀由一个导向阀和一个主台构成。导向阀由两个比例减压阀组成,用两个螺线管控制。如果两个螺线管中的一个带电,线轴移动,距离与电子输入信号强度成正比。这就在主台压力室中产生与输入电流成比例的压力。主台是一个简单的方向线轴弹簧装置,两端各有一个压力室。如果两个压力室中的压力相等,相对的弹簧导致合力,使得线轴居中(中性位置)。一个压力室的压力增大,就会产生一个新的力平衡,线轴处在新的位置。电流先是通过减压器,再通过线轴弹簧,产生一个比例线轴距离。电子信号降到 0 的时候,线轴回到居中(中性)位置。

比例阀出口的液压油将会到达使鳍上升或下降动作的油缸,两个出口管路之间还设有旁通阀 13 和溢流阀组 2。溢流阀组 2 使得高压(超过溢流阀设置压力)可以从压力管路释放到回油管路,避免系统内压力积累过高。所有正常操作中,手动的旁通阀都关闭,打开时可以将液压油导入另一管路,可以消除鳍上升或下降油缸里活塞两方向上的压力差。

分配阀箱里的压力总管用一条支管接到收鳍和放鳍电磁阀 1。在放鳍操作中,电磁阀 1 右侧放鳍线圈得电,使得液压油通过平衡阀箱 36 中的平衡阀 36.1 的通道进入收鳍和放鳍油缸左侧的环形区域,把活塞杆向右推回原位。在鳍伸出位置上,液压作用力使得鳍保持外伸,鳍箱的限位块提供了拉力的反作用力。同时,液压油被送到对面的平衡阀36.2,目的是打开平衡阀36.2,油缸右侧的液压油在油缸活塞作用下流回油箱。放鳍动作完成后,线圈断电。

在收鳍操作中,电磁阀1左侧收鳍线圈得电,使得液压油通过平衡阀箱36中的平衡阀36.2的通道进入收鳍和放鳍油缸右侧,收鳍和放鳍油缸里的活塞杆外伸,鳍被收回。同时,液压油被送到对面的平衡阀36.1,目的是打开平衡阀36.1,油缸左侧的液压油在油缸活塞作用下流回油箱。

平衡阀箱36中的平衡阀36.1和36.2与收鳍和放鳍油缸的两条输入管路连接,其目的是防止鳍在收回或伸出位置上有任何运动。

负载感应和压力补偿阀组由压力补偿器3和负载感应隔离阀11和负载感应旁通阀5组成,在如下各项操作中,会起到一个负载感应和安全阀的作用。

(1)鳍上升或下降

①比例阀17将电流变化信号成比例地转换为液压油的流量变化。在中央位置附近有一个静止区域。

②压力补偿器3实质上是一个变量安全阀,与双向叶片泵26和齿轮泵27共同使用,以防止产生过热(产生的热量等于流速与压力的乘积,在泵的最大流速固定的情况下,减小工作压力是十分关键的)。压力补偿器3在与比例阀17共同使用时,压力补偿器3与比例阀17、双向叶片泵26和齿轮泵27的输出压力油,其比例取决于比例阀17的开度大小。比例阀开度为0则压力补偿器流量最大;比例阀完全打开则压力补偿器流量最小(0)。对压力补偿器基本设置的调节是一项很重要的工作,因为它决定了压力补偿器的最小设置。比如,泵的输出为100 L/min,而为了实现要求的全程动作时间,用来改变鳍上升或下降需要最大量为90 L/min,那么压力补偿器3必须上调,直到通过的流量小于10 L/min。如果这种情况是在1.5 MPa的压力下出现的话,那么整个系统的基本设置就是1.5 MPa,这个压力值由溢流阀4来设定。

(2)负载感应

当负载感应隔离阀11得电时,负载感应起动。若用来使鳍上升或下降油缸里的活塞某一侧压力较高,这个压力就通过或门阀15和补偿器箱18传递到压力补偿器3的顶上。补偿器就在基本设置加负载感应的压力合值下打开,增加旁通量,以降低活塞高压那一侧的压力。

若将负载感应关闭,负载感应隔离阀11断电,泵压力可以传递至补偿器箱18。压力逐步积累,直到补偿器箱18里的负载感应旁通阀5被液压冲开,将压力补偿器3的顶端与油箱相连。这时负载感应旁通阀5就成为收鳍和放鳍系统里的安全阀。

油冷却器31水平方向安装在支架顶端,支架固定在油箱的一端。冷却器接收从分配阀箱流回的油。油冷却器由一组管道构成,管道在一个圆柱体中排开,回流的油经过层层管道,而海水冷却剂通过端盖流经管道。从冷却器中排出的水必须立即废弃。进水管必须有一个孔板,来限制流经冷却器的水流量。高速流水将导致设备过早报废。孔板应该放置在冷却器前方约1 m处。

液压油从冷却器中流出,通过回油过滤器29回到油箱,过滤器安装在箱体上,过滤器上

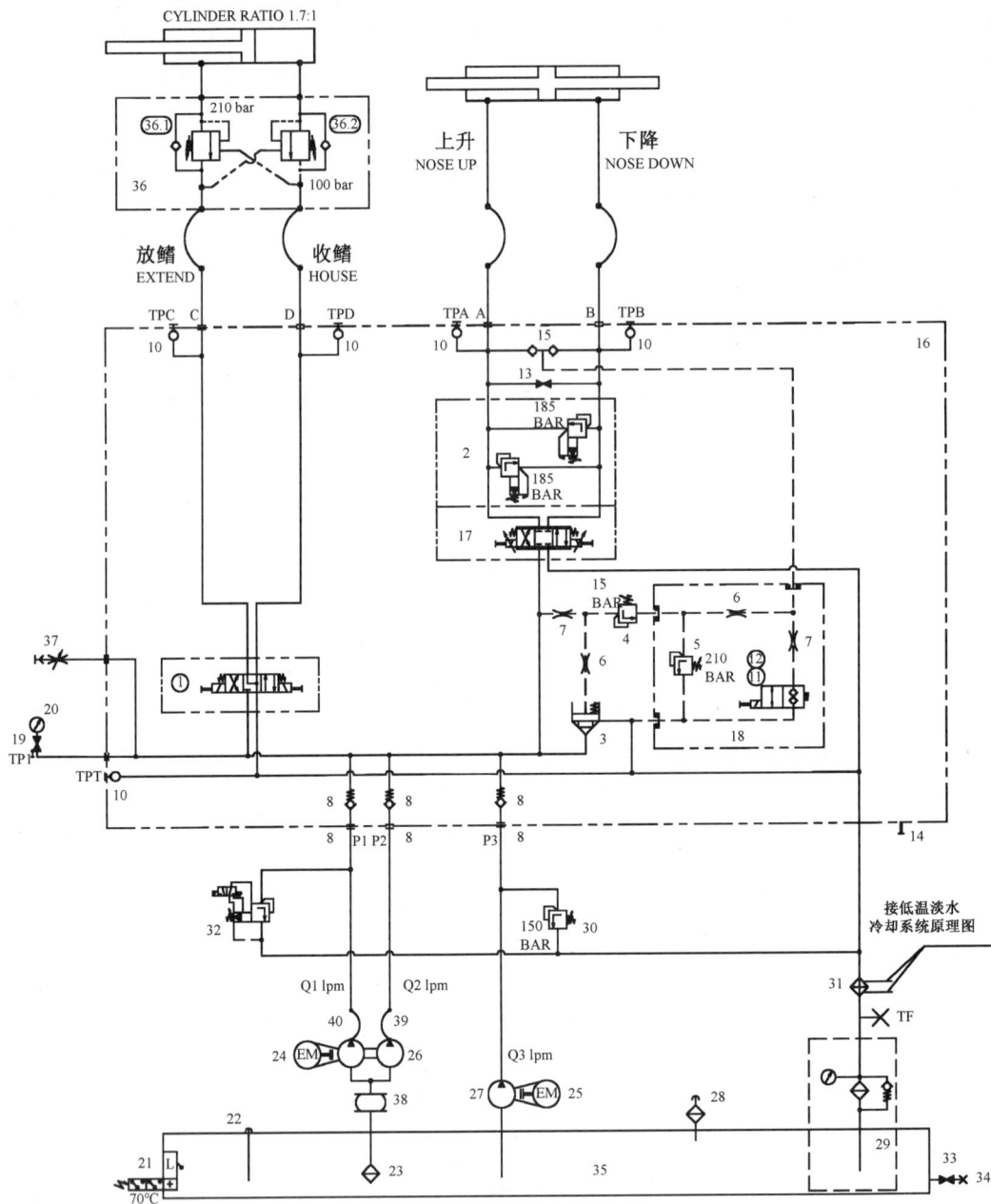

图 11-6 "育鲲"轮减摇鳍液压系统原理图

1—电磁阀;2—溢流阀组;3—压力补偿器;4—溢流阀;5—负载感应旁通阀;6—阻尼孔;7—阻尼孔;8—单向阀;9—法兰;10—压力测量点;11—负载感应隔离阀;12—电磁线圈;13—旁通阀;14—快速释放销;15—或门阀;16—分配阀箱;17—比例阀;18—补偿器箱;19—截止阀;20—压力计;21—液位/温度检测器;22—油量计;23—吸入滤器;24—电动机;25—电动机;26—双向叶片泵;27—齿轮泵;28—透气装置;29—回油过滤器;30—溢流阀;31—油冷却器;32—卸载阀;33—泄放球阀;34—旋塞;35—液压油箱;36—平衡阀箱;36.1—平衡阀;36.2—平衡阀;37—液压油取样探头;38—吸入波纹管;39、40—软管

带一个目测指示器和旁通阀。旁通阀的设置压力约为 150 MPa。回油过滤器的主过滤芯上装有磁铁,用来滤掉含铁杂质。主过滤芯的滤孔为 10/25 μm,可以通过最大泵流量。液压油从过滤器底部流出,这是一个孔洞结构,液压油流回油箱时可以减小湍流。

应急泵/电动机组由齿轮泵 27 和电动机 25 组成。应急泵/电动机组沿垂直轴定位,泵体完全浸没在罐内油中。应急泵/电动机组把低量压力油通过单向阀 8 送入分配阀箱 16,随后压力油进入压力总管,压力总管也通过一个单向阀 8 与应急泵/电动机组连接。单向阀使得压力油可以从泵进入分配阀箱 16,但阻止了压力油从分配阀箱进入泵内。

收鳍和放鳍电磁阀 1 和比例阀 17 可以手动操作,可在紧急情况下分别控制鳍上升或下降及收鳍和放鳍。每个液压动力单元都有一个紧急停机按钮开关。按下按钮,电动机停机,按钮锁定在停机位置。

五、"育鲲"轮减摇鳍操作规程

1. 开机

(1)起动前检查

在安装完毕\重新试运行和长时间关机后要起动减摇鳍系统时,应参照图 11-6 做下列检查:

①检查确认电源连接正常;

②检查确认 SOLAS 面板连接了 24 V 直流电源;

③确认液压油箱装满液压油;

④检查确认油冷却器 31 获得供水;

⑤用油量计 22 检查油箱的油位是否正确;

⑥检查确认泄放球阀 33 已经关闭;

⑦通过检查叫视显示器,检查回路过滤器 29 中的过滤元件情况(这要求动力单元在进行该检查前运行 15 min);

⑧检查确认透气装置 28 处于关闭状态;

⑨检查确认旁通阀 13 处于关闭状态;

⑩检查确认所有的液压连接可靠,无泄漏;

⑪检查软管,看是否出现老化;

⑫检查确认系统的液体清洁度是否符合所要求的标准。

(2)起动准备

当控制系统通电,即进入正常的操作模式。在这种模式下,驾驶台操作控制面板上的按键/指示灯/中央控制站的操作员触摸屏都变亮,在驾驶台控制面板上,操作者只能使用背景灯亮着的按键,主控制界面会在中央控制站的操作面板上显示,控制单元的操作面板有六个界面可供操作员使用。

①顺时针旋转驾驶台控制面板上的灯光调节旋钮,确保指示灯/按键的背景灯光达到最大亮度;

②在主起动器上,将隔离开关转到"1"的位置,确保主起动器的停止灯亮;

③确认驾驶台面板上的下列指示灯亮:

a.左右舷鳍的角度指示灯亮;

b. 左右舷故障指示灯灭;

c. 两处的可用/离线按键/指示灯中,可用部分亮;

d. 如有速度记录,且高于规定的速度下限,则低速指示灯灭;

e. 驾驶台/工程按键/指示灯中,驾驶台部分亮;

f. 灯测试按键/指示灯亮;

g. 自动/手动按键/指示灯中,自动部分亮;

h. 警报确认按键/指示灯灭;

i. 左右舷鳍伸出按键/指示灯灭;

j. 左右舷鳍收回按键/指示灯亮。

2. 鳍的控制模式选择

从中央控制站进入主界面,可进行稳定控制。在中央控制站的控制屏上另有两个界面,通过它们可以进行鳍设置和海上测试。局部控制单元的另外两个界面上,可以进行鳍硬件状态监测和减摇鳍测试程序。按下可用/离线按键,局部控制单元能从驾驶台控制屏和中央控制单元接收指令。当离线部分灯亮,由局部控制单元指挥;当可用部分灯亮,由驾驶台中央控制单元进行控制。

(1)离线模式

①对每个起动器,确保遥控/本地开关设置为遥控状态;

②检查确认可用/离线按键/指示灯中的离线部分灯亮;

③如果在相关的局部控制单元主界面上,离线部分没亮,则在该界面上按下可用/离线按键/指示灯,从可用转到离线模式。

选择离线状态后,每个鳍都由它的局部控制单元的主界面控制,能被收回/伸出/对中和测试。只有在驾驶台控制站和工程控制站上使用可用模式,才能运行稳定功能。

(2)可用模式

①对每个起动器,确保遥控/本地开关设置为遥控状态;

②检查确认控制屏上可用/离线按键/指示灯中的可用部分亮灯;

③如果相关的局部控制单元可用部分没有亮灯,则按下局部控制单元主界面上的可用/离线按键/指示灯使其发亮,改变指示灯状态。

3. 鳍的伸出和稳定程序

本程序将伸出鳍并开始执行自动稳定功能,鳍伸出程序由中央控制单元控制和监控。

(1)检查确认驾驶台控制面板上的左右舷的故障指示灯灭。如果灯亮,则检查中央控制单元的警报界面。

(2)检查确认中央控制单元主界面上的左右舷鳍故障指示灯灭。如果灯亮,则按下警报界面图标;如有警报,则查明原因,清除故障后再继续操作。

(3)回到中央控制单元,检查确认两个可用/离线按键的可用部分灯亮。如果离线部分灯灭,查明原因,更改过来。

(4)从驾驶台控制单元或者中央控制单元,按一下左舷伸出按键/指示灯,以解除保护功能;再按一下以激活伸出程序,收回指示灯灭,伸出指示灯闪烁,表明鳍正在伸出过程中。

(5)如果右舷也需要伸出,则对右舷重复上述过程。

(6)当伸出指示灯停止闪烁并完全点亮时,表明鳍已经完全伸出,通过观察相关鳍角度表上的指针移动,可以确认稳定效果。

4. 鳍收回和锁定程序

本程序将收回和锁定叶片,在任何控制单元都可以控制和监督鳍收回程序。

(1)检查确认驾驶台控制面板上的左右舷的故障指示灯灭,如果灯亮,则检查中央控制单元。

(2)检查确认中央控制单元主界面上的左右舷鳍故障指示灯灭,如果灯亮,则按下警报界面图标,如有警报,则查明原因,清除故障后再继续操作。

(3)回到中央控制单元,检查确认两个可用/离线按键的可用部分灯亮,如果离线部分灯亮,查明原因,更改过来。

(4)从驾驶台控制单元或者中央控制单元,按一下左舷收回按键/指示灯,以解除保护功能;再按一下以激活收回程序,伸出指示灯灭,收回指示灯闪烁,表明鳍正在收回过程中。

(5)如果右舷也需要回笼,则对右舷重复上述过程。

(6)当收回指示灯停止闪烁并完全点亮时,表明鳍已经完全收回,通过观察相关鳍角度表上的指针移动,可以确认锁定位置。

5. 鳍伸出和对中程序

本程序将伸出和对中鳍,保持鳍处于 0° 位置,鳍伸出程序只能在局部控制单元进行控制。

(1)选择局部控制单元的主界面,检查确认警报界面显示没有任何故障。如果有故障,则查明原因,清除故障后再继续操作。

(2)检查确认可用/离线按键中离线灯亮,如果可用灯亮,按可用/离线按键改变状态。

(3)按一下伸出和对中按键/指示灯以解除保护,再按一下以起动伸出和对中程序。收回指示灯灭,而伸出和对中指示灯会闪烁,表明叶片正在伸出过程中。

(4)当伸出和对中指示灯停止闪烁并完全点亮,表明鳍已完全伸出。从相关的鳍角度表上观察到指针位于大约 0° 位置,即可确认已经对中。

(5)如果另一个鳍也需要伸出并对中,则在另一个局部控制单元界面上重复以上过程。

6. 试运行

该操作只能由合格的 ROLLS-ROYCE 工作人员执行,因为若无适当防护和准备,任何改变都可能导致设备损坏和人员受伤。

(1)从中央控制单元执行

海上测试:在鳍伸出序列中强行摇摆船舶,以此决定本减摇鳍系统正常运行时若干控制单元所要求的参数。

(2)从任一局部控制单元执行满舵测试

将在 ±21.5°(鳍最大的偏转率)之间,用鳍测试选择的方波指令去移动选定的一个或者两个鳍;

平滑测试:用鳍测试选择的一个正弦波指令去移动选定的一个或两个鳍;

定制测试:用执行测试的操作人员选择的指令参数去移动选定的一个或两个鳍。

六、减摇装置的管理

(1)对转鳍和收放鳍机构中各摩擦部位,要进行可靠润滑。尤其是鳍伸缩导轨和滑块。

（2）伸缩式减摇装置的鳍轴出轴处和折叠式减摇装置的转鳍油缸耳轴处,均有密封装置,要确保其密封性能,防止海水漏入船内。暴露在海水中的鳍也要保证完好的水密,严防海水进入鳍内腐蚀鳍内的传动机构。折叠式减摇装置的转鳍油缸一般都浸在海水中,油缸的泄漏不易发现,因此它的密封更应可靠。

（3）船舶坞修时,应对鳍片和鳍箱内的机构进行检查。

（4）对减摇鳍的控制设备,要防止受热、受潮或受到剧烈震动;要保证控制和反馈信号的发送、传递和接收机构在机械连接和电气连接上的正确、可靠;起动时,应注意鳍的动作与鳍角指令的一致性,否则应对鳍角反馈等环节进行调整。

（5）因减摇鳍装置的响应速度较高,如液压系统有空气,除产生较大的振动和噪声外,还会大大影响减摇效果。因此一定要保证油箱的油位和系统的严密性,杜绝空气进入系统。每次启用减摇鳍时,都要检查油箱的油位,并放出系统内的空气。

第二节　侧推器装置

一、侧推器的作用和要求

侧推器是一种能产生船舶横向推力的特殊推进装置,其工作原理与螺旋桨推进器基本相同。它装在船艏或船艉水线以下的横向导筒中,产生的推力大小和方向均可根据需要改变。

船舶在靠离码头、过运河、进出水闸、穿过狭窄航道和拥挤水域时,一是要开慢速,二是要经常用舵改变航向。但航速越慢舵效越差,给船舶操纵带来困难。特别是受风面积大的集装箱船、滚装船、木材船等,在低速航行时,只靠舵效改变航向往往不能满足要求,不得不用拖船帮助。但侧推装置就能够明显地改善船舶低速航行时的操纵性和机动性。

侧推装置的主要优点:可以在航速很低或为零的情况下在较大范围内操纵船舶,能明显提高船舶的操纵性能,而且侧推器和舵共同作用时还可以增加舵效;侧推器的应用提高了船舶机动航行时的安全性和船舶在低速时的转向和定位能力,这不仅节省拖船费用,而且缩短船舶靠离码头的时间;对主机来说又减少起动、换向次数,延长其使用寿命,从而获得更高的营运经济效益。

根据其工作特点,侧推器应满足如下要求:装置结构简单,工作可靠,维护管理方便。侧推器应尽可能设在船的端部,以便在同样推力下获得较大的转船力矩。应有足够的浸水深度,以提高侧推器的工作效率。侧推器的螺旋桨轴线与水线距离不得小于它的桨叶直径,以免空气进入螺旋桨,影响侧推器工作。对船体所造成的附加阻力要小,侧推装置本身的工作效率要高。能根据需要迅速改变推力大小和方向。在侧推器旁及驾驶台均能进行操作,在驾驶台上的操作,一般在中央与两翼均可进行。

侧推器的类型很多,按布置位置不同分为艏推、艉推和舷内式、舷外式（Z形传动就是舷外式侧推器）;按产生推力的方法不同分为螺旋桨式和喷水式;按原动机不同有电动式、电液式和柴油机驱动式等。

二、螺旋桨式艏推装置的应用

在诸多侧推装置中螺旋桨式艏推装置应用较多,螺旋桨式艏推装置的螺旋桨可采用定距桨也可采用调距桨。定距桨则要求其原动机具有变速变向功能,因此多采用液压马达带动。调距桨不需要驱动它的原动机换向,而且容易实现遥控,在恒速下靠桨叶角的变化就可改变推力大小,因此目前由电动机驱动调距桨的侧推器应用广泛。

如图 11-7 所示是定距桨式艉侧推装置液压系统。其工作原理:侧推器的螺旋桨 1 通过联轴器与液压马达 2 相连,而液压马达的转向与转速由双向变量泵 7(主泵)来控制。泵 7 的控制可通过辅泵 9(定量泵)和电磁三位四通阀(控制主泵的伺服变量机构)15,借助泵 7 中的变量伺服机构来实现。在系统工作时,从液压马达 2 至泵 7 的低压管路中的油,一方面经更油阀 3、背压阀 16 和回油滤器 13 将部分热油泄回油箱,另一方面又从补油单向阀 4 不断地以洁净的低温油液加以补充,以控制系统的油温。其他部件有溢流阀 5、压力表 6、电动机 8、吸入滤器 10、温度计 11、辅泵溢流阀 12、可调节流阀 14。

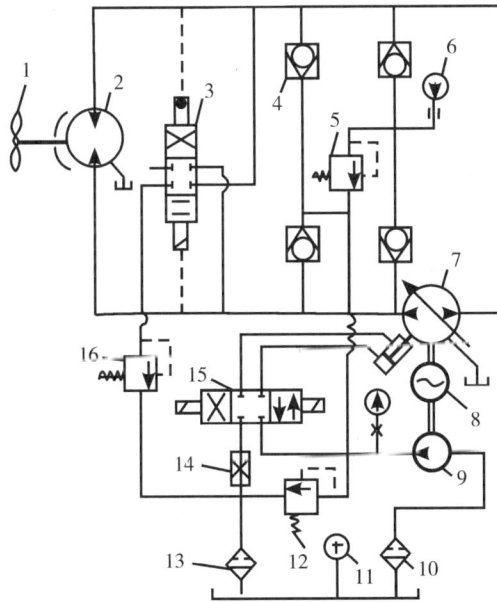

图 11-7　定距桨式艉侧推装置液压系统

1—螺旋桨;2—液压马达;3—更油阀;4—补油单向阀;5—溢流阀;6—压力
表;7—主泵;8—电动机;9—定量泵;10—吸入滤器;11—温度计;12—辅泵溢
流阀;13—回油滤器;14—可调节流阀;15—电磁三位四通阀;16—背压阀

三、"育鲲"轮艏侧推装置

如图 11-8 所示为"育鲲"轮电动调距桨式艏侧推装置系统。传动轴 18 上端与电动机(未画出)相连、下端通过锥齿轮 30、螺旋桨轴 31 带动调距桨 25 运转。调距工况:操纵台发出的调距指令,传给电磁三位四通阀 5。若此时指令信号使右电磁阀通电,三位四通阀 5 工作在右位。重力油柜中的油经截止阀 16 和管路 S_2 的回油单向阀由伺服油泵 13 加压后,经滤器 10 或单向阀 9,三位四通阀 5 的右位,压力油经管路 S_1、配油轴 26 中的油道进入伺服活塞 19 的左侧。伺服活塞右侧的油在活塞的推压下,经配油轴 26 中的另一油道、管路 S_2 回至伺服油泵 13 的吸入端,也可由此回到重力油柜。伺服活塞在两侧压差作用下向右移动,同时通过十字滑块 21 和曲柄机构 22 驱动桨叶 25 回转。伺服活塞移动的同时,还通过活塞杆 33 驱动反馈杆 34、齿条 35,将转叶的动作传给桨叶角发信器 36,最后传至操纵台的桨叶角指示器。当达到要求的角度后,调距指令自动取消,电磁阀失电,阀 5 回中位,锁闭阀关闭,这一调节过程结束。稳距工况:锁闭阀关闭后,伺服活塞两侧的油都被锁闭阀中的止回阀封闭在伺服油缸中,靠油液的不可压缩性将桨叶固定在所要求的位置上。这种稳距方式是静态稳距。工作中油压过高由安全阀 5 泄压,过低由压力开关 7 发出报警信号。重力油柜油位过低由浮子开关 3 发出报警信号。

四、"育鲲"轮艏侧推操作规程

(1)起动艏侧推前检查液压油油位,确认驾驶台螺距操作手柄在零位;

(2)按下驾驶台操作面板上的"MAIN SWITCH"按钮,向机舱发出艏侧推申请指令;

(3)机舱主机恒速后,通过轴带发电机向艏侧推供电,同时发出艏侧推许用指令;

(4)按下驾驶台"READY FOR START"按钮,其指示灯亮,准许艏侧推起动;

(5)按下驾驶台操作面板上的"START"按钮,起动艏侧推电机;

(6)驾驶台应先选择操作位置后,再进行翼角操作;

(7)如转"应急操作",需按下驾驶台面板上的"PITCH MANUAL"按钮,并通过面板上的 ←| 和 |→ 按钮进行螺距操纵;

(8)前车使用完毕后,按下驾驶台上面的"STOP"按钮,停止艏侧推;

(9)按下驾驶台操作面板上的"MAIN SWITCH"按钮,取消艏侧推申请指令;

(10)机舱接到艏侧推申请取消指令后,停止向艏侧推供电。

五、侧推器的管理

1.操作时注意事项

(1)侧推器的电动机功率较大,使用前电站容量必须足够。一般都设有发电机台数联锁装置,达不到规定工作台数侧推器起动不了。

(2)航速在 5 kn 以下方可使用侧推器。

(3)操作地点转换前,要确认主、副控制站二者控制杆位置和负荷一致后才可切换。

(4)采用调距桨的侧推器只有在螺距为零时才能起动,从而使起动转矩最小,同时减小起动电流。

(5)操纵时不得大范围地快速操纵控制手柄,在最大推力工况下的连续使用时间不应超过规定的时间,一般为 0.5 h。

2.日常管理工作

(1)使用的液压油应能传递较大动力,要有合适的黏度,较高的黏度指数,凝点低(要在 -30 ℃以下)。

(2)定期清洗滤器,检查油位、油温、油压,注意观察振动情况和运转声音,发现异常及时处理。

(3)侧推器安装的位置低,空气潮湿,注意检查电气设备绝缘,定时加热除湿。

（4）侧推装置除了装有可靠的密封装置外，还采用压力油柜来提高桨毂内的油液压力，使它略高于舷外海水压力。

3. 坞内检查

放掉桨毂内的滑油，并观察是否有水。螺旋桨轴的密封装置也多用 Simplex 型，凡密封圈唇口有裂纹、严重磨损、老化等现象均应换新，注意检查密封性能。检查桨叶根部密封圈，一般过了四年应换新。检查桨叶、桨毂的固紧螺栓和螺栓防松装置。螺旋桨轴轴承、传动轴轴承都是滚动轴承，若发现它们锈蚀、剥蚀、护圈破裂、滚子严重磨损或转动不灵活、转动声音过大时，应予换新。

第十二章　船舶电力系统

第一节　概述

船舶电力系统是为船舶用电设备提供电能的电力系统,其主要由电源、配电装置、电网和电力负载四部分组成。船舶电力系统可采用直流和交流两种电制(也称电源种类),交流电制具备诸多优点而被广泛采用,用电设备的工作电源多采用交流三相或交流单相电源。交流配电系统的标准频率为 50 Hz 或 60 Hz,供电电压一般不应超过 15 000 V,低压船舶常采用 380 V 或 440 V。交流配电系统的线制主要有三相三线绝缘系统(普遍采用)和中性点接地的四线制,"育鲲"轮船舶电力系统采用 380 V 50 Hz 的三相三线绝缘系统。由于传输线路上的压降,发电机额定电压一般应比相同电压等级的用电设备高 5%,即站在发电机角度额定电压是 400 V,站在用电设备角度额定电压是 380 V。

船舶电力系统简图如图 12-1 所示,电能由发电机等电源设备产生,经空气断路器[也称主开关 ACB(Air Circuit Breaker)]送至主配电板 MSB(Main Switch Board),由主配电板经电网分配至分配电板 DB(Distribution Board)或各种电力负载。

船舶电力系统的电源可以是主发电机、应急发电机、轴带发电机、蓄电池、岸电等。

主电源是指向主配电板供电,并通过主配电板对为保持船舶处于正常操作和居住条件所必需的所有设备配电的电源;应急电源是指在主电源供电发生故障的情况下,用来向应急配电板供电的电源。

主电源一般是由主发电机提供的电源,要求单台主发电机负荷能力能够满足船舶正常航行时负载需要并留有一定余量,另外应有一台以上同型号主发电机作为备用,因此船舶一般配置两台以上主发电机。轴带发电机也是主电源的一种形式,它由主推进装置驱动。轴带发电机技术应用日臻完善,在能源利用和管理上优势明显,目前在船舶上应用较为广泛。

应急电源可以是发电机(一般称为应急发电机),也可以是蓄电池组(一般称为临时应急电源),二者应安装在最高一层连续甲板以上易于从露天甲板到达之处。当主配电板失电后,应急发电机应能在 45 s 内自动起动并为全船应急负载供电。当主配电板得电时,应急发电机能够自动分闸、停机。在主配电板和应急配电板均失电时,作为临时应急电源的蓄电池组应能立刻投入运行,为临时应急设备供电。

岸电属于外来电源,可以通过岸电箱将陆地电网的电能提供给船舶电网。一般在船舶进坞维修时通过岸电可以为船舶提供临时的电力。此外,随着国家对绿色港口发展的重视,靠港船舶接岸电将逐渐趋于常态化,岸电将得到快速发展。

配电装置主要有主配电板、应急配电板、分配电板、蓄电池充放电板、岸电箱等。

主配电板是指由主电源直接供电并分配和控制电能至船上各种设备的开关设备和控制

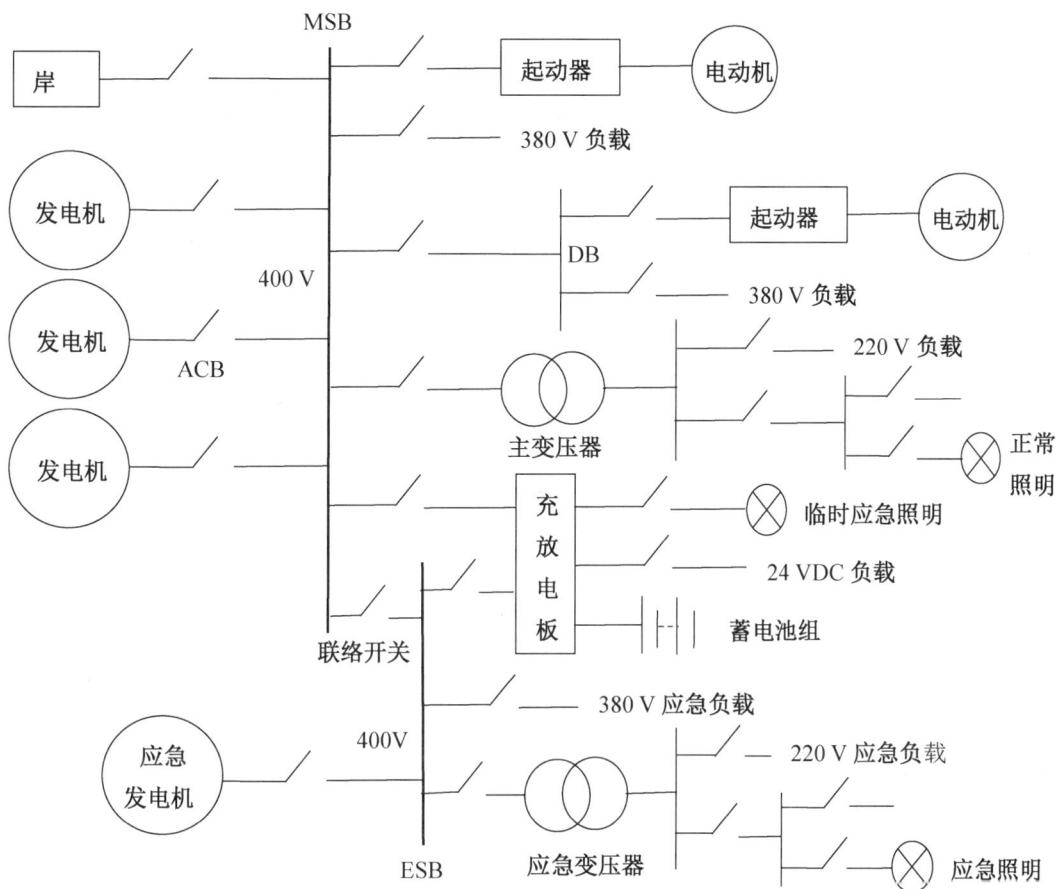

图 12-1　船舶电力系统简图

设备组件;应急配电板是指正常情况下由主配电板供电,而在主电源供电系统发生故障的情况下由应急电源或临时应急电源直接供电并分配和控制电能至各种应急设备的开关设备和控制设备组件;分配电板是指用于控制和分配电能至最后分路的开关设备和控制设备组件。

蓄电池充放电板用来监视和控制充电电源和蓄电池组充放电状态,并将电能分配给低压用电设备,如主发电机控制电源、临时应急照明等。

岸电箱用于将岸上电源引入岸电箱并将其送到主配电板上。船舶在使用岸电时,职责人员应确保岸电电压、频率与船舶电网一致。岸电箱上的相序指示器可以用来检测岸电与船电的相序是否一致,避免电机反转等造成设备损坏。

电网是连接电源与负载间电缆电线的总称,根据其所连接的负载性质可以分为动力电网、照明电网、应急电网、临时应急电网等。

船舶上的电力负载种类多样,如甲板机械(锚机、绞缆机、舵机、起货机、舷梯绞车、艇机等)、舱室机械(消防泵、舱底泵、压载泵、淡水泵、海水泵等)、冷库风机、航行灯、信号灯、通信导航设备(雷达、GPS、AIS、测深仪、计程仪、GMDSS、INMARSAT 卫星通信系统、MF/HF 组合电台、VHF、NAVTEX 与气象传真机、EPRIB 等)以及日常生活用电设备等。对于重要设备如主机滑油泵、主海水泵、锚机、消防泵等,为了确保供电的可靠性,应由主配电板或应急配电板直接供电;对于特别重要的设备,如舵机,要由两路供电,可以由主配电板分段母线分两路供电,也可以由主配电板和应急配电板分两路供电。本船舵机的动力电源采用后者,即一路电源来自主配电板,一路电源来自应急配电板。

第二节 电源

"育鲲"轮船舶电力系统电源包括 3 台主发电机、1 台轴带发电机、1 台应急发电机以及蓄电池和岸电。

一、主发电机

"育鲲"轮主发电机由柴油机拖动,是采用德国西门子技术、由汾西机器厂制造的三相无刷交流同步发电机。主发电机结构如图 12-2 所示,由共用一个转轴的 2 台交流发电机组成。右侧为励磁机,左侧为主机。励磁机为旋转电枢式,即励磁机定子绕组通直流电产生磁场,转子绕组产生三相电源。主机为旋转磁极式,即主机转子绕组通直流电产生磁场,定子绕组产生三相电源。主机的左侧为机械通风叶片,保证发电机运行时温度不至于过高。发电机的外部是接线箱以及发电机励磁装置。

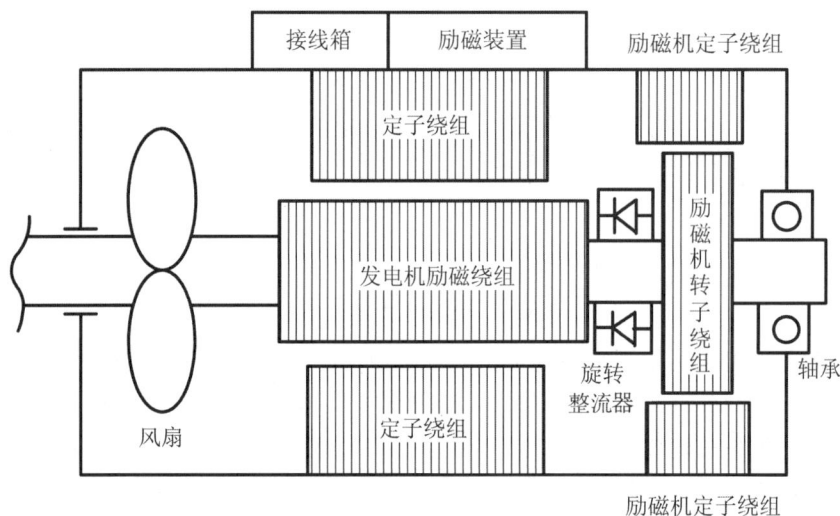

图 12-2 主发电机结构图

发电机原动机为瓦锡兰公司生产的 Auxpac 520W4L20 型 4 缸四冲程柴油机,额定转速1 000 r/min,额定功率 545 kW。

主发电机型号:IFC6 502-6SA43;磁极对数:6;额定电压:400 V;额定频率:50 Hz;额定功率:520 kW;额定电流:938 A;主励磁电流:81 A;励磁机励磁电流:6.1 A;润滑方式:自由端单滚动轴承;冷却方式:自带轴流风机内冷式。

(一)发电机原理

发电机由主机、励磁机及励磁装置三大部分组成,其原理如图 12-3 所示。

(1)主机

当主机转子绕组 G2 旋转并通以直流电流时产生旋转磁场,主机定子绕组 G1 感应出三相电动势,为主配电板提供电源。

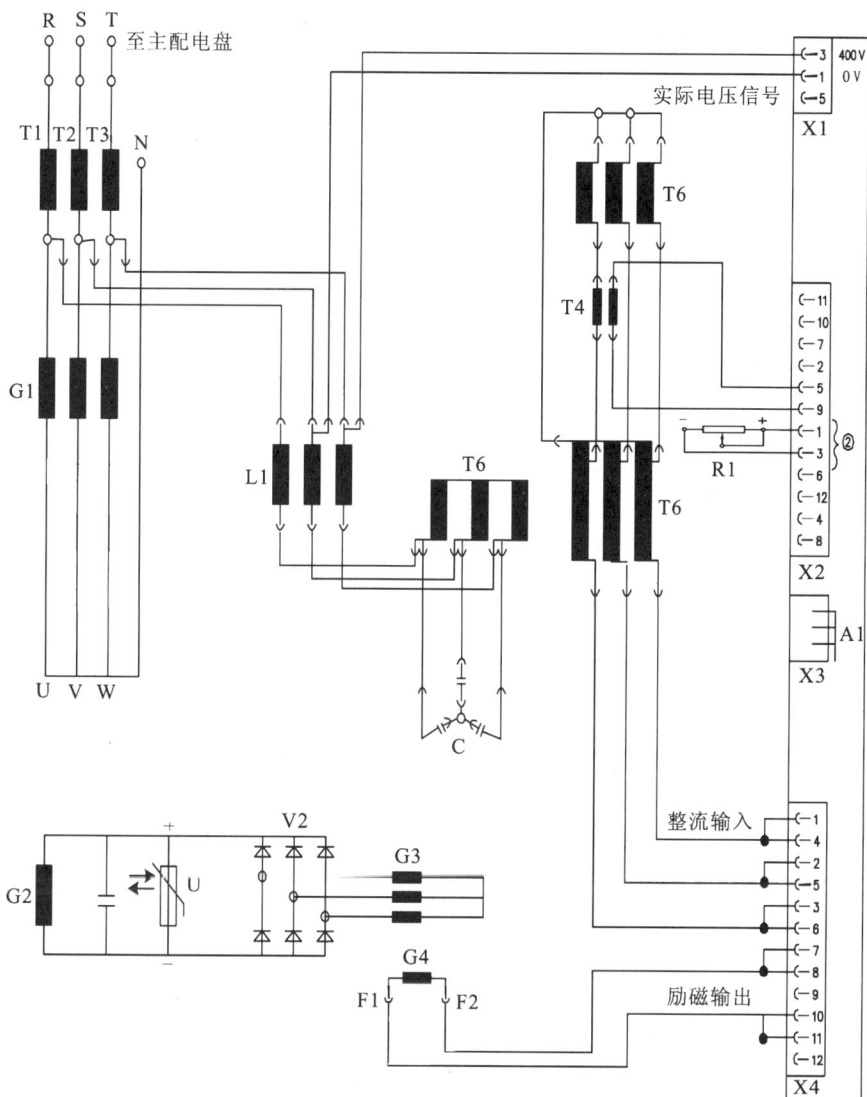

图 12-3　发电机原理图

G1—主机定子绕组；G2—主机转子绕组；G3—励磁机转子绕组；G4—励磁机定子绕组；V2—旋转整流
器；L1—谐振电抗器；C—谐振电容组；T4—下垂补偿电流互感器(调差互感器)；T6—整流变压器；
A1—自动电压调节器(AVR)及功率组件(三相整流器)；U—过压保护模块；R1—外附整定电位器

（2）励磁机

励磁机定子绕组 G4 通以直流电时产生固定磁场，励磁机转子绕组 G3 旋转时感应出三
相电动势，该三相交流电通过与其同轴连接的旋转整流器 V2 整流成直流，为主机的转子绕
组提供励磁电源。

（3）励磁装置

当柴油机(原动机)起动后，励磁装置利用发电机剩磁电压经谐振电抗器 L1、谐振电容
组 C 谐振升压，整流变压器 T6 输出至 AVR 功率组件 V102（参见图 12-4）整流，产生直流励
磁电流提供给励磁机定子绕组 G4，使其磁场加强，励磁机转子绕组 G3 感生电流增大，经旋

转整流器 V2 整流的主机转子绕组 G2 电流增大,旋转磁场增强,使发电机电压升高,这样的正反馈过程会使发电机很快建立电压。当可控硅自动电压调节器(AVR)工作时,发电机电压稳定在设定值下。

可控硅自动电压调节器(AVR)及功率组件原理图如图 12-4 所示,主要由电源、测量值、滤波单元、调节放大单元、脉冲单元、过压保护装置、功率组件 V102 等组成。

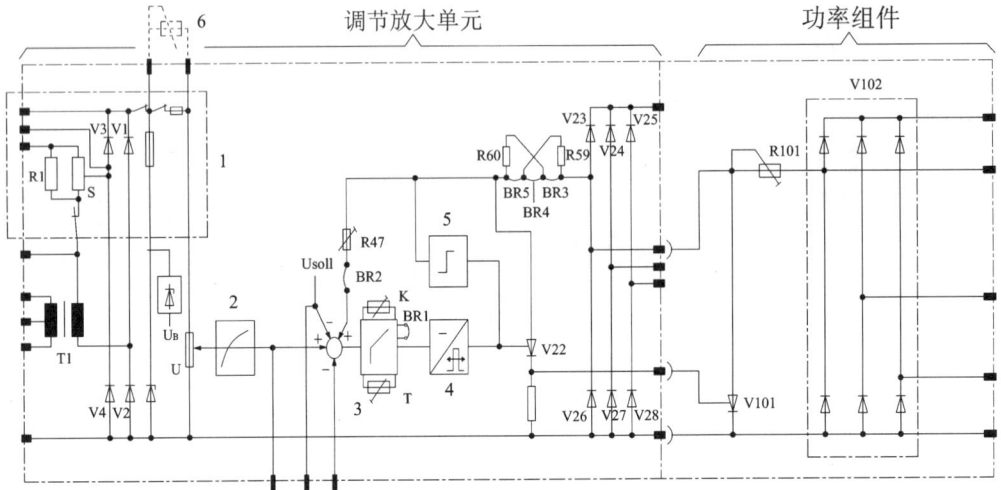

图 12-4　可控硅自动电压调节器(AVR)及功率组件原理图

电压信号经变压器 T1 降压,经开关 S1/1 后,通过电位器 S(并联运行时,T4 次级电流在 S 上产生的压降叠加到信号中;不并联运行时,S＝0)送入整流电路 V1–V4 中,经开关 S1/2 后,一路经稳压回路产生标准电压并为电路板供电,另一路经开关 S1/3 在电位器 U 上产生取样电压(若开关 S1/3 打开,则需外附整定电位器,"育鲲"轮实际接的是外附整定电位器,其位置在发电机屏内部)。取样电压经滤波单元 2 与标准电压进行叠加送入调节放大单元 3,通过脉冲单元 4 产生脉冲控制可控硅 V22 的导通,进而控制 V101 的导通,实现 R101 对功率组件 V102 的分流(半波分流),达到控制励磁机定子绕组电流大小的目的,最终实现对发电机电压的控制。在没有分流时,发电机空载电压可高达 440 V。当电压超过额定值时,可控硅 V101 导通角度加大,R101 分流加大,功率组件 V102 输出励磁电流减小,发电机电压下降到额定值。反之,电压低时 R101 分流减小,使得励磁电流加大,发电机电压上升到额定值,实现发电机电压稳定。励磁装置使发电机从空载到额定负载的稳态电压调整率为±0.5%。

可控硅自动电压调节器(AVR)中可调电位器主要有 U、S、K、T、R47,其中 K 用来调节放大器的放大倍数;T 用来调节放大器的积分反应时间;R47 用来向放大器输入端引入偏差信号来改善动态性能;U 用来调节发电机的额定电压;S 用来调节发电机并联运行时电压下倾曲线的斜率。

(二)发电机并联运行

船舶电力系统一般设有两台以上主发电机,一般选用同型号、同参数的发电机组。为保证电网供电连续,避免单机运行负荷过大以及机动航行等要求,有时需要将两台或两台以上发电机通过汇流排一起为电网供电,即发电机并联运行。发电机投入并联运行的操作过程称为并车。

发电机并车方式主要分为自同步并车和准同步并车。自同步并车主要依靠机组间自整步作用拉入同步,由于此方式具有冲击电流大、母线压降大等缺点,船舶电力系统一般不采用。"育鲲"轮采用准同步并车方式,设有手动准同步并车、半自动准同步并车及自动准同步并车三种。

理想准同步并车条件是:

(1)待并发电机电压与电网电压大小相等;

(2)待并发电机频率与电网频率数值相等;

(3)待并发电机电压初相位与电网电压初相位一致;

(4)待并发电机相序与电网相序一致。

满足上述条件,发电机投入电网时,发电机之间无电压差,发电机间不会产生环流,避免对发电机组及电网造成损害。需要注意的是,通常情况下发电机相序与电网相序是一致的,只有发电机经过大修时才需考虑相序问题。

在实际并车时,几乎达不到上述理想准同步并车条件。一般只要条件偏差不大,产生的冲击电流在允许的范围内,即可实现发电机并车操作。

一般并车条件是:

(1)待并发电机与电网电压差不大于10%额定电压;

(2)待并发电机与电网频率差不大于1%额定频率;

(3)待并发电机与电网相位差不大于15°。

发电机并联运行时,有功功率和无功功率的分配是非常重要的。功率在并联运行的发电机之间均衡,能够使得发电机承载分配合理,对柴油发电机组发挥效率、延长使用寿命等具有重要的意义。

有功功率分配:有功功率的分配依靠原动机调速器的调节,因此船用柴油机一般选用同型号、同参数、调速器调节特性基本一致的柴油发电机组。通过调速器调节柴油机油门大小,改变柴油机调速特性曲线,达到有功功率平衡。手动操作时,可以通过发电机屏或同步屏上的调速手柄人为地改变并联发电机有功功率的大小。例如,将承担功率小的发电机组油门加大,同时减小承担功率大的发电机组油门,使两台发电机承担的功率趋于一致。在调节过程中,注意电网频率的变化,当电网频率高于额定值时应同时减小两台发电机的油门;反之,同时加大油门。

无功功率分配:无功功率的分配依靠发电机励磁电流的调节。若各发电机电动势不等,在发电机之间会产生无功环流,使无功电流分配不均。参数相同的两台发电机如果励磁电流相同,发电机电动势相等,无功电流即达到平衡状态。因此,调节励磁电流大小就可以实现无功功率分配。实现无功功率分配的方法有:均压线法、虚有差法等。

"育鲲"轮发电机励磁系统中带有调差装置,工作原理如图 12-5 所示,下垂补偿电流互感器(调差互感器)T4

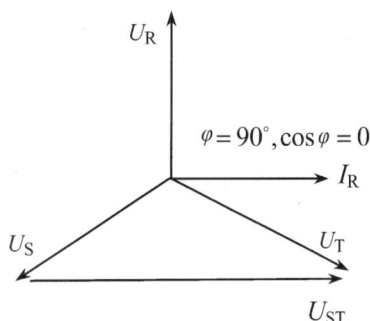

图 12-5　调差装置工作原理

测量发电机 R 相电流,次级电流经电阻变换成电压信号 U_R 与 T1 副边电压 U_{ST} 相叠加。当无功电流增加时(假定 R 相无功电流增加)$\cos\varphi = 0$,$\varphi = 90°$,此时 R 相电流增加造成的电压下降,类似于在 S-T 相上的电压下降,电压调节器就只对无功电流起作用,即当无功电流增加时,I_R 增加,U_R 增加,与电压 U_{ST} 相叠加后的电压增加,AVR 中采样电压增加,使励磁电流输出减小,发电机电动势下降。两台发电机并联运行时,其无功功率分配依靠此调差装置来均衡。

(三)发电机维护保养

定期有效地对发电机进行维护保养可以及时发现与排除故障,避免造成更大损失,有助于延长发电机的使用寿命,减少停机损失,提高发电机的可靠性和利用率。

在进行维护保养与检修发电机之前,要确认原动机处于完全关断状态,尤其是有自动起动控制功能的发电机["育鲲"轮发电机具有自动起动功能,因此需在机旁将控制旋钮打到 BLOCKED(锁闭),并锁定油门杆位置]。

1. 一般检查

每年(一般检查周期)进行一次下述项目的检查:

(1)机组运行平稳性无异常;

(2)转子校准应在公差之内;

(3)机座无异常;

(4)机械装配螺栓无松动,失效螺栓应及时换新;

(5)电气连接端子无松动;

(6)绕组绝缘良好;

(7)绕组、导线、绝缘器件良好无污染。

除此之外,应经常对可视部分进行目测检查,确保发电机组周围无油水灰尘堆积,保证发电机冷却通风畅通,经常清洁或更换发电机通风滤网。

2. 发电机绕组维护保养

在发电机长期存放或停用后重新启用前,应确保发电机绕组绝缘性能良好。绕组绝缘大小即发电机绕组导电体之间及导电体与机壳之间绝缘电阻的大小,这个电阻值小表明绝缘低,过低时会造成发电机损坏以及人员触电等危险。不同额定电压的发电机绝缘电阻值见发电机冷态绝缘测量参考表 12-1,表中的绝缘阻值也可供一般电动机绝缘参照。

表 12-1　发电机冷态绝缘测量参考表

绕组温度 25 ℃			举例
发电机额定电压极限值	额定电压<2 kV	额定电压≥2 kV	400 V
测量用兆欧表电压	DC100~500 V	DC 500 V~1 000 V	DC 500 V
新绕组(包括重绕绕组)最低绝缘阻值	10 MΩ	100 MΩ	10 MΩ
长期运行绕组的比绝缘阻值(临界阻值)	0.5 MΩ/kV	5 MΩ/kV	0.4×0.5 MΩ/kV = 0.2 MΩ

发电机运行时其绝缘阻值可以通过配电板式兆欧表在线监测(需要注意的是在线监测的是直至变压器原边整个电网的绝缘阻值),平时维护保养时,测量发电机绕组绝缘一般选

用 500 V 直流欧姆表(也称摇表)。由于大多数发电机定子绕组采用星型接法,因此相与相之间即绕组之间绝缘电阻很难测出(除非将星形接线端子拆开),一般只能测出相对地(机壳)的绝缘电阻值。冷态下(绕组温度 25 ℃),新的(或重绕的)、干燥的绕组绝缘阻值一般大于 100 MΩ。绕组绝缘阻值大小在很大程度上与绕组温度、受潮、灰尘有关。

在发电机运行期间,由于环境和运行条件变化会使绕组绝缘阻值下降。如果在绕组 25 ℃ 左右时测得阻值大于计算出的临界绝缘电阻极限值,发电机是可以运行的;若低于计算出的临界绝缘电阻极限值,发电机继续运行会相当危险。此时应停止发电机运转,用电气清洗剂清洁绕组,洗掉盐分、油泥、灰尘等,然后烘干去除潮气,再次检查测量绕组绝缘,此时绝缘阻值会得到提升,满足要求后可以恢复发电机运转。如果绝缘性能仍没有恢复,则需将发电机进厂解体,重新浸漆或重绕绕组。

在发电机停止使用时间(一个月以上)过长时,恢复使用前应对绕组对地绝缘进行测量。测量过程中,显示的阻值会不稳定,此时不应停止测量,直至得出最终稳定数值。

一般电气设备绝缘检查周期为三个月,一般来说,发电机绕组绝缘值低于 1 MΩ 时,就应采取措施提高绝缘,并相应减小检查周期。

发电机内一般配装有烘潮加热器,保持加热器完好可用是非常重要的。加热器只有在发电机停止运转时才会工作。

3. 滚动轴承的维护保养

应定期的检查轴承声音和温度,按时按量添加润滑油:

(1)补充润滑油周期与润滑油选择参照发电机润滑说明;

(2)禁止混合使用不同牌号润滑油;

(3)换新轴承时应参照发电机操作说明书。

一般采用专用注油枪对轴承加注润滑油,加注时应旋转发电机轴(盘车),使油脂分布均匀。发电机运转后轴承温度会有所上升属于正常现象,待油脂黏度正常后,过量的油脂会溢出,轴承温度会降至正常值。废油脂会聚集在轴承外盖内腔中,检修时应将其清除。

(四)发电机管理及电气故障检修

发电机的日常管理可能会涉及发电机的电压调整、充磁操作、应急运行等。

(1)电压调整

"育鲲"轮发电机额定电压为 400 V,已在制造厂用电位器 U 调整完毕。发电机长期运行后,由于器件老化等原因,电压会有偏离。一般情况下,不采用电位器 U 进行调整,而是采用发电机控制屏内的外附整定电位器(见图 12-3 中的 R1,图 12-4 中的"6")进行调整。改变该电位器的阻值会微调发电机电压,调节范围在 ±5% 额定电压左右。调节方法:发电机空载时调节电位器使发电机线电压为 400 V,然后锁紧电位器锁紧螺母,用相同方法将其他发电机电压调至 400 V。为避免误差,应使用同一数字万用表测量电压。非专业人员严禁在发电机带载或并联运行时调节该电位器。

(2)充磁操作

当发电机组起动达到额定转速后电压仍特别低,排除其他相关因素后,可怀疑发电机励磁绕组剩磁不足,特别是在环境潮湿的情况下停用一段时间的发电机。充磁方法:参看发电机原理图 12-3,外加直流电一般为 4~8 V,接法为正极接 F1,负极接 F2,并且只需在短时间内接触一下即可,切勿长时间接通,确保极性正确。

（3）应急运行

由发电机工作原理可以看出,在可控硅自动电压调节器(AVR)故障时,去掉调节单元,励磁装置仍可提供励磁电流,此时发电机空载电压会高于额定值几十伏。随着负载电流增加,发电机电压会下降,当发电机输出额定电流时,电压基本降至额定电压值附近。因此,在AVR故障不能自动稳定电压时,发电机仍可应急运行。

当发电机出现故障时,应及时进行检修,避免供电中断以及对发电机等造成损害。发电机可能发生的电气故障现象、可能的原因以及相应的排除方法如表12-2所示。

表 12-2　电气故障及排除参考表

故障						可能的原因		排除方法
发电机电压$<U_n$整定电位器调节无效	发电机电压$<0.1U_n$	发电机电压$>1.1U_n$整定电位器调节无效	外附整定电位器不起作用	电压和电流振荡	并联运行时无功分配不均匀			
		●				驱动转速	太高	检查原动机的调速器
●							太低	
				●		转速振荡		
●						旋转整流器出故障		断开二极管的连接线检查二极管的正反向阻值,更换二极管
	●					励磁回路开路		检查接插件 X2(仅在发电机静止时断开X2),检查接线端子排 X7,检查整流器和电抗器的插头连接情况
	●					励磁机剩磁不足		经隔离二极管,将 F1(+)和 F2 (－)与直流电源(6 至 24 V)短时间接通,充磁
	●					主机或励磁机的绕组有匝间短路或开路(转子或定子或励磁装置绕组质量差)		检查冷态时发电机绕组的电阻
●		●				电压调节器出故障	调节级	更换电压调节器或应急运行
●		●					功率级	
		●				调节器输入端实测值被中断		检查连接插件 X1,检查端子 V、W 与接插件 X1 间的连接情况

续表

发电机电压<U_n整定电位器调节无效	发电机电压<$0.1U_n$	发电机电压>$1.1U_n$整定电位器调节无效	外附整定电位器不起作用	电压和电流振荡	并联运行时无功分配不均匀	可能的原因	排除方法
			●			整定电位器回路内的故障 —— 印刷线路板上的开关 S1/3① "接通"/②"断开"	①断开调节器开关 S1/3
		●					②在运行期间当不用外附电压调节器时开关 S1/3 合上
●			●			引出线中有短路	排出外附整定电位器连接引线中存在的短路故障
			●			引出线中有开路	将外附整定电位器引线进行连接
				●		电压调节器上的电位器整定位置不对	调节调压器上的电位器 K、T,使与检验证书注明的位置一致,或调节电位器 K 和 T,使调压器与电站要求相符
					●	调差电位器的整定位置不对	对带有调差装置的发电机按实验合格证书上记录的刻度位置,调节调差电位器 S
					●	调差互感器与电压调节器之间的引线有开路或短路	排除短路或开路故障,在有开路故障的情况下检查电流互感器和插接件 X2(电流互感器空载)
		●				调器印刷线路板上的开关 S1/1 或 S1/2 被断开	合上调节器印刷线路板上的开关 S1/1 或 S1/2(置于"ON"位置)
			●			分流回路电阻 R101 整定位置不对	增加 R101 的阻值

二、轴带发电机

"育鲲"轮轴带发电机由主推进柴油机经增速齿轮箱驱动,是主推进柴油机厂配套提供的 Leroy Somer 主机轴带发电机,其主要参数如下:

额定功率:650 kW;额定转速:1 500 r/min;额定电压:400 V;额定频率:50 Hz;额定电流:1 173 A。

由于主推进柴油机转速为 170 r/min,为满足轴带发电机转速要求,加装了增速齿轮箱。轴带发电机为无刷励磁发电机,由主机、励磁机及励磁装置三大部分组成,其原理如图 12-6 所示。励磁装置由辅绕组及 R449 型可控硅自动电压调节器(AVR)组成,其工作原理与主发电机相类似,这里就不再展开讲述。

需要注意的是,主推进柴油机转速为 170 r/min 定转速,但在不同负荷或工况下存在一

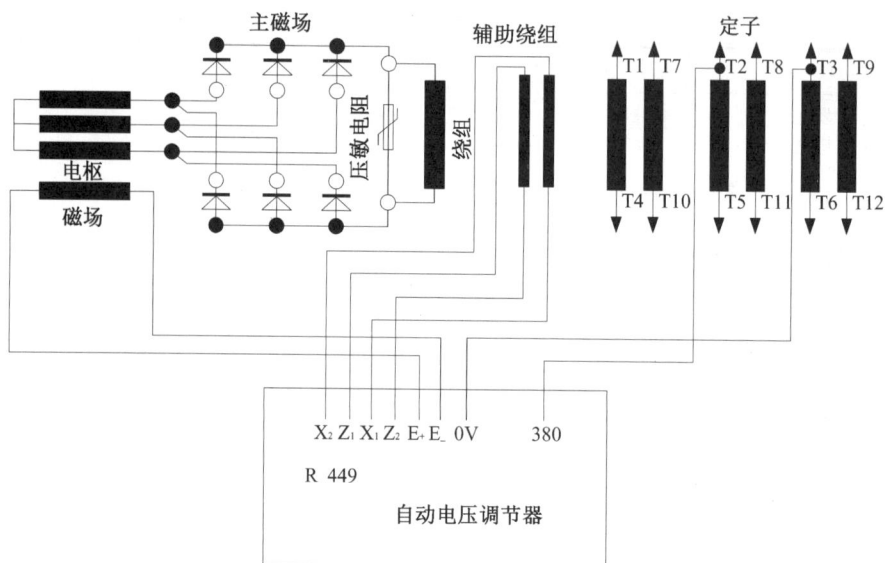

图 12-6 轴带发电机原理图

定的转速波动,轴带发电机频率会随原动机转速波动而波动,不具备恒频调节功能。因此,该轴带发电机不能与主发电机长时间并联运行。

轴带发电机(SG)与主发电机(DG)可短时并联运行,实现电网供电不间断转换。在主机转速波动不大时可进行如下操作:

1. 轴带发电机全船供电与退出全船供电手动操作

(1)手动并车操作

只有一台 DG 在网供电:

① "电站管理模式" 开关转手动;

② 主机运转正常,并恒速 170 r/min,恒速指示灯亮;

③ "励磁控制" 开关转动至投励,正常建立电压;

④ 按下 "母联开关合闸" 按钮,合上母联开关;

⑤ 同步测量开关选择 SG,打开同步表;

⑥ 调节 DG 调速开关,使同步表指针正转、慢转;

⑦ 观察同步表,在 11 点钟位置,按下 SG 主开关合闸按钮;

⑧ 关闭同步表;

⑨ 调节 DG 调速开关将 DG 负荷向 SG 转移;

⑩ 观察 DG 功率表,当 DG 负荷减至 $10\% P_e$ 时,按下其主开关的分闸按钮;

⑪ 按副机停车操作规程停止 DG;

⑫ SG 全船供电。

(2)手动解列操作

只有 SG 在网供电:

① "电站管理模式" 开关转手动;

② 起动 DG,并建立电压;

③ 同步测量开关选择 DG,打开同步表;

④调节 DG 调速开关,使同步表指针正转、慢转;

⑤观察同步指示,在 11 点位置,按下 DG 主开关合闸按钮;

⑥关闭同步表;

⑦调节 DG 调速开关将 SG 负荷向 DG 转移;

⑧观察 SG 功率表,当 SG 负荷减至 10% P_e 时,按下其主开关的分闸按钮;

⑨按下"母联开关分闸"按钮,分开母联开关;

⑩"励磁控制"开关转动至灭磁;

⑪SG 退出全船供电。

2. 轴带发电机全船供电与退出全船供电半自动操作

(1)半自动并车操作

只有一台 DG 在网供电:

①"电站管理模式"开关转为手动;

②主机运转正常,并恒速 170 r/min,恒速指示灯亮;

③"励磁控制"开关转动至投励,正常建立电压;

④按下"母联开关合闸"按钮,合上母联开关;

⑤"电站管理模式"开关转为半自动;

⑥按下 SG 的"自动投入/同步"按钮,轴带发电机自动并入电网;

⑦按下 DG 屏上的"负载转移"按钮,DG 将自动解列;

⑧按副机停车操作程序停止 DG;

⑨SG 全船供电。

(2)半自动解列操作

只有 SG 在网供电:

①"电站管理模式"开关转为半自动;

②按下运转 DG 的"自动投入/同步"按钮,DG 自动并入电网;

③按下 SG 屏上的"负荷转移"按钮,SG 将自动解列;

④"电站管理模式"开关转为手动,分断母联开关;

⑤"励磁控制"开关转动至灭磁;

⑥SG 退出全船供电。

对轴带发电机也应定期进行维护保养与检查,定期清洁发电机通风滤网、对轴承加注润滑油、测量绕组绝缘阻值等,保证轴带发电机一直处于良好的工作状态。

三、其他电源

"育鲲"轮船舶电源电力系统电源还包括 1 台应急发电机、3 套 24 V 蓄电池组、1 个低压岸电和 1 个高压岸电。

1. 应急发电机

应急发电机组位于机舱外主甲板后部的应急发电机室,应急发电柴油机的型式为八缸、V 形、四冲程、增压中冷,额定功率为 249 kW。

应急发电机型号:MP－H－200－4;型式:无刷、恒压同步交流船用发电机;额定功率:200 kW;额定电压:400 V;额定转速:1 500 r/min;额定电流:361 A;额定频率:50 Hz;功率因数:0.8(滞后);绝缘等级:H级;防护等级:IP23;相数与接法:三相三线制,中点不接地;励磁及调压方式:无刷、自动调压。

应急发电机应定期进行起动测试,一般每周进行一次,可以采用DC 24 V电起动和压缩空气起动(3.0 MPa)两种方式。

2. 蓄电池

蓄电池组采用免维护船用铅酸蓄电池,每块容量为12 V/200 Ah。1号蓄电池组位于机舱电工间,由4块铅酸蓄电池组成;2号蓄电池组位于驾驶甲板后侧蓄电池间,由4块铅酸蓄电池组成;3号蓄电池组位于驾驶甲板后侧蓄电池间,由8块铅酸蓄电池组成。1号、2号蓄电池组为24 V直流设备供电,3号蓄电池组作为临时应急电源为临时应急照明系统供电(只有在应急配电板失电的情况下才会投入运行)。

蓄电池组应安放在不受过热、过冷、溅水、蒸汽、其他损害其性能或加速其性能恶化影响的处所内。蓄电池室、箱和柜均应通风以避免可燃气体的危险积聚。职责人员应每周检查蓄电池组的状况,检查极柱和接线头连接是否可靠,接头若有氧化物,应用干净抹布擦拭,然后再涂上凡士林或牛油;每月对蓄电池进行放电试验,并记录开始放电和放电半小时后的放电电压和电流。蓄电池长期不用时,应充足电存放,并做到每月对电池进行一次补充充电。一般情况下,应每隔6年更换一次船用铅酸蓄电池组。

3. 岸电

低压岸电箱位于游步甲板右后侧岸电间内,高压岸电系统位于船长甲板。应定期清洁设备表面灰尘,更换通风滤网(若有),保证通风孔畅通;定期检查仪表指示灯等是否完好无松动。

第三节 配电装置

船舶配电装置是船舶电力系统的重要组成部分,主要用于对电能的集中控制和分配。根据用途的不同,可以分为主配电板、应急配电板、分配电板、蓄电池充放电板、岸电箱等。配电装置能够实现的主要功能有:

(1)正常运行时,接通或断开电源至用电负载间的供电网络(手动或自动);

(2)测量和显示电力系统中的各种电气参数,如电压、电流、功率、绝缘电阻等;

(3)能够进行参数的调整,如电压、频率的调整;

(4)电力系统发生故障或处于不正常状态时,保护装置动作,切断故障电路或发出报警;

(5)对电路状态、开关状态以及偏离正常工作状态进行信号指示。

一、主配电板

主配电板用于控制、监视以及保护主发电机的工作,并对全船正常使用的电能进行分配,是电站电能集中和分配的控制中心。"育鲲"轮主配电板单线图如图12-7所示,主配电板由3个主发电机屏、1个轴带发电机屏、1个同步并车控制屏、1个艏侧推及岸电控制屏、4个380 V交流负载屏、4个组合起动屏、2个220 V交流负载电源控制屏、1个高压岸电屏共计17个屏组成。

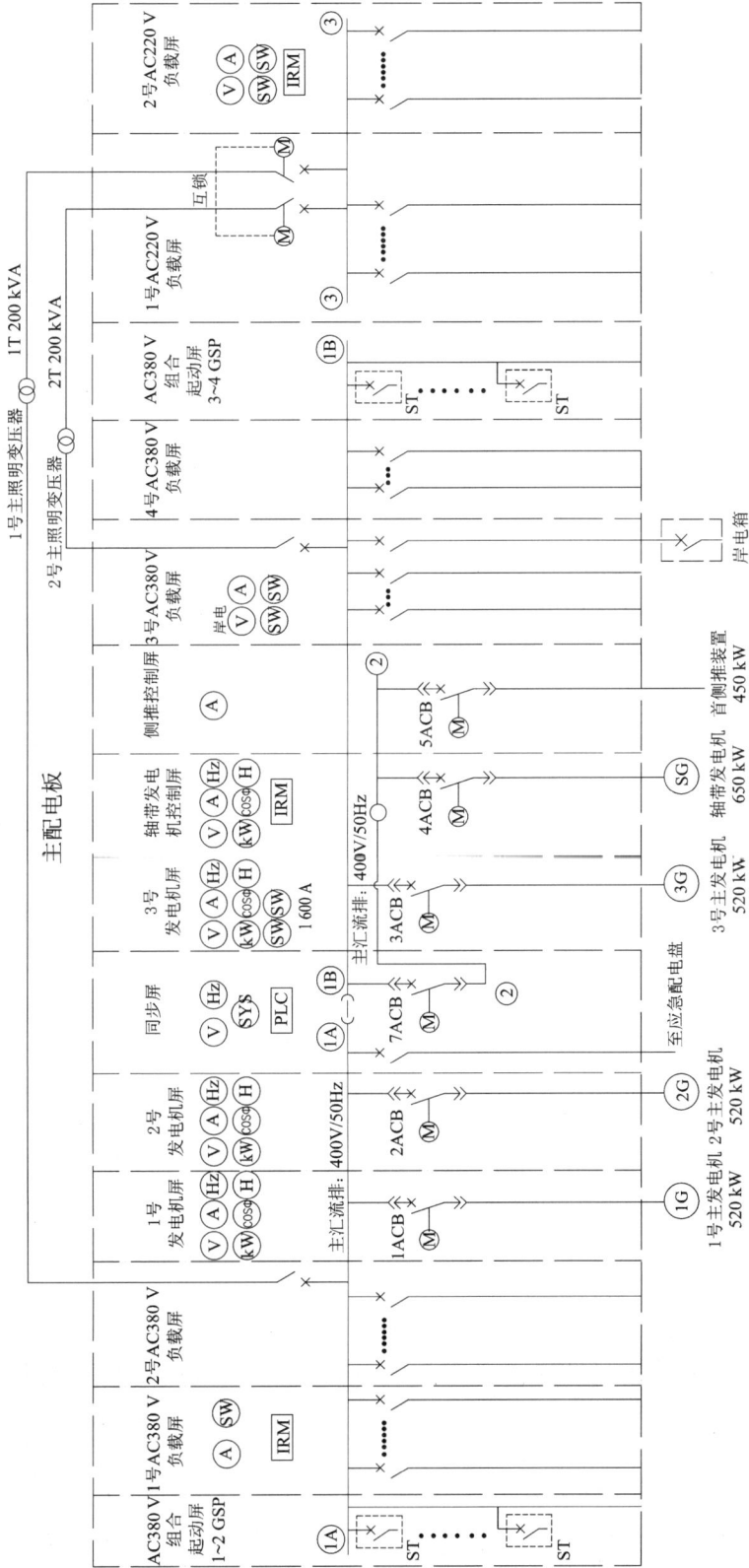

图12-7 "育鲲"轮主配电板单线图

汇流排(也称母线)是用铜质裸条排制成的用于连接发电机电源引出线以及各种电网的联络铜排。当与主汇流排相连的发电机总容量超过 1 000 kW 时,主汇流排至少应分成两部分。从图 12-7 可以看出,"育鲲"轮主配电板由三条汇流排组成,并且 1 号汇流排分成了两个部分 1A 和 1B。1 号、2 号主发电机产生的电能经由主开关 1ACB、2 ACB 送至 1A 汇流排上,3 号主发电机屏产生的电能经由主开关 3ACB 送至 1B 汇流排上。1A、1B 之间由隔离开关连接,通常情况下它是闭合的,在特殊情况下如部分汇流排短路或机械变形时起隔离作用,以便检修或应急工作。1A、1B 还分别设置了两屏 380 V 组合起动屏和两屏 380 V 负载屏。为保证船舶的正常航行,重要的电力负载一般都设有多台,互为备用,如主滑油泵设有 2 台,主海水泵设有 3 台,主淡水泵设有 3 台。负载分布情况是:1 号主滑油泵、1 号 3 号主海水泵、1 号 3 号主淡水泵与 1A 汇流排相连,2 号主滑油泵、2 号主海水泵、2 号主淡水泵与 1B 汇流排相连,避免汇流排局部故障导致设备不可用,影响船舶正常航行。例如,当 1A 汇流排故障时,可以在断电的情况下分断隔离开关,由 1B 汇流排给用电设备供电,保证船舶安全航行。

轴带发电机经由主开关 4ACB 将产生的电能送至 2 号汇流排。电能通过 5ACB 送至 2 号汇流排上唯一负载艏侧推装置。1 号 2 号汇流排之间设有母联开关即 7ACB,主发电机通过母联开关可以为艏侧推装置提供电能,轴带发电机通过母联开关可以为全船电网提供电能。

为了提高可靠性,1 号主照明变压器原边接到 1A 汇流排上,2 号主照明变压器原边接到 1B 汇流排上,二者副边经互锁连接到 3 号汇流排上,为照明设备等 220 V 负载供电。

正常情况下,主配电板为应急配电板提供电能,其开关设置在 1A 汇流排上。使用岸电时,岸电电源经由岸电开关送至 1B 汇流排上。

(一) 发电机控制屏

发电机控制屏主要用于控制、调节、监视和保护发电机组。控制屏主要由主开关、并联与保护装置 PPU(Protection and Paralleling Unit)、测量仪表、按钮、指示灯等组成,实现发电机遥控起动、发电机供电控制、电气参数监视、发电机保护报警等功能。

1. 主开关

主开关一般由触头系统、灭弧装置、操作机构和保护机构等组成,具备通、断较大电流能力,可以实现对主电路的保护功能。"育鲲"轮采用施耐德 NW 系列空气断路器,该系列断路器有微逻辑控制单元,自备电流互感器,电动储能,可抽出式,其外形如图 12-8 所示。

当电气遥控操作主开关分合闸故障时,可以进行手动操作,即图 12-8 中"2""5";"6"为手动储能手柄,当电机储能失败时可手动储能,为合闸操作提供动力;在"10"处可以通过摇把将断路器摇进摇出进行检查与维修。

断路器电气原理图如图 12-9 所示,由主电路、控制单元和遥控操作部分组成。"Q"为断路器主触头,用于通断发电机供电;电流监视单元用于实现电路的监视与保护;"MN"为欠压释放;"MX"为分励释放;"XF"为合闸释放;"MCH"为弹簧储能电动机。

以"育鲲"轮 1 号发电机主开关控制电路为例,如图 12-10 所示。断路器控制电源为 220 V 交流电源,微逻辑控制单元工作电源为 24 V 直流电源。当条件满足时,按下手动合闸按钮时,"XF"线圈有电,断路器执行合闸动作,发电机给电网供电。当按下分闸按钮时,手动分闸继电器 K105.7 有电,触点 K105.7(1、9 端子)断开,失压脱扣线圈"MN"失电,断路

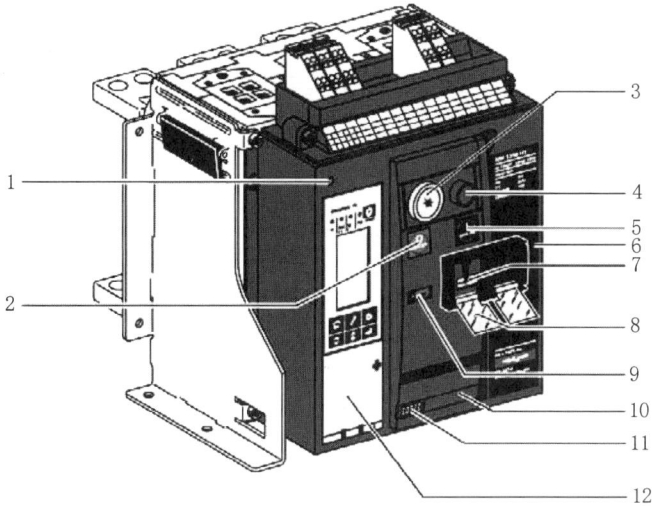

图 12-8　NW 系列主开关外形图

1—复位按钮;2—手动分闸按钮;3—分闸锁闭;4—电气合闸按钮;5—手动合闸按钮;6—手动
储能手柄;7—弹簧储能状态指示;8—保护罩;9—分合闸状态指示;10—摇进摇出以及断路器
位置指示;11—操作计数器;12—微逻辑控制单元

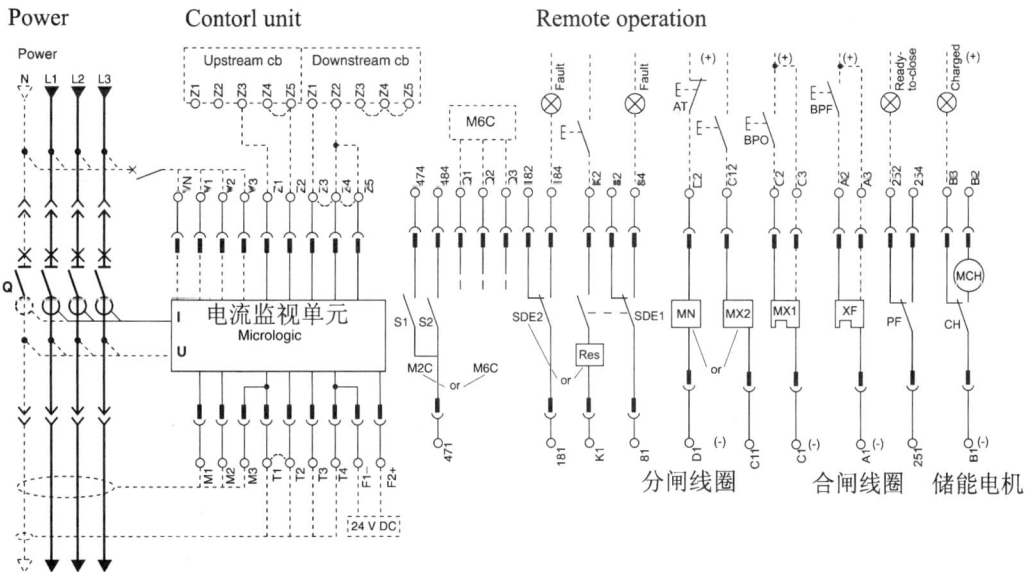

图 12-9　断路器电气原理图

器分断,发电机退出供电。

2. 信号检测及仪表测量

以 1 号发电机为例,发电机主电路及控制电源电路如图 12-11 所示,发电机主电路 R、S、T 三相来自发电机接线箱 R、S、T(参见发电机原理图 12-3),由 5 根 3×120 mm 电缆连接,可以看出该电力系统采用三相三线制、中性点不接地的供电方式。

在主开关触点前发电机侧(参照电流流向)设有三相交流电压检测信号,在主开关触点后电网测设有电流互感器,输出三相交流电流检测信号,为电气参数检测及控制提供源信

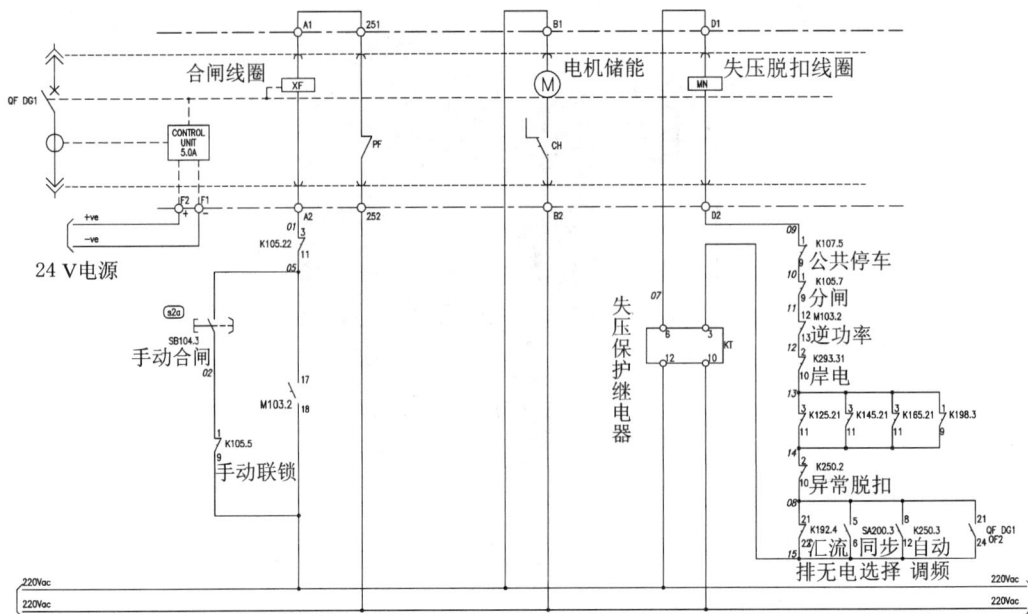

图 12-10 "育鲲"轮 1 号发电机主开关控制电路

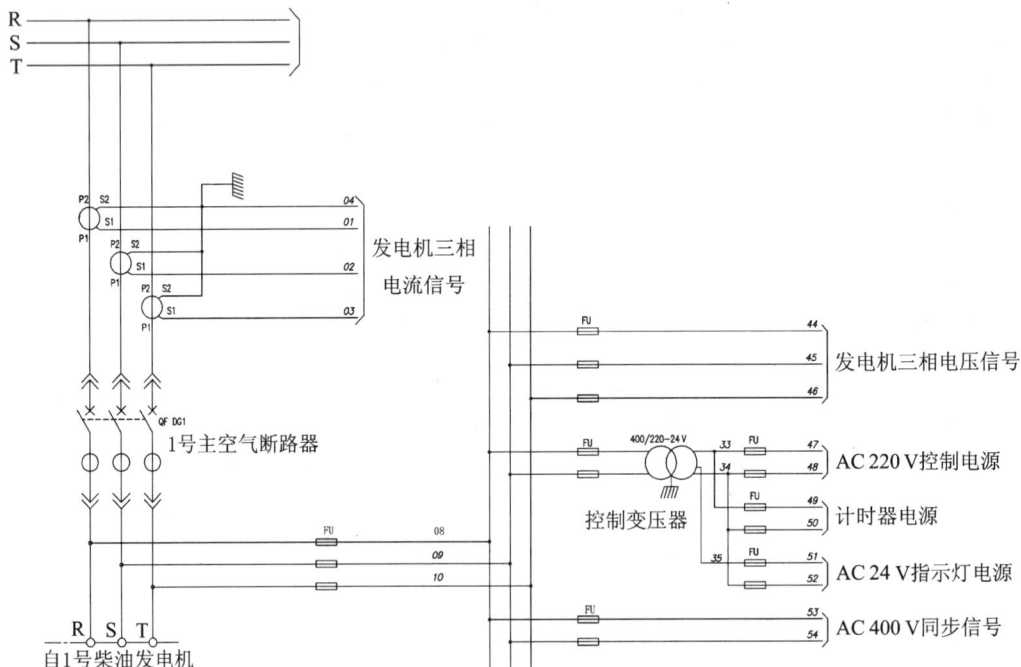

图 12-11 1 号发电机主电路及控制电源电路

号。同时,控制变压器又为该屏提供 220 V 交流控制电源(如主开关操作电源)及 24 V 交流指示电路电源。

仪表测量电路如图 12-12 所示,来自图 12-11 中的发电机电压信号连接到 PPU 与显示仪表,发电机电流信号连接到 PPU 并送入后续显示仪表(电流信号串联接入每个检测仪表),实现对三相电压、电流、功率、频率及功率因数实时显示与监视。PPU 不仅需要发电机的电压电流信号,还需要电网电压信号,从而实现发电机并车解列等控制。在电流表及电压表前安装有万能转换开关,可以实现分相(或分线)测量。一旦发生显示、检测故障时,如电压表无指示,应检查发电机输出是否有电压、电路熔断器是否完好、转换开关是否开启等。

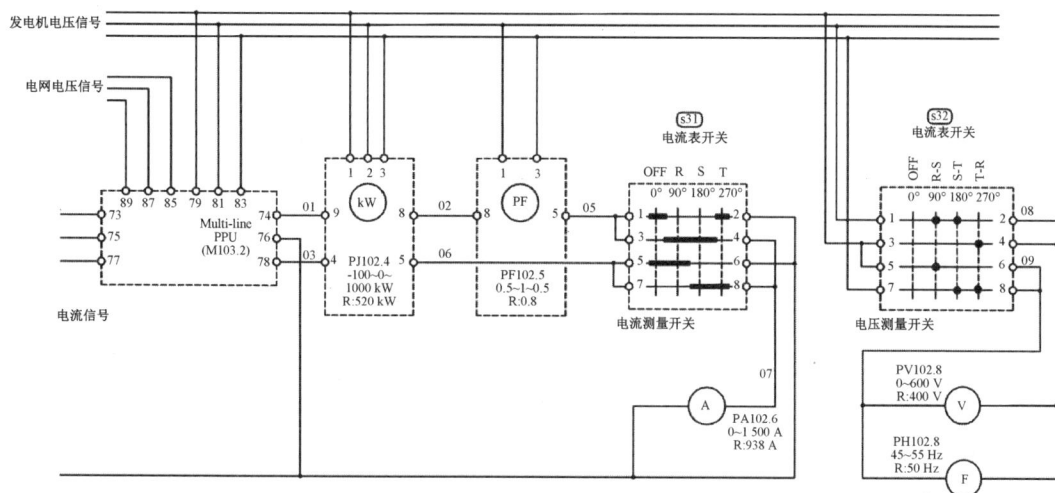

图 12-12　仪表测量电路

3. 发电机的保护

发电机是船舶的重要设备,保护发电机不受损坏是船舶安全航行的重要保证。船舶同步发电机主要应设置过载、短路、欠电压及逆功率四种继电保护。

(1)过载和短路保护

船用发电机一般采用主开关实现电流过载和短路保护,一般要求过载有"过载长延时""过载短延时"电流分段保护以及短路电流瞬时保护。《钢质海船入级规范》规定:过载 $10\% \sim 50\%$ 之间经少于 2 min 的延时断路器应分断,建议整定在发电机额定电流的 $125\% \sim 135\%$ 延时 $15 \sim 30$ s 断路器分断;过电流大于 50%,但小于发电机的稳态短路电流,经与系统选择性保护所要求的短暂延时后断路器应分断。断路器的短延时脱扣器建议按下列规定进行整定:始动值为发电机额定电流的 $200\% \sim 250\%$,延时时间最长为 0.6 s;在可能有 3 台及以上发电机并联连接的情况下,还应设有瞬时脱扣器并应整定在稍大于其所保护发电机的最大短路电流下断路器瞬时分断。

主开关带有微逻辑控制单元,具有电流过载长延时、过载短延时、短路瞬时保护功能,"育鲲"轮主开关采用 Micrologic 5.0A 不具备接地故障保护功能。该系列主开关过电流保护单元面板如图 12-13 所示,操作键"5"可分别测量 R、S、T 三相电流值并在显示屏"3"上显示。"10""9""6"分别是长延时、短延时、瞬时(短路)动作电流值设定键及相应的延时时间设定键,通常情况下不需要调整,进行主开关功能试验时由专业人员调整并报船级社备案。电流信号来自断路器自备的电流互感器,保护动作时发出脱扣信号使断路器分闸。

"育鲲"轮主配电板选用主开关信息如表 12-3 所示。一般选用主开关时需要留有一定余量,如:1 号发电机额定工作电流为 938 A,选用了额定电流为 1 250 A 的 NW12N1 型断路器,轴带发电机额定工作电流为 1 173 A,选用了额定电流为 1 600 A 的 NW16N1 型断路器。通过主开关过电流保护单元面板的设置,将主开关的保护动作值与发电机额定电流相匹配。

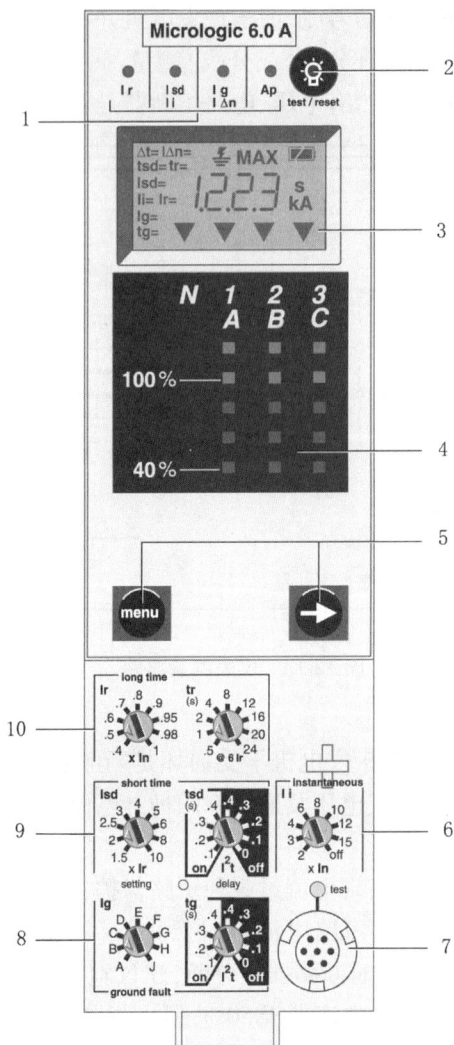

图 12-13　主开关过电流保护单元面板

1—保护动作指示;2—试验及复位;3—显示屏;4—电流指示;5—操作键;6—瞬断设定;
7—测试端口;8—接地设定;9—短延时;10—长延时

当发生过载或短路故障时,主开关会分断,同时发出报警,此时应查明故障原因并排除,然后对断路器进行复位后才能重新投入使用。有时主开关可能会误动作(不明原因),可以复位后试合闸。

(2)欠电压保护

在网工作发电机可能会因励磁装置故障、原动机转速过低等导致电压过低,进而造成电气设备工作异常甚至损坏。因此,对发电机进行欠电压保护是十分必要的。《钢质海船入级规范》规定:当电压降低至额定电压的 70%~35% 时应经系统选择性保护要求的延时后动作;在发电机不发电情况下闭合断路器时应瞬时动作。如图 3-10 所示 1 号发电机主开关控制电路所示,控制电源 220 V 交流电经失电压保护继电器为失压脱扣线圈"MN"供电,控制电源随发电机电压变化,当发电机电压过低时,失压保护继电器经延时控制失压脱扣线圈

"MN"断电,发电机主开关分闸,实现发电机欠电压保护。"育鲲"轮主发电机欠电压保护动作值为 140 ~ 280 V,延时时间为 0.9 s。

表 12-3　主配电板主开关信息

名称	型号	脱扣单元	额定电流/A
No. 1 发电机断路器	NW12N1	Micrologic 5. 0A	1 200
No. 2 发电机断路器	NW12N1	Micrologic 5. 0A	1 200
No. 3 发电机断路器	NW12N1	Micrologic 5. 0A	1 200
侧推供电断路器	NW12N1	Micrologic 2. 0A	1 200
母联断路器	NW16NA	无	1 600
轴带发电机断路器	NW16N1	Micrologic 5. 0A	1 600

(3)逆功率保护

正常情况下,并联运行的发电机均分担电网有功功率,即发电机发出有功功率。但当操作不当或发电机组故障时可能会导致发电机从电网吸收有功功率,即逆功率。发生逆功率时,发电机由发电状态变成电动状态,电磁转矩反向,阻力矩变成驱动力矩,使原动机转速有上升趋势,较大的逆功率会对原动机及发电机造成损害,同时在网发电机负荷上升(多承担逆功负荷),直至过载跳闸,电网失电。因此对发电机进行逆功率保护也是十分必要的。《钢质海船入级规范》规定:并联运行的发电机逆功率整定值为发电机额定功率的 8% ~ 15%,延时 3~10 s 动作。逆功率动作值是反时限的,即逆功值越大,延时时间越短。当逆功率达到设定值并超过延时时间,检测单元发出信号使发电机断路器分断,从电网分离,实现发电机逆功率保护。"育鲲"轮采用发电机控制屏上的 PPU 实现发电机逆功率保护,保护动作值为 78 kW,延时时间为 5 s(可调)。

4.发电机的控制

发电机控制屏还可以实现对发电机的起、停控制以及调压、调速控制。

(1)发电机起、停控制

以 1 号发电机屏为例,发电机起、停控制电路如图 12-14 所示,S22 为原动机(柴油机)起动按钮,S23 为停止按钮,S25 为应急停止按钮(均安装在发电机屏上)。操作相应按钮时,发电机机旁控制箱得到控制指令信号,相应电磁阀动作,实现柴油机遥控起、停控制。另外,在电路中通过继电器辅助触点可以实现自动控制,K250. 42 为自动控制起动继电器,K250. 5 为自动控制停止继电器。

(2)发电机调压、调速控制

以 1 号发电机屏为例,发电机调压、调速控制电路如图 12-15 所示,调压电位器位于发电机屏内部,即发电机自动电压调节器 AVR 的"6"(图 12-4 中的"6"),改变其阻值大小可以调节发电机空载电压(调节幅度在 ±5%U_n),三台发电机的空载电压应保持一致。在并联运行时,改变阻值会影响无功电流分配。因此,在空载电压合适时,应保持阻值不变。

每台发电机设有调速开关(位于同步并车屏上),操作该开关会将原动机转速升、降的开关信号送至柴油机机旁控制箱,经处理后由电子调速器调节转速。转速变化可在频率表

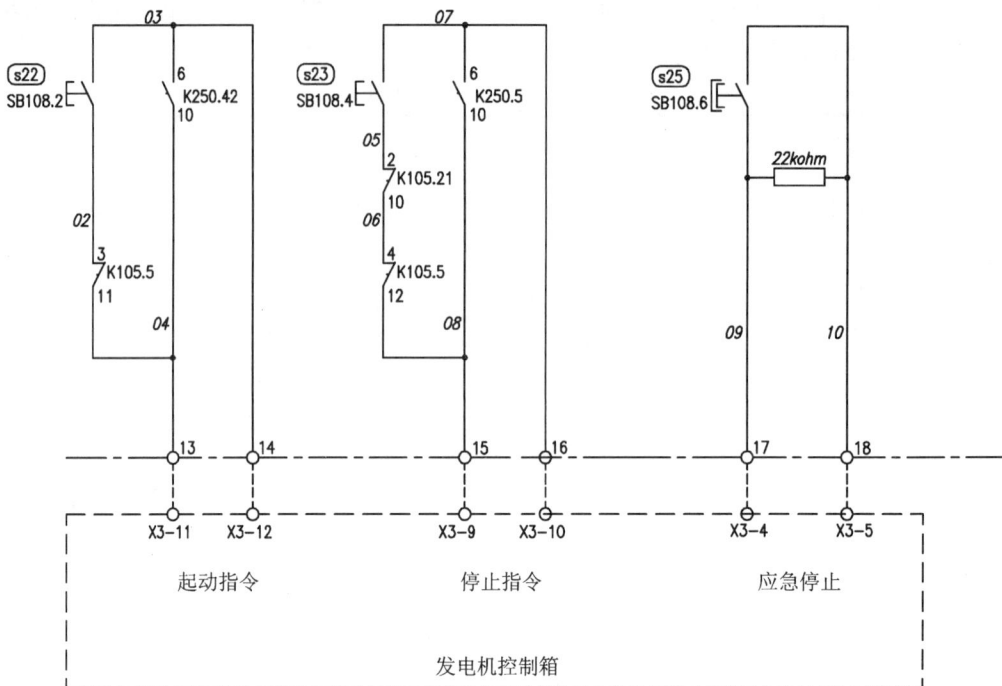

图 12-14　发电机起、停控制电路

上观察到,在 PPU 上也有数字显示。此外,在电站自动模式下,通过继电器辅助触点可以实现转速的自动控制。

(二)同步并车屏

同步并车屏主要用于发电机的并车、电站自动管理、报警指示等,其主要由同步表、电压表(双指针)、频率表(双指针)、配电板式兆欧表、地气灯、隔离开关(屏内)、PLC(屏内)、按钮、指示灯等组成。

1.手动同步并车

同步选择及检测电路如图 12-16 所示,同步选择开关有 6 位转换,即 1 号发电机、2 号发电机、3 号发电机、轴带发电机、母联开关(BS 分区主开关)及停止位。以 1 号发电机为例,假定汇流排有电,同步选择开关选择 1 号发电机(即 135°位置),1 号发电机电压信号与 1 A 汇流排电压信号分别接入同步表、电压表、频率表以及明暗同步指示灯,两电源信号进行比较。同时,将同步选择信号送入 1 号发电机分闸控制电路,失电压脱扣器线圈有电,为合闸做准备。同步表、电压表、频率表分别检测三个并车条件(相位差、电压差、频率差),当满足并车条件时,操作 1 号主开关合闸,实现手动并车操作。

发电机电压差一般均在允许的范围内,通常情况下,只需并车前观察一下确定电压表两表针指示相接近即可。频率差一般也在允许的范围内,并车前需观察确定频率表两表针指示相接近。为确保发电机并网后能够立即承担部分负载,一般要求待并网发电机频率要略高于电网频率。可以通过同步屏上的发电机调速开关调节原动机油门,改变发电机转速,使频率满足要求。相位差一般是需要调整的,同步表 6 点钟位置(180°)发光二极管亮时,发电机与电网电压差最大,并车最为危险。一般需要调整发电机调速开关,使发光二极管顺时

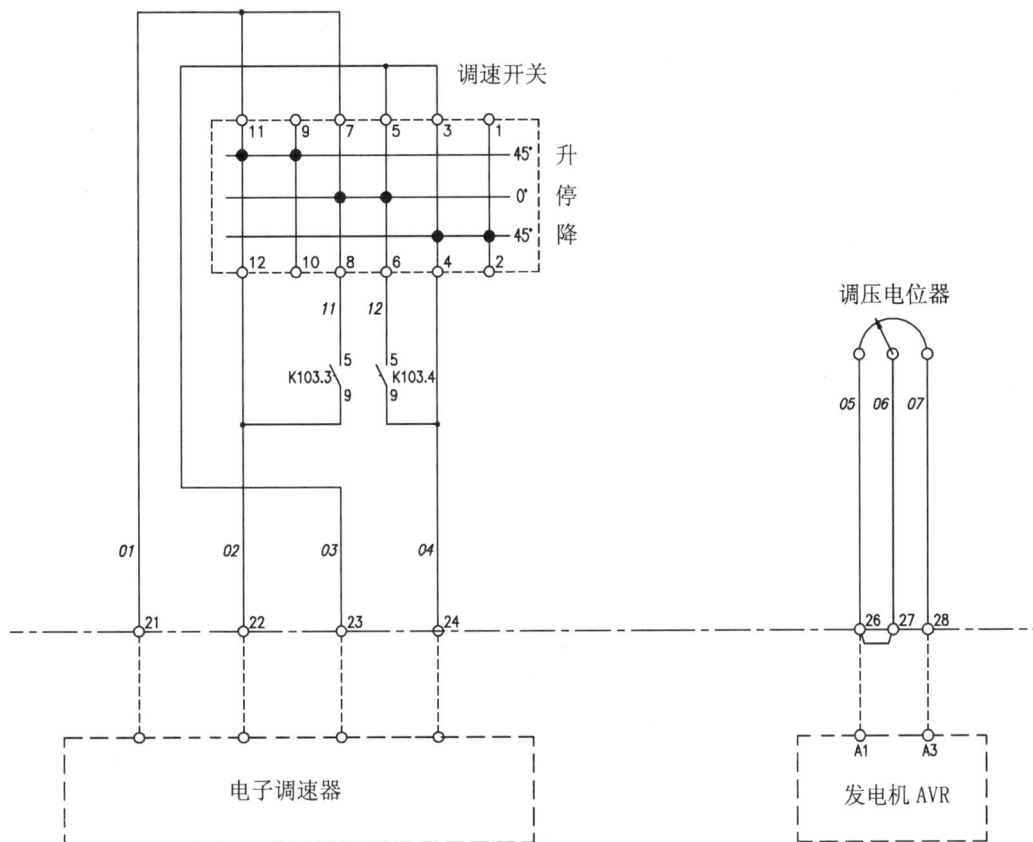

图 12-15　发电机调压、调速控制电路

针依次点亮,旋转一周时间为 3~5 s,在 11 点钟位置(12 点钟位置相位差为 0,11 点钟位置合闸主要是考虑了主开关固有动作时间),按下主开关合闸按钮,完成手动并车操作。此外,还需注意的是,同步表属于短时工作制,一般工作时长不应大于 15 min,因此手动并车完成后应及时将同步选择开关打到停止位,关闭同步表。当同步表故障时,手动并车还可以使用同步指示灯(灯光明暗法)。当存在电压差、频率差和相位差时,两灯上均存在电压差,均发亮。频差越大,灯泡亮、暗变化越快,但无法辨别频差的方向。当灯光亮、暗变化较慢,并且灯泡完全熄灭时,恰好是相位完全一致的时候,也就是并车操作中需要捕捉的合闸时刻。虽然采用指示灯法检测并车条件简单易行,但观察灯泡的亮暗变化不易准确掌握,一般手动并车时主要采用同步表,指示灯法只是作为一种辅助并车的指示装置。

2.24 V 直流控制电源

主配电板为了完成相应的控制监视等功能,需要 24 V 直流电源为有关设备或控制电路提供电源。一旦 24 V 直流电源故障,将导致主配电板瘫痪。因此,为保障电源供电可靠,设置了两路电源,即一路来自主配电板经控制变压器 400 V/220 V 变压后再经整流模块产生的 24 V 直流电源,另一路来自 1 号充放电板的 24 V 直流电源。24 V 直流电源为重要设备或电路供电,如发电机主开关微逻辑控制单元、发电机 PPU、PLC、艇侧推重载询问电路等。

3.绝缘监测

电网绝缘是整个电力网络对地(船体)之间绝缘电阻值的大小,它主要取决于电网电压

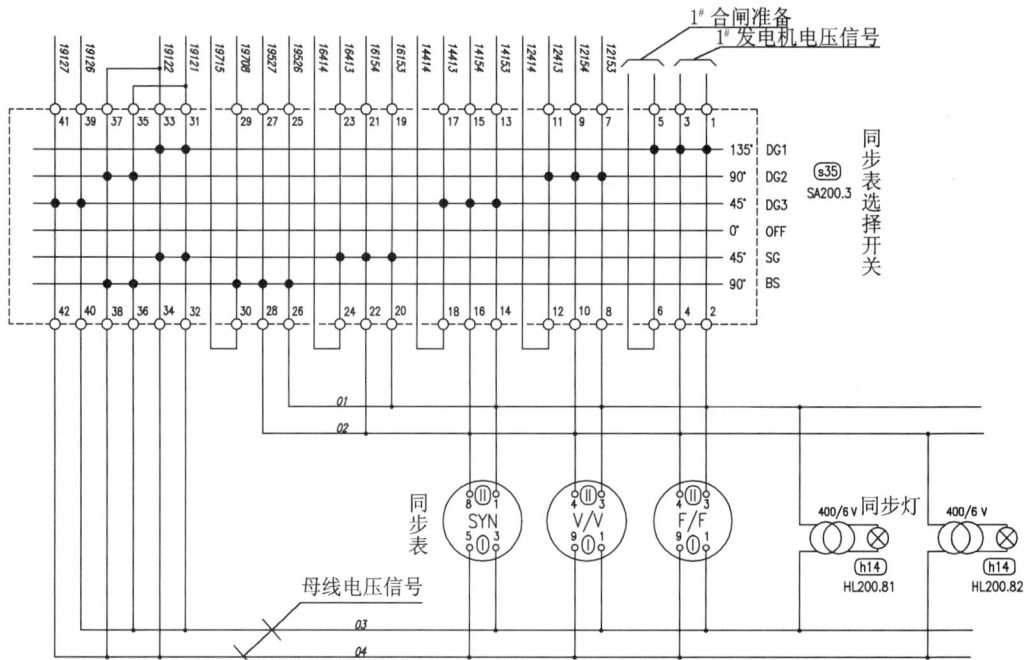

图 12-16　同步选择及检测电路

的高低、空气环境、绝缘保护层好坏等因素。绝缘性能的降低可能会造成触电、火灾、电气设备损坏等危险,因此必须保证电网绝缘处于良好的状态。通常用地气灯监测电网单相接地,用配电板式兆欧表监测电网绝缘电阻,绝缘监测电路如图 12-17 所示。

地气灯接地点通常处于断开状态,电源经变压器降压后为地气灯供电。正常情况下,3个指示灯亮度一致。检测时按下测试按钮,地气灯接地点导通,若电网单相接地,则指示灯会有明暗变化,变暗灯对应相即为低绝缘相(接地相)。配电板式兆欧表是实时在线监测电网绝缘的仪表,能够实时显示电网(电源、输电电缆以及所有在网用电设备)的绝缘状态,当绝缘低至报警设定值时(可调),发出报警信号。为了保障电网的正常运行,船舶电网的绝缘电阻一般不得低于 2 MΩ。低绝缘点的查找一般采用分区分段断电的方法,即在主配电板上分断负载断路器,当绝缘恢复时,故障点在此回路上。断电时要注意所停设备不能影响船舶安全和正常航行。

4. 紧急切断、预脱扣控制

紧急切断是指在火灾发生时紧急切断风机、燃油泵、滑油泵以免使火灾扩大所采取的措施。紧急切断电路如图 12-18 所示,"育鲲"轮上 ES-1 是指紧急切断机舱风机、燃油泵;ES-2 是指紧急切断舱室风机;ES-3 是指紧急切断滑油泵。

在主配电板上标有 ES-1、ES-2、ES-3 的负载断路器带有分励脱扣线圈,当得电时断路器分断。例如,正常情况下,ES-2 紧急停止按钮保持闭合,K211.3 线圈有电,其常闭触点断开,分励脱扣线圈"MX"无电不动作,设备正常运行。当 ES-2 按钮按下时,K211.3 线圈失电,其常闭触点闭合,分励脱扣线圈"MX"有电动作,负载断路器分闸,舱室风机停止运行。

紧急停止按钮分别设置在机舱左右舷进口以及消防控制站,保证紧急情况下能够及时分断负载断路器。

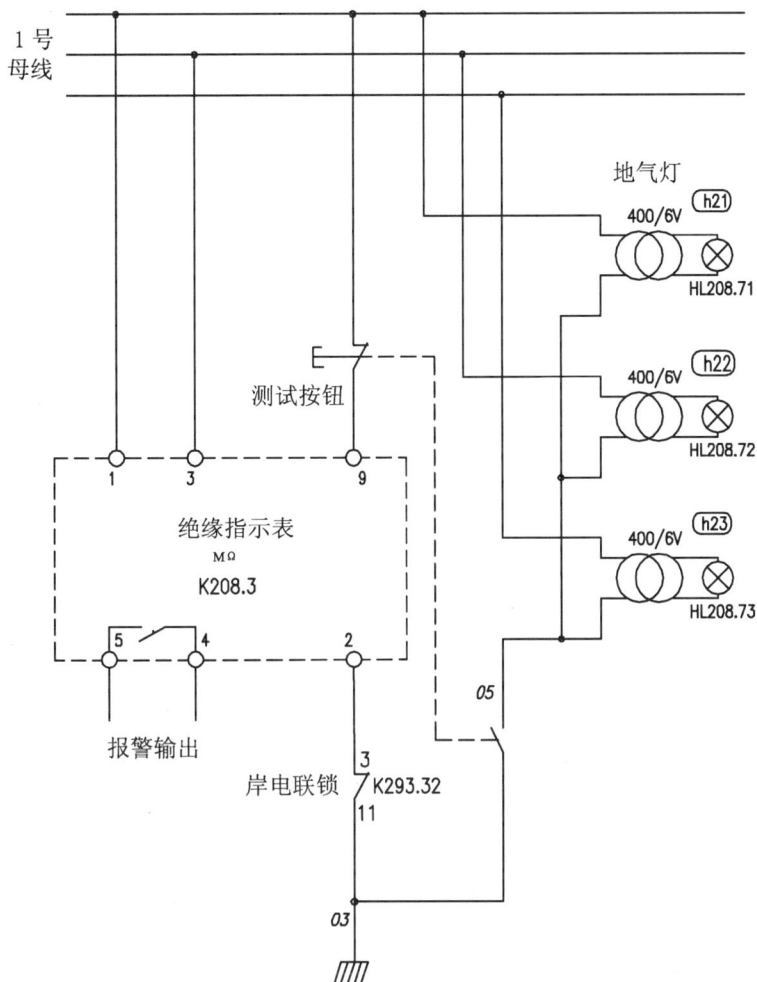

图 12-17　绝缘监测电路

　　预脱扣(分级卸载)是指当发电机负荷较大,不能起动备用机组分担负荷时,对次要负荷进行断电,以保证电站对重要负载的连续供电。"育鲲"轮预脱扣设定值为 $90\%P_n$(PRE1)卸载一台空调冷水机组(90 kW),$95\%P_n$(PRE2)卸载厨房变压器,由电站自动化管理 PLC 进行控制。

　　5.电站自动管理

　　(1)发电机并联与保护装置 PPU

　　"育鲲"轮发电机采用 DEIF 公司 multi-line 系列产品——并联与保护装置 PPU(Protection and Paralleling Unit)实现发电机的控制及保护等功能。PPU 由 CPU 处理器、存储器、总线、输入接口、输出接口、通信接口、电源、显示屏及操作面板等组成,其外形如图 12-19 所示。PPU 具备的主要功能有:三相交流电的参数测量显示,如三相电压、三相电流、频率、视在功率、有功功率、无功功率和功率因数等;准同步并车;柴油机自动调速,有功功率平均分配,调频调载;逆功率保护及报警;过电流保护及报警;过载保护及报警;过电压、欠电压、电压不平衡、过电流、电流不平衡、频率过高、频率过低监视及报警,并且设置点可调节;通信。

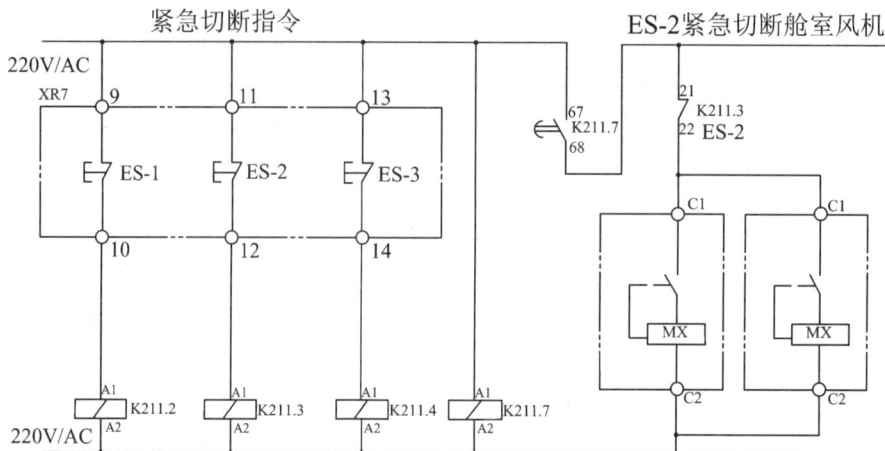

图 12-18　紧急切断电路

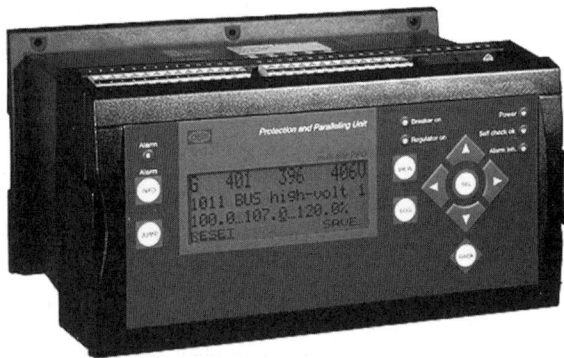

图 12-19　PPU 外形图

①参数的显示与设置

PPU 显示屏及操作面板如图 12-20 所示,能够实现参数的显示和设置。

Power:电源指示灯,电源正常时灯亮;

Breaker on:断路器状态,断路器闭合时灯亮;

Regulator on:调速器工作状态,调速器工作时灯亮;

Self check ok:自检,PPU 正常时灯亮;

Alarm:报警指示,发生报警时闪烁,报警确认停闪,复位后灯灭;

Alarm Inh:报警抑制,输入信号抑制、发电机停止时灯亮;

"VIEW":切换第一行显示;

"LOG":显示 PPU 全部执行信息、报警记录;

"INFO":报警信息查看键,报警清单中最多可有 30 条报警记录;

"JUMP":特殊功能键;

"BACK":返回键;

"SEL":选择键,功能菜单选择进入;

"↑""↓""←""→":上、下、左、右,光标移动键。

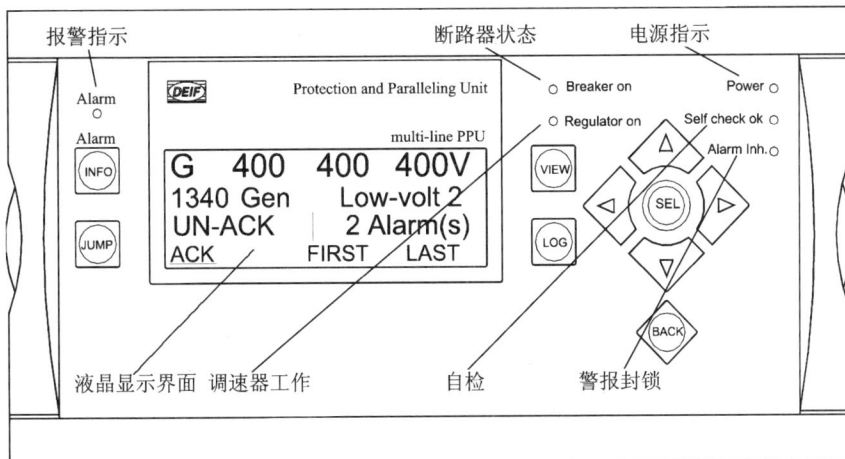

图 12-20　PPU 显示屏及操作面板

根据使用的显示窗口,显示内容具有不同的功能,系统提供了 VIEW 和 SET UP 窗口。

按 VIEW 键时,能够切换第一行显示的信息,可以显示的内容有:发电机三相电压;汇流排三相电压;发电机三相电流;发电机功率因数和有功功率;发电机视在功率和无功功率;发电机 L1 相频率和电压;汇流排 L1 相频率和电压。

在 SET UP 窗口下,显示界面如图 12-21 所示。第二行可显示的参数如表 12-4 所示。第三行可显示的内容:对下一行的设置选择进行解释;当进入参数菜单时,显示所选设置的设定值和允许设定的最大/最小值。第四行可显示的内容:用作选择相应的参数菜单。当"SEL"键按下时,将进入下标指示的菜单("PROT"为保护功能设置、"CTRL"为控制功能设置,"POWER"为功率控制功能设置,"SYST"为系统功能设置);选择进入子功能菜单系统。需要注意的是,修改参数设置通常需要密码,若能修改时要慎重,一般由专业人员来完成。

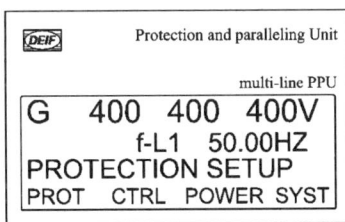

图 12-21　SETUP 窗口显示界面

表 12-4　第二行显示参数

发电机	汇流排	模拟量输入
日期和时间 电压 L1−N(VAC) 电压 L2−N(VAC) 电压 L3−N(VAC) 电压 L1−L2(VAC) 电压 L2−L3(VAC) 电压 L3−L1(VAC) 电压 max.(VAC) 电压 min.(VAC) 电流 L1(A) 电流 L2(A) 电流 L3(A) 频率 L1(Hz) 频率 L2(Hz) 频率 L3(Hz) 有功功率(kW) 无功功率(kvar) 视在功率(kVA) 电度(kWh)功率因数	电压 L1−N(VAC) 电压 L2−N(VAC) 电压 L3−N(VAC) 电压 L1−L2(VAC) 电压 L2−L3(VAC) 电压 L3−L1(VAC) 电压 max.(VAC) 电压 min.(VAC) 频率(Hz) 电压夹角 L1−L2(deg) 频率变化率(df/dt)(Hz/sec) 发电机和汇流排间电压夹角 (deg) 工作电压(VDC)	模拟量 1 模拟量 2 模拟量 3 模拟量 4 PT100 no.1 PT100 no.2 转速

②控制与保护

PPU 得到并车指令后,将待并发电机的电压信号与电网电压信号进行比较,通过输出调速信号控制原动机转速,待满足合闸要求后发出合闸信号。开始并车时,PPU 显示屏第一行会出现移动的光标,标示并车过程(同步指示)。光标移动越快,频差越大,光标在中间时为零相差点,如图 12-22 所示。

图 12-22　PPU 同步指示

表 12-5 和表 12-6 为 PPU 允许并车的电压差、频差、相差设定参考,No. 为设定地址代码。

表 12-5　动态同步允许偏差设定

No.	Setting		Min. setting	Max. setting	Factory setting
2010	Dynamic sync.	Selection display	—	—	—
2011	Dynamic sync.	Df max.	0.0 Hz	0.5 Hz	0.3 Hz
2012	Dynamic sync.	Df min.	−0.5 Hz	0.5 Hz	0.0 Hz
2013	Dynamic sync.	DU max.	2%	10%	5%
2014	Dynamic sync.	Breaker relay	40 ms	300 ms	50 ms

表 12-6　静态同步允许偏差设定

No.	Setting		Min. setting	Max. setting	Factory setting
2040	Static sync.	Selection display	—	—	—
2041	Static sync.	Maximum df	0.00 deg.	0.10 deg.	0.25 deg.
2042	Static sync.	Maximum DU	2%	10%	5%
2043	Static sync.	Close window	0.1 deg.	20.0 deg.	10.0 deg.
2044	Static sync.	Phase K_P	0	400	250
2045	Static sync.	Phase K_I	0	400	160

PPU 将检测到的发电机三相电压与电流、汇流排三相电压通过一定的处理得到功率、频率、电压等诸多电气参数。一方面可在显示屏显示，另一方面经设定、输出可实现负荷控制、保护及报警等。如：轻载时发出负荷转移、解列、停机信号；发生逆功率时，控制主开关分断；汇流排频率高、发电机过电流时发出报警（可设定的报警参数有很多）。PPU 的控制、保护及报警参数的设置可在 PPU 显示屏上通过按键查找，熟悉有关设置，对专职人员的管理工作具有重要意义。

当故障发生时，警报灯亮起，报警界面如图 12-20 所示。屏幕第二行显示的是最后的报警信息，此时将光标移至"ACK"，按选择键"SEL"，确认事件，警报灯灭，警报被消除，然后返回。若警报灯仍然闪烁，说明还有其他警报未被确认，按上、下键将其他警报调出，按上述方法进行确认。当多条报警信息出现时，按"INFO"键，也可以调出。

③PPU 的应用

"育鲲"轮 PPU 接线原理图如图 12-23 所示，PPU 工作电源为 24 V 直流，输入的信号有：发电机电流（73 75 77 端子）、发电机电压（79 81 83 端了）、汇流排电压（85 88 89 端子）、主开关分合闸状态；输出信号有：发电机升速、发电机降速、PPU 异常至 PLC、逆功率信号至主开关分闸电路、同步合闸信号至主开关合闸电路、解列分闸信号至 PLC（由 PLC 输出控制分闸）。此外，PPU 还会与发电机以及 PLC 进行通信，从而实现电站的自动管理。

（2）电站自动化管理

电站管理模式有以下三种：

①手动模式

过去的电站大多采用这种管理模式，每一个功能几乎都需要由专职人员手动操作实现，工作量大且比较烦琐。但是由于附加设备少、电路少，可能的故障因素少，可靠性较高。虽然自动化控制在电站管理中应用越来越多，但手动模式是必须具备且不可替代的。

②半自动模式

"育鲲"轮电站半自动化实现的功能是半自动并车解列、调频调载等功能。例如，需要发电机并联运行时，专职人员遥控起动备用发电机组，待建立电压后，将电站管理模式转为半自动，按发电机"自动投入同步"按钮（解列时对应"负载转移"按钮），发电机开始同步并车，并车成功后将负荷转移直至功率平均分配。这个过程中柴油机油门的调节、合闸时刻的选择、断路器合闸指令的发出、功率与频率的控制都是由 PPU 完成的。在此模式下，无论单机还是多机运行，其频率和负荷都在 PPU 监视中，使得电网频率始终保持在额定值附近，负荷始终是平均分配的。

24 V 直流电源

1	48			65	67	73	75	77	79	81	83	85	87	89		23	54	55
						发电机电流		发电机电压		汇流排电压						主开关状态		

PPU

2	28	56	3	4	66	68	12	13	14	15	17	18	37	38	40	41	29	31	30
		PPU 异常			升速	降速	逆功率		解列分闸		同步合闸		发电机间通信				与 PLC 通信		

DC 0 V

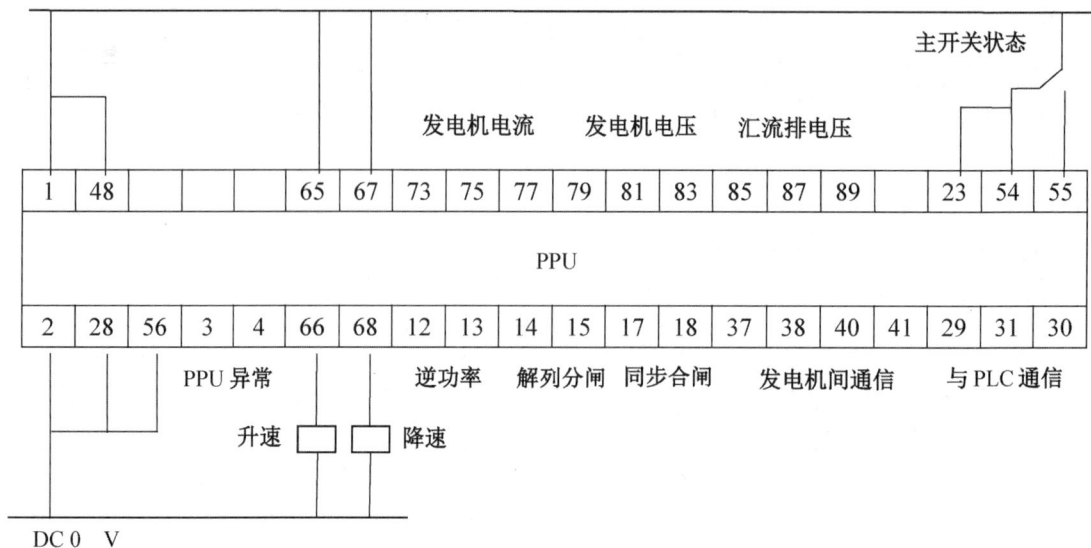

图 12-23 "育鲲"轮 PPU 接线原理图

③自动模式

"育鲲"轮电站自动化管理主要由 PLC 和 PPU 来完成,其组成框图如图 12-24 所示。每套电源装置及主开关均由 PPU 控制,PPU 与上位机 PLC 以总线方式进行通信,由 PLC 协调实现自动电站管理控制。可实现功能主要有:

断路器的合闸与分断;

重载询问;

轻载解列;

分级卸载;

停机;

发电机组重复起动;

电网失电恢复;

在网发电机组故障管理;

报警通信等。

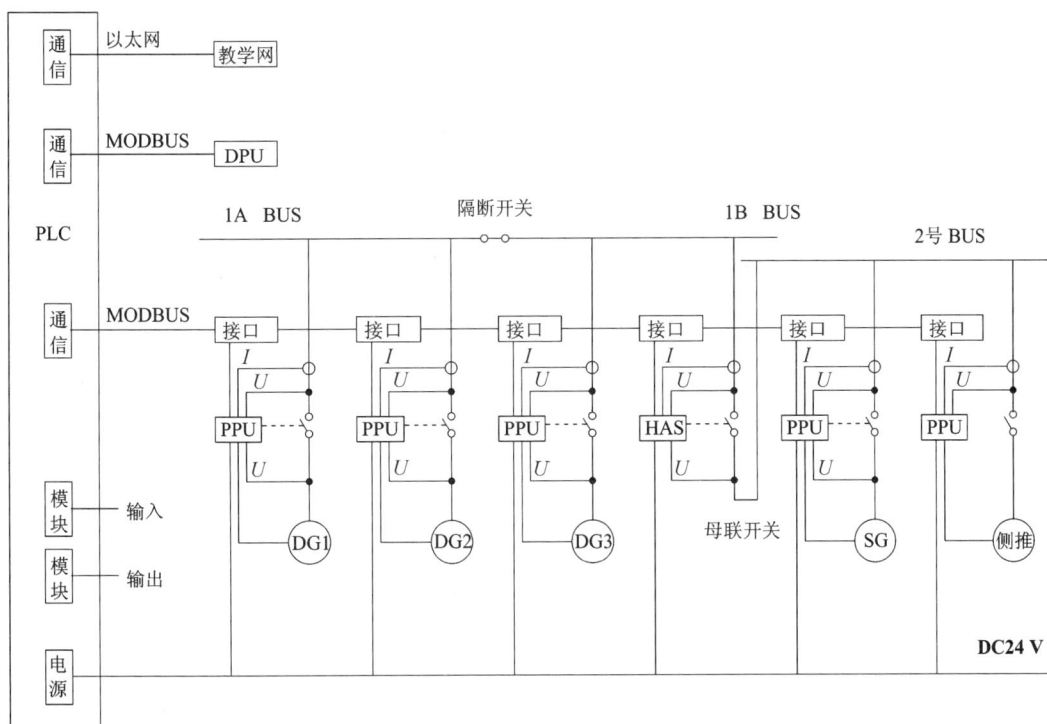

图 12-24　"育鲲"轮电站自动化管理组成框图

(三) 艏侧推及岸电屏

1. 艏侧推

为了提高船舶的操纵性能,"育鲲"轮在船首水线以下的横向导筒中安装了侧推装置。侧推电机、伺服电机、自耦变压器以及起动箱等在艏侧推舱,控制器与控制板位于驾驶台,电站通过艏侧推及岸电屏为系统提供动力电源,系统组成框图如图 12-25 所示。艏侧推额定功率为 450 kW,满载电流 882 A,起动电流 950 A,螺旋桨转速 469 r/min,短时工作制(30 min)。

当需要起动艏侧推时,控制器会向电站发出侧推申请信号(重载询问),当电站剩余功率满足要求后,艏侧推供电主开关可以合闸为系统提供动力电源。允许起动艏侧推的电源要求是:3 台主发电机合闸供电,母联开关合闸;2 台主发电机合闸供电,轴带发电机为 2 号汇流排供电(母联开关分闸);1 台主发电机合闸供电,轴带发电机为 2 号汇流排供电(母联开关分闸),艏侧推及岸电屏内手动允许按钮按下。

当控制系统检测到以下条件全部满足时,侧推电机才会经自耦变压器降压起动。

(1)侧推电机温升没有超过设定值;

(2)侧推电机过载保护没有动作;

(3)自耦变压器温升没有超过设定值;

(4)螺旋桨螺距处在零位;

(5)电站侧推申请允许;

(6)伺服油泵必须先于侧推电机运行。

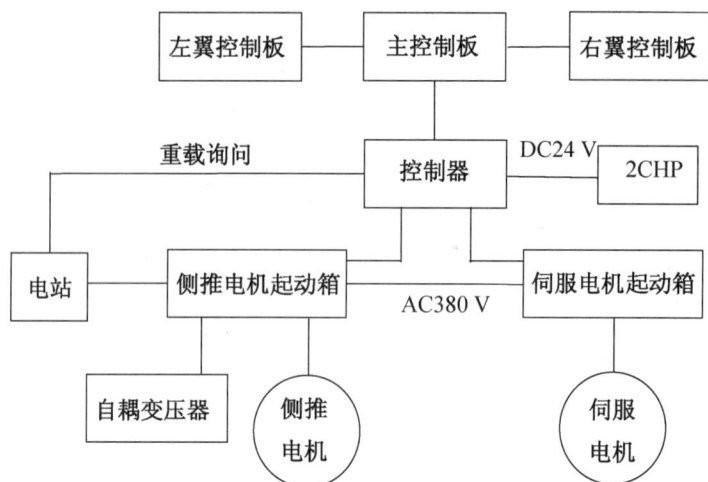

图 12-25　艏侧推系统组成框图

"育鲲"轮艏侧推系统实际操作过程:在靠离码头等工况下,驾驶台需要操纵艏侧推装置。驾驶员电话通知机舱,让机舱进行准备。此时机舱集控室同步屏上只有"侧推申请取消"红灯亮。轮机员在主机恒速灯亮的情况下给轴带发电机投励,使其建压。然后按下轴带发电机合闸按钮(母联开关未合闸),再按下侧推合闸按钮,这时"侧推允许"绿灯亮。电话告知驾驶员后,驾驶员按下主控制板上的"MAIN SWITCH"按钮,此时"MAIN SWITCH""STOP""CONTROL HERE"指示灯亮。与此同时,集控室控制屏上"侧推申请"红灯闪亮("侧推申请取消"红灯灭)并伴有报警,轮机员需进行消音、停闪、报警确认操作,此时"侧推申请"红灯常亮。若条件满足,驾驶台主控制板上"READY FOR START"灯亮。驾驶员按下"START"按钮,此时"START"会闪亮,待侧推电机起动完成后变为常亮,"STOP""READY FOR START"灯灭,此后便可根据实际需要调节操纵杆调节螺距。当需要转移控制位置时,可以按下两翼控制板上的"CONTROL HERE"按钮获取控制权。如遇到紧急情况,可按下主控制板"PITCH MANUAL"按钮,这时"PITCH MANUAL"灯以及左右舷螺距控制"←""→"灯均会亮,根据需要操纵左右螺距。当侧推装置使用完毕时,将螺距调回零位,按下"STOP"按钮,"START"灯灭"STOP"灯及"READY FOR START"灯亮。驾驶员需按下面板上的"MAIN SWITCH"按钮,取消侧推申请,这时机舱同步屏上的"侧推申请取消"红灯亮,"侧推允许"绿灯亮。轮机员需将艏侧推主开关分闸,"侧推允许"灯灭。之后,轮机员将轴带发电机分闸、灭磁,整个侧推装置实际操纵过程结束。

2. 岸电

当采用岸电供电时,首先要确保岸电电源相序同船电电源相序一致。在岸电箱中设有相序指示器及倒相开关,当相序不一致时,可通过倒相开关改变相序。岸电屏上设有岸电开关、岸电电压及电流监视仪表,岸电的控制电源为 220 V 交流。

一般情况下,岸电电源不能与船电电源并网运行,因此控制电路上设置了联锁,如图12-26 所示。将反应发电机主开关分合闸状态的常闭触点串联至岸电开关失压脱扣器控制电路中,当任一台发电机主开关处于合闸状态(如 1 号发电机主开关处于合闸状态,则辅助继电器 K105.23 得电,其常闭触点断开),失压脱扣线圈失电,岸电开关不能合闸。由图

12-26可以看出当三台发电机主开关任一闭合,或轴带发电机主开关与母联开关同时闭合时,岸电开关不能合闸。

岸电开关一般为手动机械式合闸,其辅助继电器是把岸电开关的状态信号送至发电机等分闸控制电路中,保证岸电合闸供电时发电机不能合闸。

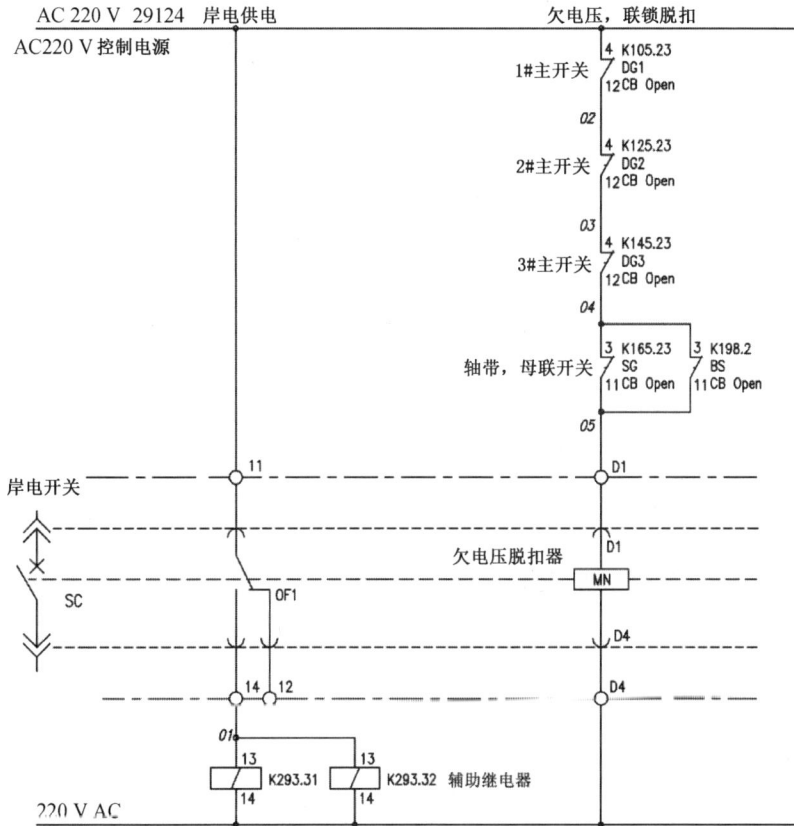

图12-26　岸电连锁电路

艞侧推及岸电屏上还设有配电板式兆欧表用于监测2号汇流排电网的绝缘。正常情况下,母联开关分闸,轴带发电机为艞侧推供电时,配电板式兆欧表监测轴带发电机、2号汇流排、艞侧推的绝缘。当母联开关合闸时,由于1号汇流排电网已经存在配电板式兆欧表,此时艞侧推及岸电屏上的兆欧表不起作用(反应母联开关分合闸状态继电器的辅助触点控制兆欧表的工作接地点,即母联开关合闸时,此兆欧表接地点断开,1号、2号汇流排电网绝缘由同步屏上兆欧表监测)。

(四)220 V交流负载屏

来自1号、2号主照明变压器的电源经互锁送至220 V交流母线(3号汇流排),为全船正常照明及其他负载提供220 V交流电源。需要注意的是,两台变压器即使为同一型号且原边接相同电压相同相位的电源,副边的电压和相位也不会完全一致,因此变压器是不能并联运行的。

变压器供电断路器分合闸具有两种操作方式即手动和自动。当操作方式选为手动时,可以手动按下变压器分闸按钮进行分闸或按下合闸按钮进行合闸。当操作方式选为自动时,假若两台变压器均未为负载供220 V交流电,则1号主变压器自动投入工作;假若1号变压器因某些原因未能合闸,经一定时间延时后,2号主变压器自动投入工作。

在该屏上设有电压电流监视仪表、220 V配电板式兆欧表以及诸多220 V负载开关。电压电流监视仪表监视3号电网的电压和电流。220 V配电板式兆欧表监测照明和其他设备的绝缘。需要注意的是,220 V负载不止此屏上220 V负载开关对应的负载,还包括主配电板板前照明和发电机空间加热器(此两种负载在220 V负载屏上没有设置负载开关)。在"育鲲"轮上220 V绝缘低主要是照明系统引起,特别是学员房间的台灯。

常见的导致220 V绝缘低的负载有:学员房间的台灯、室外照明的灯具(如舷梯探照灯)、房间的用电设备(特别是私接插排)、阀门遥控系统中遥控阀(接线盒中电线破损碰壳)。此外,也出现过发电机空间加热器因长时间振动导致接线端子处电线绝缘层破损碰壳而导致绝缘能力降低。查找绝缘采用分区断电法,将次要负载先断电,影响船舶安全和航行的要慎断。特别需要注意双路供电负载导致的绝缘低对查找绝缘故障的干扰。例如,阀门遥控系统(由220 V主配电板和220 V应急配电板供电)引起的220 V绝缘低故障。将主配电板220 V阀门遥控系统负载开关断开,绝缘恢复,再将此开关闭合,绝缘仍是正常,出现这种现象的主要原因就是当主配电负载开关断开后,由应急配电板负载开关供电(两电源互为备用),当主配电板负载开关合闸后仍由应急配电板负载开关供电(此时,应急配电板220 V绝缘低报警)。

主配电板除220 V负载外,还设有多屏380 V负载。有关380 V的负载将在电力负载章节中举例介绍。

二、应急配电板

"育鲲"轮应急配电板由两条汇流排组成,即4号汇流排和5号汇流排,如图12-27所示,设置了应急发电机控制屏、380 V交流负载屏、220 V交流负载屏。

应急发电机产生的电能经由主开关送至4号汇流排上,来自主配电板的电能经联络开关也送至4号汇流排上。通常情况下,应急发电机不合闸供电,来自主配电板的电能为4号汇流排供电。应急发电机主开关与联络开关设有互锁,不能同时为4号汇流排供电。4号汇流排为应急380 V负载供电,如:应急消防泵、2号舵机等。此外,4号汇流排经2台应急照明变压器(设有互锁)为5号汇流排即220 V交流负载屏供电(应急照明和其他负载)。应急发电机控制屏上还装有配电板式兆欧表,由于通常情况下汇流排的电能来自主配电板,故此兆欧表不工作,由主配电板兆欧表监视应急配电板380 V绝缘。只有当应急发电机合闸供电时,此兆欧表才能工作,监测4号汇流排绝缘。控制系统的24 V直流电源来自2号充放电板,其他设备或控制电路与主配电板有关内容相类似,此处不再重复。

应急发电机能否在紧急情况下顺利起动合闸为应急配电板供电十分重要。因此,专职人员需定期进行应急发电机起动合闸测试。一般测试方法如下:本地控制箱控制方式选为遥控,应急发电机控制方式与联络开关控制方式均选择自动,打开应急发电机屏,按下屏内测试按钮,应急发电机起动,联络开关失压脱扣,延时30 s后应急发电机主开关自动合闸,为应急配电板供电。松开测试按钮,延时3 s应急发电机主开关分闸,再延时3 s联络开关合闸,恢复正常供电。

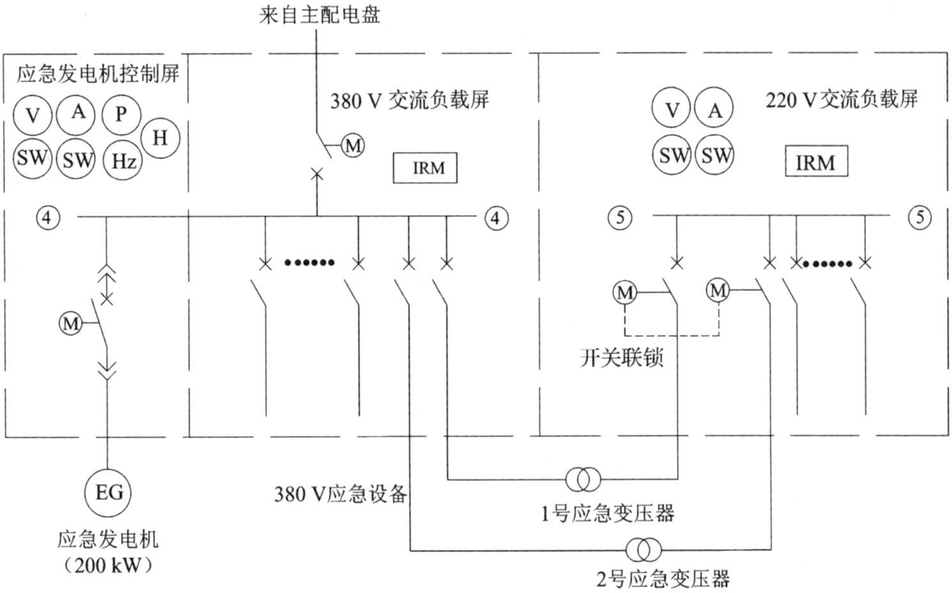

图 12-27 "育鲲"轮应急配电板单线图

三、充放电板

充放电板用于监视和控制充电电源和蓄电池组充放电状态,并将电能分配给低压用电设备,一般由交流电源、变压器、整流充电器、电力二极管、辅助继电器、船用蓄电池组、负载断路器及监测仪表等组成。

"育鲲"轮设有三套充放电板,为不同的负载提供 24 V 直流电源,具体设置如下:

(1)1 号充放电板(1CHP)

①集控室低压分电箱(ECR low voltage distribution box);

②1-3 号发电机接线箱(No.1 to 3 generator connection box);

③主配电板(Main switch board);

④发电机淡水预热(Generator fresh water preheater);

⑤1-6 号数据采集单元(No.1 to 6 data acquisition unit);

⑥气缸滑油控制单元(Cyl. oil control unit);

⑦主机测量控制警报(M.E. measurement control alarm);

⑧主机齿轮箱检测警报接线箱(M.E. gear box detection alarm connection box);

⑨主机接线箱(M.E. connection box);

⑩PMI 接线箱(PMI connection box);

⑪机舱报警继电器(E.R. alarm relay)。

(2)2 号充放电板(2CHP)

①通用报警继电器箱(船员)(General alarm relay box for staffs);

②通用报警继电器箱(旅客)(General alarm relay box for customers);

③二氧化碳施放警报控制箱(CO_2 release alarm control box);

④防火风闸控制电源(Fire-fighting air brake control);

⑤航行灯逆变器(Pilot light inverter);

⑥冷库报警(Cold storage alarm);

⑦应急配电板(控制电源)(Emergency switch board control);

⑧艏侧推器(Bow thruster);

⑨电工试验板(Electrician test board);

⑩2-8号延伸报警(No. 2 to 8 extended alarm);

⑪防火门控制单元(Fire door control unit);

⑫低压助航分电箱(Low voltage sail-assisted electricity box);

⑬22号电力分电箱(No. 22 electricity distribution box);

⑭1-3号水密门控制单元(No. 1 to 3 watertight door control unit);

⑮快关阀开关(Quick-closing valve switch);

⑯遥控施放站(Remote release control station);

⑰运动传感器(科研设备)(Motion sensor for research)。

(3)3号充放电板(3CHP)

充放电板具有如下特点:

①蓄电池和负载并联接入充电装置,充电器电源担负正常负载并对蓄电池进行智能充电;

②浮充电压保持恒定,充电回路以限流、浮充方式对蓄电池进行补充充电;

③当出现大电流负载时蓄电池放电承担部分负载;

④大电流负载消失后进行补充充电;

⑤输入电源失电时,自动转为蓄电池放电输出;蓄电池向负载提供 DC24 V±12%电流;

⑥输入电源恢复后,充电器电源恢复原输入电源正常时状态。

(4)充电器工作原理

充放电板采用 SKYLLA 充电器(输入交流电源为 185~265 V、50 Hz,由 380 V 经变压器降压后提供,输出 24 V、100 A 直流电),它根据 3 个阶段充电特性对蓄电池进行充电,充电特性曲线如图 12-28 所示,在充电时,它检测蓄电池电压和电流,以此确定最佳的充电电压和电流。

假定蓄电池在放电,充电器开始用 boost 快充模式充电,在此状态下,蓄电池一直处于充电状态,直到蓄电池电压达到 boost 快充电压值,这时蓄电池电量达到容量的 80%,此时结束快充模式,开始自动进入 equalize 充电模式。在 equalize 充电模式下,充电电压保持在 boost 电压下,电流逐渐降低,该模式预设为 4、8、12 h,标准 equalize 充电模式为 4 h,之后自动转到浮充状态。在浮充状态下,充电电压变为浮充电压,电流连续减少,该模式持续 20 h。浮充模式后,充电器回到 equalize 充电模式,这是为了补偿正常的泄漏或蓄电池自放电。连接到蓄电池的并联负载可能会引起电压下降,在蓄电池电压低于最小电压时,SKYLLA 充电器会自动转为 boost 快充模式。各阶段电池电压如表 12-7 所示。

表 12-7 充电电压参数

类型	boost 过充电压	float 浮充电压	最小电压
24V / 100 A	28.5 V	27.6 V	25 V

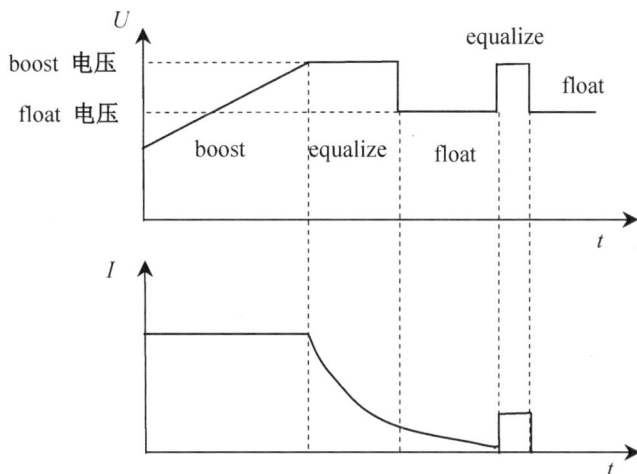

图 12-28 3 阶段充电特性曲线

（5）充放电板工作原理

以"育鲲"轮 1 号充放电板为例，其工作原理图如图 12-29 所示。2 路 380 V 电源（1 路来自主配电板，1 路来自应急配电板）经互锁为充放电板供电。2 路 380 V 电源互为备用，当一路电源故障或失电时，自动切换到另一路电源，保证供电的可靠与连续。380 V 电源经变压器为整流充电器供电，整流充电器输出 27.5 V 左右直流电源，经一个电力二极管为蓄电池供电，再经 5 个电力二极管降压为 24 V 直流电源为负载供电。正常情况下，380 V 电源供电正常，整流充电器工作正常（K185 继电器有电），整流器充电器为蓄电池和负载供电。当 2 路 380 V 电源均失电或整流充电器故障（K185 继电器失电）时，直流接触器 KM178 有电，其触点闭合，蓄电池放电为负载供电。同时会使得充放电板上的蜂鸣器响，发出报警。充放电板上还设有电压表监视整流充电器输出电压、蓄电池电压、负载电压（一般情况下，整流充电器输出电压>蓄电池电压>负载电压）；电流表监视整流充电器输出电流、蓄电池电流、负载电流（一般情况下，蓄电池处在浮充状态，电流很小，整流充电器输出电流 ≈ 负载电流）。此外，充放电板上还设有绝缘监视仪（kΩ 表）监测整个 24 V 直流网络绝缘，当绝缘低时，蜂鸣器响，并且会向机舱集中监测报警系统发送报警信号。

1 号充放电板与 2 号充放电板工作原理完全相同，3 号充放电板由于正常情况下只给蓄电池供电（负载临时照明系统不工作），工作原理稍有区别。需要注意的是，3 号充放电板除了 2 路 380 V 交流电源（1 路来自主配电板，1 路来自应急配电板）经互锁为充放电板供电外，还多了 1 路 220 V 交流电源（来自应急配电板，用于检测全船失电情况）用于控制 3 号充放电板蓄电池放电为临时应急照明系统供电。

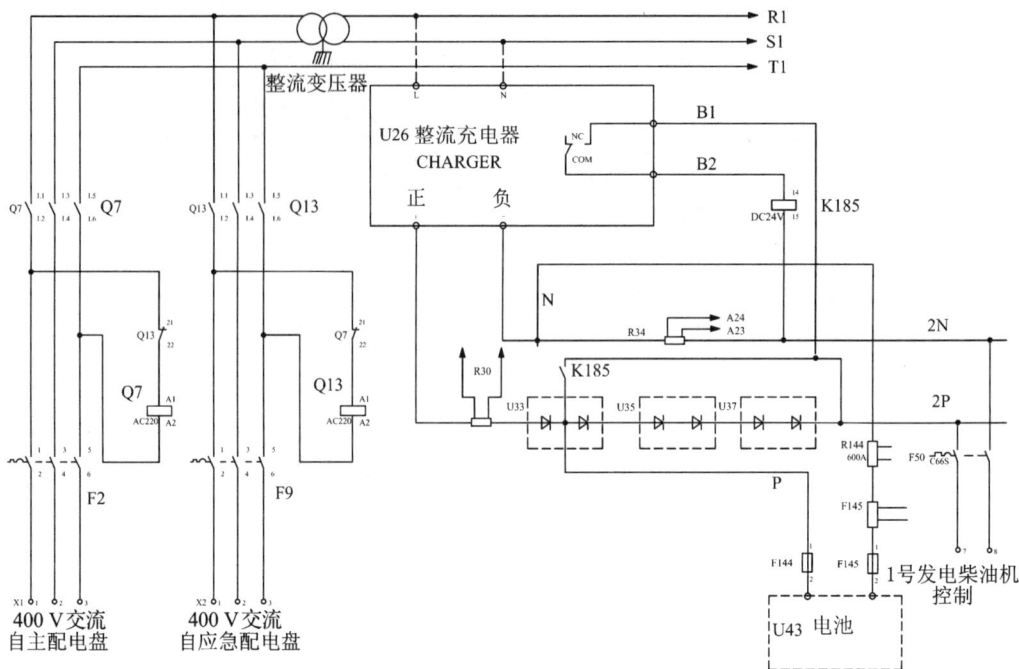

图 12-29 "育鲲"轮 1 号充放电板工作原理图

第四节 电力负载

船舶上的电力负载种类繁多,电压等级不一,如 AC380 V 的主冷却海水泵、AC220 V 的照明系统、DC24 V 的防火风闸;控制方式多样,如卫生水压力柜补水采用压力开关控制、水密门开关门采用 PLC 控制等。

一、AC380 V 负载

船舶上 AC380 V 负载有很多,以"育鲲"轮 1 号主冷却海水泵(主海水泵)拖动电机为例介绍其控制原理与维护保养注意事项,该电机参数为: AC 380 V、50 Hz、37 kW、70.2 A、1 345 r/min、三角形接法、连续运行、外部冷却。

主冷却海水泵是中央冷却器海水冷却循环泵,共设有三台。一般情况下,当一台工作时其他两台泵可作为备用,以确保冷却海水的压力满足需要以及连续供给。电机的控制方式有两种:手动控制和自动控制。自动控制时,采用海水泵出口总管压力作为控制信号,当海水泵出口总管压力低于设定值时自动起动备用海水泵。

电机控制箱安装在主配电板 380 V 组合起动屏上,电机主电源来自主配电板 1A 汇流排,机旁设有起停控制按钮盒。1 号主冷却海水泵拖动电机控制原理图如图 12-30 所示,其中:QF 为负载断路器,KM1 为主接触器,FT 为过流热继电器,TC 为控制变压器(为控制电路提供 220 V 交流电源),TA 为电流互感器,PA 为电流表,FU 为熔断器,SB1 为起动按钮(自复位式),SB2 为停止按钮(自复位式),SB4 为复位按钮(自复位式),SA1 为手自动转换开关,SB5 为应急停止按钮(旋转复位,机旁),SB6 为起动按钮(自复位式,机旁),HR 为计时器,K313.4、K313.5 等为辅助继电器。[12-4 主海水泵控制箱(按钮指示灯等)(p408)、12-4 主海水泵控制箱(继电器接触器等)(p408)]

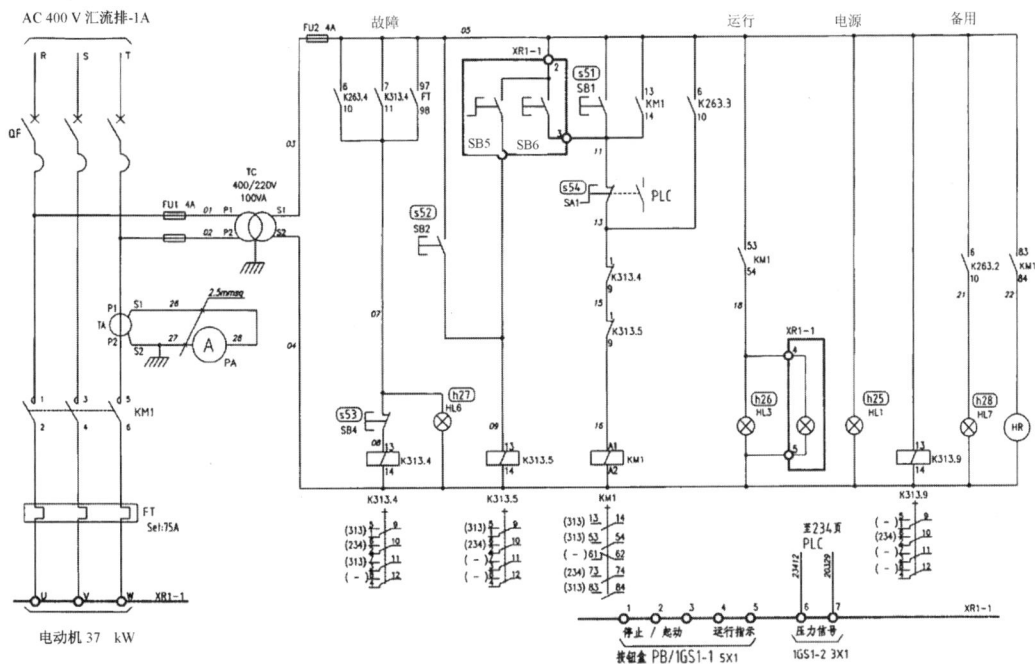

图 12-30　1 号主冷却海水泵拖动电机控制原理图

1.手动控制

SA1 开关转手动,无故障时辅助继电器 K313.4 无电,其常闭触点(1、9)保持闭合,停止按钮未按下,辅助继电器 K313.5 无电,其常闭触点(1、9)保持闭合。当起动按钮 SB1 按下时,KM1 线圈有电,其常开辅助触点(13、14)闭合自保,其主触点闭合,海水泵电动机有电运行。当停止按钮 SB2 按下时,辅助继电器 K313.5 有电,其常闭触点(1、9)断开,KM1 线圈断电,其主触点断开,电机停止运转。同理,机旁操作按钮 SB6 、SB5 也可控制电机的起动与停止。需要注意的是,当在机旁操作 SB5 按钮停止电机后,若要再次起动电机,则需将 SB5 按钮顺时针旋转复位后方可进行起动操作。

2.自动控制

1 号主冷却海水泵拖动电机的自动控制主要是由电站自动管理 PLC 与控制电路配合实现的,PLC 自动控制原理图如图 12-31 所示。PLC 采集的输入信号有:海水泵手动停止信号、海水泵运转信号、海水泵备机条件、海水泵出口总管压力信号。PLC 输出控制辅助继电器用以指示海水泵备用状态、控制海水泵起停以及发出故障报警。

(1)备用:SA1 开关转自动,正常情况下,控制电路有电,辅助继电器 K313.9 有电,其常开触点(6、10)闭合,系统无故障,辅助继电器 K313.4 无电,其常闭触点(2、10)保持闭合,海水泵未运转,海水泵出口总管压力正常,PLC 控制辅助继电器 K263.2 有电,其常开触点(6、10)闭合,备用指示灯亮。

(2)起动:海水泵控制处于自动模式且满足备用条件。当运行中的海水泵因某些原因(如过载停机)导致出口总管压力过低,此时,处于备用状态的海水泵的压力开关 PS 检测到压力过低而闭合,PLC 输出控制辅助继电器 K263.3 有电,其常开触点(6、10)闭合,KM1 线圈有电,主触点闭合,电机有电运转。同时 KM1 常开辅助触点(73、74)闭合,作为电机运转的监视信号输入 PLC 中。

(3)停止:在自动模式时,无论在机旁还是在组合起动屏处都能停止电机运转。停止按钮按下时,辅助继电器 K313.5 有电,其常闭触点(1、9)断开,KM1 线圈失电,电机停止运转。同时辅助继电器 K313.5 常开触点(6、10)闭合,将手动停止信号送给 PLC,PLC 输出控制辅助继电器 K263.3 断电,不再发出起动信号。

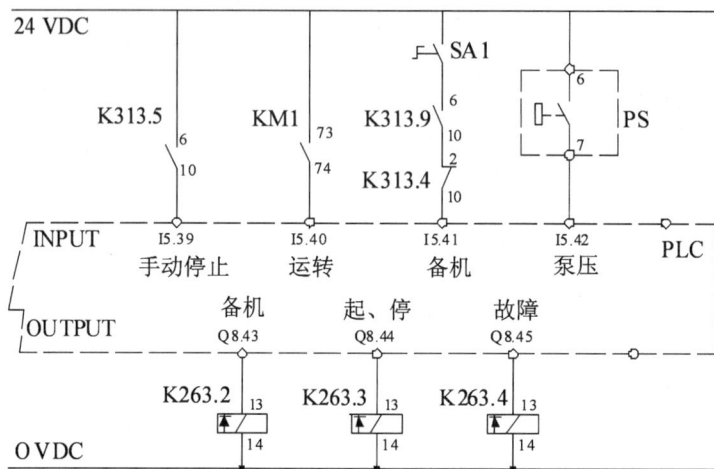

图 12-31　1 号主冷却海水泵拖动电机 PLC 自动控制原理图

3. 维护保养

1 号主冷却海水泵拖动电机起动屏上还设有电源指示灯、运行指示灯、故障指示灯、备用指示灯、工作时间计时器 HR 以及电流表 PA。日常检查过程中,要确保控制箱上指示灯工作正常,定期查看计时器,合理安排电机的运行与检修工作。通常情况下,电机稳定运转后电流表显示的数值是基本稳定的(海水泵压力变化时电流大小会稍有改变)。若工况不变的情况下电流变化过大,应及时检查电机与海水泵。当发生故障报警时,需经复位按钮进行复位,若是因过载导致还需复位过流热继电器 FT。

除此之外,还需对电机进行经常性的维护与保养,保证电机一直处于良好的工作状态。日常维护过程中需保持电机清洁,定期清洁电机表面污物,保持通风沟槽通风畅通。需要经常检查运行中电机的电源电压(确保电压不得高于额定电压的 6%,不得低于额定电压的10%,三相电压不平衡度在±5%之内)、工作电流(确保电流在额定值范围内,三相电流不平衡度在±10%之内)、温升(额定工况下,温升不应超过允许值)、运转声音(当电机故障或机械部分异常时,声音也会异常并伴有振动,如电机缺相时可能会发出"嗡嗡"声)。定期测量电机的绝缘("育鲲"轮每三个月测量一次),定期给非免维护电机轴承加注润滑油,根据实际运转情况和运行时长合理安排电机轴承的更换。

二、AC220 V 负载

船舶上应用最多的 AC220 V 负载就是照明系统(正常照明系统、应急照明系统以及航行信号灯系统)。"育鲲"轮正常照明系统由主配电板 AC220 V 负载屏供电,应急照明系统由应急配电板 AC220 V 负载屏供电,航行信号灯系统由两路电源供电(航行灯系统两路电源,一路来自应急配电板,一路来自 2 号充放电板经逆变器提供;信号灯系统一路来自主配电板,一路来自应急配电板),并能够自动切换。正常照明和应急照明主要为各个舱室舱面提供照明以满足人们日常工作和生活需要。航行灯是保证船舶夜间安全航行的重要灯光信号(如船舶左红右绿航行灯用以表明本船航向),信号灯是用以指示船舶在各种特殊情况下的灯光信号(如前后锚灯用以指示船舶处于锚泊状态)。

根据使用环境的不同,船用灯具主要分为三种:保护型(如用于居住舱室、内走道)、防水型(如用于甲板外走廊、浴室、厕所、机舱等)、防爆型(如用于蓄电池间)。根据工作原理的不同,灯具主要分为两类:热辐射光源(如白炽灯、卤钨灯)、气体放电光源(如日光灯、高压汞灯、高压钠灯等)。

日光灯是"育鲲"轮上应用最多的照明之一,以日光灯为例介绍其工作原理,其一般接线图如图 12-32 所示,主要由镇流器、电容、灯管、启辉器等组成。灯管内含有汞蒸气和少量的氩气(惰性气体),灯管的管壁上涂有荧光物质。当电源接通时,电压通过镇流器、灯丝加到启辉器两端,电源电压使得启辉器内的惰性气体电离产生辉光放电,双金属 U 形电极因受热膨胀而接触,电路导通,灯丝发热发射出大量电子。此时,启辉器电极闭合,电压为零,辉光放电消失,随着温度的降低(2~3 s),双金属 U 形电极复位断开电路。在断开的瞬间,电流中断,镇流器(电感)产生较大自感电动势使灯管点燃。日光灯正常发光后,交流电源反复通过镇流器,镇流器产生自感电动势阻碍电流变化,起到降压限流的作用。此时,电压低于启辉器辉光放电电压,启辉器不起作用。随着技术的发展出现了新型日光灯,其采用电子镇流器(兼具启辉功能),轻便小巧,反应快速。

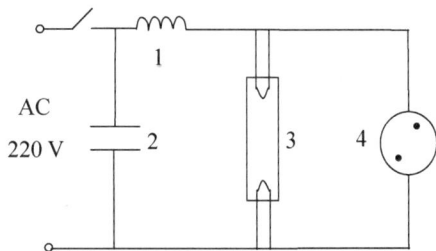

图 12-32 日光灯接线图
1—镇流器;2—电容(改善功率因数用);3—日光灯灯管;4—启辉器

照明在日常工作生活中作用重大,应定期清洁活络灯具,经常检查灯具是否有损坏,保证灯具的水密性。更换灯具时,应注意灯具的规格和电压等级。定期检查灯具的锈蚀情况,检查漆皮是否脱落(灯具涂漆颜色应符合规范要求)。检修发电机曲轴箱、压力水柜等设备时,应采用 36 V 以下并带有安全罩的低压手把灯。可根据照明设备布置图和照明系统图对照明线路和灯具进行维护与检修。

三、DC24 V 负载

充放电板为船舶重要控制系统和负载提供低压 24 V 直流电源。"育鲲"轮防火分闸即由 2 号充放电板提供电源。防火风闸(挡火风闸)主要用于有防火要求的通风及空调的风管系统。当某一区域发生火警时,挡火风闸迅速关闭,切断气流通路(叶片封闭管路),防止火势沿风管系统蔓延,起到防火灭火的作用。"育鲲"轮上装有多个气动防火风闸和电动防火风闸,其控制方式稍有不同,但工作原理类似。以气动防火风闸为例,介绍其控制原理与维护保养注意事项。防火风闸气动原理图如图 12-33 所示,主要由叶片、气缸(气动执行器)、手控阀(用于手动换向,可选件)、节流阀、电磁阀(用于电动换向)、机控阀以及感温器等组成。

控制系统总控箱位于驾驶台内,由两路电源供电(一路来自驾驶台助航分电箱 220 V 交流电经 UPS 后整流成 24 V 直流电,一路来自 2 号充放电板,互为备用)。正常情况下,当操作控制箱按钮开启风闸时,气源经手控阀(可选)、节流阀、电磁阀和机控阀向气缸供以一定压力的压缩空气,气缸通过联轴器带动防火风闸叶片旋转 90°,风闸处于全开状态,气流通路畅通;当操作控制箱按钮关闭风闸时,电磁阀断电动作,气源在电磁阀处截止,排气管路开启,气缸内的压缩空气经电磁阀端口排出。此时,气缸在其内部复位弹簧的作用下带动防火风闸叶片反向旋转 90°,风闸处于关闭状态,气流通路切断。防火风闸的开启和关闭经微动开关检测,能够在控制箱上显示当前风闸开关状态。

当感温器(位于风管内)的易熔片熔断时,机控阀动作,也可切断向气缸的供气,将防火风闸关闭。当发生火灾时,火警系统会发出火警信号到总控箱,切断控制电源,电磁阀断电,风闸关闭,起到防火灭火的作用。

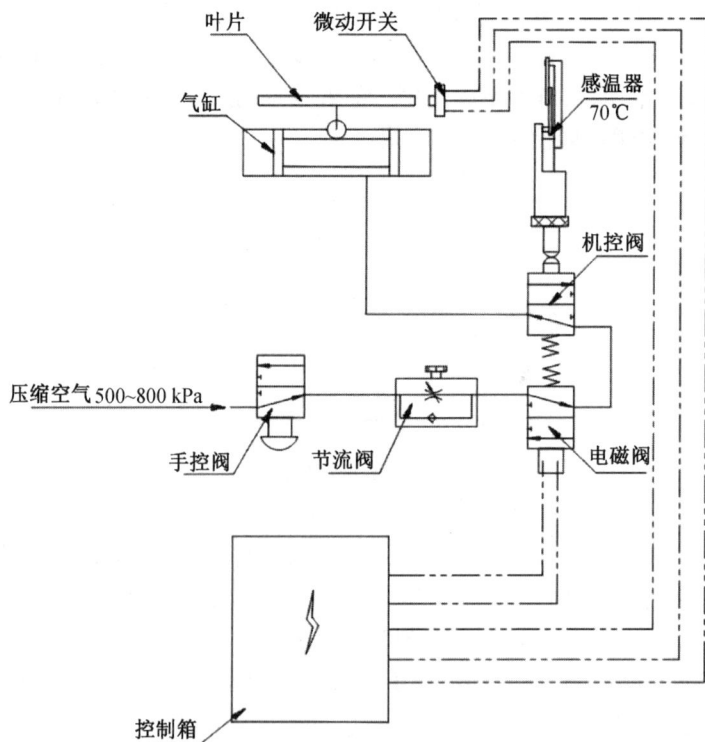

图 12-33 防火风闸气动原理图

防火风闸应定期检查(最长不得超过 30 天),确保接线盒水密,电磁阀接线口无水渍,须电控和手动(若有)开闭防火风闸几次,让防火风闸进行开启和关闭动作,检查开闭指示与防火风闸实际工作状态是否吻合。机控阀每年至少检查动作一次(在供电供气状态下,拆下感温器,机控阀应能进行换向动作,防火风闸关闭;重新装上感温器机控阀复位后,防火风闸应能正常开启)。当需要更换易熔片时,应先将感温器的固定帽旋开,再用手将机控阀下部活动臂向上顶出一个间隙,然后将感温器倾斜拔出;更换易熔片后,按上述反向程序装进感温器。

气动防火风闸常见的故障现象、可能原因以及排除方法如表 12-8 所示。

表 12-8　气动防火风闸故障、原因及排除参考表

故障现象	可能原因	排除方法
防火闸关闭	气源未供气	检查气源管路
	手控阀损坏	更换手控阀
	气缸损坏	检修或更换气缸
	电路故障	检查电路
	电磁阀损坏	更换电磁阀
控制盒上指示灯不显示	接线头松脱	重新接好线路
	信号盒开关电路故障	检修开关电路
	指示灯损坏	更换指示灯

对于不同的负载,可能要采取不同的维护方法和维护周期。合理有效地进行维护保养工作使控制系统或设备一直处于良好的工作状态,对船舶正常安全行驶意义重大。对于电气故障及处理,相关人员需要做到:了解设备或系统的工作性能、特点及控制原理;了解故障现象,分析导致故障发生的可能原因;根据现象及控制原理综合分析、判断,找出故障点,进行故障处理。

第十三章　职责与制度及组织管理

第一节　轮机部船员职责与制度

一、轮机部船员的主要职责

轮机管理的重要内容之一,就是对轮机人员的组织管理。职责与制度是船舶管理的基础工作。不同国家和不同类型的船舶,其船员编制和职责分工有所不同。即使是同一个国家,不同的船舶运输公司其船员编制和职责分工也有差异。下面结合"育鲲"轮的轮机部船员主要的职责和制度进行介绍。

1. 轮机长

(1)轮机长是全船机电设备(不包括通信、导航设备)的技术总负责人。

(2)制定本船各项机电设备的操作规程、保养检修计划、值班制度,贯彻执行各项规章制度,保证"船舶安全管理体系"在船保持和运行,确保安全教学。

(3)负责组织轮机员和电子电气员制订修船计划、编制修理单和预防检修计划,组织领导修船,进行修船工作的验收。

(4)负责燃润料、物料、备件的申领,造册保管和合理使用,节约能源,降低消耗。

(5)负责保管轮机设备的证书、图纸资料、技术文件,及时报告船长申请检验。

(6)经常亲自检查机电设备的运行情况,调整不正常的运行参数,检查和签署轮机日志、电机日志等。

(7)培训和考核轮机人员。

(8)在发生紧急事故时指挥机舱人员进行抢修和抢救工作。

(9)监督和签署轮机员、电子电气员的调任交接工作。

(10)负责轮机实习学生的教学和实训工作。

2. 大管轮

(1)大管轮是轮机长的主要助手,在轮机长的领导下进行工作,轮机长不在时代理轮机长的职务。大管轮负责领导轮机部人员进行机电设备管理、操作、保养和检修工作,督促轮机部船员严格遵守工作制度、操作规程和劳动纪律,保证轮机部的各项规章制度得以正确执行,保证按时完成轮机部的航次教学计划和昼夜值班工作。

(2)大管轮负责维持机舱秩序,对机舱、工作间、材料间、备件工具及机电设备的整洁进行监督和检查,防止锈蚀、损坏或遗失,负责轮机部各舱室的油漆工作。

(3)负责保持轮机部有关安全的设备,如应急舱底阀、风油应急开关、机舱水密门、安全阀、机舱灭火设备、起重设备、危险警告牌、重要的防护装置等处于使用可靠状态,定期进行必要的检查试验,并负责指导有关人员熟悉正确的管理和使用方法。做好防火防爆、防污染、防冻、防进水、防盗和防工伤等工作。

在船舶发生紧急事故时,按照应变部署表规定的职务,协助轮机长指挥轮机部人员做好应急抢救工作。

(4)负责管理主机、轴系和直接为主机服务的辅机,以及舵机、冷藏机,贯彻执行操作规程,并对操作管理方法随时提出改进意见,经轮机长批准执行。

在抢修主机或主机吊缸检修、主机大修后试验、新到任轮机长首次试验主机时,大管轮均应在场。

大管轮对所负责的机械设备应按预防检查制度制订预防检修计划,进行检查、测量、修理和记载,并保管修理记录簿。

除分工负责的机械设备外,还应负责轮机长指定由其负责的部分辅机和设备,并完成轮机长指派的其他工作。

(5)负责编制本人管理的机械设备的计划修理单、航次修理单和自修计划;审核和汇编其他轮机员的修理单和自修计划,并维护机舱的安全。

(6)负责综合轮机部的预防检修和自修计划,在轮机长批准后执行;负责组织检查人员协助其他轮机员做好预防工作,指导轮机部人员的检修技术和使用工具的方法。

(7)负责贯彻执行轮机部备件和物料的定额制度,及时收集、综合并审查工具、备件、物料的申领单交轮机长核定,组织验收、保管和盘点并监督备件物料的合理使用;负责轮机部通用物料及本人主管机械设备的备件、润滑油的申领、验收和报销。

(8)负责保管本人使用的技术文件、仪器、工具等。

(9)负责安排航行及停泊时的检修工作,组织领导检查、清洁、油漆工作。在航行时,轮值航行班,停泊时与二管轮、三管轮轮流值班,并按轮机长的指示安排航行值班及停泊值班的人员。协助轮机长领导所属人员的政治思想学习和技术业务学习,提高所属人员的政治思想和技术水平。合理安排工作,注意劳逸结合,督促做好轮机部使用的舱室、浴室、厕所的清洁卫生工作。负责安排轮机部船员的公休计划,提交轮机长审核。

(10)监督轮机部一般船员的交接工作。

(11)负责与本职工作相关的教学和实训工作。

3.二管轮

(1)在轮机长和大管轮的领导下进行工作,负责管理发电原动机及为它服务的机械设备、机舱内部分辅机和轮机长指定由其负责的其他设备。

此外,还应贯彻执行操作规程及各项制度,不断研究改进所负责的机械设备的使用管理办法,报轮机长批准后执行。

(2)负责制订本人主管的机械设备的预防检修计划,进行检查、测量及修理,记载并保管修理记录簿。

(3)负责编制本人主管的机械设备的计划修理单和航次修理单,提交大管轮审核。修船期间,协助监工,验收并参加自修工作。

(4)负责本人主管的机械设备的备件和专用物料的申领、验收和报销,妥善保管,防止锈蚀、损坏或遗失。

(5)负责加装燃油(驳油),进行燃油的测量、统计和记录工作。到港前,将燃油存量正确数据送轮机长。加装燃油时,负责检验质量,监督向指定油柜灌油,防止错装或满溢,核定装油数量。清洗油柜时,监督清洗质量,防止中毒窒息及爆炸,负责检查加油管路、燃油加热管及其灭火管系的可靠性。

(6)负责保管拨交本人使用的技术文件、仪器、工具和备件等。

(7)在航行时轮值航行班。停泊时,领导由大管轮指派的人员进行检修工作,并与大管轮、三管轮轮流值班。

(8)负责与本职工作相关的教学和实训工作。

4. 三管轮

(1)在轮机长和大管轮的领导下进行工作,负责管理甲板机械及泵间、救生艇发动机、应急消防泵、空调机、副锅炉及其附属设备的机舱内部分辅机等,以及轮机长指定的其他辅机和设备。

还应贯彻操作规程和各项制度,不断研究改进所负责的机械设备的使用管理方法,报轮机长批准后执行。

(2)负责制订本人主管的机械和设备的预防检修计划,进行检查、测量及修理,记载并保管修理记录簿。

(3)负责编制本人主管的机械设备的计划修理单和航次修理单,提交大管轮审核。修船期间,协助监工,验收并参加自修工作。

(4)负责本人主管的机械设备的备件和专用物料的申领、验收和报销,监督妥善保管,防止锈蚀、损坏或遗失。

(5)负责保管拨交本人使用的技术文件、仪器、工具和备件等。

(6)在航行时轮值航行班,停泊时领导由大管轮指派的人员进行检修工作,并与大管轮、二管轮轮流值班。

(7)负责与本职工作相关的教学和实训工作。

5. 电子电气员

(1)在轮机长直接领导下,领导电工进行工作。负责船舶电气设备的管理、保养和检修工作。保持电气设备、仓库和电气修理间的整洁和秩序。贯彻各项工作制度和安全规则,节约材料、物料,安排电助、电工的工作。

(2)负责管理、保养发电机、电动机、应急安全设备线路、避雷装置、电操舵装置、照明设备、有线电话、电气仪表、电导航及无线电通信设备的强电部分及其他电气设备。应贯彻执行操作规程,研究改进管理办法,报轮机长批准执行。定期测量绝缘电阻,保证电气设备及线路经常处于良好工作状态。

严格遵守并监督执行安全规则,注意正确及时地悬挂危险警告牌,禁止非电气工作人员接触重要的带电设备。

(3)根据预防检修制度,制订电气设备的预防检修计划,提交轮机长批准后执行。记载并保管电气测量修理记录簿,定期提交轮机长审签。

(4)负责编制电气部分的计划修理和航次修理的修理单,提交轮机长审核;厂修期间,监督并验收厂修工程;参加并组织领导电助、电工、实习生或大管轮指派的人员进行自修工作。

(5)开航前,做好开航准备工作,特别注意舵机、锚机、绞盘、航行灯及与航行有关的电气设备的可靠性。在靠离码头、进出港、通过狭窄航道、运河及轮机长认为必要时,应在机舱执行工作。停泊时参加并带领所属人员进行检修。按轮机长的指示,参加并安排夜间及假日留船值勤人员值班。

(6)负责电气备件、材料、物料及专用工具的申领、验收、统计和报销,指定专人负责保管上述物品并负责管理记账簿。

(7)负责保管电工日志,按时提交轮机长审签;航次结束时编制航次报告,提交轮机长审阅并签署上报。

(8)保管电气设备的技术文件、图纸。

(9)负责与本职工作相关的教学和实训工作。

6. 机工长

(1)机工长在大管轮的领导下,组织领导机工进行工作。

(2)负责编制机工航行、停泊值班表,经大管轮批准后执行。督促机工遵守劳动纪律、规章制度和安全操作规程。

(3)负责管理轮机部的备件、工具、物料和目录清册,做好备件工具的保养工作,定期进行盘点和统计,并按时填写请领物料、退料和报销等报表。

(4)按航次预防检修工作计划及大管轮的指示安排和带领机工工作,开工前备妥工具和用料,布置妥任务并落实安全措施。

(5)协助做好添装燃润油料。

(6)修船期间,按大管轮分派,做好自修、监修及安全防护等工作。

7. 机工

(1)机工在值班轮机员和机工长的领导下按值班表轮值或参加维修保养工作。

(2)参加轮值时,在值班轮机员领导下,严格遵守值班制度和操作规程,管理主机、副机、辅助锅炉及其附属设备,保证它们的正常运转,执行值班轮机员指派的其他工作。注意各种油、水的温度、压力和电流、电压等情况并记入副机日志。发现不正常情况或工作有疑难时,应及时采取正确措施并报告值班轮机员。抄主机的温度、压力等参数,由轮机员填入轮机日志中。

(3)不参加轮值时,在机工长的领导下,参加维修保养工作。

8. 船舶检修、养护分工明细表

根据船员职务规则规定编制的轮机部高级船员的分工明细表如表13-1所示。由于各公司管理制度、船舶设备、自动化程度及人员配备不同,各船轮机长可适当调整。

表 13-1　轮机检修养护分工明细表

序号	检修负责人	项目	备注
1	大管轮	主机及中间轴系统	
2		艉轴系统及螺旋桨	
3		侧向推进器系统	
4		为主机服务的泵、热交换器、滤器	
5		主机盘车机	
6		推进装置遥控、自控装置	
7		主机及系统的监测和应急装置	
8		舵机和操舵装置	
9		制冷装置(货物与伙食)	
10		滑油舱柜、滑油分油机及系统	
11		防海生物装置	
12		机舱灭火系统	
13		机舱水密门、逃生门	
14		机舱应急舱底水阀	
15		机舱风道挡板	
16		机舱堵漏设备	
17		机舱起重、车床、测量工具和物料	
18	二管轮	副机(发电原动机)	
19		为副机服务的泵、热交换器、滤器	
20		燃油舱、燃油驳运泵及系统	
21		燃油分油机及系统	
22		油柜速闭切断装置及远操机构	
23		空气压缩机、压缩空气瓶、空气管系	
24		造水机及系统	
25		应急发电原动机	
26		应急空气压缩机	
27		油渣柜	

续表

序号	检修负责人	项目	备注
28	三管轮	锅炉及附属设备和系统	
29		蒸汽、回汽、凝水系统	
30		甲板机械	
31		厨房机械	
32		机舱淡水、热水、卫生水设备与系统	
33		空调和暖气设备	
34		压载、舱底水设备与系统	
35		防污染设备	
36		消防泵、应急消防系统	
37		救生艇发动机	
38	电子电气员	发电机、电动机及各种电气设备	

二、船舶轮机值班制度

我国船舶的值班制度虽因船公司和船舶种类的不同而有所差异,但其原则和传统规定是一致的。

(一)航行值班

1.轮机员航行值班职责

(1)值班轮机员负责领导并督促本班值班人员严格遵守"机炉舱规则"及各项安全操作规程,保证机电设备正常运转,完成机舱内的各项工作。

(2)根据驾驶台命令迅速准确地操纵主机,认真填写轮机日志和车钟记录簿,不得任意涂改。

(3)按制造厂说明书的规定和要求,使机电设备保持在标定的工作参数范围内;经常保持油水分离器和各种滤器处于良好的使用状态;注意废气锅炉(或副锅炉)工作情况是否正常。

(4)维护机炉舱、轴系及各种设备的清洁,按时巡回检查,仔细观察,倾听机电设备、轴系的运转情况,如发现不正常现象应立即设法排除。如不能解决,应立即报告轮机长。

(5)如果主机故障必须立即停车检修,应先征得驾驶台同意并迅速报告轮机长。如情况危急,将造成严重机损或人身伤亡时,可先停车,同时报告驾驶台和轮机长,并将详细情况记入轮机日志。

(6)在恶劣天气中航行,为防止主机空车和超负荷而需要降低主机转速时,应取得轮机长同意并通知驾驶台。

(7)根据设备运转需要,随时进行驳油、净油、造水、充气等工作,保持日用油柜、水柜有足够数量的储备。除日用油柜驳注外,移驳燃油应事先与大副联系。

(8)根据甲板部书面通知,领导值班人员移注、排灌压舱水或移注油、水,供应或停供所需的水、电、气、汽。认真遵守防污染的有关规定并详细填写油类记录簿和排污记录簿。

（9）注意防火检查，随时清除油污，正确处理油污破布、棉纱头等易燃物。

（10）船舶发生紧急事故时，按应变部署表分工积极参加抢险工作。

（11）有实习人员跟班时，应严格要求，热情指导。

（12）三管轮值班时，轮机长应经常下机舱检查指导。大管轮值班人员进晚餐时由三管轮值班人员下机舱接替，时间不超过半小时。

（13）认真执行船长、轮机长指派的其他工作。

2. 交接班规定

（1）交班轮机员于交班前半小时（白天 04∶00 ~ 08∶00、08∶00 ~ 12∶00 班于交班前 45 min）应指派专人交班，并做好交班准备。

（2）接班人员接班前 15 min 进入巡回检查路线，按交接内容认真检查。发现问题汇总由接班轮机员向交班轮机员提出，其中主要问题应记入轮机日志，双方如有争议应报告轮机长处理。

（3）交班人员应向接班人员分别介绍：

①运转中的机电设备的工作情况；

②曾经发生的问题及处理结果；

③需要继续完成的工作；

④驾驶台或轮机长的通知；

⑤提醒下一班注意的事项。

（4）交接班必须在现场进行，交班人员必须得到接班人员同意后才能下班，做到交清接明，并在轮机日志上签字。

3. 轮机日志记载及保管

轮机日志是轮机部工作的主要法定记录文件，在航行中（包括移泊）由值班轮机员负责填写；停泊中由大管轮负责记载和保管。

（1）记载轮机日志必须使用不褪色的墨水，各栏内容要记载准确、完全，字体端正，词句清楚明确，不得任意删改涂抹。若有记错或漏写，应将错误处画一横线，但必须使被删的原写处仍清晰可辨。改正字写在错字上方；补充字也应写在漏写处的上方，并在改正处或补充字后签名，签名应标以括号。

（2）各项数据应按下列精度要求记载：

①主机转速：应记平均值，小数点后 1 位；

②涡轮增压器转速：百位；

③油门开度：小数点后 1 位，末位数只记 5 或 0，其余的就近舍入；

④排烟温度：个位，末位数只记 5 或 0；

⑤油水温度：小数点后 1 位，末位数只记 5 或 0，其余的就近舍入；

⑥扫气压力：小数点后 2 位，以 MPa 为单位；

⑦其余压力：小数点后 2 位，以 MPa 为单位；

⑧燃油耗存量：小数点后 1 位，以 t 为单位；

⑨润滑油耗存量：个位，以 kg 为单位；

⑩使用时间：主、副机精确到分钟，其他设备精确到半小时，就近舍入。

（3）值班轮机员记事栏内应记载在值班时间内的主要内容如下：

①主机、副机、锅炉等设备工作中特殊情况;

②驳油、驳水情况;

③船长、轮机长的命令,驾驶台的通知或命令,重要的车钟令(如备车、第一次用车、正常航行最后一次用车、完车等);

④本班发生的问题及其处理情况;

⑤其他有关情况。

(4)工作记录栏内由大管轮负责填写,主要内容包括:

①主要检修工作(包括承修人、厂名或姓名);

②值班人员的调班;

③机械设备的损坏及检修的概述;

④包括轻微事故和隐性事故在内的各类事故的概况;

⑤应变及应变演习的情况;

⑥轮机部人员的调动或职务变更(轮机员、电子电气员和冷藏员的调动或职务的变更应由轮机长负责记载并签署);

⑦其他重要事项。

(5)燃、润料的耗存量,不得使用估计数字或定额数字,航行中由二管轮负责计算并记载从前一天中午至当日中午的燃、润料耗存量;停泊中除仍需每日一次计算记载燃料耗存量外,其余各项可在离港、移泊等适当时机统计并填写。

(6)主、副机的使用时间,分别由大管轮、二管轮每天进行统计和记载;其他在轮机日志内列有所要求的设备的使用时间,在每单航次结束后由各主管轮机员统计和填写。

(7)航行中,轮机长须每日认真查阅轮机日志的记载情况,对于记载栏内一昼夜的燃料耗存量、航行时间、航速、主机平均转速和副机运转时间等情况的记载,进行核对并签署。

(8)航行中,二管轮负责将每日驾驶台的正午报告中的有关内容填入轮机日志,并根据推进器速率及航行速率求出推进器的滑失率记入轮机日志。

(9)公司机务监督员有责任对轮机日志进行审阅并签署。

(10)轮机日志应妥善在船保存。

(11)特殊情况下,由公司有关部门收回公司存放。

4.附则

(1)轮机长在下列情况下必须到机舱指挥:

①进出港、移泊、过运河时;

②机电设备发生故障危及安全运转时;

③狭水道、恶劣天气等特殊情况及船长命令时;

④机舱报警、应变部署时;

⑤值班轮机员工作有疑难,要求轮机长前往时。

(2)轮机长在下列情况下应做到:

①出港航行命令下达后,应在机舱监督检查并做好下列工作:

调整主、副机燃油系统及轴承润滑和冷却所需油量、水量、压力、温度;调整废气锅炉蒸汽压力,转换蒸汽阀门(由强制循环泵进行起动使用);调整扫气压力和温度。

②对燃油锅炉的油温、油压、风压和燃烧情况加以检查或调整,以便靠港后正常使用。

（二）停泊值班

1. 轮机员停泊值班职责

（1）督促检查轮机值班人员严格遵守有关安全生产的规定。

（2）保证机电设备正常运转。

（3）及时供应日常工作及生活所需要的水、电、气、汽。

（4）严格遵守防污染规定，防止污油、污水排出舷外。

（5）根据大副或值班驾驶员的书面通知，移注、排灌压载水。

（6）装卸货期间如起货机发生故障，应组织力量抢修。

（7）机电设备发生故障或值班机工有疑难时，应立即到机舱处理。

（8）若临时进厂修理，应认真检查和落实各项安全措施，以防发生意外事故。

（9）加强机炉舱和舵机房等部位的安全检查，晚间10点钟以后，全面巡回检查机炉舱一次。

（10）主机转车、冲车、试车前，应通知并征得值班驾驶员同意后方可进行。

（11）发生火警和意外危险时，如轮机长不在船上，应在船舶领导统一指挥下（或协助值班驾驶员指挥），组织轮机部全体人员进行抢救。

（12）根据船长和值班驾驶员的通知，按时做好移泊准备工作。

（13）当轮机长不在船上时，负责处理轮机部的日常工作和外单位来船人员的接待工作。重要事项应向轮机长汇报。

2. 交接班规定

（1）值班轮机员每天早上8点交接班。

（2）交班轮机员应向接班轮机员介绍：

①值班人员情况。

②船舶动态，机舱状况，机电设备包括甲板机械运转情况。

③抢修工作，明火作业及落实安全措施的情况。

④上一班发生过的事情及提醒下一班注意的事项。

（3）交班人员必须得到接班人员同意后方可下班。

（三）无人值班机舱船舶的轮机值班制度

1. 由驾驶台操纵时的轮机值班规定

（1）不论航行或停泊，每班由1名轮机员和1名机工从08:00到次日08:00，实行24 h值班责任制。

（2）为确保安全，每天08:00—16:00由值班机工按值班职责和各项规定在集控室监视并处理警报，巡回检查动力设备的运转情况。在值班时间内如需暂时离开值班处所，必须经值班轮机员同意并将召唤警报开关转至值班轮机员房间的位置。用餐时间应不超过半小时。

（3）值班轮机员在15:30时开始检查值班机工的工作和机电设备的运转情况，确认正常后值班机工方可离去。从16:00至次日08:00由值班轮机员按值班职责处理警报，并在22:00到机舱巡回检查一次。离开机舱前应将召唤警报开关转至自己房间的位置。

（4）值班轮机员可以在自己房间或集控室内和衣休息。但不得在超越召唤警报呼叫范围的场所活动。一旦发生报警,应立即到机舱检查处理。

(5)值班时间内应按规定认真填写轮机日志、辅机日志和各种记录本。规定每日08:00、16:00、22:00 三次记录各种设备运转参数,每日 08:00 的记录数据还应与机旁仪表的读数相核对。

(6)设有车钟记录器、警报记录器和巡回监测数据记录器等设备的船舶,应使用这些设备持续地监测运转中的动力装置。各种记录资料均应完整保存。

(7)应使巡回监测数据记录器至少每 4 h 进行 1 次巡回监测。特殊情况下,由轮机长确定自动巡回监测的周期。

(8)下列情况轮机长必须到机舱亲自指挥:

①在遥控监测装置进行模拟试验或功能试验时;

②每次起动主机之前直至主机达到正常工况时;

③机电设备发生故障危及安全运转时;

④值班轮机员有疑难要求轮机长前往时;

⑤应变部署时;

⑥特殊情况下船长命令时。

(9)在各种需要机动操纵且持续时间不超过 4 h 的情况下,轮机长的工作岗位在机舱或驾驶台,应由各公司根据各船舶设备和操纵特性分别予以确定,并明确布置各船,船长和轮机长必须坚决执行。如轮机长因有其他重要工作必须暂时离开岗位,应经船长同意并由大管轮暂代。

2. 中止机舱无人值班

(1)下列情况下,应中止机舱无人值班,恢复有人值班制:

①机电设备或控制系统发生故障,不能满足无人值班的要求时;

②进出港、移泊、过运河等机动操纵持续时间超过 4 h 者;

③过狭水道、在恶劣天气中航行并在船长命令时;

④在其他特殊情况下,轮机长认为必要并命令时。

(2)中止机舱无人值班后,不论航行或停泊,均应按本制度规定的航行和停泊的值班职责及相应的联系制度执行,直至恢复无人值班时止。

(3)机舱实行有人值班后,轮机长应组织好轮机部人员的值班并安排好日常工作,必须确保生产安全。

3. 无人值班机舱的值班轮机员职责

(1)当班期间负责所有机电设备的安全运转。

(2)督促检查本班机工严格遵守机炉舱规则及各项安全操作规程,当值班机工有疑难并要求时,应及时前往机舱处理。

(3)按时检查机电设备、轴系运转情况,当机舱警报呼叫时,应速前往检查处理。

(4)经常对设备的工况和运转参数进行正确的判断,在故障发生前或发生后进行有效的处理,并将情况如实记入轮机日志。

(5)根据驾驶台的命令,负责主机的备车和完车工作,确保推进装置处于良好操纵状态,当电机人员不在机舱时,负责发电机的配电工作。

(6)在值班期间如遇进出港、移泊等机动操纵,或接到船长或轮机长命令时,应在集控室坚守值班,随时准备推进装置的操纵转换。当遥控操纵系统失灵时,应立即转换至机舱操纵或应急手动操纵并同时报告驾驶台和轮机长,保证推进装置的正常功能和航行安全。

(7)在恶劣天气中航行时,为防止主机空车和超负荷,需要降低主机转速或改变桨叶角时应先取得轮机长同意并通知驾驶台。

(8)机舱发生火警或设备故障等意外引起主机减速、停车及电网停电等危及航行安全情况时,应采取一切必要的有效措施,并立即报告值班驾驶员和轮机长。

(9)船舶发生火警或意外危险时,如果轮机长不在船上,应在船舶领导统一指导下(或协助值班驾驶员指挥),组织轮机部全体在船人员进行抢救。

(10)当轮机长不在船时,负责处理轮机部的日常工作和外单位来船人员的接待工作。重要事项应向轮机长汇报。

(11)凡与本职责不相矛盾而未曾规定的工作,应参照前述"轮机员航行值班职责"和"轮机员停泊值班职责"。

(12)在未配备机工的船上或本班无值班机工时,还须履行值班机工的职责。

4.无人值班机舱轮机人员的工作制度

(1)不论航行或停泊,除当班人员外,所有人员均实行八小时工作制。在07:30—11:30和13:00—17:00的工作时间内进行日常的维修保养工作。

(2)值班轮机员在其当值的次日休息半天,一般安排在下午。必要时轮机长可另行安排其休息。

(3)从16:00到次日08:00,在特殊情况下,如值班轮机员认为必要,可以命令本班机工参加抢修工作或进行值班,并报告大管轮,由大管轮酌情在第二天安排适当时间休息。

(4)因工作需要,非当值人员受大管轮指派在八小时工作时间以外参加检修或值班,应由大管轮酌情在第二天安排适当时间休息。

(5)如因特殊原因不能参加工作时,轮机员请假必须经轮机长同意,普通船员必须经轮机长或大管轮同意。

三、《中华人民共和国海船船员值班规则》中有关值班原则的规定

(一)总则

为加强海船船员值班管理,防止船员疲劳操作,保障海上人命与财产安全,保护海洋环境,根据《中华人民共和国海上交通安全法》和《中华人民共和国海洋环境保护法》等有关法规的规定,以及《STCW公约》和国际电信联盟《无线电规则》的要求,制定本规则。

本规则适用于总吨在100及以上中国籍海船上服务的组成值班的船员,但下列船舶上的船员除外:军用船舶,渔业船舶,非营业的游艇,构造简单的木质船。

中华人民共和国海事局是实施本规则的主管机关。

各船公司应保证指派到船上任职的每一个值班船员均能熟悉船上的有关设备和船舶特性以及本人职责,并能在紧急情况下有效地执行安全和防污染工作。为维护驾驶台的良好秩序和环境,保证航行安全,各公司应编制《驾驶台规则》《机舱值班规则》《无线电报房规则》,张贴在船舶各部门的易见之处,并要求全体船员遵守执行。

船长及全体船员应了解由于操作不当或意外事故对海洋环境造成污染的严重后果,并应遵照国际公约和我国有关防止船舶造成污染的法律、法规的要求,制定出本船防污染的具

体措施,采取切实有效的手段,防止船舶对海洋环境造成污染。

参加值班的船员必须是符合主管机关规定的船员。每个值班船员都须明确自己的职责。船长必须确保值班的安排足以保证船舶安全。轮机长有责任与船长商量,确保轮机值班的安排足以保持安全值班。

(二)(在海上)轮机值班应遵守的原则

1. 值班轮机员

负责轮机值班的轮机员是轮机长的代表,在任何时候,主要负责对影响船舶安全的机械设备进行安全有效的操作和保养,并根据需要,负责值班责任范围内的一切机械设备的检查、操作和测试,确保在任何时候均能保证安全值班。

2. 值班安排

在任何时候,轮机值班的组成应确保影响船舶安全操作的所有机器的安全运转,不论是自动还是手动操作,都应适于当时的环境和条件。在决定值班组成时,可包括合适的普通船员在内,并应特别考虑下列因素:

(1)船舶类型、机器类型和状况;

(2)对影响船舶安全运行的机器置于充分的监管之下;

(3)由于情况的变化,如天气、冰区、被污染水域、浅水水域、各种紧急情况、船损控制或消除污染而采用的特殊操作方式;

(4)值班人员的资格和经验;

(5)人命、船舶、货物和港口的安全及环境保护;

(6)遵守有关国际公约、国家法规和当地规章;

(7)保持船舶正常营运。

3. 值班交接

值班轮机员如有理由认为接班轮机员显然不能有效地执行值班任务时,不应向其交班,并立即向轮机长报告。接班轮机员应确信本班人员完全有能力完成各自的任务。

轮机值班人员在接班之前,应对下列情况了解清楚:

(1)轮机长关于船舶系统和机器运转的常规命令和特别指示;

(2)对所有机器及系统运行的工作状况和参与涉及人员以及潜在的危险;

(3)污水舱、压载舱、污油舱、备用舱、淡水柜、粪便柜等使用状况和液面高度以及对其中贮藏物的使用或处理的特殊要求;

(4)在燃油备用舱、沉淀柜、日用油柜和其他燃油贮存设备中的燃油液位高度和使用状况;

(5)有关卫生系统处理的特殊要求;

(6)各种主、辅机系统(包括配电系统)的操作方式和运行状况;

(7)监控设备和手动操作设备的状况;

(8)蒸汽锅炉运行以及有关的设备状况和操作方式;

(9)由于恶劣天气、冰冻、被污染水域或浅水引起的潜在不利条件;

(10)由于设备故障或危及船舶安全的情况而采取的特殊操作方式和应急措施;

(11)有关分配给机舱普通船员任务的情况;

(12)消防设备的有效性。

接班轮机员应检查轮机日志,并核对与自己观察的情况一致时,方可接班。

4.轮机值班职责

(1)值班轮机员应保证维持既定的正常值班安排。机舱值班的普通船员应协助值班轮机员使主机、辅机安全和有效运行。

(2)尽管轮机长在机舱,值班轮机员仍应继续对机舱工作全权负责,直到轮机长明确通知他轮机长已承担责任并经双方确认后为止。

(3)轮机值班的所有成员都必须熟悉被指派的值班职责,此外,每个成员对其服务的船舶还应掌握:

①恰当地使用内部通信系统的知识;

②机舱逃生途径的知识;

③机舱报警系统的知识,特别是关于辨别各种警报与二氧化碳警报的能力;

④有关机舱灭火设备的数量、位置、性能和使用的知识;

⑤船损堵漏工具的使用知识。

(4)在轮机值班开始时,应当对当时所有的机器工作情况、工况参数加以验证分析,并保持在正常范围值。

(5)值班轮机员在值班期间应定期巡回检查机舱和舵机室,以便及时发现机器的故障和损害情况,并执行其他一切需要的任务。

(6)任何运转失常的、预料将发生故障或需要特殊处理的机器,连同已经采取的措施应做详细记录。如果需要,应为进一步的措施拟出计划。

(7)对于有人值守的机舱,值班轮机员应随时能立即操纵推进设备,以适应变向和变速的需要。

(8)对于定期无人值守机舱的值班轮机员,在机舱呼叫照料时,应立即到达机舱。

(9)驾驶台的所有命令应迅速执行,对主推进装置的变向和变速应做出记录。当人工操作时,值班轮机员应保证主推进装置的操作台前不间断地有人值守,并处于准备和操作状态。

(10)对所有机器的保养和维护所需要的物料和备件的供应给予足够的注意,包括机械、电气、电子、液压和空气系统及其控制装置和相关的安全设备,所有舱室生活系统设备以及物料和备品的使用记录。

(11)轮机长应保证值班时拟进行的预防性保养、控制损害或修理工作等,通知负责值班的高级船员。对于属于值班责任内的拟处理的所有机器,负责轮机值班的高级船员应负责其隔离、旁通和调整,并将已进行的全部工作记录下来。

(12)当机舱处于备车状态时,值班轮机员应保证一切在操纵时可能用到的机器设备随时处于可用状态,并使电力有充足的储备,以满足舵机和其他需要。

(13)值班轮机员在值班期间不应再被分派或承担任何会妨碍其监管主推进系统及其附属设备的其他任务,而应保证机器及设备处于经常的监管之下,直到正式交班为止。

(14)值班轮机员应告示其他值班人员有关对机器的潜在危险情况,以及危及人命和船舶安全的情况。

(15)值班轮机员应确保机舱在监管之下,一旦值班人员丧失值班能力,应安排替代人员,不使机舱处于无人监管而无法手动操作和调节的失控状态。

（16）值班轮机员应采取必要的措施，以对付由于设备损坏、失火、进水、破裂、碰撞、搁浅和其他原因所引起的损害和影响。

（17）在下班前，值班轮机员应将值班中有关主、辅机发生的事件完整记录下来，并提醒接班人员注意。

（18）在进行一切预防性保养、损害控制或维修工作时，值班轮机员应与负责维修工作的轮机员合作，这种工作应包括但不局限于如下内容：

①对要进行工作的机器加以隔离和旁通；

②在维修期间，将其余的设备调节至充分和安全地发挥功能的状态；

③为了有利于接班人员的工作，在轮机日志或其他适当的文本上详细记录维修保养过的设备，参加人员和他们所采取的安全措施；

④必要时将已修理过的机器和设备进行测试、调整、投入使用。

（19）值班轮机员应确保在机舱从事维修工作的普通船员，在一旦自动设备失灵时，可协同对机器进行手动操作。

（20）值班轮机员应切记，为使船舶和船员的安全免遭任何威胁，在船舶推进系统发生故障引起速度变化或停止运转、舵机瞬间失灵或失效、机舱发生火灾、电站发生故障或类似这种威胁安全的其他情况时，应立即通知驾驶台。该种通知如有可能，应在采取行动之前完成，以便驾驶室有最充分的时间采取一切可能的措施来避免可能发生的海难。

（21）在遇到下列情况时，值班轮机员应立即通知轮机长：

①当机器发生故障或损坏，可能危及船舶的安全运行时；

②发生失常现象，经判断会引起推进机械、辅机、监视系统、调节系统的损坏或破坏时；

③发生紧急情况或对于采取什么措施和决定无把握时。

（22）除需要将上述情况报告轮机长以外，为了机器和船的安全需要，值班轮机员可以立即毫不犹豫地采取措施。

（23）值班轮机员应将保证安全值班的一切适当指示和信息告知值班人员，日常的机器保养工作应纳入值班日常工作制度之内。详细的维修工作，包括全船的电气、机械、液压、气动或适用的电子设备的修理，应在轮机长和值班轮机员的监视下进行。这些修理应做记录。

5. 不同环境下的轮机值班

值班轮机员应确保提供雾中声号用的持久的空气或蒸汽压力，并随时执行驾驶台的任何变速、变向的命令。此外，还应保证备妥用于操纵的一切辅助机械。

值班轮机员当接到船舶进入拥挤水域中航行的通知时，应确保所有涉及船舶操纵的机器能即刻置于手动操作模式。值班轮机员还应保证有足够的备用动力，以供操舵和其他操作要求所用。应急操舵和其他辅助设备应准备就绪可立即使用。

（三）港内值班

1. 港内值班应遵守的原则

（1）正常情况下，在港内系泊或锚泊的所有船上。为了安全，船长必须安排适当而有效的值班。对于具有特种形式推进系统或辅助设备，以及对装载有危害的、危险的、有毒的、易燃的物品或其他特种货物的船舶，还应按有关规定的特殊要求值班。

（2）船长应根据系泊情况、船舶类型和值班特点，配备足够的且具有熟练操作能力能够保持相关设备安全有效运转的值班船员。为了有效地值班，还应安排好必要的设备。

（3）船舶在港内停泊期间的值班安排应始终：

①确保人命、船舶、货物、港口和环境的安全,确保所有与货物作业有关的机械的全操作；

②遵守国际的、船旗国的及港口国的规定；

③保持船上秩序和日常工作。

（4）停泊停班人员的组成,应包括1名值班驾驶员和至少1名水手。

（5）各船的轮机长应与船长商量,保证轮机值班的安排适于保持在港轮机的安全值班。决定轮机值班人员的组成时,应考虑下列各点：

①必须保持有1名轮机员负责值班；

②推进功率为750 kW及以上的船舶,必须安排至少1名机工协助值班轮机员值班；

③轮机员在负责值班期间,不应被分派或承担任何会妨碍其监管船上机械系统的其他任务。

（6）值班轮机员如有任何理由,认为接班的高级船员不能有效地履行其职责,则不应交班,并应报告轮机长。接班的高级船员应确保本班人员完全有能力并有效地履行他们的职责。

（7）在交接班时若正在进行重要操作,除非轮机长另有指令,该操作应由交班的高级船员完成。

2. 轮机值班

（1）当船舶在开敞的港外锚地或任何实际上是"在海上"的情况下,值班轮机员应保证：

①保持有效的值班；

②定时检查所有正在运转和处于准备状态的机器；

③按驾驶台命令使主、辅机保持准备状态；

④遵守适用的防止污染规则,采取措施,防止污染海洋环境；

⑤所有损害控制和消防系统处于备用状态。

（2）在港内值班轮机员应特别注意：

①遵守在其值班范围内的一切命令,防范有关危险情况的特殊操作程序和规定；

②仪表和控制系统,对运行中的所有机械设备及系统的监测；

③为防止违反有关防污染规定所必须采取的技术、方法和处理程序；

④污水沟的情况。

（3）值班轮机员应：

①出现紧急情况而需要时,拉响警报并采取一切可能的措施避免船舶及其货物和船上人员遭受损害；

②了解驾驶员对装卸货物时所需设备的要求,以及对压载和船舶稳性控制系统的附加要求；

③经常巡查、分析可能发生的设备故障或损坏情况,并立即采取补救措施以确保船舶装卸货、港口及其周围环境的安全；

④保证在其职责范围内采取必要的预防措施,以避免船上各种电气、电子、液压、气动以及机械系统发生事故或损坏；

⑤将影响船上机械运转、调节或修理的所有重要事项,完整地记录下来。

3.轮机值班的交接班

(1)在交班前,值班轮机员应向接班轮机员告知以下事项:

①当日的常规命令,有关船舶操作、保养工作、船舶机械或控制设备修理的特殊命令;

②所有机械和系统进行修理工作的性质、涉及的人员及潜在的危险;

③使用中的舱底污水或残渣柜、压载水舱、污油舱、粪便柜、备用柜的液位高度及状态以及对其中贮存物的使用或处理的特殊要求;

④有关卫生系统处理的特殊要求;

⑤移动式或固定式灭火设备以及烟火探测系统的状况和备用情况;

⑥获准从事机器修理的人员,其工作地点和修理项目,以及其他获准上船的人员和需要的船员;

⑦有关船舶排出物,消防要求,特别是在恶劣天气将来时船舶的准备工作等方面的港口规定;

⑧船上与岸上人员可使用的通信线路,包括万一发生紧急事件或要求援助时与水上安全监督机关的通信线路;

⑨其他有关船舶、船员、货物的安全以及防止环境污染等重要情况;

⑩由于轮机部造成环境污染时,向水上安全监督机关报告的程序。

(2)接班轮机员在承担值班任务前,应对交班轮机员告知的上述事项充分满意,同时还应:

①熟悉现有的和可能有的电、热、水源及其分配情况;

②了解船上的燃油、润滑油及一切淡水供给的可用程度和情况;

③尽可能将船舶和机器备妥,以便在需要时备车或应付紧急状况。

(四)附则

1.规则中下列用语的含义:

(1)"海船":系指航行于海上以及江海直达的一切类型的机动和非机动船只。

(2)"轮机长":系指主管船舶机械推进以及机械和电气装置的操作和维护的轮机部高级船员。

(3)"轮机员":系指大管轮、二管轮、三管轮的统称。

(4)"轮机值班":系指一个人或组成值班的一组人履行其职责,包括一个高级船员亲临机舱或不亲临机舱履行其高级船员的职责。

2.规则的值班规定系海船船员的最低值班要求。船公司或船舶可根据不同的航线、船舶种类或等级制定相应值班程序和要求,但不得低于本规则的值班规定。

3.下列船舶应参照本规则制定相应的船员值班程序和要求,在合理和可行的范围内符合本方法的要求,并充分考虑保护海洋环境和保证此类船舶以及同一海域中其他船舶的安全:

(1)总吨未满100的海船;

(2)从事海洋科学研究、海洋工程的船舶和非自航移动式近海装置;

(3)政府公务船或政府拥有的用于非商业性目的的海船。

4.进入中华人民共和国内水、领海和管辖水域的外国籍船舶的船员值班应符合中华人民共和国政府缔结或参加的有关国际公约的相应规定。

四、驾驶、轮机联系制度的有关规定

1. 开航前

（1）船长应提前 24 h 将预计开航时间通知轮机长，如停港不足 24 h，应在抵港后立即将预计离港时间通知轮机长；轮机长应向船长报告主要机电设备情况、燃油和炉水存量；如开航时间变更，须及时更正。

（2）开航前 1 h，值班驾驶员应会同值班轮机员核对船钟、车钟和试舵等，并分别将情况记入航海日志、轮机日志及车钟记录簿内。

（3）主机试车前，值班轮机员应征得值班驾驶员同意。待主机备妥后，机舱应通知驾驶台。

2. 航行中

（1）每班下班前，值班轮机员应将主机平均转数和海水温度告知值班驾驶员，值班驾驶员应回告本班平均航速和风向、风力，双方分别记入航海日志和轮机日志；每天中午，驾驶台和机舱校对时钟并互换正午报告。

（2）船舶进出港口，通过狭水道、浅滩、危险水域或抛锚等需备车航行时，驾驶台应提前通知机舱准备。如遇雾或暴雨等突发情况，值班轮机员接到通知后应尽快备妥主机。

判断将有风暴来临时，船长应及时通知轮机长做好各种准备。

（3）如因等引航员、候潮、等泊等经短时间抛锚时，值班驾驶员应将情况及时通知值班轮机员。

（4）因机械故障不能执行航行命令时，轮机长应组织抢修并通知驾驶台速报船长，并将故障发生和排除时间及情况记入航海日志和轮机日志。停车应先征得船长同意，但若情况危急，不立即停车就会威胁主机或人身安全时，轮机长可立即停车并通知驾驶台。

（5）轮机部如调换发电机、并车或暂时停电，应事先通知驾驶台。

（6）在应变情况下，值班轮机员应立即执行驾驶台发出的信号，及时提供所要求的水、气、汽、电等。

（7）船长和轮机长共同商定的主机各种车速，除非另有指示，值班驾驶员和值班轮机员都应严格执行。

（8）船舶在到港前，应对主机进行停、倒车试验，当无人值守的机舱因情况需要改为有人值守时，驾驶台应及时通知轮机员。

（9）抵港前，轮机长应将本船存油情况告知船长。

3. 停泊中

（1）抵港后，船长应告知轮机长本船的预计动态，以便安排工作，动态若有变化应及时联系；机舱若需检修影响动车的设备，轮机长应事先将工作内容和所需时间报告船长，取得同意后方可进行。

（2）值班驾驶员应将装卸货情况随时通知值班轮机员，以保证安全供电。在装卸重大件或特种危险品或使用重吊之前，大副应通知轮机长派人检查起货机，必要时还应派人值守。

（3）如因装卸作业造成船舶过度倾斜，影响机舱正常工作时，轮机长应通知大副或值班驾驶员采取有效措施予以纠正。

（4）对船舶压载的调整，以及可能涉及海洋污染的任何操作，驾驶和轮机部门应建立起有效的联系制度，包括书面通知和相应的记录。

（5）每次添装燃油前，轮机长都应将本船的存油情况和计划添装的油舱以及各舱添装数量告知大副，以便计算稳性、水尺和调整吃水差。

第二节　人员组织和技术培训

一、对轮机部人员组织管理的有关规定

1. 轮机部人员组织管理方式和特点

船舶及机舱有一套历史形成的行政管理方式，其在组织机构上具有严密的岗位责任制，按分工负责的原则把全体轮机人员组织起来。

行政管理方式，是依靠行政机构和领导者的权力，通过行政命令直接对管理人员发生影响。行政管理主要采用命令、指示、规定、指令性计划、规章制度等方式进行控制。

轮机长不仅是轮机部的行政负责人，也是全船机械、动力、电气设备的技术总负责人，具有行政权力和技术权威。

轮机长对轮机人员管理的另一特点是技术管理。为了船舶良好营运，必须制订切实有效的技术措施、修理计划、操作规程等。在技术上轮机长负有领导责任，值班轮机员也是作为轮机长的代表在值班期间代表轮机长对全体值班人员进行领导、指导和监督。

行政管理和技术管理是相辅相成，融为一体的。技术管理通过行政方法付诸实现，行政管理依靠技术管理得以落实。轮机长的行政管理水平是调动轮机人员的积极性的关键因素；轮机长的技术能力是提高轮机管理水平，增进船舶经济效益的决定条件。

2. 轮机部人员组织管理目的和要求

轮机人员的技术水平是搞好轮机管理、降低运输成本，确保船舶安全生产的重要条件。船舶设备技术的发展更需要不断地提高船员文化、技术水平。因此，轮机长应努力做好轮机人员的业务学习和技术训练工作。

《STCW 公约》对各种功率范围的各类轮机人员规定了发证所要求的最低知识。轮机长也应通过船上培训或船上见习使轮机人员达到相应级别最低知识所要求的水平。

此外，轮机长还应充分利用技术管理指导性文件，结合本船实际情况，提高船员管理水平。如制造厂提供的使用说明书、维修手册、试验报告等都是做好管理工作的指导性文件。由于机型和技术的迅速发展，厂家还不断发出一些技术指南，这些文件对船舶技术管理工作的改进很有帮助，依此修正操作规程有利于延长设备的使用寿命。船舶主管部门所发的指示和事故通报也应认真组织学习，吸取教训。

3. 轮机部人员安全管理的内容和要求

（1）安全管理是实现"本质化安全"，即从根本上消除形成事故的主要条件，采取尽可能完善的防护措施，形成某种条件下的"绝对安全"，使事故损害减到最小。

（2）船上安全管理的要点

船上安全管理的要点在于"组织—素质—响应"。

①"组织"，是指岸上、船上对单船安全管理的系统化，包括科学合理的管理文件体系和

相应的人员组织体系,依照文件规定和具体情况对安全事务的妥善处理。轮机长在安全工作中主要的作用是组织和激励,"组织"作用主要体现在确定组织的目标,调节组织关系,指挥和控制组织的行为。

②"素质",是指与安全有关的道德、身心、技术、能力及语言素质。

③"响应",是指人员响应安全管理体系的积极程度。

(3)人为因素的控制和人员安全素质要求

人为因素在科技发达的今天,上升为船舶事故的首要原因,无疑是船上安全管理的根本。

人为因素涉及安全管理体系、人员素质及人员响应。控制人为因素是保证安全的关键。

人员安全素质包括职业道德素质、身心素质、技术素质、能力素质、语言素质等。

(4)人员安全教育

安全教育是提高人员安全素质和控制人为因素的有效途径之一。

①安全教育功能:提高船员责任感和自觉性;提高安全意识、安全知识和技能水平;掌握安全生产的客观规律;学会预测、预防和消除事故;为保护人身安全,保证船舶安全创造良好条件。

②安全教育目的:提高船员安全素质,使之积极响应安全管理,最大限度地防止和减少人身伤亡、财产损失和污染水域环境。

③安全教育内容:安全教育对部门领导应突出安全和经济效益的影响,强调领导在安全管理中的重要性,人命价值的无限性和人员伤亡的社会后果,事故性质及比例,直接经济损失和间接损失统计分析等。

(5)安全意识教育

①对安全管理和监督人员应突出技术,如掌握正确的操作方法、纠正不安全行为、出现异常的处理等。

②对船员应突出人身安全和健康的教育,克服在安全问题上的麻痹思想,要警钟长鸣。

③对新人应突出树立安全意识的教育,如本船及船公司的规章制度、劳动纪律、岗位安全规则、安全须知及相关安全法规等。

(6)坚持每月安全活动日

轮机长应坚持每月的安全活动日,安全活动以预防事故为中心内容:

①传达事故通报,学习相关安全生产的文件和规章制度。

②轮机长要认真总结一个月来的安全工作,指出不足之处,检查分析本船发生的各种事故和不安全因素,特别要重视险情、事故隐患、违章违规等。

③根据存在的问题和机电设备的技术状况,制定预防事故的措施。

这是轮机部最重要的活动,不可走过场。

(7)坚持每天的班前安全教育

督促机工长分配工作时要强调安全措施,防止人身和机械设备事故的发生。特别是明火、登高作业、大的设备拆检和装油等工作,要反复强调以引起全体人员的高度重视,并将安全措施落到实处,不可疏漏。

二、对轮机部人员技术训练的有关要求

船员培训是《STCW 公约》的一个重要组成部分,要经常性地组织培训轮机人员的业务素质,公约规定的船员培训至少包括:

(1)为获取船员适任证书在内的航海职业教育。

(2)为申请适任证书考试者而安排的考前培训。

(3)为保证持证船员不断精通业务和掌握最新知识而安排的专业培训。

(4)为提高所有船员或某类船员单项专业技能而安排的培训。

(5)为使船员胜任在特定类型船舶上工作而要求的特殊培训。

船员培训的内容和要求旨在增进海上人命财产安全和保护海洋环境。船员培训具有岗前培训和在职培训的性质,基本上属于在职教育、成人教育和终身教育的范畴。

船员培训的行政管理由海事局负责,船员培训的任务由航海院校等教学单位实施,其培训教学计划应由海事局认可,船员培训是船公司人事管理工作的重要环节。

1. 促进海员技术知识、技能和职业作风的提高

轮机长应协助船公司做好下列工作:

(1)轮机长应协助公司做出安排,建立标准和程序,以选拔具备相应业务知识、掌握良好技能、具备优良职业作风的船员。

(2)监视轮机人员在履行职责时所显示的标准。

(3)鼓励高级船员参加初级船员培训。

为安全起见,在对轮机部普通船员的培训和管理中,应注重:污水、压载水、液货泵系统的操作;电气装置及其危险性的基本知识;保养、维护机器及工具使用的基本知识;积载和安排物料上船的基本知识等方面的知识。

(4)仔细监视和经常核查普通船员在船上获取知识和技能方面所取得的进步。

(5)按规定安排知识更新培训。

(6)采取措施,鼓励船员树立良好的职业作风和工作荣誉感。

(7)除做好上述工作外,还应充分利用"技术管理指导性文件",结合本船具体情况,对在职人员进行培训,使其满足公约对各职责人员的最低知识水平的要求。

常用的"技术管理指导性文件"有设备说明书、维修手册、试验报告、操作规程等。

2. 安全教育主要包括三个方面:安全知识教育、安全法规教育及安全技能教育等。

(1)安全知识教育:包括学习 SMS 体系文件、消防救生知识、防冻、防风、抗台等安全知识。

(2)安全法规教育:包括学习防污染法规,各主要港口所在国的法律、法规及港口规定等。

(3)安全技能教育:安全技能教育主要指常规设备和应急设备技能两个方面。

①由轮机长或轮机员接受专业课学习,学习专业技能,学原理懂操作,要经常性地学习主要设备的操作规程;

②进行经常性的应急训练,如应急操舵训练、主机机旁操纵、主机封缸运转、瘫船第一次起动发电机操作、机舱失火、溢油、机舱大量进水等模拟演习。

第三节　轮机部安全操作须知

一、拆装作业须知

1. 检修主机时必须在主机操纵处悬挂"禁止动车"的警告牌并应合上转车机,以防流水带动推进器;并关闭主空气阀。检修中途如需转车,须征得驾驶员同意,应特别注意检查各有关部位是否有人或影响转车的物品和构件,并应发出信号或通知周围人员注意,以防伤人或损坏机件。

2. 检修副机和各种辅机及其附属设备时,应在各相应的操纵处或电源控制部位悬挂"禁止使用"或"禁止合闸"的警告牌。

3. 检修发电机、电动机时,应在配电盘或分电箱的相应部位悬挂"禁止合闸"的警告牌。如有可能还应取出控制箱内的保险丝。

4. 检修管路及阀门时,应事先按需要将有关阀门置于正确状态,在这些阀门处悬挂"禁动"的警告牌,必要时用锁链或铁丝将阀门扎住。

5. 在锅炉、油水舱内部工作时,应打开两个道门,予以足够的通风。作业期间应经常保持空气流通,在人孔门处悬挂"有人工作"的警告牌;派专人守望配合,注意在内部的工作人员的情况。

6. 在锅炉汽水空间内工作时,应参照上述4、5两条执行,如在连通的其他部位保有压力时,还应事先检查并确认阀门无渗漏并派专人看守阀门。

7. 检修空气瓶、压力柜及有压力的管道时,应先泄放压力,禁止在有残存压力时作业。

8. 在锅炉、机器、舱柜等内部工作时,应用可携式低压照明灯,但在油柜内应使用防爆式的,使用前必须认真检查并确保其在良好状态。

9. 拆装带热机件时,要穿长袖工作衣裤并戴安全帽及手套。拆装冷剂液管时,一般应先抽空,拆装时必须戴手套、防护眼镜或面罩,以防冻伤和中毒。

10. 检修气缸、增压器内部、齿轮箱与其他较为隐蔽或不易接近的部位时,作业人员衣袋中不得携带任何零星杂物,以免落入机内而造成事故。检查齿轮箱时,必须在主管检修的轮机员的亲自监督指导下方可打开探视门,收工以前必须盖好;严禁在无人看守时敞开探视门。

11. 柴油机在运转中如发现喷油器故障需立即更换时,应先停车,打开示功阀,泄放气缸内压力,禁止在运转中或气缸尚残存压力时拆卸喷油器。

12. 试验柴油机喷油器时,禁止用手探摸喷油器的油嘴或油雾。

13. 裸露的高压带电部位,必须悬挂危险警告牌或用油漆书写危险标记。除非绝对必要,否则严禁带电作业;确需带电作业时,必须使用绝缘良好的工具;禁止单人作业,作业中注意防止工具、螺栓螺帽等物掉入电器或控制箱内;看守人员应采取安全措施,密切注意工作人员的操作情况,随时准备切断电源等;作业完毕后,应再认真检查。船上使用的移动式电动工具,必须经常检查其绝缘,保证其处于完好的工作状态。使用时,应穿好绝缘鞋和戴好绝缘手套,严禁在出汗过多时使用电动工具,以防触电。

14. 一切电气设备,除主管人员或电气人员外任何人均不得自行拆修。

15. 禁止使用超过额定电流的保险丝。

16. 一切警告牌均由检修负责人挂卸,其他任何人不得乱动。

二、进入封闭处所作业

封闭处所是指有下列特点之一的处所:开口,仅限于出入口;通风不足;非设计为连续有人工作的处所。封闭处所包括但不限于:货舱、双层底舱、燃油舱、压载舱、隔离空舱、锚链舱、空舱、箱型龙骨、保护层间处所、锅炉、发动机曲拐箱、发动机扫气箱、污水柜和相邻处所,以及每艘船舶的自身情况识别的封闭处所。为保障进入封闭空间作业人员的安全和健康,防止发生缺氧窒息、中毒、爆燃等事故,应注意以下安全事项:

1. 各船舶应根据本船的实际情况,由主管船员根据封闭处所的定义对本船进行评估,建立封闭场所清单;并对封闭场所张贴适当的标志,标志应张贴于醒目位置且容易理解。

2. 无须进入时,通向封闭处所的门和舱口应始终锁闭防止进入。

3. 当打开封闭处所的门或舱口盖来提供自然通风时,可能会错误地暗示人员里面的空气环境是安全的,因此可以在入口处安排协调员或者使用机械式障碍物,如用绳子或铁链拦在入口处并悬挂警告标志,以防止意外进入。

4. 船长或者责任人员在确定可安全进入封闭处所时,应确保:

(1)通过评估确定了潜在的危险,尽可能进行了隔离或消除。

(2)该处所已经通过自然方式或机械方式彻底通风,排出了所有有毒或易燃气体,并确保在整个处所内有足够的氧气含量。

(3)使用经过正确校准的仪器进行检测后,处所内的氧气水平经测试显示正常,处所内部的易燃或有毒蒸气的水平都达到了可以接受的程度。

(4)处所设有安全保护,可以进入并有良好的照明;所用的一切电气设备符合安全要求。照明电压必须使用 36 V 以下安全电压。

(5)对在进入封闭处所期间各方所使用的通信系统,已进行了商定和测试。

(6)有人员进入封闭处所时,应该在入口处安排一名协调员。

(7)处所入口处的救援和急救设备已安排到位,同时也应商定好救援计划。

(8)进入人员需正确着装并带好装备,以便于进入并完成后续任务。

(9)取得经签发的进入许可证。

5. 只有接受过培训的人员才能被指派进入封闭处所,或者承担协调员或救援小组成员的职能。应对担任救援和急救职责的船员进行救援和急救程序方面的定期训练。

6. 在使用前,应对所有与进入封闭处所相关的设备进行检查,并确保其处于良好工作状态。

7. 处所内有人员进入时,应经常对空气进行检测,并在状况发生恶化时提示处所内人员离开。

8. 一旦出现紧急情况,在救援到达并对现场情况进行评估,确保可以安全进入处所来实施救援之前,任何在场船员不得进入此处所。应封锁紧急情况现场的通道,只有训练有素和装备完善的人员才可在封闭处所内从事救援工作。

9. 对已患窒息缺氧症的人立即进行现场抢救,施以人工心肺复苏术等并尽快与医疗单位联系。

10. 船长应根据本船的实际情况,制定进入封闭场所和救助演习计划,演习计划须包含:一是进入封闭场所的演练(安全培训和现场模拟培训),二是模拟救助演习;演习周期最长不得超过两个月进行一次。通过进入封闭场所的演习应:让船员熟练使用个人保护装备、通信设备、进入封闭处所的程序及危险识别、风险控制等程序;通过模拟救助演习让船员熟练掌握对他人实施救助的技能。

三、吊运作业

1. 严禁超负荷使用起吊工具。在吊运机件或较重的物件前,应认真检查起吊工具、吊索、吊钩及受吊处,确认牢固可靠方可吊运。禁止使用断股钢丝、霉烂绳索和残损的起吊工具。吊运的机件,除非必要否则应在稳妥可靠的地方放下,并铺垫绑系稳固。

2. 起吊时,应先用低速将吊索绷紧然后摇晃绳索,注意观察是否牢固、均衡,起吊物是否已经松动,再慢慢起吊。发现起吊吃力,应立即停止,进行检查或采取相应措施,防止超负荷。

3. 吊运过程中,禁止任何人员在下方通过,非必要也不得在吊起的机件下方进行工作,如确属必须,应采取有效的防范措施。

4. 使用气动吊车时,应派专人看守压缩空气阀,以便一旦失控,立即切断气源,避免发生事故。

四、上高作业和多层作业

1. 上高作业用具如系索、滑车、脚手架、座板、保险带、移动式扶梯等在使用前必须严格检查,确认良好,脚手架上应铺防滑的帆布或麻袋。

2. 上高作业人员应穿防滑软底鞋、系带保险带(系挂在牢固的地方),必要时应在作业下方铺张安全网。

3. 上高作业和多层作业时,上层作业所有的工具和所拆装的零部件应放在工具或桶内,或用软细绳索缚住,以防落下伤人或砸坏机件。

4. 当上层有人作业时,应尽量避免在下方停留或作业,如必要,应戴安全帽。

五、车、钳作业

1. 在车床、钻床作业时应严格遵守操作规程,工作件应夹持牢固,夹头扳手用完应立即从夹头上取下,操作者衣服要紧身,严禁留长发,袖口要扣好,戴好防护眼睛,禁止戴手套操作。

2. 在磨制工具和砂轮机作业时(包括除锈、除炭时),作业者应戴防护眼镜和口罩,人与砂轮旋转方向应略偏角度。

3. 禁止使用手柄不牢的手锤。

六、明火作业

1. 任何明火作业必须事先得到经批准的"工作许可证"和"明火作业许可证"。

2. 作业的操作人员要对烧焊设备的安全使用、存放负责。

3. 作业场所不存在可燃或有毒气体,且环境氧气浓度达到21%。

4. 任何可燃材料、液体和气体要移离作业场所及与其相邻的有关舱室。甲板上、下的舱室要经过清洗和除气或清除后的碳氢化合物浓度应低于 2%，并用惰性气体或压载水完全充满这些舱室。

5. 作业场所要保持整洁，没有油垢或其他材料存在，以免在受热情况下产生可燃或有毒气体。

6. 任何火星能到达的作业场所附近的敞开区域要覆盖好。必要时，作业场所应做火星隔离和热辐射隔离的防护。

7. 应隔离所有可燃管系。相互接触的管系用水彻底冲洗、排空、通风，必要时，可以充满惰性气体或水。工作期间要进行足够通风并定时测试。

8. 焊接设备要保护好、乙炔气焊接头要查漏、软管要保持状况良好且无泄漏和损坏并分清颜色、电缆的绝缘应保证完好、电缆接头应正确安装。

9. 烧焊之前，应检查各部位，备妥合适的救火设备。必须对涉及区域进行清理，清除附近的可燃性材料或气体，尤其要移走可燃性材料并确保被烧焊物体背面没有可燃性材料。必要时进行通风。对有压力的容器、未经清洁和通风的油柜或管子禁止烧焊。

10. 进行烧焊时，应至少有 2 名船员在场，1 名操作，1 名负责安全。操作的船员应穿长袖衣服、戴手套、眼镜和保护面罩。必要时，在焊接物的背面也应有人监控。在狭小的舱室、柜子或其他未经足够通风的空间进行明火作业时要特别注意通风，焊接工作不应持续过长的时间。操作人员在焊接物未冷却前，不应离开现场，需要时应采取防止烫伤的保护措施。

11. 当船在系泊或在港口当局规定的水域内时，烧焊工作要得到港口当局的准许并应遵守当地港口的有关规定。

12. 如果由船厂工人进行烧焊，应得到责任部门的准许并派人备妥救火设备和看火。一旦发现烧焊操作不安全，应立即停止其工作。烧焊工作之后，应仔细地进行检查，包括焊接物体背面隐藏的危险。烧焊人员在焊接物体未完全冷却下来前不能离开。

13. 电焊电缆禁止从运行的机器、电器设备上方，吊物钢丝或乙炔瓶、氧气瓶的上面通过。电缆或气管的长度要适当。通过走道的电缆或气管，要用罩子保护好。焊钳和焊条不要接地，在焊接完工后或较长时间停用时，应切断电源。

14. 点火前，操作人员要在管件对接好之前先吹通和清洁阀路，检查并确认每只阀都不渗漏。橡皮管无绞缠并连接牢固紧密，软管接头不能用铁丝绑扎以免洞穿或损坏。烧焊过程中，橡皮管不要拉得过紧并应远离火焰和焊接物。应使用低压照明灯具，电线应远离焊接点。

15. 高压瓶使用时应用卡具和绳索固定，直立放置在合适的地方，不能放倒使用。瓶与瓶的间距应超过 3 m，瓶与烧焊场所的间距应超过 5 m。应放在阴凉遮蔽处，不能放在电焊机间。禁止暴晒在日光下和靠近锅炉、火焰或其他热源。

16. 明火作业结束后，进行明火作业操作的人员应负责对作业现场进行清理，确保消除起火隐患。

第十四章 船舶柴油机电子控制技术

电喷柴油机是将电子控制技术、计算机技术和信息处理技术综合应用于柴油机而形成的一种新型柴油机,又称电控柴油机。与传统的机械控制式柴油机相比,电喷柴油机具有控制精度高、控制功能多、适应性强、调试方便等一系列优点,它所具有的控制精度高和信息处理能力强两大优点,是传统的机械控制系统所远远不及的。电喷柴油机正在逐步取代传统的机械控制式柴油机,成为船舶柴油机的主流机型。世界上主要的船舶柴油机制造商都推出了自己的电控柴油机。

第一节 电子控制式柴油机的特点

电子控制式船用柴油机是在 2000 年后才正式装船使用的,与传统机械控制式柴油机相比,其主要特点如下:

(1)具有很强的运转适应性。

(2)具有足够的可靠性。

(3)具有各种不同的操作模式。

(4)具有完善的状态监测和控制系统。

很强的运转适应性主要表现在燃油喷射系统上。主要包括:

(1)能够自由地选择喷射压力。根据不同工况可确定所需的最佳喷射压力,从而优化柴油机综合性能,降低了柴油机在部分负荷时的油耗(SFOC)。

(2)精确地控制燃油喷油量。柴油机由电磁阀控制喷油,其控制精度高,高压油管压力稳定,在柴油机运转范围内,循环喷油量变动小,各缸供油均匀,柴油机工作稳定。

(3)可独立地控制喷油正时和喷油速率变化,实现预喷射和多次喷射,达到理想的喷油规律,配合高的燃油喷射压力,既可降低柴油机的 $\mathrm{d}p/\mathrm{d}\varphi$,又能保证良好的动力性和经济性,同时还能将柴油机的 NO_x 和微粒(PM)排放控制在较小的数值内,以满足排放要求。

(4)燃料适应性好。对于不同的燃油,特别是劣质燃料油,可根据燃油需要改变喷油正时和气阀定时,并且在任何负荷条件下工作无可见排烟。这些对于凸轮驱动的机械机构几乎是不可能实现的。此外,冷却系统、增压系统和气缸注油系统也具有很强的运转适应性。

足够的可靠性是指发动机具有更长的寿命和维修周期,在整个发动机使用过程中具有很低的故障率和良好的维修性能,并且在整个使用期间发动机的性能维持不变。如瓦锡兰公司和 MAN 公司柴油机的检修周期都可长达五年。

各种不同的操作模式是指可以根据不同的要求由操作者选择机器的运转模式,如经济性模式、排放控制模式、安全模式和低负荷运转模式等。

完善的状态监测和控制系统主要包括一体化的速度控制设备、在线的柴油机故障诊断系统、活塞工作和燃烧可靠性的监测及对气缸注油的优化等。能够在线监测柴油机的运转状况,确保各缸的负荷均匀分布,防止发动机超负荷,在故障发生前能够早期报警并起动处理程序。

第二节　RT-flex 柴油机

WinGD(Winterthur Gas & Diesel)的前身瓦锡兰公司(Wartsila)率先将共轨技术应用于大功率船用低速柴油机,1998 年,世界上第一台采用共轨喷射的大型电控低速发动机投入运行,最终推出了 RT-flex 共轨系统。第一台 RT-flex 发动机 6RT-flex58T－B(功率11 275 kW,转速为 93 r/min)于 2001 年 9 月投入使用。目前世界上最大的柴油机是 14 缸RT-flex96C 发动机(功率 80 080 kW,转速为 102 r/min),其中第一台于 2006 年 9 月投入使用。2011 年 WinGD 公司又在 RT-flex 系列机型的基础上开发了 X 系列电控柴油机,在油耗和排放方面有了较大改善。2013 年,WinGD 推出了 X-DF 双燃料发动机系列。

一、RT-flex 电控柴油机的基本组成

相对常规柴油机而言,RT-flex 型柴油机取消了机械式凸轮轴系统及其传动机构,其主要区别见表 14-1。增设了供油单元、共轨平台和 WECS(Wartsila Engine Control System)控制系统,如图 14-1 所示。

表 14-1　RTA 和 RT-flex 的主要区别

项目	RTA	RT-flex
建立燃油压力	每缸有个对应的燃油泵	燃油泵在供油单元上
储存高压燃油	无	燃油共轨 Fuel rail
喷射定时	燃油凸轮在凸轮轴上	WECS-9520/ICU
建立排气阀驱动的压力	每缸一个驱动泵	供油单元上伺服油泵
储存压力伺服油	无	伺服油共轨 Servo rail
排气阀驱动定时	排气凸轮在凸轮轴上	WECS-9520 /VCU
燃油泵执行器	调节主机功率和速度	保持燃油共轨管内压力
电子调速器	给出油门位置信号到执行器	给出油门命令到 WECS
功率和速度的控制	燃油泵	燃油量活塞
起动空气定时	起动空气分配器	WECS-9520
倒车	凸轮换向	WECS-9520
报警和监测系统	外部系统(internal:OSC-3)	外部系统
应急操车	通过机械轴和凸轮控制气动阀备用的控制面板发出操纵信号的动作来控制主机	备用的控制面板发出操纵信号和燃油命令到 WECS,独立于主机遥控通道
负荷信号	遥控装置的主机负荷反馈信号来自于控制杆系中间轴上的角信号(负荷指示器)	WECS 发出一个燃油命令反馈信号作为遥控装置的主机负荷信号
VIT,VEC	功能通过主机遥控来实现	所有功能(包括 VEO)都由 WECS来实现
从主机到外部系统电缆	单独的电缆线(点对点)	通信数据线 Bus-system

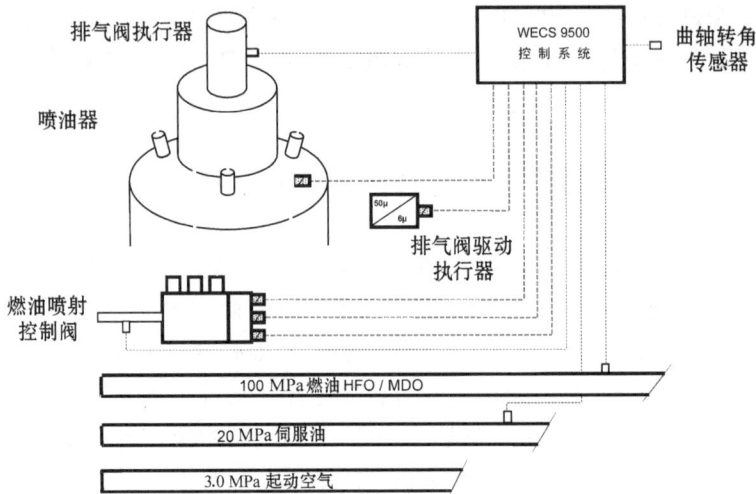

图 14-1　RT-flex 共轨系统

由 WECS 控制系统的传感器判断曲轴位置从而判断柴油机气缸中活塞位置后,由 20 MPa 的伺服油控制 100 MPa 的燃油喷射进入柴油机的气缸,根据柴油机设定油门由 WECS 控制系统进行喷油时间的控制。

供油单元中是由柴油机的曲轴输出端的齿轮带动,通过高效的燃油泵向共轨管提供 100 MPa(通常使用 60~90 MPa)的燃油。通过轴向柱塞泵提供 20 MPa 的伺服液压油用于排气阀的启闭和燃油喷射的控制。控制系统分别控制容积式燃油喷射控制单元(Injection Control Unit)ICU、排气阀驱动执行器(Exhaust Valve Control Unit)VCU 和起动空气控制装置,通过安装在主机自由端的曲轴角度编码器来判断曲轴位置及各缸活塞在气缸中的位置后,完成燃油喷射、排气阀启闭和柴油机的起动功能。

RT-flex 柴油机的电子控制设备主要包括 WECS 柴油机控制系统,燃油喷射控制阀,排气阀驱动执行器和起动空气控制装置。WECS 柴油机控制系统由三部分组成,即凸轮轴替代部分、控制部分和安全系统;凸轮轴替代部分主要是用来代替凸轮轴实现燃油喷射、排气阀和起动空气分配器的控制,控制部分根据柴油机的负荷和转速控制燃油和伺服油的压力,而安全系统主要是对共轨阀的功能、传感器及各参数值进行监测和诊断,保证系统的安全工作。

二、RT-flex 电控柴油机的燃油系统

如图 14-2 是 RT-flex 柴油机的燃油喷射系统的工作原理,该系统由供油单元、高压共轨(Common Rail)油管、WECS-9500 控制系统、喷油器和喷油电液控制阀组成。

柴油机在工作时,由低压燃油泵将燃油输入高效共轨油泵,高效共轨油泵将燃油加压送入高压共轨油管,高压共轨油管中的压力由电控单元根据共轨压力传感器测量的共轨压力以及需要进行调节,高压共轨油管内的燃油经过高压油管,根据机器的运行状态,由电控单元确定合适的喷油定时、喷油持续期;由电液控制的电子喷油系统将燃油喷入气缸。

供油单元包括燃油泵和伺服油泵,由柴油机的曲轴输出端的齿轮带动,燃油泵中有 2~8 个高效的机带柱塞泵(又称共轨泵),它是由柴油机的曲轴输出端的齿轮连接三作用凸轮的

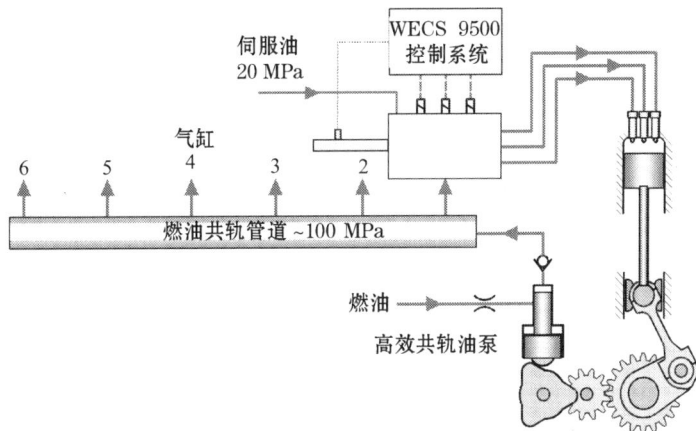

图 14-2　RT-flex 柴油机的燃油喷射系统的工作原理

直列式泵,可将燃油的压力提高到约 100 MPa,送至高压共轨(CR)油管;伺服油泵用来提供 20 MPa 的伺服液压油。另外还配有电动伺服油泵,在主机不动车的情况下,用于给伺服油管及共轨加压,以进行一些功能测试。例如:手动开关排气阀,气缸油预润滑,检查大修后的伺服油管是否有泄漏。主机动车前应将此泵关闭,此泵不适宜在动车时长时间工作。

喷油电液控制阀的结构如图 14-3 所示,由 WECS 柴油机控制系统通过电磁阀控制 20 MPa 的伺服液压油,通过伺服液压油控制 100 MPa 的燃油进入喷油器。每个气缸有三只喷油器,而每个喷油器由各自的电液阀控制,可以根据 WECS 柴油机控制系统的指令控制燃油喷射的定时和喷油量,也可以实现在低负荷时的单只喷油器循环喷油。由于共轨系统的压力很高,因此对该阀的密封性和承压能力的要求都非常高。

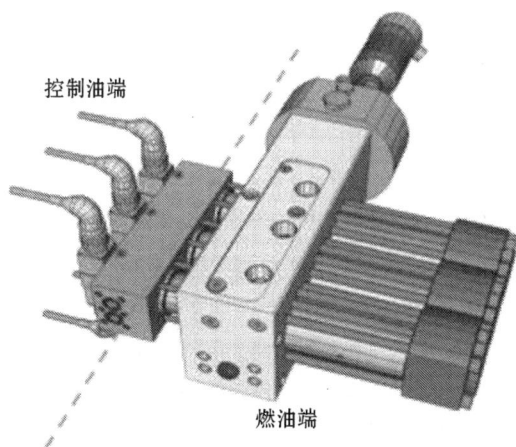

图 14-3　喷油电液控制阀的结构

在高压共轨油管上还安装了压力传感器、液流缓冲器(限流器)和压力限制器。压力传感器向 WECS 提供高压共轨油管的压力信号;液流缓冲器(限流器)保证在喷油器出现燃油泄漏故障时切断向喷油器的供油,并可减小共轨和高压共轨油管中的压力波动;压力限制器保证高压共轨油管在出现压力异常时,迅速将高压共轨油管中的压力进行泄放以保证安全。

由于 RT-flex 柴油机燃油采用共轨系统,因此,需要对共轨燃油压力和各缸喷射油量进行控制。如图 14-4 所示为 RT-flex 柴油机的燃油共轨管路压力控制系统。起动时,将喷油泵调节器设置在起动位置。在起动前和起动过程中用起动燃油泵在燃油共轨管中建立燃油压力,以提高起动性能。柴油机运转时,燃油压力取决于柴油机负荷。

燃油共轨管压力控制回路基本过程如下:主控模板 MCM 通过 CAN 总线从气缸控制模块接收柴油机转速和共轨压力信号;然后输出信号到燃油泵执行机构的驱动器和调节器;每个调节器通过调节杆调节两个或三个燃油泵。燃油共轨管的压力由两个传感器测量并将信号反馈到 MCM。如果一个燃油泵调节器损坏,它会通过弹簧使得正常连接在适当位置或移动到最高位置,变成定量泵,其余没有发生故障的燃油泵仍保持变量泵状态而受控。燃油共轨管如果超压,由燃油压力控制阀释放,使其保持稳压;停车时燃油泵调节器被置于"0"位。另外燃油调节阀由 RCS(遥控系统)打开。

为了避免干运转,在起动用燃油柜(框图中没示出)没充满油的情况下,不允许将起动燃油泵起动。

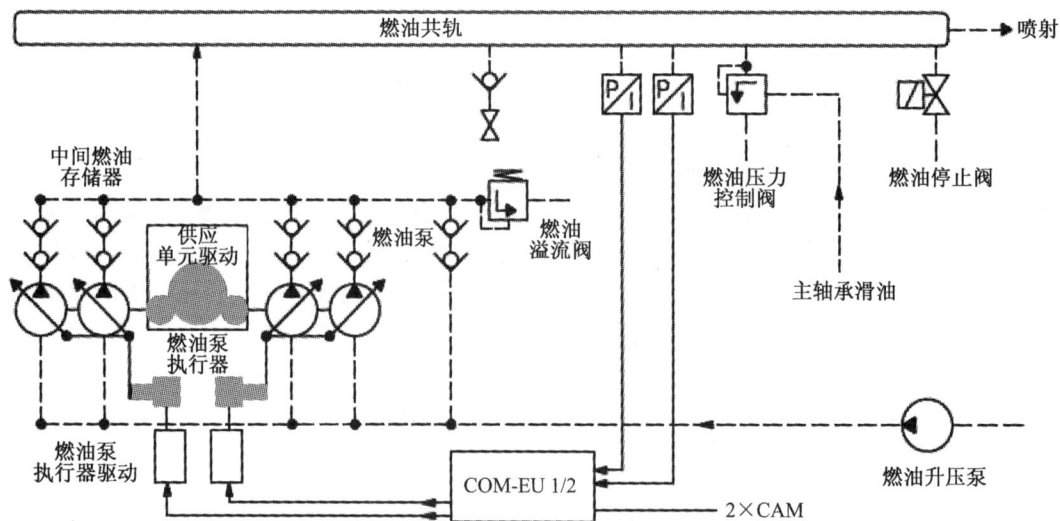

图 14-4　RT-flex 柴油机的燃油共轨管路压力控制系统

如图 14-5 所示为 RT-flex 电控型柴油机的燃油喷射量控制原理图。所有的喷油器,都有一个对应的喷射控制共轨阀,分别控制各个喷油器的燃油喷射。一般情况下,所有的喷油器同时动作,特殊运行模式可以用一个或两个喷油器喷油,或者使用间断喷射(多喷模式)。为了保证雾化质量,在低负荷时自动停止一个或两个喷油器工作。

喷入气缸的燃油量的控制是由左上方的燃油量油缸和活塞位置确定的。实际喷射过程中可通过喷油量活塞行程来检测实际喷油量,主控模块 MCM 通过比较实际喷油量和调速器的喷油指令信号计算燃油喷油量。气缸控制模块 CCM 根据曲柄编码器送来的曲柄角度信号和 VIT,可计算出喷射初始角。到达喷射初始角时刻,CCM 给 VDM 发喷油指令,使共轨电磁阀通电开始喷射。实际喷射开始时刻用喷油量活塞移动来检测,从发出喷射触发信号到实际开始喷射的时间差叫"喷射延时"。为了使喷油定时准确,需要计算出喷射延时,并根据上一循环的喷射动作滞后时间可计算出下一个喷射延时。

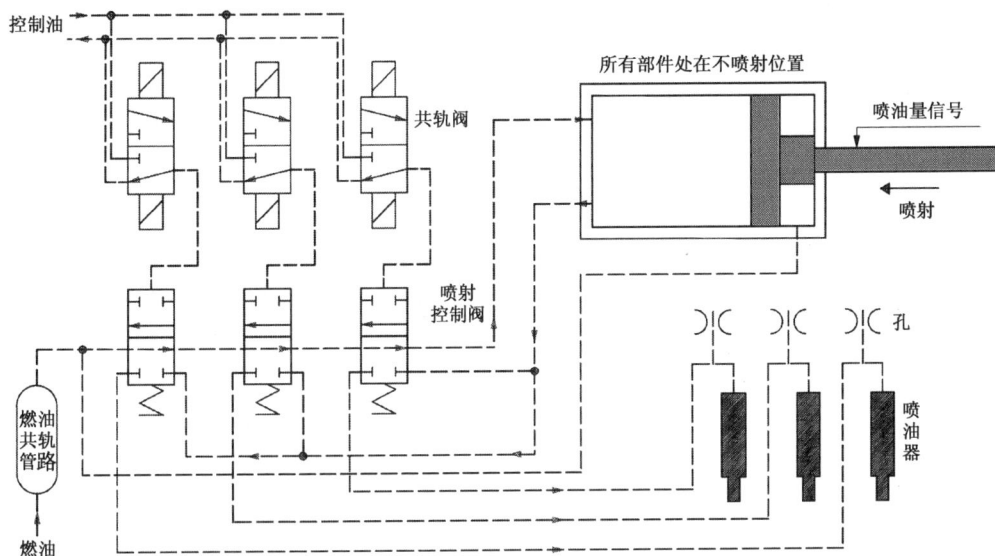

图 14-5　RT-flex 电控型柴油机的喷射量控制原理图

三、RT-flex 电控柴油机排气阀的控制

如图 14-6 所示是柴油机的排气阀的启闭控制原理。在该单元中,伺服液压油由柴油机曲轴输出端的齿轮连接伺服油泵供应 20 MPa 的液压油,然后由 WECS-9500 控制根据曲轴位置传感器判断柴油机各缸的工作状态从而控制液压蓄压器,启闭气缸的液压排气阀。

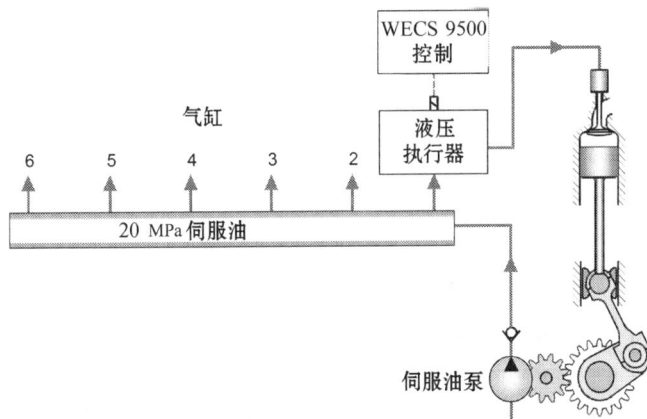

图 14-6　柴油机的排气阀的启闭控制原理

如图 14-7 所示为 RT-flex 电控型柴油机的排气阀控制原理图。气缸控制模块 CCM 根据曲柄角度编码器的信号控制排气阀开启和关闭,VDM 用于放大控制量以达到轨道阀所要求的信号。每一转排气阀打开和关闭一次。其动作由两个位置传感器测量。

图中所示元件均在关闭位置,排气阀的开启命令是根据曲轴转角和排气阀可变开启(VEO)时间经过计算确定的,排气阀的关闭命令是根据曲轴转角和排气阀可变关闭(VEC)时间经过计算确定的。当接到开启命令时,排气共轨阀在上电磁阀作用下动作(上位通),

伺服油进入排气控制阀(上位通),这时伺服油进入执行油缸,活塞上行,通过 0.4 MPa 的液压油(液压顶杆)推动排气阀开启;当接到关闭命令时,排气共轨阀在下电磁阀作用下动作(下位通),伺服油经排气控制阀泄放(下位通),这时伺服油执行油缸泄放,活塞下行,排气阀关闭;同时,排气阀移动的位置由两个位置传感器进行监测,反馈给气缸控制模块 CCM,监视排气阀是否开启。为了确保排气阀的有效开启和关闭,将开启过程中排气阀行程 0~15%位移的时间视为无效开启,将关闭过程中排气阀行程 100%~15%位移的时间视为无效关闭,需测量无效开启和无效关闭时间,以保证排气过程的有效时面值。

若两个位置传感器中有一个损坏,另一个传感器可继续使用,这时会给出报警信号。若两个位置传感器都损坏,相应气缸可按定时控制方式继续工作。

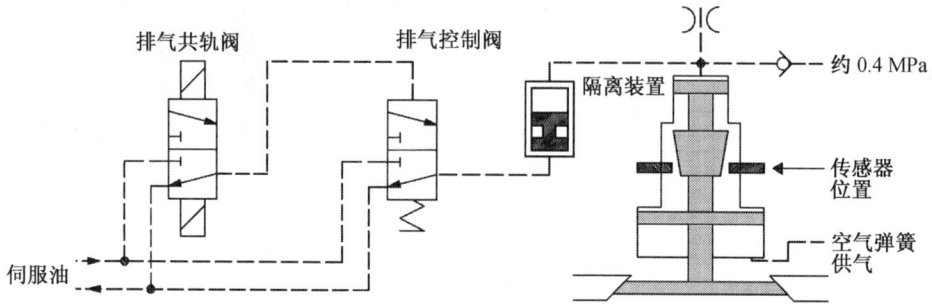

图 14-7 RT-flex 电控型柴油机的排气阀控制原理图(所有部件处在关闭位置)

四、RT-flex 电控柴油机液压伺服油压力控制

如图 14-8 所示为 RT-flex 柴油机液压控制油压力控制原理图。液压伺服油压力的设定值随柴油机负荷变化,由主控模块 MCM 发送到 CCM(气缸控制模块),每个 CCM 都有一个输出,这种分布增加了伺服油系统的可靠性。每个伺服油泵都有一个内部压力控制器,该控制信号是一个脉冲调制信号,设定值为电信号。设定值为 0~2.5 A、频率 60~100 Hz。在液压伺服油轨上安装有两个压力传感器,把共轨伺服控制油压力信号传送到主控模块 MCM,通过闭环回路控制和补偿在泵和伺服油共轨管之间的管路压力损失。伺服控制油共轨管路系统除了安装安全阀外,还安装了一个稳压阀,保持控制油压力不变。当一个伺服油泵故障,系统仍然可以保持运行。负荷由其他油泵来承担。

五. RT-flex 电控柴油机 WECS 控制系统

WinGD 公司的 RT-flex 型电控柴油机控制系统的核心是 WECS 控制系统,目前有WECS-9500 和 WECS-9520 两个型号,功能基本相同。WECS-9520 结构原理框图,如图 14-9所示,它主要由主控制单元(COM-EU)和各气缸的电子控制单元(CYL-EU)等组成。

主控制单元接收外界信号,如主机遥控系统、调速器、安保系统、人机界面、控制油系统、燃油系统、液压伺服系统等信号,然后进行程序处理,把处理的结果送到各气缸控制器(CCU),由其再去控制燃油系统的执行器、液压伺服系统的执行器等进行相应调节,使柴油机完成相应的功能,达到最佳运行状态。WECS-9500 控制系统不仅取代了传统柴油机上凸轮轴相关的机械零部件的功能,而且能对燃油喷射、排气阀动作以及柴油机的起动、换向、停车和气缸润滑等功能的全电子化灵活控制。通过对相关参数的设定和修改,可调节主机的

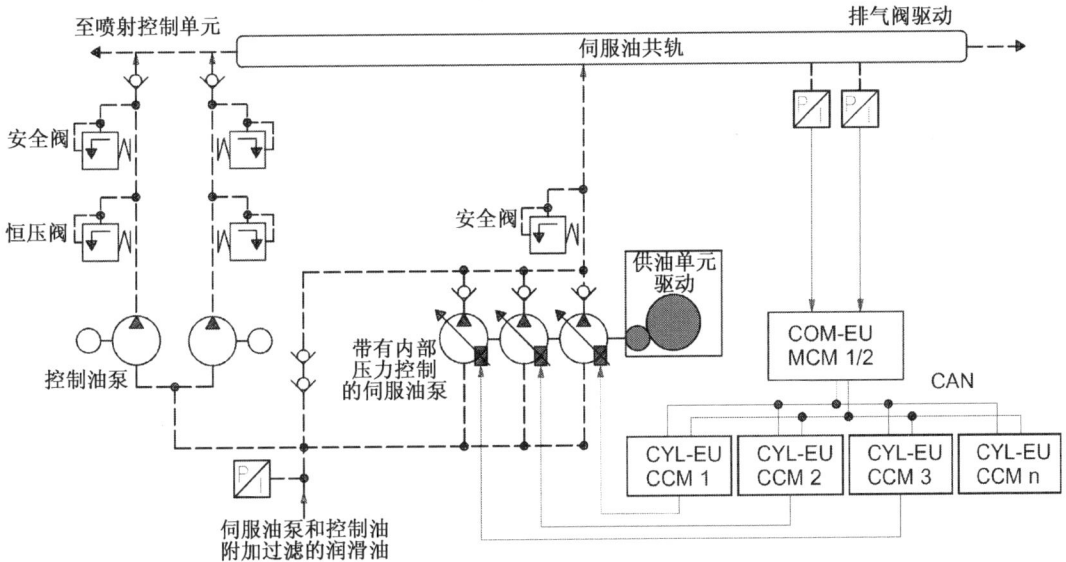

图 14-8　RT-flex 柴油机液压控制油压力控制原理图

运行状态和性能参数,实现柴油机最佳性能。此外,还可对主机的运行情况进行实时监测和对外界系统的通信。并与船上的其他控制系统、报警系统连接,将主机的运行情况直接送到各系统,各系统可直接采用该信号进行综合处理。

WECS 没有中央处理器,但是每个气缸都拥有自己的 FCM-20 模块用来处理与该气缸有关的功能和共轨功能。这些 FCM-20 模块被直接安装在主机上并且通过内部 System CAN Bus 进行通信。使用者与 WECS 的通信被集成在控制系统的操作面板和 flew view 操作界面上。遥控系统通过 CAN bus 或者 MOD bus 连接,可以从遥控的控制面板将下列指令传送到 WECS:①起动、刹车、冲车;②停车和慢转;③正车和慢转失败复位;④倒车。

遥控控制通过内部设定(比例缩放、负荷程序等)来处理车钟指令,并将处理后的速度指令信号传送给调速器系统。如果一个 FCM-20 故障,相应的气缸动作就会停止,剩余其他气缸继续保持动作。任何一个 FCM-20 模块都可以被在线的备件模块所替换,相应的软件和参数已经被存储在该备件模块内,并且不再需要下载软件和程序。当安装一个新的 FCM-20 模块时,从仓库里拿出来之后,必须要先被安装在 E90 箱子里,作为在线备件。

WECS-9500 控制系统各功能单元的作用:

(1)公共电子单元(COM-EU)。WECS-9500 系统中的公共电子单元(COM-EU)如图 14-10 所示,它包括一个模式识别模块 ASM 和两个主控制模块 MCM。两个 MCM 模块互为备用,一个 MCM 处于工作状态,另一个处于热备用状态。ASM 模块根据集控室中选择器的信号确定哪个 MCM 模块处于工作状态。MCM 的主要作用是对共轨中的油压控制、主起动阀的控制以及其他系统通信,并对主机内部信号进行检测和传输。例如,来自集控室中选择器的信号通过模式识别模块 ASM10 确定主控板 MCM 700,1 号作为运行板,2 号就成热备用板。这时运行主控板 MCM 700 就与驾驶台或集控室的外界系统通信,根据各传感器采集回来的主机现时运行状态信息和外界指令要求,形成命令,传输给每个缸的气缸控制器,进行相应控制操作;同时,识别模块 ASM10 发出指令给燃油泵执行驱动器,使燃油泵工作,识别模块也发出指令使控制油泵工作。选中的主控板根据车钟指令页直接对起动空气阀进行

控制室　　　　WECS-9500（在柴油机上）

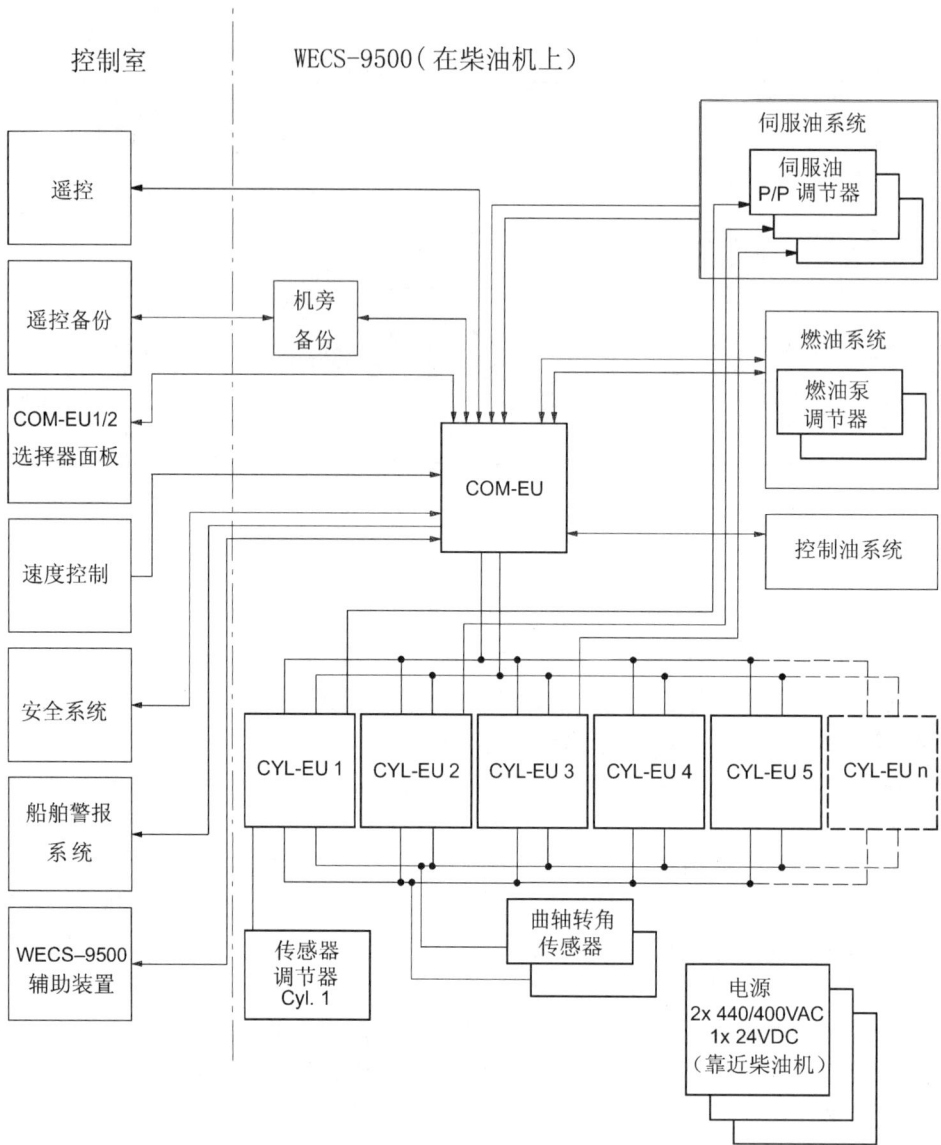

图 14-9　WECS-9500 结构原理框图

控制。

（2）气缸电子控制单元（CYL-EU）。WECS-9500 控制系统中的气缸电子控制单元（CYL-EU）的方框图如图 14-11 所示。每个气缸都装配一个气缸电子控制单元,它安装在共轨平台的下部,它由气缸控制模块（CCM）和阀件控制信号放大驱动模块（VDM）组成。当气缸控制模块 CCM 从 CAN 总线上与主控模块 MCM 进行通信,从曲柄转角编码器获取曲柄的位置信号,推算出气缸活塞的位置,同时采集燃油喷射信号、排气阀的位置信号以及三个喷油器状态的信号,然后通过设定的程序进行计算处理,对各燃油喷射阀、排气阀、起动空气阀和液压伺服油泵的执行器进行控制,即燃油喷射的定时和定量控制,排气阀控制,起动控制以及仅有一个伺服油泵工作的控制和一些监视和初始化功能。

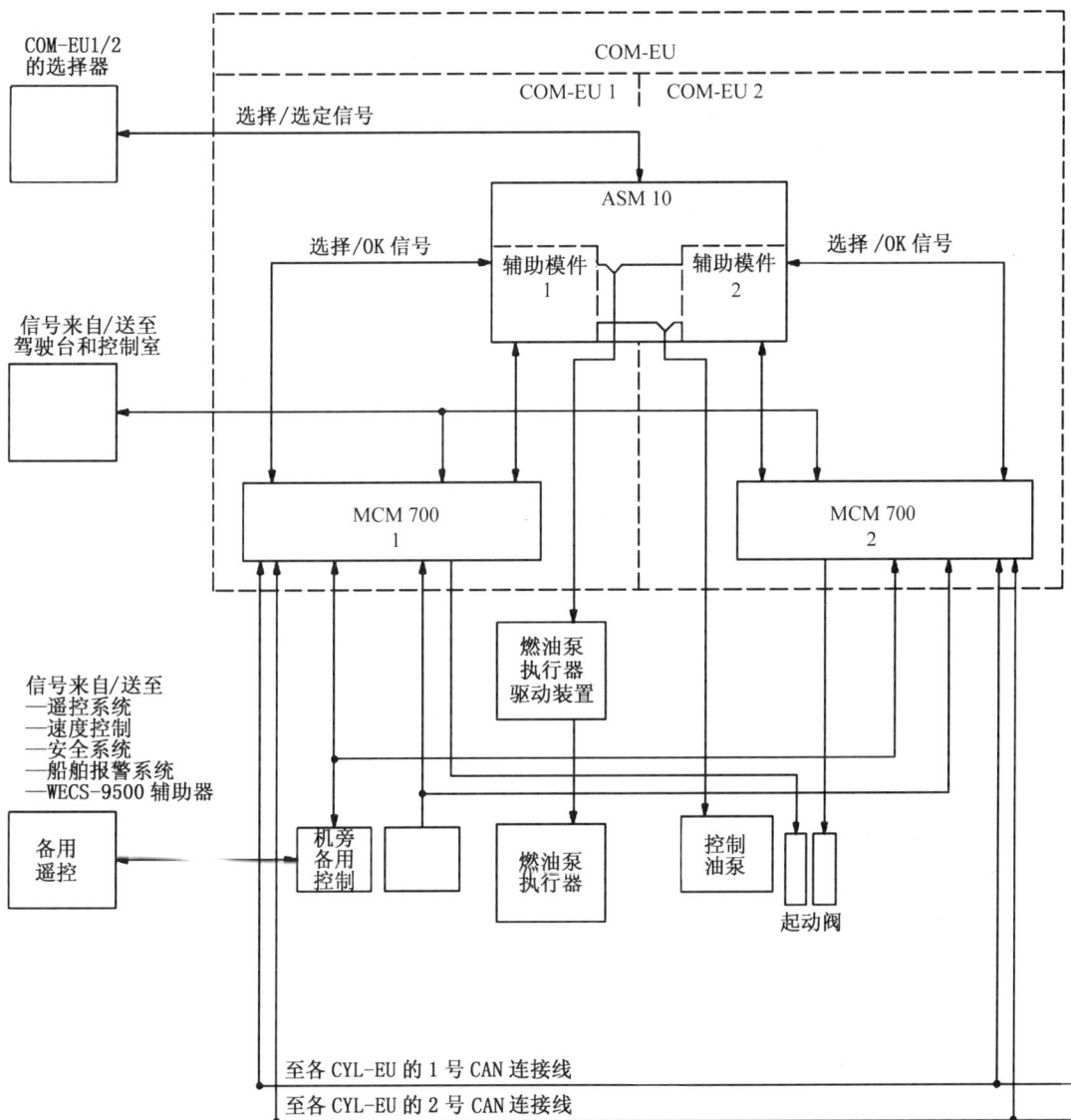

图 14-10　WECS-9500 系统中的公共电子单元

（3）曲柄角度传感器（Crank Angle Sensor）。它用于准确测量曲柄位置，该信号送到气缸电子控制单元，从而推算出气缸的活塞位置，便于对气缸的喷油和排气的时间控制。两个角度编码器通过一根带齿的皮带连接到一个特别设计的驱动轴上，这样的设计可以避免角度编码器轴向以及径向的移动，产生测量误差。如果某个发生故障，WECS-9520 可以检测故障并且主机将以另一正常角度传感器信号保持运行。当两个信号同时故障时，主机将会立即停车。主要维护和检查包括：3 000 h 检查编码器皮带张紧力，目视检查皮带是否有裂纹或者磨损，检查滑油节流孔与出油情况；24 000 h 更换编码器皮带；48 000 h 拆检大修角度编码器驱动装置（滚珠轴承、密封圈等），并且检查 CAS 驱动轴的偏心度，检查角度编码器内部轴承间隙或者更换新的角度编码器。

（4）各缸执行器的传感器。用于检测各电磁阀、液压伺服油缸的工作状态。

（5）WECS 的辅助控制单元（WECS Assistant）。它安装在集控室，由一台计算机和一台 MAPEX-CR 的控制装置组成。这套装置的作用是：显示主机的状态及报警信息，如每个气缸的燃油喷射、排气阀的开启关闭时间，每个气缸的活塞速度等状态信息，各传感器测量值动态曲线及参数设定值，并对各运行参数进行越限报警。

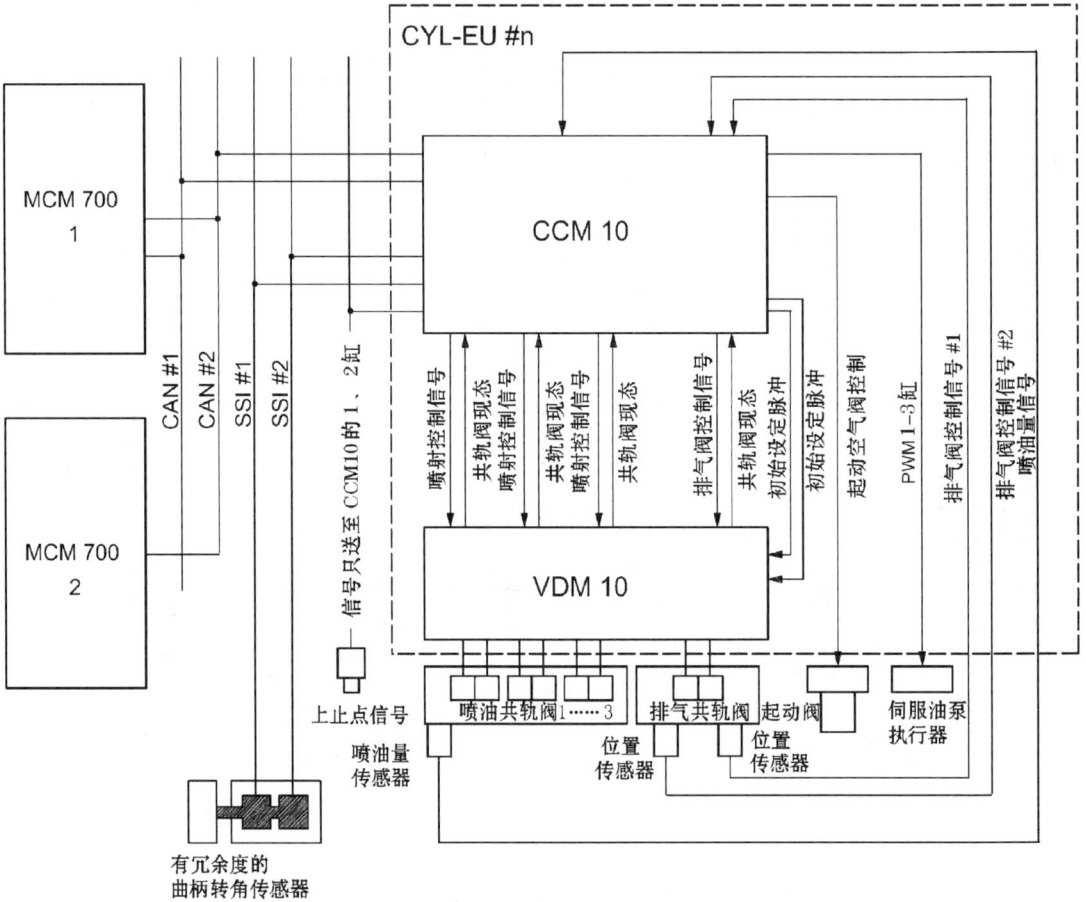

图 14-11　WECS-9500 控制系统中的气缸电子控制单元（CYL-EU）的方框图

主机的参数设定权限分为两级。第一级为用户级，无须密码进入，可设定和修改最大油量限制、磨合模式、燃油质量设定、喷油定时、排气阀定时等参数；第二级为专家级，需密码进入，仅提供给柴油机服务商或经过厂家授权人员，如发火顺序这种关键参数。同时，作为智能化的主机，RT-flex 机型还配备一些附加功能，如：一些特殊的参数检测、数据分析、维修管理、备件管理等，其中包括 MAPEX-TP（气缸磨损检测）、MAPEX-PR（活塞运行可靠性检测）、MAPEX-CR（燃烧可靠检测）、MAPEX-TV/AV（扭矩振动/轴向振动检测）、MAPEX-SM（备件和维修）等，用户可根据自己的要求来选择这些功能（全部或部分）。

WECS-9500 控制系统的通信功能：

（1）与主机遥控系统的通信。所有主机的运行命令如正车、换向、倒车等，依据操作人员所操车钟要求形成指令送给 WECS-9500 公共电子单元，同时，主控模块上的主机负荷和检测到的排气压力、排烟温度等信号也会传送到主机遥控系统。

（2）与船舶报警系统通信。WECS-9500 控制系统检测到主机故障信号时,会发给船舶报警系统进行报警、打印、记录或发出减速、停车信号给安保系统。WECS-9500 报警信号可分为次要报警信号和重要报警信号,如封缸报警信号为重要报警信号。

（3）与转速控制器的通信。主机调速器是独立的一部分,WECS-9500 控制系统接到主机调速器的一个燃油指令信号,主控模块(COM-EU)将这个信号分配到所有各气缸的控制模块(CEU),这就是柴油机此时的燃油给定值。如果调速器发生故障,仍可手动调节燃油命令信号,此时,主机处于备用模式运行,在该模式下,对于可变螺距的主机而言,为了防止主机超速,应把螺旋桨设为定螺距运行。

（4）与选择器的通信。与识别器进行信号交换,确定哪一个主控模块处于运行状态,哪一个处于热备用状态。

（5）与安全保护系统的通信。WECS-9500 控制系统对液压系统的泄漏监测、各传感器工作状态监测、曲柄角度传感器监控,把这些监控到的信号都发到安全保护系统,泄漏检测是采用在整个液压系统中安装多个检测开关,当系统中某个部位或子系统发生不正常的泄漏,都能被检测出来。对各传感器的工作状态监控是判断传感器送出的信号是否越过上、下限值,若超出测量范围,说明传感器工作不正常,此信号不可信,同时也显示一个测量误差信号。由于曲柄角度是极其重要的参数,对其检测采用冗余设计,把两个曲柄角度编码器安装在自由端,通过联轴器由曲轴驱动。这两个曲柄角度编码器提供绝对转角信号,两个信号都传送到各气缸电子控制单元,对这两个曲柄角度编码器的信号进行比较,出现偏差超限,说明编码器不正常或故障。若不出现偏差超限,再与飞轮端的转速传感器读数进行比较,必要时还需通过 WECS 辅助控制器进行补偿和校正。

某轮主机为 WinCD 公司的 RT-flex 58T-D 柴油机,它是一种无凸轮、低速、直接反转的二冲程全电子控制式柴油机。其主要部件和控制系统见视频。

第三节　ME 系列电控柴油机

作为世界上最大品牌的大型低速二冲程柴油机开发商,MAN Energy Solutions 的前身 MAN Diesel & Turbo 公司从 1993 年开始研制电子控制式柴油机,在不断地研制和完善软硬件的基础上,2003 年,以其最成功的 MC 系列柴油机为原型机,开发出全电子控制式的 ME 系列柴油机。目前,公司可以提供 15 种不同型号缸径从 50 cm 到 108 cm 的 ME 柴油机,包括仅燃油采用电控喷射而排气阀采用凸轮控制的小缸径 ME-B 系列柴油机,燃油喷射和排气阀全电控的普通 ME 系列柴油机,可采用 LNG 为燃料的 ME-GI、乙烷和 LNG 为燃料的 ME-GIE、甲烷为燃料的 ME-GA、甲醇为燃料的 ME-LGIM 气体喷射双燃料柴油机以及最新开发的 ME-LGIP 柴油机,是市场上唯一可以在不损失功率或效率的情况下在 HFO、MGO 和 LPG 燃料之间切换的双燃料发动机。

ME 系列电控柴油机采用低压系统,由 20 MPa 压力的伺服油控制燃油喷射。图 14-12 为 ME 系列柴油机燃油及气阀控制液压系统示意图,燃油泵将 0.7~0.8 MPa 的燃油送到各个气缸的燃油增压泵,再由液压伺服油驱动使压力达到喷射压力。液压伺服油为主机的曲轴箱油,经二次过滤后由机带液压泵或电动液压泵加压到 20 MPa,送至各缸的排气阀驱动器和燃油增压泵,在电磁阀控制下,进行排气操作和喷油操作。

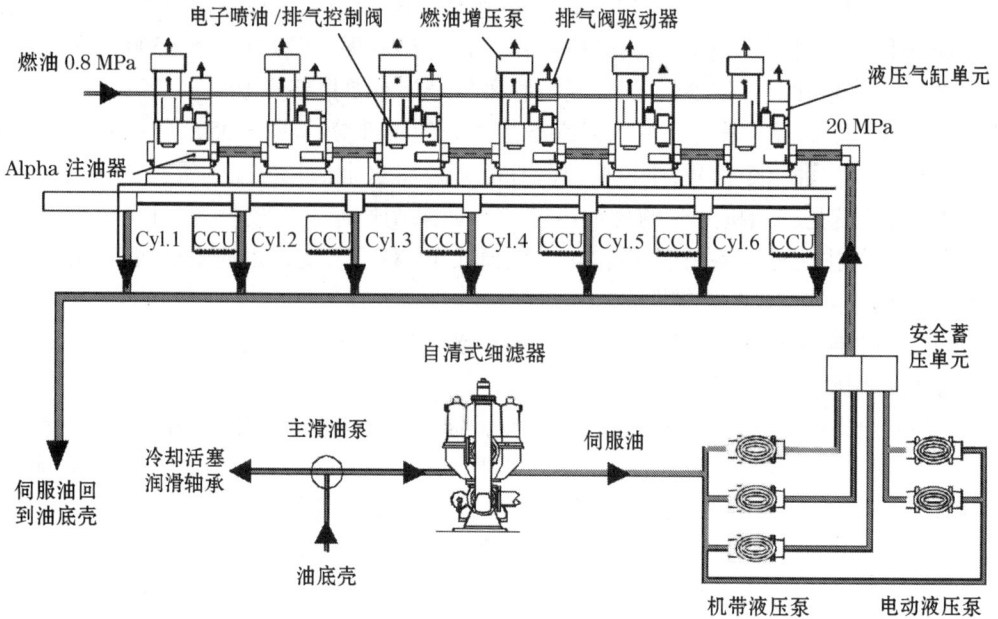

图 14-12 ME 系列柴油机燃油及气阀控制液压系统

一、ME 型柴油机的液压系统

与传统的 MC 系列柴油机相比,ME 系列柴油机取消了原来的许多机械控制设备,如:凸轮轴、链传动机构、VIT、VEC 等,而代之以新的电子控制设备,主要包括:

(1)液压动力供给单元(Hydraulic Power Supply,HPS);

(2)液压气缸单元(Hydraulic Cylinder Units,HCU);

(3)柴油机控制系统(Engine Control System,ECS);

(4)曲轴位置感受系统(Crankshaft Position Sensing System or Tacho System)。

液压动力供给单元(HPS)主要是用来提供足够的动力用于燃油喷射和排气阀的启闭,由自清式细滤器、电动液压泵和机带液压泵组成。在柴油机起动前,用电动液压泵供给系统 17.5 MPa 的液压油;在柴油机起动之后,则由机带的轴向柱塞泵向系统供给压力为 20~30 MPa 的驱动油。当柴油机转速达到 15% MCR 时,两台电动液压泵会自动停止。液压动力供给单元(HPS)位于柴油机的机座上方,如图 14-13 所示。标准的设计包括两台电动液压泵、三台机带变为变量轴向柱塞泵、安全蓄压装置,所有的这些零部件都密封在一个油密的装有泄漏报警装置的封闭空间里。10~12 缸,K90-98ME 机出现五台机带轴向变量柱塞液压泵。液压泵有两种运行模式,1 是压力控制模式[Ctrl](通过 MOP 界面选择),2 是流量控制模式[Flow]。所有液压泵都有单独的吸入压力传感器,如果压力太低,或是所有传感器都发生了故障,柴油机就会停车。液压泵控制出现故障时,斜盘会自动变为正车方向最大排量。1 号,2 叫,3 号由单独的系统油压力传感器连接到各自的 ACU。

液压气缸单元(HCU)每缸一个,如图 14-14 所示。用于控制各缸的燃油喷射和排气阀的启闭。液压气缸单元(HCU)有一个非常重要的电磁阀(FIVA),用来控制燃油喷射和排气阀的动作。

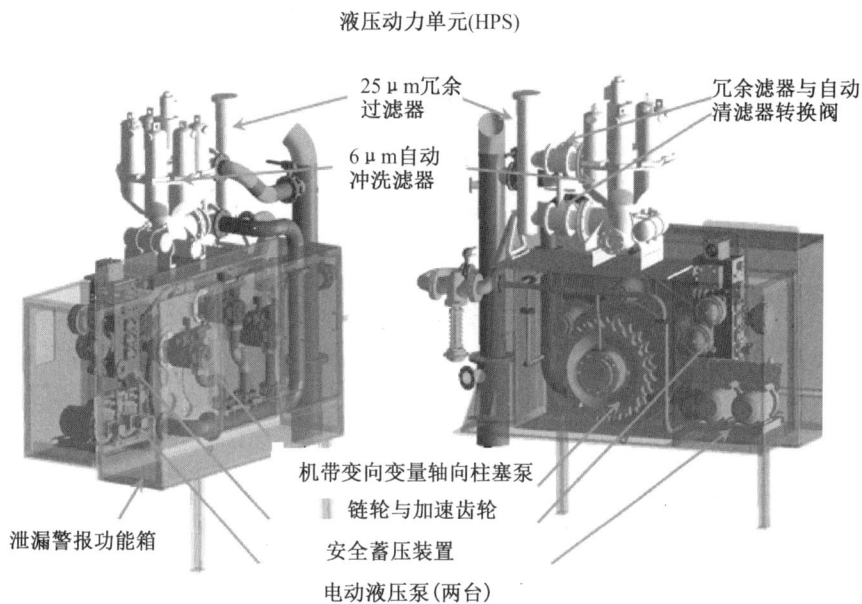

液压动力单元(HPS)

25μm冗余
过滤器

6μm自动
冲洗滤器

冗余滤器与自动
清滤器转换阀

机带变向变量轴向柱塞泵

链轮与加速齿轮

安全蓄压装置

电动液压泵(两台)

泄漏警报功能箱

图 14-13　液压动力供给单元

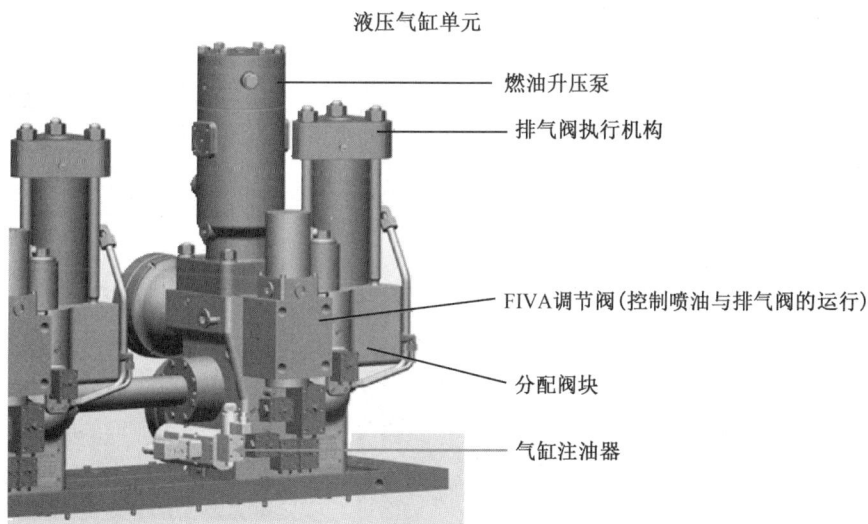

液压气缸单元

燃油升压泵

排气阀执行机构

FIVA调节阀(控制喷油与排气阀的运行)

分配阀块

气缸注油器

图 14-14　液压气缸单元(HCU)

　　FIVA(Fuel Injection Valve Actuation)作为最为核心的部件,包含先导阀、主阀芯、液压阀块和电路反馈块等,如图 14-15 所示。FIVA 作为一种电液比例阀,其作用是控制喷油定时、喷油量、喷油压力和排气阀的启闭。FIVA 的启闭是由气缸控制单元 CCU(Cylinder Control Unit)通过分析来自曲轴转角传感器(Tacho System, Angle Encoders)、转速传感器(RPM Detector)和燃油升压泵(Fuel Pressure Booster)柱塞位置传感器的综合信号进而对 FIVA 发出启闭指令的。通常来讲,FIVA 作为精密部件,应在专人指导下拆装或送岸维修。至少应保持 1 个 FIVA 备件在船。

　　如图 14-16 所示为 ME 系列柴油机的燃油泵,每个缸均设置燃油增压泵(高压油泵)。

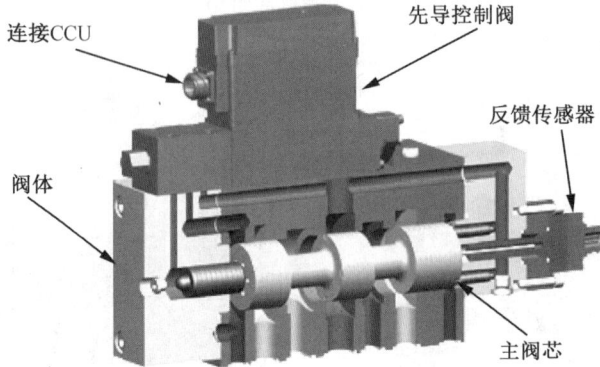

图 14-15　FIVA 阀

与传统的机械控制式喷油泵相比,高压油泵的柱塞驱动不是由凸轮驱动的,而是由伺服液压滑油驱动活塞来带动柱塞上下运动的,为了防止压力波动,在液压控制油一侧还设有薄膜型蓄压器。

高压油泵

图 14-16　ME 系列柴油机的燃油泵

如图 14-17 所示是 ME 系列柴油机的燃油喷射系统原理图,其工作原理如下:

0.7~0.8 MPa 的低压燃油由低压燃油泵送至高压油泵(也称燃油升压器)入口,由液压动力供给单元提供 20 MPa 的伺服液压油经双壁供油管道送至液压气缸单元,通过电磁阀控制各缸的喷油正时和喷油量。在不进行燃油喷射时,由于电磁阀封闭,高压油泵不工作,低压燃油在油泵处循环流动。如果达到喷油时刻,电磁阀被触发,20 MPa 的液压油进入高压油泵下方的驱动活塞,使高压油泵产生 200 MPa 的高压,通过高压油管送入喷油器,进行喷射和雾化。

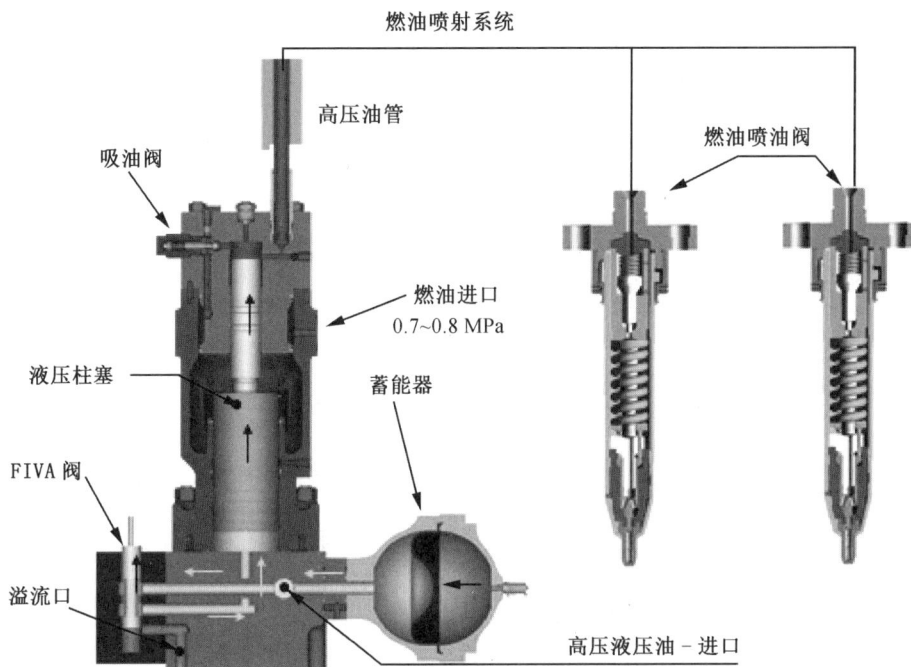

图 14-17　ME 系列柴油机的燃油喷射系统原理图

由于 ME 系列柴油机的燃油喷射系统取消了凸轮轴,利用电磁阀控制燃油的喷油正时、喷油量和喷油压力。可以在许多不同的喷油模式下工作。通过不同的喷油模式,可以实现降低油耗、减少排放等效果。同时,柴油机的喷油雾化效果与柴油机的负荷,即柴油机的转速没有任何关系,在任何负荷状况下,柴油机都能保证最好的雾化状况,能明显改善柴油机低负荷工况。

ME-C 电喷主机的排气阀与传统的并无太大的差异,主要变化有:ME-C 的排气阀的启闭是由 FIVA 控制的 20 MPa 的液压油驱动来实现的;用于关闭排气阀的空气弹簧,ME-C 相比于 MC-C 设计得更小;ME-C 的排气阀安装了阀杆的位置反馈信号传感器,如图 14-18 所示。排气阀阀杆位置反馈信号传感器是一种近距离传感器(Proximity Sensor),在 ME-C 电喷主机中故障率较高而且一旦发出报警,主机将进行自动降速。当某缸排气阀的阀杆显示开启间隙异常时(在 PMI 电脑上的排气阀阀杆冲程界面 Exhaust Valve Stroke 上可以看到),在排除掉机械方面即排气阀本身的原因后,应立即检查反馈信号传感器。ME-C 电喷主机的最大优点就是集成的智能化控制,想要改变排气阀的启闭定时也是非常简单的。操作方法是:在 MOP 界面登录 Chief Level,再进入 Engine Cylinder Pressure,调节压缩比(Adjustment of Compression Ratio Offset)即可改变排气阀的关闭定时。若想改变排气阀的开启定时,则需改变 Exhaust Valve Open Timing Offset(以角度为单位)就可实现。

ME 系列柴油机的排气阀执行器的动作由电磁阀控制伺服油驱动。电磁阀根据气缸燃烧状况,由微处理器控制程序系统 ECSP 对各缸排气阀的启闭进行优化控制,以达到最佳的扫气和压缩效果,并满足燃烧与排放要求。另外,因 ME 系列柴油机上部设有液压阻尼,关闭排气阀用的空气弹簧尺寸比 MC 系列减小。在以下情况时 FIVA 会立即将排气阀打开

（安全状态）：①FIVA阀反馈信号错误，即在4~20 mA范围外；②FIVA阀反馈信号指示过高的（物理上不可能的）运动速度；③FIVA阀反馈信号指示在TDC周围窗口外不被允许的位置；④高压油泵位反馈信号指示高压油泵在压缩冲程过程有移动。

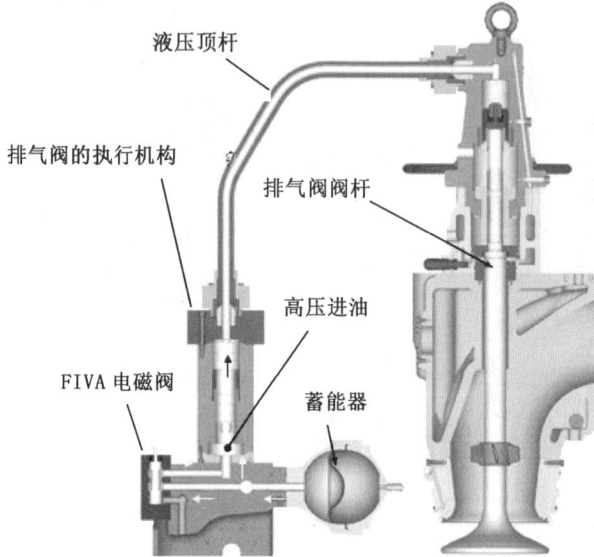

(a)ME排气阀系统

排气阀执行机构顶盖、执行机构套筒、执行机构柱塞

(b)排气阀执行器

图14-18　ME系列柴油机的排气阀执行器和控制阀

二、ME 系列柴油机控制系统介绍

ME 系列柴油机的燃油喷射,排气阀启、闭和柴油机的起动换向等控制是采用计算机控制系统,如图 14-19 所示。它与常规计算机控制系统相似,包含输入通道和输出通道。输入通道有开关量信号、模拟量信号、脉冲信号等输入;输出通道有控制各个电磁阀的开关量信号,也有继电接触器控制信号、模拟量电压、电流信号等去控制相关执行器,还有通信通道,与其他计算机进行串行通信,与上、下位机进行网络通信;人机界面有一个专用通道。

控制器的功能简述如下:

(1) MOP(Main Operating Panel)主操作面板,人机交换界面。

LOP(Local Operating Panel)本地操作面板,直接与 ECU A&B 相连,在机旁对主机进行操作。

(2) EICU(Engine Interface Control Unit)为柴油机接口控制单元,处理与外部系统的接口。

(3) ECU(Engine Control Unit)为柴油机控制装置,实现柴油机的控制功能,即柴油机速度、运行模式和起动顺序。

(4) ACU(Auxiliary Control Unit)为辅助控制单元,控制液压动力供给单元和辅助鼓风机。

(5) CCU(Cylinder Control Unit)为气缸控制单元,控制 ELFI(电子燃油喷射)和 ELVA(电子控制排气阀)以及气缸起动阀。

(6)控制站 ME 型柴油机的电子控制系统可在三个不同的位置对柴油机进行控制:驾驶台、集控室和柴油机机旁控制台。对于操纵人员而言,遥控系统和常规柴油机的系统是相似的。包括相同的操纵手柄和指示仪表。但是,ME 柴油机的遥控系统与柴油机所有的相关的控制功能均是脱开的,如起动顺序和柴油机的负荷程序,因而它仅简单地将操纵人员的指令转换至柴油机的集控室,在集控室实现柴油机相关的控制功能。

ME 系列柴油机的电控控制系统的布置,具有以下两个概念相关的冗余系统。

(1)完全冗余系统:所有基本的控制功能都是由两个独立的实际单元来执行的,二者具有维持控制设备的全部功能的能力。控制器被设定为 A 或 B 的执行功能,二者需要具有完全的冗余功能。由于 EICU 负责和 RCS(车钟、监测报警、安保系统)通信,而 ECU 是主机的调速器,所以,EICU A、B,ECU A、B 是完全冗余的,也就是说任何一个出问题,主机不需要停机,另外一个会在线接替控制主机,A 和 B 永远同时工作,处于热备用的状态。

(2)多重冗余系统:数个等同的单元具有完全相同的功能,控制器被依次设定为 1,2,…,n 包括控制功能,用多重系统获得必要的冗余。这里说的冗余实际上是指 ACU,CCU 的 MPC 硬件是一样的,如果是硬件损坏,可以有硬件冗余,但是,不能像 EICU A、B, ECU A、B 那样在线自动切换。

一般而言,柴油机控制系统能保证对所有功能的完全的冗余,例如对速度控制的功能,它把柴油机作为一个整体。若在气缸控制上应用的多重冗余系统,每个气缸的控制阀是由独立的多功能控制器对各气缸实施显示的。

由于船员必须在海上修复故障,所以修复的概念应是"用更换来修复"。也即,发现产生故障的单元,并用仓库里的备件更换产生故障的单元。为了限制备件的数量,一个控制器

应该在同样类型的所有控制器中作为通用的备件。

由于这一原因,所有的应用软件、布置和调整参数的反馈均被贮存在系统的主操纵板上,并通过网络安装一个控制器作为修复应用。控制器的应用功能被锁定在一个网络的地址上,此地址贮存在一个键型插头,用导线固定在控制器盒上,也即当控制器在被更换时,键型插头向备用单元提供与失效单元相同的网络地址,从而使备用单元从系统的反馈中获得应用软件的正确的布置等。

1. 主操作面板(MOP)

在集控室的操作台中,上面有两个操作界面(MOP),其中一个为运行状态,另一个为热备用状态,一旦运行中操作界面发生故障,它能自动切换到另一台备用机上。其功能如下:人机交互接口,可在此完成主机各种操作、状态查询及设置、故障报警显示及维护、参数修改等功能;PC 机采用的是 Windows XP 系统,该系统没有安装杀毒软件,故非授权人员不能接任何形式的外部电脑、U 盘或其他存储器;在 Windows XP 系统中安装了 ME 主机控制系统程序,起动后马上运行该程序;起动 MOP 系统后要回到 Windows XP 界面,需同时点 Ctrl+Esc;系统中还储存了 EICU、ECU、CCU、ACU 的程序软件,当某一模块更换了其 MPC(多功能控制器),系统自动向该模块下载相应的程序软件。

2. 主机信息控制单元(EICU)

系统中有两个主机信息控制单元,安装在集控室,互为热备用。其功能如下:接收驾驶台上操作信息和集控室操作界面上信息,同时,还与外部系统进行通信;与上位机的主机功率管理系统、手动操作系统、主机遥控系统、报警系统、安保系统进行信息交换,其功能和作用与 WECS-9500 控制系统相似;通过 Speed Modifier(转速性能指标限制器)起到转速过滤器的作用,在整个加减速过程中始终受到各种转速性能指标限制环节的控制,不超过限定值,把现输出作为现燃油量的给定值;超过限定值,以限定值输出作为现燃油量给定值;MOP 中的转速微调信号也输入至 EICU 中,形成油门指令送至 ECU。

3. 主机控制单元(ECU)

主机控制单元(ECU)是 ME 系列柴油机智能控制器的核心,它管理着三个辅助控制单元(ACU)和各缸控制单元(CCU),并对其进行监控;同时,接收现场传感器送来的信号和机旁操作板的操作指令,对 ACU、CCU 下达指令,实现主机换向、起动、喷油、排气、停车等一系列操作,使主机各运行状态达到最佳。为了安全可靠,它可直接控制备用泵的起、停运行,控制柴油机的速度、运转模式。

4. 辅助控制单元(ACU)

辅助控制单元(ACU)是对燃油泵、润滑泵和辅助鼓风机进行启、停控制,使其保持所要求的压力。它有自动控制模式和手动控制模式。在自动控制模式下,各台辅助鼓风机是根据设定好的"起动顺序",根据扫气压力的大小进行启、停控制。当扫气压力小于等于 0.04 MPa 时,就按"起动顺序"起动辅助鼓风机;当扫气箱中压力达到 0.07 MPa 时,就依次停止这些鼓风机,其停止是按"起动顺序"逐台停止的;当扫气压力为 0.04~0.07 MPa 时,维持当前鼓风机的开启状态;若扫气压力大于 0.07 MPa 时,就停第一台,若停了一台鼓风机,扫气压力还是大于 0.07 MPa 时,就停止第二台,以此类推。两台鼓风机的起动间隔时间一般设置为 10 s,故如果风机较多,则需等待较长时间才能起动主机(所有风机起动完成才能起动主机),在这种情况下,若需紧急用车,可手动起动。当主机停车时,辅助鼓风机将继续

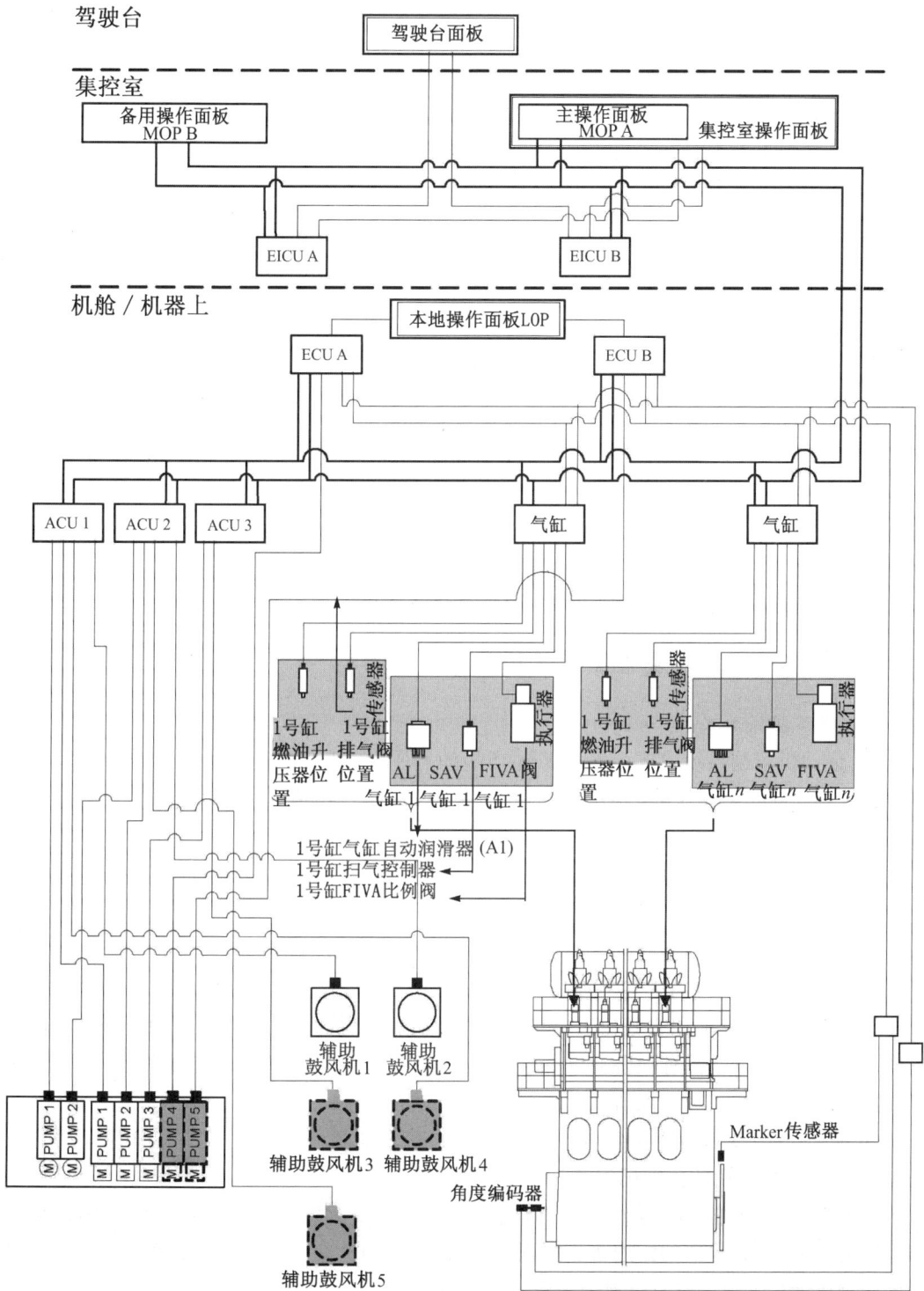

图 14-19　ME 系列柴油机的电控控制系统

运行 15 min 后才停机,在手动操作模式下,由操作人员控制。

控制电动以及机带液压泵时:电动液压泵 1 由 ACU1 控制, 2 号电动液压泵由 ACU2 控制,其为定排量泵;No.1、2、3泵分别由ACU 1、2、3控制,其为变向变量泵;功率较大的柴油机可能还装有两台备用泵No.4、5,其也为机带泵,直接分别由ECU-A和ECU-B控制。

5. 气缸控制单元(CCU)

每个气缸都有一个独立的气缸控制单元(CCU)。它接收曲柄角度编码器的脉冲信号,由此计算出本气缸活塞位置和工作进程状态。同时接收主机转速传感器信息,燃油增压活塞和排气阀的位置信号,再根据ECU发来的指令进行综合处理,去控制柴油机各缸的起动、停车、喷油、排气等操作。气缸控制单元采用了一个三位三通液压伺服阀分别控制燃油喷射和排气阀的开启/关闭。此外,气缸电子注油器(AL),它也是由CCU控制的,它是由喷射频率来控制的,即燃油喷射频率高,说明主机转速高,气缸的润滑注油也要频繁,以保持气缸活塞的良好润滑。

上述模块均有相同的多功能控制器MPC(Multi-Purpose Controller),只要下载不同的软件,就能实现不同的功能。MPC是通用的,通过不同的软件下载使其具有不同的功能而形成不同的模块;各种功能模块的软件在船上有备份,可能存在于MOP电脑硬盘中,也可能以CD的形式保存;在更换完MPC后,系统会自动下载相应的软件到该MPC中,使其具有相应的模块功能;这种自动识别软件的功能是由该模块所在的ID key来完成的,所以,每个模块控制箱的ID key是专用的,不能调换使用;ID key在下载完软件后就完成了其使命,可从MPC中拔出,不影响该模块的正常使用,但不建议这样做。

三、ME系列柴油机控制系统维护保养

1. 常规维护保养工作

ME柴油机控制系统主要由多个不同功能的控制箱,加上曲柄转角编码器、转速探头、压力探头、电磁阀、主操作屏(MOP)以及机旁操纵控制箱,组成主机控制系统。另外,24 V直流电源箱,直接为该系统提供稳定、可靠的电源。常规维护保养工作主要有:

(1)每天检查控制箱紧固和振动情况;打开箱盖检查MPC板LED指示灯是否亮并在绿色状态。

(2)每周在停机条件下通过试灯按钮,检查系统各个指示灯是否正常。

(3)每月检查、清洁各个控制箱,重点检查每一个插头是否连接牢固,接线是否松动,整个控制箱是否存在非正常的振动。检查MPC板纽扣电池紧固情况,电池电源是否有电量不足报警,纽扣电池没电时有报警显示,需更换电池时必须保证主机处于停车状态,否则程序将丢失。测量MPC A板绝缘值和网络终端电阻的阻值。

(4)每季度检查曲柄转角编码器、转速探头的紧固是否可靠,转速探头的间隙是否正常(2~3 mm),校验曲柄转角编码器A,B的输出是否正确。

(5)每半年打开曲柄转角编码器的罩壳,检查两只支承波纹管上的向心滚珠轴承是否有足够的润滑脂,编码器的固定是否牢固,插头是否紧固。在主操作屏(MOP)上,分别通过辅助控制单元(ACU1,ACU3)对液压动力油泵的安全旁通阀进行打开、关闭试验。关闭各缸ALPHA气缸油注油器的进油阀,在主操作屏(MOP)上,通过气缸油注油器试验程序,检查各缸的气缸油断流警报,以及主机减速警报是否出现。主机转到机旁控制,按照驾驶台的车钟指令操纵主机。

2. ME-C 电喷主机超低速运行(Super Slow Steaming)的注意事项

(1)长期的超低速运行将导致扫气箱和活塞环脏污,排气阀积炭速度明显快于高负荷运行时,应缩短扫气箱清洁周期并经常进行扫气口检查以确定活塞环和缸套的状况。若发现喷油嘴和活塞头结炭严重,有烧蚀的迹象应及时处理更换。建议必须增加燃油系统如喷油器、高压油泵密封圈、活塞环等常用损耗件的库存。另外,应尽量申请一套鼓风机总成放在船上作为备用。

(2)超低速运行使增压器效率低下并引起涡轮侧快速脏污。应增加涡轮侧干洗的频率,清除污垢。

(3)考虑扫气压力下降,辅助鼓风机一定要伴随主机长期运行。轮机员应密切关注鼓风机的电流、轴承温度、扫气压力。应在轴承注油孔加入抗高温的牛油脂并避免在自动模式下风机频繁起停,对马达造成伤害。

(4)ME-C 型电喷主机的缸套冷却水的出口温度尽量保持在靠近上限,并增加缸套冷却水的压力以降低冷腐蚀的可能性。

(5)值得一提的是,应每隔 2~3 天对主机进行加速一次,加速减速的过程应做到缓慢有序。非紧急情况下,禁止快速大幅度改变主机负荷。待增压器转速上升到一定时,干洗涡轮端以减少灰分的排出和沉积。同时,对废气锅炉进行化学品或蒸汽吹灰,既可降低主机的排气背压又可防止烟囱冒火星。

总而言之,主机在超低速运转时,应加大维护保养力度,改善燃烧品质。如有必要,缩短排气阀大修周期和吊缸周期。视情缩短喷油器喷油压力的测试周期,还要定期清洗空冷器的空气端。轮机员要密切关注气缸注油率应处在最佳状态。

3. 动力液压油供给系统(Hydraulic Power Supply)

(1)HPS 提供的 20 MPa 左右(随机型而异,有的机型为 30 MPa)的动力液压油作为驱动排气阀和燃油增压泵的“液压凸轮”,由于 ME-C 电喷主机采用系统润滑油作为 HPS 的液压油,必须定期对只有 6 μm 的主滤芯进行清洁保养,以超声波清洁仪对其进行彻底清洁为佳。做到严格控制主机油底壳中的含水量<1%,每三个月对滑油进行一次送岸做实验室理化分析。

(2)机带泵滑油进机进口油压是三个传感器的平均压力,当某个传感器或主机系统滑油泵发生故障时,进口油压必定产生相应变化,当油压低至 70 kPa 的报警值时,将发出声、光报警。当压力持续降低至 50 kPa 时,主机将 Shut Down 而且是 Non-cancelable。另外也防止轮机员在对 HPS 进行维护保养后,忘记开启机带泵的进口阀,从而导致液压泵的干转而使液压泵产生毁灭性的损坏。因此在主机航行过程中,建议该 Sensor 必须存有 1~2 个备件。

(3)定期对 HPS 系统管的泄漏探测仪(Leak Detector)进行测试并定期清洁废油收集箱(Waste Oil Collecting Box)。当液位上升到一定高位时,主机将发出可以取消的安全保护停车。

(4)定期对 HPS 和 HCU 系统的蓄压器进行压力测试以保证其处于最佳工作状态。蓄压器的压力太高或太低都将导致膜片的破裂,从而进一步导致处于膜片中心位置的小圆盘撞击蓄压器的壳体。值得强调的是,在进行压力测试时,必须考虑温度因素。考虑到极微量的氮气泄漏是不可避免的,建议定期进行加充。

海上轮机实习

附录一　轮机管系符号说明

轮机管系符号说明（一）

符号	名称	符号	名称	符号	名称
	温度表	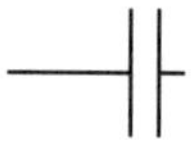	通岸接头	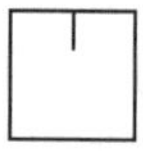	分离器
	水银温度计	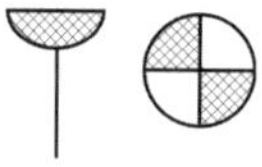	水封式甲板漏水口	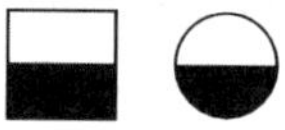	疏水器
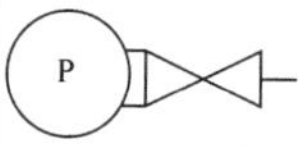	压力表及阀	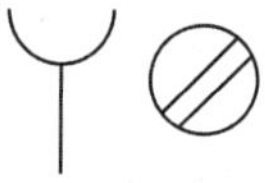	甲板漏水口		漏斗
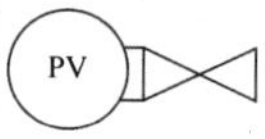	压力真空表及阀	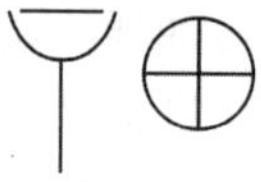	可闭式甲板漏水口	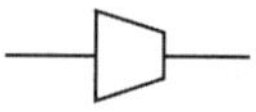	异径接头
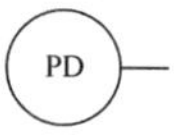	压差表		帽型空气管头（带网）	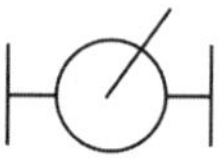	手动泵
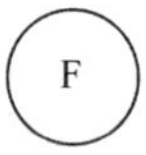	流量计		帽型空气管头（不带网）		Y型滤器
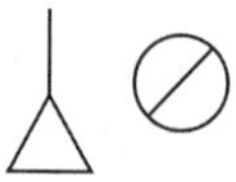	吸入口		测深头或注入头	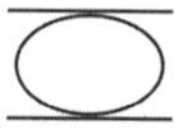	波形膨胀接头
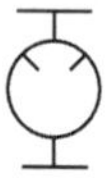	液流视察器	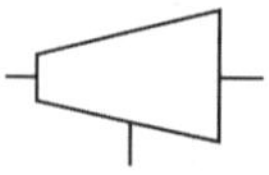	喷射器		油品流量计
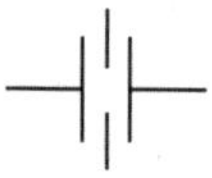	节流孔板		油盘		排油监控装置流量计

续表

符号	名称	符号	名称	符号	名称
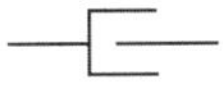	伸缩接头		液位计	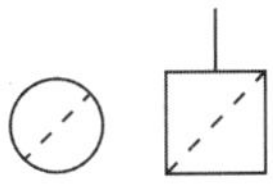	吸入滤网
	盲板法兰		泥箱	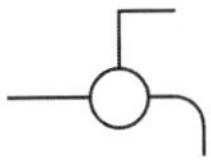	取样装置
	盲通法兰（常闭）	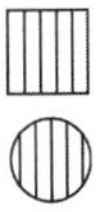	单联滤器		
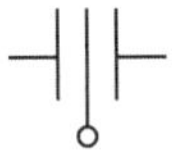	盲通法兰（常开）	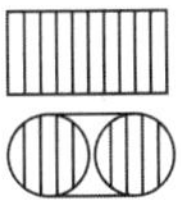	双联滤器		

轮机管系符号说明（二）

符号	名称	符号	名称	符号	名称
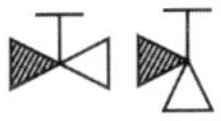	截止止回阀	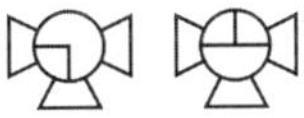	三通旋塞		泄舱底
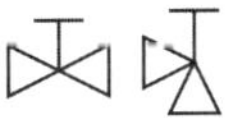	截止阀		速闭阀		上行管
	止回阀		电磁阀		下行管
	碟型止回阀		隔膜阀	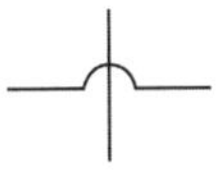	不连接交叉管
	舌形止回阀		遥控蝶阀		连接交叉管
	手动蝶阀		软管阀		空气管
	闸阀		温控阀		软管

续表

符号	名称	符号	名称	符号	名称
	自闭式泄放阀		浮球阀		
	减压阀		防浪阀		
	安全阀		热油调节阀		
	调节阀		测深自闭阀		
	旋塞		甲板操纵油轮闸阀		

轮机管系符号说明(三)

符号	名称	符号	名称	符号	名称
1. 传感器					
PS	压力开关	FS	流量开关	LT	液位变送器
TS	温度开关	PT	压力变送器		
LS	液位开关	TT	温度变送器		
2. 指示器					
PI	压力指示器	TI	温度指示器	LI	液位指示器
3. 报警					
PAH	压力高报警	DAH	浓度高报警	SAH	盐度高报警

续表

符号	名称	符号	名称	符号	名称
(PAL)	压力低报警	(VAH)	黏度高报警	(VAN)	失电报警
(TAH)	温度高报警	(EAS)	应急停止报警	(IAF)	综合故障报警
(TAL)	温度低报警	Y	断流报警	(TDAH)	温度偏差值高报警
(LAH)	液位高报警	(FAS)	异常停止报警	(OA)	其他异常报警
(LAL)	液位低报警	(PDAH)	压差高报警		
4. 控制					
(SHD)	故障停车	(ASTP)	自动起/停	(TAC)	温度自动控制
(SLD)	故障降速	(ACH)	自动切换		

附录二　船舶常用英语

一、部分船舶种类词汇

multi-purpose ship 多用途船

container ship 集装箱船

general cargo ship 杂货船

bulk carrier 散货船

chemical tanker 化学品船

LNG tanker 液化天然气运输船

LPG tanker 液化石油气运输船

Oil tanker 油船

RO/RO ship 滚装船

light board ship 载驳船

fishing vessel 渔船

fruit carrier 水果船

ore carrier 矿砂船

lumber/timber ship 木材船

tug 拖船

supply ship/store carrier 补给船

air cushion craft 气垫船

steam ship 蒸汽机船

training vessel 实习船

dumb lighter 驳船(无机器的)

freighter 货船

oil barge 油驳

grain carrier 运粮船

ice-breaker 破冰船

junk 木帆船

liner 班轮

trawler 拖网渔船

reefer 冷藏船

salvage vessel 救助船,打捞船

seabed service ship 海底服务船

offshore support ship 平台服务船

passenger ship 客船

drill ship 海底钻探船

二、船体结构及舱室布置常用词汇

general arrangement 总布置

interior arrangement 舱室布置

engine room arrangement 机舱布置

cargo hold 货舱

lines plan 型线图

compass deck 罗经甲板

bridge deck 驾驶甲板

accommodation deck 起居甲板

boat deck 艇甲板

upper deck 上甲板

main deck 主甲板

poop deck 艉楼甲板

forcastle deck 艏楼甲板

promenade deck 游步甲板

bulkhead deck 舱壁甲板

coaming plate 围板

trunk 围井

hatch 舱口

engine room casing 机舱棚

companion 围罩梯口

E/R upper platform 机舱上平台

E/R lower platform 机舱下平台

tank top 舱顶

passage 通道

principle dimensions 主尺度

length overall 总长

length between perpendiculars 垂线间长

waterline length 水线长

designed waterline 设计水线

loaded waterline 满载水线

molded breadth 型宽

waterline breadth 水线宽

molded depth 型深

draft 吃水

molded draft 型吃水

designed draft 设计吃水

fore draft 艏吃水

after draft 艉吃水

mean draft 平均吃水

loaded draft 满载吃水

draft mark 吃水标志

transverse section 横剖面

mid ship section 中横剖面

maximum transverse section 最大横剖面

coefficient of form 船型系数

block coefficient 方形系数

prismatic coefficient 棱形系数

waterline coefficient 水线面系数

mid ship section coefficient 中纵剖面系数

maximum transverse section coefficient 最大横剖面系数

dimension ratio 主尺度比

keel line 龙骨线

freeboard 干舷

freeboard deck 干舷甲板

load line 载重线

load line mark 载重线标志

displacement 排水量

molded displacement 型排水量

total displacement 总排水量

light weight 空船重量

full load displacement 满载排水量

designed displacement 设计排水量

displacement margin 储备排水量

dead weight 载重量

cargo dead weight 载货量

ballast 压载

tonnage 吨位

gross tonnage 总吨位

net tonnage 净吨位

Suez canal tonnage 苏伊士运河吨位

Panama canal tonnage 巴拿马运河吨位

capacity plan 舱容图

stowage 积载

hull 船体

ship structure 船体结构

main hull 主船体

framing 骨架

girder 桁材

longitudinal framing 纵骨架式

transverse framing 横骨架式

combined system 混合骨架式

bottom frame 船底横骨

reverse frame 内底横骨

bottom transverse 船底横桁

bottom longitudinal 船底纵骨

inner bottom longitudinal 内底纵骨

side framing 船侧骨架

frame 肋骨

frame spacing 肋距

hold frame 底舱肋骨

main frame 主肋骨

side longitudinal 船侧纵骨

side stringer 船侧纵桁

side transverse 船侧竖桁

fender 护舷材

bilge strake 舭列板

beam 横梁

beam knee 梁肘板

web beam 强横梁

hatch end beam 舱口端梁

deck transverse 甲板横桁

deck girder 甲板纵桁

hatch side girder 舱口纵桁

carling 短纵桁

deck longitudinal 甲板纵骨

shell plating 外板

bottom plating 船底板

bilge keel 舭龙骨

side plating 舷侧外板

sheer strake 舷顶列板

bulwark 舷墙

single bottom 单底

double bottom 双层底

bulkhead 舱壁

transverse bulkhead 横舱壁

longitudinal bulkhead 纵舱壁

collision bulkhead 防撞舱壁

shaft tunnel 轴隧

stern frame 艉柱

propeller post 推进器柱

propeller boss 桨毂

rudder post 舵柱

primary member 主要构件

secondary member 次要构件

continuous member 连续构件

man hole 人孔

strengthening for navigation in ice 冰区加强

liquid tank 液舱

fuel oil tank 燃油舱

lube oil tank 滑油舱

overflow tank 溢流舱

overflow oil tank 溢油舱

settling tank 沉淀舱

daily tank/service tank 日用舱

marine diesel oil tank 轻柴油舱

heavy fuel oil tank 重油舱

low sulfur diesel oil tank 低硫柴油舱

low sulfur fuel oil tank 低硫燃油舱

lub oil circulating tank 滑油循环舱

lube oil store tank 滑油储存舱

dirty oil tank 污油舱

sludge tank 油渣舱

slop tank 污油水舱

bilge tank 污水舱

void 空舱

cofferdam 隔离空舱

double bottom tank 双层底舱

potable water tank 饮用水舱

fresh water tank 淡水舱

sewage water tank 生活污水舱

ballast water tank 压载水舱

fore peak tank 艏尖舱

after peak tank 艉尖舱

bottom side tank 底边舱

top side tank 顶边舱

wing tank/side tank 边舱

hold 底舱

deep tank 深舱

engine room 机舱

engine control room 机舱集控室

boiler room 锅炉舱

pump room 泵舱

chain locker 锚链舱

steering gear room 舵机舱

fan room 通风机室

air conditioning unit room 空调机室

refrigerator room 冷冻机室

emergency generator room 应急发电机室

battery room 蓄电池室

CO_2 room CO_2 室

paint room 油漆间

lamp room 灯具间

wheel house 驾驶室

chart room 海图室

accommodation 起居舱室

cabin 居住舱室

galley 厨房

mess 餐厅

hospital 医务室

pantry 配餐间

sick room 病房

bath room 浴室

laundry 洗衣间

dry room 烘干间

store 贮藏室

tally office 理货室

water closet 卫生间

cargo office 货物办公室

changing room 更衣室

Suez crew room 苏伊士船员间

三、机舱常用英文词汇

(一)柴油机

two stroke marine diesel engine 二冲程船用柴油机

four stroke marine diesel engine 四冲程船用柴油机

high (medium, lower) speed engine 高 (中、低)速柴油机

cylinder 气缸

cylinder cover(cylinder head) 气缸盖

uniflow scavenging type engine 直流扫气式发动机

loop flow scavenging type engine 回流扫气式发动机

cross flow scavenging type engine 横流扫气式发动机

crosshead engine 十字头式发动机

trunk-piston engine 筒形活塞式发动机

fixed parts 固定部件

moving parts 运动部件

cylinder liner 缸套

indicator cock(indicator valve)示功阀

safety valve 安全阀

cylinder air starting valve 气缸起动阀

exhaust valve 排气阀

air inlet valve(suction valve)进气阀

valve driving mechanism 气阀传动机构

tapper rod 顶杆

push rod 推杆

rocker rod (rocking lever)摇臂

piston 活塞

crosshead type piston 十字头式活塞

trunk piston 筒形活塞

piston crown(head) 活塞头

piston skirt 活塞裙

piston pin(gudgeon pin)活塞销

piston ring 活塞环

compression ring 气环(压缩环)

oil scraper ring(oil ring, scraper ring) 刮油环

oil distributing ring 布油环

wear ring 耐磨环

piston ring groove 活塞环槽

telescope pipe 伸缩管

articulated pipe 铰链管

piston rod 活塞杆

stuffing box for piston rod 活塞杆填料函

packing gland for piston rod 活塞杆填料箱

stuffing box casing 填料函壳体

tension spring for stuffing box 填料函张力弹簧

sealing ring for stuffing box 填料函密封环

scraper ring for stuffing box 填料函刮油环

pressure ring for stuffing box 填料函压环

stuffing box gland 填料函压盖

cross head 十字头

cross head pin 十字头销

cross head bearing (cross head pin bearing)十字头销轴承

cross head shoe(guide shoe)十字头滑块

cross head guide, guide rail, guide way, guide plate 十字头导板

connecting rod 连杆

connecting rod small end bearing 连杆小端轴承

connecting rod large end bearing/connecting rod bottom end bearing 连杆大端轴承

crankpin bearing 曲柄销轴承

crank shaft 曲轴

crank arm 曲轴臂

crank pin 曲轴销

crankcase 曲轴箱

crankcase door 曲轴箱道门

crankcase explosion door 曲轴箱防爆门

main bearing 主轴承

main bearing of under slung type 倒挂式主轴承

crank shaft journal/main journal 主轴颈

bed plate 机座

frame(column,entablature)机架

holding down bolt(anchor bolt)底脚螺栓

through bolt(tie rod,tie bolt)贯穿螺栓

thrust shaft 推力轴

thrust bearing 推力轴承

thrust pad 推力块

turning gear 盘车机

scavenging port 扫气口

exhaust manifold 排气总管

exhaust pipe 排气管

top dead center(TDC)上止点

bottom dead center(BDC)下止点

combustion chamber 燃烧室

inlet(suction)stroke 吸气行程

compression stroke 压缩行程

power(working)stroke 做功行程

exhaust stroke 排气行程

indicated power 指示功率

shaft power 轴功率

indicator diagram/card 示功图

control system 控制系统

main starting valve 主起动阀

air compressor 空气压缩机

air bottle(air container,air cylinder,air reservoir)空气瓶

starting lever(starting handle)起动手柄

starting air control valve 起动空气控制阀

starting air pilot valve 起动空气导阀

starting valve 起动阀

starting valve blocking device 起动阀连锁装置

hand wheel for starting valve 主起动阀手轮

flywheel 飞轮

governor 调速器

mechanical governor 机械调速器

hydraulic governor 液压调速器

telegraph 车钟

camshaft transmission gear 凸轮传动机构链

chain transmission(chain drive)条传动

gear tansmission 齿轮传动

stand by engine 备车

finish engine 完车

stop engine 停车

dead slow ahead(astern)微速前进(后退)

slow ahead(astern)前进(后退)一

half ahead(astern)前进(后退)二

full ahead(astern)前进(后退)三

emergency full ahead(astern)紧急前进(后退)三

air distributor 空气分配器

cylinder lubricator 气缸注油器

shaft generator 轴带发电机

engine room crane 机舱天车

(二)制冷和空调

refrigeration 制冷

air conditioning 空调

chiller unit 冷水机组

ventilation 通风

vapour-compression cycle 蒸汽压缩循环

chilled water 冷媒水

AHU(air handling unit)空调器

plate type cooler 板式冷却器

shell-tube heat exchanger 壳管式换热器

refrigerant 制冷剂

freon 氟利昂

compressor 压缩机

evaporator 蒸发器

sensing bulb 感温包

expansion valve 膨胀阀

solenoid valve 电磁阀

drier/dryer 干燥器

condenser 冷凝器

liquid receiver 储液器

oil separator 油分离器

inter cooler 中间冷却器

double seat stop valve 双阀座截止阀

capacity control valve 能量控制阀

semi-enclosed compressor 半封闭式压缩机

throttle valve 节流阀

humidifier 加湿器

automatic water regulating valve 自动水量调节阀

pressure controller 压力控制器

differential pressure controller 压差控制器

suction stop valve 吸入截止阀

charging valve 充液阀

cooling coil 冷却盘管

defrost 融霜

（三）燃滑油系统及油参数

fuel oil system 燃油系统

strainer 粗滤器

filter 细滤器

dual oil filter 双联细滤器

fuel transfer pump 燃油驳运泵

settling tank 沉淀柜

oil separator 分油机

lubricating oil tank 滑油柜

daily service tank 日用油柜

heater 加热器

booster pump 增压泵

three way valve 三通阀

buffer tank 缓冲柜

fuel injection pump 高压油泵（燃油喷射泵）

high pressure fuel pipe 高压油管

fuel injector，fuel valve，fuel injection valve 喷油器

injection nozzle 喷油嘴

needle valve 针阀

spindle 针阀顶杆

overflow pipe 溢流管

lubricating system 润滑系统

splash lubrication 飞溅润滑

specific gravity（relative density）比重（相对密度）

viscosity 黏度

cetane number 十六烷值

flash point（open/closed）闪点（开口/闭口）

pour point 倾点

cloud point 浊点

freezing point 凝点

carbon residue 残炭值

ash content 灰分

water content 水分

sulphur content 硫分

calorific value 热值

mechanical impurities 机械杂质

grade of oil 油品等级

vanadium content 矾含量

aluminium content 铝含量

marine gas oil（MGO）船用轻柴油

marine fuel oil（MFO）燃料油

marine diesel oil（MDO）船用柴油

heavy fuel oil（HFO）船用重燃料油

low sulfur fuel oil（LSFO）低硫燃油

additive 添加剂

total acid number（TAN）总酸值

total base number(TBN) 总碱值

viscosity index 黏度指数

（四）船用锅炉

auxiliary boiler;donkey boiler 辅助锅炉

main boiler 主锅炉

fire(smoke)-tube boiler 火(烟)管锅炉

water-tube boiler 水管锅炉

composite boiler 组合式锅炉

oil-burning boiler 燃油锅炉

exhaust gas boiler 废气锅炉

smoke uptake 烟囱

water/welded wall 水冷壁

water wall header 水冷壁联箱

air pre-heater 空气预热器

soot blower 吹灰器

water drum 水鼓

steam drum 汽鼓,汽包

steam generating tube 蒸发管束

riser 上升管

down comer 下降管

economizer 经济器

upper header 上部联箱

lower header 下部联箱

manhole 人孔

pressure gauge 压力表

drain and blow down valves 排污阀

chamber inspection door 燃烧室观察门

water sampling valve 取样阀

water level electrodes 液位电极

water level gauges 水位计

vent valve 放气阀

furnace drain valve 炉膛放残阀

safety valve 安全阀

feed water inlet stop valve 给水截止阀

feed water inlet stop check valve 给水止回阀

feed water pump 给水泵

hot well 热水井

blow down valve 下排污阀

scum valve 上排污阀

raising the steam 升汽

pre-purge furnace 炉膛预扫风

fuel oil burner 燃烧器

atomizer 雾化器

air blower 风机

air register 风门调节器

igniter /ignition electrodes 点火电极

flame detector (sensor) 火焰探测器

wind box 风箱

air damper 挡风板

steam stop valve 停汽阀

steam receiver 集汽管

steam distributor 蒸汽分配器

steam trap 阻汽器

hydraulic deck machinery 液压甲板机械

directional control valve 方向控制阀

pressure operated valve 压力控制阀

overflow valve 溢流阀

safety/relief valve 安全阀

pressure-reducing valve 减压阀

sequence valves 顺序阀

flow control valve 流量控制阀

throttle valve 节流阀

speed regulating valve 调速阀

pilot valve 先导式阀

direct-acting valve 直动式阀

differential valve 差动式阀

hydraulic pump 液压泵

single acting pump 单作业泵

double acting pump 双作业泵

vane pump 叶片泵

radial plunger pump 径向柱塞泵

axial-plunger 轴向柱塞泵

vane pump 叶片泵

stator 定子

rotor 转子

oil distribution shaft 配油轴

oil distribution disc 配油盘

oil distribution sleeve 配油套

oil distribution port 配油口

oil distribution casing 配油壳

floating ring 浮动环

servo-piston 伺服活塞

differential piston 差动活塞

swash plate 倾斜盘

hydraulic amplifier 液压放大器

hydraulic motor 液压马达

connecting rod type radial piston motors 活塞连杆式液压马达

star motor 五星轮式马达

accumulator 蓄能器

oil reservoir 油箱

hydraulic cylinder 液压缸

hydraulic "push rods" 液压顶杆

hydraulic circuit 液压回路

hydraulic oil 液压油

hydraulic system 液压系统

hydraulic tool 液压工具

hydraulic transmission system 液压传动系统

hydraulic steering gear 液压舵机

unbalanced rudder 不平衡舵

semi-balanced rudder 半平衡舵

balanced rudder 平衡舵

hunting gear 追随机构

buffer spring 储能弹簧

ram type steering gear 撞杆式舵机

vane type steering gear 转叶式舵机

feed back rod 反馈杆

storm valve 防浪阀

rudder 舵

rudder post 舵柱

rudder tiller 舵柄

rudder blade 舵叶

ram 撞杆

control system 操纵系统

floating lever 浮动杆

rudder angle indicator 舵角指示器

nominal rudder torque 公称转舵扭矩

hard-over angle 最大舵转角

time of rudder movement 转舵时间

overshoot 冲舵

rudder angle indicator 舵角指示器

rudder stopper 舵角限位器

cargo handling equipment 起货机

hydraulic crane 液压旋转起货机

cargo winch 起货绞车

crane 回转起货机

derrick 吊杆式起货机

topping lift 吊扬索(千斤索)

boom(derrick boom)吊货杆

jib(crane jib)吊臂

jib stopper 吊臂止动器

machanical brake 机械制动器

slack wire protection 防索松保护器

luffing winch 变幅绞车

slewing winch 旋转绞车

lifting winch 起升绞车

band brake 带式刹车

windlass 起锚机

cable stopper 止链器

anchor 锚

anchor chain(anchor cable, chain cable)锚链

chain lifter(cable lifter, cable holder)锚链

chain locker 轮锚链舱

chain lifter brake 链轮止动器

mooring winch 绞缆机

clutch 离合器

capstan 绞盘

capstan barrel 绞盘卷筒

warping drum 带缆卷筒

chain drum 锚链卷筒

winch barrel(winch drum, winding barrel)绞车卷筒

lifeboat 救生艇

davit 艇架

life raft 救生筏

（五）分油机、造水机、油水分离器等

oil separator 分油机

oil centrifuge 离心分油机

clarifier 分杂机

purifier 分水机

fresh water generator 造水机

reverse osmosis desalination unit 反渗透式造水机

vacuum breaker 真空破坏阀

brine pump 排盐泵

condensate pump 凝水泵

demister 挡水器

distiller 蒸馏器

operating water 工作水

flushing water 冲洗水

paring disc 配水盘

sliding bowl bottom 活动底盘

operating slide 滑动圈

sludge outlet 排渣出口

separator bowl 分离筒

bowl body 分离筒本体

bowl hood 分离筒盖

bowl spindle 分离筒转轴

bowl disc 分离盘

damp ring 阻水环

gravity disc 比重环

oily water separator 油水分离器

bilge water 舱底水

air ejector 抽气喷射器

distillate pump 凝水泵

brine pump 盐水泵

flash chamber 闪发室

salinity indicator 盐度计

ballast water treatment plan 压载水处理装置

self-clean filter 自清滤器 UV 紫外线

泵及其系统

marine pump 船用泵

gear pump 齿轮泵

screw pump 螺杆泵

rotary pump 回转泵

reciprocating pump 往复泵

ejector pump 喷射泵

displacement pump 容积式泵

single stage pump 单级泵

multi-stage pump 多级泵

single cylinder pump 单缸泵

duplex pump 双缸泵

watering pump 水环泵

centrifugal pump 离心泵

axial-flow pump 轴流泵

inside (outside) gearing pump 内（外）齿轮泵

direct-acting steam driven pump 蒸汽直接作用泵

volute pump 旋涡泵

engine-driven pump 机带泵

single (double)-acting pump 单（双）作用泵

constant-delivery pump 定量泵

variable output pump 变量泵

single(double)-acting vane pump 单（双）作用叶片泵

tank cleaning pump 洗舱泵

sludge pump 排污泵

scavenging pump 扫气泵

sewage pump 污水泵

lube oil pump 滑油泵

cooling water (oil) pump 冷却水（油）泵

fresh water pump 淡水泵

fuel pump 燃油泵

fuel transfer pump 驳油泵

ballast pump 压载水泵

bilge pump 舱底水泵

booster pump 增压泵

circulating pump 循环泵

feed pump 给水泵

drinking water pump 饮水泵

sanitary pump 卫生水泵

servo-pump 伺服油泵

fire pump 消防泵

general service pump 通用泵

valve body 阀体

valve casing 阀壳

valve box;valve chest 阀箱

valve disc 阀盘

valve cover 阀盖

valve stem;valve spindle 阀杆

valve plate 阀片

throughway valve 直通阀

three way valve 三通阀

by-pass valve 旁通阀

changeover valve 转换阀

slide valve 滑阀

gate valve 闸阀

butterfly valve 蝶形阀

back-pressure valve 背压阀

check valve;non-return valve 止回阀

stop valve;shut-off valve 截止阀

throttle valve 节流阀

reducing valve 减压阀

sea valve 通海阀

emergency valve 应急阀

safety valve 安全阀

cooling pipe 冷却管

heating pipe 加热管

oil filler pipe 加油管

oil return pipe 回油管

drainpipe 泄水(油)管

connecting pipe 连接管

suction pipe;inlet pipe 吸入管

discharge pipe;delivery pipe 排出管

vent pipe 放气管

overflow pipe 溢流管

feed pipe 给水管

incinerator 焚烧炉

oil separator 分油机

waste oil 污油

waste sluice 垃圾进料斗

ash door 出灰门

dosing pump 定量泵

watertight door 水密门

sewage water treatment plant 生活污水处理装置

stabilizer 减摇鳍

bow thruster 艏侧推

四、"育鲲"轮机舱部分报警检测点术语

PC fail. (to ExtenGroup)	监测计算机故障
PC power fail. (to ExtenGroup)	监测计算机电源故障
M/E FO press. engine inlet(after filter)	主机燃油进口(滤器后)压力
M/E FO temp. engine inlet(after filter)	主机燃油进口(滤器前)温度
M/E leakage from high press. pipes	主机高压油管泄漏报警
M/E FO safe filter diff. press	燃油安全滤器前后压差
M/E Thrust bear. segment temp.	推力轴承温度
M/E LO press. engine inlet	主机进口滑油压力
M/E LO temp. engine inlet	主机进口滑油温度
M/E cyl. 1 pist. cooling oil out. temp.	1号气缸活塞冷却油出口温度
M/E cyl. 1 pist. cooling oil out. no flow,SLD ALM	1号气缸活塞冷却油出口低流量,降

	速报警
M/E LO temp. turocharger out.	增压器滑油出口温度
M/E cyl. 1 main bear. out. LO temp.	1号气缸主轴承出口滑油温度
M/E cyl. 1 main bear. fore out. LO temp.	1号气缸前主轴承出口滑油温度
M/E cyl. 1 journal bear. out. LO temp.	1号气缸径向轴承出口滑油温度
M/E cyl. 1 main bear. fore out. LO temp. aver. val. dev.	1号气缸主轴承出口滑油温度偏离平均值
M/E cyl. 1 main bear. fore out. LO temp. aver. val. dev.	1号气缸前主轴承出口滑油温度偏离平均值
M/E cyl. 1 journal bear. out. LO temp. aver. val. dev.	1号气缸径向轴承出口滑油温度偏离平均值
M/E crank. bear. 1 out. LO temp.	1号曲柄销轴承出口滑油温度
M/E crank. bear. 1 out. LO temp. aver. val. Dev.	1号曲柄销轴承出口滑油温度偏离平均值
M/E cros. bear. 1 out. LO temp.	1号十字头轴承出口滑油温度
M/E cros. bear. 1 out. LO temp.	1号十字头轴承出口滑油温度
M/E cros. bear. 1 out. LO temp. aver. val. dev.	1号十字头轴承出口滑油温度偏离平均值
M/E LO auto. filter differential pres. high	主机滑油自清滤器压差高
MCU common ALM MCU	综合报警
BCU in control BCU	控制中
MCU failure MCU	故障
BCU failure BCU	故障
MCU power failure MCU	电源故障
BCU power failure BCU	电源故障
M/E cyl. LO SLD ALM	主机降速报警
M/E J. C. W. inlet press.	缸套冷却水进口压力
M/E J. C. W. out. press.	缸套冷却水出口压力
M/E J. C. W. inlet temp.	缸套冷却水进口温度
M/E J. C. W. flow	缸套冷却水流量
M/E cyl. 1 J. C. W. out. temp.	1号气缸缸套冷却水出口温度
M/E J. C. W. de_aerating tank level low	缸套水报警柜液位低
M/E HT FCW expansion tank level low	高温淡水膨胀箱液位低
M/E J. C. W. out. aver. temp.	各气缸缸套冷却水出口平均温度
M/E LT CW air cooler inlet press. low	低温冷却水空冷器进口压力

M/E LT CW air cooler inlet temp.	低温冷却水空冷器进口温度
M/E LT CW air cooler out. temp.	低温冷却水空冷器出口温度
M/E LT CW air cooler inlet/out. diff. press.	低温冷却水空冷器进出口压差
M/E LT FCW expansion tank level low	低温淡水膨胀箱液位低
M/E starting air press.	起动空气压力
M/E control air press.	控制空气压力
M/E safety air inlet press.	安全空气进口压力
M/E air spring for exhaust valve press.	排气阀气垫压力
M/E scavenge air receiver press.	扫气总管压力
M/E scavenge air press. drop cooler	空冷器前后空气压差
M/E scavenge air press. drop blower filter	辅助鼓风机空气滤器前后压差
M/E scavenge air before air cooler temp.	空冷器前扫气温度
M/E scavenge air after air cooler temp.	空冷器后扫气温度
M/E scavenge air temp.	扫气温度
M/E scavenge air box. 1 temp.	1 号气缸扫气箱温度
M/E water mist catcher water level high	水雾收集箱液位高
M/E air inlet to T/C compressor temp.	增压器压缩机空气进口温度
M/E auxiliary blower failure ALM	辅助鼓风机故障报警
M/E exhaust gas before T/C temp.	增压器前排气温度
M/E exhaust gas after cyl. 1 temp.	1 号气缸出口排气温度
M/E exhaust gas after cyl. 1 temp. aver. val. dev.	1 号气缸出口排气温度偏离平均
M/E averag val. of exh. gas temp. after cyl 1-6	1-6 号气缸出口排气温度平均值
M/E exhaust gas receiver press.	主机排气总管压力
M/E exhaust gas after T/C temp.	主机增压器后排气温度
M/E exhaust gas back out. T/C press.	主机增压器后排气背压
M/E T/C speed	主机增压器转速
M/E safety system-power failure	安全系统-电源故障
M/E safety system-general ALM	安全系统-一般故障
M/E safety system-overspeed ALM	安全系统-超速报警
M/E safety system-emergency stop ALM	安全系统-应急停机报警
M/E safety system-shut down ALM (reasons as follows)	
	安全系统-停机报警
M/E safety system-cut off (at stopped engine)	安全系统-报警抑制（主机停止时）
M/E safety system-running hour counter	安全系统-运行计时
M/E digital governor system common failure	数字式调速系统综合故障
M/E engine speed	主机转速
M/E fuel pump index	燃油泵齿条读数
E/R atmospheric press.	机舱大气压力
M/E oil mist in crankcase density high, SLD ALM	曲轴箱油雾浓度高, 降速报警

M/E oil mist detector failure	曲轴箱油雾浓度监测故障
CPP hydraulic power pack tank level low	可调桨动力油柜液位低
CPP servo oil drain tank oil level high	可调桨伺服油泄放油柜液位高
CPP servo oil out. temp.	可调桨伺服油出口温度
CPP servo oil press.	可调桨伺服油压力
CPP servo oil press. low, 1 pump AST ALM	可调桨伺服油压力低，1 号伺服油泵起动报警
CPP servo oil press. low low	可调桨伺服油压力过低
prop. stern tube aft bear. temp.	艉管后轴承温度
prop. stern tube fore bear. temp.	艉管前轴承温度
prop. stern tube intermediate bear. 1 temp.	中间轴承 1 温度
prop. stern tube oil tank level low	艉管重力油柜液位低
prop. control system failure	推进控制系统故障
prop. Back-up system power failure	推进控制备用系统电源故障
eng. load reduction active	主机降负荷允许
eng. load reduction cancelled	主机降负荷取消
FWD sterntube sealing oil tank	艏密封油柜液位低
CPP serv. Oil drain tk temp. indi	可调桨伺服油泄漏油柜温度
LO temp. step-up gear	齿轮箱滑油进口温度
LO temp. step-up gear, high high SLD ALM	齿轮箱滑油进口温度高引起降速警报
LO filter diff. press. high	滑油双联滤器前后压差高
step-up gear LO level low	齿轮箱滑油液位低
shaft generator FLT.	轴带发电机故障
stators temp. (phasic U)	定子绕组温度指示（U 相）
front bear. temp.	前轴承温升报警
rear bear. temp.	后轴承温升报警
A/E. 1 fuel oil press. Engine inlet	1 号副机燃油进口压力
A/E. 1 fuel oil temp. Engine inlet	1 号副机燃油进口温度
A/E. 1 leakage from high press. pipes1	1 号副机高压油管泄漏报警
A/E. 1 fuel oil filter diff. press. high	1 号副机燃油滤器前后压差高
A/E. 1 LO press. Engine inlet	1 号副机滑油进口压力
A/E. 1 LO temp. Engine inlet	1 号副机滑油进口温度
A/E. 1 LO auto. filter diff. press. high	1 号副机滑油自清滤器压差高
A/E. 1 oil sump LO level low	1 号副机油底壳液位低
A/E. 1 starting air press. Engine inlet	1 号副机进口起动空气压力
A/E. 1 control air press. Engine inlet	1 号副机进口控制空气压力
A/E. 1 HT CW press. jacket inlet	1 号副机缸套高温冷却水进口压力
A/E. 1 HT CW temp. jacket inlet	1 号副机缸套高温冷却水进口温度

A/E.1 HT CW temp. engine out.	1 号副机高温冷却水出口温度
A/E.1 LT CW press. air cooler inlet	1 号副机空冷器低温冷却水进口压力
A/E.1 LT CW temp. air cooler inlet	1 号副机空冷器低温冷却水进口温度
A/E.1 exhaust gas after 1-4 cyl. aver. temp.	1 号副机 1-4 号气缸出口排气温度平均值
A/E.1 exhaust gas after cyl. 1 temp.	1 号副机 1 号气缸出口排气温度
A/E.1 exhaust gas after cyl. 1 temp. aver. val. dev.	1 号副机 1 号气缸出口排气温度偏离平均值
A/E.1 exhaust gas after TC temp.	1 号副机增压器后排气温度
A/E.1 charge air press. engine inlet	1 号副机增压空气进口
A/E.1 charge air temp. engine inlet	1 号副机增压空气进口温度
A/E.1 winding(U)temp.	1 号副机绕组(U)温度
A/E.1 T/C speed	1 号副机增压器转速
A/E.1 engine speed	1 号副机转速
A/E.1 engine overspeed ,SHD ALM	1 号副机超速,辅机停机报警
A/E.1 LO press. Engine inlet low low,SHD ALM	1 号副机滑油进口压力过低,辅机停机报警
A/E.1 HT CW temp. engine out. High high,SHD ALM	1 号副机高温冷却水出口温度过高,辅机停机报警
A/E.1 control system minor ALM	1 号副机控制系统次要故障报警
A/E.1 control system major ALM	1 号副机控制系统主要故障报警
A/E.1 start failure	1 号副机起动失败
A/E.1 running	1 号副机运行指示
A/E.1 ALM blocking	1 号副机报警抑制
A/E.1 emergency stop ALM	1 号副机应急停机报警
A/E.1 prelube pump running	1 号副机预润滑泵运行指示
A/E.1 prelube pump failure	1 号副机预润滑泵故障
A/E preheating unit running	副机预加热单元运行指示
A/E preheating unit failure	副机预加热单元故障
A/E safe filter differential pres. High	副机安全滤器压差高
A/E LT CW oil content high ALM	副机低温冷却水油分浓度高报警
emergency generator set common ALM	应急发电机组综合报警
DG1(Diesel Generator) FLT. disengage	DG1 故障脱扣
DG1 first stand-by	DG1 第一备用
DG1 second stand-by	DG1 第二备用
DG1 PPU FLT.	DG1 PPU 故障
DG1 start failure	DG1 起动失败
DG1 shut switch failure	DG1 合闸失败

DG1 current overload	DG1 过流
SG(Shaft Generator) FLT. disengage	SG 故障脱扣
SG ident-speed request fail.	SG 恒速请求失败
SG PPU FLT.	SG PPU 故障
SG excitation fail.	SG 励磁失败
SG shut switch fail.	SG 合闸失败
SG disjoin switch fail.	SG 分闸失败
SG current overload	SG 过流
Conflux line subarea switch shut	汇流排分区开关合闸
Conflux line subarea switch shut fail.	汇流排分区开关合闸失败
Conflux line subarea switch disjoin fail.	汇流排分区开关分闸失败
Bow thruster called	艏侧推申请
Bow thruster called fail.	艏侧推申请失败
Bow thruster called cancel	艏侧推申请取消
Bow thruster switch shut switch	艏侧推开关合闸
Bow thruster switch shut switch fail.	艏侧推开关合闸失败
Bow thruster switch disjoin switch fail.	艏侧推开关分闸失败
Bow thruster allow start	艏侧推允许起动
First unload	预脱扣
Power station manual	电站手动
PLC FLT.	PLC 故障
DC 24 V power FLT.	DC 24 V 电源故障
EMEC shut down and preparation disengage power FLT.	紧急切断和预脱扣电源故障
Main conflux line 1 insulated low	主汇流排 1 绝缘低
AC 230 V insulated low	AC 230 V 绝缘低
Main conflux line 1 voltage abnormity	主汇流排 1 电压异常
Main conflux line 1 frequency abnormity	主汇流排 1 频率异常
380 V insulated low	应急配电板 380 V 绝缘低
1 charge and discharge board insulated low ALM	1 号充放电板低绝缘报警
bow thruster common ALM	艏侧推综合报警
common ALM(composed of hereinafter 17 points)	舵机综合报警
1 servo oil pump overload	舵机 1 号伺服油泵过载
1 servo oil pump phase fail.	舵机 1 号伺服油泵断相故障
1 servo oil pump power fail.	舵机 1 号伺服油泵电源故障
1 servo oil pump control power fail.	舵机 1 号伺服油泵控制电源故障
1 servo oil pump unit level low	舵机 1 号伺服油泵单元液位低
hyd. lock 1 servo oil pump	舵机 1 号伺服油泵液压锁
clogged filter 1	舵机 1 号滤器堵塞

servo oil press. (steer left)	舵机左转伺服油压力指示
Folding fin stabiliser common ALM	减摇鳍系统综合报警
LO Sep. 1 common ALM	1 号滑油分油机综合报警
HFO Sep. 1 common ALM	1 号燃料油分油机综合报警
Gas. Sep. common ALM	轻柴油分油机综合报警
M/E V. B. common ALM	主机供油综合报警
M/E V. B. FO temp.	主机供油燃油温度指示
M/E V. B. FO viscosity	主机供油燃油黏度指示
M/E V. B. out. Press. Low	主机供油单元出口压力低
M/E V. B. feed pump 1 run	主机供油 1 号供给泵运行指示
M/E V. B. feed pump 1 automatic/stand by	主机供油 1 号供给泵自动/备用
M/E V. B. feed pump 1 fail.	主机供油 1 号供给泵故障
M/E V. B. booster pump 1 run	主机供油 1 号增压泵运行指示
M/E V. B. booster pump 1 automatic/stand by	主机供油 1 号增压泵自动/备用
M/E V. B. booster pump 1 fail.	主机供油 1 号增压泵故障
M/E V. B. feed pump out. press. Low, st-by pump AST ALM	主机供油供给泵出口压力低,备用泵起动报警
M/E V. B. FO temp. low	主机供油燃油温度低
M/E V. B. FO temp. high	主机供油燃油温度高
M/E V. B. FO viscosity unit fail.	主机供油燃油黏度探测单元故障
M/E V. B. FO viscosity low	主机供油燃油黏度低
M/E V. B. degassing tank level low	主机供油除气箱液位低
M/E V. B. diff. press. Auto filter high	主机供油自清滤器压差高
M/E V. B. diff. press. Bypass line high	主机供油旁通滤器压差高
M/E V. B. auto filter run	主机供油自清滤器运行指示
M/E V. B. auto filter recreation time low	主机供油自清滤器反冲洗间隔时间短
M/E V. B. auto filter amount of clea. Pro. cycles high	主机供油自清滤器反冲洗频繁
M/E V. B. auto filter cleaning time over limit	主机供油自清滤器反冲洗超时
A/E V. B. press. high	副机供油高压差
A/E V. B. level low	副机供油低液位
A/E V. B. feed pump change ALM	副机供油供给泵切换报警
A/E V. B. booster pump change ALM	副机供油增压泵切换报警
A/E V. B. Feed pump 1 run	副机供油 1 号供给泵运行指示
A/E V. B. booster 1 pump run	副机供油 1 号增压泵运行指示
A/E V. B. FO viscosity	副机供油燃油黏度指示
A/E V. B. FO viscosity high	副机供油燃油黏度高
A/E V. B. FO flow	副机供油燃油流量指示

Main air compressor 1 common ALM	1 号主空压机综合报警
Auxiliary air compressor common ALM	辅空压机综合报警
Main air reservior 1 press	1 号主空气瓶压力
Main air reservior 1 temp.	1 号主空气瓶温度
Quick-closing valve control box press. low	快关阀控制箱压力低
Boiler common ALM	锅炉综合报警
Boiler common shut-down ALM	锅炉综合停炉报警
Burner run	燃烧器运行指示
1 boiler water feeding pump run	1 号燃油锅炉给水泵运行指示
1 boiler water feeding pump overload	1 号燃油锅炉给水泵过载
1 boiler FO feeding pump run	1 号燃油锅炉燃油供给泵运行指示
1 boiler FO feeding pump overload	1 号燃油锅炉燃油供给泵过载
1 circulating pump run	1 号循环泵运行指示
1 circulating pump run overload	1 号循环泵过载
combustion air fan overload	燃烧空气风机过载
combustion air fan run	燃烧空气风机运行指示
boiler steam press. , press. low	燃油锅炉蒸汽压力
boiler steam press. high high	燃油锅炉蒸汽压力过高
exhaust gas temp. high behind boiler	燃油锅炉排气温度高
economic inlet exhaust gas temp.	废气锅炉进口主机废气温度
economic out. exhaust gas temp.	废气锅炉出口主机废气温度
feeding water salinity high	燃油锅炉给水盐度高
hot well tank oil turbidity	热井单元油分浓度高
boiler water level	燃油锅炉水位
boiler water level low low, stop	燃油锅炉水位过低,停炉
burner flame fail. , stop	燃烧器火焰故障,停炉
primary air press. low, stop	一次风压力低,停炉
burner swing out, system lock	燃烧器铰链未合,系统锁定
rotary cup atomizer overload	转杯雾化器过载
rotary cup atomizer run	转杯雾化器运行指示
igniter fuel oil pump overload	点火泵过载
igniter fuel oil pump run	点火泵运行指示
Fire in the windbox	烟道着火
boiler FO press. low, st-by pump auto start	燃油压力低,备用泵自动切换
water feeding pump out. press. low, st-by pump auto start	燃油锅炉给水泵出口压力低,备用泵自动切换
circ. pump press. diff. high, stand-by pump auto change	循环泵进出口压差高,备用泵自动

	切换
FO temp. low low stop	燃油温度指示,温度低,温度过低停炉
hot well tank level low	热井模块液位低
incinerator run	焚烧炉运行指示
power supply fail.	焚烧炉供电故障
incinerator shut down ALM	焚烧炉停止报警
oil content high ALM	油分浓度高报警
oily water separator feed pump run	油水分离器供给泵运行指示
oily water separator feed pump overload	油水分离器供给泵过载
1 sewage treatment unit common ALM	1号污水处理装置综合报警
1 cutting pump run	1号污水处理装置粉碎泵运行
Salinity	蒸馏式制淡装置盐度
Fresh water generator common ALM	蒸馏式制淡装置综合报警
Salinity high	反渗透式海水淡化装置盐度高
Warning/shutdown ALM	反渗透式海水淡化装置警告/停机报警
Control panel in E/R	海水系统防污防腐保护装置
valve remote control system failure	阀门遥控系统故障
Draft fore	艏吃水
Draft aft	艉吃水
tank level gauging system failure	液位遥测系统故障
Heeling angle	横倾角指示
1 HFO deep tank(PS)(1) level	1号燃料油舱（左）（1号）液位
1 HFO deep tank(PS)(1) temp.	1号燃料油舱（左）（1号）温度
1 HFO deep tank(SB)(2) level	1号燃料油舱（右）（2号）液位
1 HFO deep tank(SB)(2) temp.	1号燃料油舱（右）（2号）温度
1 M/E HFO service tank(7) level	1号主机燃料油日用舱（7号）液位
1 M/E HFO service tank(7) temp.	1号主机燃料油日用舱（7号）温度
1 M/E HFO settling tank(10) level	1号燃料油澄清舱（10号）液位
1 M/E HFO settling tank(10) temp.	1号燃料油澄清舱（10号）温度
Overflow tank(12) level	燃油溢油舱（12号）液位
Overflow tank(12) temp.	燃油溢油舱（12号）温度
Drain tank(46) level	燃油泄放舱（46号）液位
Boiler HFO service tank level	锅炉燃料油日用舱液位
MGO deep tank(13) level	轻柴油舱（13号）液位
Emer. Gen. room MGO service tank 50% level low	应急发电机室轻柴油日用舱50%液位低
Incinerator MGO service tank 30% level low	焚烧炉轻柴油柜30%液位低
M/E LO circulating tank(16) level	主机滑油循环舱（16号）液位

M/E LO storage tank(17) level	主机滑油储藏舱（17 号）液位
M/E LO circulating tank (16) temp.	主机滑油循环舱（16 号）温度
1 fresh water deep tank(PS)(22) level	1 号淡水舱（左）（22 号）液位
Drink water tank(26) level	饮用水舱（26 号）液位
Make fresh water tank(27) level	制淡水舱（27 号）液位
Distilled water tank(28) level	蒸馏水舱（28 号）液位
1 double bottom WB(PS)(29) level	1 号压载水舱（左）（29 号）液位指示
Aft peak WB(44) level	艉尖舱（44 号）液位指示
Fore peak WB(45) level	艏尖舱（45 号）液位指示
Dirty LO tank(47) level high	污滑油舱（47 号）液位高
Sludge tank(48) level high	油渣舱（48 号）液位高
Bilge water tank(49) level high	舱底水舱（49 号）液位高
Sewage storage tank(50) level high	生活污水存放舱（50 号）液位高
Cylinder oil service tank level low	气缸油日用柜液位低
LO sludge tank level high	滑油油渣柜液位高
Rainwater collection tank level high	雨水收集柜液位高
Drain oil tank for pist. rod stuff box level high	活塞杆填料函泄油柜液位高
prop. stern tube LO drain tank level high	艉管滑油泄放舱液位高
E/R fore-left bilge well level high	机舱左前污水井液位高
Shaft tunnel fore bilge well level high	轴弄前污水井液位高
gymnasium fore bilge well level high	健身房前污水井液位高
cofferdam bilge well level high	锚链舱污水井液位高
bow thruster room bilge well level high	艏侧推舱舱底水液位高
sound sensor room bilge level high	测深仪舱舱底水液位高
bilge level high under the GB	机舱空舱舱底水液位高
Speed log bilge level high	计程仪舱舱底水液位高
AC-1 general alarm	AC-1 综合报警
Chillers general alarm	冷水机组综合报警
PCP system general alarm	冷藏系统综合报警
CO_2 fire exti. sys. Power failure	CO_2 灭火系统电源故障报警
CO_2 leakage ALM	CO_2 泄漏报警
CO_2 release ALM	CO_2 释放报警
Protection water mist system FLT.	机舱局部压力水雾系统故障
water mist release ALM	机舱局部压力水雾系统水雾释放报警
fire fighting related intallation common ALM	居住舱室水喷淋灭火系统综合报警
Firefighting water tank press. low	消防压力柜压力低
No. 1 CSW pump run	1 号冷却海水泵运行
CSW pump out. press. low, No. 1 st_by pump auto start ALM	

	冷却海水泵出口压力低,1 号冷却海水泵备用起动报警
No. 1 LTCW pump run	1 号低温冷却淡水泵运行
LTCW pump out. press. low, No. 1 st_by pump auto start ALM	
	低温冷却淡水泵出口压力低,1 号低温冷却淡水泵备用起动报警
No. 1 JCW pump run	1 号主机缸套水冷却泵运行
JCW pump out. press. Low No. 1 st-by pump auto start ALM	
	主机缸套水冷却泵出口压力低,1 号主机缸套水冷却泵备用起动报警
No. 1 ME LO pump run	1 号主机滑油泵运行
ME LO pump out. press. Low, No. 1 st-by pump auto start ALM	
	主机滑油泵出口压力低,1 号备用泵起动报警
E/R ALM lampstandard relay box loss of power	机舱报警灯柱继电器箱失电
Drinking water treatment unit fail.	饮水处理装置故障
ANC/E hydraulic press power unit common ALM	锚机液压动力单元综合报警
Capstan hydraulic press power unit common ALM	绞盘液压动力单元综合报警
Alarm system UPS fail.	监测报警系统 UPS 电源故障
Fire ALM common ALM	火灾综合报警
1 center cooler L. T. FCW inlet press.	1 号中央冷却器低温淡水进口压力指示
1 center cooler L. T. FCW out. press.	1 号中央冷却器低温淡水出口压力指示
1 center cooler L. T. FCW inlet temp.	1 号中央冷却器低温淡水进口温度指示
1 center cooler L. T. FCW out. temp.	1 号中央冷却器低温淡水出口温度指示
M/E jacket water cooler jacket FCW inlet press.	主机缸套淡水冷却器缸套水进口压力指示
M/E jacket water cooler jacket FCW out. press.	主机缸套淡水冷却器缸套水出口压力指示
M/E jacket water cooler jacket FCW inlet temp.	主机缸套淡水冷却器缸套水进口温度指示
M/E jacket FCW temp. control valve inlet temp.	主机缸套水温控阀进口温度指示
M/E jacket FCW cooler out. and bypass meeting temp.	
	主机缸套淡水冷却器出口与旁通汇合点后温度指示
M/E jacket FCW out. temp.	主机缸套冷却淡水出口温度指示

Seawater temp.	海水温度指示
Fuel oil feeding pump outlet press.	燃料油输送泵出口压力指示
C. S. W. pump inlet press.	冷却海水泵进口压力指示
No. 1 CSW pump outlet press.	1号冷却海水泵出口压力指示
L. T. C. W. pump inlet press.	低温冷却淡水泵进口压力指示
No. 1 L. T. FCW pump outlet press.	1号低温冷却淡水泵出口压力指示
M/E jacket FCW pump inlet press.	主机缸套冷却淡水泵进口压力指示
No. 1 bilge fire pump inlet press.	1号舱底消防总用泵进口压力指示
No. 1 bilge fire pump fire water outlet press.	1号舱底消防总用泵消防水出口压力指示
Ballast pump inlet press.	压载泵进口压力指示
Ballast pump outlet press.	压载泵出口压力指示
Bilge ballast pump outlet press.	舱底压载泵出口压力指示
No. 1 E/R blower outlet press.	1号机舱送风机出口压力指示
No. 1 AE/R blower outlet press.	1号辅机舱风机出口压力指示
No. 1 Center cooler S. W. inlet press.	1号中央冷却器海水进口压力指示
No. 1 Center cooler S. W. outlet press.	1号中央冷却器海水出口压力指示
M/E jacketFCW. cooler L. T. FCWinlet press.	主机缸套淡水冷却器低温淡水进口压力指示
M/E jacket FCW cooler L. T. FCW outlet press.	主机缸套淡水冷却器低温淡水出口压力指示
M/E L. O. cooler L. T. FCW outlet press.	主机滑油冷却器低温淡水出口压力指示
M/E L. O. cooler L. O. outlet press.	主机滑油冷却器滑油出口压力指示
M/E jacket C. W. cooler L. T. FCW outlet temp.	主机缸套淡水冷却器低温淡水出口温度指示
M/E L. O. cooler L. T. FCW outlet temp.	主机滑油冷却器低温淡水出口温度指示
M/E L. O. cooler L. O. outlet temp.	主机滑油冷却器滑油出口温度指示
No. 1 Center cooler S. W. outlet temp.	1号中央冷却器海水出口温度指示
DeadMan alarm	DeadMan 报警【轴】

五、部分电气英语词汇

alternator/ac generator 交流发电机
dynamo/dc generator 直流发电机
generator 发电机
motor 电动机
three-phase motor 三相电动机
synchronous induction motor 同步感应电动机

asynchronous motor 异步电动机
squirrel cage motor 鼠笼式电动机
electro-magnetic generator 电磁式发电机
magnetic field coil 励磁场线圈
self-excitation 自励

shunt excitation 并励

compound excitation 复励

stator 定子

rotor 转子

electric brush 电刷

arc shield 灭弧罩

prime motor 原动机

distribution board 配电箱

main switch board 主配电板

emergency switch board 应急配电板

frequency 频率

phase 相位

synchroscope 同步指示器

automatic voltage regulator（avr）自动电压调节器

automatic load-sharing device 自动分载装置

automatic frequency and load regulator 自动调频调载器

generator panel 发电机屏

shore connection box 岸电接线箱

trip device 脱扣装置

under-voltage protection 欠电压保护

over-load protection 过载保护

reverse power protection 逆功率保护

short circuit current protection 短路电流保护

switch 开关

breaker 断路器

air circuit breaker 空气断路器

rectifier 整流器

transformer 变压器

amplifier 放大器

commutator 换向器

starter 起动器

relay 继电器

reactor 电抗器

resistor 电阻器

current condenser 电容器

auto-transformer 自耦变压器

frequency converter 变频器

contactor 接触器

connection box 接线盒

parallel 并车

ammeter 电流表

voltmeter 电压表

wattmeter 功率表

frequency meter 频率表

六、部分常用工具、物料英语词汇

wrench/spanner 扳手

torque wrench 扭力扳手

box spanner 套筒扳手

hexagon spanner 内六角扳手

pipe wrench 管钳

vice 虎钳

side cutting pliers 斜口钳

bench vice 台钳

decrustation pliers 剥线钳

long point nose pliers 尖嘴钳

scissors 剪刀

electrician knife 电工刀

packing knife 填料刀

scraper 刮刀

reamer 绞刀

file 锉刀

milling cutter 铣刀

turning tool 车刀

plain screw driver 平头螺丝刀

cross point screw driver 十字螺丝刀

saw 锯

hack saw 钢锯

electric drill 电钻

hand drill 手摇钻

bench drilling machine 台式钻床

lathe 车床

grinding wheel 砂轮

steel wire brush 钢丝刷

pain brush 漆刷

grease gun 牛油枪

flashlight 手电筒

puller 拉马

electric welding machine 电焊机

gas welding machine 气焊机

hammer 锤子

jack 千斤顶

chisel 凿子

eyelet punch 样冲

electric welding pliers 电焊钳

test pen 验电笔

square 角尺

level 水平尺

vernier caliper 游标卡尺

flexible ruler 卷尺

inside micrometer 内径千分尺

outside micrometer 外径千分尺

feeler 塞尺

compass 圆规

surface gauge 平面规

divider 两脚规

inside caliper 内卡钳

outside caliper 外卡钳

density gauge 比重表

salinometer 盐量计

viscosimeter 黏度计

flow meter 流量表

power factor meter 功率因素表

megger insulation tester 摇表

avometer 万用表

potentiometer 电位计

torsion meter 扭矩表

explosimeter 爆炸性气体仪

thermometer gauge 温度表

pressure gauge 压力表

vacuum gauge 真空表

revolution counter 计数器

valve grinding compound 阀研磨剂

electrode 电焊条

copper tube 紫铜管

acetylene cylinder 乙炔气瓶

saw dust 木屑

cement 水泥

canvas glove 帆布手套

gasket 垫片

oxygen cylinder 氧气瓶

rag 抹布

wire 电线

bulb 灯泡

insulating tape 胶布

plug 插头

socket 插座

fuse 保险丝

stainless steel 不锈钢

cast iron 铸铁

brass 黄铜

bronze 青铜

aluminium alloy 铝合金

rubber 橡胶

asbestus 石棉

alloy steel 合金钢

wood 木材

plastic 塑料

七、部分公约、法规、船舶证书及行业内常用词汇

UNCLOS United Nations Convention on the Law of the Sea 联合国海洋法公约

STCW International Convention on Standards of Training, Certification and Watchkeeping for Seafarers 海员培训、发证和值班标准国际公约

MARPOL International Convention for the Prevention of Pollution from Ships 防止船舶污染国际公约

SOLAS International Convention for the Safety of Life at Sea 国际海上人命安全公约

COLREGs Convention on the International Regulations for Preventing Collisions at Sea 国际海上避碰规则公约

FAL Convention on Facilitation of International Maritime Traffic 国际便利海上运输公约

LL International Convention on Load Lines 国际载重线公约

TONNAGE International Convention on Tonnage Measurement of Ships 国际船舶吨位丈量公约

SAR International Convention on Maritime Search and Rescue 海上搜救国际公约

LDC Convention on the Prevention of Marine Pollution by Dumping of Wastes and Other Matter 防止倾倒废物和其他物质污染海洋公约

OPRC International Convention on Oil Pollution Preparedness，Response and Co-operation 1990 1990 年国际油污防备、响应和合作公约

AFS International Convention on the Control of Harmful Anti-fouling Systems on Ships 国际控制船舶有害船底防污系统公约

SUA Convention for the Suppression of Unlawful Acts Against the Safety of Maritime Navigation 消除影响海上航行安全的违法行为的协议

Registry Cert：船舶国籍证书

SMC：Safty Management Certificate 安全管理证书

DOC：Document of Compliance 符合证明

ISM：International Safety Management 国际安全管理证书

ISSC：International Ship Security Certificate 国际船舶保安证书

Derating Exemption Certificate 免予除鼠证书

Sanitary Certificate for Conveyance 卫生证书

Classification Cert ificate 国际船级证书

ITC：International Tonnage Cert 吨位证书

ILL：International Load Line Certificate 国际载重线证书

IOPP：International Oil Pollution Prevention Certificate 国际防油污证书

ISPP：International Sewage Pollution Prevention Certificate 国际防止生活污水污染证书

IAPP：International Air Pollution Prevention Certificate 国际防止空气污染证书

SC：Cargo Ship Safety Construction Certificate 货轮构造安全证书

SE：Cargo Ship Safety Equipment Certificate 货轮设备安全证书

SR：Cargo Ship Safety Radio Certificate 货轮无线电安全证书

Certificate of Compliance for the Carriage of Solid Bulk Cargoes 运输国体散货符合证书

Document of Authorization for Carriage of Grain In Bulk 允许运输散装货物证书

Statement of Garbage Pollution Prevention From Ships 防止船舶垃圾污染检验证明

Document of Compliance for Crew Accommodation Equipment 船员舱室设备符合证明

Certificate of Test and Examination of Lifting Appliance 起重设备检验和试验证书

Certificate of Test and Examination of Loose Gear 活动零部件检验和试验证书

Minimum Safe Manning 船舶最低安全配员证书

Navigation Safety 船舶航行安全证书

Liquefied Gases Fitness 散装液化气适装证书

Dangerous Chemicals Fitness 散装危险化学品适装证书

N. L. S.：International Pollution Prevention Certificate for the Carriage of Noxious Substance in Bulk 防止有毒液体污染证书

C. L. C.：Convention of Civil Liability for Oil Pollution Damage 油污损害民事责任公约证书

九、部分海事协会及船舶工作人员

International Maritime Organization IMO 国际海事组织

International Shipping Federation ISF 国际海运联合会

International Chamber of Shipping ICS 国际航运公会

The International Tanker Owners Pollution Federation ITOPF 国际油轮船东防污染联合会

Council of European and Japanese National Shipowners' Associations CENSA 欧洲和日本国家船东协会委员会

The Baltic Exchange．BE 波罗的海贸易海运交易所

International Cargo Handing Co-ordination Association ICHCA 国际货物装卸协调协会

International Association of Lighthouse Authorities IALA 国际航标协会

International Association of Classification Societies IACS 国际船级社协会

Protection and Indemnity Associations P&I 保赔协会

International Maritime Satellite Organization INMARSAT 国际海事卫星组织

International Transport Workers Federation ITF 国际运输工人联合会

International Labour Organization ILO 国际劳工组织

Maritime Transport Committee of OECD MTC OF OECD 经济合作与发展组织海上运输委员会

United Nations Committee on Trade and Development UNCTAD 联合国贸易和发展会议

The World Trade Organization WTO 世界贸易组织

International Organization for Standardization ISO 国际标准化组织

Shanghai Shipping Exchange SSE 上海航运交易

ABS 美国船舶检验局

BV 法国船级社

DNV 挪威船级社

KR 韩国船级社

LR 英国劳氏船级社

GR 德国劳氏船级社

NK 日本海事协会

PRS 波兰船舶登记局

RINA 意大利船级社

captain/master 船长

political commisar 政委

owner 船东

chief officer/chief mate 大副

second officer 二副

third officer 三副

assistant officer 驾助

chief engineer 轮机长

second engineer 大管轮

third engineer 二管轮

fourth engineer 三管轮

assistant engineer 轮助

radio officer 报务员

chief steward 管事

boatswain/bosun 水手长

able seaman 一水

ordinary seaman 二水

carpenter 木匠

fitter 铜匠

oiler/motorman 机工

electrical engineer 电机员

electrician 电工

assistant electrical engineer 电助

cadet 见习生

doctor 医生

chief cook 大厨

second cook 二厨

boy 服务员

八、PSC 检查常用代码及含义

TOKYO MOU（东京谅解备忘录）

PARIS MOU（巴黎谅解备忘录）

IO MOU（印度洋谅解备忘录）

Black Sea MOU（黑海谅解备忘录）

Medmou（地中海谅解备忘录组织）

Acuerdo Latino（拉丁美洲协定）

Riyadh mou（利雅德谅解备忘录）

PSC 检查已采取的措施代码

Code 代码　Meaning 含义　　　　　　　Actions Taken 需采取的措施

A	Detained	Grounds for detention 滞留的原因
B	Rectified	Deficiency rectified 缺陷已纠正
C	Before Departure	Rectify the deficiency before departure 在开航前纠正缺陷
D	A Within 14 days	Rectify the deficiency within 14 days (1) 在 14 天内纠正缺陷
E	the next port	Rectify the deficiency at the next port (1) 在下一港口纠正缺陷
F	Agreed Class Condition	As in the agreed class condition 根据已同意的船级条件
G	Within 3 months	Rectify non-conformity in three months 在三个月内纠正缺陷
H	Major NC	Rectify major non-conformity before departure 开航前纠正主要不合格项
J	At agreed repair port	At an agreed repair port 在经允许的港口修理
K	Temporary repair	Temporary repair to be carried out 进行临时修理
L	Flag consulted	Flag State Consulted 咨询船旗国
M	LOW issued	Letter of warning issued 签发警告信
N	LOW withdrawn	Letter of warming withdrawn 收回警告信
O	Operation stopped	Prohibition to continue an operation 禁止继续操作
P	Temporary substitute	Temporary substitute of the equipment 临时更换设备
Q	Other	Specify unusual circumstances (free text) 说明异常情况（格式不限）

需采取的措施

00 No Action Taken 不需采取措施

10 Deficiency Rectified 缺陷已纠正

12 All Deficiencies Rectified 所有缺陷已纠正

15 Rectify Deficiencies at Next Port 在下一港口纠正缺陷

16 Rectify Deficiencies Within 14 Days 在 14 天内纠正缺陷

17 Master Instructed to Rectify Deficiencies Before Departure 要求船长在离港前纠正缺陷

18 Rectify Deficiencies Within 3 Months 在三个月内纠正缺陷

19 Entrance Prohibition for ship without Certification 未经认证的船舶禁止靠港

20 Ship Delayed to Rectify Deficiencies 船舶延期离港以纠正缺陷

25 After Delay Allowed to Sail (＊Specify Date) 延期后允许开航（注明日期）

30 Ship Detained 滞留船舶

35 Detention Rised (Specify Date) 解除滞留（注明日期）

36 Ship allowed to sail after follow-up detention 船舶再次滞留后允许开航

40 Next Port Informed 通知下一港口

50 Flag State/Consul Informed 通知船旗国/领事馆

55 Flag State Consulted 咨询船旗国

60 Region State Informed 通知本区域成员国

70 Classification Society Informed 通知船级社

80 Temporary Substitution of Equipment 临时更换设备

82 Alternative equipment or method used 使用替代设备或方法

85 Investigation of Contravention of Discharge Provision（MARPOL）违反（MARPOL）排放规定的调查

90 Letter of warning issued 签发警告信

95 Re-inspection Connection with Code Letter of warning issued 根据签发的警告信重新检查

96 Letter of Warning Withdrawn 收回警告信

97 Destination Unknown Information 目的港信息未知

99 Other（Specify）其他（具体说明）

A. B. S. 美国船级社

B. V. 法国船级社

C. C. S. 中国船级社

DNV. GL 德国船级社跟挪威船级社

KR 韩国船级社

LR 劳埃德船级社

N. K. 日本船级社

R. I. N. A 意大利船级社

PRS 波兰船舶登记局

RS 俄罗斯船舶登记局

IRS 印度船级社

CRS 克罗地亚船舶登记局

I. A. C. S. 国际船级社联合会

Classification society 船级社

Captain /master 船长

Political commisar 政委

Owner 船东

Chief officer/chief mate 大副

Second officer 二副

Third officer 三副

Assistant officer 驾助

Chief engineer 轮机长

Second engineer 大管轮

Third engineer 二管轮

Fourth engineer 三管轮

Assistant engineer 轮助

Radio officer 报务员

Chief steward 管事

Boatswain/bosun 水手长

Able seaman 一水

Ordinary seaman 二水

Carpenter 木匠

Fitter 铜匠

Oiler/motorman 机工

Electrical engineer 电机员

Electrician 电工

Assistant electrical engineer 电助

Cadet 见习生

Doctor 医生

Chief cook 大厨

Second cook 二厨

Boy 服务员

附录三　油类记录簿的操作记录指南
[第Ⅰ部分——机器处所作业（所有船舶）]

1. 操作记录要求

（1）操作应按在船执行时间顺序记录。

（2）日期应以 dd-MONTH-yyyy 格式记录。

（3）含油垃圾焚烧或退岸处理和使用过的滤器处理应只在垃圾记录簿中记录。

（4）所有项目由高级船员或与操作有关的主管高级船员填写和签字，每一页记录完毕须由船长签字。

（5）连续记录之间不应留有任何空行。

（6）如果已在油类记录簿（ORB）中记录错误记录，应立即通过在错误文字中间划单横线方式删除，使错误记录仍然清晰可见。错误的记录应签名并注明日期，下面附新的修正记录。

（7）舱室名称应按照国际防止油污证书（IOPPC）中的格式记录。

（8）IOPPC 中 3.3 条所列舱底水舱存水量的记录是自愿的，并非公约的要求。

（9）与 OWS 有关的项目一般性维修记录仍是自愿的，无须在 ORB 中记录。

2. 常用操作记录举例

（1）代码 C.11 的使用：残油（油泥）的收集

表 11-2　残油（油泥）舱每周存量（IOPPC 附录 3.1 下所列舱室）

日期	代码	项目编号	操作记录/主管高级船员签字
dd-MONTH-yyyy	C	11.1	【附录 3.1 舱室 & 标记名称】
		11.2	xx m³
		11.3	xx m³
			签名：（主管高级船员，姓名 & 职务）dd-MONTH-yyyy

表 11-3　人工收集残油、废油、油泥等入残油（油泥）柜（IOPPC 附录 3.1 下所列舱室）

日期	代码	项目编号	操作记录/主管高级船员签字
dd-MONTH-yyyy	C	11.1	【附录 3.1 舱室 & 标记名称】
		11.2	xx m³
		11.3	xx m³
		11.4	xx m³ 从【已知来源】收集量
			签名：（主管高级船员，姓名 & 职务）dd-MONTH-yyyy

说明:操作人员在残油(油泥)(通过泵)驳运到残油(油泥)舱处初始的人工收集。这类操作示例如下:从燃油分离泄放舱中收集残油(油泥)(此处的泄放舱应是指附录3.1中未包括的舱柜,如已列入附录3.1中,此种转驳必须记入"C-12.2");通过机器设备油底壳泄放收集残油(油泥);向残油(油泥)舱中加入燃油(残油舱内所有存量视为残油);从污水舱收集残油(油泥)——这种情况下还需记录污水的处理操作(即"D-15.1或15.3"项记录,此项操作很少遇到);另外,油水分离器运行时的自动排油,不属于此类。

(2)代码C.12的使用:残油(油泥)的处理或转驳

表11-4　通过通岸接头进行残油(油泥)的处理

日期	代码	项目编号	操作记录/主管高级船员签字
dd-MONTH-yyyy	C	12.1	xx m³油泥来自【附录3.1舱室 & 标记名称】 xx m³残留
			在港期间转驳至"油泥收集器的特征或名称,例如驳船、油罐车或者岸基设施"(港口名)
			签名:(主管高级船员,姓名 & 职务)dd-MONTH-yyyy

说明:船长应从接收机构包括驳船和油罐车索取收据或者证明,列出转移残油(油泥)数量以及转移时间和日期。该收据或证明如果附在油类记录簿第Ⅰ部分,可帮助船长证明船舶未涉及涉嫌的污染事故。该收据或证明应当与油类记录簿第Ⅰ部分共同保存。

表11-5　自残油(油泥)舱排放污水(处理)到污水舱(例如从焚烧炉油柜中通过漏斗向污水柜放残水)

日期	代码	项目编号	操作记录/主管高级船员签字
dd-MONTH-yyyy	C	12.2	xx m³ 残水来自【附录3.1舱室 & 标记名称】 xx m³留存
			到【3.3部分所列舱室 & 标记名称】柜存xx m³
			签名:(主管高级船员,姓名 & 职务)dd-MONTH-yyyy

说明:污水收集无须说明,所以只需一个污水存量记录。油渣柜舱容不应作为12.X项记录。

表11-6　从一个残油(油泥)舱驳向另一个残油(油泥)舱

日期	代码	项目编号	操作记录/主管高级船员签字
dd-MONTH-yyyy	C	12.2	xx m³油泥来自【附录3.1舱室 & 标记名称】 xx m³留存
			到【3.1部分所列舱室 & 标记名称】柜存xx m³
			签名:(主管高级船员,姓名 & 职务)dd-MONTH-yyyy

表11-7　残油(油泥)在焚烧炉中焚烧

日期	代码	项目编号	操作记录/主管高级船员签字
dd-MONTH-yyyy	C	12.3	xx m³ 油泥来自【附录3.1或3.2舱室 & 标记名称】 xx m³留存
			在焚烧炉中焚烧xx 小时
			签名:(主管高级船员,姓名 & 职务)dd-MONTH-yyyy

（3）代码 D 的使用:机器处所积存的舱底水非自动排出舷外或其他处理

表 11-8　从机舱污水井向 IOPPC 附录 3.3 下所列舱室泵入污水

日期	代码	项目编号	操作记录/主管高级船员签字
dd-MONTH-yyyy	D	13	xx m³ 来自机舱污水井的污水
		14	开始:hh:mm,结束:hh:mm
		15.3	到【3.3 下所列舱室 & 标记名称】,舱存 xx m³
			签名:(主管高级船员,姓名 & 职务)dd-MONTH-yyyy

表 11-9　IOPPC 附录 3.3 下所列舱室间驳运污水

日期	代码	项目编号	操作记录/主管高级船员签字
dd-MONTH-yyyy	D	13	xx m³ 来自【3.3 下所列舱室 & 标记名称】的污水, xx m³ 留存
		14	开始:hh:mm,结束:hh:mm
		15.3	到【3.3 下所列舱室 & 标记名称】,舱存 xx m³
			签名:(主管高级船员,姓名 & 职务)dd-MONTH-yyyy

表 11-10　从 IOPPC 附录 3.3 下所列舱室中将污水泵至舷外

日期	代码	项目编号	操作记录/主管高级船员签字
dd-MONTH-yyyy	D	13	xx m³ 来自【3.3 下所列舱室 & 标记名称】的污水
			舱容 xx m³,xx m³ 留存
		14	开始:hh:mm,结束:hh:mm
		15.1	通过 15 ppm 设备排出舷外
			开始位置:xx deg xx min N/S,xx deg xx min E/W
			结束位置:xx deg xx min N/S,xx deg xx min E/W
			签名:(主管高级船员,姓名 & 职务)dd-MONTH-yyyy

（4）代码 H 的使用:加装燃油或散装润滑油

表 11-11　加装燃油

日期	代码	项目编号	操作记录/主管高级船员签字
dd-MONTH-yyyy	H	26.1	港口名称
		26.2	开始 dd-mm-yyyy 结束 dd-mm-yyyy
		26.3	xxxx MT ISO-xxxxx HFO x.x% S 加入舱内
			aaaa MT 加入【舱名 & 标记名称】现存 bbbb MT
			cccc MT 加入【舱名 & 标记名称】现存 dddd MT
			签名:(主管高级船员,姓名 & 职务)dd-MONTH-yyyy

表 11-12　加装散装润滑油

日期	代码	项目编号	操作记录/主管高级船员签字
dd-MONTH-yyyy	H	26.1	港口名称
		26.2	开始 dd-mm-yyyy 结束 dd-mm-yyyy
		264	xx MT【油品】加入舱内
			xx MT 加入【舱名 & 标记名称】现存 xx MT
			签名:(主管高级船员,姓名 & 职务)dd-MONTH-yyyy

说明:不同级别的燃油和润滑油应分别记录以作区分。

如果润滑油以包装形式(55 加仑桶等)交付到船,则无须记录。

参考文献

［1］李世臣. 海上轮机实习. 大连:大连海事大学出版社,2010.

［2］李斌. 船舶柴油机. 大连:大连海事大学出版社,2015.

［3］陈海泉. 船舶辅机. 大连:大连海事大学出版社,2016.

［4］黄连忠,孙培廷. 船舶动力装置技术管理. 大连:大连海事大学出版社,2017.

［5］张存有,杜太利. 育鹏轮动力装置与管理. 大连:大连海事大学出版社,2017.

［6］张存有,李可顺. 轮机业务概论. 大连:大连海事大学出版社,2014.

［7］吴志良. 船舶电站及其自动化系统. 大连:大连海事大学出版社, 2010.

［8］陈海泉. 船舶液压设备原理及维修技术. 大连:大连海事大学出版社,2016.

［9］中国船级社. 绿色生态船舶规范(2020). 2020.

［10］船舶水污染物排放控制标准(GB 3552—2018). 中华人民共和国国家标准 2018

［11］齐文征. 船舶防污染和应急设备 PSC 检查. 大连:世界海运,2012(5).

［12］仇大志. 谈 ALPHA 电子注油器及其管理. 世界海运, 2013, 36(4): 32-36.

［13］冯伟,张存有,孙晓磊. 某轮空压机滑油乳化原因分析及建议措施. 中国水运,2019,19(01):129-130.

［14］Instruction Manual for Boiler Plant KLN/VM - 2. 5/7&KIP/PC - 0. 7/7. SAACKE,2006

［15］Instruction Manual for Monoblock Burner SKVK - M18. SAACKE,2006

［16］Instructions Manual S35MC, 2009.

［17］Alpha Lubricator 707X-40C TOC 1, MAN B&W Diesel A/S, Copenhagen, Denmark, 2004.

［18］AGUIDE TO GOOD OIL SAMPLING［EB/OL］, https://www. shell. com, 2015-05-26/202-012-05.

［19］Cooling Water Inlet Temperature at Scavenge Air Cooler, Service Letter SL2014-589/MTS, 2014.

［20］Cooling Water System, Service Letter SL2014-584/LRA, 2014.

［21］Service Experience MAN B&W Two-stroke Engines, 2014.

［22］Lubricants-all engines, Win GD, 2020.

［23］Cylinder lubrication, 2-Stroke Engine Services RT-161, 2020.